高等学校"十二五"规划教材
市政与环境工程系列丛书

# 环境工程微生物学研究技术与方法

主编　刘晓烨　程国玲　李永峰
主审　王爱杰

哈爾濱工業大學出版社

## 内 容 提 要

本书以环境微生物为基础，简要阐明了环境工程微生物学的基础、微生物相关学科及相互作用的关系、微生物在环境污染治理方面的重要作用及使用现代科技手段对微生物的处理方法等。本书涉及的知识面较为广泛，所以重点阐述了实验部分，重视操作技能与手段。

本书可作为高等学校环境科学、环境工程、市政工程、生物学专业或其他专业的高年级本科生、研究生的教学和研究的参考资料，也可作为环境生物技术原理与应用、环境工程微生物学的配套教材，还可供其他环境事业的科研和工作人员参考。

**图书在版编目(CIP)数据**

环境工程微生物学研究技术与方法/刘晓烨，程国玲，李永峰主编. —哈尔滨：哈尔滨工业大学出版社，2011.8
(市政与环境工程系列丛书)
ISBN 978-7-5603-3305-2

Ⅰ.①环… Ⅱ.①刘… ②程… ③李… Ⅲ.①环境微生物学-研究方法 Ⅳ.①X172

中国版本图书馆 CIP 数据核字(2011)第 111042 号

策划编辑　贾学斌
责任编辑　张　瑞　苗金英
封面设计　卞秉利
出版发行　哈尔滨工业大学出版社
社　　址　哈尔滨市南岗区复华四道街 10 号　邮编 150006
传　　真　0451-86414749
网　　址　http://hitpress. hit. edu. cn
印　　刷　哈尔滨市工大节能印刷厂
开　　本　787mm×1092mm　1/16　印张 28.75　字数 750 千字
版　　次　2011 年 8 月第 1 版　2011 年 8 月第 1 次印刷
书　　号　ISBN 978-7-5603-3305-2
定　　价　58.00 元

---

# 《环境工程微生物学研究技术与方法》编写组


主　编　刘晓烨　程国玲　李永峰

副主编　邓守彦　岳莉然

主　审　王爱杰

委　员　（按姓氏笔画排序）

　　　　孙　婕　应　杉　李玉文　张国财　韩　伟

# 前　言

环境科学是一门综合性学科，涉及自然科学、人文社会科学、工业技术等广泛领域。环境微生物工程则是在此基础上发展起来的一门边缘性学科。本书在环境科学、环境工程、微生物学、分子生物学、微生物技术等知识的基础上进行编写，综合性、概括性地对环境微生物实验及当前的主要研究技术进行内容编排。理论与实践相结合，又尽可能地介绍了目前的一些研究热点问题和前沿领域的最新进展，内容丰富、翔实。环境基础微生物学对地球上的微生物成员进行了介绍，微生物虽然个体微小，但种类及数量相当多，包括细菌、真菌、病毒、藻类、原生动物等，它们在自然界的分布极为广泛，并在物质和能量循环中起着非常重要的作用。

基础性实验是经过精选的最基本、最代表学科特点的实验方法和技术，包括微生物实验仪器的使用，培养基的配置，微生物分离与计数菌株的选育，微生物形态观察及染色技术，微生物的生长和培养，微生物鉴定中的生理生化试验。通过学习使学生掌握相应学科的基本知识与基本技能，为综合性实验奠定基础。

环境工程微生物实验是由多种实验手段与技术对环境中的微生物进行探究，有空气中微生物的检测，废物、废水处理中的相关微生物实验，土壤微生物实验。综合了大气、废物、废水和土壤中的微生物，并使用相关的微生物技术对环境中污物的去污能力问题进行探索性研究。

综合研究型实验技术着眼于现代分子生物学研究内容，包括微生物基因突变及转移技术，分子微生物学基础技术，免疫学技术，发酵实验应用技术，生物技术探索应用，探索性实验技术，综合研究实验。同时，对学生来说是很强的综合训练，也是开展业余科研的基础和指导。

本书共分为五篇，第一篇为基础环境微生物学，第二篇为环境工程微生物学，第三篇为基础微生物实验，第四篇为环境工程微生物实验，第五篇为综合型、研究型实验技术。刘晓烨、桯国玲和李永峰任本书主编，王爱杰教授审阅了全书。具体编写分工为：绪论、第 1 章、第 2 章由李永峰编写；第 3 章由李玉文编写；第 4 章、第 11 章、第 23 章、第 24 章由邓守彦编写；第 5 ~9 章由程国玲编写；第 10 章、附录由刘晓烨编写；第 12 ~ 14 章由孙婕编写；第 15 章由张国财编写；第 16 ~ 18 章由应杉编写；第 19 ~ 21 章由岳莉然编写；第 22 章由韩伟编写。研究生赵山山参加了全书资料和文字图表的整理工作。研究生刘方婧、杨建宇、王艺旋、段怡彤和赵倩等参与了全书校稿和部分资料的整理工作。本书的出版得到东北林业大学主持的“溪水林场生态公园的生态规划与建设(43209029)”、“研究生教材出版基金和研究生精品课程建设项目”和上海工程技术大学主持的“上海市科委重点科技攻关项目(071605122)”、“上海市教委重点课程建设项目(s2007010004)”的支持。

由于编者水平有限,本书难免存在疏漏和不足,敬请读者批评指正,在此表示衷心的感谢。

编 者

2011 年 7 月

# 目　录

## •第四篇　环境工程微生物实验•

## ●第五篇 综合型、研究型实验技术●

# 绪 论

## 0.1 环境问题

随着人类的生活水平日益提高,相应地产生了越来越多的城市生活污水、各种固体废物及各种类型的工厂和汽车产生大量废气,严重污染了人类的生存环境。自西方工业革命起,环境质量急剧恶化,20 世纪 50 年代后,公害问题也相继发生:美国洛杉矶的光化学烟雾,英国伦敦烟雾,日本四日市的哮喘病,日本熊本县由于汞引起的水俣病及神通川骨痛病,均对人类造成极大伤害。我国也不例外,20 世纪 80 年代后,随着改革开放的到来,乡镇企业的兴起,由于忽视环境保护,乡镇的河流也不例外地受到污染;一些地区,例如上海黄浦江、苏州河、太湖、巢湖、淮河、海河、昆明滇池、东北嫩江、松花江等,都有不同程度的污染,甚至污染严重。近年,全球性污染范围更加扩大,酸雨、臭氧层耗损、全球变暖、生物多样性锐减、土地荒漠化、海洋污染、危险物越境转移、大气污染物越境转移等环境问题,逐渐引起了全球性的关注。

20 世纪 70 年代,围绕环境危机和石油危机有人提出"增长极限"的观点,全球展开一场关于"停止增长还是继续发展"的争论;1987 年联合国世界环境发展委员会(WCED)主席、挪威前首相布伦特兰夫人在其发表的长篇报告《我们共同的未来》中首次提出可持续发展的观点:可持续发展是既满足当代人的需求,又不对后代人满足其自身需求的能力构成危害的发展;1992 年在巴西里约热内卢召开的第一次联合国环境与发展会议(UNCED)通过了《里约宣言》、《21 世纪议程》、《森林问题原则声明》,签署了两个国际公约:《联合国气候变化框架公约》和《生物多样性公约》。自此以后,可持续发展的新思想广为各国接收和重视。

我国于 20 世纪 60 年代就认识到环境保护工作的重要,随着近年来环境问题日益严重,于"九五"期间推出了两项重大举措,即"全国主要污染物排放总量控制"和"中国跨世纪绿色工程规划"——在"全国主要污染物排放总量控制"中规定,烟尘、粉尘、二氧化硫、石油类、重金属、化学需氧量(COD)和工业固体废物等 12 种主要污染物的排放量,到 2000 年要控制在国家批准的水平内。在"十一五"期间国家又对化学需氧量、二氧化硫两种主要污染物实行排放总量控制计划管理,排放基数按照 2005 年环境统计结果确定,计划到 2010 年,全国主要污染物排放总量比 2005 年减少 10%,具体是:化学需氧量由 $1\ 414\times10^4$ t 减少到 $1\ 273\times10^4$ t;二氧化硫由 $2\ 549\times10^4$ t 减少到 $2\ 294\times10^4$ t。在国家确定的水污染防治重点流域、海域专项规划中,还要控制氨氮(总氮)、总磷等污染物的排放总量。由此可以看出,摆在环境科学与环境工程工作者面前的任务是艰巨的。我们需要用先进的科学技术治理好各种污染物,使其达到排放标准,并改善生活环境,提高人类的生活质量。

微生物在环境保护和治理保持生态平衡等方面起着举足轻重的作用。由于微生物具有容易发生变异的特点,随着新污染物的产生和数量的增多,微生物的种类可随之相应增多,呈现出更加丰富的多样性。这就使得它有别于其他生物,在环境污染中,微生物的作用更是独树一帜。随着微生物学中各个分支学科相互渗透,尤其是分子生物学、分子遗传学的发展,促进了微生物分类学的完善,也促进微生物应用技术的进步,推动了生物工程的发展,酶学和基因工程等在各个领域得到应用和长期的发展。在环境工程中也是如此,如固定化酶、固定化微生物细胞处理工业废水,筛选优势菌,筛选处理特种废水的菌种,甚至在探索用基因工程技术构建超级菌,用于环境工程事业。这方面已有分解石油烃类的超级菌的实例。

## 0.2 环境工程微生物

环境工程微生物学是在环境保护和环境工程事业蓬勃发展的基础上应运而生的一门微生物学的新的分支学科,是介绍如何利用微生物的营养、呼吸、物质代谢、生长、繁殖、遗传与变异等基础知识,来进行在城市生活污水、工业废水及有机固体废弃物等生物处理的原理和方法。

随着分子生物学、分子遗传学的发展,微生物学在各个分支学科中相互渗透,促进了微生物分类的完善和应用技术的进步。固定化酶、固定化微生物细胞处理工业废水,筛选优势菌,筛选处理特种废水的菌种,甚至在探索用基因工程技术构建超级菌,如分解石油烃类的超级菌,用于环境工程。

微生物工程是研究微生物与环境之间的相互关系以及对不同物质转化的作用规律并加以利用,进而考察微生物对环境质量的影响;研究微生物对污染物质的降解与转化,修复、改善环境的应用。自然界有着丰富的微生物资源,它们的种类呈多样性,在自然界物质循环和转化中起着巨大的生物降解作用,使陆地和水生系统中 C、O、N 和 S 的循环成为可能。它们也是所有生态食物链和食物网的根本营养来源,是整个生物圈维持生态平衡不可缺少的重要组成部分。因此,环境工程微生物是研究利用微生物开展污染废物处理及现代生物工程技术在污染控制工程中的应用。

环境微生物既有有利的一面,也有不利的一面。对人和生物有害的微生物会污染大气、水体、土壤和食品,同时影响生物的产量和质量以及危害人类健康,这种污染称为微生物污染。随着工业生产的发展,含各种新的有机污染物、无机污染物和一些营养物质的工业废水源源不断地排入水体、大气和土壤。微生物受环境中多种因素的长期诱导而发生变异,产生新的微生物,使微生物种群和群落的数量变得更加多样性。自然选择出能适合以新产生的有机污染物为底物的微生物新品种,扩大微生物资源。

现在,城市生活污水、医院污水、各种有机工业废水,甚至有毒废水、城市有机固体废物和工业产品废弃物都可用微生物方法来处理。

当然,有些微生物也会对人类的生产、生活造成不利影响,如病原微生物等。在 1347 年,黑死病侵袭欧洲,仅仅 4 年的时间,便夺去了 1/3 欧洲人的生命,随后的 80 年里,这种疾病吞噬了欧洲人口的 75%。细菌、病毒、霉菌、变形虫等能引起肝炎、沙眼、肠道病、伤风、感冒等疾病;黄曲霉能产生致癌的黄曲霉毒素。还有的微生物能引起作物病害及动物疾病,蓝藻、绿藻和金藻能引起湖泊“水华”和海洋的“赤潮”等现象。

环境监测是了解环境现状的重要手段,它包括化学分析、物理测定和生物监测三个部分。生物监测是利用生物对环境污染所发出的各种信息来判断环境污染状况的过程。生物长期生活于自然环境中,不仅能够对多种污染作出综合反应,还能反映污染状况。因此,生物监测取得的结果具有重要的参考价值。微生物监测是生物监测的重要组成部分,具有独特的作用。

## 0.3　环境工程微生物涉及的学科

根据环境微生物的基础研究和应用层次分析,相关工程所涉及的学科范围可概述为:微生物学、细胞学、生理生化学、分子生物学、遗传学等用于对微生物进行基础研究;基因工程、细胞工程、酶工程、分子遗传学等用于构建环境微生物工程中的新菌株;环境微生物工程中污染物的降解转化及评价涉及环境化学、环境生物学、环境地学、环境毒理学、环境监测与评价等;环境微生物修复工程要涉及土壤学、水力学、气象学、生态学等内容。

上面只简要叙述了环境工程微生物所涉及学科其中的一小部分,在各个应用的层次中,还需要众多学科知识的相互配合形成网络知识结构。各门学科知识之间既相互渗透,又相互配合,紧紧围绕环境微生物工程的目标,发挥多学科的综合效应。

## 0.4　环境工程微生物的研究进展

微生物在整个生态系统中扮演着重要的角色,它们是物质的主要分解者,在自然界物质和能量的转化中占有特殊的地位,发挥着不可替代的作用。环境微生物技术在去除污染的同时,实现废物资源化等,已取得了显著的成就。微生物细胞分泌的各种酶所催化的反应完成降解污染物,使其转化成无机物。自然界存在着大量的去除污染物的微生物菌株资源,人们可以从中筛选并经驯化得到高效微生物菌株,用于环境微生物工程。微生物学的研究大大地推动了污染控制工程的发展,特别是当代生物技术的快速发展为解决日趋严重的环境问题提供了技术保障,并且取得显著成效。

污染环境中的微生物往往是环境微生物工程获取菌株的重要场所。从农药污染的水体或土壤中筛选出的微生物加以驯化形成理想的群落结构和优势种群,可以处理由农药污染产生的废水。还可以获取石油污染的处理细菌、印染废水和尾矿废水的处理菌株等,这些方法是目前广泛应用的获取菌种的途径。

当从自然界筛选驯化获得的微生物不能满足治理工程需要时,人们利用基因工程技术手段将其编码降解特定污染物的生物酶基因转入繁殖速度快、适应能力强的受体菌细胞内,则可能构建出兼具多种优势的新型工程菌。目前,科学家已成功构建出基因工程菌用于环境微生物工程处理石油污染、化学农药污染、降解塑料等。

微生物降解代谢途径及降解酶系的研究也随之展开。通过对降解酶进行分离和纯化,并进一步了解降解特性,人们已在分子水平上对降解酶的蛋白质组成、相对分子质量大小以及影响酶活性的因子都了如指掌。因此,人们已构建出降解不同物质的基因工程菌。

基因工程菌就是采用基因工程技术手段,将多种微生物的降解基因组装到一个细胞中,使该菌株集多种微生物的降解性能于一体。这样,基因工程菌既有混合菌的功能,又有纯培养菌株的特点。

生物修复是20世纪90年代以来兴起的生物治理技术,其主要目的是利用微生物清除土壤和水体中的污染物。环境微生物在生物修复工程中占据中心位置,多以菌体的固体或液体,或以微生物的其他生物制品的形式投放于目标环境之中,达到清除污染的目的。

在经济发达国家,废物能源化已建立产业并纳入国家生物能源资源开发的长远战略目标之中。环境微生物工程构建污染物资源化及清洁生产工艺已取得一定的成功。成熟的技术有应用酵母和光合细菌净化高浓度有机无毒废水生产单细胞蛋白、在净化废水的同时生产饲料和饵料、利用有机废物生产甲烷、利用废纤维素生产乙醇等,已成为废物能源化的有效途径,其中生物制浆造纸工艺是环境微生物工程在清洁生产工艺中一个最新而醒目的例证,它既避免了传统工艺所造成的严重污染,又提高了纸张的质量,降低了生产成本。

从环境微生物中分离鉴定出降解特定污染物的基因,并应用该基因构建高效降解污染物的基因工程菌已成为环境微生物工程中高新技术的前沿课题目标之一。利用环境微生物分子遗传学指标和生理生化指标作为生物标志去反映环境污染状况,已成为环境污染生物监测的重要技术手段。

# 第一篇 基础环境微生物学

## 第1章 微生物概述

### 1.1 微生物的分类与命名

微生物的传统定义为肉眼看不见的、必须在电子显微镜或光学显微镜下才能看见的直径小于1 mm的微小生物,包括病毒、细菌及许多藻类、真菌、原生动物等,其中藻类和真菌较大,如面包霉、丝状藻等,肉眼就能够看见。近年来,科学家们还发现硫珍珠状菌和鲁龈菌也是不用显微镜就能看见的,所以,有科学家曾经提出以微生物的研究技术来定义微生物。

细胞本身存在着两种基本的不同类型,原核细胞(希腊语 pro"在先前"和 karyon"坚果核仁或核心";有机体有一个原始细胞核)和真核细胞。原核细胞比真核细胞的形态结构简单得多,它缺乏膜界定的细胞核。所有的细菌都是原核细胞。相对的,真核细胞(希腊语 eu"真实的"和 karyon"坚果核仁或核心")有一个膜包着的细胞核;它们形态结构较为复杂,而且常常比原核细胞大。藻类、真菌、原生动物、高等植物和动物都是真核细胞,原核细胞和真核细胞在其他方面还有些差别。

1969年魏特克(Whittaker)提出了微生物五界分类系统,后来被 Margulis 修改成为普遍接受的五界分类系统:原核生物界(包括细菌、放线菌、蓝绿细菌)、原生生物界(包括蓝藻以外的藻类及原生动物)、真菌界(包括酵母菌和霉菌)、动物界和植物界。我国王大耜教授提出六界:病毒界、原核生物界、真核原生生物界、真菌界、动物界和植物界。

在近几十年内,微生物学研究技术和方法取得长足进步,并深刻地影响了微生物的分类:第一,利用电子显微镜技术认识了微生物细胞的详细结构;第二,微生物学家已经确定了许多不同微生物的生物化学和生理学特性;第三,对广泛的不同种类的有机体进行了核酸序列和蛋白质序列的比较。现已清楚,原核有机体存在两种完全不同的类群:细菌和古生菌(Archaea),而且,原生生物也是多种多样的,可能需要将原生生物界再分成三个或更多的界,所以许多分类学家断定五界系统太简单,并已提出建议。细菌、古生菌和真核生物之间的差别显得如此之大,以致许多微生物学家已提议应将有机体划分成三个领域:细菌(真正的细菌或真细菌)、古生菌和真核生物(所有的真核有机体)。

长久以来,细菌分类学以形态学特征、表型特征、生理特征、生态特征、血清学反应、噬菌体反应等为分类依据,现在不仅仅限于上述方法,还采用 DNA 中的 G+C(%)、DNA 杂交、DNA-rRNA 杂交、16S rRNA 碱基顺序分析和比较,对微生物尤其是细菌的属和种进行分类,将原来一直放在细菌范畴的古生菌识别出来,对古生菌在分类学中的地位有比较明确的认识,将古生菌、细菌和真核生物并列,如图1.1所示。

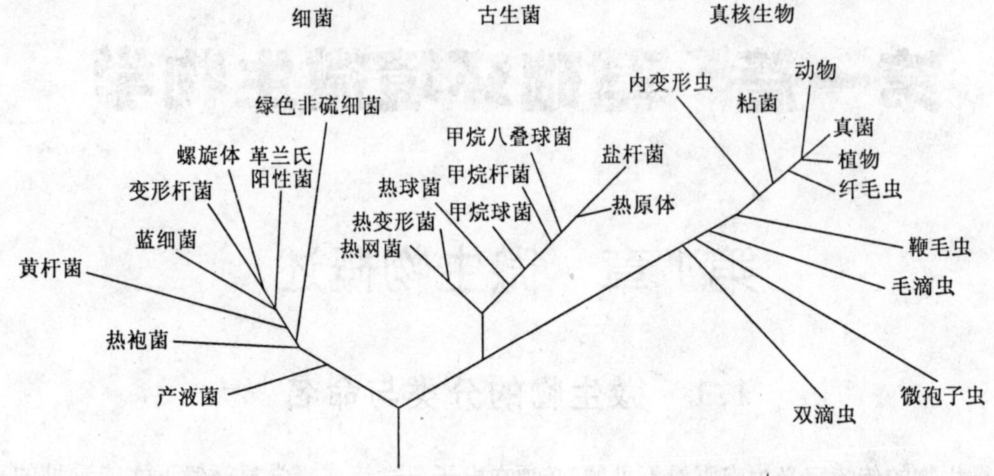


图1.1 按16S RNA碱基顺序比较细菌、古生菌和真核生物的系统发育树的综合图

微生物的命名是采用生物学中的二名法,即采用两个拉丁词命名一个微生物的种。这个种的名称由一个属名和一个种名组成,属名和种名都用斜体字表达,属名在前,用拉丁文名词表示,第一个字母大写;种名在后,用拉丁文的形容词表示,第一个字母小写。如大肠埃希氏杆菌的名称是 *Escherichia coli*。为了避免同物异名或者同名异物,在微生物名称之后缀有命名人的姓,如:大肠埃希氏杆菌的名称是 *Escherichia coli Castellani and Chalmers*,浮游球衣菌的名称是 *Sphaerotilus natans Kutzing* 等。如果只将细菌鉴定到属,而没鉴定到种,则该细菌的名称只有属名,没有种名。如:芽孢杆菌属的名称是 *Bacillus*、羧状芽孢杆菌属的名称是 *Clostridium*;也可以在属名后面加 sp.(单数)或 spp.(复数),sp. 和 spp. 是种(species)的缩写,如 *Bacillus sp.*(*spp.*)。

## 1.2 病　毒

19世纪以前,科学家把有毒的因子统称为病毒(拉丁语 virus 表示有毒或毒液的意思)。Louis Pasteur 则用病毒(virus)这一术语来表示一切活的有感染性的致病因子。Pasteur 的一个合作伙伴,高压蒸汽灭菌器的发明者,Charles Chamberland 1884年发明了素瓷细菌滤器,这使得发现现在意义上的病毒成为可能。烟草花叶病是第一个用张伯伦氏滤器(Chamberland's filter)进行研究的疾病。1892年,Dimitri Ivanowski 发表的研究结果显示,受染植物的叶抽提物在过滤除菌以后仍然可以引起烟草花叶病,他认为有某种毒素(toxin)存在于滤液中。Martinus W. Beijerink 也在不依赖 Ivanowski 的情况下独自对烟草花叶病进行了粗略的观察研究。而确认细菌病毒存在的工作是由 Flelix D'Herelle 完成的。他从可能由志贺氏痢疾菌(*Shigella dysenteriae*)引起的痢疾病人那里分离到了细菌病毒。他指出,当把病毒悬液涂布到一层有细菌生长的琼脂上时,出现了含有病毒和裂解细胞的透明环状区。通过对这些透明区计数,可以估算出病毒的数量。D'Herelle 证实了这些病毒只能在活的细菌中进行增殖,他称其为噬菌体(bacteriophage),因为这些病毒能在细菌“草坪”上吃出空穴来。

病毒的化学本质是在1935年Wendell M. Stanley得到烟草花叶病毒(Tobacco Mosaic Virus,TMV)结晶后得以确认的,他发现TMV基本上或者完全是蛋白质。不久后Fredcrick C. Banden和Norman W. Pirie设法成功地将TMV毒粒分解成蛋白质和核酸。所以到了20世纪30年代,病毒是由核酸和蛋白质组成,只能在活细胞中增殖的结论已经很清楚了。

### 1.2.1 病毒的一般性质

病毒是一类独特的感染性因子,它结构简单、无细胞结构、具有独特的繁殖方式。一个完整的病毒颗粒或者毒粒(virion)由一个或几个DNA或RNA分子包裹在一个蛋白质外壳中构成,有时蛋白质外壳外面还具有其他结构。这些外层结构可能会很复杂,含有糖类、脂类及附加蛋白。病毒分为两个阶段存在:胞外阶段和胞内阶段。毒粒即胞外形式,可以抵抗几乎所有酶的侵袭,但不能独立于活细胞增殖。在其胞内阶段,病毒主要以正在复制的核酸的形式存在,诱导宿主细胞合成病毒本身的组分,最后完整的病毒颗粒或毒粒被释放出来。

总之,病毒至少在三个方面不同于活细胞:

(1)结构简单,没有细胞结构。

(2)在几乎所有的毒粒中只有DNA或RNA一种类型的核酸(人巨细胞病毒有1个DNA基因组和4种mRNA)。

(3)在细胞外不能增殖,不能像原核和真核生物一样进行细胞分裂。

### 1.2.2 病毒的培养

因为病毒在活细胞外不能进行增殖,故不能像细菌和真核微生物那样进行培养。多年来,研究者们通过接种适宜的宿主动物或胚卵(即孵化6~8天的鸡胚,如图1.2所示)的方法来培养动物病毒。制备用于病毒培养的鸡胚要先用碘酒对蛋壳表面消毒,然后用消过毒的钻孔器钻出小孔;接种病毒后,用明胶封住小孔并将鸡蛋进行孵化。病毒只能在鸡胚的特定部位进行增殖,因此必须将病毒注射到适当的部位。例如,黏液瘤病毒在绒毛尿囊膜上生长良好,而腮腺炎病毒则在尿囊腔中生长得更好。感染可能造成局部组织病损,即痘疱(pock),痘疱的外观常因病毒而异。

近年来,动物病毒已可在组织(细胞)培养的单层动物细胞上生长。这一技术的成功应归功于动物细胞培养基的发展和抗生素的出现,后者可以防止细菌和真菌的污染。将病毒接种物覆盖于生长在特制培养皿中的一层动物细胞上,并静置一段时间,使病毒与细胞接触并吸附于细胞上。然后,用一层琼脂覆盖在细胞上以限制毒粒的扩散,使新产生的子代毒粒只能感染邻近的细胞,结果形成了局部细胞病损和溶解的区域,称之为噬菌斑(plaque)(图1.3)。可用中性红或台酚蓝染色区分活细胞和死细胞,从而检出噬菌斑。病毒的生长并不总是造成细胞裂解形成噬菌斑,尤其是动物病毒还可能引起宿主细胞和组织微观或者宏观的变化和异常,称为致细胞病变效应(cytopathic effects,CPE)(图1.4)。致细胞病变可以是致死的,但细胞溶解形成蚀斑不会经常发生。

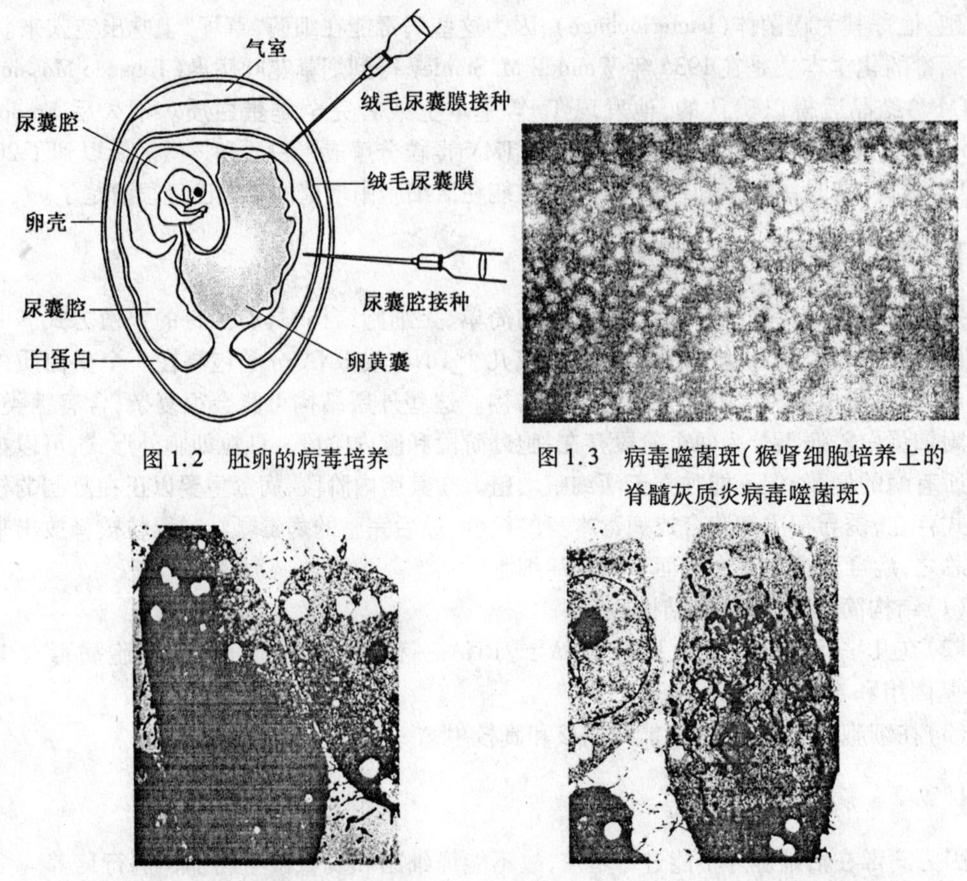


图 1.2 胚卵的病毒培养

图 1.3 病毒噬菌斑(猴肾细胞培养上的脊髓灰质炎病毒噬菌斑)

(a)组织培养中正常的哺乳动物细胞 (b)感染腺病毒 18 h 后的组织培养状态

图 1.4 病毒的致细胞病变效应

注:透射电镜照片(×11 000)

细菌病毒又称噬菌体(bacteriophages,简写为 phages),可以在液体培养基中或琼脂培养基上活跃生长的新生的细菌。在液体培养基中,因很多的宿主细胞遭到病毒破坏而裂解,从而使混浊的细菌培养物快速变清。固态的琼脂培养物可这样来制备:将噬菌体样本与冷却的液态琼脂及相应的细菌培养物混合。混合物快速注入已具有一层消毒琼脂作底层的培养皿中,待琼脂硬化后,上层琼脂中的细菌生长繁殖,形成一层不透明的连续的菌苔。无论毒粒由哪里释放出来,它只能感染邻近的细胞并增殖。最后细菌裂解产生噬菌斑即菌苔上的透明区域(图 1.5)。噬菌斑的外观常因培养的噬菌体而异。

植物病毒可以采用不同的方法培养,植物组织培养、分离细胞培养或原生质体培养均可采用。植株的各部分均可以供病毒生长。用病毒与摩擦剂(如金刚砂)的混合物摩擦叶片可对叶片进行机械接种。通过摩擦,细胞壁被破坏,病毒与质膜直接接触并感染裸露的宿主细胞。昆虫可替代摩擦剂,通过吮吸或咬碎植物叶片而传播病毒。被感染部位的细胞快速死亡会形成局部坏死斑(necrotic lesion)(图 1.6),即便是没有出现坏死斑,被感染的植物仍会表现出一定的病征,比如色素形成和叶子形状发生变化等。某些植物病毒只能通过嫁接传播。

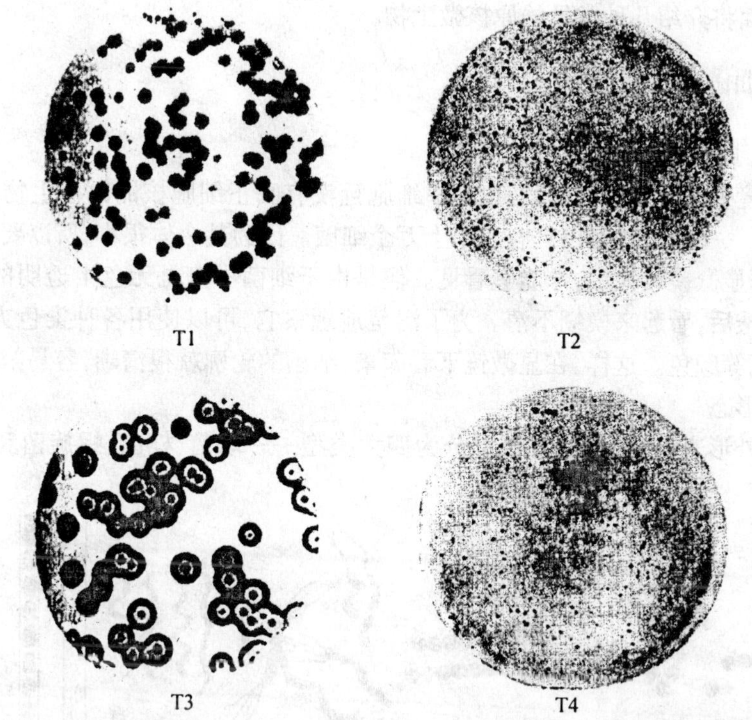


图1.5 由部分T大肠杆菌噬菌体在大肠杆菌菌苔上产生的噬菌斑

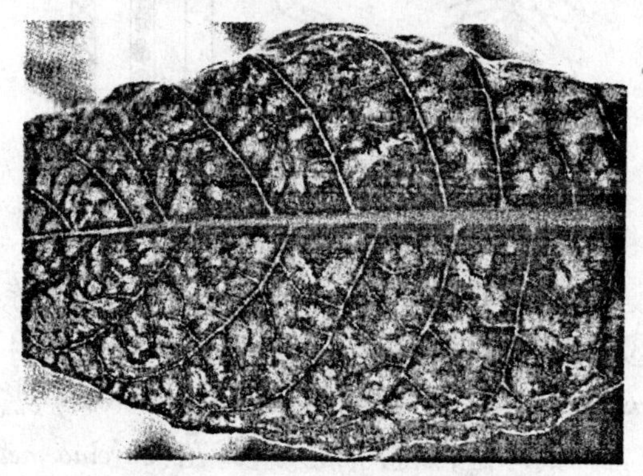

(a)烟草叶上的烟草花叶病

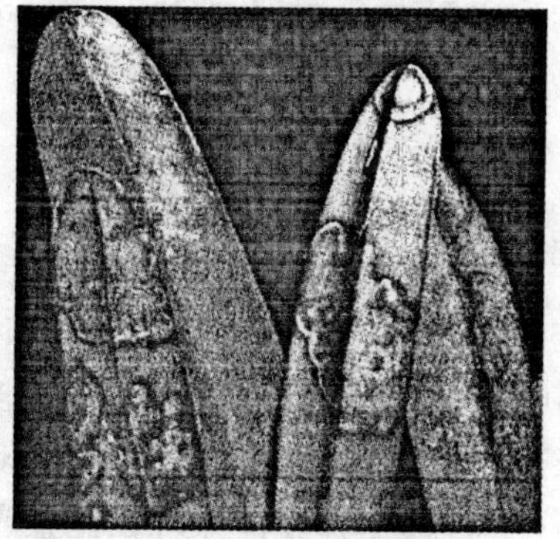

(b)烟草花叶病毒感染兰花后，其叶片的颜色发生了改变

图1.6 植物叶片上的坏死斑

## 1.3 原核微生物

原核微生物的核很原始，发育不全，只是DNA链高度折叠形成的一个核区，没有核膜，核质裸露，与细胞质没有明显界线，叫拟核或似核。原核微生物没有细胞器，只有由细胞质膜内陷形成的不规则的泡沫结构体系，如间体和光合作用层片及其他内折，也不发生有丝分裂。原核微生物包括古菌(即古细菌)、细菌、蓝细菌、放线菌、立克次氏体、支原体、衣原体

和螺旋体。下面将介绍几种常见的原核微生物。

## 1.3.1 细菌

### 1.3.1.1 细菌的形态和大小

细菌是环境中最常见的微生物,也是单细胞且没有真正细胞核的原核生物。其大小测定单位为微米。一滴水,就可以具有成千上万个细菌。因为其个体很小,所以要观察细菌的形状,必须使用显微镜放大后,才能够看见。但是由于细菌本身是无色半透明的,放在显微镜下通过光穿透后,看起来模糊不清。为了清楚地观察它,可以使用各种染色方法,把细菌染成红色、紫色等颜色。这样,在显微镜下看起来,细菌的轮廓就很清晰,容易辨认。

1. 细菌的形态

从细菌的外形来分,细菌通常可以分为四大类型——球菌、杆菌、螺旋菌和丝状菌(图1.7)。

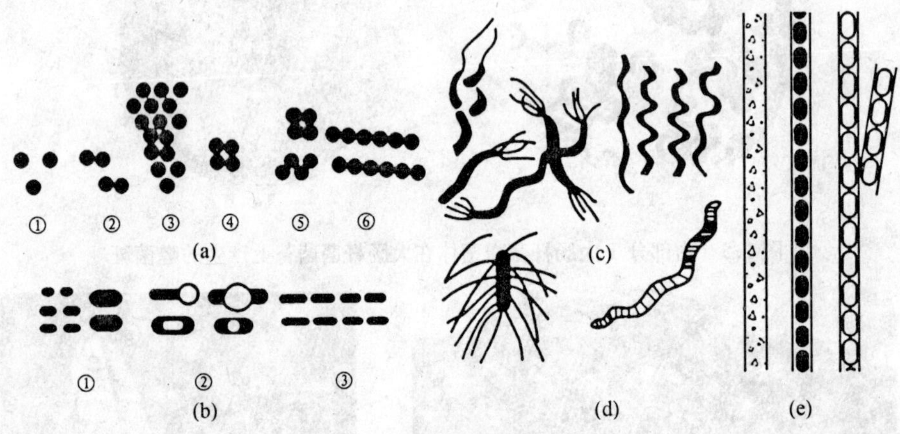


图1.7 细菌的各种形态

(1)球菌(图1.7(a))有单球菌,如①脲微球菌(*Micrococcus ureae*);双球菌,如②奈瑟氏球菌属(*Neisseria*);排列不规则的球菌,如③金黄色葡萄球菌(*Stephylo-coccus aureus*);4个球菌垒叠在一起,如④四联微球菌(*Micrococcus tetragenus*)、四联球菌(*Tetragenococcus*)、酱油四球菌(*Tetracoccus soyae*);8个球菌垒叠成立方体的球菌,如⑤甲烷八叠球菌(*Sarcina methanica*);链状的,如⑥乳酸链球菌(*Streptococcus lactis*)、嗜热链球菌(*Streptococcus thermophilus*)。

(2)杆菌有单杆菌、双杆菌和链杆菌:单杆菌中有长杆菌和短杆菌(或近似球形),如图1.7(b)①所示;有产芽孢杆菌,如枯草芽孢杆菌(*Bacillus subtilis*);有梭状的芽孢杆菌,如溶纤维芽孢梭菌(*Clostridium cellulosolvens*),如图1.7(b)②所示;还有链杆菌,如图1.7(b)③所示。

(3)螺旋菌(图1.7(c))呈螺旋卷曲状,厌氧污泥中有紫硫螺旋菌(*Thiospirillum violaceum*)、红螺菌属(*Rhodospirillum*)和绿菌属(*Chlorobium*)。螺纹不满一圈的叫弧菌,如脱硫弧菌(*Vibrio desulfuricans*);呈逗号形,如逗号弧菌(*Vibrio comma*)、霍乱弧菌(*Vibriocholerae*)等。弧菌可互相连接成螺旋形。

(4)丝状菌分布在水生境、潮湿土壤和活性污泥中。有铁细菌,如:浮游球衣(*Sphaeroti-*

*lus natans*)、泉发菌属即原铁细菌属(*Crenothrix*)、纤发菌属(*Leptothx*)及微丝菌属(*Microthrix*),如图 1.7(e)所示;丝状硫细菌,如贝日阿托氏菌属(*Beggiatoia*)、发硫菌属(*Thiothrix*)、亮发菌属(*Luecothrix*)及透明颤菌属(*Vitreoscillo*)等多种丝状菌,丝状体是丝状菌进行分类的特征。

2. 细菌的大小

细菌的大小以微米计。多数球菌的大小(直径)为 0.5~2.0 μm。杆菌的大小用其长度与宽度的乘积表示,它们的大小(长×宽)为(1~5)μm×(0.5~1.0)μm。螺旋菌的大小用其宽度与弯曲长度乘积表示,它们的大小为(0.25~1.7)μm×(2~60)μm。近几年发现的海洋水系中有超微细菌(ultramicro-bacteria)或称纳米细菌。它们的体积不到 0.08 $\mu m^3$,可通过 0.2 μm 的滤膜,它们是某些海洋系统或土壤中的优势菌,每克或每毫升含有 $10^{12}$~$10^{13}$ 个细胞。另外,在非洲还发现特大的细菌叫纳米比亚硫珍珠状菌(*Thiomargarrta namibiensis*),是目前发现的最大细菌,它的直径可达 100~300 μm,有时出现 750 μm 的细胞。

细菌的大小在个体发育过程中有变化。刚分裂的新细菌小,随发育逐渐变大,老龄细菌变小,例如培养 4 h 的枯草杆菌比培养 24 h 的长 5~7 倍。细菌的宽度变化较小,细菌大小的变化与代谢产物的积累和渗透压增加有关。

### 1.3.1.2　细菌的细胞结构

细菌为单细胞结构。所有的细菌均有如下结构:细胞壁、细胞质膜、细胞质及其内含物、拟核。部分细菌有特殊结构:芽孢、鞭毛、荚膜、黏液层、衣鞘及光合作用层片等,如图 1.8 所示。

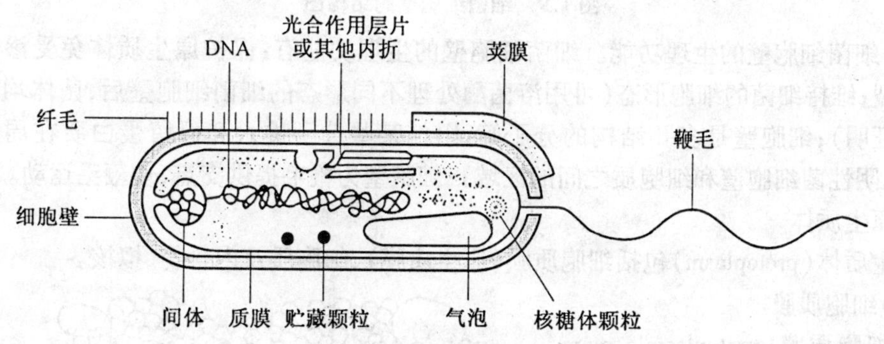


图 1.8　细菌细胞结构模式图

1. 细胞壁

细胞壁(cell wall)是指包围在细菌体表最外层的、坚韧而有弹性的薄膜,它约占菌体质量的 10%~25%。

(1)细胞壁的化学组成与结构。细菌分为革兰氏阳性菌和革兰氏阴性菌两大类,两者的化学组成和结构不同。革兰氏阳性菌的细胞壁厚,其厚度为 20~80 nm,结构较为简单,含肽聚糖(其成分有:D-氨基酸、L-氨基酸、胞壁酸和二氨基庚二酸)、磷壁酸(质)、少量蛋白质和脂肪。革兰氏阴性菌的细胞壁较薄,厚度为 10 nm,其结构较复杂,分外壁层和内壁层。外壁层又分三层:最外层是脂多糖,中间是磷脂层,内层是脂蛋白。内壁层含有肽聚糖,不含磷壁酸。革兰氏阳性菌和革兰氏阴性菌细胞壁化学组成的区别见表 1.1。由表可知:

革兰氏阳性菌含大量的肽聚糖,独含磷壁酸,不含脂多糖。革兰氏阴性菌含极少肽聚糖,独含脂多糖,不含磷壁酸。两者的不同还表现在各种成分含量的不同。尤其是脂肪的含量非常明显,革兰氏阳性菌脂肪的质量分数为1%～4%,革兰氏阴性菌脂肪的质量分数为11%～22%,详见图1.9。

表1.1　革兰氏阳性菌和革兰氏阴性菌细胞壁化学组成的比较

| 细菌 | 壁厚度/nm | 肽聚糖质量分数/% | 磷壁酸 | 脂多糖 | 蛋白质质量分数/% | 脂肪质量分数/% |
|---|---|---|---|---|---|---|
| 革兰氏阳性菌 | 20～80 | 40～90 | + | − | 约20 | 1～4 |
| 革兰氏阴性菌 | 10 | 10 | − | + | 约60 | 11～22 |

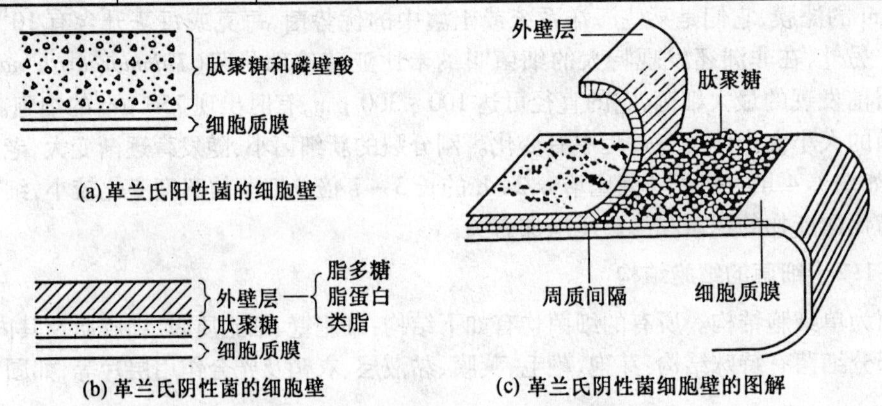


图1.9　细菌细胞壁的结构图

(2)细菌细胞壁的生理功能。细菌细胞壁的生理功能有:保护原生质体免受渗透压引起的破裂;维持细菌的细胞形态(可用溶菌酶处理不同形态的细菌细胞壁后,菌体均呈现圆形得到证明);细胞壁是多孔结构的分子筛,阻挡某些分子进入和保留蛋白质在周质间隔(革兰氏阴性菌细胞壁和细胞质之间的区域);细胞壁为鞭毛提供支点,使鞭毛运动。

2. 原生质体

原生质体(protoplasm)包括细胞质膜(原生质膜)、细胞质及内含物、拟核。

(1)细胞质膜。

1)细胞质膜(protoplasmic membrane)及化学组成:细胞质膜是指紧贴在细胞壁的内侧而包围细胞质的一层柔软而富有弹性的薄膜。它是半渗透膜,质量占菌体的10%,含有60%～70%的蛋白质,30%～40%的脂质和约2%的多糖。蛋白质与膜的透性及酶的活性有关。脂质是磷脂,由磷酸、甘油、脂肪酸和含氮碱组成。

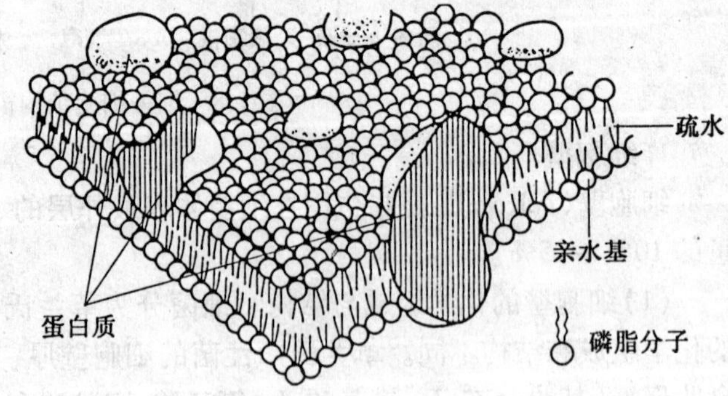


图1.10　细菌的细胞质膜结构模式图

2)细胞质膜的结构:细胞质膜的结构如图1.10所示,它由上、下两层致密的着色层,中间夹一个不着色层(区域)组成。不着色层由具有正、负电荷,具有极性的磷脂双分子层组成,是两性分子,亲水基朝着膜的内、外表面的水相,疏水基(由脂肪酰基团组成)在不着色区域。蛋白质主要结合在膜的表面,有的位于均匀的双层磷脂中,疏水基占优势。有的蛋白质由外侧伸向膜的中部,有的穿透两层磷脂分子,膜表面的蛋白质还带有多糖。有些蛋白质在膜内的位置不固定,能够转动和扩散,使细胞质膜成为一个流动镶嵌的功能区域。细胞质膜可内陷成层状、管状或囊状的膜内折系统,位于细胞质的表面或深部,常见的有中间体。

3)细胞质膜的生理功能:维持渗透压的梯度和溶质的转移。细胞质膜是半渗透膜,具有选择性的渗透作用,能阻止大分子通过,并选择性地逆浓度梯度吸收某些小分子进入细胞。由于膜有极性,膜上有各种与渗透有关的酶,还可以使两种结构相类似的糖进入细胞的比例不同,吸收某些分子,排出某些分子;细胞质膜上有合成细胞壁和形成横隔膜组分的酶,故在膜的外表面合成细胞壁;膜内陷形成的中间体(相当于高等植物的线粒体)含有细胞色素,参与呼吸作用。中间体与染色体的分离和细胞分裂有关,还能为 DNA 提供附着点;细胞质膜上有琥珀酸脱氢酶、NADH 脱氢酶、细胞色素氧化酶、电子传递系统、氧化磷酸化酶及腺苷三磷酸酶(ATPase)。在细胞质膜上进行物质代谢和能量代谢;细胞质膜上有鞭毛基粒,鞭毛由此长出,即为鞭毛提供附着点。

(2)细胞质及内含物。细胞质是在细胞质膜以内,除核物质以外的无色透明、黏稠的复杂胶体,也称原生质。它由蛋白质、核酸、多糖、脂质、无机盐和水组成。幼龄菌的细胞质稠密、均匀,富含核糖核酸(RNA),占固体物的 15% ~20%,嗜碱性强,易被碱性染料和中性染料着染。成熟细胞的细胞质可以形成各种贮藏颗粒。老龄菌细胞因缺乏营养,核糖核酸被细菌用做氮源和磷源而降低含量,使细胞着色不均匀,故可通过染色均匀与否判断细菌的生长阶段。

细胞质内含物如下:

1)核糖体(ribosome):原核微生物的核糖体是分散在细胞质中的亚微颗粒,是合成蛋白质的部位。它由核糖核酸和蛋白质组成,其中 RNA 占 60%,蛋白质占 40%。大肠杆菌的核糖体可分解出三种相对分子质量不同的 RNA:16S RNA、23S RNA 和 5S RNA。核糖体的沉降常数为 70S(由大 50S 和小 30S 组成),直径为 20 nm。在生长旺盛的细胞中,每个核糖体和初生态的多肽链连接形成多聚核糖体。实验证明:逐步将核糖体的蛋白质成分去掉也不影响核糖体合成蛋白质的功能,如果改变 16S RNA 末端的结构,核糖体合成蛋白质的效率同野生型核糖体有明显区别,可见核糖体的蛋白质成分只起维持形态和稳定功能的作用,起转录作用的可能是 16S RNA。

2)内含颗粒(inclusion granule):细菌生长到成熟阶段,因营养过剩(通常是缺氮、碳源和能源过多)形成一些贮藏颗粒,如:多聚磷酸盐颗粒(异囊粒)、聚 β-羟基丁酸、硫粒、糖原、淀粉粒等。

①多聚磷酸盐颗粒(polyphosphate granule):它是由多聚偏磷酸、核糖核酸、蛋白质、脂质及 $Mg^{2+}$ 所组成,通过酯键连接形成的线状多聚体,又称迂回体(volutin granules),是磷酸盐的贮存体,或者说是能量仓库。正在生长的细胞中多聚磷酸盐颗粒含量较多,在老龄细胞中,多聚磷酸盐颗粒被用做碳源、能源和磷源而减少。聚磷菌富含多聚磷酸盐颗粒。因有异

染效应,即用甲苯胺或甲烯蓝染成紫红色或深浅不同的蓝色。

②聚 β-羟基丁酸(poly-β-hydroxybutyric acid):聚 β-羟基丁酸(PHB)是一种聚酯类,被一单层蛋白质膜包围。其为脂溶性物质,不溶于水,易被脂溶性染料苏丹黑(Sudan black)着染,在光学显微镜下清晰可见。当缺乏营养时,被用做碳源和能源。

③硫粒(sulfur granule):贝日阿托氏菌属(*Beggiatoa*)、发硫菌属(*Thio thrix*)、紫硫螺旋菌属(*Thiospirillum violaceum*)及绿菌属(*Chlorobium*)利用 $H_2S$ 作为能源,氧化 $H_2S$ 为硫粒积累在菌体内。当缺乏营养时,氧化体内硫粒为 $SO_4^{2-}$,从中取得能量。硫粒具有很强的折光性,在光学显微镜下极易看到。

④糖原(glycogen)和淀粉粒(starch granule):两者均能用碘液染色,前者染成红褐色,后者染成深蓝色,糖原和淀粉粒可用做碳源和能源。

3)气泡(gas vacuole):紫色光合细菌和蓝细菌含有气泡,借以调节浮力。专性好氧的嗜盐细菌体内含有的气泡量多,在含盐量高的水中,嗜盐细菌借助气泡浮到水表面吸收氧气。特大的纳米比亚硫珍珠状菌(*Thiomargarita namibiensis*)体内有巨大的气泡,它可占据细胞总体积的98%。在暴风雨期间,上层海水的硝酸盐穿透到底层的硫化氢的厌氧淤泥中,此时纳米比亚硫珍珠状菌的气泡吸收和贮存硝酸盐,其浓度可达到 800 mmol/L,纳米比亚硫珍珠状菌就可利用硝酸盐作为最终电子受体,硫化氢作为电子供体和能源而生存。

4)藻青素颗粒(cyanophyin granule):此为蓝细菌所特有。由等量的精氨酸和天冬氨酸组成多肽,它是蓝细菌多余氮的贮存体。

5)羧酶体(carboxysome):也称羧化体。在蓝细菌、硝化细菌和硫杆菌体内含有羧酶体。它是1,5-二磷酸核酮糖羧化酶的贮存体,可能是固定 $CO_2$ 的场所,呈多角形,直径约100 nm。

6)磁小体(magnetosome)和磁铁矿颗粒($Fe_3O_4$):直径为 40 ~ 100 nm,由膜包裹。许多磁小体在细胞中排列成链状,如图 1.11 所示。它含有硫复铁矿($Fe_3S_4$)和黄铁矿($FeS_2$)。某些细菌如趋磁细菌(*Magnetotactic bacteria*)等利用磁小体在地球磁场中进行定位。趋磁细菌的磁小体可用做生物磁性纳米材料,用以开展趋磁细菌规模化培养技术、磁小体的制备与应用技术、功能基因组学等分子生物学研究;揭示磁小体合成的分子机理,进行趋磁细菌菌株的遗传改良以及磁小体的制备和应用研究。

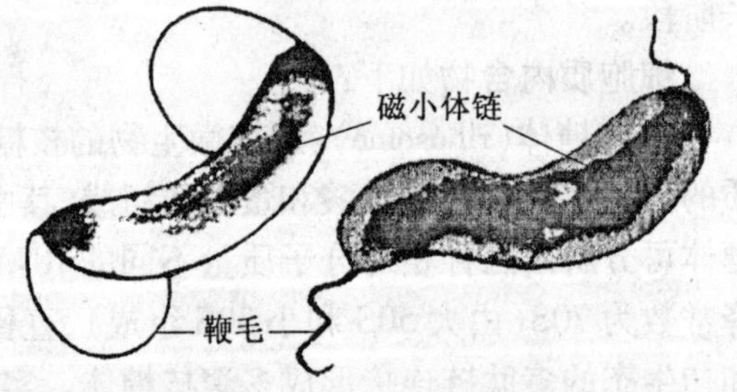

图 1.11　趋磁性水螺菌(向磁磁螺菌,*Aquaspirillum magnetotaaicum*)

通常,一种细菌含有一种或两种内含颗粒,如巨大芽孢杆菌只含聚 β-羟基丁酸,贝日阿托氏菌含聚 β-羟基丁酸和硫粒,发硫菌含硫粒,大肠杆菌和产气气杆菌含糖原。

(3)拟核。细菌的核因不具有核膜和核仁,故称为原始核(pimitive form nucleus)或拟核(nucleoid),也称细菌染色体。它由脱氧核糖核酸(DNA)组成,即由一条环状双链的 DNA 分子高度折叠缠绕形成。以大肠杆菌为例,大肠杆菌体长 1 ~ 2 μm,其 DNA 长度为 1 100 μm,等于菌体的 1 000 倍。由于高度紧密折叠,拟核只占据菌体的很小一部分。它在电子显微镜下呈现的是一个透明的、不易着色的纤维状区域,用特异性的富尔根(Fulgen)染色法着染拟核后,在光学显微镜下可见,呈球状、棒状、哑铃状。

拟核携带着细菌的全部遗传信息,它的功能是决定遗传性状和传递遗传性状,是重要的遗传物质。

3. 荚膜、黏液层、菌胶团和衣鞘

(1)荚膜。荚膜(capsule)是一些细菌在其细胞表面分泌的一种黏性物质,它把细胞壁完全包围封住,这层黏性物质就叫荚膜(图1.12)。荚膜能相对稳定地附着在细胞壁表面,使细菌与外界环境有明显的边缘。高碳氮比和通气条件的培养基有利于好氧细菌的荚膜形成。细菌荚膜一般很厚;有的细菌荚膜却又很薄,在200 μm以下,称微荚膜。荚膜是细菌的分类特征之一。

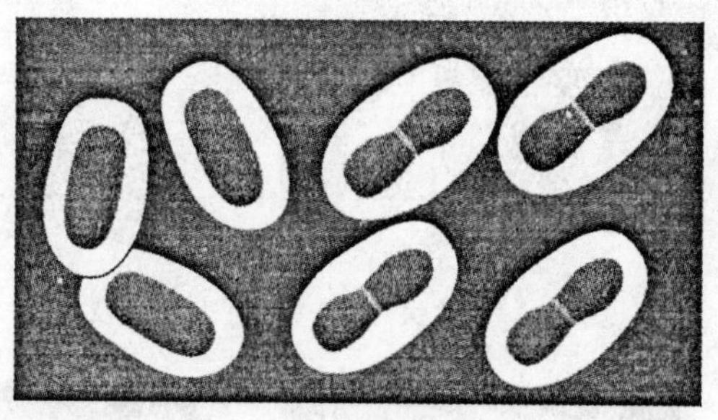

图1.12 细菌的荚膜

1)荚膜的化学组成:荚膜的含水率为90%~98%,有些细菌的荚膜含多糖(单体为D-葡萄糖、D-葡萄糖醛酸、D-半乳糖、L-鼠李糖、L-岩藻糖等)。炭疽杆菌含多肽(单体为D-谷氨酸)。巨大芽孢杆菌的荚膜是由多糖组成的网状结构,其间隙镶嵌以D-谷氨酸组成的多肽。有的荚膜含脂质或脂质蛋白复合体。荚膜很难着色,可用负染色法(也称衬托法)染色。先用染料染菌体,然后使用墨汁将背景涂黑,即可衬托出菌体和背景之间的透明区,这个透明区就是荚膜,它在光学显微镜下清晰可见。

2)荚膜的功能:具有荚膜的S型肺炎链球菌毒力强,有助于肺炎链球菌侵染人体;荚膜保护致病菌免受宿主吞噬细胞的吞噬,保护细菌免受干燥的影响;当缺乏营养时,荚膜可被用做碳源和能源,有的荚膜还可用做氮源;废水生物处理中的细菌荚膜有生物吸附作用,将废水中的有机物、无机物以及胶体吸附在细菌体表面上。

(2)黏液层。有些细菌不产荚膜,其细胞表面仍可以分泌黏性的多糖,疏松地附着在细菌细胞壁表面上,与外界没有明显边缘,这叫黏液层(slime layer)。在废水生物处理过程中有生物吸附作用,在曝气池中因曝气搅动和水的冲击力容易把细菌黏液冲刷入水中,以致增加水中的有机物,被其他微生物利用。

(3)菌胶团。有些细菌由于其遗传特性决定,细菌之间按一定的排列方式互相黏集在一起,被一个公共荚膜包围形成一定形状的细菌集团,叫做菌胶团(zoogloea)。菌胶团的形态如图1.13所示,有球形、蘑菇形、椭圆形、分枝状、垂丝状及其他不规则形。上述各种菌胶团在活性污泥中均存在,典型的有动胶菌属(*Zoogloeg*),它具有两个种:生枝动胶菌(*Zramigera*)和垂(悬)丝动胶菌(*Zfdipendulq*)。

(4)衣鞘。水生境中的丝状菌多数有衣鞘(sheath),如球衣菌属、纤发菌属、发硫菌属、亮发菌属、泉发菌属等丝状体表面的黏液层或荚膜硬质化,形成一个透明坚韧的空壳,即为衣鞘。

荚膜、黏液层和衣鞘对染料的亲和力极低,很难着色,采用负染色法进行染色。

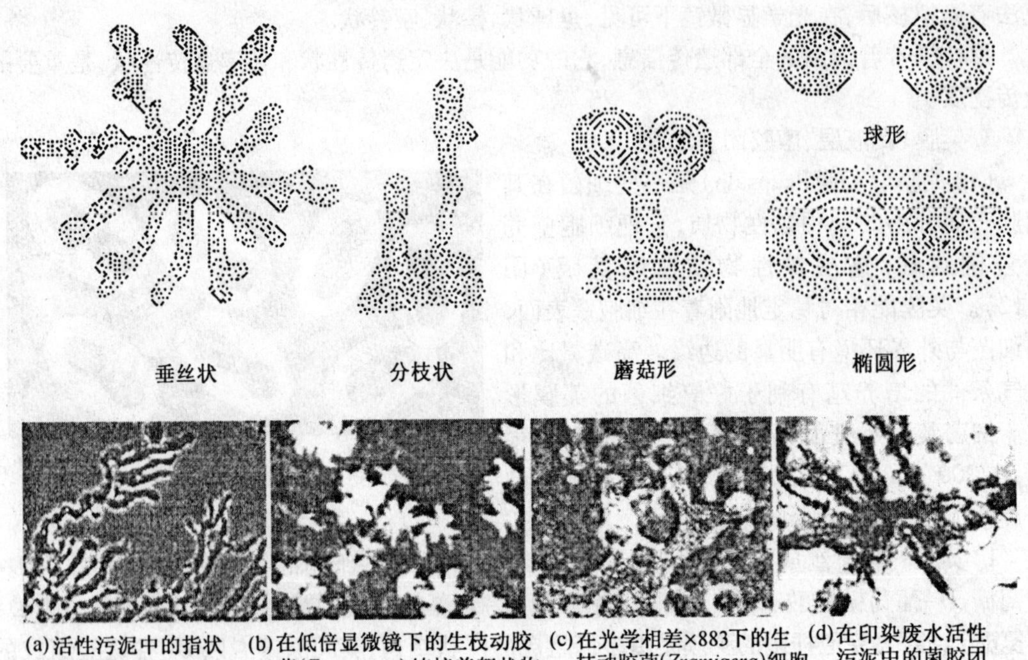


(a)活性污泥中的指状菌胶团　(b)在低倍显微镜下的生枝动胶菌(*Zramigera*)纯培养絮状物　(c)在光学相差×883下的生枝动胶菌(*Zramigera*)细胞　(d)在印染废水活性污泥中的菌胶团

图1.13　菌胶团的几种形态

4. 芽孢

某些细菌在它的生活史中的某个阶段或某些细菌在它遇到外界不良环境时，在其细胞内形成一个内生孢子叫芽孢（spore）。所有的芽孢都可抵抗外界不良环境。芽孢是细菌分类鉴定的依据之一。芽孢着生的位置依据细菌种的不同而不同，如枯草芽孢杆菌的芽孢位于细胞的中间，其大小接近其菌体的直径。梭状芽孢杆菌的芽孢位于菌体中间，其直径大于菌体使菌体成梭状。破伤风杆菌的芽孢位于菌体的一端，使菌体成鼓槌状。好氧的芽孢杆菌属（*Bacillus*）和厌氧的梭状芽孢杆菌属（*Clostridium*）的所有细菌都具有芽孢；球菌中只有芽孢八叠球菌属（*Sporosarcina*）产生芽孢；弧菌中只有芽孢弧菌属（*Sporovibrio*）产生芽孢。

芽孢的特点：

（1）芽孢的含水率低，为38%～40%。

（2）芽孢壁厚而致密，分三层：外层是芽孢外壳，为蛋白质性质；中层为皮层，由肽聚糖构成，2,6-吡啶二羧酸；内层为孢子壁，由肽聚糖构成，包围芽孢、细胞质和核质。芽孢萌发后孢子壁变为营养细胞的细胞壁。

（3）芽孢中的2,6-吡啶二羧酸（Dipicolinic Acid，DPA）含量较高，为芽孢干重的5%～15%。吡啶二羧酸以钙盐形式存在，故钙含量高。在营养细胞和不产芽孢的细菌体内未发现2,6-吡啶二羧酸。芽孢形成过程中2,6-吡啶二羧酸随即合成，芽孢就具有耐热性，芽孢萌发形成营养细胞时，2,6-吡啶二羧酸就消失，耐热性就会丧失。

（4）芽孢含有耐热性酶。

以上四个特点使得芽孢对不良环境如高温、低温、干燥、光线和化学药物有很强的抵抗力。细菌的营养细胞在70～80 ℃时10 min就会死亡，而芽孢在120～140 ℃还能生存几小时;营养细胞在体积分数5%的苯酚溶液中很快死亡,芽孢却能存活15 d。芽孢的大多数酶处于不活动状态,代谢活力极低,所以,芽孢是抵抗外界不良环境的休眠体。

芽孢较不易着色,但可用孔雀绿染色。

5.鞭毛

由细胞质膜上的鞭毛基粒长出穿过细胞壁伸向体外的一条纤细的波浪状的丝状物叫鞭毛(flagella)。鞭毛的直径为0.001~0.02 μm,长度不等,一般在2~50 μm之间。具有鞭毛的细菌都能运动,不具鞭毛的细菌一般不能运动。但贝日阿托氏菌、透明颤菌、发硫菌的繁殖体及黏细菌例外,它们虽然没有鞭毛但仍可运动,这种运动叫滑动。不同细菌的鞭毛着生的部位是不同的,如图1.14所示。有单根鞭毛,有一束鞭毛,都为端生,端生的还有正端生和亚极端生;还有周生鞭毛。鞭毛着生部位、数目、排列是细菌分类的依据之一。鞭毛靠细胞质膜上的ATP酶水解ATP时释放的能量而运动。用鞭毛染色液染菌体,使染料沉积在鞭毛上而使之变粗,可在光学显微镜下观察到。

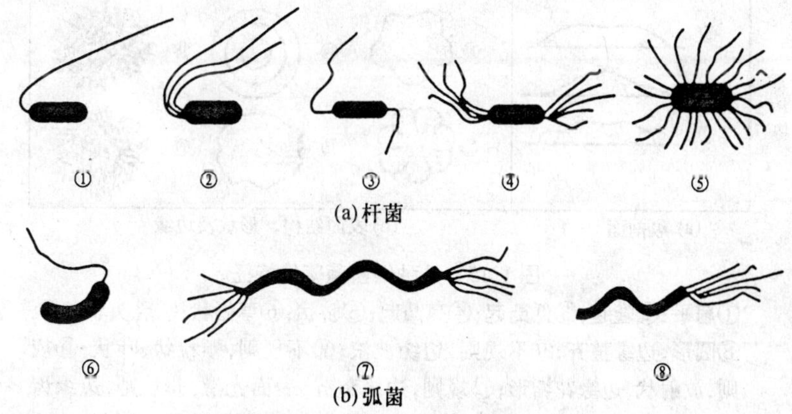


图1.14　细菌鞭毛的着生位置

①极端生;②亚极端生;③两极端生;④两束极端生;⑤周身;⑥单根极端生;⑦两束极端生;⑧束极端生

### 1.3.1.3　细菌的培养特征

细菌的培养特征有多种:细菌在固体培养基中的培养特征;细菌在明胶培养基中的培养特征;细菌在半固体培养基中的培养特征;细菌在液体培养基中的培养特征。以上的培养特征均可用以鉴定细菌,或判断细菌的呼吸类型和运动性。

1.细菌在固体培养基中的培养特征

细菌在固体培养基中的培养特征就是菌落特征。所谓菌落是由一个细菌繁殖起来的,由无数细菌组成具有一定形态特征的细菌集团。

用稀释平板法和平板划线法将呈单个细胞的细菌接种在固体培养基上,在一定的温度条件下培养,细菌就可以在固体培养基上迅速生长繁殖形成一个由无数细菌组成的群体,即菌落。不同种的细菌菌落特征是不同的,如图1.15所示,包括形态、大小、光泽、颜色、质地柔软程度、透明度等,菌落的特征是分类鉴定的依据之一。从三个方面可以看出菌落的特征:第一,表面特征:光滑还是粗糙,干燥还是湿润等。第二,边缘特征:圆形、边缘整齐、呈锯齿状、边缘伸出卷曲呈毛发状、边缘呈花瓣状等。第三，纵剖面特征：平坦、扁平、隆起、凸起、草帽状、脐状、乳头状等。例如，肺炎链球菌具有荚膜，表面光滑、湿润、黏稠，称为光滑型菌落；枯草芽孢杆菌不具有荚膜，它的菌落为表面干燥、皱褶、平坦，称为粗糙型菌落；簟状芽孢杆菌的细胞是链状的，其菌落表面粗糙，边缘有毛状凸起并卷曲；浮游球衣菌在质量浓度 1 g/L的水解酪素固体培养基上会长成平坦、透明、边缘呈卷曲毛发状的菌落；贝日阿托氏菌在含醋酸钠、硫化钠及过氧化氢的培养基上长成平坦、半透明、圆盘或椭圆状的菌落。在培养基上其菌体（毛发体）呈盘旋状活跃滑行。

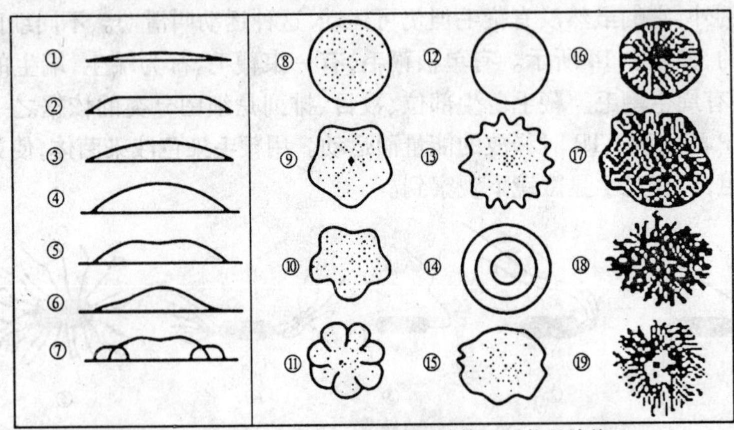


图 1.15　几种细菌菌落的特征

①扁平；②隆起；③低凸起；④高凸起；⑤脐状；⑥草帽状；⑦乳头状；⑧圆形，边缘整齐；⑨不规则，边缘波浪；⑩不规则，颗粒状、叶状；⑪规则，放射状，边缘花瓣形；⑫规则，边缘整齐，表面光滑；⑬规则，边缘齿状；⑭规则，有同心环，边缘完整；⑮不规则，似毛毯状；⑯规则，似菌丝状；⑰不规则，卷发状、边缘波状；⑱不规则，丝状；⑲不规则，根状

菌苔是细菌在斜面培养基的接种线上长成的一片密集的细菌群落。不同属种细菌的菌苔形态是不同的，如图 1.16 所示。

2. 细菌在明胶培养基中的培养特征

用穿刺接种法将某种细菌接种在明胶培养基中培养，能产生明胶水解酶水解明胶，不同的细菌将明胶水解成不同形态的溶菌区，如图 1.17 所示，依据这些不同形态的溶菌区或溶菌与否可以将细菌进行分类。

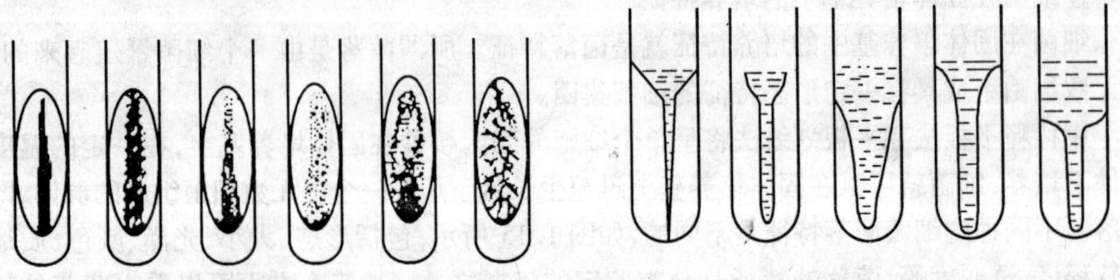

图 1.16　细菌在斜面培养基上的菌苔特征　　图 1.17　细菌在明胶培养基中的生长特征

3. 细菌在半固体培养基中的培养特征

用穿刺接种技术将细菌接种在含质量浓度 3 ~ 5 g/L 琼脂的半固体培养基中培养，细菌可呈现出各种生长状态(图 1.18)。根据细菌的生长状态判断细菌的呼吸类型和鞭毛有无运动。

可以依据如下生长状况判断细菌呼吸类型：如果细菌在培养基的表面及穿刺线的上部生长者为好氧菌；沿着穿刺线自上而下生长者为兼性厌氧菌或兼性好氧菌；如果只在穿刺线的下部生长者为厌氧菌。

根据如下生长状况判断细菌是否运动：如果只沿着穿刺线生长者为没有鞭毛、不能运动的细菌；如果不但沿着穿刺线生长而且穿透培养基扩散生长者为有鞭毛、能运动的细菌。

4. 细菌在液体培养基中的培养特征

在液体培养基中，细菌整个个体与培养基相接触，可以自由扩散生长。它的生长状态随细菌属种的特征而异(图 1.19)。如枯草芽孢杆菌在肉汤培养基的表面长成无光泽、皱褶而黏稠的膜，培养基很少浑浊或不浑浊；有的细菌使培养基浑浊，菌体均匀分布于培养基中；有的细菌互相凝聚成大颗粒沉在管底部，培养基很清。细菌在液体培养基中的培养特征是其分类依据之一。

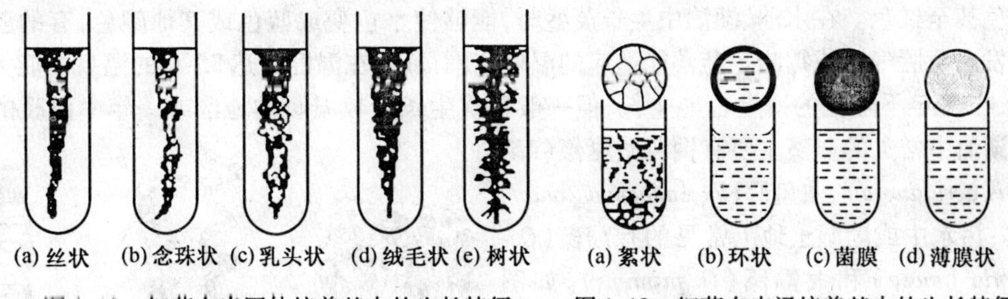


图 1.18　细菌在半固体培养基中的生长特征　　图 1.19　细菌在肉汤培养基中的生长特征

## 1.3.2　放线菌

放线菌(*Actinomycete*)是一种细长分枝的单细胞菌丝体，菌体由不同长短的纤细的菌丝组成。菌丝的直径与细菌的大小较接近，一般约 0.5 ~ 1 μm，最大的不超过 1.5 μm，菌丝很长，为 50 ~ 600 μm，其主要特征是内部相通，一般无隔膜。菌丝分三部分：伸入营养物质内或漫生于营养物表面吸取养料的菌丝，称为营养菌丝(vegetative mycelium)；当营养菌丝生长到一定程度，就会生长为伸向空中的菌丝，称为气生菌丝(aerial mycelium)；在生殖生长期气生菌丝的顶端形成孢子丝，产生分生孢子(或称气生孢子)，如图 1.20 所示。孢子对于不良的外界环境具有较强的抵抗力。成熟的孢子在环境中传播，当孢子遇到适宜环境条件时，就萌发长出菌丝，菌丝生长分枝再分枝，最后形成网状的菌丝体，放线菌容易在培养基上生长，在固体培

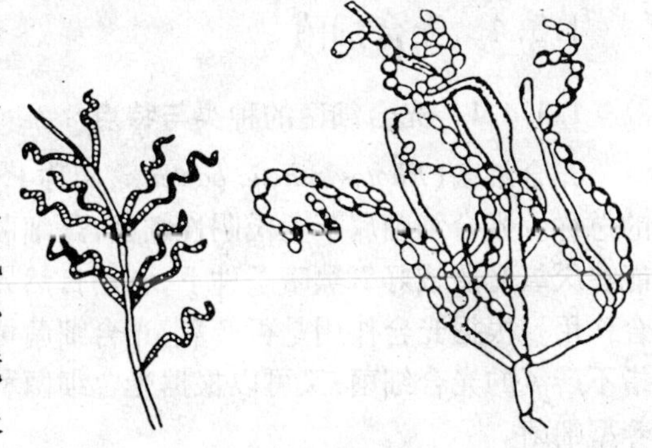

图 1.20　放线菌气生菌丝及孢子丝

养基上形成菌落。菌落表面常呈粉末状或皱折状,有的则呈紧密干硬的圆形,有些属的菌落则为糊状。菌落大小变化较大,大的可达 1 cm。不同放线菌的菌落呈不同的颜色,无色、白、黑、红、褐、灰、黄、绿等颜色都有。菌落的正面和背面的颜色往往不同,正面是孢子的颜色,背面是营养菌丝及其所分泌的色素的颜色,常具有土腥味。放线菌菌落不易用接种环挑起,或者被成片挑起。

大多数放线菌是好氧性的,一般生长需要中性偏碱环境,最适宜的 pH 值为 7~8,最适宜的温度为 25~30 ℃。放线菌多数是腐生性的,个别也有寄生性的,有些寄生种能使动植物致病。不少抗菌素是由放线菌产生的,其中的氯霉素、链霉素、土霉素等,能够抑制细菌的代谢。

放线菌中的代表属有放线菌属(*Actinomyces*)、诺卡氏菌属(*Nocardia*)、链霉菌属(*Streptomyces*)等。

### 1.3.3　蓝藻

蓝藻(*Blue algae*)又称蓝细菌(*Cyanobac teria*),是单细胞、丝状的群体(由许多个体聚集而成),其细胞中除含有叶绿素等色素外,还含有较多的藻蓝素,因此藻体呈蓝绿色,有时带黄褐色甚至红色。在水池、湖泊中生长茂盛时,能够使水色变成蓝色或其他颜色,有的蓝藻并能发出草腥气味或霉味。蓝藻能适应的温度范围很广,在温度高达 85 ℃的温泉中能大量繁殖,在多年不融化的冰上也能生长,但一般喜欢生长于较温暖的地区或一年中温暖的季节。湖泊中常见的蓝藻主要有铜色微囊藻(*Microcytis aeruginosa*)、曲鱼腥藻(*Anabaena contorta*)等;污水中或潮湿土地上常见的有颤藻(*Oscillatoria limosa*)和大颤藻(*O. princeps*),如图 1.21所示,蓝藻是引起水体富营养化的主要藻类之一。

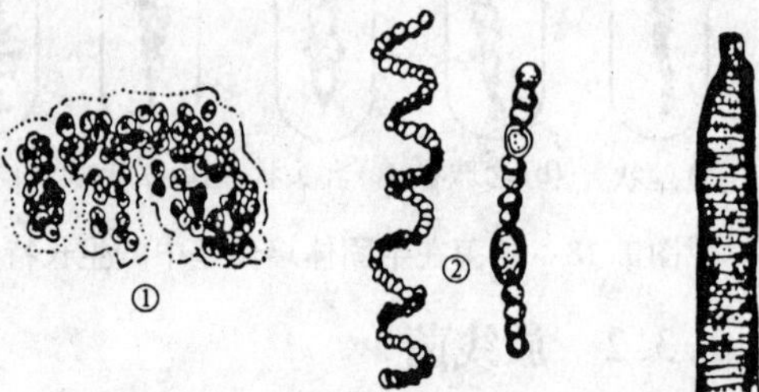


图 1.21　几种蓝藻
①铜色微囊藻;②曲鱼腥藻;③大颤藻

蓝细菌中的许多种能固定空气中的分子态氮,还有一些能与真菌形成共生体,如地衣(*Lichen*)就是蓝细菌与真菌所形成的共生体。

### 1.3.4　光合细菌

#### 1.3.4.1　光合细菌的种类与特点

光合细菌(*Photosynthetic bacteria*,简称 PSB)是一类具有原始光能合成体系的原核生物的总称。光合细菌属革兰氏阴性细菌,是细菌中最为复杂的菌群之一。它们以光作为能源,能在厌氧光照或好氧黑暗条件下,利用自然界中的有机物、硫化物、氨等作为供氢体进行光合作用。根据光合作用是否产氧,光合细菌可分为产氧光合细菌和不产氧光合细菌,通常多指不产氧的光合细菌;又可以根据光合细菌利用碳源的不同,将其分为光能自养型和光能异养型细菌。

光合细菌的种类较多,目前主要根据它所具有的光合色素体系和光合作用中是否能以硫为电子供体将其分为 4 个科,即红螺菌科(红色无硫菌科)(*Rhodosprillace*)、绿硫菌科

(Chlorobiaceae)、红硫菌科(Chromatiaceae)、滑行丝状绿硫菌科(Chloroflexaceae),含22个属,61个种,而且近年来不断有新种被发现。如2005年6月一个国际科学家小组报道在太平洋海面下2 400 m处生活的绿硫菌科的一种细菌,依靠海底热泉泉眼中极其微弱的光亮进行光合作用。他们认为,这种细菌不仅改变了人们对地球生命的认识,也可能成为寻找外星生命的线索。

光合细菌广泛存在于自然界的湖泊、江河、海洋、活性污泥及土壤内,是自然界中的原始生产者,并在自然界碳素循环和物质循环中起重要作用。与生产应用关系密切的大部分都是不产氧型光合细菌,主要是红螺菌科的一些属、种,如荚膜红假单胞菌(*Rhodopseudomonas capsulatus*)、嗜硫红假单胞菌(*R. sulfidophia*)、沼泽红假单胞菌(*R. palustris*)、深红红螺菌(*Rhodospirillum rubrum*)、黄褐红螺菌(*R. fulvum*)、球形红假单胞菌(*R. globiformis*)等。

#### 1.3.4.2　光合细菌的生理特性

在光合细菌体内含有大量的蛋白质、辅酶Q和相当完全的B族维生素(尤其是$B_{12}$、叶酸和生物素),以及丰富的菌绿素和类胡萝卜素等。光合细菌菌体形态多样,有球形、椭圆形、半环形,也有杆状和螺旋状,有些菌种的细胞形态还会随着培养条件和生长阶段的不同而发生变化。所有光合细菌体内都含有菌绿素与类胡萝卜素,随其种类和数量的不同,菌体呈不同的颜色,如绿色、黄色等。

绝大多数光合细菌的最佳pH值范围在7~8.5之间,在10~45 ℃范围内均可生长繁殖,最适宜温度为25~28 ℃。钠、钾、钙、钴、镁和铁等是光合细菌代谢中必需的矿质元素。而不产氧光合细菌是代谢类型复杂、生理功能最为广泛的微生物类群。各种光合细菌获取能量和利用有机质的能力各不相同,它们的代谢途径随环境变化可以发生改变。光合细菌从营养类型上分为光能自养型、光能异养型及兼性营养型;从呼吸类型上分为好氧、厌氧和兼性厌氧型。光能自养菌主要是以硫化氢为光合作用供氢体的紫硫细菌和绿硫细菌,光能异养菌主要是以各种有机物作为供氢体和主要碳源的紫色非硫细菌(*Purplnon-sutur bacteria*)。红螺菌科的一些菌具有固氮和产氢能力,固氮与产氢同步进行。

环境中还有其他原核微生物,这里不一一介绍,仅列表比较(见表1.2)。

**表1.2　环境中其他原核微生物特点**

| 名称 | 立克次氏体 | 介于细菌和病毒之间 | |
|---|---|---|---|
| | | 衣原体 | 支原体 |
| 结构特点 | 结构类似于细菌,不产生芽孢,不具鞭毛,不运动 | 寄生于哺乳动物和鸟类,引起沙眼和鹦鹉热等病 | 自由生活最小的原核微生物,无细胞壁,只有细胞膜 |

## 1.4　真核微生物

真核微生物具有发育完好的细胞核,核内有核仁和染色质。其有核膜将细胞核和细胞质分开,使两者有明显的界线。其有高度分化的细胞器,如线粒体、中心体、高尔基体、内质网、溶酶体和叶绿体等。繁殖方式为有丝分裂。真核微生物包括除蓝细菌以外的藻类、酵母菌、霉菌、伞菌、原生动物、微型后生动物等。

## 1.4.1　藻类

### 1.4.1.1　藻类的形态及生理特性

1. 形态与结构

藻类(algae)是低等植物中的一大类群,其细胞与组织的进化地位较低,没有根、茎、叶、花、果实的分化。其种类很多,按照形态构造、色素组成等特点来划分,藻类可分为10个纲,主要的有蓝藻、绿藻、硅藻、褐藻和金藻等。此外,在前面已经介绍过,蓝藻是原核生物,本节不再叙述。

藻类形态多种多样,有单球状、多球链状、杆状、舟形、薄板状、丝状等,有单细胞的,也有多细胞的。个体较大的属于植物研究的范畴,如海带、紫菜等。大多数个体微小的生物属于微生物。

藻类为真核微生物,多数具有细胞壁。单细胞藻类一般能运动,运动器官为鞭毛。藻类体内都有叶绿体,但不同的藻类所含的色素不同。

2. 生理特征

藻类一般是自养的,细胞内含有叶绿素及其他辅助色素,能够进行光合作用,利用光能,吸收 $CO_2$。合成细胞物质,同时放出 $O_2$。除了利用 $CO_2$外,还需要其他无机营养物质来合成藻体蛋白,如氮、磷、硫、镁等。藻类为需氧型生物,在夜间无阳光时,则通过呼吸作用取得能量,吸收 $O_2$的同时放出 $CO_2$。因此,在藻类很多的池塘中,白昼水中的溶解氧往往很高,甚至趋于饱和,夜间溶解氧会急剧下降,因为夜间藻类只有呼吸作用,没有光合作用。藻类 pH 值在4~10之间便可以生长,适宜的 pH 值则为6~8。

3. 代表类型

(1)绿藻。绿藻是一种单细胞或多细胞的绿色植物。有些绿藻的个体较大,如水绵、水网藻等,有些则很小,必须用显微镜才能够看到,如小球藻、蛋白核小球藻。其细胞中的色素以叶绿素为主,并含有叶黄素和胡萝卜素。有的绿藻有鱼腥或青草的气味。绿藻的大部分种类适宜在微碱性环境中生长。常见的绿藻有小球藻属(*Chlorella*)、栅藻属(*Scenedesmus*)、衣藻属(*Chlamydomonas*)、空球藻属(*Eudorina*)和周藻属(*Volvox*)等(图1.22)。大部分绿藻在春夏之交和秋季生长得最为旺盛,绿藻也是引起水体富营养化的主要藻类之一。

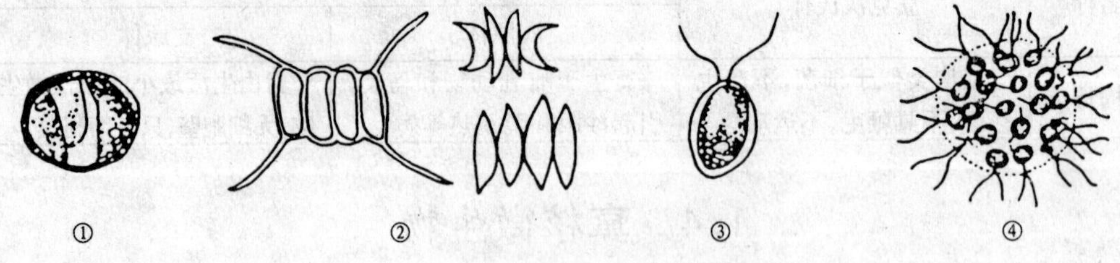


图1.22　四种绿藻

①小球藻;②栅藻;③衣藻;④空球藻

(2)硅藻。硅藻为单细胞或多细胞的群体,细胞内含有黄色素、胡萝卜素和叶绿素等。主要特点是细胞壁中含有大量的硅质,形成一个由两片(上盒、下盒)合成的硅藻壳体。在盒上有各种花纹,是种类鉴别的依据之一。

硅藻主要存在于水体中,水中常见的硅藻有纺锤硅藻属(*Navicula*)、丝状硅藻属(*Melosira*)、旋星硅藻属(*Asterionella*)、隔板硅藻属(*Tabel laria*)、斜生栅藻属(*Scenedesmus obliquus*)等。

另外,环境中还有金藻、甲藻、褐藻、红藻等,它们与环境工程关系较小,这里不再一一介绍。

#### 1.4.1.2　藻类在水生生态系统中的地位

在水生生态系统中,藻类是重要的初级生产者,是水生生态系统食物链中的一个关键环节,如存在于水体上层的浮游藻类,是浮游动物的食物。而在海洋中,藻类是主要的生产者,是海洋生物的重要有机营养的来源,同时,也为海洋细菌的生长提供了丰富的有机物质。

此外,藻类进行光合作用时,释放出大量的氧,成为水体中的溶解氧,为水中生物的生长提供了良好的氧环境。据研究,在夏天阳光照射下,藻类生长旺盛的水体中,水中的溶解氧可达到饱和状态。在夏天,藻类对补充水体中溶解氧的作用远大于水体自然空气的复氧作用。

但同时,由于生活中大量洗涤剂的使用和工业、农业废水的排放,废水中常含有较多的磷和氮,因此可能使受纳水体中的藻类大量繁殖,产生富营养化污染,造成多种危害。如在夜间或藻类死亡后消耗大量氧气,因而危及水生生物的生存。严重时,甚至使湖泊变为沼泽或旱地。

### 1.4.2　真菌

真菌(fungus)是低等的真核微生物,其构造比细菌要复杂,种类繁多,有单细胞的酵母菌(yeast)、多细胞的分枝霉菌(mould)。它们都具有明显的真正细胞核(完整的核结构),没有叶绿素,不能进行光合作用,营腐生或寄生生活,为化能有机营养型。

#### 1.4.2.1　霉菌

1. 形态及生理特性

环境中的霉菌是多细胞的腐生或寄生的丝状菌,由一种呈丝状分枝的菌丝(hypha)所组成的菌丝体。与放线菌相似,菌丝体也分为两部分,一部分是营养菌丝,要伸入营养物质内摄取营养,为基内菌丝;另一部分伸入空气中是气生菌丝,然后长出孢子丝,在其顶部能形成孢子和释放孢子。但与放线菌又不同,菌丝比放线菌的菌丝粗几倍到几十倍。大多数霉菌菌丝的内部都有隔膜,把菌丝分成若干小段,每个小段就是一个细胞,菌丝中的隔膜是细胞的细胞壁,如青霉、曲霉等都属于这种多细胞的类型。由一个细胞组成的没有隔膜的菌丝,称为单细胞菌丝体,如毛霉、根霉等(图 1.23)。

霉菌的细胞壁与细菌不同,主要由几丁质或纤维素组成;除少数水生低等真菌含有纤维素外,大部分霉菌细胞壁由几丁质组成。

霉菌的繁殖能力很强,方式多样,分无性繁殖和有性繁殖两大类。无性繁殖是主要繁殖方式,产生孢囊孢子、分生孢子、节孢子和厚垣孢子等无性孢子(图 1.24)。有些霉菌在菌丝生长后期以有性繁殖的方式形成有性孢子进行繁殖。由于霉菌产生的无性孢子数量多,体积小而轻,因此可随气流或水流到处散布。当温度、水分、养分等条件适宜时,便萌发成菌丝。

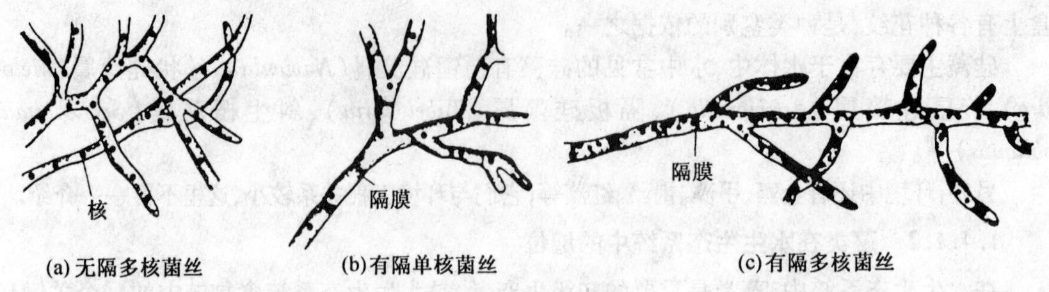


图 1.23 霉菌菌丝

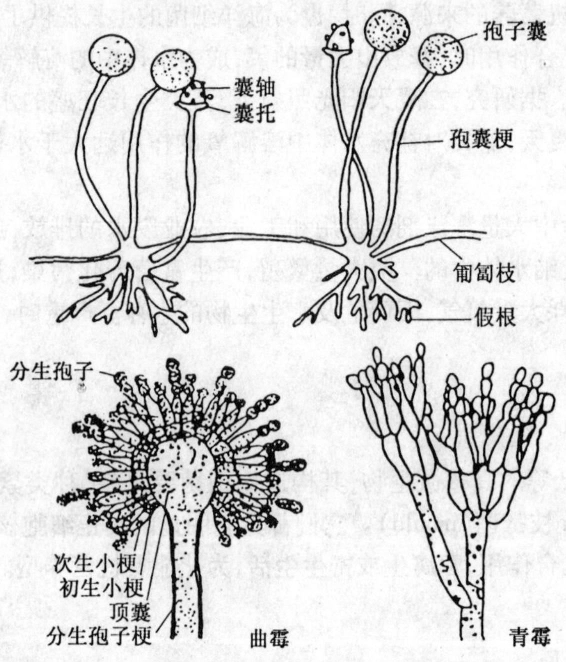


图 1.24 霉菌的无性繁殖方式

霉菌是异养微生物，依靠现成的有机物生活，能够分解多种有机物，如碳水化合物、脂肪、蛋白质及其他含氮有机化合物等。大多数霉菌进行好氧呼吸，适宜的生活温度为 20 ~ 30 ℃；代谢中既能产生有机酸，也能产生氨，可以调节酸碱度。因此，某些种类对 pH 值的适应性很强，可在 pH 值为 1 ~ 10 之间的环境中生存，但适宜的 pH 值范围为 4.5 ~ 6.5。

2. 菌落特征

将霉菌一段或一个或多个菌丝聚集在一起的孢子，接种到固体培养基上，在一定温度的条件下，经过一定时间的培养后，在培养基上长出菌落（图 1.25）。菌落呈绒毛状、絮状或蜘蛛网状，生长快，菌落大，为细菌的几倍到几十倍，有的无限制地扩展，在固体培养基表面蔓延。菌落表面常有肉眼可见的孢子，背面能呈现出不同的颜色，霉菌常有“霉味”。

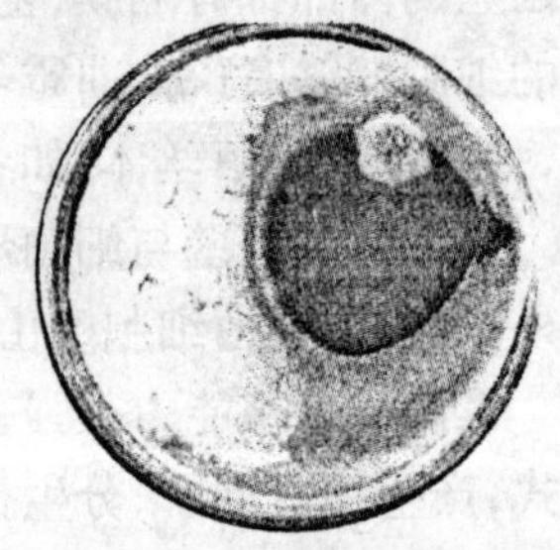

图 1.25 霉菌菌落

3. 在污染物控制中的应用

因为霉菌的代谢能力很强，特别是对复杂的有机物(如纤维素、木质素等)具有很强的分解能力，所以霉菌在固体废弃物的资源化及处理过程中具有重要作用。

在废水生物处理的构筑物内，真菌的种类和数目远少于细菌、原生动物，但菌丝常能用肉眼看到，形如灰白色的棉花丝，黏着在沟渠或水池的内壁。在生物滤池的生物膜内，真菌形成广大的网状物，可能起着结合生物膜的作用。在活性污泥中，若霉菌的繁殖过快，丝状的菌丝体使污泥密度变小，引起污泥膨胀，影响水处理效果。

#### 1.4.2.2　酵母菌

酵母菌是单细胞的真菌，但常常是多个细胞相互连接成的菌丝体，成为假菌丝(图 1.26)。其细胞形态为圆形、卵圆形或圆柱形，内含有细胞核，核呈圆形或卵形，直径约 1 μm，外围有明显的细胞壁。一般长 8 ~ 10 μm，宽约 1 ~ 5 μm，菌体比细菌大几倍至几十倍。

酵母菌菌落与细菌菌落形态相似，一般呈圆形，表面湿润有光泽，带黏性，呈白色或红色，培养时间较长的菌落呈皱缩状，较干燥。酵母菌常有“酒香味”，比细菌大而厚。酵母菌在中性偏酸(pH 值为 4.5 ~6.5)的条件下，能较好地生长。

大多数酵母菌都是以出芽的方式来进行无性繁殖，先在细胞一端长出突起，接着细胞核分裂出一部分并进入突起部分，突起部分逐渐长大成芽体。由于细胞壁的收缩，使芽体与母细胞相分离。成长的芽体可能暂时与母细胞联合在一起，也可能立即与母细胞分离(图 1.27)。有些酵母是有性生殖的，它们以子囊孢子进行繁殖。

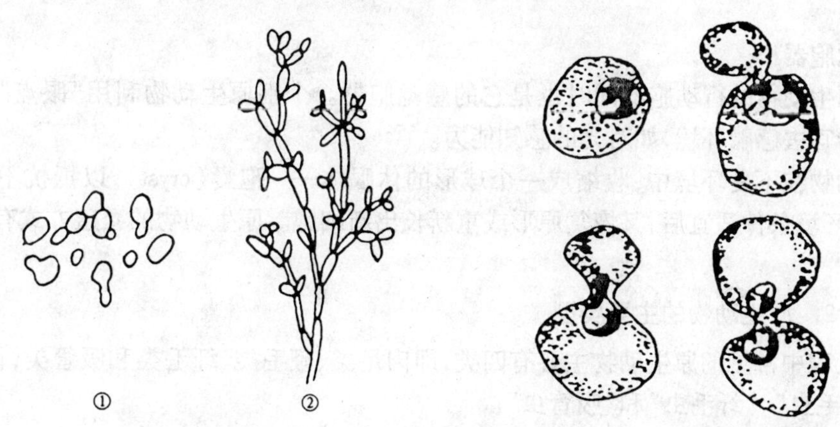


图 1.26　酵母菌
①酵母；②假丝酵母

图 1.27　啤酒酵母的芽殖

### 1.4.3　原生动物

#### 1.4.3.1　原生动物的形态及生理特性

原生动物(protozoan)是动物界中最低等、最简单的单细胞动物。它们的个体都很小，长度一般在 100 ~ 300 μm 之间，少数大的种类长度可达毫米级，如天蓝喇叭虫中个别小的种类长度则只有几微米。每个细胞常常只有一个细胞核，少数种类也有两个或两个以上细胞核。原生动物在形态上虽然只有一个细胞，但在生理上却是一个完善的有机体，能和多细胞动物一样行使营养、呼吸、排泄、生殖等机能。其细胞体内各部分有不同的分工,形成机能不同的"胞器",能够分别完成自己的生理功能。

1. 运动胞器

运动胞器有伪足、鞭毛和纤毛等。如鞭毛虫类以鞭毛为运动胞器,通过鞭毛的摆动而在水体中四处活动,有利于捕食。

2. 消化、营养胞器

水中原生动物的营养方式有以下三类:

(1)植物性营养。这类原生动物和植物一样,在有阳光的条件下,可以利用二氧化碳和水合成碳水化合物。但只有少数的原生动物采取这种营养方式,如植物性鞭毛虫。

(2)动物性营养。以吞食细菌、真菌、藻类或有机颗粒为主,大部分原生动物采取这种营养方式。

(3)腐生性营养。以分解利用死的机体、腐烂的物质为主。有些原生动物的营养类型在不同的环境条件下可以发生变化,如植物性营养的原生动物在不能进行光合作用时,也可以进行吞食有机物质,进行动物性的营养方式,取得营养物质与能量。有些动物性营养的原生动物具有胞口、胞咽等胞器。

3. 排泄胞器

大多数原生动物具有专门的排泄胞器——伸缩泡。伸缩泡一伸一缩,即可将原生动物体内多余的水分及积累在细胞内的代谢产物收集起来,然后排出体外,以免代谢产物积累产生有害作用。

4. 感觉胞器

一般原生动物的行动胞器同时也是它的感觉胞器。个别原生动物利用"眼点"这个专门的感觉器官去感触环境,如对光的感知能力。

原生动物在不良环境中,收缩成一个球形的休眠体——孢囊(cryst),以抵抗不良环境的影响,当环境条件适宜后,又恢复原形或重新长出新细胞。原生动物的繁殖方式有无性和有性两种。

### 1.4.3.2　原生动物的主要类型

环境工程中常见的原生动物主要有四类,即肉足类、鞭毛类、纤毛类和吸管类,俗称"肉足虫"、"鞭毛虫"、"纤毛虫"和"吸管虫"。

1. 肉足类

肉足类原生动物(sarcodina)大多数没有固定的形状,少数种类为球形。细胞质可伸缩变动而形成伪足,作为运动和摄食的胞器。绝大部分肉足类原生动物都是动物性营养方式。肉足类原生动物没有专门的胞口,完全靠伪足进行摄食,以细菌、藻类、有机颗粒和比它本身小的原生动物为食物。

肉足虫根据形态可分为两类:可以任意改变形状的肉足类为根足变形虫,一般叫做变形虫(Amoeba);体形不变的肉足类,呈球形,伪足呈针状,如辐射变形虫(Amoeba radiosa)和太阳虫(Acti nophrys)等(图1.28)。

在自然界,肉足类原生动物广泛分布于土壤和水体中。

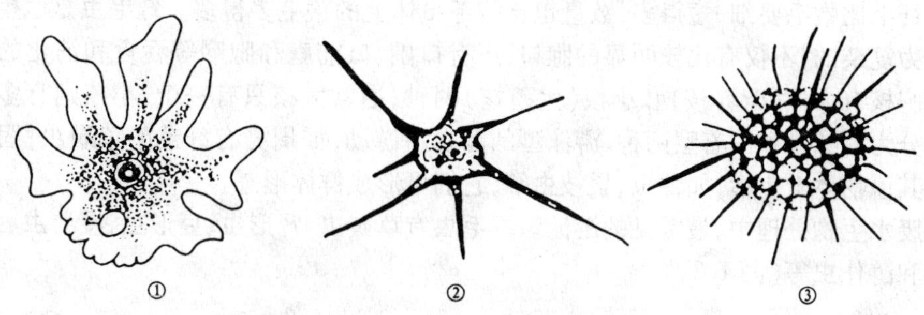

图1.28　几种肉足类原生动物
①变形虫;②辐射变形虫;③太阳虫

2. 鞭毛类

一般体形都很小,靠吞食细菌等微生物和其他固体食物生存,有些还兼有动物式腐生性营养方式。在自然界中,动物性鞭毛虫生活在腐化有机物较多的水体内。在废水处理厂曝气池运行初期,往往出现动物性鞭毛虫。常见的动物性鞭毛虫有梨波豆虫和跳侧滴虫等(图1.29)。它们在水体中运动得较快,活体的鞭毛不易观察到。

植物性鞭毛虫多数有绿色的色素体,是只进行植物性营养的原生动物。此外,有少数无色的植物性鞭毛虫,它们没有绿色的色素体,却具有植物性鞭毛虫所专有的某些物质,如坚硬的表膜和副淀粉粒等,形体一般都很小,进行动物性营养。在自然界中,绿色的种类较多;在活性污泥中,则无色的植物性鞭毛虫较多。

常见的植物性鞭毛虫为绿眼虫(Euglena viridis)(图1.30)。进行植物性营养,有时能进行植物式腐生性营养。中污性小水体是其最适宜的生存环境,在生活污水中较多,在寡污性的静水或流水中极少。在活性污泥中和生物滤池表层滤料的生物膜上均有发现,但为数不多。此外,还有杆囊虫(Paranema trichophorum),鞭毛比眼虫粗,利用溶解于水中的有机物进行腐生性营养。

有些能够进行光合作用的鞭毛类原生动物,同时具有动植物的特点,在分类上,也有人将其归入藻类植物。

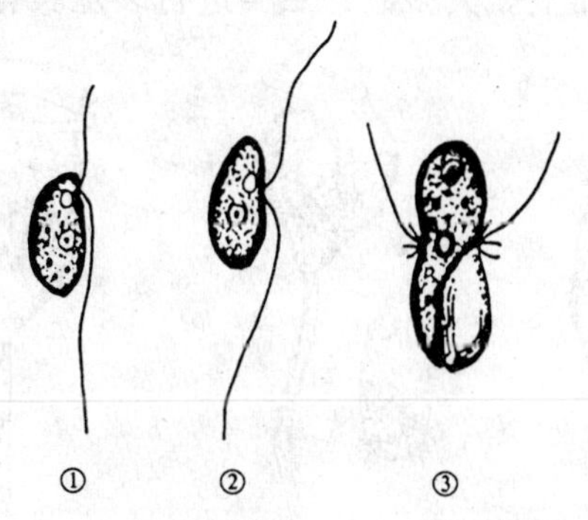

图1.29　动物性鞭毛虫
①梨波豆虫;②跳侧滴虫;③活泼锥滴虫

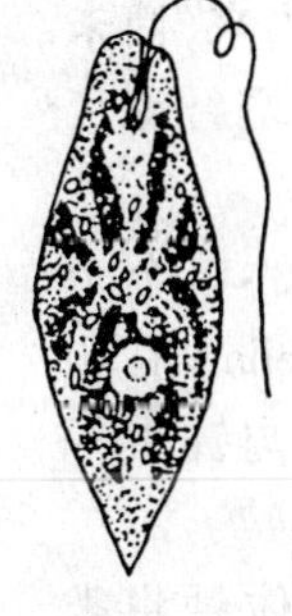

图1.30　绿眼虫

3. 纤毛类

纤毛类原生动物或纤毛虫的特点是周身表面或部分表面具有纤毛,作为行动或摄食的工具。纤毛比鞭毛要细、短得多,数量也比鞭毛虫体上的鞭毛多得多。纤毛虫是原生动物中构造最为复杂的,不仅有比较明显的胞口,还有口围、口前庭和胞咽等吞食和消化的细胞器官。细胞核有大核(营养核)和小核(生殖核)两种,通常大核只有一个,小核则有多个。纤毛类可分为游泳型和固着型两种,游泳型的能自由游动,如周身有纤毛的草履虫;固着型的固着在其他物体上生活,如钟虫、累枝虫等,它们可形成群体形态。

在废水生物处理中,最常见的游泳型纤毛虫有草履虫、肾形虫、豆形虫、漫游虫、裂口虫、楯纤虫和游仆虫等(图1.31)。

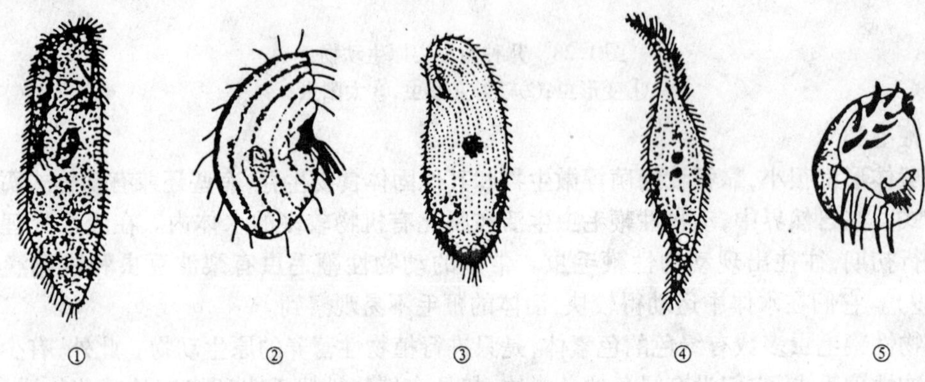


图1.31　游泳型纤毛虫

①草履虫;②肾形虫;③豆形虫;④漫游虫;⑤游仆虫

常见的固着型纤毛虫主要是钟虫类,因其外形像钟而得名。钟虫前端有环形纤毛丛构成的纤毛带,形成似波动膜的构造。纤毛摆动时能使水形成旋涡,把水中的细菌、有机颗粒引进胞口。食物在虫体内形成食物泡,当泡内食物逐渐被消化和吸收后,泡亦消失,剩下的残渣和水分渗入较大的伸缩泡中,伸缩泡逐渐胀大,到一定程度即收缩,把泡内废物排出体外。伸缩泡只有一个,而食物泡的个数则随钟虫活力的旺盛程度而增减。

大多数钟虫在后端都具有尾柄,且靠尾柄附着在其他物质(如活性污泥、生物滤池的生物膜)上。也有无尾柄的钟虫,可在水中自由游动。有时有尾柄钟虫也可离开原来的附着物,靠前瓣纤毛的摆动而移到另一固体物质上。大多数钟虫类进行裂殖。有尾柄钟虫的幼体刚从母体分裂出来,尚未形成尾柄时,靠后端纤毛带摆动而自由游动。

水体中常见的单个个体的钟虫(Vorticella)有领钟虫、小口钟虫、沟钟虫等(图1.32)。

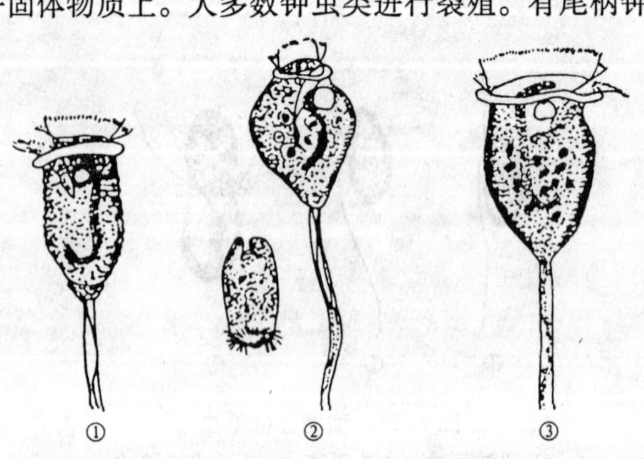


图1.32　单个个体的钟虫

①领钟虫;②小口钟虫;③沟钟虫

较常见的群体钟虫类有等枝虫(累枝虫,Epistylis)和盖纤虫(盖虫,Opercularia)等。常见的等枝虫有瓶累枝虫等,盖纤虫有集盖虫、彩盖虫等(图1.33)。等枝虫的各个钟形体的尾柄一般互相连接呈等枝状,也有不分枝而个体单独生活的。盖纤虫的尾柄在顶端互相连接,虫口波动膜处生有“小柄”。集盖虫的虫体一般为卵圆形或近似犁形,中部显著地膨大,前端口最宽阔的中部较小,尾柄细而柔弱,群体不大,常不超过16个个体。彩盖虫的虫体伸直时近似于纺锤形,体长约为体宽的3倍,收缩时类似卵圆形,尾柄较粗而坚实,群体较小,一般由2~8个个体组成。等枝虫和盖纤虫的尾柄内,不像普通钟虫,都没有肌丝,所以尾柄不能伸缩,当受到刺激后只有虫体收缩。

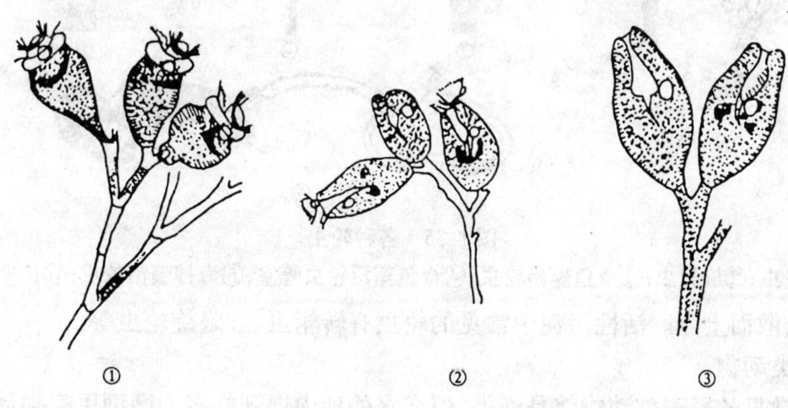


图1.33　群体钟虫
①瓶累枝虫;②集盖虫;③彩盖虫

纤毛虫喜欢吃细菌及有机颗粒,竞争能力较强,与废水生物处理的关系较为密切,通常为废水处理中的指示微生物。

4. 吸管类

还有一类原生动物,因其成虫具有吸管,而被称为吸管虫类原生动物,但在幼虫时具有纤毛,因此,也有归入纤毛虫类。吸管虫也长有柄,固着在固体物质上,吸管用来诱捕食物(图1.34)。

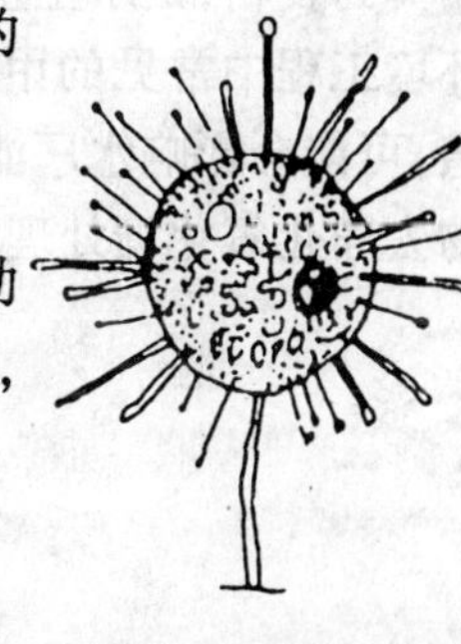

图1.34　吸管虫

## 1.4.4　后生动物

后生动物为多细胞的动物性微型生物,有些肉眼可观察到。在环境工程中,常见的后生动物主要是多细胞的无脊椎动物,包括轮虫、甲壳类动物和昆虫及幼虫等。

1. 轮虫

轮虫(Rotifers)是多细胞动物中比较简单的一种。其身体前端有一个头冠,头冠上有一列、两列或多列纤毛形成纤毛环。纤毛环能旋转,以带动轮虫前端处水体的流动,并将细菌和有机颗粒等引入口部,纤毛环还是轮虫行动的工具(图1.35)。轮虫就是因纤毛环摆动时形状如旋转的轮盘而得名。轮虫有透明的壳,两侧对称,身体成节状,体后多数有尾状物。有些轮虫的前端与尾部都能够收缩与伸展。

轮虫是动物性营养方式,以小的原生动物、细菌和有机颗粒物等为食物,所以在废水的生物处理中具有一定的净化作用。在废水的生物处理过程中,轮虫也可以作为指示生物。当活性污泥中出现轮虫时,往往表明处理效果良好,但如数量太多,则有可能破坏污泥的结

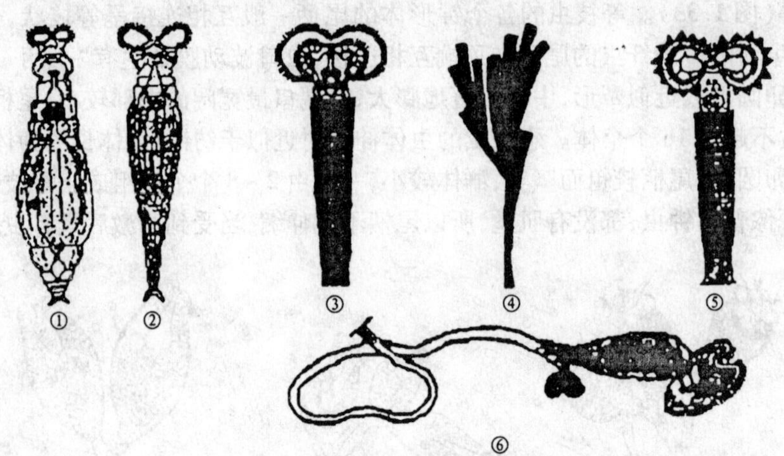


图1.35 各种轮虫

①小粗颈轮虫;②旋轮虫;③金鱼藻沼轮虫;④金鱼藻沼轮虫管室;⑤海神藻沼轮虫;⑥长柄巨冠轮虫

构,使污泥松散而上浮。活性污泥中常见的轮虫有转轮虫、红眼旋轮虫等。

2. 甲壳类动物

水中最常见的甲壳类动物就是虾类,但在水处理中遇到的多为微型甲壳类动物,这类生物的主要特点是都具有坚硬的甲壳。在水体中与环境相关的主要是一些水蚤类,以细菌和藻类为食料,是水生生态系统中的一个消费者;同时又是一些大型动物,如鱼类的食物。在环境工程中常见的甲壳类动物有水蚤(Daphnia)和剑水蚤(Cyclops)(图1.36),若大量繁殖,可能会影响水厂滤池的正常运行。氧化塘出水中往往含有较多藻类,可以利用甲壳类动物去净化氧化塘处理出水,提高出水水质。

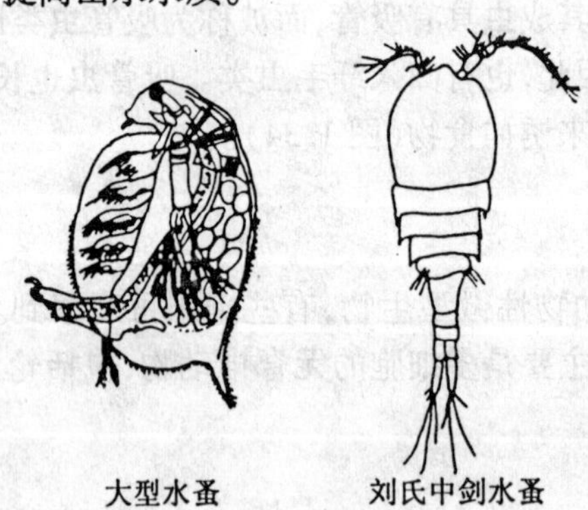


图1.36 甲壳类动物

3. 线虫等小动物

水中有机淤泥和生物上常生活着一些其他小动物,如线虫等。线虫(Nema-tode)的虫体为长线形,在水中的长度一般为0.25~2 mm,断面为圆形(图1.37),在水中肉眼可见。有些线虫是寄生性的,在水体与废水处理中见到的是独立生活的种类。线虫可同化其他微生物不易降解的固体有机物,因此,也有一定的有机物降解能力。但当废水处理中出现线虫时,往往反映了活性污泥不太正常。

在水中可被发现的小虫或其幼虫还有摇蚊幼虫(Chironomusgr plumosus)、蜂蝇幼虫(Eri

stalis tenax）和颤蚯蚓（Tubifex tubier）等（图 1.38），这些生物都是研究河川污染的指示生物。动物生活时需要氧气，但微型动物在缺氧的环境里也能数小时不死。一般来说，在无毒废水的生物处理过程中，如无动物生长，则往往说明溶解氧不足。

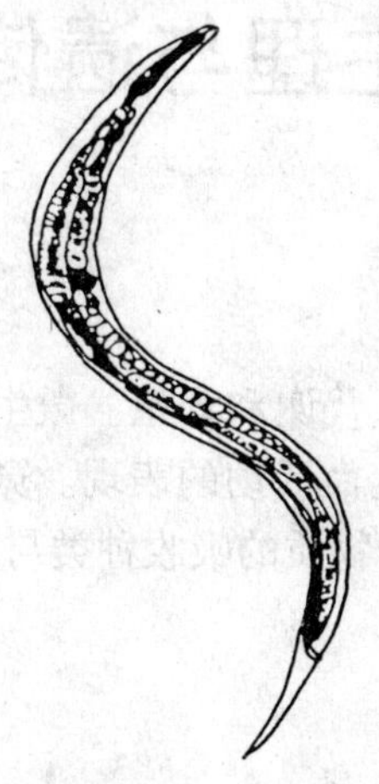

图 1.37　线虫

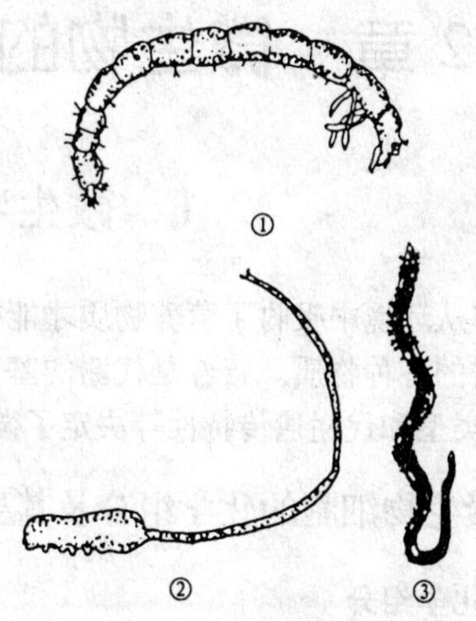


图 1.38　几种小生物
①摇蚊幼虫；②蜂蝇幼虫；③颤蚯蚓

# 第2章　微生物的代谢生理与遗传

## 2.1　微生物的营养

微生物只有从环境中吸收了营养物质才能很好地生长、代谢和繁殖。微生物的营养是指吸取生长所需的各种物质。营养是代谢的基础,代谢是生命活动的表现。微生物细胞的化学组成、营养类型和代谢遗传特性等决定了微生物对营养物质的吸收种类与方式。

### 2.1.1　微生物细胞的化学组分及其生理功能

#### 2.1.1.1　化学组分

微生物细胞中最重要的、含量最大的组分是水,约占细胞总质量的80%,一般为70%～90%,其他10%～30%为干物质。干物质中有机物占90%～97%,其主要化学元素是C、H、O、N、P、S;另外3%～10%为无机盐(或称灰分),主要是各种金属元素(大量元素、微量元素)组成的化合物。其化学组成示意图如图2.1所示。

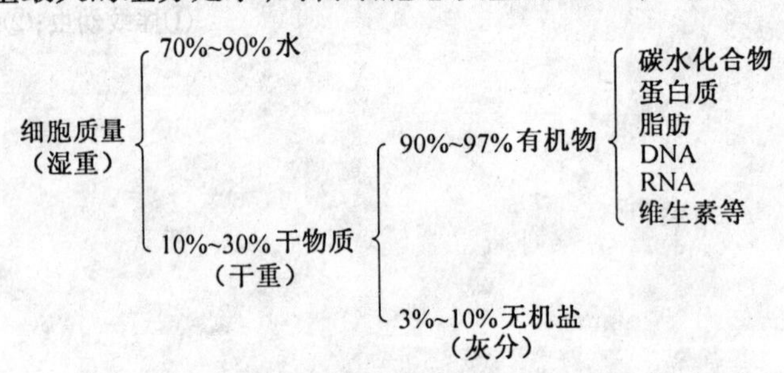


图2.1　微生物细胞的化学组成

不同的微生物细胞化学组分不同,同一种微生物在不同的生长发育阶段,化学组分也有所差异。

#### 2.1.1.2　各化学组分的生理功能

1. 水分

水分是微生物体内最重要的组分之一,是不可缺少的化学组分。水在微生物细胞内的存在形式,有自由水和结合水两种状态。其生理作用主要有以下四个方面:

(1)溶剂作用。微生物体内的所有物质都必须以水为溶剂,溶解于水后,才能参与各种生化反应。

(2)反应物。水作为反应物,参与微生物体内的生化反应,如各种大分子有机物的水解反应,都必须有水作为反应物。

(3)物质运输的载体。微生物进行营养物质的运输时,必须先溶解于水中,才能被输送到各个部位。

(4)维持和调节有机体的温度。

2. 碳源

能够提供细胞组分或代谢产物中碳素来源的各种营养物质称为碳源。碳源分有机碳源和无机碳源两种，有机碳源包括各种糖类、蛋白质、脂肪、烃类化合物、醇、有机酸等，无机碳源主要是 $CO_2$（$CO_3^{2-}$ 或 $HCO_3^-$）。碳源的作用是提供细胞骨架和代谢物质中碳素的来源以及生命活动所需要的能量。自养微生物以简单的一碳化合物为碳源，而异养微生物以复杂的有机化合物为碳源。

3. 氮源

能够提供细胞组分中氮素来源的各种物质称为氮源。氮源也分为两大类：有机氮源（如蛋白质、蛋白胨、肽、嘌呤、嘧啶、氨基酸等）和无机氮源（如氮气、氨、亚硝酸盐、硝酸盐等）。氮源的作用是提供细胞新陈代谢中所需的氮素合成材料，在一定的情况下，也可为细胞提供生命活动所需要的能量。

4. 无机盐

无机盐主要指细胞内存在的一些金属离子。根据含有量的多少可以分成微量元素（如 Zn、Ni、Co、Mo、Mn 等）和大量元素（如 P、S、K、Mg、Na、Fe 等）。无机盐类在细胞中的主要作用是：构成细胞的组成成分，如 $H_3PO_4$ 是核酸物质 DNA 和 RNA 的重要组成成分，还是生物体能量载休的组成成分，如 ATP 中有 3 个高能磷酸键；酶的组成成分与酶的激活剂，如 S 是蛋白质和氨基酸的—SH 成分，$Mg^{2+}$、$K^+$ 是酶的激活剂；维持微生物内的适宜的渗透压，如 $Na^+$、$K^+$、$Cl^-$；化能自养型微生物的能源。

5. 生长因子

某些微生物在提供了碳源、氮源、磷源、硫源和无机盐类等组分外，还必须加入某种细胞或组织的提取液时才能够较好生长，这些微生物生长所必需的微量的特殊物质，是微生物本身在生长过程中不能自身合成的，而必须由外界供给，称之为生长因子。根据化学组分的不同，生长因子主要有维生素类、氨基酸类、嘌呤类、嘧啶类，其作用主要是构成酶的辅酶或辅基。

微生物往往先利用现成的容易被吸收、利用的有机物质，如果这种现成的有机物质的量已满足了代谢要求，就不分解利用其他物质。在工业废水生物处理中，常在其中补加一些生活污水以补充工业废水中某些营养物质的不足，但当工业废水中的各种成分已基本满足微生物的营养要求，则不能盲目地添加生活污水；否则，微生物只会分解容易利用的生活污水中的有机物，这反而影响了对工业废水中要去除污染物的吸收利用，而这些污染物都是一些较难吸收利用的污染物，从而影响到工业废水的净化效率。

#### 2.1.1.3　培养基

1. 培养基及分类

培养基（culture medium）是根据微生物营养需要而进行人工配制的适合不同微生物生长繁殖或积累代谢产物的营养载体，是微生物培养的必需品。

培养基种类很多，组分和形态各异，应用很广。根据不同的依据分为多种类型。

2. 培养基组分

根据化学组分，培养基通常可分成三类：天然培养基、合成培养基和半合成培养基。

(1)天然培养基是指利用动物、植物、微生物体或其提取液制成的培养基，培养基中营养物质多种多样，确切的化学组分和准确的含量无法确定。这种培养基的优点是取材方便，营养丰富，种类多样，配制容易；缺点是组分不清楚，故配制的不同批次的培养基容易造成成分不稳定，对试验结果会带来不利影响。

(2)合成培养基是用确定组分、准确含量的纯化学试剂配制而成的培养基，其特点正好与天然培养基相反，其优点是成分精确，重复性好，利于保持培养基组分的一致；缺点是价格较贵，配制过程繁杂；多用于微生物的营养、代谢、生理生化、遗传育种等要求较高的研究。

(3)半合成培养基是指既含有天然组分又含有纯化学试剂的培养基，如培养真菌的马铃薯加蔗糖培养基。半合成培养基的特点和制备价格介于天然培养基和合成培养基两者之间，适合不同的培养需要。常用的微生物培养基营养成分组成如表 2.1 所示。

**表 2.1 常用的微生物培养基营养成分组成**

| 微生物 | 培养基 | 培养基成分/% | | | | 培养基 pH 值 |
|---|---|---|---|---|---|---|
| | | 碳源 | 氮源 | 无机盐类 | 生长因子 | |
| 细菌 | 肉汁培养基 | 牛肉膏 0.5 | 蛋白胨 1.0 | NaCl 0.5 | 牛肉膏中已有 | 7.2 |
| | 疱肉培养基 | 葡萄糖 2.0 | 膘蛋白胨 1.0 | NaCl 0.5 | 牛心浸出液 45.5 | 自然 7.0 ~ 7.2 |
| 放线菌 | 淀粉培养基 | 可溶性淀粉 2.0 | $KNO_3$ 0.1 | $K_2HPO_4$ 0.05<br>NaCl 0.05<br>$MgSO_4 \cdot 7H_2O$ 0.05<br>$FeSO_4 \cdot 7H_2O$ 0.001 | | 7.0 ~ 7.2 |
| | 蔗糖硝酸盐培养基 | 蔗糖 3.0 | $NaNO_3$ 0.2 | $K_2HPO_4$ 0.1<br>$MgSO_4 \cdot 7H_2O$ 0.05<br>$FeSO_4 \cdot 7H_2O$ 0.001 | | 7.0 ~ 7.3 |
| 酵母膏 | 麦芽汁培养基 | 麦芽汁内已含 | | | | 自然 |
| | My 培养基 | 葡萄糖 1.0 | 蛋白胨 0.5 | | 酵母膏 0.3<br>麦芽汁 0.3 | 自然 |
| 霉菌 | 察氏培养基 | 蔗糖或葡萄糖 3.0 | $NaNO_3$ 0.3 | $K_2HPO_4$ 0.1<br>KCl 0.05<br>$MgSO_4 \cdot 7H_2O$ 0.05<br>$FeSO_4 \cdot 7H_2O$ 0.001 | | 6.0 |

3. 物理状态

依据物理状态的不同，培养基又可分为固体、半固体和液体培养基三大类。

按照配方配制而成的呈液体状态的培养基为液体培养基，是微生物学研究中常用的一种培养基形态。水处理中废水可以看做是一种广义的液体培养基，可为处理污水的微生物提供营养物质。在液体培养基中加入 0.5% ~1.0% 的琼脂作为凝固剂后，培养基状态处于固体和液体之间，就成为半固体培养基，其主要用途是用做微生物运动特性的观察。在液体培养基中加入 2% 左右的琼脂作为凝固剂，培养基的外观呈固体状，为固体培养基。由天然固体状基质直接制成的培养基，如马铃薯片、大米、米糠、木屑、纤维等也属于这一类。固体培养基主要用于普通的微生物学研究,如酿造或食用菌培养等。

4. 培养基的用途

根据用途的不同,培养基可分成三类:鉴别培养基、选择性培养基和加富培养基。

(1)鉴别培养基。鉴别培养基是根据对化学和物理因素的反应特性而设计的可以借助肉眼直接判断微生物的培养基。水处理中常用的伊红美蓝培养基(Eosin Methylene Blue, EMB 培养基)就是典型的鉴别培养基。

(2)选择性培养基。选择性培养基是按照某种或某些微生物的特殊营养要求而专门设计的培养基。作用是使分离样品中的待选择的微生物得以生长和分离,并使待分离的目的微生物由劣势菌变为优势菌,从而提高微生物的分离效果。如要从环境中分离出降解半纤维素的细菌,则只需要加入半纤维素作为选择性培养基进行培养,在这样的培养基中,只有能够分解半纤维素的细菌才能生长,从而分离得到可分解半纤维素的细菌。

(3)加富培养基。加富培养基是根据细菌的营养要求,促进细菌生长而特地添加多种营养物质,使培养基成分营养丰富的基质。加富培养基多用于细菌分离前的富集扩大培养。

5. 培养基的配制方法

培养基的配制步骤主要有:根据所要培养的微生物类别,选择培养基的配方;按照配方,量取适量的水分,称取各营养组分、无机盐等加入水中,加入凝固剂;加热溶解各种营养成分,配成溶液;调节 pH 值,再加入生长因子或指示剂等;装入锥形瓶中,放入高压蒸汽锅中灭菌;冷却放置备用。

## 2.1.2　微生物的营养类型

微生物的种类繁多,各种微生物要求的营养物质也不尽相同,自然界中的所有物质几乎都可以被这种或那种微生物所利用,甚至一些有毒害的物质如氰、酚等,也可成为某些微生物的营养物质。

根据所需碳源的不同,可把微生物分成两大类型:自养型和异养型。对营养要求简单,能以简单的含碳化合物为碳源,在完全含无机物的环境中生长繁殖的微生物,叫做自养菌(或称无机营养型微生物)。自养菌以二氧化碳或碳酸盐作为碳源,铵盐或硝酸盐作为氮源,进行微生物的生长合成代谢。自养菌生命活动所需的能量则来自无机物或来自阳光。而只能以现存的有机物质为碳源的微生物称为异养菌(或称有机营养型细菌),主要以有机碳化物,如碳水化合物、脂类、有机酸等,作为碳素养料的来源,并利用这类物质分解过程中所产生的能量作为生命活动所必需的能源。在自然界中,绝大部分微生物都是异养菌。其他各种微生物,根据它们对于营养要求的不同,也可分属于自养和异养这两大类型。

微生物所需能量来源也有两类:光能(从太阳光中获得能量)和化能(从分解有机物中获得能量)。结合碳源分类,营养类型可分成四类:光能自养、化能自养、化能异养和光能异养。

### 2.1.2.1　光能自养

光能自养型微生物都含有光合色素,能够进行光合作用。例如,光合微生物(chlorodiuni)含有菌绿素能利用光能,把二氧化碳合成细胞所需的有机物质。它们在进行光合作用时,和高等绿色植物在水的光解中获得氢不同,如绿硫菌在光合还原时要有硫化氢存在,从硫化氢中获得氢，以还原 $CO_2$。光合微生物与藻类光合作用的过程比较如下。

光合微生物（绿硫菌）：

$$CO_2+2H_2S \xrightarrow[\text{菌绿素}]{\text{光能}} [CH_2O]+H_2O+2S$$

高等绿色植物：

$$CO_2+H_2O \xrightarrow[\text{叶绿素}]{\text{光能}} CH_2O+O_2$$

#### 2.1.2.2　化能自养

化能自养型微生物生长需要无机物，如硝化微生物、铁微生物、某些硫磺微生物等，能够氧化一定的无机化合物，利用其所产生的化学能为能源，还原二氧化碳为有机碳化物。

化能营养微生物的专一性较强，一种微生物只能氧化某一种特定的无机物质，如亚硝酸细菌就只能氧化铵盐。化能营养微生物的分布较光能营养微生物普遍，在自然界的物质循环中起重要作用，如对于自然界中氮、硫、铁等物质的转化都具有重大的作用。

#### 2.1.2.3　化能异养

化能异养类型是微生物最普遍的代谢方式，大部分微生物都以这种营养类型生活和生长，利用有机物作为生长所需的碳源和能源。在异养微生物中，有很多从死的有机残体中获得养料而生活（腐生微生物），仅有少数生活在活的生物体中（寄生微生物）。腐生微生物在自然界的物质转化中起着决定性作用，而很多寄生微生物则是人和动植物的病原微生物。在这两种类型间还存在着中间类型，既可腐生又可寄生，为兼性腐生或兼生寄生。

#### 2.1.2.4　光能异养

属于这一营养类型的微生物很少，如红螺菌中的一些微生物以这种方式生长。这种营养类型很特殊，不以 $CO_2$作为主要碳源，可利用有机物（如异丙醇）作为供氢体，利用光能将 $CO_2$还原成细胞物质。一般来说，光能异养型微生物在生长时大多都需要生长因子。上面介绍的是微生物的四种基本营养类型。一种微生物通常以一种营养类型生长，但有些微生物随着生长条件的转变，其营养类型也会发生改变。微生物的营养和营养类型的划分是研究微生物生长的一个重要方面。在应用微生物进行水和废水处理的过程中，应该充分注意微生物的营养类型和营养需求，通过控制运行条件，要尽可能地提供和满足微生物所需的各种营养物质，最大限度地培养微生物种类和数量，以达到最佳的工艺处理效能。

### 2.1.3　营养物质的吸收和运输

营养物质的吸收和运输对于微生物来说，是很重要的一个代谢环节，只有当微生物所需要的营养物质进入微生物细胞内，才能参与微生物的生化代谢反应。细胞膜是半渗透性的膜，各种营养物质并不能自由地进出微生物细胞，必须借助于微生物的物质吸收和运输途径才能进入到细胞内部。营养物质的吸收和运输主要有下述四种途径。

#### 2.1.3.1　被动扩散

被动扩散又称简单扩散，这是营养物质的简单扩散过程，也是最简单的物质运输方式。它的特点主要是物质的转运顺着浓度差进行，运输过程不需消耗能量，物质的分子结构不发生变化。微生物吸收水分、气体和一些小分子有机物时,运用这种方式进行吸收与运输。扩散速度主要取决于细胞内外的营养物质浓度差,效率较低,因此不是主要的吸收途径。

### 2.1.3.2　促进扩散

促进扩散的特点基本与被动扩散相似,也是顺着浓度差进行扩散,不需要消耗能量,但需要借助细胞膜上的一种专一性载体蛋白质才能够完成。因此它对转运的物质具有选择性,如氨基酸、单糖、维生素、无机盐等都是通过这种形式进行吸收运输的。影响物质转运的因素,除了细胞内外的浓度差外,还有营养物与载体蛋白的亲和力的大小。

### 2.1.3.3　主动运输

主动运输是微生物吸收营养物质的最主要形式,吸收运输过程中需要消耗能量,可以逆浓度差进行,从低浓度的细胞外环境中吸收营养物质,而使细胞内的浓度达到饱和。需要特异载体蛋白的参与,通过它们的构象及亲和力的改变来完成物质的吸收运输过程。绝大部分营养物质都是通过这种方式进行吸收的,如氨基酸、糖、无机离子、有机酸等。

### 2.1.3.4　基团转位

基团转位是一种主要存在于厌氧菌和兼性厌氧菌内的主动运输方式。它与主动运输非常相似,所不同的是基团转位过程中被吸收的营养物质与载体蛋白之间发生化学反应,因此物质结构会有所改变。营养物质与高能磷酸键结合,进入细胞。高能磷酸来自微生物体内代谢所产生的含有高能键的代谢物,如糖酵解产物磷酸烯醇式丙酮酸等(图2.2)。

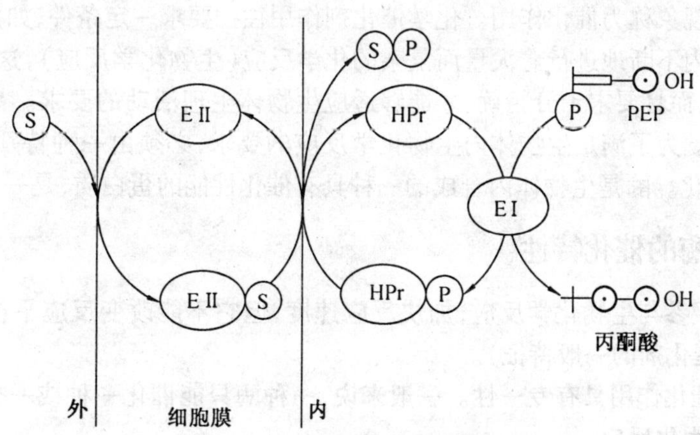


图2.2　*E. coli* 糖的转移模式图

S—糖; P—磷酸; EⅠ—酶Ⅰ;EⅡ—酶Ⅱ;HPr—热稳定蛋白;PEP—磷酸烯醇式丙酮酸

四种吸收方式的比较见表2.2。

表2.2　四种运送营养物质方式的比较

| 比较项目 | 被动扩散 | 促进扩散 | 主动运输 | 基团转位 |
|---|---|---|---|---|
| 特异载体蛋白 | 无 | 有 | 有 | 有 |
| 运送速度 | 慢 | 快 | 快 | 快 |
| 溶质运送方向 | 由浓至稀 | 由浓至稀 | 由稀至浓 | 由稀至浓 |
| 平衡时内外浓度 | 内外相等 | 内外相等 | 内部浓度高得多 | 内部浓度高得多 |

续表 2.2

| 比较项目 | 被动扩散 | 促进扩散 | 主动运输 | 基团转位 |
| --- | --- | --- | --- | --- |
| 运送分子 | 无特异性 | 特异性 | 特异性 | 特异性 |
| 能量消耗 | 不需要 | 不需要 | 需要 | 需要 |
| 运送前后溶质分子 | 不变 | 不变 | 不变 | 改变 |
| 载体饱和效应 | 无 | 有 | 有 | 有 |
| 与溶质类似物 | 无竞争性 | 有竞争性 | 有竞争性 | 有竞争性 |
| 运送抑制剂 | 无 | 有 | 有 | 有 |
| 运送对象举例 | $H_2O$、$CO_2$、$O_2$、甘油、乙醇、少数氨基酸、盐类、代谢抑制剂 | 氨基酸、金属离子、糖等 | 氨基酸、乳糖等糖类，$Na^+$、$Ca^{2+}$等无机离子 | 葡萄糖、果糖、甘露糖、嘌呤、核苷、脂肪酸等 |

## 2.2 微生物的酶

### 2.2.1 酶的概念

在化学中，能够改变化学反应的速度而其本身在反应前后并没有发生变化的物质称为催化剂。如少量盐酸为催化剂可大大促进蔗糖⟶葡萄糖+果糖的反应速度。由催化剂加快反应速度的现象称为催化作用。化学催化剂作用往往要求一定条件，如高温、高压等。

在生物体内不断地进行着大量而复杂的化学反应（生物化学反应），这些反应要求以极快的速度进行，而且要求十分精确，才能够适应生物体生理活动的要求。另外，生物体内的条件是温和的。为了满足生物体内生物化学反应的要求，必须由一种特别的催化剂——酶（enzyme）来催化。酶是生物体内合成的一种具有催化性能的蛋白质，是一种生物催化剂。

### 2.2.2 酶的催化特性

（1）酶积极参与生物化学反应，加快反应速度，但它不能改变反应平衡点，在反应前后无变化（这是催化剂的一般特征）。

（2）酶的催化作用具有专一性。一般来说，一种酶只能催化一种或一类反应，而不能催化所有类型的生化反应。

（3）酶的催化作用条件温和，在生物体内的常温、中性的环境条件下就可以完成酶催化的反应，而在生物体外的化学反应往往需要高温高压或强酸碱性的条件。

（4）酶对环境条件极为敏感，只要环境条件发生细微变化，酶的活性就很容易受到影响。

（5）酶具有极高的催化效率。

### 2.2.3 酶的组成

酶的组成有两类：

（1）单成分酶。只有蛋白质的成分。

(2)全酶。由蛋白质和非蛋白质成分(辅基、辅酶)所组成。非蛋白成分可以是有机物、金属离子。常见的辅酶和辅基有辅酶A(CoA或CoASH)、NAD(辅酶Ⅰ)、NADP(辅酶Ⅱ)、FMN(黄素单核苷酸)、FAD(黄素腺嘌呤二核苷酸)、辅酶Q(CoQ)、磷酸腺苷及其他核苷酸类(包括AMP、ADP、ATP、GTP、UTP、CTP等)。

### 2.2.4　酶蛋白的结构

酶蛋白也是由氨基酸组成的。生物体中的蛋白质,由20种氨基酸所组成(极少例外)(表2.3)。

表2.3　蛋白质的氨基酸

| | | | |
|---|---|---|---|
| Ala(丙氨酸) | Arg(精氨酸) | Asn(天门冬酰胺) | Asp(天门冬氨酸) |
| Cys(半胱氨酸) | Gln(谷氨酰胺) | Glu(谷氨酸) | Gly(甘氨酸) |
| His(组氨酸) | Ile(异亮氨酸) | Leu(亮氨酸) | Lys(赖氨酸) |
| Met(蛋氨酸) | Phe(苯丙氨酸) | Pro(脯氨酸) | Ser(丝氨酸) |
| Thr(苏氨酸) | Trp(色氨酸) | Tyr(酪氨酸) | Val(缬氨酸) |

一级结构的氨基酸(AA)通过肽键(—NH—CO—)连接成多肽链。多肽链之间或一条多肽链卷曲后相邻的基团之间,通过氢键、盐键、酯键、疏水键、范德华引力及金属键等相连接,逐步形成蛋白质的空间结构(四级结构)。酶蛋白结构如图2.3所示。

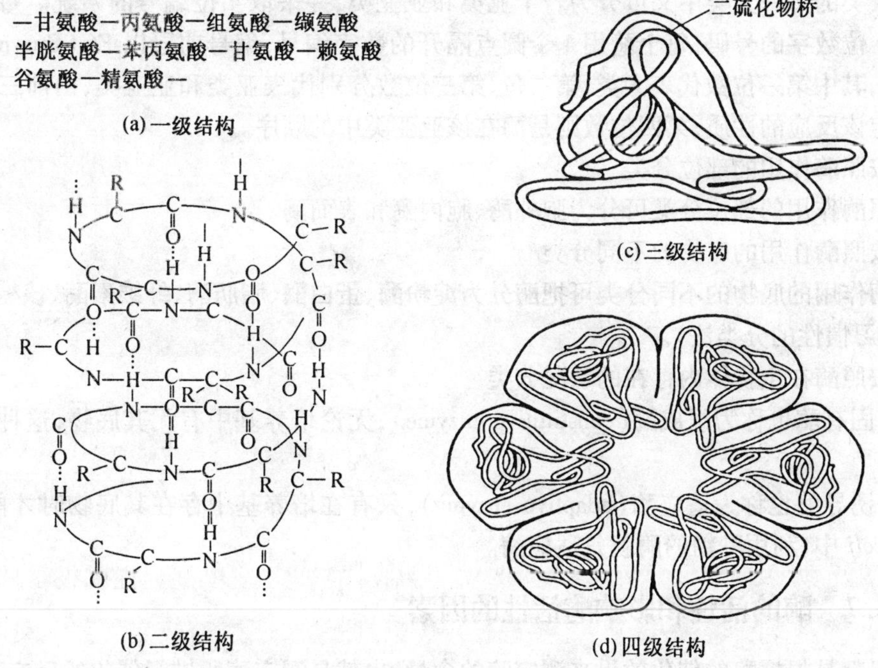


图2.3　酶蛋白的结构

### 2.2.5　酶的活性中心

酶活性中心是指酶蛋白分子中与底物结合,并起着催化作用的小部分氨基酸微区。活性中心可分为结合部位和催化部位。

如果酶蛋白发生变性,构成酶活性中心的基团互相分开,酶与底物将无法结合,酶促反应也就无法进行。单独的酶蛋白没有酶活性或活性很低,只有与活性基结合,才能够显示出酶的高度专一性和强大催化效率。

## 2.2.6　酶的分类与命名

根据不同的标准,有不同的分类方法。

1. 按照酶所催化的化学反应类型分类

按照酶所催化的化学反应类型分类可分为六大类,这也是国际上的标准分法,并由此进行编号。

(1)氧化还原酶类(氧化还原反应):$AH_2+B \longrightarrow A+BH_2$,再分为氧化酶和脱氢酶。

(2)转移酶类(底物的基团转移到另一个有机物上):$A—R+B \longrightarrow A+B—R$,R 可以是氨基、醛基、酮基、磷酸基等。

(3)水解酶类(大分子有机物水解):$AB+HOH \longrightarrow AOH+BH$。

(4)裂解酶类(有机物裂解成小分子物质):$AB \longrightarrow A+B$。

(5)异构酶类(同分异构体之间的相互转化):$A \rightleftharpoons A'$。

(6)合成酶类(底物的合成反应,需要能量):$A+B+nATP \longrightarrow AB+nADP+nPi$。

六大类的每一大类中又可分为若干亚类和亚亚类,并采取 4 位编号的系统。每种酶都有一个 4 位数字的号码,每个酶用 4 个圆点隔开的数字编号,编号前冠以 EC(Enzyme Cammission),其中第一位数代表大类;第二位、第三位数分别代表亚类和亚亚类,由前三位数就可以确定该反应的性质;第四位数则是酶在该亚亚类中的顺序。

2. 按照酶作用的部位分类

按照酶作用的部位分类可分为胞外酶、胞内酶和表面酶。

3. 按照酶作用的底物的不同分类

按酶作用的底物的不同分类可把酶分为淀粉酶、蛋白酶、脂肪酶、纤维素酶、核糖核苷酶等(属于习惯性的分类法)。

4. 按照酶在生物体内存在的状况分类

(1)固有酶也称为组成酶(constitutive enzyme),无论培养基中有无其底物,这种酶都能形成。

(2)诱导酶也称为适应酶(adaptive enzyme),只有在培养基中存在其底物时才能形成,如在 *E. coli* 中,利用乳糖的酶就是适应酶。

## 2.2.7　酶的活性和影响酶活性的因素

一般都是根据酶的催化效果来测定酶的含量,也就是测定酶所进行催化的反应速度。

### 2.2.7.1　反应速度

反应速度指单位时间内底物的消失量或产物的生成量。

#### 2.2.7.2　衡量酶的数量指标

1. 酶活力

在温度25 ℃、最适pH值、最适的缓冲溶液和最佳底物浓度等诸条件下，每分钟能使1 mol底物进行转化的酶量称为一个酶活力单位(IU或U)。

2. 比活力

在固定条件下，每毫克酶蛋白或每毫升酶液所具有的酶的活力。

#### 2.2.7.3　酶反应机理(反应动力学)

Michaelis&Menten提出的中间反应学说：

$$E+S \underset{K_2}{\overset{K_1}{\rightleftharpoons}} ES \xrightarrow{K_3} E+P$$

由上述中间反应，根据质量作用定律，导出酶促反应速度方程式(米氏公式)

$$V=V_{max}[S]/(K_m+[S]) \quad [K_m=(K_2+K_3)/K_1]$$

米氏常数$K_m$的含义：①当$V=V_{max}/2$时，$K_m=[S]$，故它是当反应速度为最大反应速度一半时的底物浓度；②$K_m=(K_2+K_3)/K_1$，表示酶与底物反应的完全程度，$K_m$越小，表明酶与底物的反应越趋于完全，$K_m$越大，表明酶与底物的反应越不完全。

#### 2.2.7.4　影响酶活性的因素

1. 酶浓度对酶促反应的影响

如图2.4所示，在一定范围内，酶促反应为：当底物分子浓度足够时，酶分子越多，底物转化的速度就会越快。

2. 底物浓度对酶促反应的影响

若酶的浓度为定值，底物的起始浓度较低时，酶促反应速度与底物浓度成正比，即随底物浓度的增加而增加。当所有的酶与底物结合生成ES后，即使再增加底物的浓度，中间产物浓度[ES]也不会增加，酶促反应速度也不增加。

在底物浓度相同的条件下，酶促反应速度与酶的初始浓度成正比。

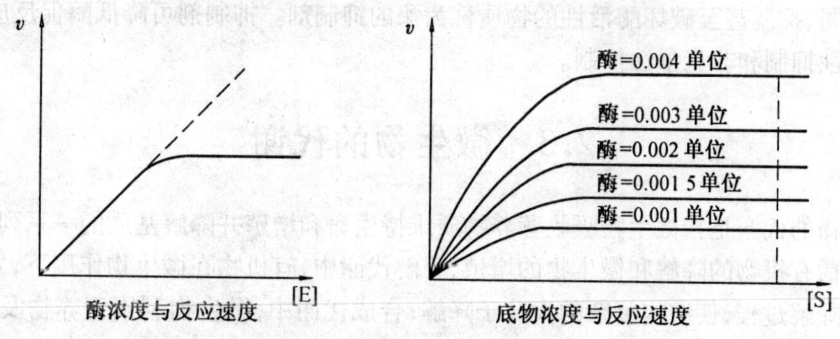


图2.4　酶浓度、底物浓度对酶促反应速度的影响

3. 温度对酶促反应的影响

各种酶在最适温度范围内，酶的活性最强，酶促反应速度最大。用温度系数$Q_{10}$来表示温度对酶促反应的影响。$Q_{10}$为在$(T+10)$℃时的反应速度比在$T$℃时的反应速度，通常在

1.4~2.0 之间。

微生物的最适温度范围在25~60 ℃。温度的影响存在三个基点:最高、最适、最低。温度过高(约60 ℃)就会破坏酶蛋白,造成变性,不可恢复;温度过低(约4 ℃)会使酶作用降低或停止,但可以恢复。

4. pH 值对酶促反应的影响

pH 值对酶促反应的影响存在三个基点:最高、最适、最低。酶在最适 pH 值范围内表现出活性,大于或小于最适 pH 值都会降低酶活性。

pH 值对酶活力的影响(图2.5)主要表现在两个方面:第一,改变底物分子和酶分子的带电状态,从而影响酶和底物的结合程度;第二,过高、过低的 pH 值都会影响酶的稳定性,进而使酶遭到不可逆的破坏。

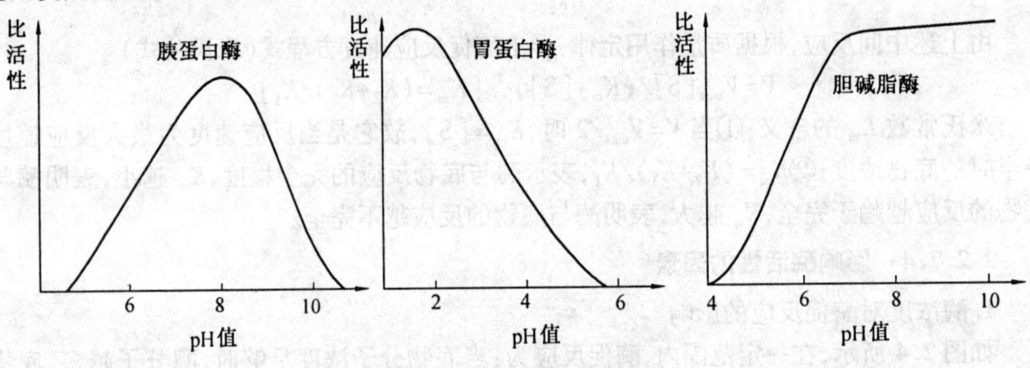


图2.5　pH 值对酶活力的影响

5. 激活剂对酶促反应的影响

有些酶被合成后呈现无活性状态,这种酶称为酶原,必须经过适当的激活剂激活后才具有活性。能激活酶的物质称为酶的激活剂。许多酶只有当某一种适当的激活剂存在时,才能够表现出催化活性或强化其催化活性,即酶的激活。

6. 抑制剂对酶促反应的影响

能减弱、抑制甚至破坏酶活性的物质称为酶的抑制剂。抑制剂可降低酶促反应速度,可分为竞争性抑制和非竞争性抑制。

## 2.3　微生物的代谢

微生物的代谢是指微生物吸收营养物质维持生命和增殖并降解基质的一系列化学反应过程。包括有机物的降解和微生物的增殖,分解代谢中,有机物在微生物作用下,发生氧化、放热和酶降解过程,使结构复杂的大分子降解;合成代谢中,微生物利用营养物及分解代谢中释放的能量,发生还原吸热及酶的合成过程,使微生物生长增殖。

### 2.3.1　生物体的能量

生物本身不能创造新的能量,它只能依赖于外部能量的输入,而几乎所有地球生命所需要的能量都来自太阳。能量可以简单地定义为一种做功能力或引起特定变化的能力。活细胞进行三类主要的功:化学功需要能量以增加细胞分子的复杂性;运输功需要能量以吸收营养物质、排出废物和维持离子平衡;机械功需要能量改变组织、细胞和细胞内结构的物理位置。

细胞有效地将能量从它的产能结构转移到做功的系统,主要能量载体是三磷酸腺苷(ATP),ATP 分解成二磷酸腺苷(ADP)和正磷酸(Pi)的过程中,释放大量的能量用于做功。再通过光合作用、呼吸作用和发酵作用的能量被用来使 ADP 和 Pi 重新合成 ATP,形成细胞中的能量循环,如图 2.6 所示。

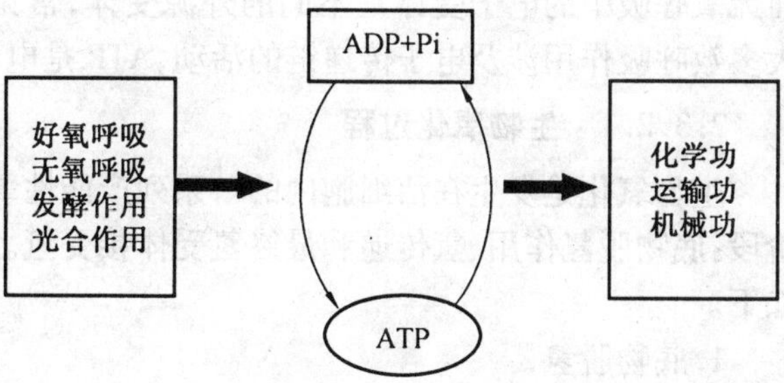

图 2.6　细胞的能量循环

要了解代谢过程中能量变化(如 ATP 如何起能量载体作用),首先了解基本的热力学原理。热力学分析能量在系统的物质集合中的变化,重点研究一个系统的起始状态和最终状态之间的能量差别,不涉及这个过程的速率。

热力学有两个重要定律,即热力学第一定律——能量守恒定律,第二定律——反应总是向着熵值增大的方向进行的。能量守恒定律是说能量既不能被创造也不能被消灭,它只能从一种形式转换到另一种形式。能量守恒定律主要关注的是变化过程中的能量问题,而不能决定一个过程能否发生。第二定律指出一切涉及热现象的反应是不可逆的,系统的反应过程总是向着熵值增大的方向进行。熵可以看做是系统的随机性或紊乱程度的量度单位。系统的紊乱程度越高,熵也越大。熵的变化指明了热力学过程进行的方向,熵的大小反映了系统所处状态的稳定性。第二定律阐明物理和化学过程以这样一种方式进行,即系统中的随机性或紊乱程度尽可能达到最大值。

在活细胞中,可以直接用于做功的能量通常以化学键能的形式贮存在 ATP 中。多数能量存在于 ATP 结构最外层的磷酸键上,这种高能磷酸键相当脆弱、易于断裂。当 ATP 水解时,一个高能磷酸键断裂,形成较 ATP 更为稳定的 ADP 并同时释放出能量。在标准状态下,1 mol ATP 水解形成 ADP,可产生 30.5 kJ 的能量(自由能)。

## 2.3.2　能量代谢

新陈代谢是发生在活细胞中的各种分解代谢和合成代谢的总称。分解代谢是指复杂的有机物分子通过分解代谢酶系的催化,产生简单分子、三磷酸腺苷(ATP)形式的能量和还原力的作用,这些能量中,有些被捕获并能用于做功,剩下的作为热而释放;合成代谢则是指由简单小分子、ATP 形式的能量和还原力一起合成复杂的大分子的过程,合成代谢过程利用能量以增加系统的有序性。

能量代谢是新陈代谢中的核心问题。主要任务是把外界环境中多种形式的最初能源转换成对一切生命活动都能使用的通用能源——ATP。对微生物来说,它们可利用的最初能源有三大类:有机物、光能和无机营养物。

微生物获能过程的差别不仅在于能源不同,也在于化能营养微生物采用的电子受体不同。它们主要利用三类受体。发酵过程中没有外源的电子受体参加,因此电子受体通常为分解代谢产生的中间产物如丙酮酸。当然,产能代谢也能利用外源物质作为电子受体,这种代谢过程被称为呼吸作用,有有氧呼吸和无氧呼吸之分。有氧呼吸中氧是最终的电子受体,而无氧呼吸中的电子受体是不同的外源受体,常见的有 $NO_3^-$、$SO_4^{2-}$、$CO_2$、$Fe^{3+}$、$SeO_4^{2-}$ 等。绝大多数呼吸作用涉及电子传递链的活动,ATP 是电子传递链活动的结果。

#### 2.3.2.1 生物氧化过程

生物氧化是发生在活细胞内的一系列产能性氧化反应的总称。生物氧化一般包括三个阶段:底物脱氢作用、氢传递和最终氢受体接受氢。自氧生物的氧化过程和光合作用亦阐述如下。

1. 底物脱氢

底物脱氢的途径有糖酵解途径(EMP 途径)、磷酸戊糖途径(HMP 途径)、2-酮-3-脱氧-6-磷酸葡萄糖酸(KDPG)裂解途径(ED 途径)和三羧酸循环(TCA 循环)等。

(1)糖酵解途径(EMP 途径)

糖酵解途径是在葡萄糖降解成丙酮酸时最常见的途径,它存在于微生物的所有主要氧化过程中。整个 EMP 途径大致可分为两个阶段:第一阶段可认为是不涉及氧化还原反应及能量释放的准备阶段,葡萄糖被两次磷酸化,形成果糖-1,6-二磷酸来启动糖酵解途径,这个初步阶段每个葡萄糖要消耗两分子 ATP。生成两分子的主要中间代谢产物:甘油醛-3-磷酸,每个产物带有一个磷酸基团。第二个阶段发生氧化还原反应,甘油醛-3-磷酸首先以 $NAD^+$作电子受体被氧化,结合一个磷酸基团,产生一个 1,3-二磷酸甘油酸,再将一个高能磷酸随后交给 ADP 产生 ATP(这种合成 ATP 的方式称为底物水平磷酸化),形成 3-磷酸甘油酸。3-磷酸甘油酸上的磷酸基团转移到第二位碳原子上形成 2-磷酸甘油酸再经脱水形成磷酸烯醇式丙酮酸,磷酸烯醇式丙酮酸再交出一个磷酸基团交给 ADP,形成第二个 ATP 和丙酮酸,即该途径的最终产物。在整个糖酵解过程中,净得两个 ATP,如图 2.7 所示。

合成 1,3-二磷酸甘油酸的过程中,需要两分子 $NAD^+$被还成为 NADH。甘油醛-3-磷酸的氧化反应只有在 $NAD^+$存在时才能进行。$NAD^+$含量是有限的,通过将丙酮酸还原,使 NADH 氧化重新成为 $NAD^+$而获得。NADH 必须重新被还原成 $NAD^+$,使得酵解过程中的产能反应得以进行。总的反应式为:

$$\text{葡萄糖}+2ADP+2Pi+2NAD^+ \longrightarrow 2\ \text{丙酮酸}+2ATP+2NADH+2H^+$$

(2)磷酸戊糖途径(HMP 途径)

磷酸戊糖途径指 6-磷酸葡萄糖为起始物在 6-磷酸葡萄糖脱氢酶催化下形成 6-磷酸葡萄糖酸进而代谢生成磷酸戊糖为中间代谢物的过程,又称为磷酸己糖旁路。HMP 途径的一个循环的最终结果是一分子 6-磷酸葡萄糖转变成一分子甘油醛-3-磷酸,三分子 $CO_2$ 和六分子 NADPH,如图 2.8 所示。

一般认为 HMP 途径合成不是产能途径,而是分解戊糖为生物合成提供大量的还原力(NADPH)和中间代谢产物,为核酸代谢做物质准备。此过程可分为两阶段:第一阶段为氧化反应,第一步和糖酵解的第一步相同,在己糖激酶的催化下葡萄糖生成 6-磷酸葡萄糖;第二阶段是 5-磷酸核酮糖通过一系列基团转移反应,将核糖转变成 6-磷酸果糖和 3-磷酸甘油醛进入糖酵解途径。大多数好氧和兼性厌氧微生物中都有 HMP 途径,而且在同一微生物

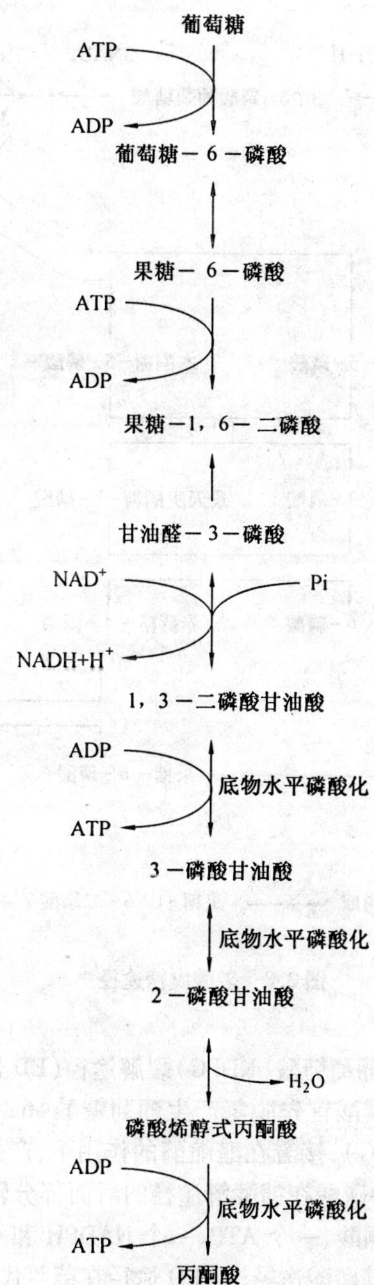


图2.7 糖酵解途径

中往往同时存在EMP和HMP途径。

总的结果是3个葡萄糖-6-磷酸转变成2个果糖-6-磷酸、1个甘油醛-3-磷酸和3个$CO_2$,如下面方程式所示:

3葡萄糖-6-磷酸+6NADP+3$H_2O$ ⟶2果糖-6-磷酸+甘油醛-3-磷酸+3$CO_2$+6NADPH+6$H^+$

甘油醛-3-磷酸可以利用糖酵解的酶转变成丙酮酸,也能转变成葡萄糖-6-磷酸,返回

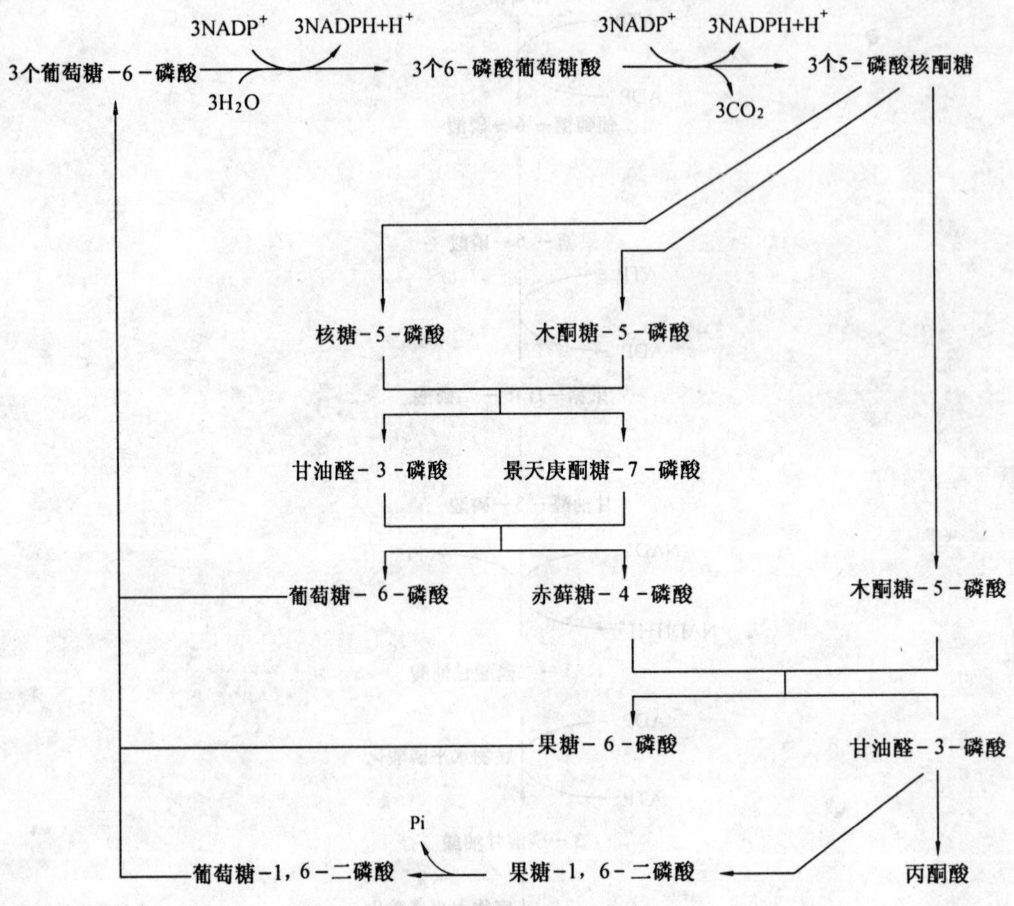


图 2.8 磷酸戊糖途径

戊糖磷酸途径。

(3)2-酮-3-脱氧-6-磷酸葡萄糖酸(KDPG)裂解途径(ED 途径)

在 ED 途径中,葡萄糖-6-磷酸首先脱氢产生葡萄糖酸-6-磷酸,然后脱水生成 2-酮-3-脱氧-6-磷酸葡萄糖酸(KDPG),接着在醛缩酶的作用下,产生一个分子甘油醛-3-磷酸和一个分子丙酮酸。甘油醛-3-磷酸在糖酵解途径的后面部分转变成丙酮酸。一分子葡萄糖经 ED 途径最后生成两个丙酮酸、一个 ATP、一个 NADPH 和一个 NADH,如图 2.9 所示。大多数细菌有糖酵解途径和戊糖磷酸途径,但 ED 途径在革兰代阴性菌中分布广泛。

(4)三羧酸循环(TCA 循环)

三羧酸循环也称柠檬酸循环或 KREBS 循环,大多数能量是在三羧酸循环中丙酮酸降解成 $CO_2$的过程中释放的。丙酮酸先经氧化脱羧作用,形成 $CO_2$、乙酰辅酶 A 和 NADH+H$^+$,乙酰辅酶 A 是乙酸根的活化态,其中的键为高能键。作为一种连接辅酶 A 和乙酸的高能分子进入三羧酸循环,最后被彻底氧化为 $CO_2$和 $H_2O$,反应过程如图 2.10 所示。

TCA 循环第一步是乙酰辅酶 A 和一个四碳的草酰乙酸缩合成柠檬酸进入六碳阶段,乙酰辅酶 A 的高能键推动这一合成反应。柠檬酸重排生成异柠檬酸,异柠檬酸连续两次氧化脱羧,依次产生 α-酮戊二酸和琥珀酰辅酶 A,这一步产生 2 个 NADH,2 个碳原子以 $CO_2$ 形式从循环释放。循环进入四碳阶段,每个乙酰辅酶 A 两次氧化反应在四碳阶段期间产生1 个 $FADH_2$ 和 1 个 NADH。另外,通过底物水平磷酸化从琥珀酰辅酶 A 产生 1 个 GTP。琥珀酸脱氢酶催化琥珀酸氧化成为延胡索酸,琥珀酸脱氢酶含有铁硫中心和共价结合的 FAD,来自琥珀酸的电子通过 FAD 和铁硫中心,然后进入电子传递链到 $O_2$。延胡索酸酶仅对延胡索酸的反式双键起作用,使其水化形成 L-苹果酸,L-苹果酸在苹果酸脱氢酶的作用下,苹果酸仲醇基脱氢氧化成羰基,生成草酰乙酸,$NAD^+$ 是脱氢酶的辅酶,接受氢成为 $NADH+H^+$。草酰乙酸重新起乙酰基受体的作用,从而完成三羧酸循环,进入下一循环。如图 2.10 所示,三羧酸循环中每个乙酰辅酶 A 氧化产生 2 个 $CO_2$、3 个 NADH、1 个 $FADH_2$ 和 1 个 GTP(相当于 ATP)。

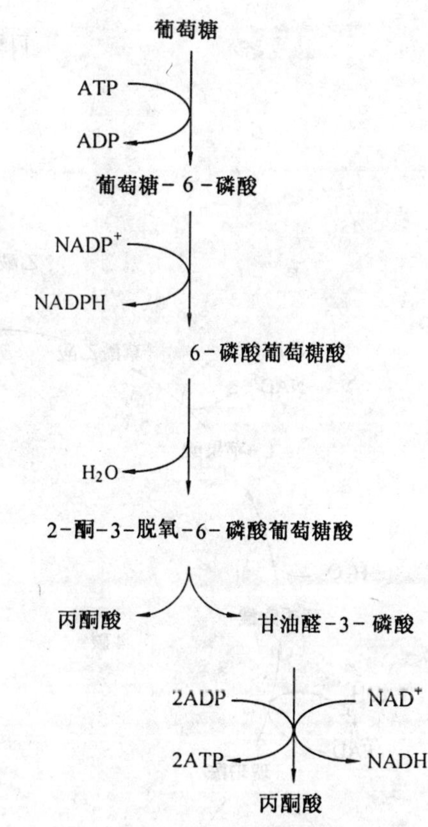

图 2.9　KDPG 裂解途径

$$乙酰\ CoA+3NAD^++FAD+GDP+Pi \longrightarrow 2CO_2+3NADH+FADH_2+GTP$$

TCA 循环是一种重要能量来源,广泛存在于微生物的新陈代谢中。

TCA 循环的重要特点有:第一,循环一次的结果是乙酰辅酶 A 的乙酰基被氧化为两分子 $CO_2$,并重新生成一分子草酰乙酸;第二,整个循环有四步氧化还原反应,其中三步反应中将 $NAD^+$ 还原为 $NADH+H^+$,另一步为 FAD 还原;第三,为糖、脂、蛋白质三大物质转化中心枢纽;第四,循环中的某些中间产物是一些重要物质生物合成的前体;第五,生物体提供能量的主要形式等。

2. 氢传递和最终氢受体接受氢

经脱氢途径生成的 NADH、NADPH、FAD 等还原型辅酶通过呼吸链等方式进行递氢,最终与受氢体结合,以释放其化学潜能。根据受氢过程中氢受体性质的不同,把微生物能量代谢分为呼吸作用和发酵作用两大类。呼吸作用与发酵作用的根本区别在于:电子载体将电子直接传递给底物降解的中间产物,还是交给电子传递系统,逐步释放出能量。

(1)电子传递和氧化磷酸化。根据上述代谢途径,只能形成少量 ATP。一个葡萄糖通过糖酵解和三羧酸循环氧化成 6 个 $CO_2$ 时,仅仅直接合成 4 个 ATP。大多数 ATP 来自于 NADH 和 $FADH_2$ 在电子传递链上的氧化。

电子传递体系是由 NAD(烟酰胺腺嘌呤二核苷酸)或 NADP(烟酰胺腺嘌呤二核苷酸磷

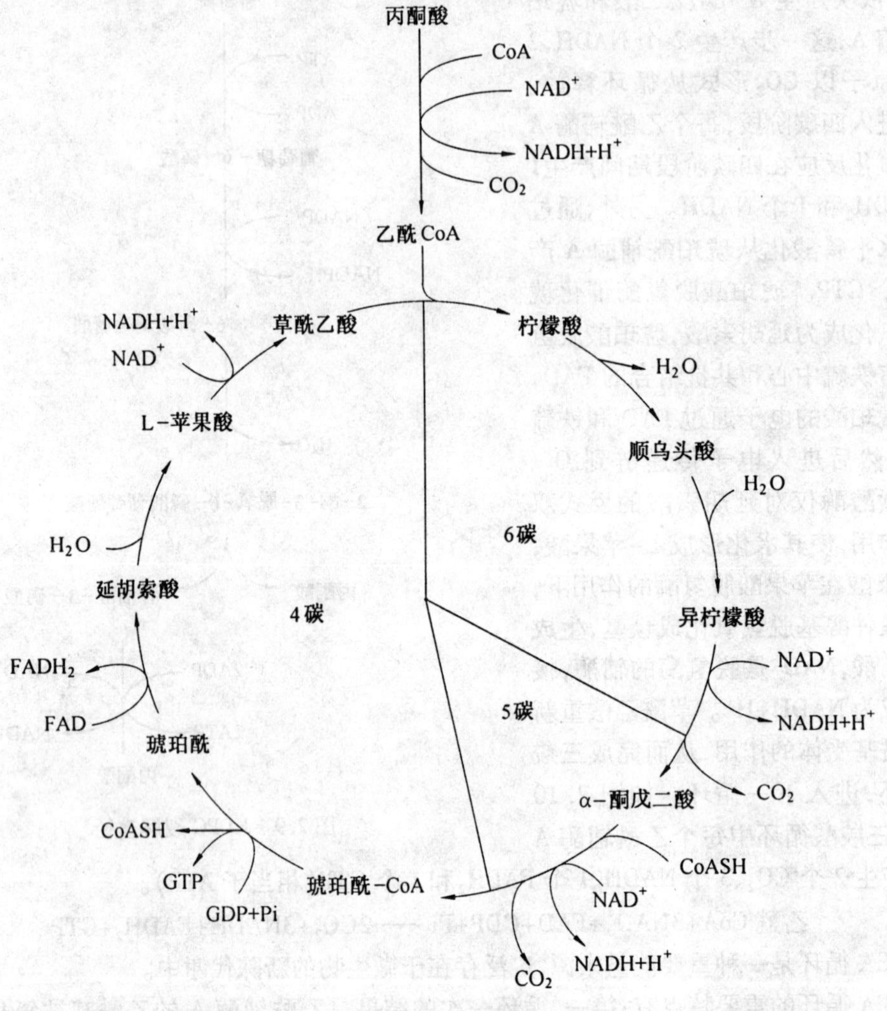


图 2.10　三羧酸循环

酸)、FAD(黄素腺嘌呤二核苷酸)或 FMN(黄素单核苷酸)、辅酶 Q、细胞色素 b、细胞色素 $c_1$ 和 c 及细胞色素 a 和 $a_3$ 等组成。NADH、$FADH_2$ 以及其他还原型载体上的氢原子,以质子和电子的形式在其上进行定向传递。电子传递系统不但能从电子供体接受电子并将电子传递给电子受体,还能通过合成 ATP 保存一部分在电子传递过程中释放出的能量。电子传递系统中的氧化还原酶包括 NADH 脱氢酶、黄素蛋白、铁硫蛋白、细胞色素、醌及化合物。

将来自电子传递链的能量用于合成 ATP 的过程称为氧化磷酸化。当一对电子从 NADH 到一个氧原子时,可以由 ADP 和 Pi 合成 3 个 ATP 分子。来自 $FADH_2$ 的电子只通过 2 个氧化磷酸化位点,即能形成 2 个 ATP。

目前被广泛接受的关于氧化磷酸化作用的假说是化学渗透假说。该假说认为原核生物中电子的传递导致质子穿过质膜外排,电子向内传递。质子传递形成质子动势,所用的能量来自电子传递。当这些质子通过扩散回到细胞时,通过 ATP 水解反应的逆过程合成 ATP。质子动势也能驱动分子穿过膜进行运输和驱动细菌鞭毛旋转,因此在原核生物生理学中起着关键作用。

ATP 的合成作用都是在 $F_1$、$F_0$、ATP 酶或 ATP 合酶上进行的。在细菌细胞中，$F_1$、$F_0$、ATP 酶位于原生质膜的内表面上。$F_0$参与质子的跨膜运动，这种穿过 $F_0$中通道的质子运动是氧化磷酸化作用的推动力。$F_1$是一种大的复合物，是 ATP 合成的主要场所。

(2)呼吸作用。生物体内的有机物在细胞内经过一系列的氧化分解，将释放出的电子交给 NAD、FAD 或 FMN 等电子载体，再经电子传递系统传给外源电子受体，最终生成二氧化碳或其他产物，并且释放出能量的总过程，叫做呼吸作用。以分子氧作为最终电子受体的称为有氧呼吸，以氧化型化合物作为最终电子受体的称为无氧呼吸。

1)有氧呼吸。好氧呼吸的进行要求环境中的 $O_2$的体积分数必须超过 0.2%，在这种情况下，分子氧作为最终电子受体，底物可全部被氧化成 $CO_2$和 $H_2O$，并产生 ATP。

在糖酵解和三羧酸循环过程中形成的 NADH 和 $FADH_2$氧化释放电子而成氧化型，电子转移给电子传递体系，最终形成 ATP。电子传递体系再将电子转移给最终电子受体——$O_2$。$O_2$得到电子被还原，与能源脱下的 H 结合生成 $H_2O$。好氧呼吸利用能量的效率大约是 42%，其余的能量以热的形式散发掉。

在好氧呼吸中，除进行三羧酸循环外，有的细菌利用乙酸盐进行乙醛酸循环，乙醛酸循环可以看做三羧酸循环的支路。在乙醛酸循环中，异柠檬酸可分解为乙醛酸和琥珀酸，琥珀酸可进入三羧酸循环，乙醛酸乙酰化后形成苹果酸也可进入三羧酸循环。

好氧呼吸可分为外源性呼吸和内源性呼吸。在正常情况下，微生物利用外界供给的能源进行呼吸，叫外源呼吸，即呼吸。如果外界没有供给能源，而是利用自身内部贮存的能源物质进行呼吸，则叫内源呼吸。

2)无氧呼吸。某些厌氧和兼性厌氧微生物在无氧条件下进行无氧呼吸。无氧呼吸的电子传递体系中，最终电子受体不是氧，而是 $NO_3^-$、$NO_2^-$、$SO_4^{2-}$、$S_2O_3^{2-}$、$CO_2$等这类外源无机化合物，但金属和少数有机分子也能被还原。无氧呼吸同样需要电子传递体，通过磷酸化作用，产生 $CO_2$和较多的 ATP 用于生命活动，但生成的能量没有有氧呼吸多。无氧呼吸的氧化底物一般为有机物，如葡萄糖、乙酸和乳酸等。

①以 $NO_3^-$作为最终电子受体。有些细菌能用硝酸盐作为电子传递链终端的电子受体，硝酸盐的 $NO_3^-$在接受电子后变成 $NO_2^-$、$N_2$，并产生 ATP 的过程，叫脱氮作用，也叫反硝化作用或硝酸盐还原作用。其供氢体可以是葡萄糖、乙酸、甲醇等有机物，也可以是 $H_2$和 $NH_3$。硝酸盐还原酶取代细胞色素氧化酶将硝酸盐还原成亚硝酸盐。脱氮分两步进行：$NO_3^-$被先还原为 $NO_2^-$；$NO_2^-$再被还原为 $N_2$。总反应式为：

$$2NO_3^- + 10e^- + 12H^+ \longrightarrow N_2 + 6H_2O$$

无氧呼吸的电子传递体系比好氧呼吸的短，产生的能量少。在电子传递过程中，氧化还原电位是不断提高的。

②以 $SO_4^{2-}$为最终电子受体。在细菌如脱硫弧菌里，硫酸盐也能起最终电子受体的作用，在硫酸还原酶催化下被还原成硫化物($S^{2-}$或 $H_2S$)并接受 8 个电子，生成 ATP。其呼吸链只有细胞色素 c，氧化有机物不彻底，不会产生大量能量。

$$SO_4^{2-} + 8e^- + 8H^+ \longrightarrow S^{2-} + 4H_2O$$

3)发酵作用。发酵是指无氧条件下，底物脱氢后所产生的还原力不经过呼吸链传递而直接交给内源氧化性中间代谢产物的一类低效产能反应。在无外在电子受体时，NADH 不能通过电子传递链氧化。微生物氧化有机物时，仅发生部分氧化，以它的中间代谢产物（丙酮酸或它的衍生物）为最终电子受体，以实现 NADH 的再氧化，释放少量能量，产生较多的 ATP，而且不需要氧。微生物的发酵作用有两个共同点：一是 NADH 被氧化成 $NAD^+$；二是电子受体通常是丙酮酸或它的衍生物。

①乙醇发酵。许多真菌和一些细菌、藻类及原生动物通过一种被称为乙醇发酵的过程将糖转变成 ATP、乙醇分子和 $CO_2$。丙酮酸是各种微生物进行葡萄糖酵解的产物。丙酮酸在各种微生物的发酵作用下，生成各种最终产物。丙酮酸脱羧基成为乙醛，随后再通过乙醇脱氢酶的作用以 NADH 作为电子供体将乙醛转变成乙醇。大体上可分为酵母菌的乙醇发酵、异型乙醇发酵和同型乙醇发酵，其主要区别为：微生物不同、发酵途径不同、产生的能量不同、碳原子来源不同。

②乳酸发酵。乳酸发酵是在厌氧条件下，由乳酸菌（乳杆菌、芽孢杆菌、链球菌、明串珠菌、双歧杆菌等）进行。在乳酸发酵中，丙酮酸被还原成乳酸，此种发酵作用非常普遍。可以把进行乳酸发酵的生物分成两类：同型乳酸发酵生物通过糖酵解途径，借助于乳酸脱氢酶的作用直接将丙酮酸转变成乳酸；异型乳酸发酵生物通过磷酸酮解酶途径除产生乳酸外，还产生其他产物，如乙醇和 $CO_2$。有同型乳酸发酵和异型乳酸发酵两种，其区别见表 2.4。

表 2.4 同型乳酸发酵和异型乳酸发酵的比较

| 类型 | 途径 | 产物 | 产能/葡萄糖 |
|---|---|---|---|
| 同型 | EMP | 2 乳酸 | 2ATP |
| 异型 | HMP (WD) | 1 乳酸<br>1 乙醇<br>$1CO_2$ | 1ATP |
| 异型 | HMP (WD) | 1 乳酸<br>1 乙醇<br>$1CO_2$ | 2ATP |

③甲酸发酵。许多细菌可以将丙酮酸转变成甲酸和其他产物，因此被称为甲酸发酵。甲酸可以被甲酸脱氢酶转变成 $H_2$ 和 $CO_2$。

有两种类型的甲酸发酵作用，一种是混合酸发酵，产生乙醇和乙酸、乳酸、琥珀酸、甲酸、$H_2$ 和 $CO_2$ 等多种代谢产物。此种类型的发酵作用常见于埃希氏菌属、沙门氏菌属、志贺氏菌属等微生物中。肠杆菌、沙雷氏菌和欧文氏菌属中的一些细菌具有 α-乙酰乳酸合成酶系而进行丁二醇发酵。丙酮酸被转变成 3-羟基丁酮，随后被 NADH 还原成 2,3-丁二醇。

3. 自养微生物的生物氧化和 $CO_2$ 的固定

化能自养微生物可以从氧化无机物如碳水化合物、脂和蛋白质获得能量，合成细胞物质，在无机能源氧化过程中通过氧化磷酸化产生 ATP。电子受体通常是 $O_2$，但也利用硫酸盐和硝酸盐作电子受体。最普通的电子供体是氢、还原型氮化合物、还原型硫化合物和亚铁离子（$Fe^{2+}$）。

（1）自养微生物的生物氧化。

1）氨的氧化。$NH_3$ 同亚硝酸（$NO_2^-$）是可以用作能源的最普通的无机氮化合物，$NH_3$ 氧化成硝酸盐至少依赖于两个属细菌的活性，亚硝化细菌和硝化细菌。氨氧化为硝酸的过程可分为两个阶段，先由亚硝化细菌将氨氧化为亚硝酸：

$$2NH_4^+ + 3O_2 \longrightarrow 2NO_2^- + 2H_2O + 4H^+$$

然后亚硝酸盐被硝化菌属进一步氧化，生成硝酸盐：

$$2NO_2^- + O_2 \longrightarrow 2NO_3^-$$

氨和亚硝酸盐氧化放出的能量以氧化磷酸化方式产生 ATP。硫氧化细菌与硝化细菌这两种类型的化能无机营养型细菌通过利用质子动势，使来自氮与硫化合物供体的电子在电子传递链上逆向流动来还原 $NAD^+$ 的方式提供电子去生成所需要的 NADH 和 NADPH。因为能量同时用于产生 NADH 和 ATP，所以 ATP 的净产生数是相当低的。硝化细菌都是一些专性好氧的革兰氏阳性细菌，以分子氧为最终电子受体，且大多数是专性无机营养型。

2）硫的氧化。硫氧化细菌是第三类主要的化能无机营养型细菌，能够利用一种或多种还原态或部分还原态的硫化合物（包括硫化物、元素硫、硫代硫酸盐、多硫酸盐和亚硫酸盐）作为能源，将它们氧化成硫酸。硫杆菌可将 $H_2S$ 氧化成硫元素，随之被硫氧化酶和细胞色素系统氧化成亚硫酸盐，放出的电子在传递过程中可以偶联产生 4 个 ATP。氧化硫细菌像其他化能无机营养菌那样能利用 $CO_2$ 作为它们的碳源，如果将还原型有机碳源像葡萄糖或氨基酸供给它们，许多菌将异养生长。

3）氢的氧化。一些细菌属因为具有催化氢氧化的氢酶，能利用分子氢氧化产生的能量同化 $CO_2$，也能利用其他有机物生长。氢细菌的细胞膜上有泛醌、维生素 $K_2$ 及细胞色素等呼吸链组分。根据氢酶的类型，电子将提供给电子传递链或 $NAD^+$。如果产生了 NADH，它能够通过电子传递链和氧化磷酸化以 $O_2$ 作最终电子受体用于 ATP 合成。在多数氢细菌中有两种与氢的氧化有关的酶：一种是不需 $NAD^+$ 的颗粒状氧化酶，它能够催化氢气分解成质子和电子，并通过电子的传递过程中，驱动质子形成跨膜质子梯度，为 ATP 的合成提供动力；另一种是可溶性氢化酶，它催化氢的氧化，而使 $NAD^+$ 还原的反应。所生成的 NADH 主要用于 $CO_2$ 的还原。此类氢氧化微生物在有机营养物质存在时，常常利用有机物作能源。

（2）$CO_2$ 的固定。$CO_2$ 是自养微生物的唯一碳源，化能无机营养型细菌通常是自养型细菌并利用卡尔文循环固定 $CO_2$ 作为它们的碳源，但是，如果还原型有机化合物存在，有些化能无机营养型细菌能起异养型细菌的作用。它们将 $CO_2$ 还原成碳水化合物需要相当多的能量，在卡尔文循环里结合一个 $CO_2$ 需要 3 个 ATP 和 2 个 NADPH。而且，化能无机营养型细菌为了生长与繁殖必须氧化大量的无机物，所以完全氧化成 $CO_2$ 产生的有效能量非常少。自养微生物同化 $CO_2$ 所需要的能量来自光能或无机物氧化所得的化学能，固定 $CO_2$ 的途径主要有以下三条：卡尔文循环、还原性三羧酸循环和还原的单羧酸循环。古生菌、一些绝对厌氧菌和一些微好氧的细菌采用后两种途径进行 $CO_2$ 固定。

卡尔文循环途径存在于所有化能自养微生物和大部分光合细菌中。经卡尔文循环同化 $CO_2$ 的途径可划分为三个阶段：即羧化期、还原期和再生期。

羧化期：$CO_2$ 加到核酮糖-1,5-二磷酸上，产生 2 个分子的 3-磷酸甘油酸；

还原期：在 3-磷酸甘油酸经羧化作用形成后，随后被还原成 3-磷酸甘油醛；

再生期：再生核酮糖-1,5-二磷酸并产生碳水化合物如 3-磷酸甘油醛、果糖和葡萄糖。

卡尔文循环每循环一次,可将6分子$CO_2$同化成1分子葡萄糖,其总反应式为:

$$6CO_2+18ATP+12NAD(P)H \longrightarrow C_6H_{12}O_6+18ADP+12NAD(P)^++18Pi$$

4. 光合作用

微生物捕捉光能并将它用来合成ATP与NADH或NADPH,这个捕捉光能和将光能转变成化学能的过程称为光合作用。光合作用是自然界一个极其重要的生物学过程,其实质是通过光合磷酸化将光能转变成化学能,以利用$CO_2$合成细胞物质。光合作用作为整体分成光反应和暗反应两部分,在光反应中光能被转变成化学能,然后这种能量在暗反应中用来还原或固定$CO_2$并合成细胞物质。光合作用为光合生物提供能量,供光合生物合成生长,光合生物本身又是生物圈中大多数食物链的基础。

光合色素是光合生物所特有的能将光能转化为化学能的关键物质。可以分叶绿素或细菌叶绿素、类胡萝卜素和藻胆素三类。叶绿素a普遍存在于光合生物中,除光合细菌外。叶绿素a、b共同存在于绿藻和蓝绿细菌中,叶绿素a、c存在于褐藻和硅藻中,叶绿素d存在于红藻中,叶绿素e存在于金黄藻中。胡萝卜素存在于所有光合生物中,它不直接参加光合反应,作用是捕获光能并传递给叶绿素,还能吸收有害光,保护叶绿素免遭破坏。

光合色素分布于两个系统,分别是光合系统Ⅰ和光合系统Ⅱ。每个系统即为一个光合单位,由一个光捕获复合体和一个反应中心复合体组成。这两个系统中的光合色素的成分和比例不同。

(1)真核生物和蓝细菌的光反应。蓝细菌和真核藻类依靠体内的叶绿素a、b、c、d类胡萝卜素,藻蓝素,藻红素等光合作用色素,通过裂解水获得$H_2$,还原$CO_2$成$[CH_2O]_n$以提供细胞合成的还原能力。其化学反应式为:

$$CO_2+H_2O \xrightarrow[\text{叶绿素}]{\text{阳光}} [CH_2O]+O_2$$

藻类光反应最初的产物ATP和$NADPH_2$不能长期贮存,它们通过光反应把$CO_2$转变为高能贮存物蔗糖或淀粉,用于暗反应。在夜晚没有光照条件下,藻类利用白天合成的有机物作底物,同时利用氧进行呼吸作用,放出$CO_2$。

光合系统Ⅰ吸收波长较长的光并将能量传递到称为P700的专门叶绿素a,P700表示这种叶绿素在波长700 nm能最有效地吸收光。光合系统Ⅱ在较短波长处捕捉光能,并将光能转移到专门的叶绿素P680。

在光合系统Ⅰ中,叶绿素分子P700吸收光子后被激活,使它的还原电势变得很负,然后释放出一个高能电子传递给叶绿素a分子或铁硫蛋白,最后电子被转移到铁氧还蛋白。在此过程中,电子通过一系列电子载体作环式传递,再返回到氧化型P700,所以这条途径称为环式途径。还原的铁氧还蛋白在$NADP^+$还原酶的作用下,将$NADP^+$还原为NADPH。在细胞色素$b_6$区域中进行的环式电子传递过程中形成的质子动势被用于ATP合成。

有些光合细菌也可以以非环式光合磷酸化的方式合成ATP。在非环式途径里,还原型铁氧还蛋白使$NADP^+$还原成NADPH。给予$NADP^+$的电子不能用来还原氧化型P700,所以需要光合系统Ⅱ参与。

用以还原P700的电子来源于光合系统Ⅱ。光合系统Ⅱ将电子提供给氧化型P700,并在这个过程中产生ATP。在光合系统Ⅱ中,叶绿素分子P680吸收光子后,被激发释放出一个高能电子，然后还原脱镁叶绿素 a，随后电子传递给辅酶 Q，再沿电子传递链到 P700，而氧化型 P680 从水氧化成 $O_2$ 的过程中得到电子。高能电子从辅酶 Q 到光合系统 I 的过程中，可推动 ATP 的合成。这样来自水的电子一路利用来自两个光合系统的能量一起流到 $NADP^+$，并用非环式光合磷酸化方式合成 ATP。

暗反应需要 3 个 ATP 和 2 个 NADPH，以还原 1 个 $CO_2$，用它去合成碳水化合物。

$$CO_2+3ATP+2NADPH+2H^++H_2O \longrightarrow (CH_2O)_6+3ADP+3Pi+2NADP^+$$

(2)绿色和紫色细菌的光反应。光合细菌主要通过环式光合磷酸化作用产生 ATP，这类细菌主要包括紫色硫细菌、绿色硫细菌、紫色非硫细菌和绿色非硫细菌。绿色和紫色细菌几乎都是严格厌氧菌，是非产氧型光合生物，不能用水作电子供体，不能利用光合作用产生 $O_2$，以 $H_2S$ 作为还原 $CO_2$ 的电子供体。$H_2S$ 被氧化成 S 或 $SO_4^{2-}$，产生的 S 有的积累在细胞内，有的累积在细胞外。在紫色细菌光反应中不直接产生 NADPH。绿色细菌在光反应中能直接还原 $NAD^+$，总的来说，有三种生化反应合成 NADH：第一，在有氢气条件下，氢能直接用来产生 NADH；第二，光合紫色细菌用质子动势使电子在电子传递链逆向流动，然后使电子从无机或有机供体运动到 $NAD^+$；第三，绿色硫细菌通过完成一个非环式光合电子流动的简单方式去还原 $NAD^+$。

#### 2.3.2.2　合成代谢

微生物能以许多方式获得能量，这些能量中多数用于合成代谢。在生物合成中，微生物利用简单的无机物和单体合成复杂大分子，直到构建出细胞器和细胞。因为合成代谢是按次序进行的，而一个细胞是高度有序和非常复杂的，所以生物合成需要大量的能量。生物合成的 ATP 大多数用于蛋白质合成。

生物合成的原则有以下几点：

(1)微生物细胞含有大量的蛋白质、核酸和多糖等大分子都是由较小分子物质相互连接起来形成的分子量很大的多聚体物质。

(2)合成途径在生物合成方向上不可逆地运行。

(3)细胞常常通过在分解代谢和合成代谢中利用一些同样的酶来节约原料和能量。

(4)有些步骤被两种不同的酶催化，使独立调节分解代谢和合成代谢成为可能。

(5)合成和分解途径经常使用不同的辅因子，通常分解代谢氧化产生 NADH，当在生物合成期间需要还原剂时，通常用 NADPH 而不是 NADH 作为电子供体。

1. 氨基酸的合成

蛋白质是一种复杂的有机化合物，是氨基酸通过脱水缩合形成的肽链。每一条多肽链有二十到数百个氨基酸残基不等。氨基酸合成也需要适当的碳骨架构成，这常常是一个包括许多步骤的复杂过程，合成途径通常受着严格的调节和反馈抑制的调控。

氨基酸骨架是从乙酰 CoA 和 TCA 循环、糖酵解途径和戊糖磷酸途径的中间体衍生而来，本着提高效率和节约能量的原则，氨基酸生物合成的中间体由少数几条主要的代谢途径提供，引导单个氨基酸合成的顺序从这些中心途径分支出来。丙氨酸、天冬氨酸和谷氨酸分别直接从丙酮酸、草酰乙酸和 α-酮戊二酸通过转氨作用合成。大多数生物合成途径更复杂，相关族的氨基酸合成常利用共同的中间体。芳香族氨基酸苯丙氨酸、酪氨酸和色氨酸的生物合成也共同使用许多中间体。

2. 生物固氮

大气中气体氮还原成氨的过程称为固氮作用。所有的生命都需要氮,氮的最终来源是无机氮。尽管大气中氮气的比例占了79%,但因为氨和硝酸盐含量水平通常很低,所有的动植物以及大多数微生物都不能利用分子态氮作为氮源,而只有少数的原核生物能够完成固氮作用。目前仅发现一些特殊类群的原核生物能够将分子态氮还原为氨,然后再由氨转化为各种细胞物质。具有固氮作用的微生物有近50个属,包括细菌、放线菌和蓝细菌。根据固氮微生物与高等植物以及其他生物的关系,可以把它们分为三大类:自生固氮体系、共生因氮体系和联合固氮体系。其中好氧自生因氮菌固氮能力较强,厌氧自生固氮菌固氮能力较弱。

氮还原成氨的过程由固氮酶催化的。分子氮还原成氨的过程事实上是放能的,但这个反应需要的活化能高,因为分子氮是由1个三价键连接2个氮原子之间的无活性的气体,所以氮还原需要消耗大量ATP,至少需要8个电子和16个ATP,每对电子需要4个ATP。

$$N_2+8H^++8e^-+16ATP \longrightarrow 2NH_3+H_2+16ADP+16Pi$$

在体内进行固氮时,还需要一些特殊的电子传递体,其中主要的是铁氧还蛋白和含有FMN作为辅基的黄素氧还蛋白。铁氧还蛋白和黄素氧还蛋白的电子供体来自NADPH,受体是固氮酶。铁氧还蛋白以各种方式被还原:如蓝细菌的光合作用,厌氧细菌的发酵或好氧固氮菌的呼吸过程等。铁蛋白首先被铁氧还蛋白还原,然后与ATP的结合改变铁蛋白构象并降低它的还原电势,使它能够还原铁钼蛋白,当电子传递发生时,ATP被水解,将电子提供给氮原子。

$N_2$还原成氨的过程主要有三个步骤,每一个步骤需要1个电子对,共发生6个电子转移,每还原1个$N_2$共需要12个ATP。但实际上固氮酶也能将质子还原成$H_2$,$H_2$和二亚胺作用形成$N_2$和$H_2$,所以总过程至少需要8个电子和16个ATP,共生固氮细菌差不多消耗宿主植物产生的20% ATP。

氨同化的主要途径似乎是通过谷氨酰胺合成酶-谷氨酸合酶系统催化谷氨酰胺合成。

固氮酶的结构比较复杂,由铁蛋白和钼铁蛋白两个成分组成。固氮酶除能催化$N_2 \longrightarrow NH_3$外,还具有催化$2H^+ \longrightarrow H_2$反应的氢酶活性。当固氮菌生活在缺$N_2$条件下时,其固氮酶可将$H^+$全部还原成$H_2$;在有$N_2$条件下,固氮酶也总是把75%的还原力[H]去还原$N_2$,而把另外25%的[H]以形成$H_2$的方式浪费了,但在大多数的固氮菌中,还含有另一种经典的氢酶,它能将被固氮酶浪费的分子氢重新激活,以回收一部分还原力[H]和ATP。

3. 肽聚糖的合成

大多数细菌细胞壁含有一种由N-乙酰胞壁酸(NAM)和N-乙酰葡糖胺(NAG)交替连接的长多糖链组成的大的复杂肽聚糖分子。肽聚糖是绝大多数原核生物细胞壁所含有的独特成分,它在细菌的生命活动中有着重要的功能,是许多重要抗生素作用的物质基础。

整个肽聚糖合成过程是在细胞质中、细胞膜上或是在细胞膜外进行,肽聚糖合成经过八个阶段:

(1)尿苷二磷酸(UDP)衍生物在细胞质合成。

(2)氨基酸按顺序加到UDP-NAN上形成五肽链,ATP的能量用来产生肽键。

(3)NAM-五肽在膜内表面从 UDP 转移到细菌萜醇磷酸上。

(4)UDP-NAG 中的 NAG 加到 NAM-五肽上形成肽聚糖重复单元。

(5)完整的 NAM-NAG 肽聚糖重复单元通过细菌萜醇焦磷酸载体穿过膜运输到膜的外表面。

(6)肽聚糖单元连到肽聚糖链的生长端,以一个重复单元延长肽聚糖链。

(7)细菌萜醇载体回到膜的内侧。

(8)最后,短肽通过转肽作用在肽聚糖链之间交联。

肽聚糖合成特别容易被抗微生物剂破坏,对合成过程任何阶段的抑制会削弱细胞壁,导致渗透裂解;许多抗生素干扰肽聚糖合成。

4. 糖和多糖的合成

从非糖类前体物合成葡萄糖的过程称为糖原异生作用。虽然糖原异生作用途径不同于糖酵解途径,但它们共同利用 7 种酶。

在细菌和藻的糖原和淀粉合成中,由葡萄糖-1-磷酸产生葡糖腺苷二磷酸,然后将葡萄糖加到合成中的糖原和淀粉链的末端。

$$\text{ATP}+\text{葡萄糖-1-磷酸}\longrightarrow\text{ADP-葡萄糖}+\text{PPi}$$

$$(\text{葡萄糖})_n+\text{ADP-葡萄糖}\longrightarrow(\text{葡萄糖})_{n+1}+\text{ADP}$$

5. 无机磷、硫和氮的同化

为了进行生物合成,除了碳和氧以外,微生物也需要大量的磷、硫和氮。它们被同化或通过不同途径掺入到有机物里。

(1)磷的同化。磷存在于核酸、蛋白质、磷脂、ATP 和像 NADP 那样的辅酶中,最常见的磷源是无机磷和有机磷酯。无机磷通过 ATP 形成的三种方式之一而被吸收,即光合磷酸化、氧化磷酸化和底物水平磷酸化。微生物能从它们周围的环境中得到溶液或颗粒形式有机磷,磷酸酶常常使有机磷酯水解放出无机磷。

(2)硫的同化。硫酸盐同化还原包括硫酸盐通过形成磷酸腺苷-5′-磷酰硫酸而活化,接着硫酸盐被还原。在这个过程中,硫酸盐首先被还原成亚硫酸盐($SO_3^{2-}$),然后被还原成硫化氢。半胱氨酸以两种方式由硫化氢合成:真菌似乎使硫化氢和丝氨酸结合形成半胱氨酸,而许多细菌使硫化氢和 O-乙酰丝氨酸中的乙酰基形成半胱氨酸。半胱氨酸可用于其他含硫有机物的合成。

6. 嘌呤、嘧啶和核苷酸的合成

嘌呤和嘧啶是 ATP、核糖核酸、脱氧核糖核酸和其他重要细胞的组成成分,对所有细胞都是非常重要的,所以几乎所有微生物都能合成嘌呤和嘧啶。

(1)嘌呤生物合成。嘌呤生物合成途径是复杂的,有 11 步反应。反应中 7 个不同的分子掺入到最终的嘌呤骨架中。该途径从核糖-5-磷酸开始并在这个糖上构成嘌呤骨架,这个途径的第一个嘌呤产物是次黄苷酸,叶酸衍生物将碳分配到嘌呤骨架的 2 与 8 位上。次黄苷酸合成之后,就以相当短的途径合成腺苷酸和鸟苷酸,并通过磷酸基团转移方式从 ATP 上获得磷酸基团,从而产生核苷二磷酸和核苷三磷酸。

脱氧核糖核苷酸通过两条不同途径由核苷二磷酸或核苷三磷酸产生,有些微生物利用一个需要维生素 $B_{12}$ 作辅因子的系统还原核苷三磷酸;有些微生物在核苷二磷酸上还原核糖。

(2)嘧啶生物合成。嘧啶生物合成由天冬氨酸和氨甲酰磷酸开始,天冬氨酸氨甲酰转移酶催化这两种物质缩合,形成氨甲酰天冬氨酸,然后转变成嘧啶的起始产物乳清酸。乳清苷酸脱羧产生尿苷酸,最后形成尿苷三磷酸和胞苷三磷酸。在嘧啶骨架合成之后,利用高能中间体5-磷酸核糖-1-焦磷酸添加到该骨架上形成核苷酸。第三个常见的嘧啶是胸腺嘧啶,是DNA的一种成分,嘧啶核苷酸中的核糖以像嘌呤核苷酸中同样的方式被还原,然后脱氧尿苷酸被一种叶酸衍生物甲基化产生脱氧胸苷酸。

7. 脂类的合成

微生物的细胞膜中存在各种脂类,大多数含有脂肪酸或它们的衍生物。脂肪酸是带有长的烷基链的一元羧酸,长链烷基通常有偶数碳原子,有些脂肪酸是不饱和的,即肽链上含有一个或多个双键。

脂肪酸合成酶复合物催化脂肪酸合成,用乙酰CoA与丙二酰CoA作为底物,NADPH作为还原剂。ATP驱动的乙酰CoA的羧化作用产生丙二酰CoA,在乙酸和丙二酸从辅酶A转到酰基载体蛋白(ACP)的巯基之后合成开始。酰基载体蛋白在脂肪酸合成期间携带正在延伸的脂肪酸链。在合成酶的作用下,经过两个步骤每次将两个碳原子加到延伸中的脂肪酸链的羧基端。首先,$CO_2$的释放驱动丙二酰-ACP和脂肪酰-ACP发生反应产生$CO_2$和多于2个碳原子的脂肪酰-ACP;其次,从起始的缩合反应产生的β-酮基在两步还原和一步脱水的过程中分解,然后,脂肪酸为接受另外2个碳原子做好准备。厌氧细菌和某些好氧菌在脂肪酸合成期间,以羟基脂肪酸脱水的方式产生双键,从这种方式形成双键不需要氧。

不饱和脂肪酸以两种方式合成,真核生物和好氧细菌利用NADPH和$O_2$的好氧途径合成;一个双链在碳9和碳10之间形成,氧与由脂肪酸和NADPH提供的电子还原成水。

磷脂是真核生物和大多数原核生物细胞膜的主要成分。它们通常也是通过磷脂酸合成的方式合成,特殊的胞苷二磷酸载体起着类似于尿苷和腺苷二磷酸载体在糖类合成中的作用。

## 2.4 微生物的遗传与变异

细菌的遗传性是指每种微生物所具备的亲代性状在子代的重现,使其子代的性状与亲代基本上一致的现象,即微生物把遗传信息稳定地传给下一代的特性。例如,大肠杆菌是短杆菌,生活条件要求pH值为7.2,在37 ℃条件下,能把乳糖进行发酵、产酸、产气。大肠杆菌的亲代将这些特性传给子代,这就是大肠杆菌的遗传性。

微生物遗传是在微生物的系统发育过程中逐渐形成的。系统发育越久的微生物,其遗传的保守程度就越大,越不容易受外界环境条件的影响。不同种的微生物其遗传保守程度不同,菌龄不同的同种微生物遗传保守程度也不同。一般来说,老龄菌遗传保守程度比幼龄菌大,高等生物遗传保守程度比低等生物大。

任何一种生物的亲代和子代以及个体之间,在形态结构和生理机能方面都有所差异,这一现象是由于遗传信息改变而造成的,且这些差异能够稳定传递下去,就发生了变异。由于微生物繁殖迅速，体积小，与外界环境联系密切，所以环境条件在短时期内能对菌体产生多次影响，微生物受到物理、化学因素影响后，就会较容易地在机体内产生适应新环境的酶（叫诱导酶），从而改变原有的特性，即产生了变异。

遗传与变异是生物最基本的属性，两者相辅相成，相互依存，遗传中有变异，变异中有遗传。遗传是相对的，变异是绝对的，有些变异了的形态或性状，又会相对稳定地遗传下去，但是并非一切变异都具有遗传性。微生物的变异性是比较普遍的，常见的变异现象有个体形态的变异、菌落形态的变异、毒力的变异、生理生化特性的变异及代谢产物的变异等。

利用微生物容易变异的特点，可以定向培育。在污水生物处理过程中，经常通过这种定向培育来对污泥进行驯化。如利用生活污水活性污泥接种，加速培养工业废水活性污泥。在工业废水生物处理中，常利用微生物在营养要求、温度、pH 值以及耐毒能力等性状的变异，改善处理方法。例如，在含酚废水的生物处理过程中，可以通过逐渐提高进水的含酚量，增强微生物氧化酚的能力，从而可以在一定程度上提高进水浓度，又不影响处理效果。对于一些特殊污染物质的降解，可通过驯化与筛选，培育出特别降解菌。

### 2.4.1　微生物的遗传

#### 2.4.1.1　微生物遗传的物质基础

遗传必须有物质基础，研究表明，一切生物遗传变异的物质基础是核酸。绝大多数微生物中的遗传物质是 DNA。还有一些微生物不含有 DNA，只含有 RNA（核糖核酸），它们的遗传物质就是 RNA。

1. 核酸的结构

核酸是一种多聚核苷酸（polemical-oxide），其组成如图 2.11 所示。

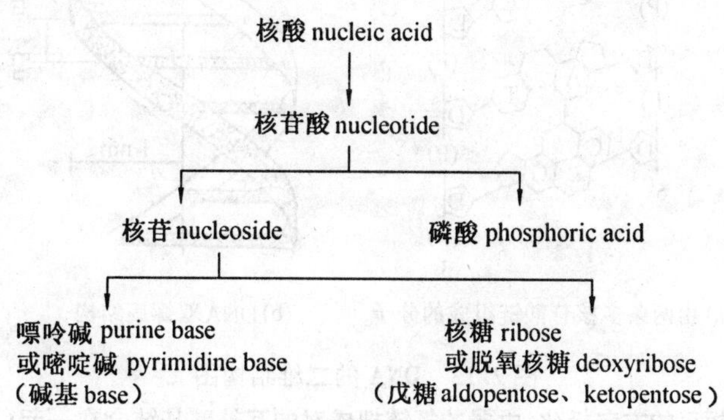


图 2.11　核酸的化学组成

根据核苷的戊糖和碱基的差异又可以分为 DNA 和 RNA，见表 2.5。

表 2.5　DNA 与 RNA 的组分比较

| 组分 | DNA | RNA |
|---|---|---|
| 磷酸 | $H_3PO_4$ | $H_3PO_4$ |
| 戊糖 | D-2-脱氧核糖 | D-核糖 |
| 碱基 | 腺嘌呤(Adenosine,A) | 腺嘌呤(Adenosine,A) |
| | 鸟嘌呤(Guanasine,G) | 鸟嘌呤(Guanosine,G) |
| | 胞嘧啶(Cytidine,C) | 胞嘧啶(Cytidine,C) |
| | 胸腺嘧啶(Thymidine,T) | 尿嘧啶(Uracil,U) |

2. DNA 的双螺旋结构特征

1953 年 Walson 和 Crick 通过 X 射线衍射法观察 DNA 结构,提出了 DNA 双螺旋结构模型:

(1)两条走向相反的多核苷酸链,以右手方向沿同一轴心平行盘绕成双螺旋,螺旋直径为 2 nm(图 2.12)。

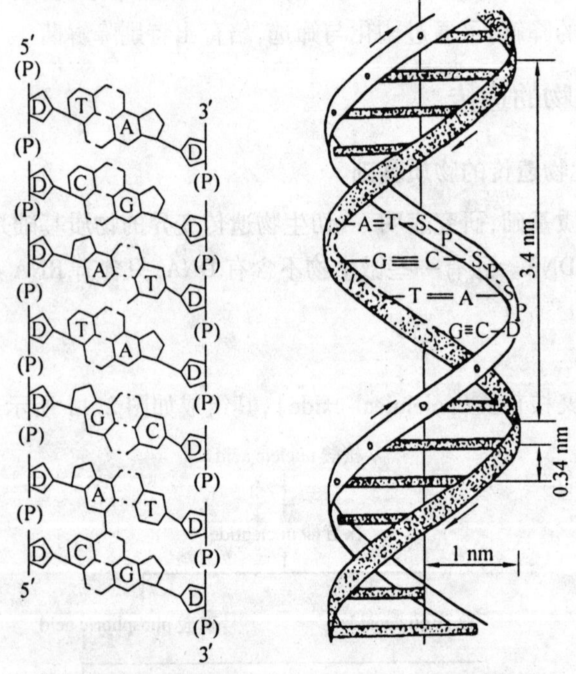


(a) 由两条多核苷酸链组成的分子　　(b) DNA 双螺旋结构

图 2.12　DNA 的二维结构图

各向相反的方向极化,由弱的氢链把成对的互补碱基结合在一起(以点线代表)。其中,D—脱氧核糖;P—磷酸;A—腺嘌呤;G—鸟嘌呤;C—胞嘧啶;T—胸腺嘧啶。一对条带代表戊糖-磷酸长链。

(2) DNA 两条单链的相对位置上的碱基有着严格的配对关系。一条单链上的嘌呤,在另一条链的相对位置上一定是嘧啶。

(3)两条链间由碱基对的氢键相连。A 与 T 之间有 2 个氢键,G 与 C 之间有 3 个氢键(RNA 链中 A 与 U 之间为 2 个氢键,G 与 C 之间为 3 个氢键)。这种碱基相配的关系称为碱基互补或称为碱基配对。

(4) 一个 DNA 分子可含几十万或几百万个碱基对,两个相邻的碱基对之间的距离为 0.34 nm,每个螺旋的距离为 3.4 nm。

3. RNA 的三种类型

(1)信使 RNA(mRNA)。它是以 DNA 的一条单链为模板,在 RNA 聚合酶的催化下,按碱基互补原则转录合成的长链。传达 DNA 的遗传信息,最后翻译成蛋白质,故称为信使 RNA。

(2)转运 RNA(tRNA)。存在于细胞质里,在蛋白质的合成过程中起转移运输氨基酸的作用(图 2.13),是一种三叶草结构,其氨基酸环与所转运的氨基酸结合,反密码环与 mRNA 配对结合。

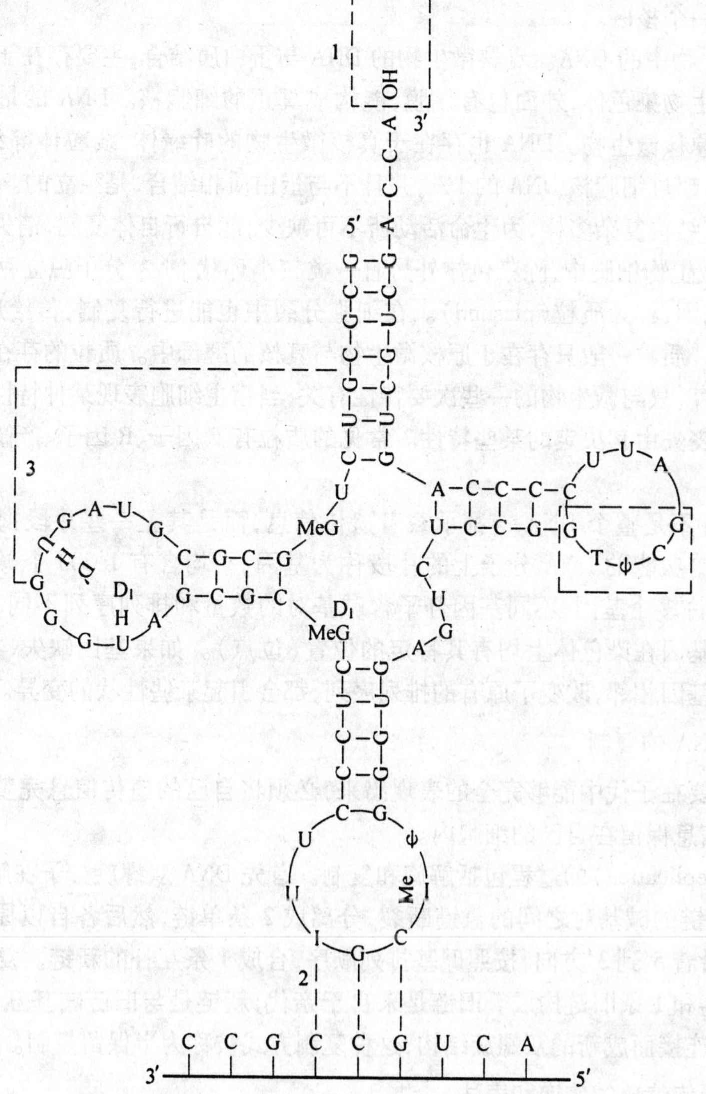


图 2.13　大肠杆菌丙氨酸 tRNA 的三叶草结构

(3)核糖体 RNA(rRNA)。它的主要成分是核糖体核酸和蛋白质。一个核糖体包含有大小两个亚基,是蛋白质合成的主要场所。原核微生物中的核糖体为 70S,由 50S 与 30S 的 2 个亚单位组成。

4. 微生物中的 DNA

DNA 几乎全部都集中在染色体上,每种生物的染色体数目是一定的。染色体上含有大量不同的基因,基因数目为几个到几百甚至几千个不等,染色体是生物遗传信息的主要载体。

(1)原核微生物中的 DNA。原核微生物中的 DNA 处于没有核膜的拟核区,不与蛋白质结合,而是以单独裸露状态存在的,通常也称染色体。绝大多数微生物的 DNA 是双链、环状或线状,只有少数微生物的 DNA 是单链。微生物的 DNA 拉直时比细胞长许多倍,如大肠杆菌的长度为 2 μm,其 DNA 长度为 1 100 ~ 1 400 μm。DNA 集中于细胞中央,高度折叠形成具有空间结构的一个核区。

(2)真核微生物中的 DNA。真核微生物的 DNA 与蛋白质结合,主要存在于细胞核的染色体上。真核微生物染色体,外面包有核膜,能构成真正的细胞核。DNA 的量在真核微生物细胞核中大于原核微生物。DNA 也存在于真核微生物的叶绿体、线粒体等细胞器中,但是量很少,一般不超过细胞核 DNA 的 1%,并且不与蛋白质相结合,是独立的。细胞器 DNA 的数目多少不一,结构复杂多样,为生命活动所不可缺少,能自行自体复制,消失不可再现。

(3)质粒。微生物细胞中,除染色体外另有一类较小环状 DNA 分子独立存在于染色体外,也携带少数基因,称为质粒(plasmid)。在细胞分裂中也能进行复制,传给后代,并表现一定的遗传特性。质粒一般只存在于原核微生物与真核的酵母中。质粒的存在与否不影响微生物细胞的生存,只与微生物的一些次要特性有关,当宿主细胞表现某种特性时才能被检出。丧失质粒仅丧失由其决定的某些特性。常见的质粒有 F 因子、R 因子、产微生物素因子及降解质粒等。

(4)基因。并不是整个 DNA 链都承载着遗传信息,而是其上一些片段携带着遗传信息。这些具有遗传功能的 DNA 分子上的片段称为基因,平均含有 1 000 个碱基对。一个 DNA 分子中含有许多个基因,不同基因分子含碱基对的数量和排列序列不同,并具有自我复制能力。各种基因在染色体上均有其特定的位置(位点)。如果基因缺失、重复,或在新的位置上和别的基因相邻,改变了原有的排列序列,都会引起某些性状的变异。

#### 2.4.1.2 DNA 的复制

亲代的性状要在子代中能够完全的表现出来,必须将自己的遗传信息完整地传递给子代,同时又能把信息保留在自己的细胞内。

DNA 复制(replication)的过程包括解旋和复制。首先 DNA 双螺旋分子在解旋酶的作用下,2 条多核苷酸链的碱基对之间的氢键断裂,分离成 2 条单链,然后各自以原有的多核苷酸单链为模板,沿着 5′到 3′方向,按照碱基排列顺序,合成 1 条互补的新链。复制后的 DNA 双链,由 1 条新链和 1 条旧链构成。旧链是来自于亲代,新链是与旧链碱基互补的合成链,新旧链以氢键相连接而成新的双螺旋结构,这种复制方式被称为半保留复制。

#### 2.4.1.3 遗传信息的传递和表达

因为生物体的遗传信息大多都贮存在 DNA 上,只有少数病毒的遗传信息贮存在 RNA

上。要使遗传信息得以显示出来,变成可见的微生物的性状,就必须要进行传递与表达。从DNA到RNA获得的信息翻译成蛋白质的过程,按照如图2.14所示的中心法则完成。只有一些致癌的RNA病毒,侵入宿主后,在一种逆转录酶的作用下,以RNA为模板合成DNA。遗传信息的传递和表达可概括为两个步骤。

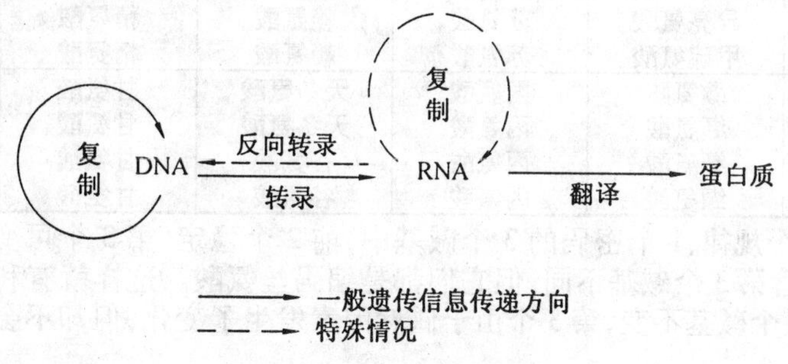


图2.14　遗传信息传递与表达

1.转录(transcription)

转录是将DNA链所携带的遗传信息按照碱基配对的原则转录到mRNA上,使mRNA携带有DNA链所包含的全部遗传信息。转录一般都会准确无误,不会发生错误。转录时,在酶的作用下,识别特定的碱基为起始位点,启动RNA合成,转录到终止碱基序列时,终止转录,形成一条mRNA链。转录时,也可以多位点启动,转录多条mRNA链,来提高转录效率。真核微生物转录后的初始转录物,需经过加工,才能成为成熟的mRNA信息链。

2.翻译(translation)

按照mRNA链的遗传密码信息将氨基酸合成多肽链、蛋白质的过程称为翻译。翻译过程分为翻译起始、肽链的延长和翻译终止三个阶段。mRNA中只有4种碱基A、G、C、U,而蛋白质中含有20种氨基酸,3个碱基序列决定1个氨基酸的遗传密码,共有64个密码,编码字典见表2.6。每一种氨基酸有1个到6个密码不等,另外3个密码UAA、UAG、UGA为肽链的终止信号,不代表任何氨基酸。密码AUG代表蛋氨酸,也是肽链合成的启动信号,为肽链合成起点。

表2.6　20种氨基酸的遗传密码的编码字典

| 第一碱基 | 第二碱基 | | | | 第三碱基 |
|---|---|---|---|---|---|
| | U | C | A | G | |
| U | 苯丙氨酸<br>苯丙氨酸<br>亮氨酸<br>亮氨酸 | 丝氨酸<br>丝氨酸<br>丝氨酸<br>丝氨酸 | 酪氨酸<br>酪氨酸<br>终止密码子<br>终止密码子 | 半胱氨酸<br>半胱氨酸<br>终止密码子<br>色氨酸 | G |
| C | 亮氨酸<br>亮氨酸<br>亮氨酸<br>亮氨酸 | 脯氨酸<br>脯氨酸<br>脯氨酸<br>脯氨酸 | 组氨酸<br>组氨酸<br>组氨酸<br>组氨酸 | 精氨酸<br>精氨酸<br>精氨酸<br>精氨酸 | G |

续表 2.6

| 第一碱基 | 第二碱基 | | | | 第三碱基 |
|---|---|---|---|---|---|
| | U | C | A | G | |
| A | 异亮氨酸<br>异亮氨酸<br>异亮氨酸<br>甲硫氨酸 | 苏氨酸<br>苏氨酸<br>苏氨酸<br>苏氨酸 | 天冬酰胺<br>天冬酰胺<br>赖氨酸<br>赖氨酸 | 丝氨酸<br>丝氨酸<br>精氨酸<br>精氨酸 | G |
| G | 缬氨酸<br>缬氨酸<br>缬氨酸<br>缬氨酸 | 丙氨酸<br>丙氨酸<br>丙氨酸<br>丙氨酸 | 天冬氨酸<br>天冬氨酸<br>谷氨酸<br>谷氨酸 | 甘氨酸<br>甘氨酸<br>甘氨酸<br>甘氨酸 | G |

密码中有一个规律:1 个密码的 3 个碱基中,前 2 个稳定,第 3 个可变。如 UCU、UCC、UCA 和 UCG,尽管第 3 个碱基不同,但它们都是编码丝氨酸。这样就有利于生物性状的稳定性,即只要前 2 个碱基不变,第 3 个由于偶然因素发生了变化,但却不会改变编码的氨基酸。

mRNA 携带的由 DNA 转录来的遗传信息蕴藏在 mRNA 的三字密码上,密码的序列决定了蛋白质中氨基酸的序列。在蛋白质合成中,核糖体的小亚基主要识别 mRNA 的启动密码子 AUG,并搭到 mRNA 链上移动,直到遇到 mRNA 的终止信号 UAA、UAG、UGA 时,才会终止氨基酸的合成。

tRNA 按 mRNA 密码的指示,依靠一种强特异性的氨基酰 tRNA 合成酶,将不同的氨基酸活化,活化后的氨基酸被特异的 tRNA 携带,按排列顺序结合到核糖体的大亚基上,缩合成肽链,如图 2.15 所示。

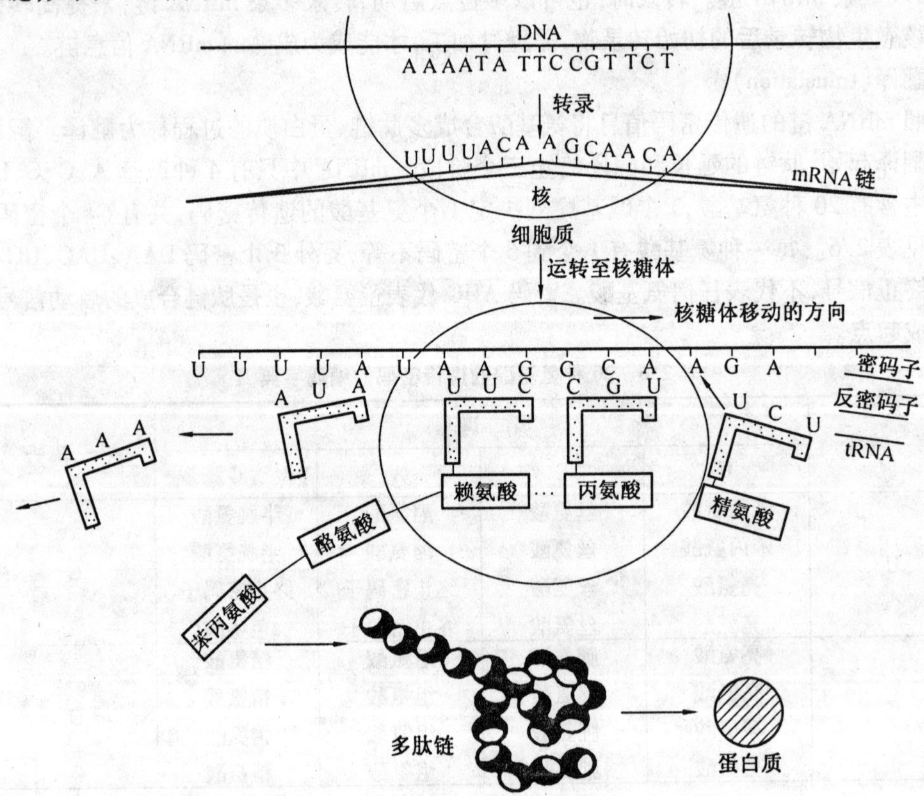


图 2.15　遗传信息的表达与蛋白质的合成过程

### 2.4.1.4 微生物基因表达的调控——操纵子学说

基于微生物基因功能差异,基因可分为结构基因、调节基因和操纵基因。

1. 结构基因

决定某一种蛋白质分子结构的一段 DNA,可将携带的特定遗传信息转录给 mRNA,再以 mRNA 为模板合成特定氨基酸序列的蛋白质,它是决定性状的基因。

2. 调节基因

调节基因带有阻遏蛋白,控制结构基因的活性。平时阻遏蛋白与操纵基因结合,结构基因无活性,不能合成酶或蛋白质。当有诱导物与阻遏蛋白相结合时,操纵基因负责打开控制结构基因的开关,于是结构基因就开始翻译、合成相应的酶或蛋白质。

3. 操纵基因

操纵基因位于结构基因的一端,与一系列结构基因组合形成一个操纵子,对结构基因所决定的性状表达的过程进行控制。

大肠杆菌降解乳糖的酶由 Z、Y 和A3个蛋白质所组成,分别受结构基因 z、y 及 a 控制。当培养基中不存在乳糖时,调节基因 I 的阻遏蛋白与操纵基因相结合,结构基因就不能表达出来。当培养基中除乳糖外无其他碳源时,乳糖是诱导物,与调节基因 I 的阻遏蛋白结合,使阻遏蛋白丧失与操纵基因结合的能力,此时操纵基因"启动",结构基因 z、y 和 a 合成蛋白质 Z、Y 和 A,从而形成分解乳糖的酶(图 2.16)。培养基中乳糖就被大肠杆菌所分解利用,当乳糖全部被利用后,阻遏蛋白又与操纵基因结合,操纵基因"关闭",停止酶的合成。

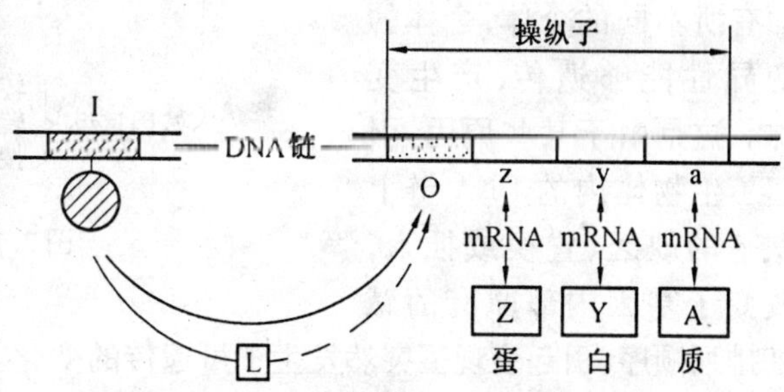


图 2.16 大肠杆菌乳糖操纵子示意图
(I—调节基因;O—操纵基因;z,y,a—结构基因;L—乳糖)

乳糖操纵子的上述调控方式为负控制,即调节基因的阻遏蛋白与操纵基因结合,操纵基因关闭,酶的合成停止。若与诱导物结合,则操纵子开启,酶活性得到翻译和表达。据测定,大肠杆菌不接触乳糖时,每个细胞中大约有 5 个分子的 β-半乳糖苷酶(结构基因),接触诱导物 2 ~3 min 后就有大量酶合成,每个细胞中高达 5 000 个分子。

乳糖操纵子还有正控制作用,即某种物质的存在使某种细胞功能能够实现,而这一组分的消失或失活使这一功能不能实现。这一现象最初是从葡萄糖和山梨糖共基质培养时发现的。大肠杆菌首先利用葡萄糖作为碳源生长,葡萄糖消耗完后,出现一个短短的生长停顿时期,然后才开始利用山梨糖作为碳源,出现二度生长。不仅山梨糖这样,凡是必须通过诱导才能够利用的糖(包括乳糖)和葡萄糖同时存在时都呈现二度生长,这种现象又称为葡萄糖效应。实际上是葡萄糖的降解物在起作用,故又称降解阻遏效应。经研究,细胞中存在着一种 cAMP 受体蛋白(CAP),cAMP 与 CAP 结合后作用于启动基因 P(位于操纵基因前面),转录才能进行。大肠杆菌细胞中一般都含有一定量 cAMP,在含有葡萄糖的培养液中 cAMP 则大大降低,机理是葡萄糖的降解物抑制腺苷酸环化酶,或者促进磷酸二酯酶的作用。

乳糖操纵子中阻遏蛋白的负控制和 CAP 的正控制双重调控机制有利于大肠杆菌的生

存。这是因为当乳糖不存在时，没有必要合成分解乳糖的酶；葡萄糖和乳糖共存时，分解乳糖酶的诱导合成也是不必要的，这在一定程度上，是资源能源浪费。葡萄糖的降解物对于分解乳糖相关酶的合成阻遏，便能节约资源能源，有利于微生物的生存和繁殖。

## 2.4.2　微生物的变异

由微生物基因发生变化而引起的遗传性状发生变化称为微生物的变异。变异主要有基因突变和基因重组两大类型（图2.17）。

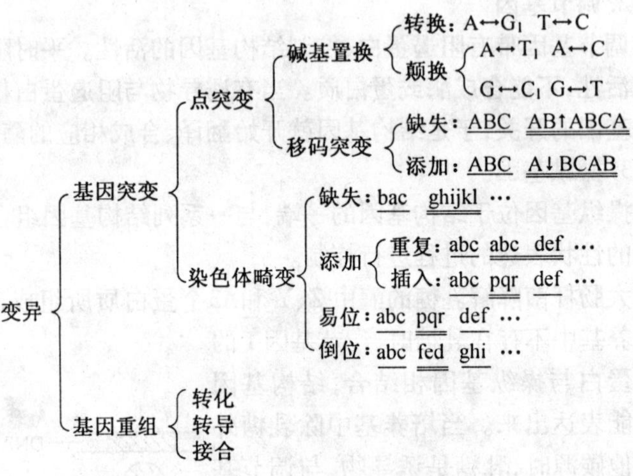


图2.17　细菌变异的发生途径

### 2.4.2.1　基因突变

微生物群体中偶尔会出现个别在形态或生理方面有所不同的个体，个体的变异性能够遗传，产生变株。这是由于某些原因，引起了生物体内的DNA链上碱基的缺乏、置换或插入，改变了基因内部原有的碱基排列顺序，引起表现型突然发生了可遗传的变化。当子代突然表现和亲代显然不同的遗传表现型时的变异则称为突变（mutation）。

1. 基因突变的主要特点

（1）不定向性。微生物的生活条件对于突变的发生并无明显相关性。突变可能会形成各种各样的性状，突变体发生后，能否生长、繁殖，决定于生活条件是否能够满足突变体的要求。只有适合某种性状突变后的环境因素存在时，突变性状才能够得以保存。

（2）自发性。各种性状的突变可以在没有人为诱变因素的条件下自发发生。

（3）稀有性。突变率是指每一细胞在每一世代中发生某一性状突变的几率，通常为$10^{-10} \sim 10^{-5}$。

（4）稳定性。发生突变的新性状是稳定的、可遗传的。

（5）独立性。各基因性状的突变都可以独立随机地发生。

（6）可逆性。突变可以由原始的野生型向突变型方向进行，一般称此为正向突变。反过来，突变也可以发生在突变型向野生型的转变，此称回复突变。

（7）诱变性。自发突变的发生频率很低，但是通过人的施加诱变剂处理后，突变率可以大大提高，一般可提高$10 \sim 10^5$倍。

2. 基因突变的类型

（1）从突变发生机理上，突变可分为点突变和染色体畸变两类。前者指DNA中一个或数个碱基对发生改变引起的突变，后者指大段碱基对片段发生变化或损伤所引起的突变。

（2）根据突变发生过程，可分为自发突变和诱发突变两类。

凡是在没有人为诱变条件的作用下，由外界环境的自然作用，如辐射或微生物体内的生理和生化变化等，而发生的基因突变称为自发突变(spontaneous mutation)。微生物在生长繁殖过程中，个别基因自发突变几率极低，如微生物的突变率是 $10^{-4}$ ~ $10^{-10}$，即 1 万到 100 亿次繁殖中，才出现一个基因的突变体。作为遗传物质 DNA，一般说来都是十分稳定的，但是在一定的情况下也会发生改变，从野生型产生一些不同种的突变体，例如色素突变、细胞形态突变(丧失芽孢、荚膜或鞭毛的特性)、营养型突变(丧失合成某种营养物质的能力)、发酵突变和抗性突变(包括抗药性、抗噬菌体、抗染料、抗辐射等)以及致病力突变等。

自发突变是在自然条件下无定向的，有时有益，有时无益，甚至有害。如任其自然发展，往往导致菌种退化。所以实验室中的菌种都要定期进行复状，才能够长期保存菌种的性状。

人为地利用物理化学因素，引起细胞 DNA 分子中碱基对发生变化叫诱变(inducedmutation)。所利用的能提高突变率的任何物理、化学因素都可以称为诱变剂。常用的诱变剂有紫外线、X 射线、T 射线等物理诱变剂；5-溴尿嘧啶、亚硝酸、吖啶类染料等化学诱变剂。

在诱变剂的作用下，微生物突变体也可回复突变为野生型，称回复突变(bock mutation)。例如，大肠杆菌组氨酸营养缺陷型(his-)的菌株在无组氨酸的培养基上应当无菌落生长，当有致突变物存在时，营养缺陷型突变为有合成组氨酸能力的野生型菌株表型(his+)，长出少数菌落，即突变体(his-)回复野生型(his+)。

废水处理中，驯化活性污泥及生物膜时，是把培养、选择、淘汰三者结合在一起。在特定的废水中，有些菌种不能适应被淘汰，有的菌株能产生诱导酶来降解此类废水，并能在这种培养条件下生存而被保留下来，同时大量繁殖，使废水达到预期的排放标准。国外目前正在研究针对某种废水用人工诱变方法筛选大量具有很强分解能力及絮凝能力的菌株，并将其做成干粉状变异菌成品，此时微生物处于休眠状态。当处理此类废水时，可把干粉状菌种置于 30 ℃水中溶解 30 min，使微生物恢复活性，直接投入使用。

#### 2.4.2.2　基因重组

两个不同性状的个体细胞，其中一个细胞(供体细胞)的 DNA 与另一个细胞(受体细胞)的 DNA 融合，使它们的基因重新组合排列，遗传给下一代，产生新品种或表达出新的遗传性状，这种变异为基因重组。基因重组不发生任何碱基对结构上的变化，只是重新进行组合。

重组后的生物体表现出新的遗传性状。微生物中基因重组的形式很多。在真核微生物中，基因重组是通过两个配子相互融合的有性繁殖过程发生的，故称之为杂交。在原核微生物，通常只是部分遗传物质的转移和重组。基因重组主要有以下三种途径。

1. 接合(conjugation)

细胞的接合是遗传物质通过细胞与细胞的直接接触而进行的转移和重组。1946 年，美国科学家 Lederberg 和 Tatum 采用大肠杆菌的两类营养缺陷型(不具备合成生长素能力的微生物称为营养缺陷型，培养时必须人工供给此类生长素才能够生长。将原来有合成生长素能力的微生物称为原养型或野生型。能合成某生长素用“+”表示，不能合成某生长素则用“-”表示)做试验，其中一类大肠杆菌没有合成生物素(B)和甲硫氨酸(M)的能力，但能合成苏氨酸(T)和亮氨酸(L)，基因型为 B-M-T+L+；另一类大肠杆菌没有合成苏氨酸(T)和亮氨酸(L)的能力，但能合成生物素(B)和甲硫氨酸(M)，基因型为 B+M+T-L-。分别从 2

个菌株取 $10^4$ 个幼龄细胞混合，涂在不含上述四种成分的培养基上，结果竟然长出一些菌落。

经过分析，基因型为 B+M+T+M+的野生型菌株，这是两类营养缺陷型菌株通过交配进行了基因重组的结果。为了排除转化作用，设计了一种 U 形管（图2.18），管的中间装有超微烧结玻璃过滤板，把管两端隔开，每端各接种一种营养缺陷型的大肠杆菌，由于中间滤板隔开，细胞无法直接接触，而游离的 DNA 片段可以通过，使两端溶液来回流动，经过一段时间培养，从 U 形管两端取出微生物，分别涂于不含上述四种成分的培养基上，培养后无菌生长，证明接合重组细菌必须直接接触，遗传物质才能进行转移。从电镜照片可看到大肠杆菌的接合实际上是通过性纤毛进行的，性纤毛是中空的，遗传物质可以通过性纤毛转移。带有 F 因子的大肠杆菌才有性纤毛，如图 2.19 所示为一个具有 F 因子的大肠杆菌（用 F+表示），当与不具有 F 因子的大肠杆菌（用 F-表示）接合时，F+菌株先自我复制一个 F 因子通过性纤毛进入 F-受体细胞，这样就使原来不具有 F 因子的 F-菌株变成了 F+菌株。

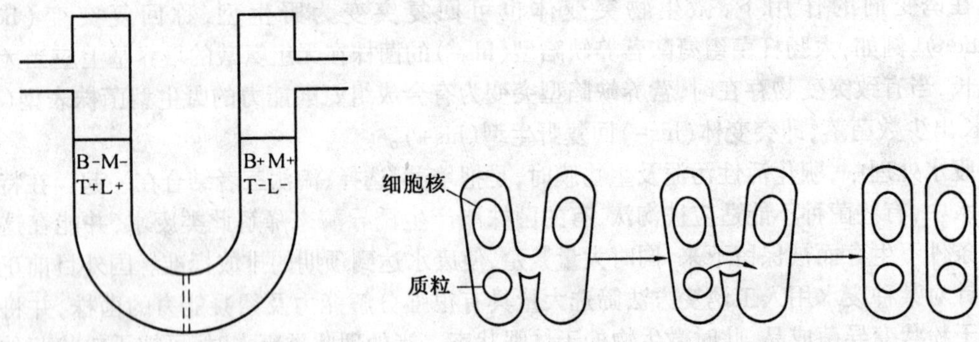


图 2.18 U 形管试验　　图 2.19 F-菌株的结合

除 F 因子，还有 R 因子、产细菌素因子及降解质粒等，可以通过细胞接触而进行转移和重组。R 因子可具有抗药性（如对抗生素药物的抗性）或抗某些重金属离子（如汞、镉、铅等）。1955 年，首先在志贺氏菌的一个菌株中发现具有抗氯霉素、链霉素、四环素和磺胺类药物等多种抗性，其后又发现具有抗药性的沙门氏伤寒杆菌。人类和家畜肠道内都可能存在有许多抗药性的大肠杆菌，并可能把抗药因子转移给病原细菌如志贺氏痢疾杆菌和沙门氏伤寒杆菌。

2. 转化（transformation）

转化是供体细胞研碎物中的 DNA 片段直接被吸收进入受体细胞的基因重组，使受体细胞获得了供体细胞的部分遗传性状。

转化研究的常见例子是小白鼠对肺炎双球菌的感染。1928 年，英国细菌学家 Griffrh 发现肺炎双球菌中 SⅢ型菌株，菌落光滑，会产生荚膜，感染人、小白鼠或家兔等时，均可以致病。RⅡ型菌株菌落粗糙，不产生荚膜物质，感染人、小白鼠或家兔均不致病。当将 RⅡ型活菌注入小白鼠体内，小白鼠健康不致病，并可分离到 RⅡ型肺炎双球菌菌落。将 SⅢ型的肺炎双球菌加热杀死后注射小白鼠，小白鼠健康不致病，从健康的鼠体分离不出肺炎球菌。但将加热杀死的 SⅢ型细菌与 RⅡ型活细菌混合后注射小白鼠，小白鼠死亡，并可以从死鼠体内分离到 SⅢ型活细菌。

体外进行转化试验时，将死的SⅢ型细菌研碎，提取出其中的DNA与RⅡ型活菌混合培养，后代产生两种类型的菌落，绝大部分是RⅡ型细胞，极小部分（百万分之一）是有毒的SⅢ型细胞。加DNA酶破坏SⅢ型DNA，可阻止转化作用。1944年，Avery等人证明了所谓转化物质就是DNA，SⅢ型的DNA进入RⅡ型受体细胞内，发生了基因重组，使RⅡ型转化成SⅢ型。试验发现受体细胞必须在感受态（Competence）阶段。在感受态阶段的受体细胞叫感受态细胞。感受态细胞是由细胞的遗传性以及细胞的生理状态、菌龄和培养条件等决定的。

3. 转导（transduction）

遗传物质通过噬菌体的携带而转移的基因重组称为转导。1951年，Zinder和Lederberg在研究鼠沙门氏伤寒杆菌重组时发现了这一现象。把一个具有合成色氨酸（Try+）能力，而无合成组氨酸（his-）能力的营养缺陷型LA-2供体，接种在U形管的左端，而在管的另一端（右端）接种噬菌体溶源性的LT22 -A的营养缺陷型受体（Try-，his+）。U形管中间用超微烧结玻璃过滤板把两端隔开，管中的溶液能通过滤板来回流动，但阻止细菌通过或接触，即排除接合。经过一定时间培养后，在右端L-22受体细胞中获得Try+野生型的细菌。研究发现，LA-22在培养过程释放温和噬菌体P-22通过过滤板侵染供体LA-2，当LA-2裂解后，产生“滤过因子”大部分是P-22，其中极少数在成熟过程包裹了LA-2的DNA片段（含合成Try+基因），并通过滤板再度感染LA-22，使LA-22获得了合成Try+能力，由噬菌体携带来的DNA片段与受体细胞的基因进行了重组。

基因重组的三种形式中，细菌接合必须由两个细胞直接接触，而转化和转导无需细胞直接接触，转化无需噬菌体作媒介，转导必须通过噬菌体转移遗传物质。

#### 2.4.2.3　生物遗传工程

遗传工程是按照人们预先设计的生物蓝图，通过对遗传物质的直接操纵、改组、重建，实现对遗传性状的定向改造。目前采用的基本方法是：把遗传物质从一种生物细胞中提取出来，再把它导入另一种生物细胞中，改变其遗传结构，使之产生符合人类需要的新遗传特性，定向地创造新生物类型。由于它采用了对遗传物质体外施工，类似于工程设计，具有很高的预见性、精确性与严密性，因此称为遗传工程。

遗传工程从细胞水平、基因水平两个水平上进行研究，因此，遗传工程可分为细胞工程和基因工程。而目前研究的主要内容是基因工程。

基因工程的内容是在分子水平上剪接DNA片段，与同种、同属或异种甚至异界的基因连接成为一个新的遗传整体，再感染受体细胞，复制出新的具有遗传特性的机体。

#### 2.4.2.4　微生物遗传工程在环境工程中的应用

带有降解某些物质的质粒的微生物往往不一定能在某一废水环境中生存，而能在此种废水条件下生存的细菌又不一定具有降解其中某些物质的质粒，因而各国科学家试图利用遗传工程，把具有降解某些特殊物质的质粒剪切后，连接到受体细胞中，使之带有一种或多种功能用以处理废水，这种采用人工方法选出的多质粒、多功能的新菌种称“超级细菌”。这方面的研究工作较多，目前已有较为成功的实例。

1. 超级细菌降解石油

20世纪70年代，美国生物学家Chakrabary对海洋输油造成浮油污染、影响海洋生态等问题进行了研究。因为石油成分十分复杂，其中含有饱和、不饱和、直链、支链、芳香烃类等众多化学物质，不溶于水。而海水的含盐量高，虽发现90多种微生物有不同程度降解烃类的能力，但不一定能在海水中大量繁殖生存，降解速率也较慢。Chakrabary将能降解烃（含质粒A）的一种假单胞菌作为受体细胞，分别将能降解芳烃（质粒B）、萜烃（质粒C）和多环芳烃（质粒D）的质粒，用遗传工程的方法人工转入，获得多质粒“超级细菌”，可除去原油中2/3的烃。浮油在一般条件下降解需一年以上时间，用“超级细菌”只需几小时（图2.20）。

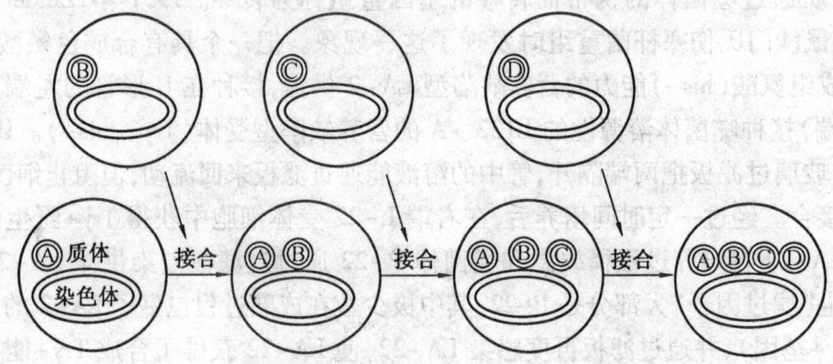


图2.20 四种不同降解质粒接合在同一假单胞菌受体中

2. 利用质粒

(1)染料降解质粒。1983年，瑞士科学家Kulla发现有两种假单胞菌分别具有降解纺织废水中两种染料的能力，一种是假单胞菌K24，具有降解1号橙偶氮染料的质粒，另一种是假单胞菌K46，具有降解2号橙偶氮染料的质粒，他把两个菌株的两种质粒接合到一个菌株内，可获得具有降解两种染料的新菌种。

(2)耐汞质粒。日本水俣事件及瑞典鸟类汞中毒事件后，日本和瑞典很多研究人员在汞的自然界转化方面做了大量研究，提出了汞化合物的生物转化途径，主要是某些微生物使水体中汞元素甲基化形成甲基汞，使人及生物中毒。此外，还发现在自然界中存在一些耐汞的微生物，如嗜油假单胞菌，其耐汞基因在质粒上。而恶臭假单胞菌一般在超2 μg/mL汞浓度中就会中毒死亡。

# 第3章 环境分子微生物学

分子微生物研究过程中涉及分子生物学、基因工程、微生物学、细胞生物学、遗传学、病毒学、环境科学、微生物生理生态学等。下面简要介绍分子生物学、基因工程这两门直接相关的科学。

## 3.1 环境分子微生物学基础

### 3.1.1 分子生物学基础

分子生物学是研究核酸、蛋白质等生物大分子的结构与功能,并从分子水平上阐明蛋白质与蛋白质、蛋白质与核酸之间的相互作用及基因表达调控机理,是在分子水平上研究生命现象的科学。但目前主要研究基因的结构与功能、复制、转录、表达和调控。

分子生物学的研究基于以下几点:

(1)不同生物体内构成生物体的有机大分子都是相同的。

(2)生物体内建成有机大分子的规律是共同的。

(3)某一特定生物体所拥有的核酸及蛋白质决定了生物的属性。

自20世纪50年代以来,分子生物学是生物学的前沿,着重研究的是大分子,特别是蛋白质和核酸结构功能,以及脂质体系、部分多糖及复合体系,可以概括为蛋白质体系、蛋白质-核酸体系和蛋白质-脂质体系。

蛋白质是组织细胞中含量最丰富、功能最多样化的生物大分子,一个细胞可能含有十万多种蛋白质,每种蛋白质都有不同的功能。蛋白质功能的多样性是由其复杂的分子结构决定的。

1.蛋白质体系

蛋白质是氨基酸单体通过肽键连接构成的不分支的线性序列分子。其三维结构称为构象,构象是指蛋白质分子内空间位置的改变,并不涉及共价键的断裂和生成所发生的变化。蛋白质的结构单位是α-氨基酸,常见的氨基酸共20种。它们以不同的顺序排列可以为生命世界提供各种各样的蛋白质。

蛋白质结构层次按分于结构的组织形式可分为四个主要的层次。

(1)蛋白质的一级结构:也叫化学结构,一般是指构成蛋白质肽链的氨基酸残基的排列次序。对复合蛋白质来说,完整的一级结构还应包括除肽链之外的其他成分,如糖、脂质等以何种方式连接肽链的哪些残基上。

(2)蛋白质的二级结构:是指肽链中局部肽段的构象。首尾相连的氨基酸通过氨基与羧基的缩合形成链状结构,称为肽链。肽链主链原子的局部空间排列为二级结构。二级结构可以大致分为主链骨架构象和侧链构象两类,各类二级结构的形式几乎都是由主链骨架中羰基与亚胺基之间以氢键、范德华力等作用力维系。蛋白质的二级结构还包括 α 螺旋、β 折叠、转角、环形、随机性的卷曲等类型。

(3)蛋白质的三级结构:蛋白质二级结构在空间的各种盘绕和卷曲为三级结构。三级结构也是指蛋白质分子或亚基内所有原子的空间排布,但不包括亚基之间或空间排列关系。结构中所有原子、基团的空间排布、相对位置可以用肽键的两面角和原子或基团之间的距离来规定。三级结构的形成和维持需要的作用力有非共价键、疏水作用力、二硫键和配位键等。二、三级结构统称为立体结构。在蛋白质的二级结构和三级结构之间还存在着一些超二级结构和结构域。

(4)蛋白质的四级结构:作为构成蛋白质四级结构组分的多肽链被称为亚基,有些蛋白质分子是由相同的或不同的亚单位组装成的,蛋白质还通过肽链之间非共价键的相互作用,形成亚单位间的相互关系叫四级结构。广义的四级结构包括相同或不同球状蛋白质分子所构成的聚合物,如多酶复合物、病毒外壳蛋白、核糖体等。

蛋白质的特殊性质和生理功能与其分子的特定结构有着密切的关系,这是形形色色的蛋白质所以能表现出丰富多彩的生命活动的分子基础。蛋白质的结构与功能的关系是分子生物学研究的一个重要内容。在生命活动中,单独或少数的几种蛋白质是不可能完成某一生命活动的。单独的蛋白质只能完成某种或为数不多的几种反应功能。多种不同的蛋白质可以形成更加复杂的结构,共同来完成一些生命活动。

生物大分子通过它们之间的相互作用,实现特异的生物学功能。蛋白质的功能是同其他分子相互作用中表现出来的。

随着结构分析技术的发展,现在已有几千个蛋白质的化学结构和几百个蛋白质的立体结构得到了阐明,如 BRCT 结构域、Lim 结构域、$SH_3$ 结构域、$SH_2$ 结构域、WW 结构域、pH 结构域等。

20 世纪 70 年代末以来,采用测定互补 DNA 顺序反推蛋白质化学结构的方法,不仅提高了分析效率,而且使一些氨基酸序列分析条件不易得到满足的蛋白质化学结构分析得以实现。

2. 蛋白质-核酸体系

核酸是核苷酸的线性多聚物,有 DNA 和 RNA 两类,是生物的遗传信息载体。DNA 由四种脱氧核苷酸 A、G、T、C 组成。不同生物 DNA 的分子大小、结构有一定的差异。绝大多数生物的基因都由 DNA 构成。人体细胞染色体上所含 DNA 为 $3\times10^9$ 个碱基对。细菌,如大肠杆菌的基因组,含 $4\times10^6$ 个碱基对。

核酸作为遗传物质的基础具有下列特征:具有稳定的结构,能进行复制传递给子代特定的结构功能;携带生命的遗传信息,决定生命的产生、生长和发育;产物遗传变异,使种族进化不断进行。核酸功能的实现要依赖于蛋白质。相对于核酸是信息分子,蛋白质一般被称为功能分子。

DNA 所特有的物理、化学和生物学性质功能,都根源于它的一级分子结构,它是 DNA 分子性质和功能的基础。DNA 的一级结构实际上就是 DNA 分子内碱基的排列顺序,以密码子的方式蕴藏着遗传信息。一级结构决定了 DNA 二级结构、折叠成的空间结构。DNA 的二级结构即由沃森和克里克提出的 DNA 双螺旋模型:核糖-磷酸骨架在双螺旋的外侧,碱基在内侧,碱基配对,一条链绕着另一条链旋转、盘绕,一条链上的嘌呤与另一条链上的嘧啶相互配对。碱基互补的配对规律是A与T之间以2个氢键结合,G与C之间以3个氢键结合。

RNA是一大类生物大分子物质,它有两方面功能:一方面是信息分子,另一方面是功能分子。它能传递储存于DNA分子中的遗传信息,并参与初始转录产物的转录后加工、蛋白质生物合成中核蛋白复合物的结构组成和功能。RNA分子的碱基组成主要是A、G、C、U,一般都是单股的多聚核苷酸链。成熟的RNA主要存在于细胞质内,无论是真核或原核细胞,细胞质中成千上万种RNA可以分三大类:转运RNA(tRNA)、信使RNA(mRNA)和核糖体RNA(rRNA)。

基因在表达其性状的过程中贯串着核酸与核酸、核酸与蛋白质的相互作用。基因表达的调节控制也是通过生物大分子的相互作用而实现的。DNA与蛋白之间的相互作用是所有活细胞的中心过程。遗传信息要在子代的生命活动中表现出来,需要各种DNA结合蛋白去复制、转录和转译。处于静止状态或活性状态的染色体都含有各种蛋白质。这些结合蛋白有两种情况:一种是在DNA链上非特异性地结合,把DNA包装成一定的结构,但并不妨碍其他DNA结合蛋白的接触;另一种情况是蛋白质结合到DNA一段短的序列上,这些短序列通常是进化上保守的、特异性的。复制是以亲代DNA为模板合成子代DNA分子的过程。DNA复制时,双股螺旋在解旋酶的作用下被拆开,然后DNA聚合酶以亲代DNA链为模板,复制出子代DNA链。转录是在RNA聚合酶的催化下,根据DNA的核苷酸序列决定一类RNA分子序列。转译的场所核糖体是核酸和蛋白质的复合体,根据mRNA的三联体遗传密码,在酶的催化下,把氨基酸连接成完整的肽链。然后进一步转译蛋白质分子中氨基酸的序列。mRNA分子中以一定顺序相连的三个核苷酸来决定一种氨基酸,这就是蛋白质与核酸的相互作用,包括蛋白质与各种类型的RNA(包括单链和双链)的相互作用、与双螺旋DNA或单链DNA的相互作用。与DNA的相互作用有特异性和非特异性两类。

RNA作为遗传信息分子和功能性分子的集合体,参与许多生命的基本生化过程。RNA携带来自DNA的遗传信息进行蛋白质的生物合成,形成核糖体、RNA前体的剪接体等核酸-蛋白质复合物。在大多数情况下,RNA与蛋白质相互作用在生化过程中,起着关键性、决定性的作用。RNA同样具有丰富的二级、三级结构,使RNA具有各种各样的结构域,进行生物大分子之间的相互作用。所有的RNA结构,包括线状序列、发夹、膨泡、内环、假结、双螺旋等都可以作为蛋白质专一性识别的靶结构。有的蛋白质识别相应的RNA仅仅通过识别RNA整体构象来实现,而不是RNA碱基序列。

3.蛋白质-脂质体系

蛋白质-脂质体系即指生物膜系。生物体内普遍存在的膜结构,统称为生物膜。生物膜是由蛋白质和脂质通以非共价键连接而成的体系,包括细胞外周膜和细胞内各种细胞器膜。很多膜还含少量糖蛋白或糖脂。

生物膜膜蛋白可分为外周膜蛋白和内在蛋白,其中内在蛋白约占整个膜蛋白的70%~80%。它们部分或全部嵌入膜内,有的则跨膜分布,如受体、通道、离子泵、膜孔以及各种酶等。

生物膜膜脂主要分三类:甘油磷脂、鞘脂和胆固醇。甘油磷脂是膜脂的主要成分,由亲水和疏水两部分组成,是由甘油衍生而来,如磷脂酰胆碱、磷脂酰乙醇胺等。这些分子不仅起到生物膜的支撑作用，还在信号转导过程中有重要作用。鞘脂基本结构是鞘氨醇和 1 分子含长烃链的脂肪酸以氨基键形成酰胺。鞘脂参与细胞中信号转导、膜的运输、离子通道的调节、膜的粘连等过程。胆固醇又称胆甾醇，一种环戊烷多氢菲的衍生物，主要有高密度胆固醇和低密度胆固醇两类。

流动镶嵌模型生物膜的基本模型，磷脂双分子层构成其基本骨架，膜脂和膜蛋白均处于不停的运动状态，生物膜在结构与功能上都具有两侧不对称性，在膜运输上具有选择透过性。生物体的能量转换主要在膜上进行，还有一个重要功能是细胞间或细胞膜内外的信息传递。

### 3.1.2 基因工程原理

基因工程是 20 世纪 70 年代以后发展起来的一门新技术。其基本原理是以分子遗传学为理论基础，用酶学方法，把天然或人工的、同源或异源的生物的遗传物质（DNA）分离出来，在体外进行剪切、拼接，使遗传物质重新组合。然后将重组的 DNA 通过具有复制能力的载体（微生物质粒、噬菌体、病毒等）转入不具有这种重组分子的受体细胞，进行无性繁殖，从而改变生物原有的遗传特性；有时还使新的 DNA 在新的宿主细胞或个体中大量表达，以获得新品种、基因产物（多肽或蛋白质）或创建新的生物类型。这种创造新生物并给予新生物以特殊功能的过程称为基因工程技术。基因工程技术为基因的结构和功能的研究提供了有力的手段。

环境污染是世界性的难题，基因工程技术在防治各种污染中将起到重要作用。众所周知，油轮海上倾油可引起大面积海域污染，国外已采用“超级细菌”进行海面浮油处理。采用可被降解的生物农药也是处理化学农药对土壤的污染较为先进的方法。此外，河流、湖泊水域的污染防治、酸雨危害以及城市垃圾处理等，也都是亟待解决的难题。

基因工程的基础研究包括外源的目的 DNA、载体分子、宿主细胞等要素。基本过程有：目的 DNA 的获得、载体的选择与构建、目的 DNA 与载体的重组、重组 DNA 的转化或转染等从而导入宿主细胞、筛选含有重组 DNA 分子的宿主细胞，获得克隆。

#### 3.1.2.1 基因工程的主要内容

基因工程的研究包括构建一系列克隆载体和相应的表达系统、建立不同物种的基因组文库和 cDNA 文库、开发新的工具酶、探索基因工程新技术、新的操作方法等等基础研究。

1. 工具酶

核酸酶类是基因工程操作中必不可少的工具酶，基因克隆的许多步骤如 DNA 分子的制备、DNA 片段的切割与连接等，都需要使用一系列功能不同的核酸酶来完成。

限制性核酸内切酶在宿主细胞起限制和修饰作用。限制与修饰系统与三个连锁基因有关：hsdR 编码限制性核酸内切酶，这类酶能识别 DNA 分子上的特定位点并将双链 DNA 切断。hsdM 的编码产物是 DNA 甲基化酶，这类酶使 DNA 分子特定位点上的碱基甲基化，即起修饰 DNA 的作用。hsdS 表达产物的功能则是协助上述两种酶识别特殊的作用位点。

DNA 连接酶是一种能够催化 DNA 链之间形成磷酸二酯键的酶。DNA 片段的体外连接是 DNA 重组技术的核心内容。其催化的基本反应是将一条 DNA 链上的 3′末端游离羟基与另一条 DNA 链上的 5′末端磷酸基团共价结合形成 3′,5′-磷酸二酯键，使两个断裂的 DNA

片段连接起来。

DNA 聚合酶能在引物和模板的存在下,把脱氧核糖单核苷酸连续地加到双链 DNA 分子引物链的3′-OH 末端,催化核苷酸的聚合作用。DNA 聚合酶可分为两类:依赖于 DNA 的 DNA 聚合酶和依赖于 RNA 的 DNA 聚合酶。

还有末端脱氧核苷酸转移酶、核酸酶、核酸外切酶等都是在催化 DNA 各种特异性反应的酶。

2. 基因工程载体

载体的构建和选择是基因工程的重要环节之一。载体是指基因工程中携带外源基因进入受体细胞的工具,其本质是 DNA 复制子。基因工程载体有三个基本特征:能在宿主细胞内进行自我复制;具有适合的限制性内切酶位点;具有合适的选择标记基因。基因工程载体根据来源和性质不同可分为质粒载体、噬菌体载体、黏粒载体、病毒载体等。

(1)质粒载体。质粒是染色体外能自我复制的小型 DNA 分子,是基因工程中最常用的载体。质粒 DNA 分子有三种构型:闭合环状 DNA、开环 DNA 和线形 DNA。质粒载体构建是在天然质粒的基础上,根据目的需要,改变质粒一些元件,使其成为一种带有多种强选择标记、低分子质量、具有多种限制性核酸内切酶单一切割位点等诸多优点的理想载体。以质粒作为载体,先用指定的限制酶把质粒切割出一个缺口,露出黏性末端,再用同一种限制酶作用目的基因,产生相同的黏性末端,在 DNA 连接酶作用下,质粒的黏性末端与目的基因 DNA 片段的黏性末端就会因碱基互补原则配对而结合,形成重组 DNA 分子。人们在大肠杆菌中发现了很多不同的质粒,研究较多的有 F 质粒、R 质粒、Col 质粒。

(2)噬菌体载体。噬菌体除了具有复制起点的 DNA 分子外还有编码外壳蛋白质的基因,是一种良好的基因克隆载体。噬菌体能够利用寄主细胞合成自己的蛋白质、各种氨基酸等进行生长和繁殖,并且大量释放。噬菌体感染过程比较复杂,详细过程见第2章。噬菌体载体的构建首先要除去多余的限制酶识别位点,切除掉 DNA 的非必需区段,然后引入适当的选择标记和无义突变,从而构建出安全的噬菌体载体。

(3)单链 DNA 噬菌体载体。它主要是由 M13 噬菌体构建发展起来的一类载体,它们不存在包装限制问题,且可以大量生产。应用这类载体可以非常容易地测定出外源 DNA 片段的插入方向,并且能够在体外进行基因克隆操作等很多优势。

(4)黏粒载体。黏粒载体是一类含有噬菌体的 cos 序列的质粒载体。它具有噬菌体载体的体外包装和高效感染等特性,也同时具有质粒载体的易克隆操作、高拷贝及同源序列的重组能力的特点。黏粒载体都是在克隆通用的质粒载体的基础上,引入 cos 序列以及其他一些序列改造构建而成的。

除上述载体之外还有人工染色体如酵母人工染色体、细菌人工染色体、哺乳动物人工染色体等许多过于庞大的真核基因克隆的载体。

#### 3.1.2.2 基因工程的基本操作步骤

依据基因工程研究的内容,基因工程的基本操作过程归纳如下:

(1)从供体生物的基因组中,分离获得带有目的基因的 DNA 片段。通过酶切和 PCR 扩增等步骤从生物有机体的基因组中分离出带目的基因的 DNA 片段。一般有两种方式:从适当的供体细胞中直接分离 DNA;人工合成基因(包括由 mRNA 通过反转录酶的作用合成互补 DNA 和化学方法合成基因)。

(2)构建基因表达载体,通过限制性核酸内切酶分别将外源 DNA 和载体分子切开,是基因工程的第二步。

(3)DNA 连接酶将含有外源基因的 DNA 片段接到载体分子上,形成 DNA 重组分子,这是基因工程的核心,将带有目的基因 DNA 片段连接到选好的载体分子 DNA 上,使其成为重组 DNA 分子。实质上就是将不同来源的 DNA 分子组合在一起的过程。

(4)将重组 DNA 分子导入到受体细胞。基因导入的方法有很多种,可根据具体要求进行选择。较为常用的是转化,即将携带目的基因的重组 DNA 分子与受体细胞膜结合进入受体细胞。

(5)带有重组体的细胞培养扩增,获得大量的细胞繁殖群体。目的基因导入受体细胞后,便随着受体细胞的繁殖而复制。

(6)筛选和鉴定转化细胞,获得使外源基因高效稳定表达的基因工程菌或细胞。从大量细胞繁殖群体中,筛选出获得重组 DNA 分子的受体细胞,然后从这些受体细胞中提取出扩增后的目的基因。重组 DNA 分子进入受体细胞后,受体细胞必须表现出特定的性状,才能说明目的基因完成了表达过程。

(7)将选出的细胞克隆的目的基因进一步研究分析,并设法使之实现功能蛋白的表达。将目的基因克隆到表达载体上,导入寄主细胞,使之在新的遗传背景下实现功能表达,产生出人类需要的蛋白质。

## 3.2 环境分子微生物学技术

随着人们对环境微生物的热切关注和科学技术的飞速发展,相关技术也得到了日新月异的发展。基于分子生物学的发展,通过基因工程技术,对微生物的基因进行定向改造,或将微生物的基因转入其他生物中,使其他生物获得新的性状,从而达到保护环境的目的。

核酸探针检测技术、利用引物的 PCR 技术、DNA 序列分析技术和电泳分离及显示技术都是重要的微生物分子技术,在探索微生物与污染环境之间的相互影响中发挥了重要作用,推进了污染环境微生物研究的发展。

分子水平的微生物检测技术进行微生物检测目前研究较多的是应用核酸探针、PCR 技术、生物传感器等生物技术进行环境检测。

核酸探针、PCR 技术用于细菌、病毒检测,已利用核酸探针来检测水环境中的致病菌,如大肠杆菌、志贺氏菌、沙门氏菌等致病菌,也可用于检测乙肝病毒、艾滋病病毒等。

### 3.2.1 核酸探针检测技术

以核酸分子杂交技术为核心,分析 DNA 序列及片段的探针是能与特定核苷酸序列发生碱基互补的已知核苷酸序列片段。由于核酸分子杂交的高度特异性及检测方法的高度灵敏性,使得核酸分子杂交技术广泛应用于对环境中的微生物的检测。

核酸分子杂交的原理是利用 DNA 能变性和复性的特性,根据碱基互补配对的原则,具有互补序列的两条单链核苷酸分子在一定的条件下,碱基互补配对结合,重新形成双链。被标记的核苷酸探针以原位杂交、印迹杂交、斑点印迹和狭线印迹杂交等不同的方法,来检测溶液中、细胞组织内或固定在膜上的同源核酸序列。

影响杂交的因素有：第一，核酸分子的浓度和长度（探针长度应控制在 50～300 个碱基对）；第二，温度过高不利于复性，温度是较 TM 值低 25 ℃；第三，杂交液中的甲酰胺在低温下能使探针更稳定，更好地保留非共价结合的核酸；第四，盐离子浓度较高能使碱基错配的杂交体更稳定；第五，核酸分子的复杂性及非特异性反应。

探针的种类有 cDNA 探针、基因组探针、寡核苷酸探针、cRNA 探针等。cDNA 探针是目前应用最为广泛的一种探针。cDNA 是指互补于 mRNA 的 DNA 分子，cDNA 是由 RNA 经一种称为逆转录酶的 DNA 聚合酶催化产生的，将其载入适当的质粒载体上，将重组质粒扩增后，提取质粒分离纯化作为探针使用。基因组探针是将基因组文库里筛选得到的基因或基因片段克隆后，扩增、纯化，提取，分离纯化为探针。

探针的标记法有缺口平移法、随机引物法、PCR 标记法、末端标记法等。

### 3.2.2　聚合酶链式反应技术

聚合酶链式反应（PCR）即是在体外合成特异性 DNA 片段的方法，它能快速扩增目的基因 DNA 或 RNA 片段，在各领域广泛应用。在环境检测中，靶核酸序列往往存在于一个复杂的混合物如细胞提取液中，且含量很低。使用 PCR 技术可将靶序列放大几个数量级，再用探针杂交探测对被扩增序列作定性或定量研究分析微生物群体结构。PCR 技术在环境微生物学中的应用目前集中在研究特定环境中微生物区系的组成、结构以分析种群动态和监测环境中的特定微生物，如致病菌和工程菌。

1. PCR 技术的基本原理

PCR 是在生物体外进行的 DNA 复制过程，基本原理是 DNA 的半保留复制机理，以及不同温度下 DNA 分子可以在双链和单链间互相转变的性质，通过控制反应的温度，使双链 DNA 解链成单链，单链 DNA 再在 DNA 聚合酶作用下以 dNTP 为原料延伸为双链 DNA。PCR 反应类似于 DNA 的天然复制过程，其特异性依赖于与靶序列两端互补的寡核苷酸引物，是一种具有选择性的体外扩增 DNA 或 RNA 片段的方法。

PCR 由变性、退火、延伸三个基本反应步骤构成，每一步的转换是通过温度的改变来控制的。93 ℃左右变性，使模板 DNA 双链解离成单链；55 ℃左右复性，使引物与模板 DNA 单链的互补序列配对结合；70 ℃左右引物的延伸，形成新生 DNA 链。即高温变性、低温退火、中温延伸三个步骤构成 PCR 反应的一个循环，此循环的反复进行，就可使目的 DNA 得到高效快速扩增。

PCR 技术检测细菌即是利用细菌遗传物质的高度保守核酸序列，设计相关引物，对提取出的细菌核酸片段进行扩增，用凝胶电泳和紫外核酸检测仪观察结果。

2. PCR 反应的基本要素

参加 PCR 反应的物质主要有五种：引物、dNTP、酶、模板和 $Mg^{2+}$。

（1）引物是 PCR 特异性反应的关键，DNA 只能延伸，不能从头复制，因此要有引物才能启动 PCR 反应。PCR 产物的特异性取决于引物与模板 DNA 互补的程度，每条引物的浓度 0.1～1 μmol/L 或 10～100 pmol/L。引物设计原则如下：

1）引物长度一般为 15～30 个核苷酸，常用为 20 个左右。

2）引物的碱基尽可能随机，避免碱基堆积现象。G+C 含量以 40%～60% 为宜，3′端不应有连续 3 个 G 和 C，避免 5 个以上的嘌呤或嘧啶核苷酸的成串排列。3′端和 5′端引物具有相似的 $T_m$ 值，$T_m=4(G+C)+2(A+T)$。

3）引物 3′端碱基是引发延伸的起点，要求严格配对，最佳碱基选择是 G 和 C，能够形成比较稳定的碱基配对，以避免因末端碱基不配对而导致 PCR 失败。

4）两个引物之间不应存在互补序列，尤其应避免 3′端的互补重叠，否则会形成引物二聚体，产生非特异的扩增条带。

5）引物自身不应存在互补序列以避免折叠成发夹结构。

6）引物与非特异扩增区的序列的同源性不超过 70%，引物应与核酸序列数据库的其他序列不能有明显同源性，否则易导致非特异性扩增。

7）引物中有或能加上合适的酶切位点，被扩增的靶序列最好有适宜的酶切位点，这对酶切分析或分子克隆很有好处。

8）引物的 5′端可以修饰，如附加限制酶位点，引入突变位点，用生物素、荧光物质、地高辛标记，加入其他短序列包括起始密码子、终止密码子等。

（2）dNTP 是三磷酸脱氧核糖核苷 dATP，dGTP，dTTP，dCTP 的缩写，是 PCR 聚合酶链反应中的原料。dNTP 的质量与浓度和 PCR 扩增效率有密切关系。在 PCR 反应中，dNTP 浓度应为 50～200 μmol/L，尤其是注意四种 dNTP 的浓度要相等。

（3）PCR 反应的酶要求耐高温，因为大多数酶高温失活，而 DNA 解链和延伸都要很高的温度才能保证复制的准确性，现在一般使用的是 Taq DNA 聚合酶，作用是 5′→3′聚合和 3′→5′外切功能，加入引物根据不同的要求一般不同。目前有两种 Taq DNA 聚合酶供应，一种是从栖热水生杆菌中提纯的天然酶，另一种为大肠菌合成的基因工程酶。

（4）模板核酸即靶基因。模板核酸的量与纯化程度，是 PCR 成败与否的关键环节之一，传统的 DNA 纯化方法通常采用 SDS 和蛋白酶 K 来消化处理标本。RNA 模板提取一般采用异硫氰酸胍或蛋白酶 K 法。

（5）$Mg^{2+}$ 的作用主要是 dNTP-Mg 与核酸骨架相互作用并能影响聚合酶的活性，一般的情况下 $Mg^{2+}$ 的浓度在 0.5～5 mmol/L 之间调整。$Mg^{2+}$ 对 PCR 扩增的特异性和产量的影响很大。

3. PCR 反应的条件及步骤

PCR 扩增的操作程序基本相同，只是根据引物与靶序列的不同，选择不同的 PCR 反应条件为温度、时间和循环次数。标准的操作步骤如下：

（1）变性。第一步反应是双链 DNA 在 93 ℃左右变性，变性的温度与时间 PCR 反应能否成功的关键因素。一般情况下，1 min，93～94 ℃是模板 DNA 变性的适宜温度，温度稍低则要延长反应时间。温度过低，则解链不完全，温度过高，会影响酶的活性。

（2）复性。DNA 变性后温度快速冷却至 55 ℃左右，引物退火并结合到靶基因序列上，可使引物和模板结合。退火温度与时间，取决于引物、靶基因序列的长度和碱基组成。复性温度可由下式计算：

$$复性温度=T_m 值-(5\sim10)℃$$

复性时间一般为 30～60 min。

（3）延伸。复性后温度快速上升至 70 ℃左右，在 Taq DNA 聚合酶的作用下，按照模板形成双链 DNA。PCR 延伸反应的时间，根据目的基因片段的长度而定。

PCR 循环次数主要取决于模板 DNA 的浓度。一般的循环次数选在 30 ~ 40 次之间，循环次数越多，非特异性产物的量则越多。对于较短的靶基因可将退火与延伸设为一个温度，一般是 93 ℃变性，55 ℃左右退火与延伸。

4. PCR 技术检测环境微生物

PCR 技术适用于检测不能培养的微生物，可用于土壤、沉积物、水样等环境标本的细胞检测。常规检测的第一步是从环境样品中提取微生物 DNA 或 RNA 时，首先对其进行纯化，以减少对 PCR 反应的干扰。提取核酸的方法主要有氯化铯密度梯度离心法、酚/氯仿抽提法、乙醇沉淀法、亲和层析法等。然后以提取的基因作为模板，进行 PCR 扩增，循环反应的总数在 30 次左右。经过 PCR 反应扩增以后，通常进行琼脂糖凝胶电泳，在溴乙锭染色后，在紫外线灯下即可观察到清晰的电泳区带。还有其他一些方法可以比较容易的地检测出来。

5. PCR 在环境微生物检测中的应用

自然环境中如土壤、水和大气都存在着很多的微生物，包括病毒、一些致病菌等，应用 PCR 技术检测环境中的致病菌与指示菌的种类、数量及变化趋势等都是非常重要的。用 PCR 及基因探针方法检测沙门氏菌属、志贺氏菌属和产毒性大肠埃希氏菌简便、敏感，且用时短。

在研究遗传工程中构建的基因工程菌不可避免地进入到环境中。应用 PCR 技术对已知的基因工程菌进行检测已得到广泛应用。PCR 技术在环境微生物基因克隆中的应用弥补了用常规克隆方法获得的细菌基因的不足。采用 PCR 技术克隆、分析突变基因，分离基因或构建新的基因序列简单、方便。

在分子生态学中，根据扩增的模板、引物序列来源及反应条件的不同可将 PCR 技术分为反转录 PCR 技术（Rt-PCR）、竞争 PCR（C-PCR）、扩增的 rDNA 限制酶切分析技术（ARDRA）、随机扩增多态性 DNA 技术（RAPD）等。

### 3.2.3 DAPI 染色法检测微生物

DAPI 染色检测法是一种简易、快速和敏感地检测 DNA 的方法。DAPI 为 4,6 二脒基-2-苯吲哚，能与双链 DNA 小槽，特别是 AT 碱基结合，也可插入少于 3 个连续 AT 碱基对的 DNA 序列中。当它与双链 DNA 结合时，荧光强度增强，而与单链 DNA 结合则无荧光增强现象。DAPI 染色技术可以很好的与细胞核中的 DNA 结合，但无法指示细胞是否存活。正常的细胞核呈强荧光，细胞质无荧光；固定的组织细胞同样处理，也可得到相似的染色结果。在有支原体污染的细胞质和细胞表面可见孤立的点状荧光。

## 3.3 分子微生物学技术在环境中的应用

### 3.3.1 检测基因工程菌

在特定的环境系统中，微生物只有个别亚群对特定有毒化合物能起到降解作用。在自然环境中，微生物之间通过各种途径进行基因交换或突变，使微生物获得新的性状，利用基因工程技术定向改变微生物的性状来提高适应新环境的能力。另一个研究重点就是使环境基因工程菌在一定环境条件下处于优势菌群,有利于对污染物的降解。

微生物的多样性是生态环境的基础,保证环境内物质循环、维持环境的平衡,大多数生物治理污染的生物反应器都依赖于有特定功能的微生物群落。在微生物系统分析中,16S RNA/DNA的比率是检测微生物种群代谢活动的有效参数。在稳定的状态下,微生物的RNA/DNA 比率是与生长率成正比。

### 3.3.2 微生物酶检测

通过微生物的酶活性的测定,可以从分子水平上研究环境污染物的毒性。采用现代分子生物学方法研究酶与污染物及代谢产物之间的相互作用机理,可对污染物造成的环境影响做出更为准确的评价。

外源性化学物质大都是通过产生活性氧而对细胞产生毒害作用的,而这些化学物质可诱导细胞的抗氧化酶,故可利用抗氧化剂系统的成分来检测早期污染物的影响。脱氢酶对毒物的作用非常敏感,当受到毒物抑制时,脱氢酶活性明显下降。所以可以通过测定脱氢酶活性的下降程度来估测毒性的强弱。酶联免疫检测技术是利用抗原抗体反应所具有的高度特异性,以酶作为标记物,与已知抗体结合,然后将酶标记物的抗体作为标准试剂来鉴定未知的抗原。用酶联免疫检测的环境化合物要求是具亲水性且在水中稳定的化合物,如磺酰基尿素、氨基甲酸酯、除莠剂等。ELISA 是根据酶联免疫检测原理发展的一种固相免疫技术,是目前检测中最常用的方法。

### 3.3.3 生物膜法处理工艺

生物膜是由细菌、真菌、藻类、原生动物、后生动物和其他一些肉眼可见的微生物群落组成。生物膜法就是使这些微生物依附在固体表面呈膜状生长,实现有机污染物在微生物作用下降解的方法。微生物细胞能在水环境中牢固地附着载体表面,并生长、繁殖,由于细胞内向外伸展的胞外多聚物使微生物群体形成纤维状的结构,所以生物膜通常具有孔状结构,并具有很强的吸附能力。当污水在流过载体表面时,有机污染物就会被微生物所吸附并降解。微生物在载体表面上形成稳定的生态系统,具有较高的耐冲击能力和环境适应能力,容积负荷增高,处理能力增大。

在污水生物处理的发展中,活性污泥法和生物膜法一直占据主导地位。污水中有机污染物质种类繁多,成分复杂。但生活污水中的有机成分主要成分就是蛋白质、碳水化合物和油脂,此外还含有一定量的尿素。随着新型填料的开发和配套技术的完善,生物膜法处理工艺在近年来得以快速发展。膜生物反应器就是一种将污水的生物处理和膜过滤技术相结合的高效废水生物处理技术。

1. 厌氧生物膜法处理工艺

在有机废水的厌氧处理过程中,经大量微生物的分解代谢作用,最终被降解为甲烷、二氧化碳和水等。在此过程中,不同的微生物的代谢过程相互影响制约,构成复杂的生态系统。

有机废物的厌氧降解过程可以分为四个阶段:水解阶段(蛋白质水解、碳水化合物水解、脂类水解)、酸化阶段(氨基酸和糖类的厌氧氧化或发酵、较高级的脂肪酸与醇类的厌氧氧化或发酵)、产乙酸阶段(中间产物中形成乙酸氢气,由氢气和氧化碳形成乙酸)和产甲烷阶段(乙酸形成甲烷,从氢气和二氧化碳形成甲烷)。除此之外,如果污水中含有硫酸盐时还会有硫酸盐还原过程。

厌氧生物膜法处理工艺的反应器有厌氧滤器(AF)、厌氧流化床反应器(AFBR)、厌氧附着膜膨胀床反应器(AAFEB)等。

2. 好氧生物膜法处理工艺

好氧生物膜法技术即生物接触氧化法。它是由生物滤池和接触曝气氧化池演变而来的。填料是生物膜核心技术之一。填料是生物膜的载体、微生物栖息的场所,其性能直接影响着生物接触氧化技术效果的好坏。填料的特性取决于填料的材质和结构形式,材质应具有分子结构稳定、耐腐蚀等特性,结构形式应具有比表面积大、空隙率高、切割气泡等特点。

填料填充方式有固定式填料、悬挂式填料、分散式填料等几种。固定式填料以蜂窝状及波纹状填料为代表,多用玻璃钢、薄形塑料构成;悬挂式填料包括软性、半软性、组合填料等;分散式填料包括堆积式、悬浮式填料等很多种类。

早期的生物接触氧化池填料选择的是砂石、竹木和金属制品等,主要用于处理低浓度、低有机负荷的污水,取得了比较好的效果。随着蜂窝直管填料和立体波纹塑料填料的出现,扩大了生物接触氧化法的应用范围,在原有处理范围的基础上还可以处理高浓度的乃至有毒有害工业废水。

# 第二篇　环境工程微生物学

## 第4章　空气中的微生物

### 4.1　空气中微生物的种类与分布

空气是一切生物赖以生存的物质基础，洁净的空气主要由三种气体组成，按体积氮气占78.03%、氧气占20.99%、氩气占0.94%。这三种气体占空气总体积的99.6%。空气污染会使人和动物受到不利影响。空气中的微生物是短暂的，可变的，但是由于微生物能够产生各种休眠体以适应不良环境，所以，微生物在空气中仍能存活一个相当长的时期。因此，空气中会含有相当数量的微生物。

空气微生物是指存在于空气中的微生物。

空气中不含细菌和其他微生物生长繁殖所需要的营养物质和充足的水分，还有直射日光的杀菌作用，因此不是微生物良好的生存场所。但是人和动植物体以及土壤中的微生物能通过飞沫或尘埃等散布于空气中，以气溶胶的形式存在。气溶胶是由颗粒构成的空气中的胶体分散系，液体颗粒为雾，固体颗粒为烟，能长期悬浮于空气中，使空气中含有一定种类和数量的微生物。

空气微生物是主要的空中浮游生物。对较干燥环境和对紫外线具有抗性的种类，主要有附着于尘埃上的从地面飞起的球菌属（包括八叠球菌属在内的好氧菌）；形成孢子的好氧性杆菌（如枯草芽孢杆菌）；色串孢属等野生酵母；青霉等霉菌的孢子等，在低等藻类中也似乎存在。

空气中微生物的种类和数量，随地区、海拔高度、季节、气候等环境条件而有所不同。一般在畜舍、公共场所、医院、宿舍、城市街道的空气中，微生物的含量最高，而在大洋、高山、高空、森林、草地、田野、终年积雪的山脉或极地上空的空气中，微生物的含量就极少；由于尘埃的自然沉降，越近地面的空气中，微生物的含量越高；冬季地面被冰雪覆盖时，空气中的微生物很少；多风干燥季节，空气中微生物较多，雨后空气中的微生物很少。

用下列方法可进行空气灭菌：紫外线照射、消毒液喷洒，用不能使细菌通过的小孔滤筛滤过等。

## 4.2　空气的病原微生物及传播

空气中一般没有病原微生物存在,但在医院、兽医院以及畜禽厩舍附近的空气中,常悬浮带有病原微生物的气溶胶,健康人或动物往往因吸入而感染,分别称为飞沫传播和尘埃传播,总称为空气传播。

进入空气中的病原微生物一般很易死亡,如某些病毒和霉形体等在空气中仅生存数小时,只有一些抵抗力较强的病原微生物可在空气中生存一个时期,如化脓性葡萄球菌、肺炎球菌、链球菌、结核杆菌、炭疽杆菌、破伤风梭菌、气肿疽梭菌、绿脓杆菌等。带有病原微生物的气溶胶常引起呼吸道传染病,如结核、肺炎、肺炭疽、流行性感冒;有时可使新鲜创面发生化脓性感染。

## 4.3　空气的细菌学检验

被病原微生物污染的空气,常可成为传染的来源或媒介,引起传染病流行。因此,进行空气的细菌学检查,测定细菌对空气污染的性质和程度,对于传染病预防与控制以及环境的卫生学监督与保护具有重要的意义。污染于空气中的病原菌和其他病原微生物种类多但数量小,逐一检查难以进行或不易检出,某些病原微生物检查需要复杂的设备和条件,故常以测定细菌总数和大肠菌群数等作为细菌学指标。

细菌总数是指于固体培养基上,在一定条件下培养后单位质量(g)、容积(mL)、表面积($cm^2$)或体积($m^3$)的被检样品所生成的细菌菌落总数。它只反映一群在普通营养琼脂中生长的、嗜温的、需氧和兼性厌氧的细菌菌落总数,常作为被检样品受污染程度的标志,用作土壤、水、空气和食品等卫生学评价的依据。

大肠菌群是指一群在3712培养24 h能分解乳糖产酸产气、需氧和兼性厌氧的革兰氏阴性无芽孢杆菌。这一群细菌包括大肠杆菌属、枸橼酸菌属、肠杆菌属、克雷伯菌属中的一部分和沙门氏菌属肠道亚种的细菌,它们主要来自人和温血动物的粪便,故以此作为土壤、水和食品等受粪便污染的标志,以其含量多少来判定卫生质量。

空气的细菌学检查,主要是测定每立方米空气中的细菌总数、链球菌数。我国1988年颁布的公共场所室内空气卫生指标中,规定细菌总数不得超过4 000个/$m^3$,三级以上的旅馆不得超过2 000个/$m^3$,商店、火车站、航运站、汽车站、火车车厢(冬季)不得超过6 000个/$m^3$,客机(冬季)不得超过3 000个/$m^3$,畜舍的气溶胶中病原微生物的检测指标正在研究之中。

## 4.4　军团菌病

军团菌是一种致病菌,是空调病病原菌之一。它们存在于水体、土壤、气溶胶、中央空调室内空气、空调循环冷却水和医院室内空气中。它的生命力较强,当水温在31~36 ℃时可长期存活。它主要通过空气传播疾病,引起人得肺炎型军团菌病(病情重)和非肺炎型军团菌病(病情较轻)。在夏、秋季易暴发流行,在封闭式中央空调的办公室的办公人群和免疫力低的人极容易得此病。初发症状为全身不适、疲乏、肌肉酸痛、头痛、发热、咳嗽、胸痛、咳血、呼吸困难等,还能侵犯消化系统、中枢神经系统;重症病人可出现肝功能变化及肾功能衰竭,并可出现精神紊乱及脏器损害。

军团菌是革兰氏阴性菌,其大小为(2~50)μm×(0.5~1)μm,因培养条件的不同,形态上有变化,使菌体呈多形性,不形成芽孢,无荚膜;为需氧菌,但需要体积分数为2.5%~5.0%的$CO_2$;最适温度为35~36 ℃,在25 ℃和40 ℃也可生长,但生长缓慢。军团菌在人工培养基上不易培养。它喜水,在蒸馏水中可存活2~4周,在自来水中可存活1年左右。可采用改良的Dieterle饱和银染色法或直接免疫荧光法检出。

军团菌的检测和鉴定要用它的生物学特性综合分析,如形态、生化特性等。核酸检测(PCR、16S rRNA)和抗体检测(IgM抗体和IgG抗体)是快速检测方法。

## 4.5 $NO_x$ 的生物处理

现今,较成熟的氮氧化物治理工艺中普遍采用物理和化学法。但是这些方法大都存在设备复杂、投资大、运行费用高,且易造成二次污染等缺点。用微生物进行废气脱硝是近年来国际上开始的基础研究工作,该法能有效地脱除废气中的$NO_x$,工艺设备简单、能耗低、处理费用低、效率高、无二次污染,日益成为各国研究的热点。

### 4.5.1 生物法净化含 $NO_x$ 废气的机理

生物法净化含$NO_x$废气是利用异养反硝化细菌的厌氧呼吸去除废气中的$NO_x$。在反硝化过程中,$NO_x$通过反硝化细菌的同化反硝化作用(合成代谢)还原成有机氮化物,成为菌体的一部分;再经异化反硝化作用(分解代谢),转化为$N_2$。

$NO_x$主要指NO和$NO_2$,由于二者溶解于水的能力差异较大,其净化机理也有不同。

(1)NO的生化还原。因为NO不与水发生化学反应且溶解度小的特点,它在生化反应器中可能的降解途径为:首先NO溶解于水或是被反硝化细菌及固相载体吸附,然后在反硝化细菌中氧化氮还原酶的作用下还原为$N_2$。

$$NO \xrightarrow{\text{氧化氮还原酶}} N_2$$

(2)$NO_2$的生化还原。$NO_2$与水发生化学反应转化为$NO_3^-$、$NO_2^-$和NO,然后通过生化反应过程还原为$N_2$。

$$NO_3^- \xrightarrow{\text{硝酸盐还原酶}} NO_2^- \xrightarrow{\text{亚硝酸盐还原酶}} N_2$$

生物法净化$NO_x$废气包括两个过程:$NO_x$由气相转移到液相或固相表面的液膜中的传质过程及$NO_x$在液相或固相表面被微生物净化的生化反应过程。

### 4.5.2 生物法净化含 $NO_x$ 废气的工艺

目前,生物法处理$NO_x$废气仅处于研究的阶段,离广泛使用还有一段距离。山西大学生命科学系的樊凌雯、冯安吉和张肇铭等学者利用脱氮硫杆菌生物处理工艺对氮氧化物进行了治理,使排入大气中的氮氧化物的质量浓度由原来的(2 000~5 000)×$10^{-6}$ mg/L降到

$500\times10^{-6}$ mg/L以下，处理后的硝酸尾气中氮氧化物浓度远远低于国家标准，且处理后的菌液可以综合利用。四川大学的毕列锋、李旭东等学者利用生物膜滴滤塔，有效地脱除了废气中的 $NO_x$，其中 $NO_2$的去除率可达99%以上，而NO 的去除率可达90%左右。但是这些方法处理的气量小，还达不到工业的需要，因此对工艺流程的改进及高效脱氮菌的研究是该技术发展的方向。

### 4.5.3　生物处理 $NO_x$ 面临的问题

虽然国内外在利用微生物技术控制废气中的氮氧化物方面进行了大量的研究工作，但目前的研究工作仍然处于实验室阶段，实现工程应用还有一定的距离，主要由于以下几个方面的原因：第一，微生物的生长速度相对较慢，要处理大流量的烟气，并且烟气的流量快，导致微生物与烟气的接触时间短；第二，烟道气的温度一般较高，而且不同烟道气的成分差别较大，对低碳源含量的烟道气需要外加碳源，导致工艺复杂；第三，微生物的生长需要适宜的环境，如何在工业应用中营造合适的培养条件，将是必须克服的一个难题；第四，微生物的吸附能力差，使得一氧化氮的净化效率低；第五，微生物的生长会造成塔内填料的堵塞。

由于生物处理氮氧化物具有广阔的前景，针对微生物法处理氮氧化物面临的问题，未来的发展趋势应着眼于以下几个方面：第一，通过现代高新技术，采用诱变育种，原生质体融合和基因工程，来获得高新的工程菌种并进行驯化，以提高单位体积的生物降解速率；第二，选择适当的填料，提高填料的表面性质及其使用寿命，以节省投资和能耗；第三，建立微生物降解的动力学模式，选择适当的运行参数，建立系统完整的运行模式等；第四，优化反应器的设计，实行自动控制，提高对运行参数的控制能力，以得到更加经济适用的处理技术。

### 4.5.4　国内外生物处理 $NO_x$ 的进展

生物过滤净化技术对于具有简单分子结构，小分子量的气态有机化合物和臭味物质的净化理研究已比较成熟，在欧美得到了广泛的应用，并且特别适宜于低污染物浓度、较大气量的废气过程。

目前，国内外有关生物法处理 $NO_x$主要针对不溶于水的 NO。根据研究的进展情况，将生物法处理 NO 归为反硝化处理、硝化处理和真菌处理三类。

# 第5章　水环境污染控制工程

## 5.1　水体中的微生物来源及控制方法

### 5.1.1　水体中微生物的来源

#### 5.1.1.1　水体中固有的微生物

水体中固有的微生物主要有荧光杆菌、产红色和产紫色的灵杆菌、不产色的好氧芽孢杆菌、产色和不产色的球菌、丝状硫细菌、浮游球衣菌及铁细菌等。

#### 5.1.1.2　来自土壤的微生物

由于雨水冲刷地面，将土壤中的微生物带到水体中。来自土壤的微生物主要有枯草芽孢杆菌、巨大芽孢杆菌、氨化细菌、硝化细菌、硫酸盐还原菌、蕈状芽孢杆菌、霉菌等。

#### 5.1.1.3　来自生产和生活的微生物

各种工业废水、生活污水和禽畜的排泄物夹带着各种微生物进入水体。它们是大肠杆菌群、肠球菌、产气荚膜杆菌、各种腐生性细菌、厌氧梭状芽孢杆菌等。其中包含的致病微生物如：霍乱弧菌、伤寒杆菌、痢疾杆菌、立克次氏体、病毒、赤痢阿米巴等。

#### 5.1.1.4　来自空气的微生物

雨雪降落时，将空气中的微生物夹带入水体中。初雨尘埃多，微生物也多；雨后空气中的微生物少。雪的表面积较大，与尘埃接触面大，故所含微生物比雨水多。

### 5.1.2　控制方法

水体中细菌种类很多，微生物在水体中的分布与数量受水体的类型、有机物的含量、微生物的拮抗作用、雨水冲刷、河水泛滥、工业废水、生活污水的排放量等因素影响。

水的消毒方法很多，把水煮沸就是家庭中常用的消毒方法，但集中供水和污水消毒则不能使用这种方法，目前常用的是氯消毒、氯化物消毒、臭氧消毒、紫外线消毒，还有碘消毒、重金属消毒、超声波消毒。

#### 5.1.2.1　氯消毒

1. 氯消毒的基本原理

氯消毒是目前最为常用的消毒方法，使用液氯或漂白粉（漂白粉中约含有25%～35%的有效氯）。常温常压下，氯是具有臭味的黄绿色气体，具有很强的氧化能力。水中加氯后，生成次氯酸（HClO）和次氯酸根（$ClO^-$）：

$$Cl_2+H_2O \longrightarrow HClO+H^++Cl^-$$

$$HClO \longrightarrow H^{+}+ClO^{-}$$

HClO 和 $ClO^-$ 都有氧化能力，但 HClO 是中性分子，可以扩散到带负电的微生物的细胞表面，并渗入微生物体内，借氯原子的氧化作用，破坏体内的酶，使微生物死亡；而 $ClO^-$ 带有负电，难于靠近带负电的微生物细胞，虽有氧化能力，但难起消毒作用。所以，HClO 比 $ClO^-$ 的消毒效果好，有实验证明，前者比后者的杀菌效果高 80 倍左右。

各种氯化物都含有一定量的氯，但对于消毒或氧化来说，氯化物中的氯不一定全部起作用，甚至于完全没有氧化能力，如 NaCl，因 NaCl 中的 Cl 是-1 价，不能再接受电子，就不起作用，而化合价高于-1 的氮化物都有氧化能力。消毒水体所投加的氯量一般都以有效氯来计算，有效氯即表示氯化物中有杀菌氧化能力的有效成分。

2. 影响氯消毒效果的主要因素

(1)水体 pH 值。当水中 pH 值稍低，所含的 HClO 较多，有利于氯的消毒作用。当水中 pH 值小于 5 时，水中氯以 100% 的 HClO 形式存在；当 pH 值大于 7 时，HClO 的含量急剧减少。因此，在消毒时，要控制水中的 pH 值在中性以下，才能够保持较好的杀菌效果。

(2)水温。高水温时，杀菌作用快，在 20～25 ℃时，杀灭一定量大肠杆菌所需的时间只是 0～5 ℃的 1/3。

(3)水的浑浊度。当水的浑浊度较高时，水中的悬浮物质往往较多，这时水中的微生物很容易附着在悬浮颗粒上，使氯和微生物的接触增加了难度，氯的氧化能力不易在微生物体上发挥，从而降低了杀菌效果。因此，在进行水消毒之前，最好将水先进行过滤或混凝沉淀等的预处理。

此外，药剂的投加量、水与药剂的接触时间等也会直接影响杀菌的效果。

3. 氯消毒副产物

氯和次氯酸不仅能与微生物作用，杀死微生物，还能与水中的氨等无机物和有机物作用，从而消耗过量的氯，并生成消毒副产物。

(1)与氨的作用。氯和次氯酸极易与水中的氨作用生成各种氯胺：

$$NH_3+HClO \longrightarrow H_2O+NH_2Cl$$

$$NH_2Cl+HClO \longrightarrow H_2O+NHCl_2$$

$$NHCl_2+HClO \longrightarrow H_2O+NCl_3$$

反应生成的氯胺类化合物（一氯胺、二氯胺和三氯胺）也具有消毒能力，但杀菌作用则进行得比较缓慢，氯胺消毒的特点是能减少某些有毒有害消毒副产物的生成。

(2)与还原型无机物的作用。氯和次氯酸还能与水中的 $Fe^{2+}$、$NO_2^-$、$S^{2-}$ 等还原性无机物作用（特别是在污水消毒中），因此也要消耗一部分的投加氯。

(3)与有机物的作用。氯和次氯酸与有机物作用可能形成致癌性的消毒副产物。水消毒过程中，氯与某些有机物化合可能产生三卤甲烷（THMS）、卤乙酸（HAAS）、卤化脂（HANS）和卤化酮（HKS）等具有毒性和三致效应的副产物，这些消毒副产物会给人体健康和生态环境带来不良的影响。目前，国内外都在探索新的消毒方法、消毒工艺，以减少和控制消毒副产物的生成，保证饮用水的安全。

4. 余氯

在饮用水消毒时，加入的氯量要大于实际需要量，加入水中后，一部分被能与氯化合的杂质消耗掉，剩余的部分称为余氯。水中的 $Cl^-$、$ClO_3^-$、$ClO^-$ 和氯胺都具有消毒能力，被称为游离性余氯，而氯与水中的氨所形成的氯胺化合物被称为化合性余氯，两者之和为总余氯。我国生活饮用水卫生标准规定，加氯接触 30 min 后，游离性余氯不应低于 0.3 mg/L，集中式给水厂的出厂水应符合上述要求，同时规定管网末梢水的游离性余氯不应低于 0.05 mg/L。

上述规定只能保证杀死肠道传染病菌，即伤寒、霍乱和细菌性痢疾等几种病菌。一般来说，当水的 pH 值为 7 左右时，钝化（杀死病毒称为钝化或抑活）病毒需要投加更多的氯。赤痢阿米巴的个体较大（可长达 10 ~ 20 μm），一般不能通过砂滤池的砂层，故可在过滤中除去。

5. 氯化-脱氯消毒工艺

通过技术、经济和消毒效果等各方面进行比较，尽管臭氧和紫外线等消毒方法在生态安全性方面有较大的优势，但氯作为消毒剂仍具有明显的优势，因此在今后一段时间内，水消毒处理中应用最多的消毒剂仍将是氯及相关化合物。因此，如何降低氯化消毒的健康与生态风险成为重要的课题。研究显示，余氯对水生生物具有强烈的毒性效应，且远高于许多消毒副产物。此外，剩余消毒剂会与环境中的有机物反应，产生其他有毒有害物质，有引起二次污染的风险。

为保证氯消毒的生态安全，氯化-脱氯消毒工艺于 20 世纪 70 年代初期逐渐在美国发展起来。氯化-脱氯消毒是消毒后将余氯完全或大部分脱除，以消除余氯对生态安全的威胁。研究与实践中发现，脱氯可以降低消毒后污水中其他物质的生物毒性。

#### 5.1.2.2　氯化物消毒

1. 二氧化氯消毒

二氧化氯（$ClO_2$）在常温下是一种黄绿色气体，具有与氯相似的刺激性气味，也是氧化能力很强的氧化剂，大量研究都表明，二氧化氯能够有效杀灭细菌繁殖体、细菌芽孢、真菌、病毒、原生动物、藻类和浮游生物等有害微生物，并在实际应用中表现出了比氯更强的消毒能力。同时，二氧化氯还可以去除还原性无机物和部分致色、致臭、致突变的有机物。同样条件下，二氧化氯的消毒效果明显优于氯；达到同样的效果，二氧化氯所需要的接触时间更短，消毒剂投加量更少，缺点是费用较高。

2. 氯胺消毒

氯胺的消毒效果比游离氯弱，但氯胺消毒会减少某些有毒消毒副产物的生成，同时在水中保持的时间长。饮用水采用氯胺消毒卫艺时，大多情况下是向水中添加氨，待其与水充分混合后再添加氯。

#### 5.1.2.3　臭氧消毒

臭氧（$O_3$）是很强的氧化剂，能直接破坏细菌的细胞壁，分解 DNA、RNA、蛋白质、脂质和多糖等大分子聚合物，使微生物的代谢、生长和繁殖遭到破坏，继而导致其死亡，达到消毒的目的。臭氧的杀菌能力大于氯气，既可以杀灭细菌的繁殖体、芽孢、病毒、真菌和原虫孢囊等多种致病微生物，还可破坏肉毒梭菌、毒素及立克次氏体等。

由于臭氧的强氧化能力，在杀灭微生物的同时还能氧化分解水中的有机污染物，并具有很好的脱色效果。在同样的水质条件下，臭氧消毒产生的消毒副产物低于氯化消毒，具有较低的健康和生态风险。

臭氧消毒的缺点是易于自我分解，不能在水中长期残留（半衰期约为 8min），消毒效果没有持久性。臭氧消毒通常可与氯化消毒组合使用，即在臭氧消毒之后，还应添加含氯消毒剂，可防止病原微生物的二次污染。

#### 5.1.2.4 紫外线消毒

紫外线消毒是一种新型的消毒技术，对细菌、原生动物以及病毒都有很强的杀灭作用，在污水消毒中的应用越来越受到重视。

微生物细胞中的 RNA 和 DNA 吸收光谱的最大吸收峰值范围为 240 ~ 280 nm，对波长 255 ~ 260 nm 的紫外线有最大吸收，紫外线消毒灯所产生的光波的波长恰好在此范围内。紫外光照射微生物细胞，被细胞内的核酸所吸收，一方面，可以使核酸发生突变，阻碍其复制、转录，封锁蛋白质的合成；另一方面，产生自由基，可引起光电离，从而导致细胞的死亡，达到杀菌的效果。

由于水质条件的影响，紫外灯发射出来的紫外线在水中会逐渐衰减。另外，随着使用时间的增长，紫外灯本身的辐射强度会逐渐减弱。紫外线消毒的实际效果会受紫外灯、处理水的物理和化学性质以及反应器的水力条件等因素的影响。

紫外线消毒具有快速、高效的特点，在污水紫外线消毒中，污水的接触消毒时间只需几秒。紫外线消毒不需要添加化学药品，不会有消毒剂的残存，也不产生有机氯化物类有毒有害的消毒副产物。

紫外线消毒的主要缺点是没有持续的消毒效果，有时不能完全杀死细胞，被灭活的细胞在一定的条件下（如受到光照后）会“死而复活”。这种光复活现象大大限制了紫外线消毒在饮用水消毒方面的应用。

#### 5.1.2.5 碘消毒

碘及有机化合物（如碘仿）也具有杀菌能力。一些游泳池采用碘的饱和溶液进行消毒。在对天然水源的消毒中，碘的剂量一般在 0.3 ~ 1 mg/L。

#### 5.1.2.6 重金属消毒

银离子（$Ag^+$）能凝固微生物的蛋白质，破坏细胞结构，因此具有较强的杀菌和抑菌能力。1 mL $Ag^+$在 2 h 内可使污水完全消毒。水中的杂质对 $Ag^+$的消毒效果具有很大影响，如较高浓度的氯离子能降低氯化银的溶解度，从而削弱消毒效果。该方法的缺点是杀菌慢，成本高。此外，由重金属离子引起的健康风险需要引起足够的注意。

#### 5.1.2.7 超声波消毒

超声波能引起原生动物和细菌的死亡，其效果取决于超声波强度和处理对象的特性。在薄层水中，用超声波杀菌，1 ~ 2 min 内可以使 95% 的大肠杆菌死亡。

以上各种消毒方法各有优点，但很难找到兼具高效性、经济性和低风险性的方法。组合消毒工艺，如氯胺-氯消毒工艺、臭氧-氯消毒工艺、紫外-氯消毒工艺等在饮用水消毒中将得到应用。

### 5.1.3 污水消毒

我国是水资源短缺的国家，人均水资源占有量仅为世界平均水平的 1/4。污水再生利用是解决我国目前水资源短缺的重要途径，其关键问题是水质的安全保障问题。污水消毒可以杀灭病原微生物，防止流行疾病的传播，是污水再生处理过程中所必不可少的环节，也是保证水环境安全的关键措施。污水处理厂的尾水消毒，成为防止疫情扩散的重要防线。我国国家环境保护总局和国家质量监督检验检疫总局于2002年12月颁布的《城镇污水处理厂污染物排放标准》(GB 18918—2002)中，首次将微生物指标列为基本控制指标，要求城市污水必须进行消毒处理。

## 5.2　水体自净

### 5.2.1　水体自净过程

天然淡水水体是人类生活和工业生产用水的水源，也是水生动物和植物生长繁殖的场所。在正常情况下，各种水体有各自的生态系统。以河流为例：土壤中动物和植物残体以及生活污水、工业废水等排放入河流后，水中细菌由于有丰富的有机营养而大量生长繁殖。随着有机物含量逐渐降低，藻类的量逐渐增多，原生动物以细菌和藻类为食料而大量繁殖，成为轮虫和甲壳动物的食料。轮虫和甲壳动物大量繁殖为鱼类提供食料。鱼被人食用，人的排泄物及废物被异养细菌分解为简单的有机物和无机物，同时构成细菌自身机体。随后各种生物又按前述次序循环。这种水体中的生物循环构成了食物链，如图5.1所示。

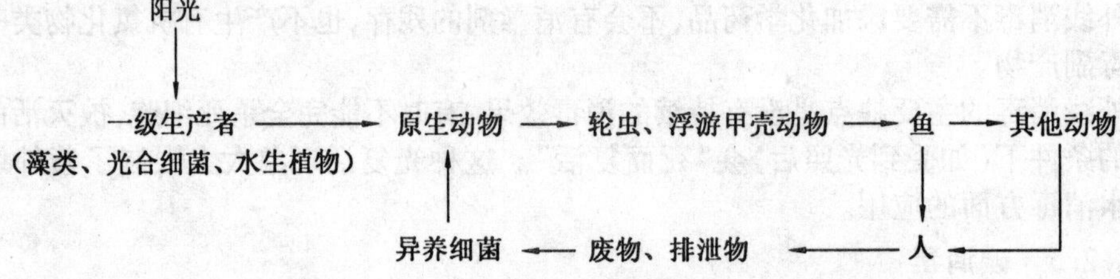


图5.1　水体中生物循环构成的食物链

食物链中各种生物与它们的生存环境之间通过能量转移和物质循环，保持着相互依存的关系，这种关系在一定的空间范围和一定时间内会呈现稳定状态，即保持生态平衡。

河流受了一定量的有机污染物后，在物理的、化学的和水生物(微生物、动物和植物)等因素的综合作用后得到净化，水质恢复到污染前的水平和状态，这叫做水体自净。任何水体都有其自净容量。自净容量是指在水体正常生物循环中能够净化有机污染物的最大数量。水体自净过程大致如下(图5.2)。

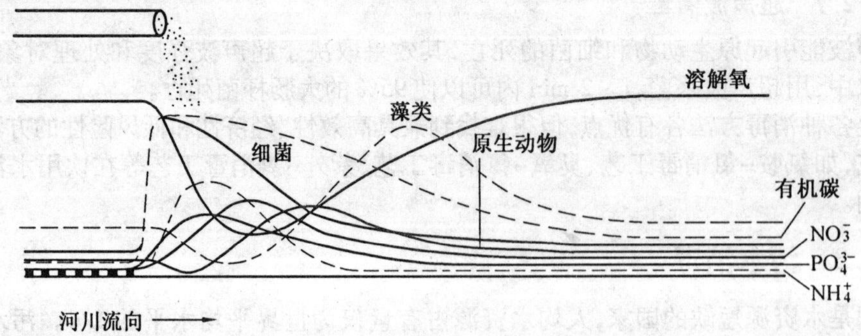


图5.2　河流污染和自净过程

(1)有机污染物排入水体后被水体稀释,有机和无机固体物质沉降至河底。

(2)水体中的好氧细菌利用溶解氧把有机物分解为简单有机物和无机物,并用以组成细菌自身有机体,水中溶解氧急速下降至零,此时鱼类绝迹,原生动物、轮虫、浮游甲壳动物死亡(图5.3),厌氧细菌大量繁殖,对有机物进行厌氧分解。有机物经过细菌完全无机化后,产物为$CO_2$、$H_2O$、$PO_4^{3-}$、$NH_3$和$H_2S$。$NH_3$和$H_2S$继续在硝化细菌和硫化细菌作用下生成$NO_3^-$和$SO_4^{2-}$。

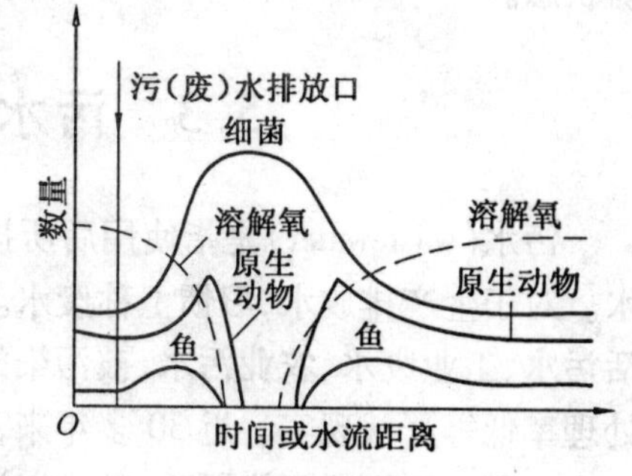


图5.3　河流污染对水生生物的影响

(3)水体中溶解氧在异养菌分解有机物时被消耗,大气中的氧刚溶于水就被迅速用掉,尽管水中的藻类在白天进行光合作用放出氧气,但复氧速率仍小于耗氧速率,氧垂曲线下降。在最缺氧点,有机物的耗氧速率等于河流的复氧速率。再往下游的有机物渐少,复氧速率大于耗氧速率,氧垂曲线上升。如果河流不再被有机物污染,河水中的溶解氧恢复到原来水平,甚至达到饱和。

(4)随着水体的自净,有机物的缺乏以及其他原因(例如阳光照射、温度、pH值变化、毒物及生物的拮抗作用等)使细菌死亡。据测定,细菌死亡数大约为80%~90%。

## 5.2.2　衡量水体自净的指标

(1) P/H指数:P代表光能自养型微生物,H代表异养型微生物,两者的比值即P/H指数。P/H指数反映水体污染和自净程度。水体刚被污染,水中有机物浓度高,异养型微生物进行大量繁殖,P/H指数低,自净的速率高。在自净过程中,有机物减少,异养型微生物数量减少,光能自养型微生物数量增多,故P/H指数升高,自净速率逐渐降低。在河流自净完成后,P/H指数恢复到原有水平。

(2)氧浓度昼夜变化幅度和氧垂曲线:水体中的溶解氧是由空气中的氧溶于水而得到补充,同时也靠光能自养型微生物光合作用放出氧得到补充。阳光的照射是关键因素,白天和夜晚水中溶解氧浓度差异较大。在白天有阳光和阴天时的溶解氧的浓度差异也较大。昼夜的差异取决于微生物的种群、数量或水体断面及水的深度。如果光能自养型微生物数量多,P/H指数高,溶解氧昼夜差异大。河流刚被污染时,P/H指数下降,光合作用强度小,溶解氧浓度昼夜差异小,如图5.4所示的A、B点。在C点P/H指数上升,光合作用的强度增大,溶解氧浓度昼夜差异增大,当增大到最大值后又回到被污染前的原有状态,即完成自净过程。从溶解氧的浓度大小看,B点高于C点,但C点溶解氧的昼夜变化幅度大于B点,C点的自净程

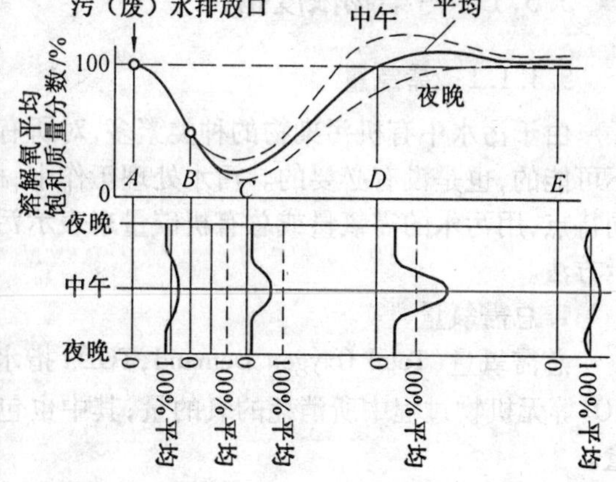


图5.4　污染河流中氧质量分数昼夜变化示意图

度高于 *B* 点。可见,溶解氧昼夜变化幅度能较好的反应水体中微生物群落的组成和生态平衡状态。

## 5.3 污水生物处理的简单介绍

污水(wastewater)是指使用后所排放的、含有污染物质的水,一般是指生活用水的排放水。对于生产排放水,习惯上称废水。污水和废水是水环境污染的主要污染源,具体包括生活污水、工业废水、农业污水、被污染的水等。与发达国家相比,我国面临着污水排放量大且处理率低等严峻现实。近30多年来,我国水体已经逐渐从轻度污染发展到严重污染。全国七大水系一半河段污染严重,其中以辽河、海河、淮河为重;主要淡水湖泊中,以巢湖、滇池、太湖为最重。据对120个城市地下水监测统计分析,多数城市地下水受到不同程污染,且具有逐年加重趋势。水环境污染必将对社会经济发展及人类生存构成严重威胁。因此,污水处理直接关系到人类的健康与社会的发展。

污水中含有各种各样的化学污染物,其特点是种类多、成分复杂多变、物理性质多样、可生物处理性差异大。水中污染物可以分成无机与有机两大类。无机污染物包括氮、磷等植物性营养物质、非金属与金属(如汞、镉、铬等)以及主要以无机物形式存在的酸碱盐。氮和磷是致湖泊、水库、海湾等封闭性水域富营养化的主要物质。许多重金属对人体和生物都具有直接的毒害作用。

污水中有机污染物又有可生物降解物与难生物降解物之分。可生物降解性有机污染物(多为天然化合物)排入水体以后,在微生物的作用下得到降解,消耗水中的溶解氧,引起水体缺氧和水生生物的死亡,破坏水体功能。在厌氧条件下,有机物被微生物降解产生 $H_2S$、$NH_3$、低级脂肪酸等有害或恶臭物质。生物难降解性污染物,如农药、卤代烃、芳香族化合物、聚氯联苯等,成为持久性污染物(Persistent Organic Pollutants,POPs)。这些污染物一般具有毒性大、稳定性强、易于在生物体内富集等特点,排入环境以后,长时间滞留,可直接或通过生物链对人体健康造成危害。

### 5.3.1 污染物浓度指标

#### 5.3.1.1 需氧量

由于污水中有机污染物的种类繁多,对所有污染物逐个进行定性定量分析在技术上是不可能的,也是没有必要的。污水处理工作中,根据有机物被氧化时都需要消耗氧的这一共同特点,用污水的需氧量或总有机碳量来表示污水中有机物的含量。需氧量有以下三种表示方法。

1. 总需氧量

总需氧量(Total Oxygen Demand,TOD)指水中全部有机物在被彻底氧化成 $H_2O$、$CO_2$、$NO_3^-$等无机物过程中所消耗的氧的量,其中也包括污水中能被氧化的还原性无机物的需氧量。

2. 化学需氧量

化学需氧量(Chemical Oxygen Demand,COD)指用强氧化剂使污染物氧化所消耗的氧的量,所有能够被氧化剂氧化的有机物与无机物均包括在内。由于某些物质不能被氧化剂氧化,因此一般情况下 COD≤TOD。用 $K_2Cr_2O_7$ 与 $KMnO_4$ 为氧化剂测定化学需氧量时,测定结果分别标记为 $COD_{Cr}$ 或 $COD_{Mn}$。由于 $COD_{Mn}$ 测定法的氧化能力低于 $K_2Cr_2O_7$ 法,$COD_{Mn} \leq COD_{Cr}$,$COD_{Mn}$ 也称为高锰酸盐指数。

3. 生化需氧量

生化需氧量或生物化学需氧量(Biochemical Oxygen Demand,BOD)指微生物在有足够溶解氧存在的条件下,分解有机物所消耗的氧量。$BOD_{20}$ 为 20 d 生化需氧量,它表示在 20 ℃条件下培养 20 d 时的氧的消耗量。但时间太长,不便于及时提供分析结果,因此,常用 $BOD_5$,即 5 d 生化需氧量,未加特殊说明的 BOD 均指 $BOD_5$。

在污水处理厂,广泛应用 BOD 作为有机污染物含量的指标。必须指出的是,这是一种间接指标,具有一定的局限性,只能评价有机污染物中易生物降解的部分,不能全面反映污水中的有机物含量,特别对于某些含难降解有机物的污水则更是如此。

#### 5.3.1.2　总氮

污水中的有机氮化合物、氨、硝酸根和亚硝酸根中的氮分别称为有机氮、氨氮、硝酸氮和亚硝酸氮。污水中所有含氮化合物(包括有机氮化合物、氨、硝酸根、亚硝酸根等)的总含氮量为总氮(Total Nitrogen,TN),是表示污水被氮污染的综合指标。

#### 5.3.1.3　总磷

总磷(Total Phosphorus,TP)指污水中所有含磷化合物(包括有机磷化合物、正磷酸根、偏磷酸根等)的总含磷量,是表示污水被磷污染的综合指标。

### 5.3.2　污水处理概述

#### 5.3.2.1　污水处理方法分类

污水处理的目的是利用各种技术方法,将污水中的污染物质分离去除或将其转化为无害物质,以使污水得到净化。

污水处理技术可分为物理处理法、化学处理法、生物处理法。物理处理法利用物理学原理,分离污水中的悬浮固体、油污等,如沉淀、过滤、气浮等。化学处理法则是利用化学反应分解或转化污水中各种形态的污染物。生物处理法是利用微生物的代谢作用分解与转化污水中的胶体性或溶解性污染物以及氮、磷等营养物质,使之成为无害物质。生物处理法也用于某些重金属离子和无机盐离子的处理。

由于污水中的污染物具有成分复杂、可处理性差异大等特点,一种处理方法往往不能满足处理的要求,在实际工作中经常采用物理方法、化学方法与生物处理相结合的组合工艺。生物处理法具有投资少、运行成本低、工艺设备较简单、运行条件平和以及能彻底降解污染物而不产生二次污染等特点,因此自 19 世纪末开始出现以来,已成为污水处理的主要技术,广泛用于生活污水和工业废水的处理中。目前世界各国 90% 以上的污水处理厂都是采用生物处理技术。

#### 5.3.2.2　处理程度分级

根据处理对象与程度,污水处理可分为三级处理。

一级处理(primary treatment):主要通过过滤、气浮、沉淀等物理和化学方法,去除污水中粗大固形物及部分悬浮物、浮油等,有时也称为预处理。

二级处理(secondary treatment):在一级处理基础上,主要去除水中有机污染物。二级处理的主要方法是生物法,因此生物处理或生化处理几乎成为二级处理的代名词。近年来,二级处理也有采用化学或物理化学为主体的污水处理工艺。

三级处理(tertiary treatment):三级处理也称为深度处理(advanced treatment)是指采用各种方法(物理、化学、生物学等)使二级处理后的出水进一步净化,使各种有机和无机污染去除率达98%以上的处理。

现在,我国的污水处理厂一般只达到二级处理水平,有少数达到三级处理水平,为适应近年来提出的"节能减排、循环利用、零排放"的要求,污水处理正逐步向深度处理推进。

### 5.3.3 有机污水的生物处理

#### 5.3.3.1 有机污水生物处理的基本原理

自然界中很多微生物有分解与转化有机物等污染物的能力。实践表明,利用微生物氧化分解污水中的有机物是十分有效的。人为创造微生物生长的适宜条件,使微生物高浓度地富集在污水处理装置(特定的构筑物)中,充分利用微生物的代谢作用,能够快速高效地分解、转化污水中的污染物,从而使污水得到净化。

有机污水的生物处理过程具有相似的基本生化过程,总生化反应过程示意图可概括为图5.5。

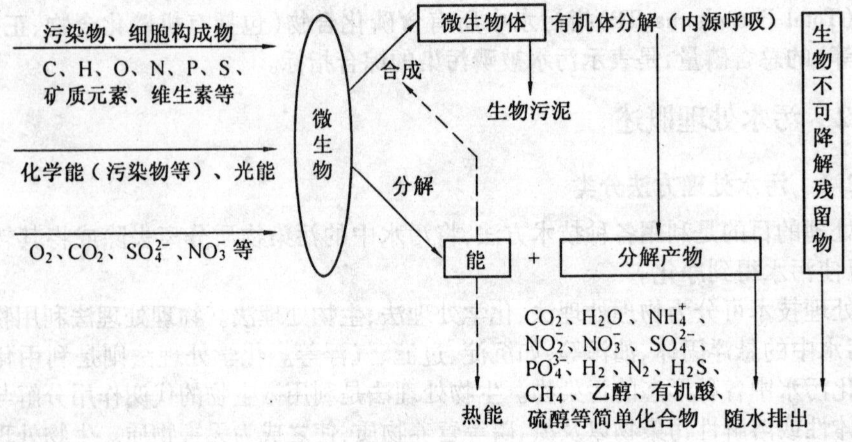


图5.5 有机污水生物处理总生化反应过程示意图

污水中的固体和胶体等不溶性有机物先附着在菌体外,由细胞分泌的胞外酶将其分解为可溶性物质,随同污水中原有的可溶性有机物,透过微生物细胞壁和细胞膜,通过各种方式被菌体吸收,再渗入细胞体内。在细胞内,通过微生物体内的氧化、还原、分解、合成等生化作用,把一部分被吸收的有机物转化为微生物体所需营养物质,组成新的微生物体(好氧菌约40%~60%、厌氧菌约4%~20%)。把另一部分有机物氧化分解为$CO_2$及$H_2O$等简单无机物(厌氧性处理,有还原性物质如$H_2S$、$CH_3$、$NH_3$等),同时释放出能量,供微生物生长与活动需要。分解后对环境无害的产物随着出水排出。

另外,当污水中有机物不足或消耗完时,一部分微生物把自身细胞物质当成基质来氧化释放出能量,即发生所谓的"内源呼吸"。最后这一部分微生物因饥饿而死亡,其尸体将成为另一部分微生物的"食料"。呼吸后不能被分解的部分物质,也随着污水中不能被降解的部分一起被排出构筑物。

5.3.3.2　污水生物处理的基本类型

根据处理过程中起作用的微生物对氧气要求的不同,可将污水生物处理分为好氧生物处理与厌氧生物处理两大类。根据微生物的利用形态,生物处理单元基本上可分为附着生长型和悬浮生长型两类。在好氧处理中,附着型所用反应器以生物滤池为代表;而悬浮型则以活性污泥法中的曝气池为代表。污水生物处理法具有多种类型,常用的方法有好氧生物处理法(如活性污泥法、生物膜法等)、厌氧生物处理法、氧化塘法、土地处理法等。

5.3.3.3　污水生物处理中的微生物生态系统

各类处理系统中的微生物都是混合培养微生物系统,其中有多种多样的微生物。从生态学的角度看,生物处理构筑物中包含一个完整的微生物生态系统。各类生物构成一个食物网,形成一个食物网金字塔。在这种食物网金字塔中具有不同层次的营养水平,又由于反应器的特性不同,悬浮生长反应器系统中的营养水平比附着生长反应器系统低。如图5.6是活性污泥法的食物营养等级。这类人工生态系统完全受运行方式的控制,并受食物(有机负荷)和供氧的限制。

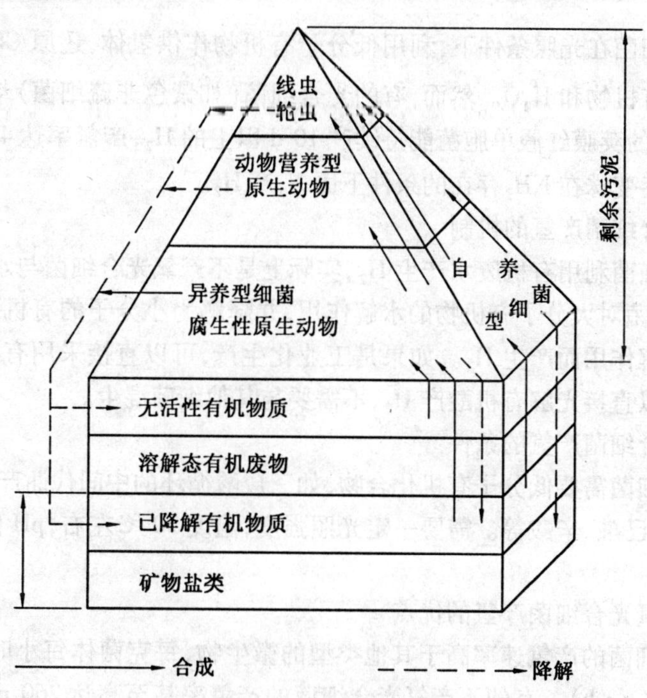


图5.6　活性污泥中微生物的营养金字塔

# 第6章 微生物新能源的开发与应用

## 6.1 产生氢气的微生物

产生 $H_2$ 能源的方法有多种，利用微生物产生 $H_2$ 是最重要的方法之一，即利用微生物的脱氢酶和氢化酶将糖类脱氢产生 $H_2$。

产生 $H_2$ 的微生物有：不产氧光合细菌、蓝细菌和绿藻、专性厌氧细菌、兼性厌氧细菌和古菌等类群。

### 6.1.1 不产氧光合细菌

不产氧光合细菌在光照条件下，利用低分子有机物作供氢体，还原 $CO_2$ 构成自身细胞，产生分子更小的有机物和 $H_2O$。然而，有的光合细菌（如紫色非硫细菌）却能够放出 $H_2$，例如，具有固氮作用的荚膜红假单胞菌能持续产 10 d 以上的 $H_2$，产氢率达 45 mL/(L·h)，深红红螺菌的一种突变株在 $NH_3$ 存在的条件下固 $N_2$ 产 $H_2$。

1. 不产氧光合细菌产氢的机制

不产氧光合细菌利用有机废水产生 $H_2$，实际上是不产氧光合细菌与水解产酸菌混合生长，依靠水解产酸菌对大分子有机物的水解作用，并降解为小分子的有机酸后，再由光合细菌对有机酸的光解作用而产生 $H_2$。如果是工业化生产，可以直接采用有机酸作基质，不产氧光合细菌就可以直接光解有机酸产 $H_2$，不需要与其他细菌混生。

2. 不产氧光合细菌产氢的条件

不产氧光合细菌需要低分子有机化合物，如三羧酸循环的中间代谢产物和甲酸盐、乙酸盐、丙酸盐、丁酸、己酸、辛酸等。需要一定光照强度，温度 30 ℃左右，pH 值为 5.5～7.0，严格厌氧。

3. 利用不产氧光合细菌产氢的优点

不产氧光合细菌的产氢速率高于其他类型的微生物，每克菌体每小时可以获得最大的产氢率为 51 mL/(g·h)。有的不产氧光合细菌的产氢率甚至高达 260 mL/(g·h)。由于不产氧光合细菌在光合作用不放 $O_2$，故气体中 $H_2$ 的纯度高。在我国，已有实例利用豆腐制品废水为原料，通过不产氧光合细菌的固定化细胞产氢，在运行 93 h 时，平均的产气率为 120.7～140 mL/(L·d)，气体中含氢量在 75% 以上。在连续运行 260 h 时，平均产气率 146.8～351.4 mL/(L·d)，气体中含氢量在 60% 以上。目前利用有机废水产氢的产量不够高，有待于进一步研究，提高其产氢率和产氢量。

目前已有国家建立“光合细菌工厂”，每天可生产 10 t 液态氢，作为飞机燃料，试飞取得成功。

### 6.1.2　蓝细菌和绿藻

在通常情况下，蓝细菌和绿藻在光照条件下，利用 $H_2O$ 作供氢体，光解 $H_2O$ 为 $2H^+$ 和 $O_2$。$H^+$ 将 $CO_2$ 还原为有机物构成自身细胞，放出 $O_2$。1974 年，Bene mann 观察到柱孢鱼腥蓝细菌（*Anabaena cylindrica*）在光解 $H_2O$ 产生 $O_2$ 的同时，还能够固定 $N_2$ 产 $H_2$。Gaffron 也报道了珊藻（*Scenedesmus*）可光解 $H_2O$ 产 $H_2$。此外，聚球蓝细菌（*Synechococcus*）、颤蓝细菌（*Oscillatoria*）、莱因哈德衣藻（*Chlamydomonas reinhardtii*）等均具有产氢能力，其产氢量可以达到理论值的 15%，它们均可以实行大规模生产获得氢能源。在德国和美国建立了"藻类农场"、"藻类工厂"，为未来开发无污染的洁净的氢能源开辟了一条重要途径。

### 6.1.3　其他产氢细菌

常见的产氢细菌有兼性厌氧的大肠杆菌（*Escherichia coli*）、产气肠杆菌（*Enterobacter aerogenes*）、中间柠檬酸杆菌（*Citrobacter intermedius*），还有严格厌氧的丁酸梭菌（*Clostridium butylicum*）、巴氏梭菌（*Clostridium pasteurianum*）、克氏梭菌（*clostridium kluyveri*）、拜氏梭菌（*Clostridnuti berjerinckii*）、丙酮丁醇梭菌（*Clostridium acetobutylicum*）、热纤维梭菌（*Clostridium thermocdllum*）、溶纤维丁酸弧菌（*Butyriurbrio fibrisotvens*）、浸麻芽孢杆菌（*Bacillus rnaccnms*）及最大八叠球菌（*Sarcina maxima*）等。

1. 产氢细菌的产氢条件

不同的细菌要求的产氢条件是不相同的。产氢细菌的产氢率与产氢细菌的种类和数量有关，取决于菌种的优良性，还与基质的种类和浓度等有关。产氢细菌的基质原料是糖类，它的相对分子质量大小会影响产氢量，例如产氢细菌发酵 1 mol 的葡萄糖产生的 $H_2$ 量比 1 mol淀粉所产生的 $H_2$ 量少。产氢率则相反，直接由葡萄糖产生 $H_2$ 的速率比淀粉（淀粉不能直接产 $H_2$，需先经水解后再产生 $H_2$）产 $H_2$ 的快。pH 值是影响产 $H_2$ 量的重要因素，一般要求 pH 值 4～5，温度 30～35 ℃，严格厌氧或兼性厌氧。

2. 产氢举例

（1）以活性污泥细菌为例，以蔗糖为基质的培养基成分为：蔗糖 90 g/L，玉米浆8 mL/L，$FeSO_4 \cdot 7H_2O$ 20 mg/L，$MgCl_2 \cdot 6H_2O$ 10 mg/L，$K_2HPO_4$ 1.0 g/L。在温度 36 ℃，初始 pH 值 5.0 的条件下进行厌氧发酵，经过优化，其平均产氢率达到 565 mL/(L·h)。

（2）运用产气肠杆菌（*Enterobacter aerogenes*）、丁酸梭菌（*Ctostridium bruyli-cum*）和麦芽糖假丝酵母（*Candida maltose*）于 36 ℃ 混合发酵有机废弃物 48 h，产氢率最高达到 22.2 mL/(L·h)，平均产氢率为 15.45 mL/(L·h)。在以上三种菌的组合中，产气肠杆菌起着主导作用，另两种菌协同作用，使代谢产物不易积累，彼此之间创造生存环境，充分发挥三种菌的代谢活性，从而提高产氢能力，增加产氢量。

（3）以糖蜜为原料的酒精废水含有葡萄糖和蔗糖，将产生 $H_2$ 的丁酸梭菌用琼脂凝胶包埋固定后，装入固定床反应器内，通入酒精废水就能够连续产生 $H_2$ 达 3 个月以上。$H_2$ 的转化率为 30%，产氢率为 20 mL/(min·kg 湿重凝胶)。

（4）在哈尔滨建立的小规模"生物制氢产业化基地"，生产 $H_2$ 可达 600 $m^3$/d。

### 6.1.4 微生物产氢燃料电池

许多糖类均能被微生物分解转化产 $H_2$。将产生的 $H_2$ 收集和贮存在电池中就成为生物燃料电池。

微生物燃料电池的工作原理为：$H_2$ 产生菌的氢化酶催化葡萄糖脱 $H_2$，在阳极上会发生氧化反应，接受 $H_2$ 的电子，使 $H_2 \longrightarrow 2H^+ + 2e^-$，$H^+$ 进入电解液中并移向阴极，阴极接受电解液中的 $H^+$，同时通过导线接受从阳极流入的电子($e^-$)，则：$H^+ + e^- \longrightarrow [H]$，$2[H] + 1/2O_2 \longrightarrow H_2O$，详见图 6.1。

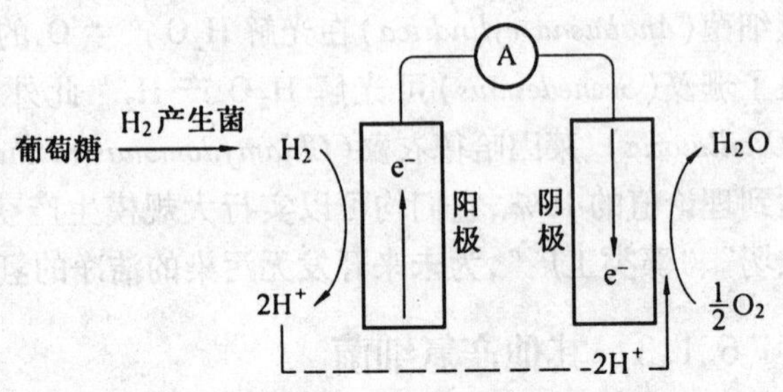


图 6.1 固定化氢产生菌的燃料电池工作原理

这样组成的燃料电池可产生 0.7 ~1.2 A 电流(端压为 2.2 V)，可连续工作 10 d 以上。

## 6.2 产生甲烷的微生物

甲烷的应用范围很广泛，可以转化为机械能、电能及热能。地球表面存在大量甲烷，它主要来自于湿地、稻根、动物体内发酵等。而天然气的主要成分也是甲烷。无论是利用农业人工生态系统，还是开采天然气，甲烷作为一种能源形式，都能通过管道运输而获得应用。

### 6.2.1 甲烷的微生物转化机理

#### 6.2.1.1 厌氧发酵的阶段性及其微生物

甲烷可在厌氧条件下，通过微生物发酵而获得。1979 年，Bryant 等人提出了厌氧发酵的三阶段理论。在此基础上，Zeikus 等人又提出了厌氧发酵的四阶段理论，即在三阶段的基础上提出了一个同型产乙酸过程。但进一步的研究表明，这种过程产生的乙酸还不到总产量的 5%，一般可忽略。

在厌氧发酵的阶段理论研究基础上，人们对厌氧过程的机理又进行了进一步的研究，逐渐揭开了在此过程中发生的一些变化。目前研究得比较清楚的有以下 9 个酶促反应：

(1) 不溶性有机高分子的水解，转化成可溶性的有机物单体，该过程是在细菌的胞外酶的作用下完成的，其水解产物为氨基酸、糖类、脂肪酸等。

(2) 水解产物发酵分解，其产物为氢气、甲酸、重碳酸盐、丙酮酸盐、乙醇以及各类挥发性低级有机酸等。

(3) 专性产氢产乙酸菌将简单有机物转化为氢气和乙酸。

(4) 同型产乙酸菌将简单有机物氧化成氢气和乙酸。

(5) 简单有机物氧化成重碳酸盐和乙酸，参与的细菌为硝酸盐还原菌和硫酸盐还原菌。

(6) 由硝酸盐还原菌和硫酸盐还原菌将乙酸氧化成碳酸盐。

(7)由硝酸盐还原菌和硫酸盐还原菌进行氢气和甲酸的氧化。

(8)乙酸发酵产甲烷,主要参与细菌为产甲烷菌,这是产甲烷的主要阶段,甲烷产量占到70%。

(9)重碳酸盐在氢氧化产甲烷细菌的作用下,被还原成甲烷。

#### 6.2.1.2　厌氧转化反应的一些特征

厌氧转化过程中,微生物所能利用的氧化剂以二氧化碳为主,在微生物所能利用的各类氧化剂中,二氧化碳氧化有机物所释放出的能量是最低的,因而微生物所能利用的能量远小于好氧过程,所以厌氧过程中产生的剩余污泥远远小于好氧过程的剩余污泥产量。

当厌氧过程存在 $NO_3^-$、$SO_4^{2-}$ 时,硝酸盐还原菌和硫酸盐还原菌将表现出比甲烷菌更强的底物竞争力,抑制产甲烷菌的活性,所产气体以 $H_2S$ 为主。

在反应过程中,氢气既是产物,也是反应底物。系统中氢气分压的高低将从热力学上决定各反应能否进行,因而氢分压的控制对于维持厌氧过程的进行非常重要。

### 6.2.2　甲烷的微生物生产

甲烷的微生物生产是一个极为复杂的过程。在自然界中,最有效的甲烷厌氧发酵"装置"实际上是牛胃,该过程受各种细菌、真菌、原生动物调控,发酵条件也一直变化。

在农村,利用农业废弃物发酵生产甲烷,并将其作为能源加以利用的技术方法在很多地区均已获得应用。表6.1列出了一些农村剩余物发酵产生甲烷的量。如图6.2所示是一种简单的家庭式生产甲烷的发酵装置。

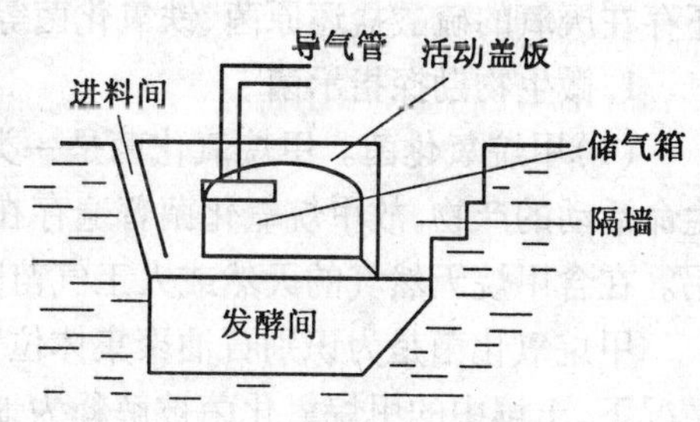


图6.2　简易甲烷发酵装置

表6.1　农村常用发酵生产甲烷的原料及甲烷产量

| 原料 | 沼气产量 /($m^3 \cdot t^{-1}$干物质) | 甲烷体积分数/% | 原料 | 沼气产量 /($m^3 \cdot t^{-1}$干物质) | 甲烷体积分数/% |
|---|---|---|---|---|---|
| 猪粪 | 600 | 55 | 废物污泥 | 400 | 50 |
| 牲畜粪便 | 300 | 60 | 麦秆 | 300 | 60 |
| 酒厂废水 | 500 | 48 | 青草 | 630 | 70 |

可见,甲烷生产所需原料多为农家废料或农业生产废弃物,发酵所需装置简单、造价成本低,发酵所得沼气为含甲烷量50%~80%不等的混合气体,其余所含气体为二氧化碳、水及微量的其他气体。

值得注意的是,大量证据表明甲烷也是一种温室气体,且其导致温室效应的能力是二氧化碳的近300倍。而自然界中,存在大量的甲烷释放源,如何减少这些甲烷的排放或进行高效开发利用,将是一个具有显著经济效益和环境效益的课题。

## 6.3　利用微生物提高石油开采率

### 6.3.1　石油勘探与微生物

通过微生物测量确定油气藏分布的勘探方法叫做微生物勘探。石油是由各种碳氢有机化合物——烃组成的。石油虽深埋地下,但总有一些烃会透过岩层缝隙渗漏到地层的浅处。烃氧化菌是以烃为唯一碳源的一类细菌,它们聚集在含烃的土壤中。因此,如果在某地区的土壤中发现烃氧化菌异常发育,说明那里可能有石油天然气,再配合其他的找矿方法,即可确定油气藏的分布范围。

细菌对运移烃的氧化、蚀变起着重要作用。在油气聚集体上方的整个运移通道上,都会发生细菌的氧化作用。地下深部,烃的氧化主要以厌氧菌氧化为主,地表则以好氧菌氧化为主。细菌有能力氧化许多种类的烃,但同时对烃的种类又有选择性。能够氧化石油烃的细菌分为多种,如甲烷氧化菌、乙烷氧化菌、丙烷氧化菌、丁烷氧化菌和己烷氧化菌等。土壤中还存在厌氧的硫酸盐还原菌、铁氧化菌等可对烃运移起作用的多种细菌。

1. 微生物勘探指示菌

(1)甲烷氧化菌。甲烷氧化菌是一类具有高度专一的碳代谢能力的细菌。由于甲烷是生命活动的产物,故甲烷氧化菌普遍存在于土壤中,而且在全球碳循环中起着非常重要的作用。在含甲烷天然气的天然或人工气苗附近,甲烷氧化菌数量大大增加。

甲烷氧化菌是为识别石油聚集体位置而研究的第一类细菌。在不存在纤维素氧化菌的情况下,土壤中的甲烷氧化菌被解释为地下逸渗甲烷的指标。甲烷氧化菌与纤维素氧化菌同时出现,但在地下1.5 m以下很少被发现,其浓度随土壤渗透性的增加而增加。菌落的生长依赖于土壤湿度,土壤湿度下降菌落减少。由于土壤中的微生物也可以产生甲烷,因此对甲烷氧化菌的指示作用有干扰。可用同位素分析法区分微生物产生的甲烷和油气藏产生的甲烷。

(2)乙烷、丙烷和丁烷氧化菌。它是只消耗乙烷、丙烷或丁烷,而不消耗甲烷和其他烷烃的一类细菌。乙烷、丙烷和丁烷气体在很大程度上不会由微生物过程产生,而是由深部石油运移而来,与土壤表生作用无关。因此,乙烷氧化菌、丙烷氧化菌和丁烷氧化菌的异常发育常常被用来指示油气聚集体位置。

(3)己烷氧化菌。己烷氧化菌对油气藏也有很好的指示作用。有研究表明,在无油区地表土壤样品与有油区地表土壤样品之间己烷氧化菌含量明显不同。无油区样品中没有发现己烷氧化菌,而有油区己烷菌数量介于$4\times10^4\sim2.2\times10^6$个/g之间。油田储层深度约4 500 m时,仍能在地表土壤中检测出己烷氧化菌异常。

2. 指示菌检测方法

(1)平板计数法。烃类代谢的中间产物醇、醛等有机液体对一般土壤微生物是有毒的,只有那些不能被这些有机液体杀死而有能力利用它们作为营养的微生物才能在平板上生长。噬烃菌是能够使用这种液体的唯一的一种微生物,因此,在该方法中计数的只有噬烃微生物。

向以醇、醛或酸为唯一碳源的无机盐琼脂培养基上接种土壤稀释液，培养一周左右，计数琼脂平板上长出的菌落数。其特点是选择性高，但结果可能偏低，因为从土壤中转移出的细菌可能不是全部；琼脂可能带来正误差；测定过程需要的时间长；菌落技术困难。

（2）气体利用法。样品与烃类气体直接接触，样品中的噬烃菌消耗烃气体，根据烃气体消耗量，确定噬烃菌数量。

将土壤样品放入充满空气和烃气的密闭室内，培养一定时间，测定室内压力降及室内气体组成变化，培养时间通常为几天至几周；或将待测样品放入无机营养液和混合气体（65%轻烃，30% $O_2$，5% $CO_2$）的瓶子里进行培养，测定瓶内气体体积和组成变化。其特点是直接用烃气体测定，结果更可靠，但不能确定噬烃菌数量的细小差异；测定过程需要的时间长。

（3）酶测定法。脂肪烃代谢途径为：

$$R—CH_3 \xrightarrow{1} R—CH_2OH \xrightarrow{2} R—CHO \xrightarrow{3} R—COOH$$

每个代谢过程都是酶催化反应。参与反应1的酶是单氧化酶，参与反应2的酶是醇脱氢酶，参与反应3的酶是醛脱氢酶，这些都是氧化还原酶。根据氧化还原势的变化，确定噬烃菌代谢烃过程中产生的酶量，根据酶量指示噬烃菌量。

将土壤样品加到无机盐溶液中，制成悬液，将悬液与醇、醛（最好与烃类气体具有同样的碳链）混合，加入氧化还原染料，培养48～72 h，用分光光度计测定染料的还原程度。其特点是测定所需时间短；采用液体培养法，避免了琼脂可能带来的正误差；方法的标准化程度高。

（4）显微镜分析技术（或者是喷镀法）。将少量土样尽可能薄地散布在无机盐琼脂培养基上，将在有空气和乙烷气体（或其他的烃）的空间中培养，长出细菌菌落，过一段时间后对这些菌落进行镜检、分类。

3. 油气区微生物异常的重现率

油气区微生物异常重现率相当高，常在90%～100%，而且不因时间、季节而改变。

美国菲利浦（Phillips）石油公司于1957年对俄克拉荷马州附近的已知产区上方某长1.6 m的剖面作了微生物测量；在1986年和1993年，美国地质微生物公司在同一剖面作了跟踪测量；1993年又以月为周期对同一剖面作了采样分析。结果表明：

（1）几十年来，同一剖面的微生物高值和低值分布趋势持续存在。

（2）地表微生物数量依赖于轻烃浓度，从而指示到达地表的地下热或烃。

（3）尽管微生物强度的分布趋势相同，但微生物的绝对测值存在变化。

（4）除湿度外，环境因素对微生物绝对值没有显著影响。

（5）尽管微生物测值的分布趋势是恒定不变的，但控制烃微渗漏通量的因素似乎是控制微生物绝对测值的最终因素。

4. 微生物勘探的应用实例

（1）西伯利亚地区油气普查。西伯利亚地区通古斯盆地复杂的地质条件（暗色岩岩浆作用、断层发育和多年冻土）限制了传统的地质地球物理方法的应用。1975～1977年在该地区进行了大规模的微生物和气水化学普查，取得了可喜的成果：

在常年冻结的暗色岩浆岩分布的通古斯盆地中部地区，采用带状剖面区域性水-气生物化学测量,查明许多水-气生物异常与一些重要的构造相吻合。

通古斯盆地西南边缘地区油藏浅,出露程度高,硫酸还原菌和轻烃指示起着主要作用;通古斯盆地中部地区,液态烃($C_5$ ~ $C_6$)氧化菌指示效果较好。

西伯利亚地区西南部的产油区和不产油区细菌分布差异极大,产油区的水中具有多种类型的微生物群,丙烷和液态烃氧化菌占多数,并且发育带状异常场,而非产油区不存在这种异常场。

(2)玻利维亚(Sub-Andean)地区微生物测量识别地震构造的含油气性。地质微生物技术公司在玻利维亚地区进行了为期两年大范围的微生物和地球物理测量,采集了3 200个样品分析土壤中烃类氧化菌,主要是丁烷氧化菌。微生物样品是在玻利维亚中部密林带新开辟的53条地震线上采集的。微生物与地震测量相结合,目的是用微生物测量识别地震圈出的构造是否存在烃类微渗漏。在数个地震构造上方,分布有活性较高的微生物群落,指示这些构造存在石油烃类微渗漏。研究区的构造依据其大小和微生物异常强度作了评价。具有微生物异常的两个地震构造——Carrasco 和 Katari 被预测为产油构造,后来的钻探验证,成功地发现了油气。Carrasco 初探井总深度达4 770 m,在3 264 m 的第三纪和4 533 m 的泥盆纪共产出887桶凝析油/d 和6 246 $m^3$ 气体/d。Katari 总钻井深度为4 941 m,在4 543 m 的泥盆纪产出607桶凝析油/d 和5 907$m^3$ 气体/d。

(3)我国东海油气微生物勘查。上海海洋地质调查局与美国菲利浦石油公司合作在我国东海西湖凹陷平湖地区和迎翠轩地区开展了比较系统的油气微生物勘查工作,共采集样品300个,测定丁烷氧化菌,结论为:微生物异常与已知的物探、钻探结果相吻合,已知的含油气构造附近一般都有不同程度的微生物异常,而钻探结果显示油气远景差的地区几乎没有微生物异常。

(4)微生物测量与三维地震预测储层技术结合发现新油田。在得克萨斯州测区北部5 $m^2$地区,三维地球物理调查验明有希望的 Ellenburger 圈闭在大约2 200 m 深处。地区的微泄漏调查勘探在1995年12月实施,用微生物油测量技术(MOST),发现 Ellenburger 构造有一个正向的但很微弱的烃类微渗漏信号,在构造南部1 mile 的向斜部位有更强的、面积更大的微生物异常。

1996年2月,在感兴趣的地区以更紧密的网格形式搜集了另外一些 MOST 样品。结果为原来的地震预测的远景区与取向垂直于勘探区构造走向的弱的烃异常保持着关联,而最强和最大的烃异常继续位于构造南部向斜部位。北得克萨斯州的地质分析复查显示:向斜可能包含 Atokan 砾岩体地带,该区的福特沃斯盆地是另一个勘探目标。

在1996年3月,在构造脊部的地震远景区钻井。井在 Ellenburger 构造剖面钻遇2 m 厚致密的 Salona 砂岩。完井后,仅获得勉强达到工业价值的油流三年大约产出340桶原油。1996年10月,在向斜部位打第二口井,钻于2个间隔的4 m 厚的砾岩层段,下部层段最初的日生产量是$1.6\times10^5$ $m^3$天然气和5桶原油。接下来的一口井发现了3个砾岩层段,较深的层段有7 m 厚的产油层,最初的日生产量是接近$4\times10^5$ $m^3$天然气。在砾岩体向斜或附近,共钻了14口生产井。在向斜凹槽也钻了4口井,但它们都位于微生物烃渗漏异常之外的地区。

(5)地表地球化学技术在采油工业中的应用。将油气微生物测量作为一种描述油储特征的手段使用,便把地表地球化学技术从勘探扩展到了采油工业。

在开采井上方或附近,微生物种群逐渐减少,显示出烃类的反驱向排放模式。微生物种群的低值群团,识别出了油井周围油储的排放半径。其中一些模式趋于辐射状,另一些模式呈拉长状。拉长的模式可能与油储中储层的不均一性有关。

在生产井之间发现的微生物高活动区,指示该油田内未开采的袋状油藏。这些微生物高值或者被辐射状反驱向模式包围,或者呈拉长的豆荚状。第一种情况可能与被开采油层未产油储引到的部分有关,第二种类型与油储中被储油层不均一性将产油井与之隔开的区块有关,第二种类型是加密钻探的潜在目标。

### 6.3.2　微生物三次采油

微生物提高石油采收率(MEOR)也称微生物强化采油或微生物采油技术,它是一项利用微生物在油藏中的有益活动来提高石油产量的三次采油技术,是20世纪中叶发展起来的一项生物学与油田开发技术相结合的一种新技术。

在各种能源日益紧张的今天,全世界对石油开采空前关注。寻找既有效又廉价的采油新技术是专家们一直探索的问题。实践证明,MEOR是一项适应性强、成本低廉、施工方便的新技术。因其具有较强的应用潜力,国内外对该技术越来越重视。20世纪90年代初,美国和加拿大等国已进入商业化应用阶段。我国在此领域虽然起步较晚,但近年来已有许多机构投入人力、物力从事室内研究和矿场试验,显示出强劲的发展势头。

我国油田多为陆相沉积、二次运移形成的油藏,导致原油含蜡和胶质沥青较高,原油流动性差,开采难度大。目前以注水为标志的二次采油已处于高含水期,采出液含水80%以上,油产量逐年下降,成本逐年上升,因此急需采用新技术以稳定生产。微生物采油是继热力驱、化学驱和气驱之后的又一种新型三采技术,现在正以较快的速度由室内向矿场应用转化。

1. MEOR的基本方法与作用机理

MEOR是指微生物提高石油采收率的各种技术的总称。凡是与微生物有关的采油技术均属于MEOR。从广义上讲,MEOR的基本方法主要包括两大类:一类是利用微生物在工厂生产的产品(如生物聚合物黄原胶和生物表面活性剂等)作为油田化学剂进行驱油;另一类是将微生物直接注入油藏生长繁殖,代谢产生促进原油流动的产物,或者激活油藏中固有的微生物而起作用。狭义地讲,MEOR主要指第二类方法,而且主要是指利用微生物的地下发酵提高采收率。本文所讲的是狭义上的MEOR。微生物的应用有助于进一步降低二次采油结束后仍留在油层孔隙中的残余油。

菌种是MEOR技术的关键,是地下发酵的工作主体。因此,MEOR的菌种筛选原则是所选微生物需适应油藏环境条件(如高温、高压、高盐、缺氧及不同渗透率和pH值等),并在此环境中能生长代谢产生表面活性剂、酸、气、溶剂以及聚合物等物质,能有效地乳化原油、增加压力、降低黏度,以增强原油流动性。MEOR现场试验采用的菌种见表6.2。

表 6.2　MEOR 现场试验采用的菌株接种类型

| 序号 | 试验国家 | 试验目的 | 菌株接种物类型 |
|---|---|---|---|
| 1 | 美国 | 周期性注微生物驱油 | 芽孢杆菌和梭状芽孢杆菌的混合培养物 |
| 2 | 美国 | 周期性注微生物驱油 | 混合厌氧菌培养物 |
| 3 | 美国 | 周期性注微生物驱油 | 梭状芽孢杆菌属 |
| 4 | 美国 | 周期性注微生物驱油 | 梭状芽孢杆菌属的孢子悬浮液 |
| 5 | 美国 | 周期性注微生物驱油 | 厌氧和兼性厌氧细菌及高度发酵的蔗糖-糖蜜培养基 |
| 6 | 美国 | 周期性注微生物驱油 | 梭状芽孢杆菌属、芽孢杆菌属、地衣芽孢杆菌属 |
| 7 | 美国 | 周期性注微生物驱油 | 梭状芽孢杆菌培养物 |
| 8 | 罗马尼亚 | 周期性注微生物驱油 | 适应性混合富集培养物，主要有梭状芽孢杆菌、芽孢杆菌和革兰阴性杆菌 |
| 9 | 捷克斯洛伐克 | 微生物驱油 | 硫酸盐还原菌和利用烃类的假单胞菌属的混合培养物 |
| 10 | 匈牙利 | 微生物驱油 | 污水污泥混合培养物、厌氧嗜热混合培养物（主要含梭状芽孢杆菌、脱硫弧菌和假单胞菌） |
| 11 | 波兰 | 微生物驱油 | 需氧和厌氧细菌混合培养物，它们属于节杆菌、梭状芽孢杆菌、分枝杆菌、假单胞菌和蛋白球菌 |
| 12 | 前苏联 | 微生物驱油 | 需氧和厌氧细菌混合培养物 |
| 13 | 美国 | 微生物驱油 | 丙酮丁醇梭状芽孢杆菌属 |
| 14 | 罗马尼亚 | 微生物驱油 | 主要由梭状芽孢杆菌属、芽孢杆菌属和革兰阴性杆菌组成的混合富集培养物 |
| 15 | 美国 | 微生物驱油 | 梭状芽孢杆菌属、芽孢杆菌属、地衣芽孢杆菌属和革兰阴性杆菌的混合培养物 |
| 16 | 美国 | 微生物驱油 | 假单胞菌和使烃类氧化的细菌的混合培养物 |
| 17 | 中国 | 微生物驱油 | 能生成气体、酸类和溶剂的细菌 |
| 18 | 美国 | 微生物驱油 | 梭状芽孢杆菌的特殊适应性菌株 |
| 19 | 美国 | 微生物驱油 | 使烃类降解的细菌混合培养物 |
| 20 | 捷克斯洛伐克 | 激化原生微生物群落活性的微生物驱油 | 油藏地层水中的原生细菌群落 |
| 21 | 前苏联 | 微生物驱油 | 注入水和油藏地层水中的原生细菌群落 |
| 22 | 荷兰 | 激化原生微生物群落活性的微生物驱油 | 葡聚糖口球菌，形成黏泥的细菌需氧和厌氧的充气污泥细菌 |
| 23 | 前苏联 | 选择性封堵采油 | 厌氧和需氧细菌，如硫酸盐还原菌、具有腐败性和使丁酸发酵使纤维素分解能力的细菌 |
| 24 | 前苏联 | 选择性封堵采油 | 生成生物聚合物的细菌（肠膜明串珠菌） |
| 25 | 加拿大 | 选择性封堵采油 | 形成黏泥的细菌 |
| 26 | 中国 | 选择性封堵采油 | 生成表面活性物质、助表面活性物质和气体的培养物 |
| 27 | 美国 | 选择性封堵采油 | 生成聚合物——多糖、气体的培养物 |
| 28 | 美国 | 选择性封堵采油 | 能分解烃类的脱硫弧菌 |
| 29 | 美国 | 微生物压裂液压裂 | 海源微生物的混合培养液 |

MEOR 的主要作用机理是利用微生物注入地层后，在新陈代谢的作用下所产生的酶类

和二氧化碳等气体，裂解重质烃类和石蜡，增加油层压力，使原油黏度和凝固点降低，以改善原油的流动性，提高原油产量，MEOR 的主要作用机理归纳于表 6.3 中。

**表 6.3　微生物的产物及其对提高原油采收率的作用**

<table>
<tr><th>微生物及其产物</th><th>作　用</th><th>微生物及其产物</th><th>作　用</th></tr>
<tr><td>酸</td><td>改造油层岩石<br>增大孔隙度和渗透率<br>与碱质岩石反应生成 $CO_2$</td><td>气体（$CO_2$、$CH_4$、$H_2$）</td><td>使油层压力增加<br>原油膨胀<br>降黏</td></tr>
<tr><td rowspan="3">生命体</td><td rowspan="3">选择性或非选择性封堵<br>对烃类黏附引起乳化作用<br>改善固体表面<br>降解和变质原油<br>降低原油黏度和原油凝固点<br>原油脱硫作用</td><td>溶剂</td><td>对碳酸盐岩的溶解作用<br>溶解原油</td></tr>
<tr><td>表面活性剂</td><td>降低界面张力<br>乳化作用</td></tr>
<tr><td>高分子聚合物</td><td>流度控制<br>选择性或非选择性封堵</td></tr>
</table>

2. MEOR 的技术应用

MEOR 技术属于三次采油技术，应用时一般应选低产井或近枯竭井。与其他三采工艺一样，在微生物处理前必须研究井史井况，应采集产出液样品，分析其 N 含量和溶解的总固体浓度，模拟储层温度、压力和矿化度，用岩芯进行流体的配伍性试验，预测采收率。在 MEOR应用中，重要的是微生物在油层中的运移并产生化学物质增加原油流动性。营养液和微生物的相对运移速度将严重影响适于最佳采油注入方案的制订。微生物的生长繁殖需要一定的环境条件，实施 MEOR 工艺时必须选择适宜的油藏条件。美国国家石油和能源研究所制定的油藏筛选标准主要有：温度小于 77 ℃，盐度小于 100 000 mg/L（NaCl），渗透率大于 $50\times10^{-3}$ μm，深度小于 2 439 m，残油饱和度大于 28%。

MEOR 技术主要用于以下几方面：第一，油井清蜡，减少油井热洗清蜡费用；第二，油井周期性注入（单井吞吐）增油；第三，注水井注入（微生物驱）增油降水；第四，封堵高渗透层带，调整注入油层的吸水剖面（调剖）；第五，微生物酸性压裂，增加致密地层的渗透率。

从最初在石油微生物学方面的发现和早期油田试验开始到现在，对微生物提高原油采收率特性的了解不断深入，但许多论点仍有争议。油藏特性和微生物提高原油采收率动态之间的相互关联复杂。从理论研究和实验数据中可知，许多因素影响微生物细胞在孔隙介质中的穿透，这些因素有：第一，油层的物理化学性质，如渗透率、孔隙度及其大小分布、润湿性、表面电性、原油类型、油层水的矿化度和离子组成等；第二，细胞的特性，如形状、大小、游动现象、细胞生产形式（单个或成簇或链状）、表面电荷、被膜和黏液的产生、化学反应生成物等；第三，注入方式，如注入速率、注入水含盐量、细胞悬浮液的密度等。因此有必要研究油藏条件下微生物采油的适用范围和驱替效率。目前微生物采油工艺主要包括微生物吞吐、微生物驱油以及微生物井筒清蜡、垢等。

微生物单井吞吐采油技术是微生物采油技术的一个重要方面，它利用细菌的代谢作用及其代谢产物的作用处理油井筒及近井地层，达到减轻堵塞、结蜡、结垢和降低油井负荷的目的。1999 年，这项技术在胜利油田 6 个采油厂实施了 77 口油井，累计增油 1.1 万 t，平均单井增油 148 t，投入产出比 1∶9 以上，取得了良好的经济效益。

中原油田采油一厂微生物吞吐采油 17 井次,有效率达 82%,累计增加原油 303 t,增加天然气 $5.2\times10^4\ m^3$。

江苏油田在真武、永安、王尤庄等油田的 7 口油井上施工 39 井次的微生物吞吐试验,共用菌种 4.03 t,成功率达到 100%,平均单井增油 132.9 t,平均每吨微生物增油 332.4 t,7 口油井累计增油 1 063 t,创直接经济效益 157 万多元。

# 6.4 生物制醇

## 6.4.1 生物燃料乙醇及其特点

### 6.4.1.1 生物燃料乙醇

乙醇,俗称酒精,可用玉米、甘蔗、小麦、薯类、糖蜜等原料,经发酵、蒸馏而制成,是一种重要的能源物质和工业原料。生物乙醇是以生物质为原料生产的可再生能源。燃料乙醇是通过对乙醇进一步脱水,使其质量分数达 99.6% 以上,再加上适量变性剂而获得的。经适当加工,燃料乙醇可以支撑乙醇汽油、乙醇柴油、乙醇润滑油等用途广泛的工业染料。此外,全球现在使用生物燃料乙醇做成 ETBE(乙基叔丁醚)替代 MTBE(甲基叔丁醚),通常以 5% ~15% 的混合量在不需要修改或替换现有汽车引擎的状况下加入可使汽车尾气中的 CO、碳氢化合物排放量分别下降 30.8% 和 13.4%,$CO_2$ 的排放减少 3.9%;有些时候 ETBE 也以替代铅的方式加入汽油中,以提高辛烷值而得到较洁净的汽油;也可以完全替代汽油使用为输送燃料。燃料乙醇所排放的 $CO_2$ 和作为原料的生物质生长所消耗的 $CO_2$ 在数量上基本持平,这对减少大气污染及抑制"温室效应"意义重大,因而,燃料乙醇被誉为"绿色能源"和"清洁燃料"。

目前世界上使用乙醇汽油的国家主要是美国、巴西等国。美国每年大约将 56.8 亿升的生物乙醇加入汽油中以实现完全燃烧,并降低大气污染;巴西每年大约生产 114 亿升乙醇用作汽车燃料;我国也非常重视乙醇燃料的开发,至目前已有河南、黑龙江、吉林、辽宁、安徽、河北、山东、江苏、湖北 9 个省份进行了乙醇燃料试点推广工作。

### 6.4.1.2 生物燃料乙醇的特点

(1)乙醇与汽油、柴油的理化性质很接近,见表 6.4。虽然乙醇的热值较低,只相当于汽油的 2/3,但因其在燃烧时需要的 $O_2$ 量较少,因此可燃混合气的热值(单位混合气的发热量)基本和汽油一致。因为燃烧的有效功率不仅取决于燃烧的热值,更主要是由燃料与空气混合气的热值来确定。

**表 6.4 乙醇和汽油、柴油的理化性质比较**

| 项目 | 乙醇 | 汽油 | 柴油 |
|---|---|---|---|
| 化学式 | $C_2H_5OH$ | $C_9H_6$ | $C_{14}H_{30}$ |
| 分子量 | 46 | 114 | 198 |
| 辛烷值 | 90 | 70 | 十六烷值 |
| 密度(20 ℃)/($g\cdot cm^{-3}$) | 0.79 | 0.70 ~0.75 | 0.8 ~0.95 |

续表 6.4

| 项目 | 乙醇 | 汽油 | 柴油 |
|---|---|---|---|
| 黏度(20 ℃)/($MPa \cdot s^{-1}$) | 1.19 | — | 3.5~8.5 |
| 比热容(20 ℃)/($kcal \cdot kg^{-1}$) | 0.65 | 0.58 | 0.46 |
| 汽化热/($kJ \cdot kg^{-1}$) | 850 | 335 | 251 |
| 沸点/℃ | 78.4 | 40~200 | 270~340 |
| 热值($\alpha$=1)/($kcal \cdot kg^{-1}$) | 7 100 | 10 650 | 10 000 |
| 每千克燃料所需的空气量 | 0.312 | 0.516 | 0.497 |
| 含氧量/% | 35 | — | — |
| 理论空热比 | 9 | 14.8 | 14.4 |

(2)可作为新的燃料替代品,减少对石油的消耗。乙醇作为可再生能源,可直接作为液体燃料或者同汽油混合使用,可减少对不可再生能源——石油的依赖,保障本国能源的安全。

(3)辛烷值高,抗爆性能就好。作为汽油添加剂,可提高汽油的辛烷值。试验和使用证明,在无铅汽油(R 级)加入不同比例的乙醇后,汽油的辛烷值得到提高,当乙醇加入量为10%时,辛烷值提高3;加入量为15%时,辛烷值提高7;加入量为25%时,辛烷值提高9。而且乙醇对烷烃类汽油组分(烷基化油、轻石脑油)辛烷值调和效应好于烯烃类汽油组分(催化裂化汽油)和芳烃类汽油组分(催化重整汽油),添加乙醇还可以较为有效地提高汽油的抗爆性。

(4)作为汽油添加剂,汽车排放有害物质比用汽(柴)油时少,这降低了汽车尾气对环境的污染。乙醇中氧的质量分数高达34.7%,乙醇可以按较 MTBE 更少的添加量加入汽油中。汽油中添加7.7%乙醇,氧的质量分数达到2.7%;如添加10%乙醇,氧的质量分数可以达到3.5%,所以加入乙醇可以帮助汽油完全燃烧,以减少对大气的污染。使用燃料乙醇取代四乙基铅作为汽油添加剂,可消除空气中铅的污染;取代 MTBE,可避免对地下水和空气的污染。另外,除了提高汽油的辛烷值和含氧量,由于乙醇还能改善汽车尾气的质量,减轻污染。一般当汽油中乙醇的添加量不超过15%时,对车辆的行驶性没有明显影响,但尾气中碳氢化合物、NO 和 CO 的含量明显降低。根据乙醇燃料的汽车试验,NO 的质量分数可下降60%,所以从经济和生态的观点来看,乙醇燃料是一种较理想的汽车新能源。

(5)乙醇是可再生能源,若采用小麦、玉米、稻谷壳、薯类、甘蔗、糖蜜等生物质发酵生产乙醇,其燃烧所排放的 $CO_2$ 和作为原料的生物源生长所消耗的 $CO_2$,在数量上基本持平,这对减少大气污染及抑制温室效应意义重大。

### 6.4.2　纤维质原料制备生物燃料乙醇技术

我国的纤维质原料非常丰富,仅农作物秸秆和皮壳,每年产量就达7亿多吨。另外林业副产品、城市垃圾和工业废物数量也很可观。而大部分地区依靠秸秆和林副产品作燃料或将秸秆在田间直接焚烧,这不仅污染了环境也破坏了生态平衡,而且造成了资源的严重浪费。如何高效利用它们产生燃料乙醇是保持社会可持续发展的有效途径之一。

#### 6.4.2.1　纤维质原料的化学成分

这些纤维质原料的主要成分为纤维素、半纤维素和木质素,它们的质量分数一般分别为

40% ~60%（干基计）、20% ~40%、10% ~25%，还有少量其他化学成分。表 6.5 是一些目前主要研究的及生产中使用的纤维质原料的组成成分。

**表 6.5　几种典型纤维质原料的组成成分**

| | 原料 | 纤维素/% | 半纤维素/% | 木质素/% |
|---|---|---|---|---|
| 农作物下脚料 | 玉米秸秆 | 36 | 28 | 29 |
| | 小麦秸秆 | 36 | 28 | 22 |
| | 稻草 | 37 | 19 | 10 |
| | 稻壳 | 36 | 20 | 19 |
| | 高粱秸秆 | 32 | 19 | 14 |
| 软木 | 云杉 | 43 | 26 | 29 |
| | 松木 | 44 | 26 | 29 |
| | 桦木 | 40 | 39 | 21 |
| | 柳木 | 37 | 39 | 21 |
| | 杨木 | 51 | 23 | 21 |
| 城市固体垃圾 | Paper-based | 43 | 13 | 6 |
| | Processed | 47 | 25 | 12 |
| | 新闻纸 | 61 | 16 | 21 |

1. 纤维素化学组成及结构

纤维素是由脱水葡萄糖单元经 β-D-1,4-葡萄糖苷键连接而成的直链高分子多糖，通用化学式为 $C_6H_{10}O_5$，其分子量、聚合度根据种类及测定方法的不同有较大的差别。图6.3为纤维素的化学结构式。

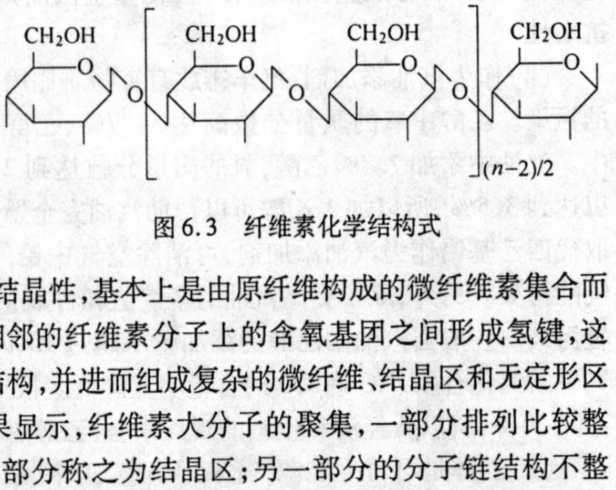

图 6.3　纤维素化学结构式

纤维素呈微元纤束状态，具有很强的结晶性，基本上是由原纤维构成的微纤维素集合而成。纤维素分子中的羟基易与分子内或相邻的纤维素分子上的含氧基团之间形成氢键，这些氢键使很多纤维素分子共同组成结晶结构，并进而组成复杂的微纤维、结晶区和无定形区等纤维素聚合物。X 射线衍射的试验结果显示，纤维素大分子的聚集，一部分排列比较整齐、有规则，呈现清晰的 X 射线衍射图，这部分称之为结晶区；另一部分的分子链结构不整齐、较松弛，但其取向大致与纤维主轴平行，这部分称之为无定形区。在结晶区里，葡萄糖分子的羟基或在分子内部或与分子外部的氢离子相结合，没有游离的羟基存在，所以纤维素分子具有牢固的结晶构造，酶分子及水分子难以侵入到内部。因此，纤维素的结晶部分比非结晶部分难分解得多，它使纤维素聚合物显示出刚性和高度水不溶性。纤维素分子不能为微生物细胞直接利用，需要通过降解，才能被微生物吸收利用。因此，高效利用纤维素的关键是破坏纤维素的结晶结构、疏松纤维素结构，使酶水解或化学水解更容易进行。

纤维素大分子具有以下特点：

(1) 纤维素大分子中的每个基环均具有 3 个醇羟基，由纤维素硝化时得到三硝基纤维素即可证明。这些羟基对纤维素的性质有决定性的影响，可发生氧化、酯化、醚化反应，分子间形成氢键、吸水、膨胀等，都与纤维素分子间存在大量羟基有关，并且这些羟基的反应能力是不同的。

(2)由于苷键的存在,使纤维素分子对水解作用的稳定性降低,生成纤维四糖、纤维三糖、纤维二糖、葡萄糖等,β-苷键酸中的水解速度比α-苷键小得多,前者约为后者的1/3。

2.半纤维素的化学组成及结构

半纤维素是一种无定形的非同源分子糖的聚合物,是多种复合聚糖的总称。它围绕在纤维素纤维周围,并通过纤维素中的孔部位深入到纤维素内部,木糖、阿拉伯糖、甘露糖、葡萄糖、葡萄糖醛和半乳糖是主要的糖残基。半纤维素的相对分子质量较低,聚合度小于200,其分子结构是一种类型的糖重复形成长的线性分子骨架,周围有较短的醋酸酯和糖组成的分支链。半纤维素的组成随着木材种类不同而有所差异,特别是软木和硬木之间差别更大。

不同种类原料中的半纤维素,他们的复合聚糖是不同的,就是同一种原料,不同部位的复合聚糖的组成也不同。目前已知的复合聚糖可分为聚戊糖和聚己糖两类,聚戊糖有四种:聚0-乙酰基-4-0-甲基葡萄糖醛酸-木糖、聚阿拉伯糖-4-0-甲基葡萄糖醛酸-木糖、聚鼠李糖-4-0-α-D-半乳糖醛酸-木糖和聚阿拉伯糖-木糖四种;聚己糖有聚0-乙酰基-葡萄糖-甘露醇、聚半乳糖-葡萄糖-甘露糖、聚阿拉伯糖-半乳糖和聚半乳糖醛酸-半乳糖四种。

3.木质素化学组成及结构

木质素是由苯丙烷单体构成的酚类高分子聚合物,可以和其他不能转化为乙醇的残渣一起作为废弃的燃料使用。由于木质素具有多种功能基,如苯环上的甲氧基,反应性能活泼的酚羟基、醇羟基等,且存在酚型和非酚型的芳香族环,因此木质素反应能力相当强,它能与亲电试剂进行反应,也能和亲核试剂进行反应,还能被某些氧化剂氧化。

### 6.4.2.2　纤维质原料的糖化

1.酸法糖化

研究最早的纤维素原料的水解方式是酸水解。所谓酸水解就是利用纤维素大分子中的β-1,4-糖苷键在适当的氢离子浓度、温度和时间作用下,可以使糖苷键断裂、聚合度下降、还原能力提高。酸法糖化反应的产物有糖、醛、酚类物质,生产成本较高。该工艺对设备有腐蚀作用,所需条件苛刻。在一般条件下,半纤维素很容易被稀酸水解,但如果要水解纤维素,则需要严格的条件。低浓度酸水解的优点是酸没有明显的损失。稀酸水解需要有较高的温度和压力等反应条件,单纤维素生成葡萄糖的产率降低,从而使乙醇的产率降低。要达到较高的产率,就要使用高浓度酸,但需要更换设备并设计酸的回收流程。稀酸水解过程需要高温(160 ℃)和高压(1 MPa),酸的质量分数大约为2%～5%。浓酸(10%～30%)水解所需要的温度和压力稍低。浓酸水解需要长的反应停留时间,可以得到比稀酸更高的乙醇产率。酸水解的糖转化率取决于酸的浓度和滤液的加热时间。但由于酸水解要消耗大量的酸,反应设备腐蚀性大、能耗高、条件苛刻,同时产生大量的酸废水,对环境污染较严重。

(1)浓酸水解法。浓酸水解法的原理是结晶纤维素在较低温度下可以完全溶解在硫酸中,转化成含几个葡萄糖单元的低聚糖。把此溶液加入水稀释并加热,经一定时间后就可以把低聚糖水解为葡萄糖。

浓酸水解多用质量分数为41%～42%的HCl、质量分数为65%～70%的$H_2SO_4$或质量分数为 80% ~85% 的 $H_3PO_4$ 等浓的无机酸。浓酸水解的优点是糖的回收率高，可达 90% 以上，可处理不同的原料，时间总共 10 ~12 h，并极少降解。对于硫酸回收目前是利用阴离子交换膜透析回收，硫酸回收率大约为 80%，质量分数为 20% ~25%，浓缩后重复使用。该方法操作稳定，适于大规模生产，但投资巨大，耗电量高，膜易被有机物污染。

浓酸水解工艺的生物质原料干燥至 10% 左右，粉碎到约 3 ~5 mm，把该原料和质量分数为 70% ~77% 的硫酸混合，以破坏纤维素的晶体结构，最佳酸液和固体质量比为 1.25 : 1，糖的水解收率达到 90% 左右。

(2)稀酸水解法。稀酸水解工艺较简单，是利用木质纤维素原料生产乙醇最古老的方法，也是较为成熟的方法。稀酸水解属多相水解，水解发生在固相纤维素和稀酸之间，在高温、高压下稀酸可将纤维素完全水解成葡萄糖。稀酸水解法根据半纤维素和纤维素水解特性的不同分阶段进行，革新的稀酸水解工艺采用两步法，即第一步稀酸水解是在较低温度下进行，半纤维素非常容易被水解得到五碳糖，分离出液体(酸液和糖液)；第二步酸水解是在较高的温度下进行，重新加酸水解残留固体(主要为纤维素结晶结构)，得到水解产物葡萄糖。

德国发明了稀硫酸“渗滤”法水解纤维素，即“Scholler 法”，随后的渗滤反应器在目前仍是从木质纤维素生产糖的最简单方法之一。稀酸水解法的主要工艺为木质纤维原料被粉碎到粒径为 2.5 cm 左右，然后用稀酸浸泡处理，将原料转入一级水解反应器，温度 190 ℃，质量分数为 0.7% 的硫酸水解 3 min，可把约 20% 的纤维素和 80% 的半纤维素水解。水解糖化液经过闪蒸器后，用石灰中和处理，调 pH 值后得到第一级酸水解的糖化液。将剩余固体残渣转入二级水解反应器中，在 220 ℃、质量分数为 1.6% 的硫酸中处理 3 min，可将剩余纤维素约 70% 转化为葡萄糖，30% 转化为羟基糠醛等。经过闪蒸器后，中和得到第二级水解糖液。合并两部分糖化液，转入发酵罐，经发酵生产得到乙醇等产品。

稀酸水解工艺糖的产率较低，一般为 50% 左右，而且水解过程中会产生对发酵有害的副产品。近年来，稀酸水解工艺主要向低酸、高温、短时方向发展。另外，稀酸水解也作为一种预处理手段来去除纤维素原料中的半纤维素，以使纤维素原料更易于酶解。

2. 酶法糖化

由于强酸对设备的腐蚀性、对环境造成严重的污染，并且强酸回收的问题得不到很好的解决，因此酸法糖化一直没有很大的发展。而植物纤维素的酶水解反应条件温和，对设备基本无腐蚀，对环境友好，水解产物对于发酵产生乙醇抑制作用较弱，而得到了广泛的重视。有很多种酶可以催化水解纤维素生成葡萄糖，以 Trichodenna 真菌菌种最佳。这种菌种分泌的纤维素酶是三种酶的混合体，包括内切葡聚糖酶(ED)、纤维二糖水解酶(CBH)和β-葡萄糖苷酶(GL)。三种酶协同作用共同催化水解纤维素，ED 先作用于纤维素分子非结晶区，打开缺口，形成大量非还原性末端，然后 CBH 作用于非还原性末端形成纤维素二糖，再由 GL 作用将纤维素二糖转变为葡萄糖。这些酶对结晶状的纤维素催化速度非常慢，酶解木质纤维素的阻力可能来源于其溶解度，糖化过程中积累的许多可溶性产物(葡萄糖、纤维二糖等)也抑制了各种酶的水解。

纤维素分子是具有异体结构的聚合物，具有酶解困难的特点，酶解速度较淀粉类物质慢,并且对纤维素酶有很强的吸附作用,对酶的重复利用及固定化技术难以应用,只是酶解糖化工艺中酶的消耗量大。而纤维素酶的合成需要不溶性纤维素诱导,生产周期长,生产效率低,因而纤维素酶的费用占糖化总成本的60%。目前我国研究人员充分利用纤维素、半纤维素和木质素的特点,形成了以木质纤维可再生物质为原料的生物能源和生物炼制的生物质化工产业链。

为了提高植物纤维素酶的水解效率,并降低水解成本,应采取以下基本途径:

第一,筛选高效产纤维素酶的菌株或选构高产纤维素酶的基因工程菌,选取合适的发酵方法和提取工艺。

第二,在纤维素酶水解过程中加入非离子表面活性剂,有效避免纤维素酶的失活。

第三,在酶水解过程中采用酶复合制剂,使各种不同的酶更好地协同作用。

第四,对纤维素酶进行固定化,使纤维素酶可以重复利用,从而节省植物纤维素原料。

第五,为了有效地消除产物抑制作用,将水解还原糖从酶水解系统通过超滤移出或采用同步发酵及时将生成的还原糖消耗掉。

## 6.4.3　生物丁醇制备技术

由于受到世界石油资源、价格、环境保护和全球气候变暖的影响,人们意识到发展生物燃料已经迫在眉睫。生物燃料是指通过生物质资源生产的适用于汽油或柴油发动机的燃料,包括乙醇、生物柴油、生物丁醇、生物气体等。丁醇作为优良的有机溶剂和重要的化工原料,广泛应用于化工、塑料、有机合成、油漆等工业。生物丁醇曾是仅次于乙醇发酵的第二大发酵过程。它与乙醇相似,可以和汽油混合,但却具有许多优于乙醇的性质,如丁醇的辛烷值和热值等更接近于汽油。但是,从20世纪50年代开始,由于石油工业发展,生物丁醇发酵工业受到冲击,逐渐走向衰退。随着石化资源的耗竭以及温室效应的日趋严重,可再生能源日益受到人们的关注。2006年6月,BP与杜联邦联合宣布建立合作伙伴关系,共同开发、生产并向市场推出新一代生物燃料——生物丁醇。

### 6.4.3.1　丁醇燃料的特性

丁醇与乙醇及汽油的特性比较见表6.6。丁醇是一种无色液体,有酒味,熔点为90.2 ℃,自燃点为365 ℃,微溶于水,能与乙醇、乙醚及其他多种有机溶剂混溶,其蒸气与空气可形成爆炸性混合物。与乙醇相比,丁醇具有如下优点:性质更接近烃类,与汽油调和的配比性好;能量密度与燃烧值高,且具有较低的蒸汽压;可经石油管道输送,可在炼油厂混合;腐蚀性小、水溶性低等。因此,生物丁醇发酵已成为仅次于燃料乙醇发酵的第二大可再生能源开发研究的热点。作为一种重要的有机溶剂和化工原料,丁醇广泛应用于喷漆、炸药、皮革处理、香料、塑料、制药、植物抽提及有机玻璃、合成橡胶、农用化学品等方面。

**表 6.6　丁醇、乙醇和汽油的特性**

| 物质 | 特性 | | | | | | | | | | | |
|---|---|---|---|---|---|---|---|---|---|---|---|---|
| | 相对分子质量 | 氧质量分数/% | 能量密度/(MJ·L$^{-1}$) | 比能量 | 相对密度(20 ℃) | 理论空燃比 | 沸点/℃ | 闪点/℃ | 蒸发潜热/(J·g$^{-1}$) | 低热值/(MJ·kg$^{-1}$) | 辛烷值 | |
| | | | | | | | | | | | MON | RON |
| 丁醇 | 74 | 21.6 | 26.9～27.0 | 3.2 | 0.810 9 | 11.2 | 117.7 | 35～35.5 | 581.99 | — | 94 | 113 |
| 乙醇 | 46 | 34.7 | 21.1～21.7 | 3 | 0.780 3 | 9 | 78.32 | 12 | 904 | 26.77 | 92 | 111 |
| 汽油 | 58～180 | 0 | 32.2～32.9 | 2.9 | 0.7～0.78 | 14.2～15.1 | 30～220 | -40 | 10 | 43.5 | 72～86 | 84～98 |

#### 6.4.3.2　丁醇发酵微生物

能够发酵生成丁醇的微生物种类非常多。丁酸菌是厌氧性、有鞭毛、能运动的杆状菌，在产生孢子时成为纺锤状或鼓槌状，细胞内含有淀粉粒。一般认为用于丙酮丁醇发酵(ABE发酵)的生产菌种为梭状芽孢杆菌。丙酮丁醇发酵微生物除了具有丁酸菌的一般通性外，产物中含有丁酸菌所没有产生的丙酮和丁醇的能力。目前，能进行丙酮丁醇发酵的微生物有 *Clostrid-ium acetobutylicum*、*C. beijerinckii*、*C. saccharoperbutyla-cetonicum* 和 *C. saccha-robutylicum* 四种。在众多丁酸菌中，*C. beijerinckii* BA 101 具有较高的淀粉糖化能力，以葡萄糖或淀粉为原料，丙酮、丁醇、乙醇的质量浓度(总溶剂，ABE)可达到 18～33 g/L(传统发酵菌株为20 g/L 左右)，且具有较强的丁醇耐受能力(可达到 19 g/L)；*C. beijerinckii* P260 可以直接利用小麦秸秆水解液进行丁醇发酵，发酵产量与纯糖相当。

主要的丙酮丁酸发酵微生物有两类：醋酪酸梭状芽孢杆菌和糖-丁基丙酮梭菌。前者简称丙酮丁醇梭菌，适用于发酵玉米、马铃薯和甘薯等淀粉质原料，无噬菌体性能；后者也是梭状属菌株，适用于糖蜜发酵。此外，适用于糖蜜原料发酵生产丙酮-丁酸的菌株还有糖-醋丁基梭菌。

丙酮丁醇发酵微生物具有广泛的糖利用范围，可以利用六碳糖及五碳糖中的阿拉伯糖和木糖进行发酵。但目前还没有发现能够直接利用木质纤维素生产丁醇的菌株。*C. acetobutylicum* 824 和 *C. beijbrinckii* 8052 的基因组序列中分别存在 11 个与纤维体成分相关的蛋白基因和 7 个与木聚糖降解有关的基因，但它们并不具有降解微晶纤维素或木聚糖的能力。近些年的研究发现，用于溶剂生产的菌种并非属于细菌的一个同源性。DNA 杂交、16S 核糖体，RNA (rRNA)基因序列研究显示，淀粉发酵和糖发酵生产溶剂的梭菌在系统发酵学上具有很大的差别。目前应用于工业化发酵生产的菌种——NCP P262 是溶剂生产最好的自然菌种。

#### 6.4.3.3　发酵原料

美国的燃料丁醇发酵生产总溶剂质量浓度可达到25～33 g/L，居世界领先水平，但生产原料主要以玉米淀粉、糖蜜等高成本原料为主。因此，探索低成本纤维质原料生产丁醇成为生物质能源发展战略的重要组成。我国是农业大国，每年农作物秸秆的产量约 8 亿吨。除农作物秸秆外，一些速生牧草、木质原料、废弃纤维素类等也可用于纤维丁醇的发酵生产。

#### 6.4.3.4　丙酮丁醇发酵机制

从宏观上看丙酮丁醇发酵过程可以分为产酸和产醇两个阶段。在接种初期，产生 $CO_2$ 和 $H_2$，由于产生乙酸、丁酸等发酵液，pH 值迅速下降，当 pH 值达到 3.8 左右时，进入产溶剂期，此时产生丙酮、丁醇和乙醇，也有部分 $CO_2$ 和 $H_2$ 产生。葡萄糖经过 EMP 途径变为丙酮酸，而戊糖需经过 HMP 途径变为 3-磷酸甘油醛进入 EMP 途径变为丙酮酸。丙酮酸和 CoA 在酶的作用下生成乙酰 CoA，同时产生 $CO_2$。铁氧化蛋白通过 NADH/NADPH 铁氧化蛋白氧化还原酶及氢酶和此过程耦合同时产生 $H_2$，产气与细菌生长相关联。当酸积累到一定程度，溶剂产生开始涉及碳代谢由产酸途径向产溶剂途径的转变，生成丁醇还可将丙酮丁醇的发酵过程分为三个阶段，即前发酵期、主发酵期和后发酵期。前发酵期主要为菌种繁殖期，又称为增酸期，通常前发酵期为开始发酵后的 15 ~ 18 h 后；主发酵期是将前一阶段产生的乙酸、丁酸等变为丙酮、丁醇等溶剂的阶段，此阶段又称减酸期，这个阶段发生在 18 ~ 40 h 后；后发酵期是酸度达到最低后，又稍微上升，维持一定水平至发酵结束，所以又称酸度复升期。在这一阶段中活动性丙酮丁醇菌逐渐减少，发酵逐渐衰弱直至结束，一般发生在 40 ~ 70 h 时。

#### 6.4.3.5　生物丁醇发酵技术

1. 分批发酵

20 世纪 80 年代就有利用甘蔗渣、稻草秸秆、小麦秸秆等通过碱法预处理进行丁醇发酵的尝试，总溶剂质量浓度可达 13.0 ~ 18.1 g/L。Parekh 等人利用 $SO_2$ 催化技术预处理松木或白杨木进行丁醇发酵，总溶剂质量浓度达到 17.6 ~ 24.6 g/L。陈守文等人利用 *C. acetobutylicum* C375 发酵稻草酶法水解液（还原糖质量浓度为 42.8 g/L），总溶剂质量浓度为 12.8 g/L，其中丁醇体积分数为 65.8%。Qweshi 等人对小麦秸秆进行稀酸预处理和酶水解，得到糖质量浓度为 60 g/L 的糖化液，经过滤、超滤后用 *C. beijerinckii* P260 进行发酵，总溶剂质量浓度为 25.0 g/L，其中丁醇质量浓度为 12.0 g/L。

2. 整合发酵技术

传统的丙酮丁醇发酵主要以间歇发酵和蒸馏提取的方式进行，目前产量较低而能耗很高所以导致竞争力很低。其主要问题在于较低的产物浓度导致后续分离提取能耗很大使成本大幅度提高。提高发酵液中丙酮丁醇浓度，开发低能耗的提取工艺是增强丙酮丁醇发酵竞争力的根本途径。为了改善以上问题，丁醇发酵可采用补料发酵、连续发酵、同步糖化发酵、气提发酵等整合发酵技术以提高丁醇的产量及设备的利用效率。

(1)气提技术。气提技术是一种在线回收产物的方法，可与发酵过程同时进行，为使丙酮丁醇发酵产物的回收简单、经济，可以使用发酵产生的气体进行丁醇的在线回收。即利用发酵过程中产生的 $H_2$ 和 $CO_2$ 或者惰性气体作为载气，使其在动力作用下进入发酵体系并带走有机溶剂后在冷凝器内收集，而循环气体再次进入反应器作为载气使用的发酵过程。气提技术不但减少了代谢产物对菌体的抑制作用，而且利用发酵产气进行气体循环，经济合理，在丁醇生产中潜力巨大。Ezeji 等人研究了气提分离工艺对丙酮丁醇发酵的影响，该工艺和间歇发酵相比，溶剂产率和容量分别提高了 200% 和 118%。气提技术的优点是：不需要分离混合物,扩展了系统的操作范围,促使系统向最优稳态的操作方向发展;该技术清洁,对微生物没有毒害作用;发酵产物本身的蒸汽也可用于抽提。

(2)萃取发酵技术。萃取发酵采用萃取和发酵相结合,利用萃取剂将丙酮丁醇从发酵液中分离出来,控制发酵液中丁醇的浓度对丙酮丁醇梭菌生长的抑制浓度。丁醇质量浓度小于3.7 g/L时,不影响微生物的生长,而当丁醇质量浓度达到11 g/L时,50%左右的微生物将受到抑制而不能生长。萃取发酵的关键是选择分离因子大、对微生物无毒性的萃取剂。液-液萃取时,丁醇可以被萃取出来,而发酵料液中的底物、水或营养物质却不会被带走。Ishuaki等人以甲基化的天然棕榈油为萃取剂进行丙酮丁醇萃取发酵,结果47%左右的溶剂被萃取到棕榈油层中,葡萄糖的消耗率由62%提高到83%,丁醇产量由15.4 g/L提高到20.9 g/L。杨立荣等人用油醇为萃取剂,研究了发酵温度、油水比和不同初始葡萄糖浓度对*Clostridium aceto butylicum*菌的间歇搅拌萃取发酵的影响,发现初始葡萄糖质量浓度为110 g/L时,发酵结束的水相丁醇质量浓度为5.12 g/L,折合水相总容剂质量浓度为33.63 g/L,发酵过程的葡萄糖利用率为98%,总溶剂产率为31.2%。胡翠英等人以四种生物柴油作为萃取剂,丁醇的生产强度可以达到0.213 g/(L·h),比对照组提高了10.9%。

(3)渗透蒸发。渗透蒸发是一种新型膜分离技术,是由一种选择性膜相隔,膜的前侧为原料混合液,经过选择性渗透,在膜的温度相应于组分的蒸气压气化,然后在膜的后侧通过减压不断地把蒸汽抽出,经过冷凝捕集,从而达到分离目的的方法。该技术用于液体混合物的分离,其突出优点是能以低能耗实现蒸馏、萃取、吸收等传统方法难以完成的分离任务的一种膜分离技术。由于渗透蒸发的高分离效率和低能耗的特点,它在丙酮丁醇发酵中有广阔的发展前景。渗透蒸发技术的关键是选择合适的膜,以期达到最佳的分离效果。

#### 6.4.3.6 纤维丁醇发酵产业化优势与展望

随着世界人口的增长和各国工业化的发展进程,人类对能源的需求量逐年增加,对石油的需求尤甚。在未来30年中,中国将继续作为第二大能源消费国,世界能源需求增长量的20%和石油需求增长量的16%将来自中国,发展可再生能源成为最佳选择。生物丁醇的生产与乙醇生产采用相似的工艺,现有的乙醇生产设施不需要经过太多的改造便可转而生产生物丁醇,因此生物丁醇具有巨大的潜力。

1.纤维丁醇发酵的优势

(1)丙酮丁醇发酵具有悠久的历史,国内原有的丙酮丁醇生产厂家具有成熟的工艺与丰富的经验,为纤维丁醇的生产奠定了基础。

(2)纤维乙醇的研究日趋成熟,国内已经有多条纤维乙醇的中试生产线或示范厂,其中发酵技术与设备为纤维丁醇的生产提供了坚实的技术支撑。

(3)与纤维乙醇生产相比,纤维丁醇产生菌对纤维糖化液的耐受能力强,并可以同时利用已糖和戊糖进行发酵,提高原料的利用效率。

(4)溶剂产生菌*C. beijerinckii* 8052等全序列已经测序成功,为高丁醇比例菌株及高丁醇耐受菌株的选育及代谢调控的研究提供了依据。

2.纤维丁醇发酵的展望

燃料丁醇的重要性日益受到国家及相关科研人员的重视,中科院上海植生所、中科院微生物所、中科院过程工程研究所、江南大学、河南农业大学、华中农业大学、北京化工大学、广西大学、南京工业大学、河南天冠集团和华北制药等高校、科研院所和企业已经致力于燃料丁醇的研究，其中中科院过程工程研究所、河南农业大学和华中农业大学等对纤维质原料生产燃料丁醇进行尝试，这些研究将极大推动纤维燃料丁醇的产业化进程。从发酵产丁醇的上游和下游工程可以看出，降低生物丁醇的成本、筛选和构建耐丁醇高产菌株，同时结合简单高效的发酵回收技术将是提高丁醇产量和产率的必然途径。

# 6.5　生物燃料电池

燃料电池是一种电化学设备，它直接、高效地将反应物的化学能转换为电能。当源源不断地从外部向燃料电池供给燃料和氧化剂时，它可以连续发电。燃料电池具有以下优点：

第一，不受卡诺循环限制，能量转换效率高；第二，洁净、无污染、噪声低；第三，模块结构、积木性强，比功率高。既可以集中供电，也适合分散供电。所利用的燃料从氢、甲醇、化石燃料到生物材料，而生物燃料是一种真正有希望长期运行的燃料电池。

## 6.5.1　概述

生物燃料电池是一种特殊的燃料电池，它以自然界的微生物或酶为催化剂，直接将燃料中的化学能转化为电能。它不仅具有燃料电池效率高、无污染等优点，还有一些独特的特点：第一，燃料来源广泛，自然界大量存在的葡萄糖、淀粉等可再生有机物都可作为燃料；第二，反应条件温和，可在常温、常压、中性 pH 值条件下反应，易于操作和控制，维护成本低、安全性强；第三，生物相容性好，利用人体内的葡萄糖和氧为原料的生物燃料电池可以直接植入人体，作为心脏起搏器等人造器官的电源。

### 6.5.1.1　生物燃料电池的发展

早在 1910 年，英国的研究取得了突破，并很快应用于医学临床，使生物燃料电池研究受到较大冲击。

20 世纪 80 年代后，对于生物燃料电池的研究又活跃起来。因广泛使用电子传递中间体而提高了功率的输出，显示了它作为小功率电源的可能性。20 世纪 90 年代起，利用生物发电的植物学家 Potter 首次发现了细菌的培养液能够产生电流，他用铂作电极，将其放进大肠杆菌和普通酵母菌培养液中，制造出了世界上第一个生物燃料电池。

40 多年后，美国空间科学研究促进了微生物燃料电池（MFC）的发展，他们利用宇航员的尿液和活细菌制造了一种能在外太空使用的 MFC，不过放电率极低。在这一时期，生物燃料电池的研究得以全面展开，出现了多种类型的电池，但占主导地位的是间接微生物电池。从 20 世纪 60 年代后期到 70 年代，研究的中心逐渐转向了直接生物燃料电池。热点之一是开发可植入人体、作为心脏起搏器或人工心脏等人造器官电源的生物燃料电池。这种电池多是以葡萄糖为燃料、以 $O_2$ 为氧化剂的酶燃料电池。正当研究取得进展的时候，另一种可植入人体的锂碘电池的研究出现了较大突破，出现了以污水为底物的新型微生物燃料电池，可以在对污水进行生物处理的同时获得电能。进入 21 世纪后，随着直接将电子传递给固体电极受体的微生物的发现，使得生物燃料电池迅速成为环境领域研究的热点，技术方面也不断获得突破。

#### 6.5.1.2 生物燃料电池的工作原理

生物燃料电池的结构及工作原理如图 6.4 所示。

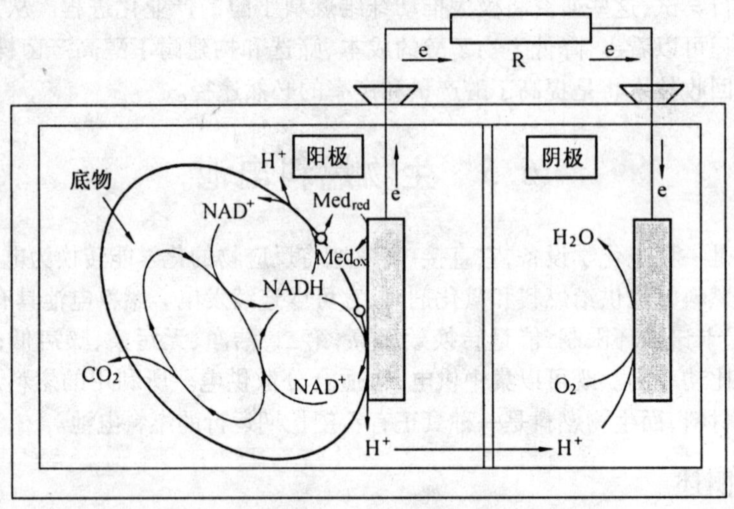


图 6.4 生物燃料电池结构及工作原理

燃料(葡萄糖等)于生物燃料电池的阳极室在催化剂(酶、微生物等)作用下被氧化,电子通过外电路到达阴极,质子通过质子交换膜到达阴板,氧化物(一般为 $O_2$)在阴极室得到电子被还原。

阳极反应:

$$C_6H_{12}O_6+6H_2O \longrightarrow 6CO_2+24H^++24e^-$$

阴极反应:

$$6O_2+24H^++24e^- \longrightarrow 12H_2O$$

#### 6.5.1.3 生物燃料电池的类型

目前,直接型生物燃料电池非常少见,使用介体的间接型电池占据主导地位。氧化态的小分子介体可以穿过细胞膜或酶的蛋白质外壳到达反应部位,接受电子之后成为还原态,然后扩散到阳极上发生氧化反应,从而加速生物催化剂与电极之间的电子传递,达到提高电流密度的目的。介体选择主要考虑以下几方面:第一,容易与生物催化剂及电极发生可逆的氧化还原反应;第二,氧化态和还原态都较稳定,不会因长时间氧化还原循环而被分解;第三,介体的氧化还原电对有较大的负电势,以使电池两极有较大电压;第四,有适当极性以保证能溶于水且易通过微生物膜或被酶吸附,在催化剂和电极间能快速扩散。

影响生物燃料电池性能的主要因素有:第一,燃料氧化速率;第二,回路的电阻;第三,电子由催化剂到电极的传递速率;第四,质子通过膜传递到阴极的速率以及阴极上的还原速率。

因微生物的细胞膜或酶蛋白质的非活性部分对电子传递造成很大阻力,电子由催化剂到电极的传递速率决定整个过程的快慢。目前提高电子传递速率的方法主要有采用氧化还原分子作介体、通过导电聚合物膜连接酶催化剂与电极等。另外,为了提高质子传递速率和缩小电池体积,无隔膜无介体的生物燃料电池也成为研究热点。

## 6.5.2　微生物燃料电池

### 6.5.2.1　概述

微生物燃料电池(MFC)是利用微生物学能直接转变为电能的装置。其能够利用各种能被微生物降解的有机物为燃料,将 MFC 技术原理应用于有机废水处理领域,在产生电能的同时实现废水处理,大大降低污水处理的成本,实现废物的资源化利用。因此,无论是利用 MFC 输出电能的特点进行新型能源的开发,还是利用 MFC 电流与水中有机物之间的定量关系进行新型污水水质检测方法的研究,以及利用 MFC 的特殊环境对特殊性能的微生物进行驯化,对 MFC 的研究均具有重要的理论意义和应用价值。

1. 微生物燃料电池的分类

根据不同的分类方式,可以把 MFC 分成以下几种:

(1)从反应器外形上可分为双室 MFC 和单室 MFC。双室 MFC 构造简单,易于改变运行条件(如极板间距、膜材料、阴阳极板材料等)。单室 MFC 则更接近于化学燃料电池,阴极不需要曝气,阴阳极板之间可以不加质子交换膜(PEM),但库仑效率一般都很低。

(2)根据电池中是否使用 EM 又可分为有膜型和无膜型两类。无膜型燃料电池是利用阴极材料具有部分防空气渗透的作用而省略了质子交换膜。

(3)按电子传递方式不同可以分为直接 MFC(无介体 MFC)和需要媒介体的间接 MFC(有介体 MFC)。对于无介体 MFC,细菌的氧化还原酶固定在细胞表面,起着电子传递的作用,如 *Geobacter sulfurreducens* 和 *Rhodoferax ferrireducens* 就是这种细菌,它们都可以在电极表面形成生物膜。对于有介体 MFC,如果应用可溶性介体,介体分子载着电子往返于细菌氧化还原酶和电极表面之间,为电子传递提供方便的通道。介体是典型的氧化还原分子,它们可以形成可逆的氧化还原电对,并且氧化形式和还原形式非常稳定,对生物无毒无害不易降解。尽管外源加入的介体可以大幅度提高电子传递效率,但它们存在造价高无法应用于实际,在长时间的运行过程中会被生物降解等问题。因此,着眼于 MFC 的应用可行性,无介体 MFC 才是研究的中心。

(4)按微生物分类,则分为纯菌 MFC 和混菌 MFC。近期国外学者报道了 MFC 中的一些种类的细菌,这些细菌能够直接向阳极传递电子,其中金属还原菌占主要部分。金属还原细菌一般存在于沉积物中,这些菌可以利用不可溶的 Fe(Ⅲ)、Mn(Ⅳ)等作为电子受体。研究表明,细胞膜外特殊的细胞色素使 Shewanella putrefaciens 具有电化学活性。*Rhodofelax* 是从缺氧的沉积物中分离出的一种能够以葡萄糖为单一碳源,有效传递电子到石墨阳极的细菌。值得关注的是,这种菌是报道的第一种能够完全降解葡萄糖为 $CO_2$ 的产电菌,同时产电效率达到 90%。尽管一般这些细菌表现出高的电子传递效率,但它们对底物的专一性很强(一般为醋酸盐和乳酸盐),生长速率缓慢,并且与混合菌群相比能量转移效率低。此外,长期运行纯微生物培养的 MFC 会有很高的引入其他杂菌的风险。与纯菌种 MFC 相比,混合菌群 MFC 有如下优点:抗冲击能力强,更高的底物降解率,更低的底物专一性和更高的能量输出效率。通常电化学活性的混合菌群是从沉积物(海底和湖泊沉积物)或污水处理厂的活性污泥驯化出来的。通过分子分析,研究中已经发现了 *Ceobacteraceae*、*Desulfuromonas*、*Alcaligenes faecalis*、*Pseudomonas aeruginosa*、*Proteobacteria*、*Clostridia*、*Bacteroides* 和 *Aeromonas*

等具有电化学活性的细菌。另外，有研究表明在具有电化学活性的细菌家族中存在固氮菌（*Azoarcus* 和 *Azospirillum*）。

2. 电极

电极由无腐蚀性的导体材料组成，MFC 的阳极材料通常选用导电性能较好的石墨、碳布和碳纸等材料，其中为提高电极与微生物之间的传递效率，有些材料经过了改性。阴极材料大多使用载铂碳材料，也有使用掺 $Fe^{3+}$ 的石墨和沉积了氧化锰的多孔石墨作为阴极材料的报道。有研究表明，在阳极，采用柱形石墨电极较石墨盘片电极产生的电压高出 2 倍。在阴极采用石墨盘片和石墨毡时，容积功率大致相同，而采用柱形石墨电极时，开始阶段和前两种的容积功率相近，但随后容积功率发生明显下降。

很多研究正致力于提高电极的性能。铂/石墨阴极比普通石墨电极催化效果好，极化作用小，电功密度（Power density）可高达 0.15 $W/m^2$，是采用普通石墨阴极的 3 倍。增加电极比表面积可以降低电流密度，从而降低电化学极化。采用穿孔铂/石墨盘片电极，电极表面微生物的覆盖率远好于采用普通铂/石墨盘片电极，从启动到达稳定状态的时间也明显缩短。这是因为穿孔电极在保障生物膜形成和菌团形成所需足够的空间的同时，使电解质在稳定状态下流动，很好地防止了含悬浮物的污水造成的堵塞。用锰生物矿化作为阴极反应剂比氧更高效，电流密度可高出 2 个数量级。应用热解铁（Ⅱ）酞菁染料（FePc）和四甲基苯卟琳钴（CoTMPP）氧化还原催化剂作为阴极材料，实验证实过渡金属基材料能完全替代 MFC中应用的传统阴极材料。

使用氟化聚苯胺涂覆铂电极，发现聚（2-氟苯胺）和聚（2,3,5,6-四氟苯胺）的性能超过其母本化合物苯胺，提高了铂催化氧化微生物厌氧代谢产氢的活性，而在保护铂不受代谢副产物毒害方面性能更好。聚（2,3,5,6-四氟苯胺）对微生物和化学降解更稳定，因此最有可能被应用于污水、污泥等微生物大量存在的复杂环境中。有研究将微生物氧化剂修饰的石墨阳极和普通石墨电极进行了对比评估，石墨改性包括通过吸附蒽醌-1,6-磺酸或 1,4-萘醌，石墨陶瓷复合（含 $Mn^{2+}$、$Ni^{2+}$），石墨改性掺杂粘贴（含 $F_3O_4$ 或 $F_3O_4$ 和 $Ni^{2+}$）。结果发现这些阳极比普通石墨阳极动力学活性高 1.5～2.2 倍。

3. 质子交换膜

理想的质子交换膜（Proton Exchange Membrane，PEM）应该在具有良好的质子传递功能的同时，能够很好地防止其他物质（如有机质和 $O_2$）的扩散。DuPont 公司研发的全氟质子交换膜——Nafion 膜在 MFC 反应器的研究中应用广泛。Nafion 膜的质子传递功能优良，但对 $O_2$ 的屏蔽作用不甚理想、对胺敏感，且价格昂贵。在传统的燃料电池中，质子交换膜是不可缺少的重要组件，但在 MFC 中是否需要保留质子交换膜则是研究人员关注的课题。最近的研究结果显示，对于空气阴极 MFC 来说，取消质子交换膜虽然降低了电池库仑效率，但明显提高了电池的最大输出功率。这主要是由于取消质子交换膜以后，$H^+$ 易于进入阴极表面，降低了电池的内电阻，进而提高了电池的输出功率；但同时由于没有质子交换膜的阻拦，$O_2$ 向阳极的扩散加剧，影响到阳极室内厌氧菌的正常生长；阴极催化剂直接与污水接触，中毒加快，影响 MFC 的稳定运行。

4. 微生物

微生物作为构成 MFC 的关键，一直备受关注。以往相关研究主要集中在对电化学活性菌的分离和鉴定上,已见报道的典型种属见表 6.7。

**表 6.7　已鉴定的微生物燃料电池内代表性菌属**

| 代谢类型 | 微生物 | 终端细菌电子载体 | 加入氧化还原载体 |
|---|---|---|---|
| | 铁还原红育菌 | 未知 | |
| | 硫还原地杆菌 | 89 kDa c-细胞色素 | |
| | 嗜水气单胞菌 | c-细胞色素 | |
| 氧化型代谢 | 大肠埃希氏菌 | 氢化酶 | 中性红 |
| | 腐败希瓦氏菌 | 苯醌 | |
| | 铜绿假单胞菌 | 绿脓菌素,吩嗪,羟基酰胺 | |
| | 溶解欧文氏菌 | 未知 | Fe(Ⅲ)CyDTA |
| | 脱硫弧菌 | $S^{2-}$ | |
| 发酵型代谢 | 丁酸梭菌 | 绿脓菌素 | |
| | 尿肠球菌 | 细胞色素 | 未知 |

添加某些可溶性氧化还原介体作为电子传递中间体,可以将电子由胞内传递至阳极表面,较为典型的介体有甲基紫精、中性红、硫堇及可溶性醌等。但由于介体大多有毒、易流失且价格较高,很大程度上阻碍了其工业化应用。

另发现一些微生物能以产生的如 $H_2$、$H_2S$ 等可氧化代谢产物(初级代谢产物)作为氧化还原介体,如大肠杆菌(*Escherichia coli*)和 Desulfobulbaceae 菌科细菌等;*Desulfovibrio desulfurcans* 可利用其代谢生成的硫化物作为介体,但初级代谢产物传递电子的能力有限,产电效率不高。某些微生物(如 *Pseudomonas aeruginosa*)自身能够生成易还原的氧化还原介体物质(次级代谢产物),影响电子传递,并且这些介体会因控制其生成的基因失活或钝化而减少,容易随底物的更换而流失,导致此类 MFC 性能的降低。

近些年,研究者发现了多种可以不需介体就可将代谢产生的电子通过细胞膜直接传递到电极表面的微生物(产电微生物)。此类微生物以位于细胞膜上的细胞色素或自身分泌的醌类作为电子载体将电子由胞内传递至电极上。直接采用来自天然厌氧环境的混合菌接种电池,可以使具有产电活性的微生物在阳极得到富集,从而筛选出优势微生物菌属。目前发现的这类微生物有腐败希瓦氏菌(*Shewanella putrefaciens*)、丁酸梭菌(*lostridiumbutyricu*)、铁还原红螺菌(*Rhodoferaxferrireducens*)、地杆菌(*utrefaciens*)和嗜水气单胞菌(*Aeromonas hydrophila*)等。无介体 MFC 避免了介质带来的一系列问题,成为近期 MFC 的研发重点。

值得注意的是,分子生物学手段已被广泛应用于 MFC 中微生物的研究。为了使相关研究信息得到充分利用,建立信息库是必要的。已有学者开展了相关工作,从一个使用乙酸介质操作三周的 MFC 微生物的 DNA 构建了细菌人工染色体(140 kb)文库。16S rRNA 分析表明,MFC 中的优势微生物种属大多数情况为革兰氏阴性菌。构建细菌文库是研究微生物活性的有力工具,它提供了电化学微生物机体电子转移途径的信息。

5. 底物

MFC 的最初研究中广泛应用单一小分子量的底物,如葡萄糖、果糖、丙酸盐、丙酮酸盐、乳酸盐、苹果酸盐、琥珀酸盐、甘油等。随着研究的开展,出现了大分子底物的报道,如利用半胱氨酸、蛋白胨和牛肉膏、淀粉和类纤维素等。这些结果表明复杂的化合物也能够在 MFC 中被利用产电。

一些学者对底物的降解和产能动力学进行了研究。如利用单室 MFC 由乙酸盐和丁酸盐产电，乙酸盐(800 mg/L)产能(506 $mW/m^2$ 或 12.7 mW/L)比丁酸盐(1 000 mg/L)产能(305 $mW/m^2$ 或 7.6 mV/L)高近 66%。

近年来，一些研究者开始采用实际污水进行试验，取得理想效果。如应用 MFC 由养猪废水获取电能，最大功率密度达到 $P_{max}=261\ mW/m^2$(200 Ω)，比用同样系统处理生活污水产能高出 79%。应用单室 MFC 处理含蛋白质污水，1 100 m/L 牛血清蛋白获得 $P_{max}=(354\pm10)\ mW/m^2$，库仑效率(Coulombic Efficiency, CE)= 20.6%。在双室 MFC 中谷类废水稀释到 595 mg/L 进行实验，达到 $P_{max}=(81\pm7)\ mW/m^2$，最终 COD< 30 mg/L，去除率达到 95%。使用单室 MFC 和预发酵废水，最大功率密度可达到 $P_{max}=(371\pm10)\ mW/m^2$。各种底物的试验数据积累，为 MFC 在污水处理领域应用提供了充分的依据。

#### 6.5.2.2　间接微生物燃料电池

间接微生物燃料电池是指燃料在电解液中或其他处所反应，而电子则通过电子传递中间体传递到电极上。理论上讲，各种微生物都可能作为这种微生物燃料电池的催化剂，但微生物细胞膜含有肽键或类聚糖等不导电物质，电子难以穿过，导致电子传递速率很低，因此，尽管电池中的微生物可以将电子直接传递至电极，但微生物燃料电池大多需要氧化还原介体促进电子传递。间接生物燃料电池的工作原理是底物在微生物或酶的作用下被氧化，电子通过介体的氧化还原态的转变从而将电子转移到电极上。一些有机物和金属有机物可以用作微生物燃料电池的氧化还原介体，其中较为典型的是硫堇、Fe(Ⅲ)EDTA 和中性红等。氧化还原介体的功能依赖于电极反应的动力学参数，其中最主要的是介体的氧化还原速率常数(而它又主要与介体所接触的电极材料有关)。为了提高介体的氧化还原反应的速率，可以将两种介体适当混合使用，以期达到更佳的效果。

电子传递中间体的功能依赖于电极反应的动力学参数，其中最主要的是电子传递中间体的氧化还原速率常数(与电子传递中间体所接触的电极材料有关)。为了提高其氧化还原反应的速率，可以将两种电子传递中间体适当混合使用，以期达到最佳效果。例如，对从阳极液 Escherichia coli(氧化葡萄糖)至阳极之间的电子传递，当以硫堇和 Fe(Ⅲ)EDTA 混合用作电子传递中间体时，其效果明显比单独使用其中任何一种要好得多；还有用 Bacillu 氧化葡萄糖，以甲基紫精(Methyl Viologen, MV)2-羟基-1,4 萘琨(2-Hydroxyl-1,4-naphthoquinone)或 Fe(Ⅲ)EDTA 作电子传递中间体的微生物燃料电池。

虽然硫堇很适合于用作电子传递介体，但是当以硫堇作介体时，由于其在生物膜上容易发生吸附而使电子传递受到一定程度的抑制，导致生物燃料电池的工作效率降低，为了将生物燃料电池中的生物催化体系组合在一起，需要将微生物细胞和介体共同固定在阳极表面。然而，微生物细胞的活性组分往往被细胞膜包裹在细胞内部，而电子传递中间体则又被吸附在细胞膜表面，因而无法形成有效的电子传递，很难实现共同固定。另外，介体的价格非常昂贵，而且需要经常补充，相对于微生物燃料电池提供的功率，添加介体所付出的成本极高，且很多氧化还原介体有毒。因此，有氧化还原介体的间接微生物燃料电池不适于用作一种简单的长期能源。

#### 6.5.2.3　直接微生物燃料电池

近年来，人们陆续发现几种特殊的细菌，这类细菌可以在无氧化还原介体存在的条件下,直接将电子传递给电极从而产生电流。这种将燃料在电极上氧化的同时,电子直接从燃料分子转移到电极上的燃料电池称为直接微生物燃料电池。从废水或海底沉积物中富集的微生物群落也可用于构建直接微生物燃料电池。无介体生物燃料电池的出现大大推动了燃料电池的商业化进展。

下面举一些目前研究较多的直接微生物燃料电池。

1.腐败希瓦菌(*Shewanella putrefaciens*)燃料电池

腐败希瓦菌是一种还原铁细菌,在提供乳酸盐或氢之后,无需氧化还原介质就能产生电流。位于细胞外膜的细胞色素具有良好的氧化还原性能,可在电子传递的过程中起到介体的作用,且它本身就是细胞膜的一部分,不存在氧化还原介质对细胞膜的渗透问题,从而可以设计出无介体的高性能微生物燃料电池。进一步研究发现,电池性能与细菌浓度及电极表面积有关。当使用高浓度的细菌和大表面积的电极时,会产生相对高的电量,细菌质量浓度为0.47 g/L,12 h可产生3 C的电量。

2.地杆菌(*Ceobacteraceae sulferreducens*)燃料电池

已知*Geobacteraceae*属的细菌可以将电子传递给诸如Fe(Ⅲ)氧化物的固体电子受体而维持生长。将石墨电极或铂电极插入厌氧海水沉积物中,与之相连的电极插入溶解有$O_2$的水中,就有持续的电流产生。对紧密吸附在电极上的微生物群落进行分析后得出结论:*Geobacteraceae*属的细菌在电极上高度富集,电极作为*Ceobacteraceae*属细菌的最终电子受体。*Geobacteraceae sulferreducens*可以只用电极作电子受体而成为完全氧化电子供体在无氧化还原介体的情况下,它可以定量转移电子给电极。这种电子传递归功于吸附在电极上的大量细胞,电子传递速率与柠檬酸铁作电子受体时的速率相似。电流产出为65 $mA/m^2$,比*Shweanella putrefaciens*电池的电流产出(8 $mA/m^2$)高很多。

3.氧化铁还原微生物(*Rhodofcrax ferrireducens*)燃料电池

氧化铁还原微生物能够使糖类发生代谢,将其转化为电能,且转化效率高达83%。它无需催化剂就可将电子直接转移到电极上,产生电能最高达$9.61\times10^{-4}$ $kW/m^2$。目前大部分微生物电池的底物为简单的有机酸,需依靠发酵性微生物先将糖类或复杂有机物转化为其所需小分子有机酸方可利用。氧化铁还原微生物电池与其他直接或间接微生物燃料电池相比,最重要的优势就是它将糖类物质转化为电能,它可以几乎完全氧化葡萄糖。有进一步研究表明,这种电池作为蓄电池具有很多优点:第一,放电后充电可恢复至原来水平;第二,充放电循环中几乎无能量损失;第三,充电迅速;第四,电池性能长时间稳定。

#### 6.5.2.4　微生物燃料电池的应用及发展趋势

1.微生物燃料电池的应用前景

微生物燃料电池的应用前景主要是在环境保护方面。

(1)生物修复。利用环境中微生物氧化有机物产生电能,既可以去除有机废物,又可以获得能量。

(2)废水处理。微生物燃料电池不仅可以净化水质,还可以发电。虽然目前该产品还在不断改进,尚未投入商业化生产,但是它具有广阔的发展前景。

(3)生物传感器。例如,乳酸传感器、BOD传感器。因为电流或电量产出和电子供体的量之间有一定关系,所以它可用作底物含量的测定。

虽然伴随人类的发展,生物能量的内涵在不断地革新,且愈加发挥着重大作用,但是它的利用和研究却仍然处于起步阶段。如何充分将生物质燃料的诸多优势为人类所用,如何提高热机燃烧、生物转化等的效率,如何使生物质燃料满足现代轻便、高效、长寿命的需要,仍需几代人的不懈努力。

2. 微生物燃料电池的发展趋势

今后的研究方向主要可归纳为以下几方面:

(1)继续深入研究并完善 MFC 的产能理论。MFC 中菌体利用废水有机质所涉及的能量代谢过程以及利用阳极作为电子受体的本质,目前都只有极其有限的信息,还没有建立关于其中电子传递机制的清晰理论。

(2)高活性微生物的选用。要达到普遍应用的目的,急需发现能够使用广泛有机物作为电子供体的高活性微生物。特别是寻找自身可产生氧化还原介体的微生物以及具有膜结合电子传递化合物质的微生物,开展连续式无介体微生物燃料电池的研究。

(3)对于阴阳极材料的选择仍是微生物燃料电池研究的重点之一。因为电能的输出很大程度上受到阴极反应的影响。低电量输出往往由于阴极微弱的 $O_2$还原反应以及 $O_2$通过质子交换膜扩散至阳极。特别是对于一些兼性厌氧菌而言,$O_2$扩散到阳极会严重影响电量的产生,因为这类菌很可能不再以电极为电子受体而以 $O_2$作为最终电子受体。

(4)质子交换膜对于维持微生物燃料电池电极两端 pH 值的平衡、电极反应的正常进行都起到重要的作用。但是,通常的情况是,质子交换膜微弱的质子传递能力改变了阴阳极的 pH 值,从而减弱了微生物的活性和电子传递能力,并且阴极质子供给的限制影响了 $O_2$的还原反应。因此,质子交换膜的性质直接影响到微生物燃料电池的工作效率、产电能力等。另外,目前所用的质子交换膜成本过高,不利于实现工业化,所以今后将设法提高质子交换膜的穿透性以及建立非间隔化的生物电池。

(5)进一步优化反应器的结构,提高电子和质子的传递效率。在电池的构造方面,现有的微生物燃料电池一般有阴阳两个极室,中间由质子交换膜隔开,这种结构不利于电池的放大。目前还有一种常见的结构是单室的,是将质子交换膜缠绕于阴极棒上,置于阳极室,这种结构有利于电池的放大,已用于大规模处理污水。另外,还有平板式的、管式的电池等。

(6)通过在电极表面进行贵金属纳米粒子以及碳纳米管等物质的修饰,利用纳米粒子的尺寸效应、表面效应等奇妙的特性来实现直接的、快速的电子传递。

(7)研究运行参数对 MFC 产电效率的影响,构建 MFC 的反应动力学模型。

### 6.5.3 酶生物燃料电池

#### 6.5.3.1 概述

酶生物燃料电池是将酶从生物体系中提取出来,利用其活性在阳极催化燃料分子氧化、同时加速阴极氧的还原。微生物燃料电池能利用活细胞来催化燃料的氧化,但是酶生物燃料电池是利用酶来达到这个目的的。微生物和酶生物燃料电池都被电池寿命和传递介质的效率所限制。酶生物燃料电池拥有较高的功率密度,但由于酶的自然活性弱,它只能部分地氧化燃料并且电池的寿命比较短。传递介质就是把电子从被氧化的燃料运送到电极表面的化合物,这些传递介质一般是有机染料或有机金属的复合体,它们能够存在于溶液中或固定在电极表面。

使用固定酶电极的酶燃料电池为了防止两电极间电极反应物与产物的相互干扰，一般将正、负电极用质子交换膜分隔为阴极区和阳极区，即两极室酶燃料电池。取消了隔膜、电池外壳和相应的密封结构，可更方便地制备微型、高比能量的酶生物燃料电池称为无隔膜酶燃料电池。酶生物燃料电池以从生物体内提取的酶为催化剂，常用的酶有乙醇脱氢酶、甲醇、脱氢酶、葡萄糖氧化酶、漆酶等。

#### 6.5.3.2 两极室酶燃料电池

用电子介体修饰的葡萄糖氧化酶($GO_x$)电极作为电池的阳极，固定化微粒体过氧化物酶-11(MP-11)，电极作阴极。电池工作时，在 $GO_x$ 的辅因子 FAD(黄素腺嘌呤二核苷酸)的作用下葡萄糖转化为葡萄糖酸内酯并最终转化为葡萄糖酸，产生的电子通过介体转移到电极上，$H^+$透过隔膜扩散到阴极区；在阴极区，$H_2O_2$从电极上得到电子，在 MP-11 的作用下与 $H^+$反应，生成 $H_2O$。反应方程如下：

阳极反应：

$$\beta\text{-D-葡萄糖} \xrightarrow{GO_x(FAD/FADH_2)} \text{葡萄糖酸内酯} + H^+ + 2e^-$$

阴极反应：

$$H_2O_2 + 2H^+ + 2e^- \xrightarrow{MP-11} 2H_2O$$

Pizzariello 等研究人员设计的两极室 $GO_x$/辣根过氧化物酶(HRP)酶燃料电池，在不断补充燃料的情况下可以连续工作 30 d 以上，具有一定的实用价值。如用 NADH(还原态的烟酰胺腺嘌呤二核苷酸)代替 $GO_x$，阳极采用含有 $NAD^+$(烟酰胺腺嘌呤二核苷酸)的脱氢酶(乙醇脱氢酶或乳酸脱氢酶)阴极为 MP-11 修饰的电极。燃料分别为醇和 $H_2O_2$。制备的电池最大电流密度为 114 mA/cm$^2$，最大输出功率为 32 μW。

其他一些氧化还原酶，如漆酶(Lac)和胆红素氧化酶(BOD)，可以用作 $O_2$还原的生物催化剂，$O_2$被还原为水，有可能替代传统燃料电池中的贵金属催化剂铂，这种电池的优点在于可以在常温常压下工作。如用氢作燃料，电池的电压达到 1.1 V，最大电流密度为 6 mA/cm$^2$，该酶燃料电池还可以用甲醇作燃料。

虽然两极室的酶燃料电池有很多优点和用途，但在制备微型酶电池时，由于需要隔膜、密封等辅助部件，增加了电池的体积和重量，而且隔膜会增加电池内阻，使电池的输出性能降低。因此，近年来人们开始致力于无隔膜酶生物燃料电池研究。

#### 6.5.3.3 无隔膜酶燃料电池

在电池的阴极与阳极之间用隔膜隔开，给实际操作带来许多不便，也不利于电池的微型化。因此近年来，科学工作者还致力于开发无隔膜的生物燃料电池。

Katz 等人设计的一种无隔膜酶燃料电池利用两种溶液形成的液/液界面将阴极和阳极分开，取消了隔膜，从而提高了电池的输出性能。该电池用分别以异丙基苯过氧化物和葡萄糖作正极和负极的燃料，电池的开路电压可以达到 1 V 以上，短路电流密度达到 830 mA/m$^2$，最大输出功率为 520 μW。但用这种结构的酶燃料电池对阴极和阳极底物溶液具有一定要求，因此使用条件受到限制。由于阴极和阳极分别处于两种不同液体环境中，严格来说它仍然是一个两极室结构的酶燃料电池。

1999 年,出现了第一只单极室无隔膜酶燃料电池,其阳极为单层的 Apo-$GO_x$(不含辅基的葡萄糖氧化酶)电极,阴极为细胞色素 c/细胞色素 c 氧化酶(Cyt c/$GO_x$)电极。在葡萄糖浓度为 1 mmol/L 并在空气饱和的 pH=7 缓冲液中工作,环境温度为 25 ℃时,电池产生的最大电流密度为 110 $\mu A/m^2$,电压为 0.04 V,最大输出功率为 5 $\mu W/m^2$。该电池电压较低,输出功率不高,这主要与酶电极的电极电势有关,但它为该类电池的研究奠定了基础。

因单极室无隔膜酶燃料电池采用均相混合溶液作为燃料,不仅使电性能得到提高,而且有利于电池微型化。所以此后,不断有研究人员研发此种电池。如通过对酶、固定酶的氧化还原聚合物等的改进,酶燃料电池输出功率可达到 140 $\mu W/m^2$,阳极电流密度达到 1 $mA/cm^2$以上,阴极电流密度超过 5 $mA/m^2$。用制备的漆酶/$GO_x$ 电池电压达到 0.78 V,是目前电压最高的酶燃料电池之一。漆酶对氧的还原有较好的催化活性,但底物的 pH 值变化会对活性产生一定影响,当 pH=5 时,电池具有较好的电流输出,pH=7 时,漆酶的活性下降到只有其最大值的 1%。在优化的实验条件下,可使漆酶达到最大活性的 50%。然而,目前这类电池的工作寿命较短,一般只有几个小时或者几天,所以还不适合于实际应用,尤其是作为植入人体环境中使用的电能,但用胆红素氧化酶电极可以解决这个问题。将 BOD 和 $GO_x$ 碳纤维电极植于一粒葡萄中,可以产生 2.4 $\mu W/mm^2$的电流。虽然 BOD/$GO_x$ 电池的电压略低于 Lac/$GO_x$ 电池,但是由于能够在 pH=7 的含氯离子溶液中工作,因此有进一步研究的价值。采用 BOD/$GO_x$ 电极的酶燃料电池可植入人体内为生物传感器提供电能。研究人员已经开始初步的实用化研究,他们将 $GO_x$ 和 BOD 电极植入皮下,实时检测糖尿病人的血糖浓度。

#### 6.5.3.4 酶燃料电池的应用及发展趋势

酶生物燃料电池具有生物相容性,若采用导电聚合物作为酶固定材料,可制得无介体酶生物燃料电池,体积将大大缩小,这在为植入体内的微型装置提供能源方面很有应用前景。因其可以用多种天然有机物作为燃料,是一种可再生的绿色能源,可为微型电子装置提供电能。在疾病的诊断和治疗、环境保护以及航空航天等领域也有较好的发展空间。另外,将太阳电池与生物燃料电池相结合也是生物燃料电池发展的一个新方向。

制约酶生物燃料电池发展、影响其性能的主要因素有:第一,燃料氧化速率;第二,电子由催化剂到电极的传递速率;第三,回路的电阻;第四,质子通过膜传递到阴极的速率以及阴极上的还原速率。酶生物燃料电池自身潜在的优点使人们看好它的发展前景,但要解决上述问题使其作为一种新能源应用于实际生产与生活还需要研究人员的不断努力。

### 6.5.4 生物燃料电池的应用与前景

#### 6.5.4.1 生物燃料电池的发展

近期出现了一些形式新颖的生物燃料电池,其中具有代表性的是利用光合作用和含酸废水产生电能。

将能够产生光合作用的藻类用于生物燃料电池,如用蓝绿藻作电池的催化剂,通过试验前后细胞内糖原质量的变化,发现在无光照条件时,细胞内部糖原的质量在试验中减少了。同时还发现在有光照时,电池的输出电流比黑暗时有明显的增加。研究证明了光燃料电池新种类的可行性。研究人员用可以进行光合作用的微生物 *Rhodo spirillum rubrum* 发酵产生氢,再提供给燃料电池。除光能的利用外,更引人注目的是他们用的培养液是含有乙酸、丁酸等有机酸的污水。发酵产生氢气的速率为 19.31 mL/min,燃料电池输出电压为 0.2 ~ 0.35 V,并可以在 0.5 ~ 0.6 A 的电流强度下连续工作 6 h。

还有研究人员进行了直接以含酸废水为原料的燃料电池实验。他们使用了一种可还原 $SO_4^{2-}$ 的微生物 *Desulfovibriode sulfuricans*,并制成了管状微生物燃料电池。在对两种污水的实验中,降解率达到 35% ~75%。此工作显示了生物燃料电池的双重功能,即一方面可以处理污水,另一个方面可以利用污水中的有害废物作为原料发电。

#### 6.5.4.2 生物燃料电池的价值和应用

(1)由生物转化效率高、价廉、长效的电能系统。

(2)利用废液、废物作燃料,可净化环境,同时能产生电能。

(3)以人的体液为燃料,做成体内填埋型的驱动电源,即微生物燃料电池可成为新型的人体起搏器。

(4)制成介体微生物传感器,即可以从转化能量的微生物电池发展到应用转换信息的微生物电池。

#### 6.5.4.3 生物燃料电池存在的问题与前景

生物燃料电池自身潜在的优点使人们对它的发展前景看好,但因为输出功率密度远远不能满足实际要求,要作为电源应用于实际生产与生活还比较遥远。其主要原因是使用寿命短和输出功率密度低。目前质子交换膜燃料电池的功率密度可达 200 ~ 300 $mW/cm^2$,使用寿命以年为计算单位,而生物燃料电池的功率密度还达不到 1 $mW/cm^2$,使用寿命最多为数月,可见两者差距之大。而制约生物燃料电池输出功率密度的最大因素是电子传递过程。电子转移速率由电势差、重组能和电子供体与受体之间的距离决定,也就是说,生物体系缓慢的电子传递速率是生物燃料电池发展的"瓶颈"。理论和实验均表明,随传递距离的增加,电子转移速率呈指数下降的趋势。酶分子蛋白质的外壳对从活性中心到电极的直接电子传递产生了屏蔽作用,引入介体在一定程度上可提供有效的电子传递通道。然而,有时这样做无形之中又增大了电子传递途径的距离,其总体的效果还不令人满意。微生物细胞的体积要比酶分子大得多,所以在微生物燃料电池中,屏蔽作用就更加明显了。人们提出了利用媒介体的间接型生物燃料电池来打破这种屏蔽,并已进行了大量的有关研究。尽管媒介体能在一定程度提高酶的催化效率,但是它的电子传递链长、电子传递速率小;制备工序繁杂而不利于大量生产;寿命短而不利于实际使用。这些不足使其不能彻底解决生物燃料电池发展中的两大问题。因而,最理想的是通过借鉴生物电化学领域的直接电子传递的研究成果,在生物燃料电池中实现直接的电子传递,从而提高输出功率。目前,实现的方法主要有三种:第一,对微生物酶分子的蛋白质外壳进行修饰,使它能够允许电子通过,然后再把修饰后的酶固定到电极上;第二,在比微生物细胞更小的尺度上,直接用导电聚合物固定酶。导电聚合物就像是导线一样,穿过蛋白质外壳,将电极延伸至酶分子活性中心附近,缩短电子传递的距离,进而实现电子的直接传递;第三,利用模拟生物膜、溶胶-凝胶膜、自组装膜、碳纳米管、活性炭、金属或半导体氧化物、纳米粒子等对基底电极进行修饰,构筑仿生微环境,获得酶在电极表面的控制取向,实现直接的快速电子传递。酶的有效固定不仅可以保持酶的活性,提高酶的稳定性及使酶与电极间进行有效的直接电子传递,而且可以通过选择合适的固定载体,以期提高酶的附载量,提高酶电极的电流密度,从而提高生物燃料电池的功率密度。

尽管生物燃料电池经数十年研究仍达不到实用阶段,但从 20 世纪 90 年代初燃料电池的研究又成为热门课题,现在仍在升温。另外,近 20 年来生物技术的巨大发展,为生物燃料电池研究提供了物质、知识和技术储备,特别是依托生物传感器和生物电化学的研究进展,以及生物电极、纳米科学领域的大量成果均可为生物燃料电池研究所直接借鉴。所以,生物燃料电池有望在不远的将来取得重要进展,实现在能源、环境、生物医学等各个领域的应用。

## 6.6 微生物饲料

利用微生物提高粗饲料的营养价值,其主要表现在于利用微生物对秸秆类物质进行分解与转化改造,使牲畜对秸秆中纤维素类物质更易消化,通过微生物的蛋白质提高饲料蛋白质的含量,从而起到以粗代精、节粮抵粮的作用。微生物饲料的开发利用,拓宽了饲料资源,推动着饲料工业和畜牧生产的迅速发展。

微生物饲料是以微生物、复合酶为生物饲料发酵剂菌种,将饲料原料转化为微生物菌体蛋白、生物活性小肽类氨基酸、微生物活性益生菌、复合酶制剂为一体生物发酵饲料。该产品不但可以弥补常规饲料中容易缺乏的氨基酸,而且能使其他粗饲料原料营养成分迅速转化,达到增强消化吸收利用的效果。

### 6.6.1 单细胞蛋白和菌体蛋白饲料

#### 6.6.1.1 概述

单细胞蛋白和菌体蛋白饲料是利用微生物生长繁殖快、蛋白含量高的特点,利用有机废物来生产蛋白饲料。单细胞蛋白(Singe Cell Protein,SCP)和菌体蛋白都是指大量生长的微生物菌体或其蛋白提取物。但前者多指用酵母或细菌等单细胞菌类生产的产品,后者则包括多细胞的丝状真菌类菌体产品,两者都可作为人或动物的蛋白补充剂。不论是分离出的细胞蛋白还是全部细胞物质都称为 SCP。

单细胞蛋白所含的营养物质极为丰富。其中,蛋白质质量分数高达 40% ~80%,比大豆高 10% ~20%,比鱼、肉、奶酪高 20% 以上;氨基酸的组成较为齐全,含有人体必需的 8 种氨基酸。单细胞蛋白中还有多种维生素、碳水化合物、脂类、矿物质,以及丰富的酶类和活性物质,如辅酶 A、谷胱甘肽等。

单细胞蛋白和菌体蛋白具有以下特点:

第一,生长速度快,蛋白含量高。菌体蛋白含量要高于淀粉。

第二,原料来源丰富。可用工农业生产的下脚料、废水、废糖蜜、粪便、秸秆类等再生资源,也可利用 $CH_4$、石油及甲醇等制品。

第三,生产可因地制宜,生产过程易控制,由于是工业化生产,故不受气候、土壤和自然灾害等影响,可生产,成功率高。

第四,营养成分多。除含有蛋白质、糖等物质外,还含有丰富的维生素类成分。

基于以上优越性,只要配以优良的菌株、合适的工艺和先进的设备,微生物就能以大于动植物10倍的速度合成蛋白质,因此微生物资源开发与利用受到人们的高度重视。

#### 6.6.1.2　生产SCP菌株的选择

在选择生产菌株时,应根据微生物各自的生理特性选定,并结合安全性、实用性、生产效率和培养条件等方面综合考虑。选择的原则为:第一,能够很好地同化基质碳源和无机氮源;第二,繁殖速度快,菌体蛋白含量高;第三,无毒性和致病性;第四,菌种性能稳定;第五,最好能进行混菌培养。采用多菌种混菌培养要求菌株间存在同栖或偏利生或共生关系。

目前用于生产SCP的微生物,按照所处理原料的不同有以下七种:

第一,利用石油原料生产SCP。以假丝酵母属的酵母菌产率最好。

第二,利用糖质原料发酵生产SCP。如利用葡萄糖、蔗糖等为碳源的酿酒酵母;利用戊糖为碳源的假丝酵母。

第三,利用甲烷原料生产SCP。以细菌为主,如甲烷假单胞菌、嗜甲烷单胞菌等。

第四,利用甲醇原料生产SCP。以细菌为主,甲醇专性营养的细菌以甲熔单胞菌属和甲基球菌属为多,甲醇兼性营养的细菌以假单胞菌为多。

第五,利用乙醇原料生产SCP。以酵母菌为主,酵母菌中以假丝酵母属的 *Candidaboidinil* 最多。

第六,利用 $CO_2$ 为碳源,氢为能源的细菌,属于氢单胞菌。

第七,利用太阳光能生产SCP。有单胞藻类,如小球藻(*Chlorella*)、螺旋藻属(*Spirulina*)及光合细菌。

#### 6.6.1.3　生产SCP的基质

由于粮食原料有限,因此用粮食原料生产酵母已不能解决发展畜牧业的蛋白质饲料问题。目前已经开发,并可以作为SCP生产原料的资源大致可分为以下几类。

(1)工业废液类:目前这一类是开发SCP的廉价原料,已成为研究的热点之一。主要包括酿酒工业废液、工业淀粉废水、味精工业废水、柠檬酸工业废水、造纸工业废水和油脂工业废水。

(2)农副产品加工下脚料:主要包括糖渣、果渣、淀粉渣、饼粕、药渣等,目前它们是开发SCP的廉价原料,也是研究的热点。

(3)石油、天然气及相关产品:利用易被微生物氧化的液态正构石蜡或石油馏分及气态烃作为原料,用酵母或细菌生产石油酵母等。目前由于能源紧缺,再加上此类原料溶解度差、反应时放热大、底物浓度过高、对微生物毒性大等原因,不再作为生产SCP的主要原料。

(4)植物纤维素类:这一类资源数量巨大,是可再生的资源,主要包括作物秸秆、稻壳等。

(5)微型藻类:微型藻类以 $CO_2$ 为碳源,利用光能转化为SCP,具有原料来源丰富、价廉和取之不尽的特点。

#### 6.6.1.4　SCP生产的工艺流程

发酵罐的形式有传统的搅拌式发酵罐、通气式发酵罐、空气提升式发酵罐等。投入发酵罐中的物料有生长良好的种子、水、营养物、基质、氨等，培养过程中需维持一定的温度并控制培养液的 pH 值。单细胞蛋白在生产中为使培养液中营养充分利用，可将部分营养液连续送入分离器中，上清液回入发酵罐中循环使用。菌体分离方法的选择可根据所采用的菌种的类型，比较难分离的菌体可加入絮凝剂以提高其凝聚力，便于分离。

1. 固态发酵工艺流程

固态发酵一般采用浅盘发酵，接种量约为 10%。在发酵过程中主要的影响因素有 C/N 比、营养成分、含水量、pH 值和发酵温度。经研究，C/N 比应在 10∶1～100∶1；基质初始含水量应控制在 30%～75%；在发酵过程中通过增大通风和搅拌来促进氧和热的传递。该工艺具有工艺粗放、技术简单、投资少、污染物排放量少等优点，但存在劳动强度大、易染杂菌、工艺参数难以精确控制的缺点。SCP 生产的固体发酵流程如图 6.5 所示。

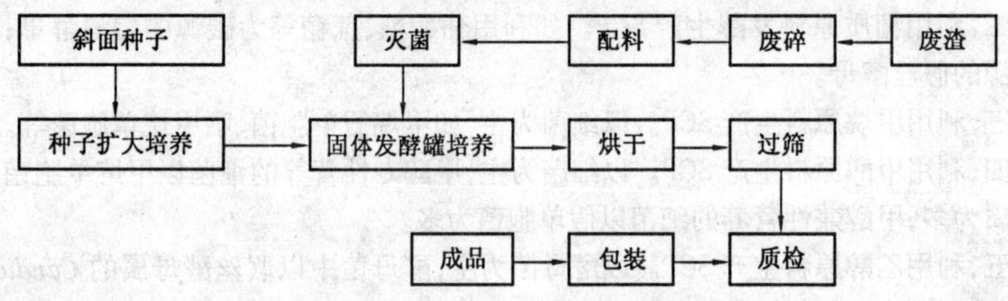


图 6.5　SCP 生产的固体发酵流程

农副产品类和渣粕类原料最好采用固体发酵工艺。需要强调的是饲料产品大都是价低利微的产品。生产设备越少，工艺越简单，生产效益越好。主要的固体发酵有曲盘法、发酵池法、发酵机法等。现以广东微生物研究所研制的 4320 菌体蛋白饲料的生产为例加以介绍。

(1) 培养基制备：利用多种原料（农副产品等）中的碳、硫、钾等元素，并添加较高浓度的氮素、几种磷酸盐，以提高终产品的蛋白质含量，根据不同的微生物要求准确配制培养基。

(2) 粉碎并混合：把秸秆类原料粉碎成玉米粒大小（2～3 cm）的碎块，并用输送带运送入发酵机或发酵池内后混匀。

(3) 加水：加水拌匀（含水量在 50%～60% 左右），过湿一般压榨至含水 60% 即可。

(4) 接种：母种按 10% 用量加入培养料中（一般情况按 5%～10% 的接种量接种），充分混匀后喷入无机盐和生长刺激素混合液。

(5) 培养：用草席、草帘等覆盖发酵池保温（在 28～32 ℃，空间湿度 90% 条件下）发酵。在正常情况下，4320 菌种 2 h 开始发芽，这期间一般不通风，但为了防酸败，每隔 2～3 h 用循环风（也可用 30 ℃湿风）小风量通风 5～10 min。切忌用大量冷风，否则物料会因风振动而下沉，空隙减小，料温下降，影响很大。

在进料 12 h 内，室温要保持 28～32 ℃，料温要在 30 ℃左右，空气湿度 90% 左右。12 h 后，表面有微白点出现，原料味丧失，料面产生裂缝，料温升高，此时需注意通风降温。培养 12 h 后，菌丝生长逐渐旺盛，呼吸热增加，代谢气体增多，淀粉质原料大量被消耗，生成大量的 $CO_2$ 和水，释放大量的能量和热量，这些能量一部分供菌丝生长，而大部分都以热量的形式存在于料层中。要及时通风降温，若不散热，在超过 35 ℃而又厌氧的情况下，潜藏于原料中的枯草杆菌等将会大肆活动,产生刺鼻氨味,造成发酵失败。但若通入的风温低于25 ℃,又会使菌丝发生"感冒"现象,易引起产酸性小球菌发育,同样会发酵失败。当菌丝布满培养料后,通入自然风(28 ℃左右的新鲜空气)有利于表层水的散失,迫使4320菌种向培养料颗粒深处发育,这一措施对颗粒较大的培养料尤其适宜。

在培养20 h左右,培养料已布满菌丝,发出药香味,料结块捏之即散。一般24 h左右堆中温度可升至45~50 ℃,2~3 d即可饲用。质量标准以手感、目测为准,以料变软,药香味浓郁,有甜、酸等味为好;以发黑、有腐败霉味为差,菌丝繁茂结块,不长毛,应及时出料。若继续培养,会产生氨味,影响质量。

刚从发酵机(池)出料的4320产品一般含水量为35%~40%,需用热烘炉烘至含水分13 %以下包装密封作为产品销售,室温下保存可达半年以上。若要和其他原料混合配成全价饲料,则可立即应用,比时含水量约为25 %,可出料干燥或直接配成全价饲料应用。

在整个发酵过程中,应注意以下事项:

第一,由于4320菌种是采用生料发酵,所以凡发霉变质的原料不能用,否则极易失败。为提高发酵成功率可加入生长刺激素。

第二,必须采用母种与干料先混合的工艺,使干料尽量接上4320母种,然后才喷混合液。

第三,铺料要均匀。圆形发酵机,一般通风较匀,矩形通风发酵池由于有死角,往往通风不是很均匀。要根据实际情况决定每个角落铺料的厚度,一般为25~30 cm,且疏紧度力求一致。

第四,用塑料薄膜袋装入,压实密封可保存5~7 d。但是,有污染的4 320产品不能用这种方法,否则会很快变质。

2. 液体深层发酵工艺流程

液体深层发酵有连续发酵和分批发酵两种。连续发酵是在微生物的对数期用恒流法培养菌体细胞,使基质消耗和补充、细胞繁殖和细胞物质抽出率维持相对恒定;而分批发酵操作比较简单,在发酵过程中影响发酵的主要因素有营养成分浓度、培养温度、pH值、搅拌、通风等。液体深层发酵的优点是发酵时间短、效率高、适宜于工业化生产和易于控制发酵工艺条件,但也存在设备投资大、生产成本高的缺点。对于高浓度有机废水的发酵,以采用连续发酵的方式为好,利于降低能耗,提高生产效率和原料利用率,SCP生产的液体深层发酵工艺流程如图6.6所示。

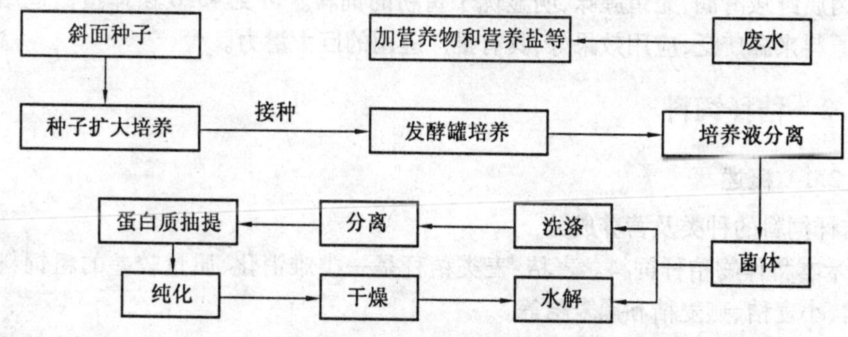


图6.6 SCP生产的液体深层发酵工艺流程

一般来说,液体类及石油等要采用液体发酵罐发酵工艺,这里以正己烷烃生产SCP为例进行介绍。

(1)以 $C_{14}$ ~ $C_{18}$ 液态正烷烃培养假丝酵母为例。解脂假丝酵母 CBS599,保存在含有 $C_{14}$ ~ $C_{18}$ 正烷烃 0.5%(*V/V*)和 1%(*V/V*)的葡萄糖营养斜面上。取一接种环菌体于含有 0.1 L 培养基的 500 mL 摇瓶中,在 30 ℃条件下震荡培养 48 h,将此菌悬液接入 1 L 发酵液中培养一定时间,再移种至含 6 ~ 8 L 培养基的 14 L 发酵罐中,发酵结束后,放料、离心分离,所得菌种用蒸馏水洗涤 2 次,在 70 ℃条件下干燥 24 h,得菌体质量浓度为 9 ~ 26 g/L。

(2)以 $C_{14}$ ~ $C_{18}$ 气态正烷为原料生产 SCP。气态烷烃中的甲烷来源丰富又廉价,又不含杂质。虽然 $C_2$ ~ $C_4$ 气态正烷烃不如 $CH_4$ 便宜,但由气相向液相的转移速度比 $CH_4$ 大 1.5 ~ 2.0 倍,在菌体收率方面,乙烷、丙烷和丁烷的理论值为 $CH_4$ 的 1.4 倍。

用 2.6 L 的不锈钢罐作为培养罐,其可承受 $5\times10^5$ Pa 的压力,备有 pH 值自动控制和溶解氧测定计。盛培养基 1.3 L,搅拌转速 1 000 r/min,通入 6 : 9.4 的丁烷、空气混合气体。

#### 6.6.1.5 营养价值及应用效果

单细胞和菌体蛋白原料生产饲料,用不同原料生产的产品质量和营养价值及使用效果有所不同。现以木薯片、叶、渣为主生产的 4320 菌体蛋白产品为例介绍如下。

1. 营养价值分析

(1)粗蛋白质量分数:木薯粗蛋白质量分数仅为 2.5% ~3.0%。以木薯原料为主,固体不灭菌发酵 24 h,即成 4320 菌体蛋白产品,粗蛋白质量分数可达 22%。

(2)氨基酸:经测定 4320 氨基酸的含量比培养料大大增加,其中胱氨酸、组氨酸、蛋氨酸、苏氨酸、丝氨酸都大幅度提高。

(3)其他营养:4320 粗纤维含量比培养料低,Ca/P 平衡,重金属含量符合卫生标准。

(4)贮藏期:4320 刚生产出来时,含水量约为 35% ~40%,此产品可直接与其他原料配合后作禽畜饲料,成本低,收效高。若晒、烘干后用塑料袋密封置室温保存半年以上不变质。

2. 应用效果

用 4320 菌种作主蛋白源配制各种禽畜鱼全价饲料,其用量根据需要和饲养对象添入饲料总量的 20% ~55%,一般可节约 50% 左右的玉米、30% 左右的豆饼、70% ~80% 的鱼粉。像猪、肉鸭等配方可代替全部鱼粉。4320 菌种的成本低于普通标准配合饲料,且饲喂的猪、鸭、鹅的肉质鲜嫩滑润,无鱼腥味,明显优于鱼粉的饲料。可见 4320 菌体蛋白适用范围广,成本低,原料来源广泛,应用效果好,具有推广应用的巨大潜力。

### 6.6.2 秸秆饲料

#### 6.6.2.1 概述

1. 秸秆饲料的种类及营养成分

(1)禾本科作物秸秆饲料。麦秸:麦类秸秆是一类难消化、质量较差的粗饲料,主要包括大麦秸、小麦秸、燕麦秸和黑麦秸等。

稻草:含粗蛋白质 3% ~5%,粗脂肪 1% 左右,灰分含量较高,但钙、磷所占比例较小。

玉米秸:含粗蛋白质平均为 5.7%、粗脂肪 16% 左右,生长期短的春播玉米秸比生长期长的秋播玉米秸粗纤维少。

谷草：质地柔软厚实，营养丰富，可消化粗蛋白质及可消化总养分均较麦秸、稻草高。谷草粗蛋白质质量分数为 38%，粗脂肪质量分数为 16%。

(2)豆科作物秸秆饲料。豆科秸秆的种类较多，主要有蚕豆秧、花生秧、豌豆秧、黄豆秸等。豆科作物成熟收获后的秸秆，由于叶子大部分已凋落，维生素已分解，蛋白质减少，茎多木质化，质地坚硬，营养价值较低。但与禾本科秸秆相比，蛋白质含量较高。豆科秸秆的营养特点是粗蛋白质和粗脂肪含量高，粗纤维含量少，钙、磷等矿物质含量较高。

(3)藤蔓类秸秆饲料。藤蔓类秸秆主要包括甘薯（地瓜）秧、马铃薯秧、南瓜秧、丝瓜秧、豌豆秧等。其营养特点是质地较柔软，水分含量高，干物质含量较少，干物质中蛋白质质量分数在 20% 左右。

2. 秸秆饲料的营养特点

秸秆饲料的主要营养特点是粗纤维含量高，尤其是含有相当数量的木质素和硅酸盐；蛋白质含量很少，各种秸秆饲料的粗蛋白质质量分数均低于饲料要求的标准（不小于 8%）；粗灰分含量较高，粗灰分中硅酸盐占的比重很大，对家畜不但没有营养价值，而且影响钙和其他营养成分的消化利用；缺乏维生素，这就成为秸秆用作饲料的一个限制因素。

3. 秸秆饲料的加工处理技术方法

(1)秸秆饲料的物理加工法。物理加工法，即是利用人工、机械、热、水、压力等作用，通过改变秸秆的物理性状，使秸秆破碎、软化、降解，从而便于家畜咀嚼和消化的一种加工方法。目前常用的物理加工方法主要有：秸秆切短与粉碎、秸秆揉搓处理、秸秆软化处理、秸秆热喷处理、秸秆膨化处理、秸秆饲料颗粒化、秸秆碾青处理等。

(2)秸秆饲料的化学处理法。秸秆物理处理，一般只能改变其物理性质，对秸秆饲料营养价值的提高作用不大。化学处理则有较大的作用，它不仅可以提高秸秆的消化率，而且能够改进饲料的适口性，增加采食量。常用的方法有碱化处理、氨化处理、酸化处理、氧化剂处理、秸秆氨-碱复合处理、秸秆碱-酸复合处理。

(3)秸秆饲料的生物处理法。生物处理法主要是指微生物处理，其原理是利用某些有益微生物来分解秸秆中难以被家畜利用的纤维素或木质素，并软化秸秆，改善味道，从而提高饲料的营养价值，包括自然发酵法（青贮技术）和微生物发酵法（微贮技术）。

### 6.6.2.2　青贮秸秆饲料

1. 青贮秸秆饲料的发酵原理及其过程

秸秆青贮就是将新鲜的作物秸秆切（铡）碎，装入密闭的容器内，造成厌氧条件，利用微生物的发酵作用，调制出营养丰富、消化率高的饲料，达到能长期贮存的一种简单可靠而经济的方法。青贮是一个复杂的微生物活动和生物化学变化过程。青贮过程中，参与活动和作用的微生物种类很多，以乳酸菌为主。青贮原料中存在或人工添加的乳酸菌，在厌氧条件下大量繁殖；对饲料进行发酵，将原料中的碳水化合物有机酸（主要为乳酸），使饲料中的 pH 值下降到 4.2 以下，从而抑制其他腐败细菌和霉菌的生长繁殖，使其慢慢死亡，最后乳酸菌本身的生长也被产生的乳酸所抑制，从而使秸秆饲料达到长期保存的目的。整个青贮过程大体可分为三个阶段，即好气性活动阶段（耗氧阶段）、乳酸发酵阶段（厌氧阶段）和青贮饲料保存阶段（稳定阶段）。

(1)好气性活动阶段。青贮开始时，由于植物细胞仍保持生活状态，需要继续进行呼吸作用分解有机质。同时,附着在原料上的好氧和兼性微生物,如酵母菌、霉菌、腐败菌和醋酸菌等,利用压榨植物细胞而排出的可溶性碳水化合物等养分,进行生长繁殖,从而使青贮窖内遗留的少量 $O_2$很快被耗尽(1~3 d),形成微氧甚至无氧环境,并产生 $CO_2$、$H_2$和放出热量。此阶段形成厌氧和较温暖的环境,同时微生物代谢活动产生的糖和有机酸,均为乳酸菌的生长繁殖创造了条件。

(2)乳酸发酵阶段。通过耗氧阶段,$O_2$被消耗完,形成厌氧环境。在这种厌氧条件下乳酸菌对饲料内可溶性碳水化合物进行发酵,乳酸菌迅速繁殖,生成乳酸、乙酸,少量蛋白质被分解成氨和氨基酸。由于乳酸进一步积累,使 pH 值不断下降,从而抑制其他微生物的活动。此时,乳酸菌本身的活动也逐渐减弱,青贮发酵过程结束,此阶段需要 2~3 周。

(3)青贮饲料保存阶段。厌氧阶段结束后,乳酸积累至青贮料湿重的 1.5%~2.0%,pH 值下降到 4.0~4.2,此时,乳酸菌活动减弱,甚至完全停止,并开始死亡。青贮物中的所有生物与化学过程都完全停止,青贮基本制成,只要厌氧和酸性环境不变,青贮饲料可以长期保存。

2. 青贮秸秆饲料的特点

(1)原料来源丰富。作物秸秆(如玉米秸秆等)或树叶等无毒青绿植物(各种野草、牧草、甘薯秧、树叶等),在新鲜时有臭味,有的质地较粗硬,一般家畜不喜采食或食用率很低。如果把它们调制成青贮饲料,不但可以改变口味,并且可以将其软化,增加可食部分的数量。

(2)营养丰富。一般青绿植物,在成熟和晒干之后,营养价值降低 30% ~ 50%,维生素几乎全部损失;但青贮后,能保存秸秆中大部分(85%以上)的养分,尤其粗蛋白质及胡萝卜素损失量较小。

(3)青贮饲料柔软多汁,其含水量在70%左右,气味酸甜芳香,适口性好,十分适于饲喂牛羊,并能促进牛羊消化腺分泌,对于提高饲料的消化率有良好作用。

(4)青贮饲料可以充分利用当地丰富的饲草资源,特别是利用大量的玉米秸秆青贮饲料喂牛羊,大大减少玉米秸秆的浪费。

(5)青贮饲料制作方法简便、成本小,不受气候和季节限制,饲草的营养价值可保存很长时间不变,以满足牛、羊冬春季(或全年)对青绿饲料的需要。

3. 青贮秸秆生产的技术要点

青贮秸秆的生产工艺流程如图 6.7 所示。

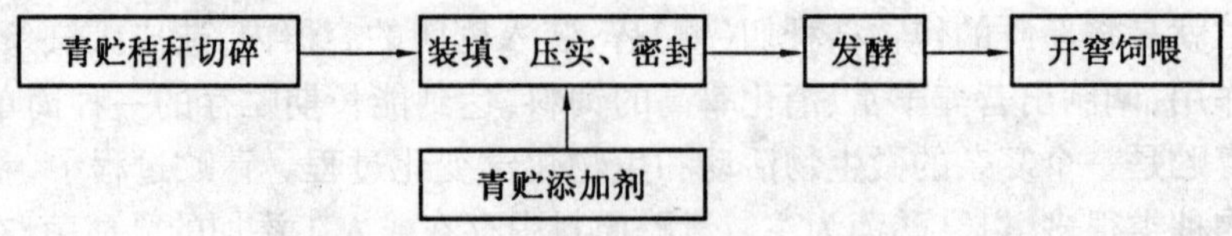


图 6.7 青贮秸秆的生产工艺流程

(1)秸秆饲料青贮的制作条件。为获得优质青贮,必须为青贮过程中的乳酸菌创造一个正常活动和抑制有害微生物繁殖生存的环境条件,使青贮原料从收割到青贮过程中自身的细胞呼吸作用所消耗的营养物质降低到最低限度,最终抑制乳酸菌发酵。

1)控制秸秆的呼吸作用。青贮原料收割后,应尽可能在短期内切短破碎、装窖、压紧,排出窖内空气、封严,这是保持低温和创造厌氧的先决条件。切短破碎有利于装填紧实造成厌氧环境,还能使植物细胞渗出汁液,利于乳酸菌生长繁殖。一般质地粗硬的原料应铡切成2~3 cm,柔软的原料应铡切成4~5 cm。

2)秸秆含糖量。为保证乳酸菌的大量繁殖,形成足量的乳酸,青贮原料含糖量至少为鲜重的1%~1.5%,含糖量较低的原料可加入蔗糖、葡萄糖(添加量为1%~2%)或废糖蜜(添加量为4%~5%)。

3)控制原料适宜的含水量。控制原料适宜的含水量,是保证乳酸菌正常活动的重要条件。青贮原料适宜的含水量为65%~70%,水分含量过高或过低,均会影响青贮发酵过程和青贮饲料的品质。

判断青贮原料水分含量的简易方法:取一把铡短的原料,在手中稍轻揉搓,然后用力握在手中,若手指缝中有水珠出现,但不是成串滴出,则该原料中含水量适宜;若水珠成串滴,则水分过多;若握不出水珠,说明水分不足。含水过高或过低的青贮原料,青贮时均应进行处理或调节。若原料水分过多,青贮前应稍晾干凋萎,使其水分含量达到要求后再进行青贮。如凋萎后,还不能达到适宜含水量,应添加干饲料混合青贮。原料中含水量不足时,应适量均匀地加入清水或一定数量的多水饲料。

4)秸秆青贮的温度。秸秆青贮的适宜温度为19~37 ℃。温度过高,易腐败变质,温度过低影响乳酸菌的繁殖和产酸。

5)使用秸秆青贮添加剂。为了提高青贮产品的质量,在青贮过程中要加入其他一些物质。添加物主要有以下几类:

①微生物制剂,主要是乳酸菌,还可添加链球菌或球菌。

②抑制不良发酵的添加剂,主要有酸类添加剂(如硫酸、盐酸等无机酸,甲酸、乙酸等有机酸)和防腐剂(如亚硝酸钠、硝酸钠、甲酸钠、甲醛等),加酸是为了抑制植物的呼吸作用,减少发热和营养损失,降低pH值,抑制杂菌;加防腐剂以利于青贮饲料的保存和防止变质。

③营养型添加剂。主要有尿素、铵盐和碳水化合物等改善发酵过程的物质和石灰石、硫酸铜、硫酸锌、硫酸锰、氯化钴等补充青贮料矿物质元素不足的无机盐类。

④纤维素酶类添加剂。这类酶主要有半纤维素酶、纤维素酶、果胶酶等。

(2)青贮设备。青贮设备要不透气、不透水,墙壁平直,便于下沉压实,排空气体,而且还要有一定的深度。深度应大于宽度,宽度与深度之比一般为1:1.5或1:1.2最佳,以利于借助青贮饲料本身的重力来压实、排气。常用的青贮设备主要有青贮窖、青贮壕、青贮塔、塑料袋及草捆青贮等几种。

1)青贮窖青贮。青贮窖有圆形或长方形,以长方形为多,容积一般为10~30 $m^3$,深度为3 m左右,宽度与深度之比以1:1.5为宜,窖的长度根据饲料多少来定。一般分地下式、半地下式和地上式三种,前者适于地下水位较低、土质较好的地区,半地下式和地上式适于地下水位较高、土质较差的地区。青贮窖一般应建在地势较高、向阳干燥、土质坚实、距离畜舍较近的地方。可用砖、混凝土砌筑窖的四周与底部,上大下小,底部弧形,这种为永久性的青贮窖;也可夯实窖壁、窖底,整平后,铺好塑料薄膜,作为简易青贮窖。青贮窖要求坚实、不漏气、不漏水。

青贮窖青贮的优点是:造价较低,操作也比较方便,既可人工作业,也可机械作业;青贮窖可大可小,能适应不同生产规模,比较适合我国农村现有的生产水平。缺点是原料青贮损失较大,尤以土窖为甚。

2)青贮壕青贮。青贮壕是一个长条形的壕沟,宽度为1.5～3 m,深按1∶1的比例挖,长度根据青贮量来定。沟的两端呈斜坡(从沟底逐渐升高至地平面),侧壁与底面交接处最好挖成弧形,沟底及两侧墙用混凝土砌抹以保证密封性能。有地下式和半地下式两种,现多采用地下式。青贮壕应建在地势较高避风向阳、离畜舍较近的地方。通常拖拉机牵引着拖车从壕的一端驶入,边前进,边卸料,再从另一端驶出。

青贮壕青贮的优点与青贮窖青贮略同,但青贮壕更易于大规模机械化作业。拖车驶过青贮壕,既卸了原料又将先前的原料压实。此外,青贮壕的结构也便于推土机挖掘,从而使挖壕的效率大为提高。缺点是青贮壕只适用于大规模青贮,对土地要求也较高。

3)青贮塔青贮。青贮塔是用钢筋、水泥、砖等材料建造的永久性建筑物,高12.14 m,直径3.5～6 m,在一侧每隔2 m留0.6 m×0.6 m的窗口,以便装取饲料。一般适于在地势低洼、地下水位较高的地区采用。塔内装满饲料后,发酵过程中受饲料自重的挤压而有汁液沉向塔底,为排出汁液,底部要有排液装置。塔顶呼吸装置使塔内气体在膨胀和收缩时保持常压。取用青贮料通常采用人工作业、取饲机和铡刀机等多种方式。

青贮塔青贮优点是:青贮塔经久耐用,占地少,机械化程度高,而且青贮过程中养分损失少。缺点是一次性投资较高,设施比较复杂,以我国目前的生产水平,除大型农牧场外,似乎难以推广。

4)塑料袋青贮。这是采用塑料袋进行青贮的一种方法,一般每袋可青贮秸秆50～200 kg,适于原料不太集中,但能陆续供应的情况下使用。原料含水量应控制在60%左右,以免造成袋内积水,装满压实,排除袋内空气,用细绳扎紧袋口。

塑料袋青贮的优点是:方法简单,贮存地点灵活,以及喂饲方便(喂饲一袋不影响其他袋)。缺点是人工袋装、压紧,效率较低,而且塑料袋容易破漏,影响青贮效果。只适用于小规模、家庭式的饲养。

5)草捆青贮。用打捆机把新收获的青绿秸秆压制成圆草捆,利用塑料密封发酵,含水量控制在65%左右。其原理、技术要点与一般青贮基本相同,该方法主要适用于牧草青贮。有以下几种形式:

①草捆装袋青贮。将秸秆打成捆后装入塑料袋,系紧袋口密封堆垛。

②缠裹式青贮。用高拉力塑料布缠裹打捆使秸秆与空气隔绝。这种方法免去了装袋、系口等手续,生产效率高,便于运输。

③堆式圆捆青贮。将秸秆压紧堆成场后,再用大块塑料布盖严,顶部和底部用土或沙袋压实,使其不能透气。但堆垛不宜过大,每个垛打开后,需在一周内喂完,以防二次发酵变质。

草捆青贮的主要优点是:可以科用现有的牧草青贮机械,不需另购青贮机械。其他与塑料袋青贮基本相同。

(3)青贮制作的步骤。制作青贮饲料主要有以下工序:适时收割→适当晾晒→运输→切碎→装填→封顶。下面以玉米秸秆为例,介绍一下青贮制作的具体步骤。

1)适时收割:利用农作物秸秆青贮,要掌握好收割时机。收割过早会影响作物产量,收割过晚则会影响青贮质量。专用青贮玉米即带穗全株青贮玉米,现在多采用在初霜期来临前能够达到蜡熟末期并适宜收获的品种。粮饲兼用型玉米,多在蜡熟末期及时采摘果穗,抢收秸秆青贮。最适宜收获的植株含水量为65%~70%。这种理想的含水量在玉米的半乳线阶段至1/4乳线阶段。玉米秸的收割时间,应从以下两个方面掌握:一是看子实成熟程度,乳熟早,完熟迟,蜡熟正当时;二是看青黄叶比例,黄叶差,青叶好,各占一半就嫌老。基本要求是收获玉米秸秆绿色和黄绿色部分,粮饲兼用型玉米一般留茬40 cm左右。

2)适当晾晒:收割后的青贮原料水分含量较高,可在田间适当摊晒2~6 h,使含水量降低到65%~70%。

3)运输:收割后的青贮原料适当晾晒后,要及时运到铡草地点,若相隔时间太久,易使养分损失较多。

4)切碎:玉米秸秆收获过程中或收获后,应及时加工处理,将秸秆切短,切得越短,装填时可压得更结实,有利于缩短青贮过程中微生物有氧活动的时间,也有利于以后青贮饲料的取挖,便于牛羊采食,减少浪费。具体方法有:用秸秆搓揉机将秸秆加工成丝状;用多功能粉碎机处理成片状;用普通切割机铡成1~2 cm。

5)装填:青贮原料装入前,要在青贮窖底部铺10~15 cm的干草或秸秆,以便吸收青贮汁液。窖壁四周铺衬1层塑料薄膜,以加强密封性能和防止水渗漏。装料时应逐层进行,每装15~20 cm就要踩实一次,踩压时由沿边缘向中间压实,压得越紧越好,特别要注意窖壁四周及窖角处的紧实度。有条件的可采用真空泵将原料中的空气抽出。装填原料要快捷,时间越短越好,当天或者一次不能装满全窖;可在已装窖的原料上立即盖上一层塑料薄膜,最长不能超过2 d。

6)封顶:尽管青贮原料在装窖时进行了踩压,但经数天后仍会发生下沉,这主要是受重力的影响和原料间空隙减少引起的。因此,当原料装填至窖口时,要继续向上填装,使中间高出池顶1 m以上,呈圆拱形,一般以45 ℃为宜,以利于排水。装好后,在原料上盖一层10~20 cm的较软的秸秆或青草,然后覆盖一层新薄膜,塑料薄膜交接处用粘合胶带进行严格密封,再覆上30~40 cm厚的泥土或细土,拍实,上面再覆1~2层草席。要注意防大风、大雨以及其他外力的破坏。在整个青贮过程中要搞好防漏气、漏水及防鼠工作。

(4)青贮的启用与饲喂。

1)青贮启用时间。青贮作物一般需经过6~7周即可完成发酵过程,便可取出饲喂。

2)青贮启用方法。从青贮设施中开始启用青贮饲料时,要尽量避开高温和高寒季节。因为高温季节,青贮饲料容易发生二次发酵或干硬变质;高寒季节,青贮饲料容易结冰。不管什么季节启用,都要按照青贮设备不同类型去取用。按照“暴露面最少、搅动尽量少”的原则,逐层或逐段取用。取用后及时将暴露面盖好,尽量减少空气进入,防止二次发酵,避免饲料变质。

青贮饲料在空气中容易变质,一经取出就应尽快饲喂,每天用多少取多少,不然易变质变味,发生霉污染。

3)饲喂青贮饲料的方法。由于青贮饲料带有酸味,在开始饲喂时,家畜不喜欢采食,可采用先空腹饲喂青贮饲料,再喂其他草料的办法,喂量由少到多,逐渐增加,使其适应。也可将青贮饲料拌入精料中饲喂,再喂其他草料,待牛羊适应后再单喂青贮饲料。

4)饲喂量。青贮饲料是家畜良好的饲料,但由于营养不能完全满足家畜的需要,必须与精料或其他饲料按家畜营养需要合理搭配饲用。由于青贮饲料含水量高，干物质相对较少，其喂量也不宜过多。青贮饲料的饲喂量决定于家畜的种类、年龄、青贮饲料的种类及质量等。

4. 青贮秸秆饲料的品质鉴定

对青贮饲料的品质好坏可作感观检查后进行判定，常用指标有气味、颜色、结构等感官鉴定指标和 pH 值指标。

(1) 青贮饲料的气味。品质优良的青贮饲料，用手接触后，手上留有极轻微的酸香味和芳香味，略带给人舒适感的酒香味，可用以饲喂各种家畜；中等青贮饲料香味极淡或没有，具有强烈的醋酸味，略有刺鼻、刺眼感觉，经烘干后酸味弱，有焦面包香味，可饲喂除妊娠家畜、幼畜以外的其他家畜；品质低劣的青贮饲料具有一种特殊的刺鼻腐败味或霉味，不适宜饲喂任何家畜，洗涤后也不能饲用。

(2) 青贮饲料的颜色。品质优良的青贮饲料，非常接近于作物原先的颜色，且有光泽。若青贮前作物为绿色，青贮后仍为青绿色或黄绿色为最佳（说明青贮原料收割适时）；中等品质的青贮饲料呈黄褐色或暗绿色（说明收割青贮原料时已有黄色）；品质低劣的青贮饲料多为暗色、墨绿色、褐色或黑色，发霉的还有白色物，与青贮原料原来颜色有显著的差异，营养损失严重，甚至全部损失，这种青贮饲料不宜饲喂家畜。

(3) 青贮饲料的结构。品质优良的青贮饲料略带湿润，且压得非常紧密，但拿在手上又很松散，质地柔软，叶、小茎、花瓣能保持原来的状态，茎、叶纹理清晰。中等品质的青贮饲料水分稍多，质地松散，柔软，茎、花、叶能分清。如果青贮料呈黏滑状态，黏成一团，好像一块污泥，是青贮饲料严重腐败的标志，发黏、腐烂的青贮饲料均不适于饲喂家畜。

(4) 青贮饲料的 pH 值。青贮饲料的 pH 值，可以用试纸测定。品质优良的青贮饲料 pH 值在 3.8～4.4，低劣的青贮饲料 pH 值在 5.5～6.0，中等的青贮饲料其 pH 值在二者之间。有条件的地方，可以进行实验室测定有机酸（乙酸、丙酸、丁酸、乳酸）的总量构成，以此来判断发酵情况。

#### 6.6.2.3 微贮秸秆饲料

1. 微生物处理秸秆的原理

农作物秸秆经过微生物发酵处理后提高饲料转化效率并将其贮在一定设施内的技术，称秸秆微生物发酵贮存技术，简称微贮或微贮技术。微生物发酵秸秆饲料的原理是利用高活性微生物菌剂，在厌氧和一定温湿度及营养水平下，进行秸秆难利用成分的降解和物质转化，从而提高农作物秸秆的营养价值。微生物菌剂主要有霉菌、酵母及细菌的一些类群，其一是利用霉菌分泌多种酶类，同时将饲料中纤维物质、淀粉及果胶等转化为糖类；二是利用酵母和乳酸类细菌将饲料的某些成分进一步合成营养价值较高或适口性较好的物质，如蛋白质、氨基酸、维生素、有机酸、生长因子等。

质量好的发酵微贮饲料有甜、酸、香味。发酵过程还能使秸秆中的半纤维素、木聚糖链和木质素聚合物的酯键被酶解，增加秸秆柔软性和膨胀度，使瘤胃微生物与纤维接触，提高秸秆的消化率，微贮饲料主要用来饲喂牛洋等反刍家畜。

2. 微贮秸秆饲料的特点

(1) 成本低、效益高。每吨秸秆制成微贮饲料只需用 3 g 秸秆发酵活干菌，而每吨秸秆氨化则需用 30 ~ 50 kg 尿素。在同等饲养条件下,秸秆微贮饲料对牛、羊的饲喂(增重、产奶)效果优于或相当于秸秆氨化饲料。因此与秸秆氨化相比,微贮可降低成本(其成本仅为氨化成本的 20%),提高效益,而且使用秸秆发酵活干菌可解决畜牧业与农业争化肥的矛盾。

(2)消化率高。秸秆在微贮过程中,由于高效复合菌的作用,木质纤维素类物质大幅度降解,并转化为乳酸和挥发性脂肪酸(VFA),加之所含酶和其他生物活性物质的作用,提高了牛、羊瘤胃微生物区系的纤维素酶和解脂酶活性,从而提高了秸秆消化率。麦秸微贮饲料的干物质体内消化率提高了 24.14%,粗纤维体内消化率提高了 43.77%,有机物体内消化率提高了 29.4%。

(3)适口性好,采食量高。秸秆经微贮处理,可使粗硬秸秆变软,并且有酸香味,刺激了家畜的食欲,从而提高了采食量。牛、羊对秸秆微贮饲料的采食速度可提高 40% ~43%,采食量可增加 20% ~40%。

(4)制作季节长。秸秆微贮饲料制作季节长,与农业不争劳力,不误农时。秸秆发酵活干菌发酵处理秸秆的温度为 10 ~40 ℃,加之无论青的或干的秸秆都发酵,因此,在我国北方地区除冬季外,春夏秋三季都可制作秸秆微贮饲料,南方部分地区全年都可制作秸秆微贮饲料。

(5)秸秆来源广泛。麦秸、稻秸、玉米秸、土豆秧、山芋秧、青玉米秸、无毒野草及青绿水生植物等,凡无毒、无害的牧草及饲料作物和其秸秆均可制成优质微贮饲料。

(6)制作简便。秸秆微贮饲料制作技术简便,与传统青贮相似,易学易懂,容易普及推广,且保存时间长,饲喂方便,不需晾晒。

3. 秸秆微贮生产工艺及技术要点

(1)微贮的生产工艺。微生物发酵秸秆饲料的制作工艺可分为厌氧发酵和需氧发酵,液体发酵和固体发酵等。液体发酵有摇瓶和发酵罐接种两种。摇瓶培养产量低,只适用斜面菌种的扩大培养;发酵罐发酵适合于大规模生产,制种时间短,效率高,菌种活力强,容易制作纯种,污染少,接入原料后能很快吃料,因纯种而很快形成优势生长,几乎没有迟滞期。但缺点是一次性投资很大,能耗高,要求辅助设备和专业技术性高,菌种存放困难。固体发酵即传统的制曲法,这种方法具有投资小、方法简单、菌种容易存放的特点。不足的是周期长,效率相对较低,制取过程中易污染,不好控制,在接入原料后有迟滞期,适合于个体养殖户或小型乡镇企业。现在开展的微生物发酵秸秆饲料一般是采用厌氧固体发酵,其工艺流程如图 6.8 所示。

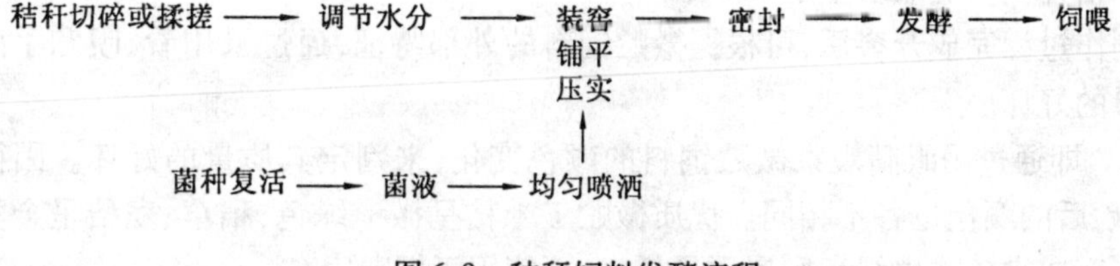


图 6.8　秸秆饲料发酵流程

(2)微贮的技术要点。

1)制作前的准备。建窖:建窖要选在地势高且干燥,地下水位低,离畜舍近,制作取用方便的地方。长方形窖一般深2 m,宽1.5 m,长3.5 m。圆形窖一般直径2 m,深3 m,旧窖在使用前要清扫干净。

机械动力准备:各种型号的铡草机、切割机等均可用于铡草作业。

药品及用具的准备:首先要准备好秸秆发酵活杆菌和食盐。通过测量,计算出窖的容积,按每立方米可贮干秸秆300 kg,可处理干秸秆3 000 kg或青秸秆2 000 kg,确定加水量,按加水量的1%准备好食盐。同时要准备好大缸、喷壶、塑料布等备用。

2)菌种复活。将菌剂溶于水或1%蔗糖液中常温下放置1~2 h,使菌种复活。复活菌剂需当天用完。

3)配制菌液。按1%的比例在水中加入食盐,配制成1%的食盐溶液。按比例将复活好的菌液倒入充分溶解的1%食盐溶液中混匀。

4)秸秆切碎或揉搓。养牛用长度为5~8 cm,养羊用长度为3~5 cm。这关系到装窖秸秆的铺平、压实的程度,以及减少开窖后发酵秸秆的二次发酵程度。

5)调节水分。将秸秆水分调节至70%左右(一般在酵母菌、乳酸菌发酵的情况下),这关系到发酵程度。

6)装窖、铺平、压实。先在窖底铺放一层30 cm厚的秸秆,将配制好的菌液均匀喷洒在秸秆上,用脚踩实,装一层喷一层踩一层,连续作业,直到高出窖口40 cm再封窖。制作时要随时检查贮料含水量是否合适。这关系到装窑秸秆的厌氧程度,厌氧状态的维持状况,开窑后容易层层取料、减少有氧发酵。

7)密封。装窖高出窖口40 cm,充分踩实后,并补喷菌液,表面均匀撒食盐粉,用量为250 g/m$^2$,以确保贮料表层不霉烂变质。然后盖上塑料布,塑料布上铺上20 cm厚秸秆,覆土50 cm。可防止在发酵期空气进入,确保发酵质量。饲喂期每次取完料后,在发酵料表面铺一层塑料膜,尽可能减少与空气的接触面积和二次发酵。

8)开窖。封窖后30 d即可开窖。开窖过晚,回升,易发生二次发酵。圆形窖采取“大揭盖”开窖法,每天根据喂量取料一层。长方形窖宜在背阴面开窖,上下垂直逐段取用,每次取料后要立即用塑料布等将窖口盖严。

9)饲喂。开始饲喂时,要训练牲畜采食。先将少量微贮饲料混合在其他饲草中喂饲,逐渐增加微贮给量,经7 d左右训练逐渐达到标准喂量。微贮饲料在制作时加入了食盐,在饲喂时要减少食盐的供给量。

4.微贮秸秆饲料的品质鉴定

发酵制作过程完成开窖后,可根据微贮饲料的外部特征,通过采用看、嗅和手感的方法鉴定其质量的好坏。

(1)看。即通过用眼睛观察微贮饲料的颜色变化,来判定其质量的好坏。因微贮原料不同,其微贮后的颜色也各不相同。优质微贮玉米秸呈橄榄绿色,稻草、麦秸呈金黄色或浅褐色。如果变成褐色或墨绿色则属质量低劣,不能用于饲喂家畜。

(2)嗅。即通过嗅闻微贮饲料发出的气味,来判定其质量的好坏。优质秸秆微贮饲料,具有醇香味和果香气味,并带有弱酸味。若有强酸味,表明有较多的醋酸,这是由于水分过多和高温发酵所造成的；若有腐臭味、发霉味，则表明腐烂变质，这可能是由于压实程度不够和密封不严，由有害微生物发酵所造成。

(3)手感。即通过用手触摸微贮饲料，以感觉其软硬、湿干及粗细，来判定其质量的好坏。优质的微贮饲料拿到手里时，感到很松散，不黏手，且质地柔软、湿润；如拿到手里发黏或者饲料黏在一块，说明饲料开始腐烂；如果饲料松散，但干燥、粗硬，是熟化不良的表现，也属于不良饲料。

# 第三篇　基础微生物实验

## 微生物学实验要求

教学实验是不断提高学生动手能力及操作技能的主要教学形式。环境工程微生物学实验是一门操作技能较强的课程，通过实验，掌握微生物学实验的一套基本技术，树立严谨、求学的科学态度，以此提高观察、分析和解决问题的能力。

为了更好地进行实验，并保证实验教学质量和实验室的安全，特别制定如下要求：

**1. 预习**

每次实验前必须对实验内容进行充分的预习，以了解实验目的、原理和实验方法，并初步熟悉实验的最主要环节，做好各项准备工作。

**2. 记录**

实验课开始，教师对实验内容的安排及注意问题进行讲解，学生必须认真听讲并做好实验记录，在整个实验过程中必须穿上实验服，留长发者，需将头发挽起。试验台上除记录用的笔和本外，不允许堆放任何其他物品。实验记录是很必要的，也是完成实验报告的重要依据。对于当时不能得到结果而需要连续观察的实验，则需记下每次观察的现象和结果，以便于分析。

**3. 操作与观察**

学生应按要求独立操作与观察，实验时仔细小心，全部操作应按操作规程进行，必须做到规范操作。微生物学最重要的实验环节之一就是无菌操作，必须严格要求，反复练习，以达到一定的熟练程度。如遇有盛菌试管或瓶不慎打破、皮肤破伤等意外情况发生时，应立即报告指导教师，及时处理，切勿隐瞒。

**4. 收拾仪器**

每次实验完毕后，必须把所用仪器抹净放妥，将实验室收拾整齐，擦净桌面，若有菌液污染桌面或其他地方，可用3%来苏尔液覆盖半小时后擦去。凡接触菌的工具，如吸管、玻璃刮棒等在洗涤前必须在3%来苏尔液中进行消毒。

**5. 实验报告**

实验结束后，把实验的结果以实事求是的态度填入表格中，整理现场记录的有关内容，力求简明准确，综合完成实验报告，并汇交教师进行批阅。

**6. 安全检查**

离开实验室前将手洗净，注意关闭门窗、灯、火、煤气等。

# 第 7 章　微生物实验仪器的使用

## 实验 1　普通光学显微镜的使用

在微生物学实验中，必不可少的工具就是显微镜，用来观察微生物的形态、大小等。显微镜的种类有很多，有普通的光学显微镜，还有较高级的相差显微镜、荧光显微镜、暗视野显微镜以及高级的电子显微镜和原子力显微镜。但是，无论是普通的还是高级的显微镜，它们的基本原理都是相同的，只要清楚普通光学显微镜的结构、原理，熟练掌握其操作方法，那么在使用较复杂的显微镜时，也不会感到困难。一般而言，实验室所采用的均是普通光学显微镜。

### 一、显微镜的结构

如图 7.1 所示为单筒显微镜，如图 7.2 所示为双筒显微镜，二者构造基本相同。现代普通光学显微镜利用目镜和物镜两组透镜系统来放大成像，故又常被称为复式显微镜，它们由机械装置和光学系统两大部分组成。

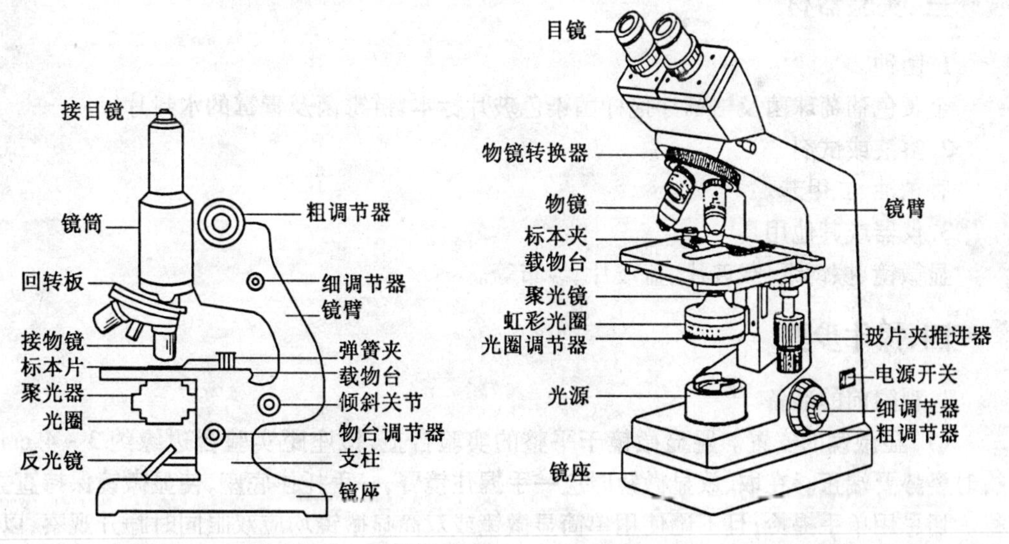


图 7.1　单筒显微镜　　　图 7.2　双筒显微镜

机械装置的主要作用是使整个光学系统坚固在一个光轴直线上，而且能精确地调节各光学部件之间的距离，使显微镜能产生清晰的物像。其组成包括镜座和镜壁、镜筒、物镜转换台、载物台、调焦装置的粗调节器和细调节器。

光学系统是显微镜最主要的部分，起分辨和放大目的物的作用。其组成包括接目镜、接物镜、聚光器、反光镜、光源。

## 二、普通光学显微镜的结构和基本原理

在显微镜的光学系统中，物镜的性能最为关键，它直接影响着显微镜的分辨率。而普通光学显微镜通常配置的放大倍数较大的几种油镜，对微生物学研究最为重要。与其他物镜相比，油镜的使用比较特殊，需在载玻片与镜头之间加滴镜油，这主要有如下两方面的原因：

1. 增加照明亮度

油镜放大倍数可达100×，放大倍数这样大的镜头，焦距很短，直径很小，所需要的光照强度却很大。从承载标本的玻片透过来的光线，因介质密度不同（从玻片进入空气，再进入镜头），有些光线会因折射或全反射，不能进入镜头，致使在使用油镜时会因射入的光线较少，物像显示不清。所以为了不使通过的光线有所损失，在使用油镜时应在油镜与玻片之间加入与玻璃的折射率（$n=1.55$）相仿的镜油（通常用香柏油，其折射率 $n=1.52$）。

2. 增加显微镜的分辨率

显微镜的分辨率或分辨力是指显微镜能够分辨两点之间的最小距离的能力。从物理学的角度看，光学显微镜的分辨率受光的干涉现象及所用物镜性能的限制，可表示为

$$\text{分辨率}=\lambda/2\gamma_{NA}$$

式中，$\lambda$ 为光波波长；$\gamma_{NA}$为物镜的数值孔径值。

光学显微镜的光源不可能超过可见光的波长范围（0.4～0.7 μm），而数值孔径值则取决于物镜的镜口角及玻片和镜头之间的介质和折射率。

## 三、实验器材

1. 菌种

金黄色葡萄球菌及枯草芽孢杆菌染色玻片标本，链霉菌及青霉的水封片。

2. 溶液或试剂

香柏油、二甲苯。

3. 仪器或其他用具

显微镜、擦镜纸、载玻片、盖玻片、纱布等。

## 四、操作步骤

1. 观察前的准备

(1) 显微镜的安置。置显微镜于平整的实验台上，镜座距实验台边缘约 3～4 cm。镜检时姿势要端正。在取、放显微镜时应一手握住镜臂，一手托住底座，使显微镜保持直立、平稳。切忌用单手提拎；且不论使用单筒显微镜或双筒显微镜均应双眼同时睁开观察，以减少眼睛疲劳，也便于边观察边绘图或记录。

(2) 光源调节。安装在镜座内的光源灯可通过调节电压以获得适当的照明亮度，而使用反光镜采集自然光源或灯光作为照明光源时，应根据光源的强度及使用物镜的放大倍数选用凹面或凸面反光镜并调节其角度，能使视野内的光线均匀、亮度适宜。

(3) 目镜间距调节。根据使用者的个人情况，调节双筒显微镜的目镜，双筒显微镜的目镜间距可以适当调节，而左目镜上一般还配有曲光度调节环，可以适应眼距不同或两眼视力

有差异的不同观察者。

(4)聚光器数值孔径的调节。调节聚光器虹彩光圈与物镜的数值孔径值相符或略低。有些显微镜的聚光器只标有最大数值孔径值,而没有具体的光圈数刻度。在使用这种显微镜时可在样品聚焦后取下一目镜,从镜筒中一边看着视野,一边缩放光圈,调整光圈的边缘与物镜边缘相切或略小于其边缘。因为各物镜的数值孔径值不同,所以每转换一次物镜都应该进行这种调节。

在聚光器的数值孔径值确定后,若需要改变光照强度,可通过升降聚光器或改变光源的亮度来实现,原则上不应再通过虹彩光圈的调节。当然,有虹彩光圈聚光器高度及照明光圈强度的使用原则也不是固定不变的,只要能获得良好的观察效果,有时也可以根据不同的具体情况灵活运用,不是拘泥不变的。

2. 显微观察

在目镜保持不变的情况下,使用不同放大倍数的物镜所能达到的分辨率及放大率都是不同的。一般情况下,特别是对于初学者,进行显微观察时应遵循从低倍到高倍再到油镜的观察程序,因为低倍数物镜视野相对大,易发现目标及确定检查的位置。

(1)低倍镜观察。将金黄色葡萄球菌染色标本玻片置于载物台上,用标本夹夹住,移动推进器使观察对象处在物镜正下方。向下移动10倍物镜,使其接近标木,用粗调节器慢慢升起镜筒,使标本在视野中初步聚焦,再使用细调节器调节到图像清晰。通过玻片夹推进器慢慢移动玻片,认真观察标本各部分,找到合适的目的物,仔细观察并记录所观察到的结果。

在任何时候使用粗调节器聚焦物像时,必须养成先从侧面注视小心调节物镜靠近标本,然后用目镜观察,慢慢调节物镜离开标本进行准焦的习惯,以免因一时的误操作而损坏镜头及玻片。

(2)高倍镜观察。在低倍镜下找到合适的观察目标并将其移至视野中心后,轻轻转动物镜转换器将高倍镜移至工作位置。对聚光器光圈及视野亮度进行适当调节后微调细调节器使物像清晰,利用推进器移动标本仔细观察并记录观察到的结果。

在一般情况下,当物像在一种物镜中已经清晰聚焦后,转动物镜转换器将其他物镜转到工作位置进行观察时,物像将保持基本准焦的状态,这种现象称为物镜的同焦。利用这种同焦现象,可以保证在使用高倍镜或油镜等放大倍数高、工作距离短的物镜时仅用细调节器即可对物像清晰聚焦,从而避免由于使用粗调节器时可能的错误操作而损坏镜头及玻片。

(3)油镜观察。在高倍镜或低倍镜下找到要观察的样品区域后,用粗调节器将镜筒升高,然后将油镜转到工作位置。在待观察的样品区域加滴香柏油,从侧面注视,用粗调节器小心地将镜筒降下,使油镜浸在镜油中并几乎与标本相接。将聚光器升至最高位置并开足光圈,若使用聚光器的数值孔径值超过1.0,还应在聚光器与载玻片之间加滴香柏油,保证其达到最大的效能。调节照明使视野的亮度合适,用粗调节器将镜筒徐徐上升,直至视野中出现物像并用细调节器使其清晰准焦为止。

有时按上述操作仍然找不到目的物,则可能是由于镜头下降还未到位或因油镜上升太快,以致眼睛捕捉不到一闪即过的物像。遇此情况,应重新操作。另外,应特别注意不要因在下降镜头时用力过猛或调焦时误将粗调节器向反方向转动而损坏镜头及载玻片。

3. 显微镜用毕后的处理

(1)上升镜筒,取下载玻片。

(2)用擦镜纸拭去镜头上的镜油,然后用擦镜纸蘸少许二甲苯(香柏油溶于二甲苯)擦去镜头上残留的油迹,最后再用干净的擦镜纸擦去残留的二甲苯。切忌用手或其他纸擦镜头,以免使镜头沾上污渍或产生划痕,影响观察。

(3)用擦镜纸清洁其他物镜及目镜,用绸布清洁显微镜的金属部件。

(4)将各部分还原,反光镜垂直于镜座,将物镜转成"八"字形,然后再向下旋。同时把聚光镜降下,以免接物镜与聚光镜发生碰撞。

## 五、显微镜的保护

(1)显微镜是贵重的精密仪器,使用时必须注意,以保持清洁并避免机械损伤,同时应放置于干燥处。

(2)接物镜和接目镜要保持洁净。镜筒内无论何时都要插入接目镜,以防止尘埃进入后堆积于物镜的背面。凡是不用的接目镜均需妥善保管,避免落上灰尘。

(3)应避免显微镜在阳光下暴晒或接近热源,以防止透镜的胶黏物膨胀或融化而使透镜脱落或破裂。

(4)显微镜不应与强酸、强碱、氯仿和乙醚等有机溶剂接触,避免去漆或损坏机件。

(5)由于有机物和水蒸气可引起镜头长霉,切忌用布头和手指擦拭镜头,夏季防止水沾污镜头,冬季注意不能有水汽凝结,如已被污染,应及时擦去。

# 实验 2　生物显微镜的使用

生物显微镜是一种精密仪器,供显微观察所用。

## 一、显微镜各部分名称

生物显微镜各部分名称如图 7.3 所示。

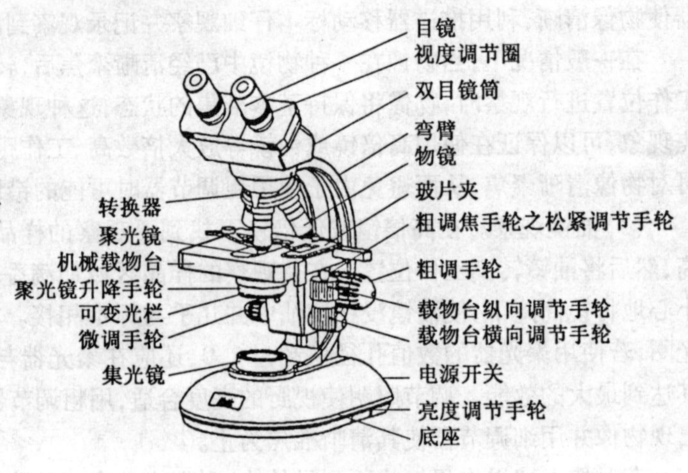


图 7.3　生物显微镜

## 二、显微镜的各性能参数

(1)总放大倍率:40 ~ 1 000(选购 20 ~ 1 600)。

(2)机械筒长:160 mm。

(3)目镜筒:单目 45°、双目 45°、360°旋转;目瞳距:55 ~ 75 mm(可调节)。

(4)转换器:四孔转换器(三孔转换器选购)。

(5)调焦机构:分离式粗微调焦装置(或同轴粗微调焦装置),具有调焦限位装置;带张力调节装置(仅限于分离式粗调焦装置)。

(6)工作台:机械载物台,面积:135 mm×135 mm;移动范围:$X$ 向 75 mm,$Y$ 向 30 mm;SFC—180 AGQ、SFC—182 AGQ 只配备普通载物平台(带弹性压片)。

(7)移动尺:用于 SFC—180 AGQ,SFC—182 AGQ。

(8)反光镜:显微镜自带。

(9)聚光镜:阿贝聚光镜,数值孔径 1.25,可调式薄片孔径光栏,可装 ϕ32 滤色片。

(10)物镜:4×0.1,160/0.17;10×0.25,160/0.17;40×0.65,160/0.17(弹簧);100×1.25,160/0.17(弹簧、油)。

(11)目镜:WF10×/18,WF16×/12(选购),H5×。

(12)滤色片:蓝色,ϕ32。

(13)防霉装置:SFC-182、SFC-282 可选购防霉装置。

(14)光源:内置式,卤素灯,亮度可调光源;灯泡:标准配备 12 V/10 W,选购 12 V/20 W,6 V/10 W,6 V/20 W,获 CE 认证。

## 三、显微镜检查技术

显微镜的构造与使用见图 7.4 ~7.12。

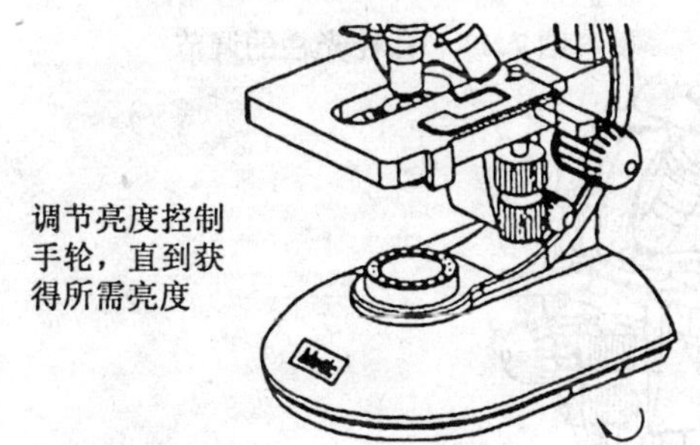


图 7.4　灯光照明

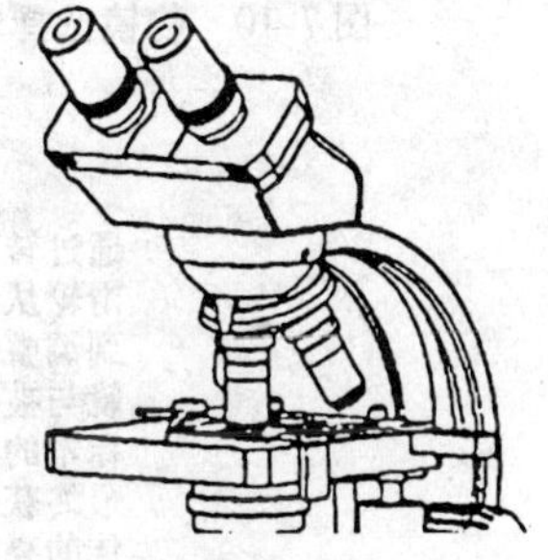


图 7.5　标本的安放

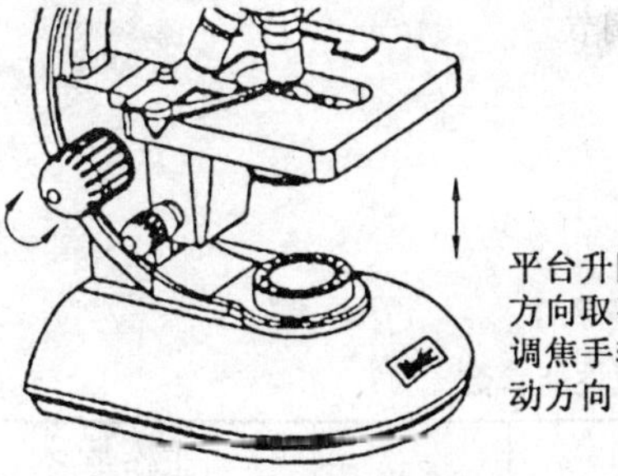


图 7.6　用 10×物镜对焦

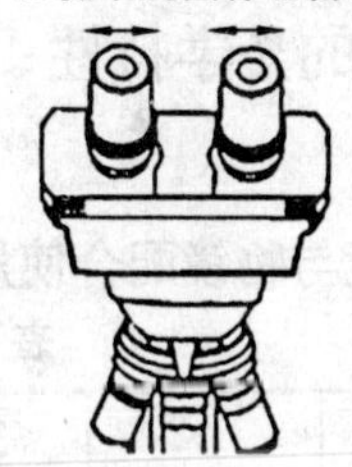


图 7.7　瞳距的调节

图 7.8　筒长和视度调节

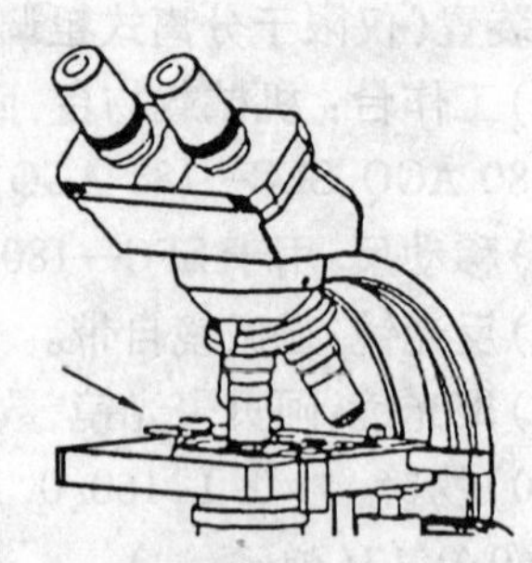


图 7.9　浸油时的观察

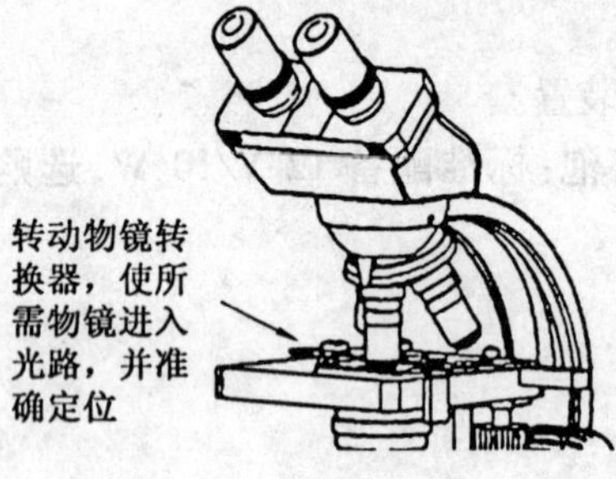


图 7.10　物镜选择

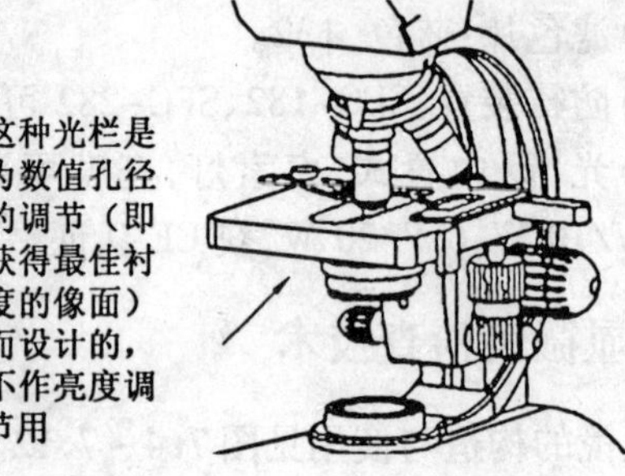


图 7.11　孔径光栏的调节

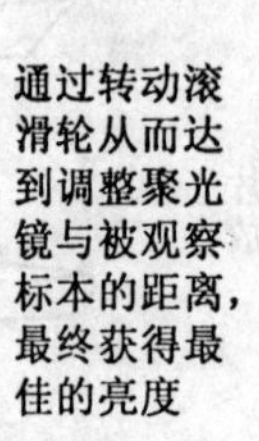


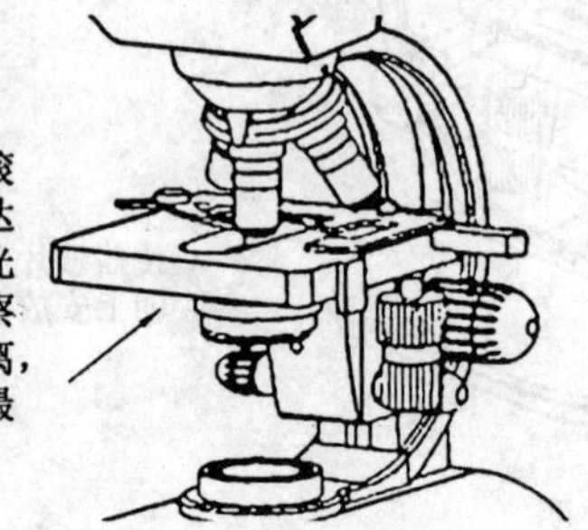

图 7.12　聚光镜的调节

## 四、显微镜的光学特性

### 1. 性能参数

由 10 倍目镜与物镜配合使用时，各性能参数见表 7.1。

表 7.1　显微镜目镜及物镜性能参数

| 物镜 | 总倍率 | 数值孔径 $\gamma_{NA}$ | 物方视场 | | 分辨率/μm | 工作距离 | |
|---|---|---|---|---|---|---|---|
| | | | 视场数 18 mm | 视场数 20 mm | | 消色差物镜/mm | 平场物镜/mm |
| 4× | 40× | 0.1 | 4.5 | 5 | 2.8 | 27 | 17.9 |
| 10× | 100× | 0.25 | 1.8 | 2 | 1.1 | 6.6 | 2.2 |
| 40× | 400× | 0.65 | 0.45 | 0.5 | 0.42 | 0.6 | 0.65 |
| 100×(油) | 1 000× | 1.25 | 0.18 | 0.2 | 0.22 | 0.14 | 0.14 |

2. 显微镜术语

(1)总放大倍率。

显微镜的总放大倍率=单个物镜的放大倍率×目镜的放大倍率

(2)数值孔径 $\gamma_{NA}$。数值孔径是决定物镜和聚光镜性能的一个重要参数,它可表示为:

$$\gamma_{NA}=n\sin\alpha$$

式中,$n$ 为在物镜或聚光镜与标本之间的一种介质(空气、浸油等)的折射率;$\alpha$ 为孔径角的一半。数值孔径越大,图像就会越明亮,分辨率越高。

(3)分辨率。衡量光学系统分辨相隔微小距离的两个点的能力的指标,称之为光学系统的分辨率。

一个光学系统所能分辨的两点之间的距离越小,分辨率也就越高,它与数值孔径的关系为:分辨率=$\gamma/(2\times\gamma_{NA})$。这里 $\gamma$ 为所用光线的波长(上表中的分辨率,是由 $\gamma=0.55$ μm 求得的)。

(4)机械筒长。机械筒长是指从转换器上的物镜安装端面到插入目镜处的镜筒顶端的长度,本系列生物显微镜的机械筒长均为160 mm。

(5)工作距离。工作距离指当一个标本图像被清晰聚焦时,从物镜的前端到盖玻片的上表面的距离。通常,物镜的放大倍率越高,其工作距离便会越短。

(6)视场数。视场数指透过目镜可观察到的视场的直径(mm),在目镜的顶端标明的10×18,表示目镜的放大倍率为10倍,视场数为18。

(7)物方视场。物方视场是指标本在显微镜下实际能被观察到的圆形区域的直径。

物方视场=视场数/物镜的放大倍数

## 五、显微镜的使用方法

1. 电源

在将电源插头插入插座前,确认供电电压与显微镜的额定电压一致,否则,将严重毁坏仪器。

2. 反光镜

通过反光镜,可将外部光源采集成为显微镜的照明光源。调节反光镜的方向,可调节照明亮度。

3. 均匀照明

调节聚光镜的位置会改变照明的均匀性,也会变相改变视场的亮度。

4. 对比度

调节聚光镜上的孔径光栏,可以改变被观察标本的对比度。

5. 观察

瞳距调节与光学筒长的补偿。双目观察时,拖动双目镜筒上的镜筒盖板,直到双目看到的两个光环完全重合为止。此时,查看盖板上的瞳距,并旋转目镜筒,使镜筒刻度与瞳距一致,使光学筒长得到补偿。每个人的瞳距各不一样,因此,在使用显微镜前必须重新调节瞳距并补偿光学筒长,单目显微镜无需调节。

6. 标本安放

安放标本时，应将有盖玻片的一面朝上旋转，并用片夹夹紧，注意标本要安放平整。

7. 用10倍物镜对焦

由于10倍物镜的焦深较长，且视场较大，故用10倍物镜观察时，较易找到像面。本系列显微镜经过严格对焦调整，10倍调焦清晰后，改用其他倍率观察时应基本清晰。如不清晰，请用微动调焦旋钮适当调节，直到清晰为止。

8. 交换物镜

转动物镜转换器，使不同物镜准确定位并完全进入光路，即可改变放大倍率。切勿直接扳动物镜来变换倍率，否则将影响显微镜的光学性能。

9. 油镜使用

Motic100倍物镜在不使用浸油的情况下，可以看到像，但要发挥100倍物镜的效力，应在标本与物镜前片间加非树脂合成浸油。在用40倍物镜调焦清晰后，移开40倍物镜，在标本上光斑位置滴一滴浸油，再让100倍物镜准确进入光路。此时，应轻微转动转换器（或轻微转动工作台 $X$、$Y$ 向手轮），同时轻微调节微调手轮，驱除浸油中的气泡，以免影响其观察效果。使用浸油（如非树脂合成浸油等）观察后，应即刻用镜头纸、软棉布或纱布，蘸上工业纯酒精与乙醚的混合液（混合比3∶7）或丙酮擦拭干净。

10. 注意事项

正常情况下，使用完毕后，应将亮度旋钮关到最小，关断电源开关，并拔下电源的插头。取下切片，如使用过浸油，应严格清理物镜及切片上的浸油。将4倍或10倍物镜（一般为最低倍率物镜）推入光路，以保护其他物镜不受到意外损伤。用防尘罩将显微镜严密罩盖，以防止灰尘等进入。

11. 镜头保护

长期不用显微镜时，应将目镜、物镜取下，放入干燥的容器内，并放入干燥剂。注意由于每台显微镜的目镜、物镜都经过严格调校，因此，多台显微镜的目镜和物镜应加以标识，避免混放。显微镜去掉目镜和物镜后，应用目镜塞及物镜盖盖严，并用防尘罩严密罩盖。

## 实验3　高压蒸汽灭菌器

灭菌是指杀灭一切微生物的营养体，包括芽孢和孢子。在微生物实验中，需要进行纯培养，不能有任何杂菌污染，因此对所用器材、培养基和工作场所都要进行严格的消毒和灭菌。灭菌不仅是从事微生物学和整个生命科学研究必不可少的重要环节和实用技术，而且在医疗卫生、环境保护、食品、生物制品等各方面均具有重要的应用价值。根据不同的使用要求和条件，选用合适的消毒灭菌方法。本部分实验主要介绍几种常用的方法，包括干热灭菌法、高压蒸汽灭菌法、紫外线灭菌法和微孔滤膜法等。

1. 干热灭菌

干热灭菌是利用高温使微生物细胞内的蛋白质凝固变性而达到灭菌的目的。质凝固性与本身的含水量有关，在菌体受热时，环境和细胞内含水量越大，则蛋白质凝固就越快，反之，含水量越小，凝固越慢。因此，与湿热灭菌相比，干热灭菌所需温度高（160～170 ℃）时间长（1～2 h）。但干热灭菌温度不能超过180 ℃，否则，包器皿的纸或棉塞就会烧焦，甚至引起燃烧，干热灭菌使用的电热干燥箱的结构如图7.13所示。

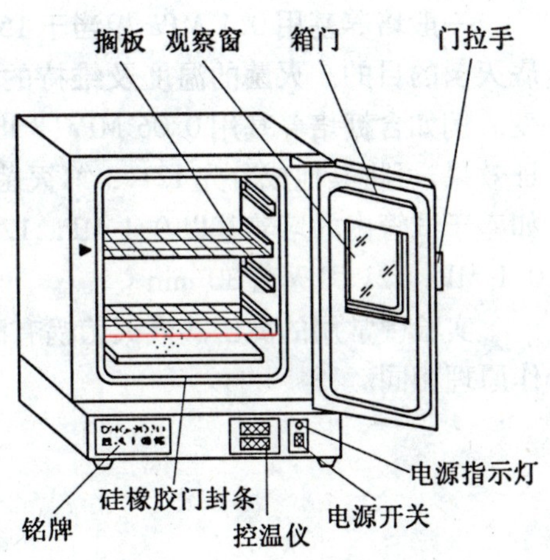


图 7.13　电热干燥箱的外观和结构

2. 高压蒸汽灭菌

高压蒸汽灭菌是将待灭菌的物品放在一个密闭的加压灭菌锅内，通过加热，使灭菌锅隔套间的水沸腾而产生蒸汽。待蒸汽急剧地将锅内的冷空气从排气阀中驱尽，然后关闭排气阀，继续加热，此时，由于蒸汽不能溢出，而增加了灭菌锅内的压力，从而使沸点增高，得到高于100 ℃的温度，导致菌体蛋白质凝固变性而达到灭菌的目的。

在同一温度下，湿热的杀菌效力比干热大。原因有：一是湿热中细菌菌体吸收水分，因蛋白质含水量增加，所需凝固温度降低（表7.2）；二是湿热的穿透力比干热大（表7.3）；三是湿热的蒸汽有潜热存在。1 g 水在100 ℃时，由气态变为液态时可放2.26 kJ的热量。这种潜热，能迅速提高被灭菌物体的温度，从而增加灭菌效力。

表 7.2　蛋白质含水量与凝固所需温度的关系

| 卵清蛋白含水量/% | 30 min 内凝固所需温度/℃ |
|---|---|
| 50 | 56 |
| 25 | 74～80 |
| 18 | 80～90 |
| 6 | 145 |
| 0 | 160～170 |

表 7.3　干热、湿热穿透力及灭菌效果比较

| 温度/℃ | 时间/h | 透过布层的温度/℃ | | | 灭菌 |
|---|---|---|---|---|---|
| | | 10层 | 20层 | 100层 | |
| 干热 130～140 | 4 | 86 | 72 | 70.5 | 不完全 |
| 湿热 105.3 | 3 | 101 | 101 | 101 | 完全 |

在使用高压蒸汽灭菌锅灭菌时，灭菌锅内冷空气的排除是否完全极为重要，因为空气的膨胀压大于水蒸气的膨胀压，所以，当水蒸气中含有空气时，在同一压力下，含空气蒸汽的温度低于饱和蒸汽的温度。灭菌锅内留有不同分量空气时，压力与温度的关系见表7.4。

表 7.4　灭菌锅留有不同分量空气时，压力与温度的关系

| 压力数 | | | 全部空气排出时温度/℃ | 2/3空气排出时温度/℃ | 1/2空气排出时温度/℃ | 1/3空气排出时温度/℃ | 空气全不排出时温度/℃ |
|---|---|---|---|---|---|---|---|
| MPa | kg/cm$^2$ | lbf/in$^2$ | | | | | |
| 0.03 | 0.35 | 5 | 108.8 | 100 | 94 | 90 | 72 |
| 0.07 | 0.70 | 10 | 115.6 | 109 | 105 | 100 | 90 |
| 0.10 | 1.05 | 15 | 121.3 | 115 | 112 | 109 | 100 |
| 0.14 | 1.40 | 20 | 126.2 | 121 | 118 | 115 | 109 |
| 0.17 | 1.75 | 25 | 130.0 | 126 | 124 | 121 | 115 |
| 0.21 | 2.10 | 30 | 134.6 | 130 | 128 | 126 | 121 |

一般培养基用0.1 MPa相当于15 lbf/in$^2$或1.05 kg/cm$^2$,121 ℃,15～30 min可达到彻底灭菌的目的。灭菌的温度及维持的时间随灭菌物品的性质和容量等具体情况而有所改变。例如含糖培养基用0.06 MPa(8 lbf/in$^2$或0.59 kg/cm$^2$)112.6 ℃灭菌15 min,但为了保证效果,可将其他成分先121.3 ℃灭菌20 min,然后以无菌操作手续加入灭菌的糖溶液。又如盛于试管内的培养基以0.1 MPa,121 ℃灭菌20 min即可,而盛于大瓶内的培养基最好以0.1 MPa,121 ℃灭菌30 min。

实验中常用的高压蒸汽灭菌锅有卧式(图7.14)和手提式(图7.15)两种。其结构和工作原理相同。

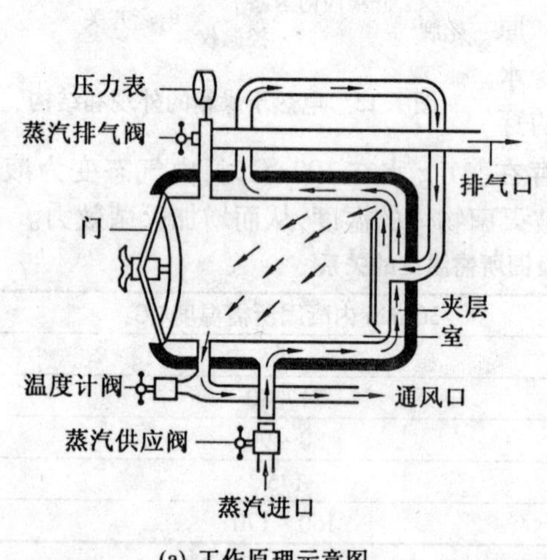

(a) 工作原理示意图

(b) 灭菌锅外形

图7.14　卧式灭菌锅

3. 紫外线灭菌

紫外线灭菌是用紫外线灯进行的。波长为200～300 nm的紫外线都有杀菌能力,其中260 nm左右紫外线的杀菌力最强。在波长一定的条件下,紫外线的杀菌效率与强度和时间的乘积成正比。紫外线杀菌机制主要是因为它诱导了胸腺嘧啶二聚体的形成和DNA链的交联,从而抑制了DNA的复制。另一方面,由于辐射能使空气中的氧电离成[O],再使$O_2$氧化生成臭氧($O_3$)或使水($H_2O$)氧化生成过氧化氢($H_2O_2$),$O_3$和$H_2O_2$均有杀菌作用。紫外线穿透力不大,所以,只

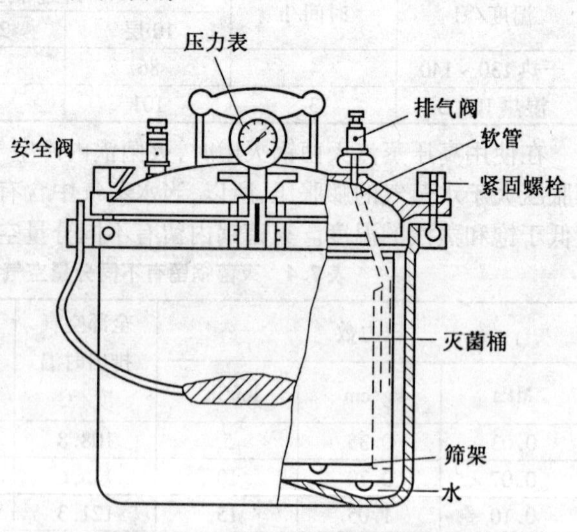

图7.15　手提式灭菌锅

适用于无菌室、接种箱、手术室内的空气及物体表面的灭菌,紫外线灯距照射物以不超1.2 m为宜。

此外,为了加强紫外线灭菌效果,在打开紫外线灯以前,可在无菌室内(或接种箱内)喷洒3% ~5%石炭酸溶液,一方面使空气中附着有微生物的尘埃降落,另一方面也可以杀死一部分细菌。无菌室内的桌面、凳子可用2% ~3%的来苏尔擦洗,然后再开紫外线灯照射,即可增强杀菌效果,达到灭菌目的。

4. 过滤除菌

过滤除菌是通过机械作用滤去液体或气体中细菌的方法。根据不同的需要选用不同的滤器和滤板材料。微孔滤膜过滤器是由上下两个分别具有出口和入口连接装置的塑料盖盒组成,出口处可连接针头,入口处连接针筒,使用时将滤膜装入两塑料盖盒之间,旋紧盖盒,当溶液从针筒注入滤器时,此滤器将各种微生物阻留在微孔滤膜上面,从而达到除菌的目的。根据待除菌溶液量的多少,可选用不同大小的滤器。此法除菌的最大优点是可以不破坏溶液中各种物质的化学成分,但由于滤量有限,所以一般只适用于实验室中小量溶液的过滤除菌,较大量溶液的滤菌装置。

# 实验4　恒温生化培养箱的使用

## 一、主要用途及特点

恒温生化培养箱具有制冷和加热双向调温系统,是适用于水体分析 BOD 测定细菌、霉菌、血清、微生物的培养、保存;植物栽培及育种实验;酶学和酶工程研究;生物、医药制品、疫苗、血液和各种标本的保存及老化实验及其他用途恒温实验的专用恒温培养设备。

## 二、仪器基本结构

恒温生化培养箱是细菌、微生物培养及育种专用实验装置。它是大专院校及科研单位生物培养、菌种贮藏和科研工作必需的设备。现以江苏亿通(分析仪器)有限公司 250 B 型生化培养箱为例进行介绍,如图 7.16 所示。

(1)箱体的隔热材料采用聚氨酯现场发泡的泡沫塑料,对外来热(冷)源有较强的抗干扰能力。

(2)内腔采用工程塑料成型工艺制作,有较强的抗腐蚀能力。

(3)全玻璃式箱门方便观察工作内腔。

(4)为保护制冷压缩机,控制线路设计有断电保护和 4 min 延时功能。

(5)温度自动控制,采用红色 LED 显示器显示数字,直观清晰。

## 三、技术指标

型号:250 B 型;有效容积:250 L;温控范围:5 ~50 ℃;温度精度:±1 ℃;压缩机功率:105 W;加热功率:150 W;电源:交流 220 V、50 Hz。

说明:制冷系统指培养箱在 16 ~32 ℃环境温度下。

图 7.16 恒温生化培养箱

## 四、使用方法

培养箱应放在清洁整齐、干燥通风的工作间内；使用前，面板上的各控制开关均应处于非工作状态；在培养架上放置实验样品，放置时各器皿之间应保持适当间隔，以利于热和冷空气的对流循环；接通外电源，将电源开关置于开的位置，指示灯亮；选择培养温度。

(1)将温度"设置—测量"开关拨向"设置"。调节温控旋钮，数字将会显示所需的温度。

(2)将温度"设置—测量"开关拨向"测量"。数字显示工作腔内实际温度。如果环境温度低于设定温度则加热，此时红色指示灯亮；反之则绿灯亮。

(3)实验结束后，置各控制开关处于非工作状态。

注意事项：

(1)为防止污染，低温使用时应尽量避免在工作腔壁上凝结水珠。

(2)不适用于含有易挥发性化学溶剂、低浓度爆炸气体和低着火点的物品及有毒物品的培养。

(3)正确使用和维护保养培养箱，使其处于良好的工作状态，可延长使用寿命。

(4)制冷系统工作时，除实验需要，应避免频繁开启箱门，这对保持温度稳定、防止灰尘污染物进入均有好处。

# 第8章 培养基的配制

## 实验5 玻璃器皿的灭菌

微生物学实验中常用的培养皿、试管和三角瓶等,洗涤得是否干净、灭菌是否彻底等因素,直接影响实验结果,因此,这项工作不容忽视。

1. 玻璃器皿的包扎

玻璃器皿使用前必须经过灭菌,通常采用干热灭菌和高压蒸汽灭菌。无论哪种方法,都应预先将玻璃器皿包扎好。培养皿用报纸(或牛皮纸)包好,吸管要在顶端塞上少许棉花(或脱脂棉),再用报纸包好,试管和三角瓶塞上棉塞后,也用报纸包扎好。

(1)棉塞的制作。制作时所用的棉花为市售的普通棉花,不宜用脱脂棉,因为脱脂棉易吸水而导致污染,棉塞的制作应按器皿口径大小进行。试管棉塞应有3~4 cm长。常用的方法有:取适量棉花铺成长方形,纵向松卷起来对折后塞入管(或瓶)口或将棉花铺成方形,于其中央衬以小块棉花,用左手拇指为中心制作棉心,再由外侧棉花包入制成棉塞。另外,也可根据需要,购买市售的产品。制作好的棉塞最好用纱布包好,以利于使用和保存,如图8.1所示。

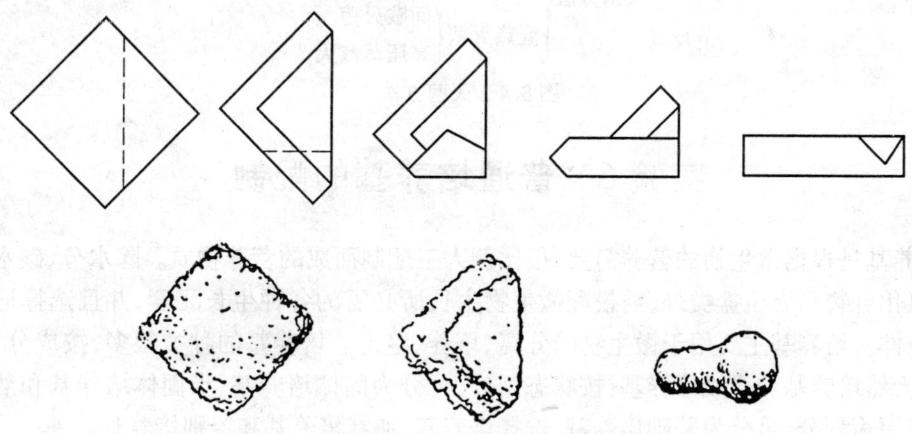

图8.1 棉塞的制作过程

正确的棉塞与试管口(或三角瓶口)的形状、大小、松紧完全适合,过紧会妨碍空气流通,操作不便;过松则达不到滤菌的目的。棉塞过小容易掉进试管内。正确的棉塞头较大,约有1/3在管外,2/3在管内,如图8.2所示。

为了防止灭菌时受潮或者进水,在棉塞外应用报纸包扎。

(2)器皿的包扎。微生物学实验用的培养皿和吸管等应事先包扎,然后灭菌备用。吸管应在管口约0.5 cm以下的地方塞入长约1.5 cm的棉花少许,以防止微生物液吸入口中或口中细菌吹入吸管内。棉花的松紧程度以吹气时通气流畅而不致下滑为准。然后，将吸管尖端放在4～5 cm宽的长条纸(可用报纸或牛皮纸)的一端，约与纸条成45°角，折叠纸条，包住吸管尖端，然后将吸管紧紧卷入纸条内。末端剩余纸条折叠打结，如图 8.3 所示包好后等待灭菌。培养皿可按 7 套或 9 套为一叠，用纸包好，待灭菌。

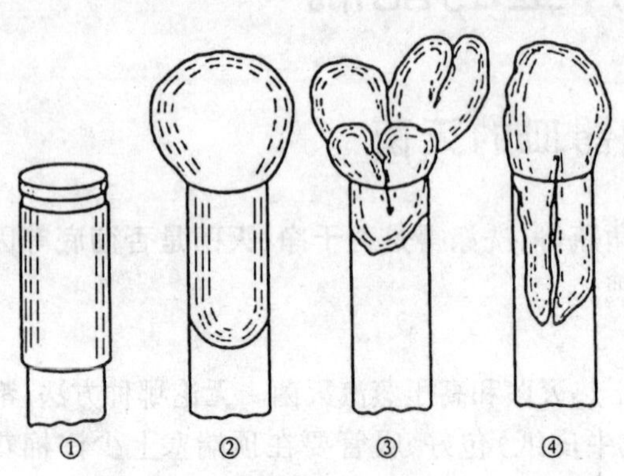


图 8.2　试管冒和棉塞

①试管冒；②正确的棉塞；③④不正确的棉塞

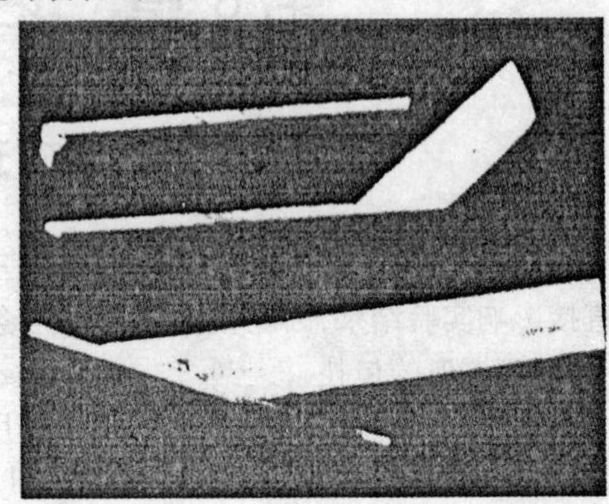

图 8.3　单支刻度吸管的包装

2. 灭菌方法

灭菌是指采用物理和化学的方法杀死或除去培养基内和所用器皿中的一切微生物。玻璃器皿的灭菌一般采用干热灭菌法，也可以采用高压蒸汽灭菌法，如图 8.4 所示。

- 灭菌方法
  - 干热灭菌
    - 焚烧接种环
    - 烘干箱灭菌
  - 湿热灭菌
    - 间歇灭菌
    - 高压蒸汽灭菌

图 8.4　灭菌方法

# 实验 6　普通培养基的配制

培养基是根据微生物的营养需要，按比例人工配制而成的营养物质。除水分、碳水化合物、含氮化合物和无机盐类外，需投配微生物生长所必需的各种生长元素，并且选择适当的 pH 值条件。培养基主要用于微生物的分离、培养、鉴定。培养基的种类很多，按成分划分，可分为天然培养基和合成培养基；按状态划分，可分为固体培养基、半固体培养基和液体培养基；按用途划分，可分为基础培养基、选择培养基、加富培养基和鉴别培养基。

## 一、培养基的配置原则

根据不同微生物的营养需要，配制不同的培养基。不同的微生物所要求的营养物质是不同的。从微生物的营养类型来看，有自养型和异养型。配制自养微生物所用的培养基，应完全是简单的无机盐，因为它们具有较强的合成能力，可将这些简单的物质及 $CO_2$ 合成自身细胞的糖、脂肪、蛋白质、核酸、维生素等复杂物质。其次，培养异养微生物所用的培养基至少要有一种有机物或多种有机物。注意各营养物质的浓度、配比。微生物的成长需要一个适当的营养平衡条件，如果营养物质的浓度、比例不满足这一条件，均会对微生物的成长造成抑制，特别是碳氮比例失调影响更为明显。再次，调解适宜的pH值条件。各类微生物生长繁殖的最适宜pH值是不同的，多数细菌、放线菌的pH值为7.0~7.5。为了维持培养基较恒定的pH值条件，一般在配制培养基时加入一些缓冲剂或不溶性的碳酸盐。

最后，根据所需培养某微生物的目的，适当调节培养基中合成比例。如培养微生物的目的是得到菌体，其培养成分中氮源含量应比较高，这样有利于菌体蛋白质的合成。

## 二、实验仪器

高压蒸汽灭菌器；电炉；玻璃器皿；1 000 mL烧杯；500 mL三角瓶、试管；电子天平、φ90 mm平皿；消耗品：滤纸、牛皮纸、线绳、脱脂棉、纱布、pH 1~10试纸。

## 三、实验试剂

牛肉膏、蛋白胨、琼脂、NaCl、质量分数为10%的HCl溶液、质量分数为10%的NaOH溶液。

## 四、操作步骤

1. 营养琼脂培养基

蛋白胨10 g，牛肉粉3 g，NaCl 1.5 g，琼脂18 g，蒸馏水1 000 mL，pH值7.4~7.6。

2. 培养基的溶解

根据培养基配方，准确称取各种原料成分，在容器中加入所需水量一半的水。然后依次将各种原料加入水中，用玻璃棒搅拌使之溶解。某些不易溶解的原料如蛋白胨、牛肉膏等可事先在小容器中加少许水，加热溶解后再加入容器中。有些原料需用量很少，可先配成高浓度的溶液按比例换算后取一定体积的溶液加入容器中。加热使其充分溶解，并补足需要的全部水分，即成培养基。

3. 调节pH值

培养基配好后，一般要调节至所需的pH值。常用盐酸及氮氧化钠溶液进行调节。调节培养基酸碱度最简单的方法是用精密pH试纸进行测定，用玻棒沾少许培养基，点在试纸上进行对比，如pH值偏酸，则加质量分数为5%的氢氧化钠溶液，偏碱则加质量分数为5%盐酸溶液。经反复几次调节至所需pH值，此法简便快捷。

4. 分装

培养基配好后，要根据不同的使用目的，分装到各种不同的容器中。不同用途的培养基，其分装量应视具体情况而定，要做到适量、实用。培养基是多种营养物质的混合液；大都具有黏性，在分装过程中，应注意不使培养基沾污管口和瓶口，以免污染棉塞，造成杂菌生长。分装培养基，通常使用大漏斗（小容量分装）。两种分装装置的下口都连有一段橡皮管，橡皮管下面再连一小段末端开口处略细的玻璃管或1 mL塑料接头。在橡皮管上夹一个弹簧夹。分装时将玻璃管或tip头插入试管内。不要触及管壁，松开弹簧夹，注入定量培养基,然后夹紧弹簧夹。止住液体,再抽出试管,仍不要触及管壁或管口。如果大量成批定量分装,可用定量加液器将培养基盛入1 000 mL或500 mL 的三角瓶中。如图8.5 所示。

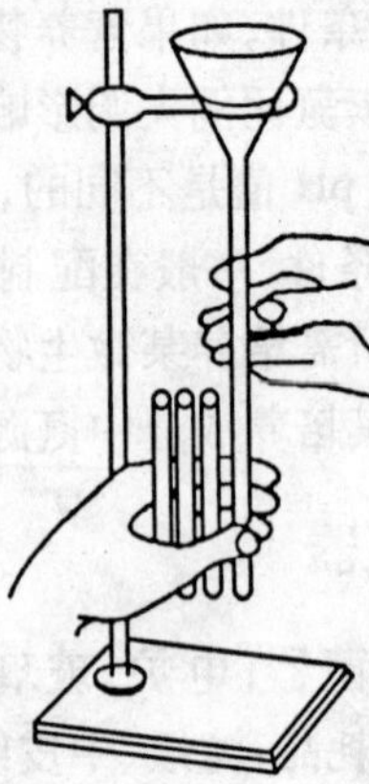

图8.5　培养基分装装置

5. 塞棉塞和包扎

培养基分装到各种规格的容器(试管、三角瓶、克氏瓶等)后,应按管口或瓶口的不同大小分别塞以大小适度、松紧适合的棉塞,做法如图8.1 和8.2 所示。

6. 培养基的灭菌

棉塞外面容易附着灰尘及杂菌,且灭菌时容易凝结水汽,因此,在灭菌前和存放过程中,应用牛皮纸或旧报纸将管口、瓶口或试管筐包起来。培养基制备完毕后应立即进行高压蒸汽灭菌。如延误时间,会因杂菌繁殖生长,导致培养基变质而不能使用。特别是在气温高的情况下,如不及时进行灭菌,数小时内培养基就可能变质。将培养基置高压蒸汽灭菌器中,以121℃、1 $kg/cm^2$ 压力,灭菌20 min,然后贮存于冷暗处备用。

7. 斜面的制作

灭菌后,需做斜面的试管,在温度80 ℃左右时摆放斜面。斜面的斜度要适当,使斜面的长度不超过试管长度的1/2,如图8.6 所示,摆放时不可使培养基沾污棉塞,冷凝过程中勿移动试管。待斜面完全凝固后,再收存。

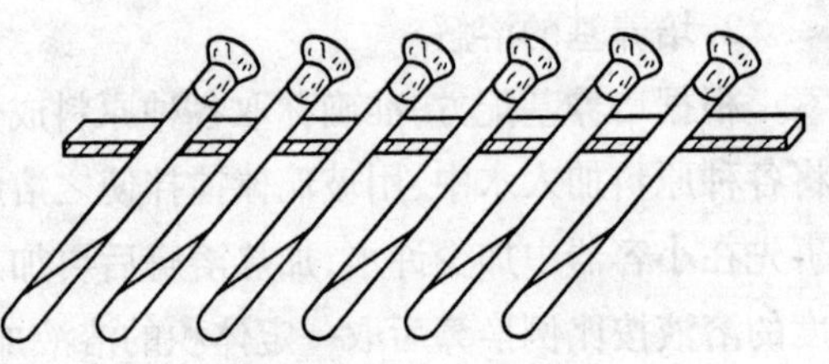

图8.6　斜面摆放法

8. 平板制作

制作平板培养基时,将培养基全溶后,降温50 ~55 ℃,以无菌操作,将培养基导入平皿内,每皿约15 ~20 mL,平放冷却,即成平板培养基,如图8.7 所示。

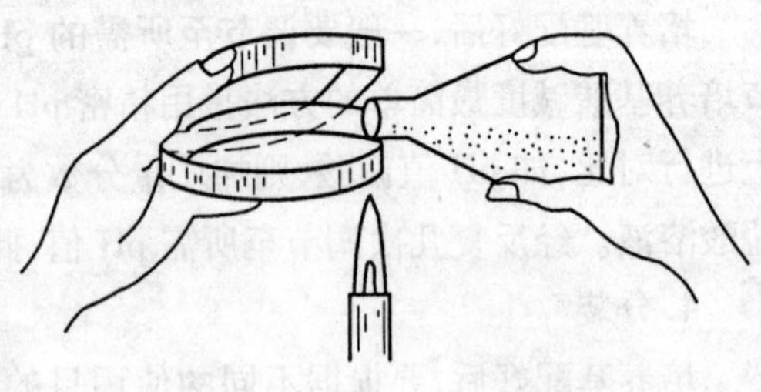

图8.7　平板培养基制法

9. 无菌检查

灭菌后的培养基,尤其是存放一段时间后才用的培养基,在应用以前,应置于生化恒温培养箱内,恒温37 ℃培养48 h,确定无菌后方可使用。

10. 染色

染色剂配方见表8.1。

表 8.1　常用指示剂配置及酸碱度指示范围

| 指示剂 | 色调变更<br>酸-碱 | pH 感应界 | 稀释 0.1 g 指示剂所需的 10 mol/L NaOH/mL | 加蒸馏水至/mL | 质量分数/% | 10 mL 培养基需加指示剂的数量/mL |
|---|---|---|---|---|---|---|
| 溴酚蓝 | 黄-蓝 | 3.0～4.6 | 1.49 | 250 | 0.04 | 0.5 |
| 溴甲酚紫 | 黄-紫 | 5.2～6.8 | 1.85 | 250 | 0.04 | 0.5 |
| 溴百里酚蓝 | 黄-蓝 | 6.0～7.6 | 1.60 | 250 | 0.04 | 0.5 |
| 甲基红 | 红-黄 | 4.4～6.0 | — | 250 | 0.02 | 0.2 |
| 酚红 | 黄-红 | 6.8～8.4 | 2.82 | 250 | 0.02 | 0.5 |
| 麝香草酚蓝 | 黄-蓝 | 8.0～9.6 | 2.15 | 250 | 0.04 | 0.252 |

# 实验 7　选择性培养基的配制

选择性培养基除含有一般细菌所需要的营养成分外，还含有某些化学药品，即在培养基中加入某些特殊抑菌剂，目的在于抑制某些不必要的细菌，以利于欲分离和鉴别的细菌生长。根据各种细菌培养、检验要求的不同，所用的选择性培养基也不同，现以一种选择性培养基为代表，做实验介绍。

## 一、实验仪器

流动式灭菌器；电子天平；电炉；玻璃器皿：1 000 mL 烧杯、5 00 mL 三角瓶、ϕ90 mm 平皿。

## 二、实验试剂

蛋白胨、甘露醇、$Na_2HPO_4 \cdot 12H_2O$、$NaH_2PO_4 \cdot H_2O$、亚硒酸钠、HCl、NaOH。

## 三、操作步骤

1. 亚硒酸增液（S. F. 增菌液）

蛋白胨 5 g，甘露醇 4 g，$Na_2HPO_4 \cdot 12H_2O$ 5 g，$NaH_2PO_4 \cdot H_2O$ 5 g，亚硒酸钠 4 g，蒸馏水 1 000 mL，pH 值 7.1。

（1）培养基的配制。将亚硒酸钠 4 g 溶于 200 mL 的蒸馏水内，在不加热的情况下，充分溶解。

（2）将其他成分，加入剩余的 800 mL 蒸馏水中，加热溶解。

（3）将两种充分溶解的溶体，混合在一起，充分摇匀，固态 pH 值为 7.1。

（4）分装。将溶解好的培养基，分装于试管内，10 mL/管。

（5）灭菌。分装后，采用间歇式灭菌 15 min，冷却后取出，放入冰箱内备用。

2. 该选择性培养基的用途

该培养基适合于沙门氏菌属、少数志贺氏菌属的菌种分离、选择时使用。

3. 培养基使用时的注意事项

(1)培养基的 pH 值必须为 7.1,否则会产生棕黄色沉淀。

(2)该培养基灭菌不易用高压蒸汽灭菌器,而且灭菌时间不易超过 15 min,否则会产生大量红色沉淀。

(3)培养基配制时,对蛋白胨的要求为分析纯。

(4)此培养基贮存时间不应超过 2 周。

# 实验 8 鉴别性培养基的配制

鉴别性培养基是根据某些细菌在生长繁殖时的生化反应的特性配制的。一般常用的鉴别培养基,有双糖含铁培养基、单糖发酵及醋酸铅琼脂等培养基。这些种类的培养基都是用来试验细菌的生化反应、代谢产物及运动性等。也有些培养基内加入某些化学药品,来观察细菌对这些化学药品的利用能力,来进行细菌鉴定。

## 一、实验仪器

流动式灭菌器,电子天平,电炉,玻璃器皿、1 000 mL 烧杯、5 00 mL 三角瓶,冰箱。

## 二、实验试剂

蛋白胨、牛肉膏、明胶、NaOH、HCl。

## 三、操作步骤

1. 培养基的用途

鉴别细菌有无液化明胶的作用。

2. 培养基的配制成分

蛋白胨 5 g,牛肉膏 3 g,明胶 120 g,蒸馏水 1 000 mL,pH 值 7 ~7.2。

将上述成分混合,加热溶解,矫正 pH 值为 7 ~7.2。

3. 灭菌

将溶解后的培养基,置于流动式灭菌器内,经 69 kPa 灭菌 10 min,保存于冰箱中待用。

4. 时间因素

此培养基灭菌的时间不宜过长,加热的次数也不易过多。否则,明胶会失去其凝固力而不能凝固。

5. 温度因素

明胶在 24 ℃以上,自然溶化;在 20 ℃以下,即凝固成固体。

6. 明胶穿刺实验

细菌在明胶培养基上的实验用穿刺法。将细菌接种于明胶培养基内,放在生化恒温培养箱内,在恒温 37 ℃,培养 24 h,取出放于冰箱,静止 30 min 。

7. 阳性反应

将接种的培养基从冰箱中取出时,明胶培养基呈溶解状,则为阳性。如果处于凝固状态，则放回生化培养箱内，37 ℃恒温下，连续培养 6 ~ 7 d，培养基仍处于凝固状态时，则为阴性。

8. 试验结果

能液化明胶培养基的细菌，是因为该细菌有分解明胶的酶产生。不能液化明胶的细菌，无此酶产生。最常用的方法是，培养基接种后，放入生化恒温培养箱中 22 ℃，观察 14 d。

# 实验 9 干燥培养基的配制

配制干燥培养基可采用不同的方法或将新鲜培养基内的水分去掉或将培养基内的各种固形成分，经过适当的处理，充分混匀。

## 一、实验仪器

恒温干燥箱，真空干燥器，蒸发器。

## 二、实验试剂

NaOH、琼脂、牛肉粉、蛋白胨。

## 三、操作步骤

1. 干燥培养基的制造方法

(1) 喷雾干燥法。按操作步骤，先制成新鲜液状培养基，然后进行喷雾干燥，所得粉末，即为干燥培养基。

(2) 蒸发干燥法。按操作步骤，先制成新鲜液状培养基，再倾入蒸发皿内，在 80 ℃水溶液中，蒸发后呈粉状，再置于 5 ℃的烘干箱中烘干，然后研成粉末。

(3) 真空干燥法。将液状的培养基进行浓缩，置于真空干燥器内干燥，然后研成粉末。

(4) 低温干燥法。将所需用的材料，用小剂量的蒸馏水预先溶解，再用需要量的琼脂，将溶解的物质全部吸附在琼脂周围，置于 50 ℃的烘箱内烘干，研成粉末。

(5) 球磨机法。将各种培养基分别进行干燥后，混合研磨。

2. 配制原料处理

(1) 原料准备。将需配制原料预先检定，琼脂加工成粉末，各种含水或含结晶水的原料，根据不同要求，先烘干成粉末，并研成粉状。

(2) 琼脂粉的制法。用喷雾法制成琼脂粉末，也可购买成粉。

(3) 牛肉膏粉的制法。用真空干燥法，制成牛肉膏粉末。

(4) 指示剂的配法。将指示剂与该培养基中的某一种原料，按比例混合，然后研成粉末，混匀即可。

(5) pH 值的调配。在配制干燥培养基前，按常法配制新鲜液状培养基。以已知浓度的 NaOH 和 HCl 溶液调配 pH 值。

3. 制造过程

(1) 将预先确定的培养基成分，准确称量，全部放入密封桶内，研磨混合 1.5 h，按不同量装入瓶内，瓶口密封，防止解潮。

(2)在配制装瓶过程中，动作要迅速，因为培养基中大部分药品容易解潮。

(3)干燥培养基制成后，必须每批量抽取少量样品与新鲜培养基作对照，观察其 pH 值是否有所改变，细菌生长情况如何。有指示剂的干燥培养基，配制后，可与新鲜培养基色调比较，略可以看出 pH 值的变化情况。

# 第9章　微生物分离与计数

## 实验10　微生物分离与计数

微生物群体中经过分离、生长在平板上的单个菌落并不一定保证是纯培养。因此,纯培养的确定除观察其菌落特征外,还要结合显微镜检测个体形态特征等综合考虑。有些微生物的纯培养要经过一系列的分离与纯化过程和多种特征鉴定方能得到。从混杂的微生物群体中获得只含有某一种或某一株微生物的过程称为微生物的分离与纯化。

平板分离法主要有:第一,平板划线分离法;第二,稀释涂布平板法。后者除能有效分离纯化微生物外,还可用于测定样品中活菌数量。

平板菌落计数法是将待测菌液经适当稀释,涂布在平板上;经过培养后在平板上形成肉眼可见的菌落。统计菌落数,根据稀释倍数和取样量计算出样品中细胞密度。由于待测样品往往不易完全分散成单个细胞,平板上形成的每个菌落不一定是单个细胞生长繁殖而成,有的可能来自两个或多个细胞。因此,平板菌落计数的结果往往比样品中实际细胞数低,这就是现在使用菌落形成单位(colony forming unit,cfu)取代以前用绝对菌落数来表示样品活菌含量的原因。

平板菌落计数法虽然操作较繁琐,结果需要培养一段时间才能获得,而且测定结果易受多种因素的影响,但是,由于该方法能直接反映样品中活细胞数量,所以被广泛用于生物制品(如活菌制剂)、食品、饮料、水(包括水源水)以及多类产品等质量检测与控制的标准方法。

由于土壤中微生物无论是数量还是种类都是极其丰富的,本实验将采用三种不同的培养基从土壤中分离不同类型的微生物。

### 一、实验器材

(1)菌种:大肠杆菌。

(2)土壤样品:自校园或其他地方采集的土壤样品。

(3)培养基:淀粉琼脂培养基(高氏1号培养基),牛肉膏蛋白胨琼脂培养基,马丁氏琼脂培养基。

(4)溶液和试剂:10%酚,链霉素,盛9 mL和4.5 mL无菌水的试管,盛90 mL无菌水并带有玻璃珠的三角瓶。

(5)仪器及其他用品:无菌玻璃涂棒,无菌吸管,接种环,无菌培养皿,显微镜等。

### 二、操作步骤

1. 稀释涂布平板法

(1)倒平板:将牛肉膏蛋白胨琼脂培养基、高氏1号琼脂培养基、马丁氏琼脂培养基加热融化，冷却至 55～60 ℃时，在高氏 1 号琼脂培养基中加入 10% 酚数滴，马氏培养基中加入链霉素溶液（终质量浓度为 30 μg/mL），混匀后分别倒平板，每种培养基倒 3 皿。

倒平板的方法：右手持盛培养基的试管或三角瓶置火焰旁边，用左手将试管塞或瓶塞轻轻拔出，试管口或瓶口保持对着火焰；然后用右手手掌边缘或小指与无名指之间夹住试管塞或瓶塞。若试管内或三角瓶内的培养基一次用完，则瓶塞不必夹在手中。左手持培养皿并将皿盖在火焰旁打开一条缝，迅速倒入培养基约 15 mL，加盖后轻轻摇动培养皿，使培养基均匀分布在底部，然后平置于桌面上，待凝后即为平板，在需要倒大量的平板时，还可使用自动倒平板仪，如图 9.1 所示。

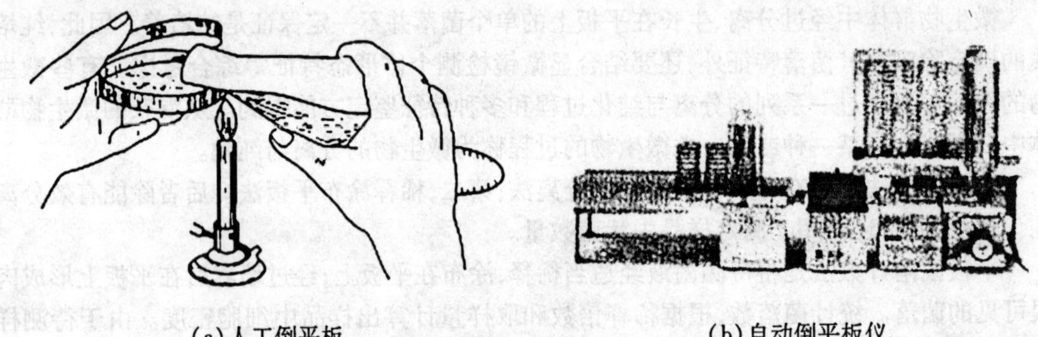


图 9.1　倒平板

（2）制备土壤稀释液：称取土样 10 g，放入盛有 90 mL 无菌水并带有玻璃珠的三角瓶中，振摇约 20 min，使土样与水完全混合，使细胞分散。用一支 1 mL 无菌吸管吸取 1 mL 土壤悬液加入盛有 9 mL 无菌水的大试管中充分混匀，此为 $10^{-1}$ 稀释液，以此类推制成 $10^{-2}$、$10^{-3}$、$10^{-4}$、$10^{-5}$ 和 $10^{-6}$ 几种稀释度的土壤溶液，如图 9.2（a）所示。

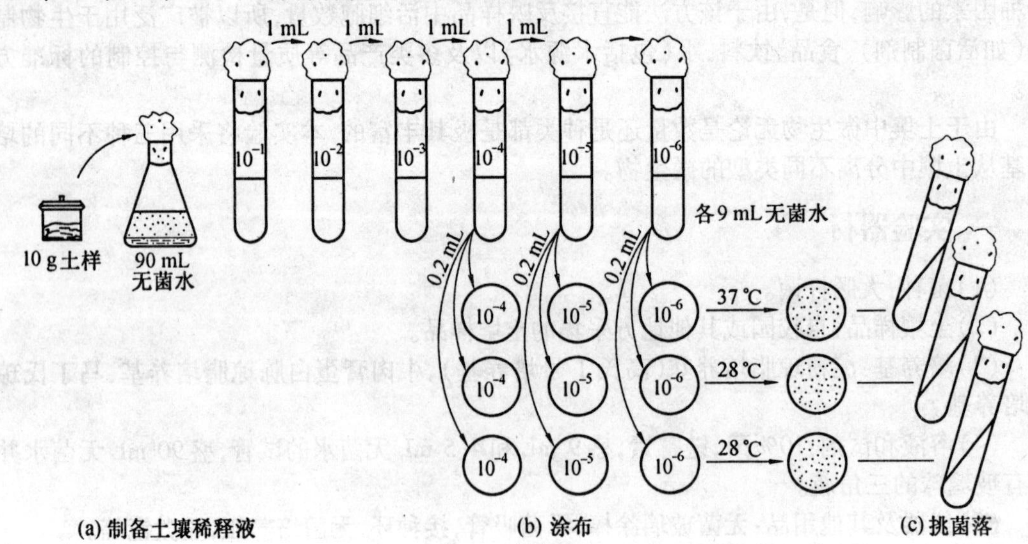


图 9.2　从土壤中分离微生物的操作过程

（3）涂布：将上述每种培养基的平板底部或培养皿盖周边用记号笔分别写上 $10^{-4}$、$10^{-5}$ 和 $10^{-6}$ 三种稀释度字样，每种培养基每稀释度标记 3 皿，然后用无菌吸管分别由 $10^{-4}$、$10^{-5}$

和$10^{-6}$管土壤稀释液中吸取适量对号放入已写好稀释度的平板中央位置，每皿准确放入0.2 mL，如图9.2(b)所示，用无菌玻棒按图9.3所示，在培养基表面轻轻涂布均匀，其方法是将菌液先延一条直线轻轻来回推动，使之分布均匀，然后改变方向90°延另一垂直线来回推动，平板内边缘处可改变方向用涂棒再涂布几次，室温下静置5～10 min。

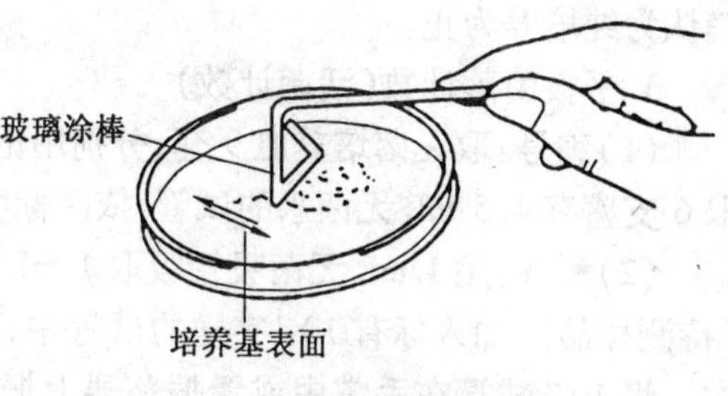

图 9.3　平板涂布操作图

(4)培养：将含有高氏1号培养基和马丁氏培养基的平板倒置于28 ℃温室中培养3～5 d，牛肉膏蛋白胨平板倒置于37 ℃温室中培养1～2 d。

(5)挑菌落：将培养后长出的单个菌落分别挑取少许菌苔接种在上述三种培养基的斜面上，如图9.2(c)所示，分别置于28 ℃和37 ℃温室培养；待菌苔长出后，检查其特征是否一致，同时将细胞图片染色后用显微镜检查是否为单一的微生物细胞。若发现有杂菌，需再次进行分离与纯化，直到获得纯培养。

2. 平板划线分离法

(1)倒平板：按稀释涂布平板法倒平板，并用记号笔标明培养基名称、土样编号和实验日期等。

(2)划线：在近火焰处，左手拿皿底，右手拿接种环，挑取上述$10^{-1}$的土壤悬液一环在平板上划线(图9.4)。划线的方法很多，但无论采用哪种方法，其目的都是通过划线将样品在平板上进行稀释，培养后能形成单个菌落，本实验描述两种常用的划线方法。

1)用接种环按无菌操作挑取土壤悬液一环，先在平板培养基的一边作第一次平行划线3～4次，再转动平板约70°，并将接种环上剩余物烧掉，待冷却后挑取悬液穿过第一次划线部分进行第二次划线，再用同样的方法穿过第二次划线部分进行第三次划线或再穿过第三次划线部分进行第四次划线，如图9.5(a)所示。划线完毕后，盖上培养皿盖，倒置于温室培养。

2)将挑取有样品的接种环在平板培养基上作连续划线，如图9.5(b)所示。划线完毕后，盖上培养皿盖，倒置于温室培养。

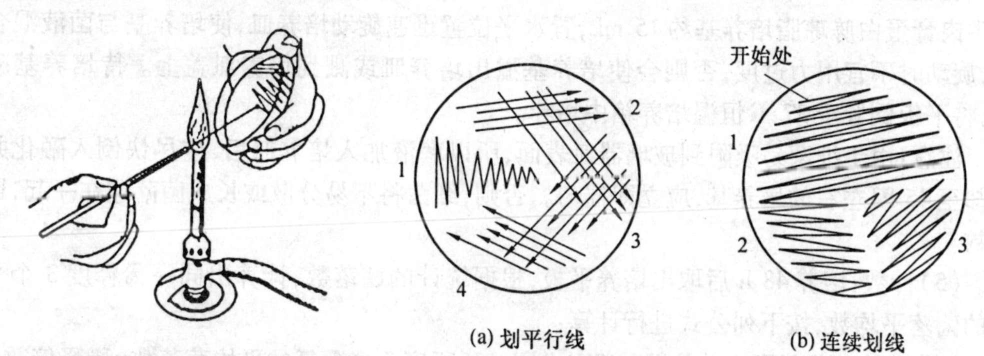

图 9.4　平板划线操作图　　图 9.5　平板划线分离图

(3)挑菌落：从分离的平板上单个菌落挑取少许菌苔，涂在载玻片上，在显微镜下观察细胞的个体形态，结合菌落形态特征，综合分析。如不纯，仍需用平板分离法进行纯化，直至确认为纯培养为止。

3. 平板菌落计数(活菌计数)

(1)编号:取无菌培养皿9套,分别用记号笔标明$10^{-4}$、$10^{-5}$和$10^{-6}$(稀释度)各3套。另取6支盛有4.5 mL无菌水的试管,依次标明$10^{-1}$、$10^{-2}$、$10^{-3}$、$10^{-4}$、$10^{-5}$和$10^{-6}$。

(2)稀释:用1 mL无菌吸管吸取1 mL,准确放0.5 mL已充分混匀的大肠杆菌培养液(待测样品),加入标有$10^{-1}$字样的试管中,此为10倍稀释,吸管中多余的菌液放回原试管中。将$10^{-1}$试管在手掌中或置振荡器上振荡,使菌液充分混匀。另取一支1 mL吸管插入$10^{-1}$试管菌液中吸取1 mL,精确地放0.5 mL菌液于$10^{-2}$试管中,此为100倍稀释……其余依此类推,整个过程如图9.6所示。

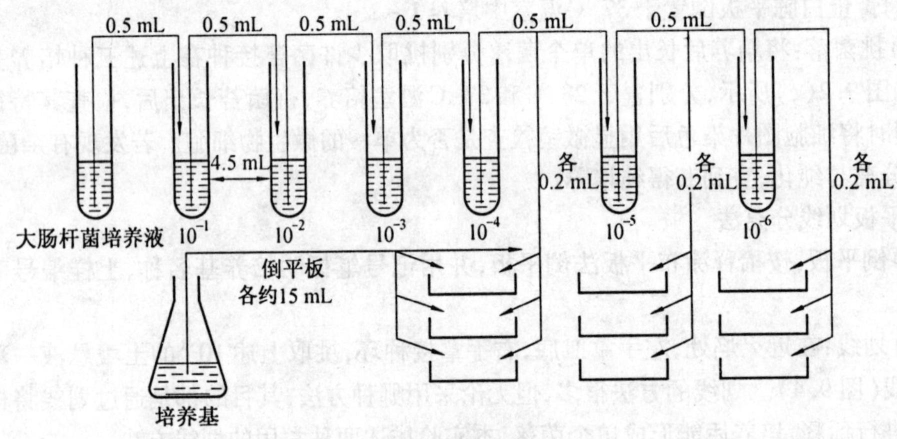


图9.6　平板菌落计数操作步骤

(3)取样:用3支1 mL的无菌吸管分别吸取$10^{-4}$、$10^{-5}$和$10^{-6}$稀释菌悬液各1 mL,放入相应的无菌培养皿中,每个培养皿放0.2 mL。

注意:不要用1 mL吸管每次只靠吸管尖部吸0.2 mL稀释菌液放入培养皿中间,这样容易加大同一稀释度几个重复平板间的操作误差。

(4)倒平板:尽快向上述盛有不同稀释度菌液的培养皿中倒入融化后冷却至45 ℃左右的牛肉膏蛋白胨琼脂培养基约15 mL,置水平位置迅速旋动培养皿,使培养基与菌液混合均匀,旋动时不宜用力过度,否则会使培养基溢出培养皿或溅到培养皿盖上。待培养基凝固后,将平板倒置于37 ℃恒温培养箱中培养。

注意:由于细菌易吸附到玻璃器皿表面,所以菌液加入培养皿后,应尽快倒入融化并已冷却至45 ℃左右的培养基,应立即摇匀。否则,细菌将不易分散或长成菌落连在一起,影响计数。

(5)计数:培养48 h后取出培养平板,根据统计的菌落数,计算出同一稀释度3个平板上的菌落平均数,按下列公式进行计算:

每毫升样品中菌落形成单位数(CFU)= 同一稀释度3次重复的平均菌落数×稀释倍数×5

一般选择每个平板上长有50~200个菌落的稀释度来计算每毫升的含菌量较为合适。同一个稀释度的3个重复平板上的菌落数应相差不大,否则表明实验不精确。实际工作中同一稀释度重复平板不能少于 3 个，重复平板数多会使统计数据更加准确。同时，由 $10^{-4}$、$10^{-5}$、$10^{-6}$ 每个稀释度计算出的每毫升菌液中菌落形成单位数也不应相差太大。

平板菌落计数法所选择的稀释度是很重要的。一般以 3 个连续稀释度中的第二个稀释度在平板上出现的平均菌落数在 50 个左右为好，否则要适当增加或减少稀释度加以调整。

平板菌落计数法的操作除上述倾注倒平板的方式以外，还可以用涂布平板的方式进行。二者操作基本相同，所不同的是后者先将融化牛肉膏蛋白胨培养基倒平板，待培养基凝固后编号，并于 37 ℃左右的温箱中烘烤 30 min 或在超净工作台上吹干，然后用无菌吸管取已稀释好的菌液对号放在不同稀释度编号的平板上，并尽快用无菌玻璃涂棒将菌液在平板上涂布均匀，平放于实验台上 20～30 min，使菌液渗入培养基表层内，然后置 37 ℃的恒温箱中培养 24～48 h。

涂布平板用的菌悬液量一般以 0.1 mL 较为适宜。如果过少，菌液不易涂布开；过多则在涂布完成后或在培养时菌液仍会在平板表面流动，不易形成单菌落。

4. 采用 MPN 稀释法

本方法是基于选择适当稀释倍数的土壤悬液，接种在特定的液体培养基中培养，再检查培养液中是否有该生理类群微生物的生长。根据不同稀释度接种管的生长情况，采用统计学方法求出每克土壤中某生理类群的微生物数量。

操作步骤：

(1) 土壤悬液制备方法同稀释平板法 1～3。

(2) 根据微生物各类群在土壤中的大概数量选择 5 个相连的稀释度，将不同的稀释度悬液分别接种至不同培养基的试管中。每管接悬液 1 mL，每一稀释度重复 5 管(3～5 管均可，重复越多，结果越准确)，即一个样品每种培养基 25 管。

(3) 于 28 ℃培养 7～14 天，根据各生理群的生长或反应，分别记载结果。

(4) 根据各稀释系列试管中有无待测微生物生长或按生理反应的正负得出数量指标，并根据重复数量不同而在相应的稀释法测数统计表中查出细菌近似值。应用稀释法计数时，菌液稀释度要合适，要求在稀释系列中最低稀释度的所有重复都应有菌生长，而最后一个最高稀释度所有重复都没有微生物生长。确定数量指标系取稀释系列中所有重复都有生长(或呈正反应)的最高稀释度为数量指标的第一位数字。例如：

| 稀释度 | $10^{-1}$ | $10^{-2}$ | $10^{-3}$ | $10^{-4}$ | $10^{-5}$ |
| --- | --- | --- | --- | --- | --- |
| 生长情况 | +++++ | +++++ | ++++− | ++−−− | −−−−− |
| 重复数 | 5 | 5 | 4 | 2 | 0 |

数量指标为 542，由 MPN 表查得近似值为 25。如果在所有重复试管内都有微生物生长的稀释度之后仍有 3 个数字，则将最后一个数字加到前一个数字上。

5. 计算结果

$$每克干土中菌数=\frac{近似值\times数量指标量指标第一位释倍数}{干土所占百分比}$$

设样品含水量为 20%，则干土为 80%，则

$$每克干土中菌数=\frac{25\times10^{2}\times100}{80}$$

## 三、思考题

1. 如何确定平板上单个菌落是否为纯培养?

2. 平板菌落计数法中,为什么溶化后的培养基要冷却后才能倒平板?

3. 当平板上长出的菌落不是均匀分散的,而是集中在一起的,你认为问题出在哪里?

# 实验 11 细菌的试管斜面接种

试管斜面接种能保证试管减少被其他微生物污染的几率,在微生物实验过程中,最重要的一点是实验必须在无菌的情况下进行,尽量减少试管的污染机会。细菌的试管斜面接种最适合在菌种转移及菌种纯化中使用。

## 一、实验仪器

高压蒸汽灭菌器,生化恒温培养箱,净化工作台,接种针,酒精灯,试管。

## 二、实验试剂

牛肉膏、蛋白胨、NaCl、琼脂、NaOH、HCl。

## 三、操作步骤

1. 培养基的制备

牛肉膏 3 g,蛋白胨 10 g,NaCl 4 g,琼脂 20 g,蒸馏水 1 000 mL,pH 值 7 ~ 8(可用 NaOH 或 HCl 调试)。

培养基溶解后,分别装于试管中,高压蒸汽灭菌,120 ℃,30 min,灭菌后摆成斜面冷却,待用。

2. 操作流程

(1)接种环灭菌。接种环在每次使用前后,都要在酒精灯火焰上灼烧灭菌。

(2)用左手斜握供菌种试管及待转接的培养基斜面试管。

(3)用右手小指及无名指相夹或右手小指和无名指与手掌相夹拔出棉塞,并将管口迅速通过火焰 2 ~ 3 次,以 45°角斜持于灯焰附近。

(4)将灭菌的接种环伸入菌种管内取少量菌体,放入待接种试管内。在培养基斜面上,按划线法技术,自斜面底端以直线或曲线形式划线,接种完毕后接种环要灼烧灭菌。

(5)接种完毕,将试管口在酒精灯火焰上灼烧 2 ~ 3 次,塞好棉塞,置于生化恒温培养箱内 38 ℃,培养 24 h。如图 9.7 所示。

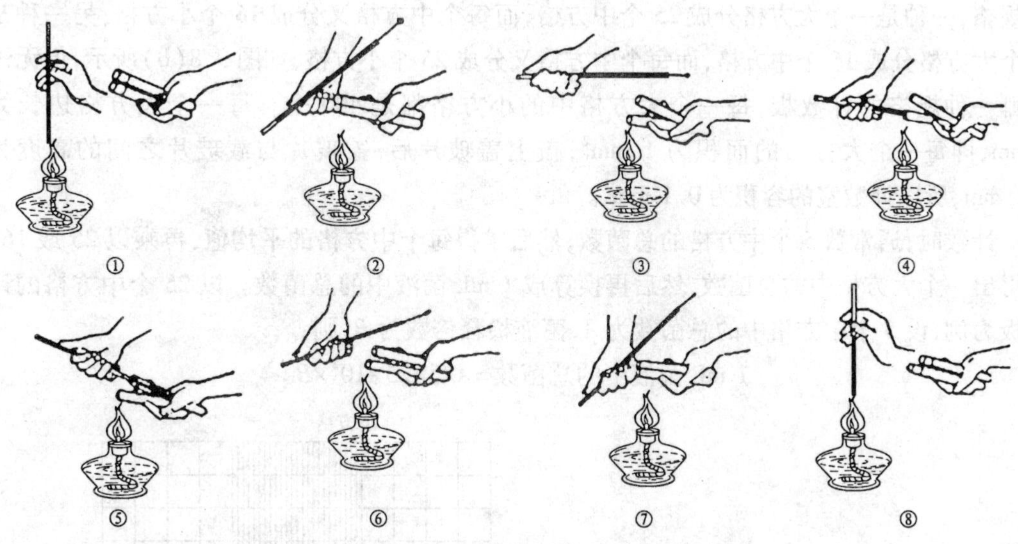


图 9.7　斜面液体接种操作流程

①灼烧接种环；②拔取棉塞；③灼烧试管口；④挑取菌种；⑤接入培养基试液；⑥灼烧试管口；⑦塞好棉塞；⑧烧死残留菌体

# 实验 12　显微镜直接计数和悬滴观察法

## 一、显微镜计数

显微镜计数法是将少量待测样品的悬浮液置于一种特定的具有确定容积的载玻片上（又称计菌器），于显微镜下直接观察、计数的方法。目前国内外常用的计菌器有：血细胞计数板、Peteroff-Hauser 计菌器以及 Hawksley 计菌器等，它们可用于各种微生物单细胞（孢子）悬液的计数，其基本原理相同。其中血细胞计数板较厚，不能使用油镜，常用于个体相对较大的酵母细胞、霉菌孢子等的计数，而后两种计菌器较薄，可用油镜对细菌等较小的细胞进行观察和计数。除了用上述这些计菌器外，还有用已知颗粒浓度的样品如血液与未知浓度的微生物细胞（孢子）样品混合后根据比例推算后者浓度的比例计数法。显微镜计数法的优点是直观、快速、操作简单；缺点是所测得的结果通常是死菌体和活菌体的总和，且难以对运动性强的活菌进行计数。目前已有一些方法可以克服这些缺点，如结合活菌染色、微室培养（短时间）以及加细胞分裂抑制剂等方法来达到只计数活菌体的目的或用染色处理等杀死细胞以计数运动性细菌等。本实验以最常用的血细胞计数板为例对显微计数法的具体操作方法进行介绍。

血细胞计数板是一块特制的载玻片，其上由 4 条槽构成 3 个平台。中间较宽的平台又被一短横槽隔成两半，每一边的平台上各刻有一个方格网，每个方格网共分为 9 个大方格，中间的大方格即为计数室。血细胞计数板构造如图 9.8（a）所示。计数室的刻度一般有两种规格,一种是一个大方格分成25个中方格,而每个中方格又分成16个小方格;另一种是一个大方格分成16个中方格,而每个中方格又分成25个小方格,如图9.8(b)所示,但无论是哪一种规格的计数板,每一个大方格中的小方格都是400个。每一个大方格边长为1 mm,即每一个大方格的面积为1 $mm^2$,盖上盖玻片后,盖玻片与载玻片之间的高度为0.1 mm,所以计数室的容积为0.1 $mm^3$。

计数时,通常数5个中方格的总菌数,然后求得每个中方格的平均值,再乘以25或16,就得出一个大方格中的总菌数,然后再换算成1 mL菌液中的总菌数。以25个中方格的计数板为例,设5个中方格中的总菌数为$A$,菌液稀释倍数为$B$,则:

$$1\ \text{mL 菌液中的总菌数} = A/5 \times 25 \times 10^4 \times B$$

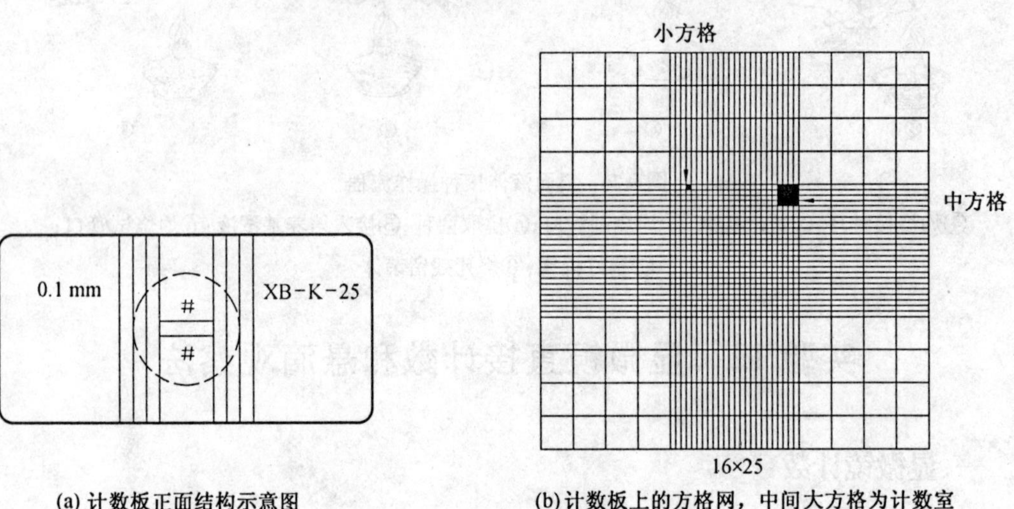


(a) 计数板正面结构示意图　　(b) 计数板上的方格网，中间大方格为计数室

图9.8　血细胞计数板构造示意图

## 二、悬滴观察法

对细菌等微生物细胞多采用染色观察法,这是因为染色处理可增加样品的反差,改善观察效果。但如果要观察微生物在自然生活状态下的细胞形态、大小、分裂后的细胞排列方式,特别是微生物的运动特性,则应采用不影响微生物细胞活性的悬滴观察法。该法是将滴加有菌液的盖玻片反转倒扣到特制的凹载玻片上,使菌液对准凹槽中央,再用普通光学显微镜观察。盖玻片和凹载玻片之间涂上凡士林进行密封,使液滴在观察过程中不致因蒸发作用而干燥(图9.9)。若手边没有凹载玻片,也可用普通载玻片采用类似原理的压滴法进行观察。也就是将菌液加到载玻片上后,在液滴上加盖一张盖玻片,再置于显微镜下观察。

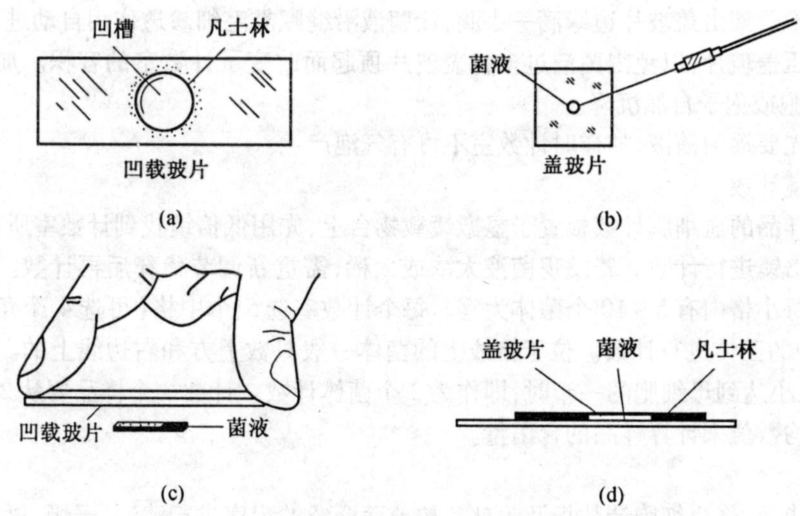

图9.9　悬滴法制片步骤

## 三、操作步骤

### (一)实验器材

1. 菌种

酿酒酵母、米曲霉、铜绿假单胞菌、蜡状芽孢杆菌、北京棒杆菌培养斜面。

2. 溶液和试剂

香柏油、二甲苯、生理盐水、凡士林。

3. 仪器及其他用品

普通光学显微镜、血细胞计数板、凹载玻片、盖玻片、擦镜纸、软布、接种环、酒精灯、毛细滴管、玻璃小漏斗、小玻璃珠、试管、脱脂棉、三角烧瓶等。

### (二)显微镜计数

1. 菌悬液制备

将5 mL左右的无菌生理盐水加到酿酒酵母或米曲霉培养斜面上,用无菌接种环在斜面上轻轻来回刮取。将制备的悬液倒入盛有5 mL生理盐水和玻璃珠的三角烧瓶中,充分振荡使细胞(孢子)分散。米曲霉孢子液随后还应用无菌脱脂棉和玻璃小漏斗过滤,去掉菌丝,上述悬液在使用前可根据需要适当稀释。

用接种环在培养斜面上刮取时动作要轻,不要将琼脂培养基一起刮起。

2. 检查血细胞计数板

在加样前,应先对血细胞计数板的计数室进行镜检。若有污物,可用自来水冲洗,再用95%的乙醇棉球轻轻进行擦洗,然后用吸水纸吸干或用电吹风吹干。

计数板上的计数室的刻度非常精细,清洗时切勿使用刷子等硬物,也不可用酒精灯火焰烘烤计数板。

3. 加样品

将清洁干燥的血细胞计数板盖上盖玻片,再用无菌的毛细滴管将摇匀的酿酒酵母菌悬液或米曲霉孢子液由盖玻片边缘滴一小滴,让菌液沿缝隙靠毛细渗透作用自动进入计数室,再用镊子轻压盖玻片,以免因菌液过多将盖玻片顶起而改变了计数室的容积。加样后静置 5 min ,使细胞或孢子自然沉降。

取样时先要摇匀菌液,加样时计数室不可有气泡产生。

4. 显微镜计数

将加有样品的血细胞计数板置于显微镜载物台上,先用低倍镜找到计数室所在位置,然后转换成高倍镜进行计数。若发现菌液太浓或太稀,需重新调节稀释后再计数。一般样品稀释度要求每小格内有 5 ~ 10 个菌体为宜。每个计数室选 5 个中格(可选 4 个角和中央的一个中格)中的菌体进行计数。位于格线上的菌体一般只数上方和右边线上的。如遇酵母出芽,芽体大小达到母细胞的一半时,即作为 2 个菌体计数。计数一个样品要从 2 个计数室中计得的平均数值来计算样品的含菌量。

5. 清洗

使用完毕后,将血细胞计数板及盖玻片按前面介绍的程序进行清洗、干燥,再放回盒中,以备下次使用。

(三)悬滴法观察

1. 制备菌液

从细菌培养斜面上挑取数环菌于盛有 1 ~ 2 mL 无菌生理盐水的试管中,制成轻度浑浊的菌悬液。

2. 涂凡士林

取洁净凹载玻片一片,在其凹槽周边涂少许凡士林或将凡士林涂在盖玻片的四周。

3. 加菌液

在盖玻片中央滴一小滴菌液。注意滴加时的液滴不宜过大,否则菌液会流到凹载玻片上而影响观察。

4. 盖凹载玻片

将凹载玻片反转,使其凹槽对准盖玻片中心的菌液,轻轻盖在盖玻片上。稍稍用力轻压,使盖玻片与凹载玻片黏合在一起,把液滴封闭在小室中。翻转凹载玻片,使菌液滴悬在盖玻片下并位于凹槽中央。

5. 镜检

先用低倍镜找到菌悬液的边缘,再将液滴移至视野中央,然后换高倍镜或油镜观察。有鞭毛的细菌可作直线、波浪式或翻滚运动,两个细菌细胞间会出现明显的位置变化。而不具运动能力的细菌仅能进行布朗运动或随水流动,两个细胞间的位置要保持相对恒定。

使用油镜观察时,盖玻片厚度不能超过 0. 17 mm,在操作中还应十分细心,以免压碎盖玻片,损坏镜头。

## 实验 13　微生物大小的测定

微生物细胞的大小是微生物基本的形态特征,也是分类鉴定的依据之一。一般来说,同种不同个体的细菌细胞直径的变化范围较小,分类学指标价值更大,而长度相对来说变化范围较大。

微生物大小一般利用目镜测微尺来测量。目镜测微尺是一块可以放置在接目镜中隔板上的圆形玻片，中央刻有等分为50或100小格的标尺。目镜测微尺不是直接测量微生物，而是观测显微镜放大后的物像。因目镜测微尺每小格所表示的长度由使用的接目镜和接物镜的放大倍数及镜筒的长度而定，所以在使用前，需用镜（载物）台测微尺进行校正，以求得在特定的显微镜光学系统下目镜测微尺每小格所实际代表的长度。

镜台测微尺为一中央刻有精确刻度的载玻片，一般为1 mm等分为100格，每格为10 μm，专门用来校正目镜测微尺。

## 一、实验仪器

显微镜，目镜测微尺，镜台测微尺。

## 二、实验试剂

待测菌液。

## 三、操作步骤

1. 标定目镜测微尺

（1）用镜台测微尺校定目镜测微尺的长度。将目镜测微尺刻度朝下装入接目镜两透镜间的隔板上，将镜台测微尺置于载物台上，使刻度朝上并对准聚光器。

（2）先用低倍镜观察，调焦距，看清镜台测微尺后，转动接目镜使目镜测微尺与镜台测微尺平行对正。

（3）移动推进器，使二尺的一端重合，然后找出另一端第二条重合的线。如图9.10中$AB$与$A'B'$重合，另一端$CD$与$C'D'$重合。

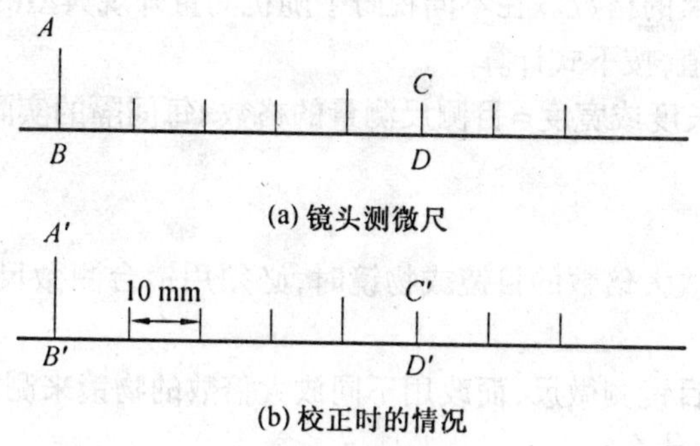


图9.10　目镜测微尺

（4）计算目镜测微尺每小格实际长度，记载。以图所示为例：

目镜测微尺每小格长度＝镜台测微尺格数×10/目镜测微尺格数＝5×10/6＝8.33 μm

（5）同法。在高倍接物镜下找出二尺的重合线，计算目镜测微尺每小格长度并记载。

（6）在镜台测微尺上加一滴香柏油，同法求出使用油镜头时目镜测微尺的每小格长度，并记载。

2. 实测微生物的大小

(1)取下镜台测微尺，换上待测标本片。

(2)按常规操作观察标本片，如细菌菌体太小，在高倍接物镜下不易测量，则用油镜。不管用任何接物镜头其结果应一致。

(3)先量出菌体的长和宽各占目镜测微尺的格数，然后换算成微米，一般测量细菌的大小，在同一标本片上，需测定10～20个菌体，求出其平均值及变化范围。菌体的大小以长×宽表示，球菌以直径表示。由于细菌个体大小有差异，以及所用固定和染色方法不同，导致测定结果可能不一致，所以常用平均值或具有代表性的数据表示细菌的大小。

(a) 带测微尺的目镜

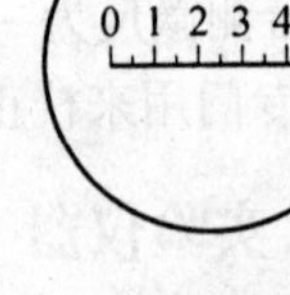


(b) 目镜测微尺

图 9.11　目镜测微尺

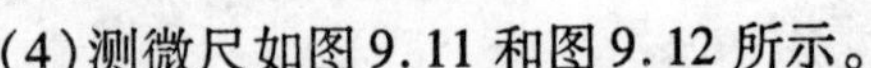

(4)测微尺如图9.11和图9.12所示。

(a) 带镜台测微尺的载玻片

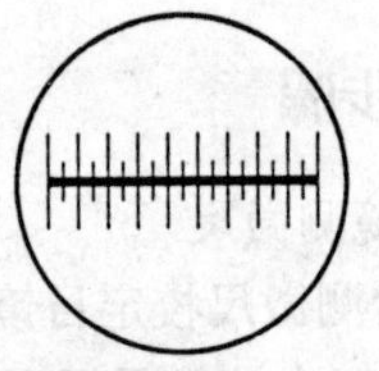

(b) 镜台测微尺

图 9.12　镜台测微尺

(5)菌体大小的测量。取下镜台测微尺，将载有待测物的载玻片置载物台上，按常规寻找目的物，转动目镜和镜台推动器，使菌体一端与目镜测微尺的一个刻度重合并由此计算菌体的长度或宽度占测微尺的格数。在不同视野下随机测量外观典型的单独菌体20个以上，取其平均值和最大最小值，按下式计算

菌体的长度或宽度＝目测尺测量的格数×每间隔的实际长度

## 四、思考题

1. 为什么更换不同放大倍数的目镜或物镜时，必须用镜台测微尺重新对目镜测微尺进行校正？

2. 在不改变目镜和目镜测微尺，而改用不同放大倍数的物镜来测定同一细菌的大小时，其测定结果是否相同，为什么？

# 第10章　菌株的选育

## 实验14　用琼脂块法筛选抗生菌

微生物间的拮抗现象是普遍存在的，人们从微生物间的拮抗现象中发现了青霉素，从而创建了抗生素工业。测定拮抗作用的方法简述如下：

将含拮抗物或抗生素的样品放到混有一定浓度供试菌株细胞的琼脂平板表面，经培养后，在被测样品周围就会出现一个圆形的透明区域——抑菌圈。根据供试菌的类型、抑菌圈的大小，就可以检测和衡量不同类型拮抗物或抗生素的浓度与抑菌效率。

用单菌落琼脂块法筛选抗生菌的基本原理也是如此，所不同的是这种筛选法集菌种筛选和测定于一体（单菌落琼脂块），即由某一抗生素的产生菌，在平板上由单孢子或单细胞发育而成单菌落的过程中，它所分泌的抗生素类物质将会全部累积在独立的琼脂块中，若将此琼脂块移至供试菌平板表面，则其中的抗生素物质会不断向平板四周扩散，并在一定的浓度范围内抑制或杀死周围的供试菌而形成抑菌圈。当介质固定时，抑菌圈的大小主要取决于分泌菌所产生拮抗物质的多少及测定时所用指示菌的土壤。因而可根据抑菌圈的大小，初步判断某单菌落拮抗作用的强弱。利用此原理筛选抗生素产生菌的高产菌株，可省去工作量大、操作繁杂的摇瓶初筛等步骤，从而提高筛选效率。

### 一、材料和器皿

1. 菌种

细黄链霉菌（*Streptomyces microflavus*）5406，枯草芽孢杆菌（*Bacillus subtilis*）。

2. 培养基

牛肉膏蛋白胨琼脂培养基，高氏1号琼脂培养基。

3. 其他

无菌生理盐水、移液管、培养皿（9 cm、12 cm）或玻璃板框、无菌玻管打孔器（直径8 mm，薄壁）、针头、镊子等。

### 二、方法和步骤

1. 分离单菌落

（1）制备孢子悬液：取经过活化2～3代的“5406”斜面孢子制备成孢子悬液，然后进行适当稀释备用。若作为诱变育种处理，则常将其稀释成$10^6$～$10^7$个/mL。

（2）分离单菌落：将稀释至一定浓度的孢子悬液，采用涂布法获得一批分布均匀的单菌落。

2. 取单菌落琼脂块

将接种平板置于合适温度下培养 2 ~ 3 d，即在平板上形成许多稀疏可见的微小菌落时，就可用无菌玻璃管或钢管打孔器制备一批含单个菌落的圆柱状琼脂块，并将移至无菌大培养皿中继续保温、保湿培养(各圆柱状琼脂块下垫一圆形无菌塑料片)，直至微菌落发育成成熟的菌落后再测定抑菌能力。

3. 枯草芽孢杆菌悬液制备

将活化 1 ~ 2 代的枯草芽孢杆菌斜面，用 3 ~ 4 mL 生理盐水洗下菌苔，倒入含玻璃珠的三角瓶中充分打散，并制成一定浓度的细菌悬液。为使供试菌同步生长，可将制备的细菌悬液在 80 ℃水浴锅中保温 5 ~ 10 min，以杀死其中的营养细胞。

4. 拮抗作用的测定

(1) 融化培养基：融化牛肉膏蛋白胨琼脂培养基，并冷却至 50 ℃左右。

(2) 加供试菌菌液：吸取上述制备的枯草芽孢杆菌悬液 1 ~ 100 mL 融化并冷却至 50 ℃的牛肉膏蛋白胨培养基中，迅速混匀。

(3) 制含菌平板：用大口移液管吸取 15 mL 含菌牛肉膏蛋白胨培养基置无菌培养皿内摇匀，置水平位置待凝。上述步骤也可简化为先吸 0.2 mL 菌液于无菌培养皿中，再倒入培养基，经充分混匀置水平凝固即制备成含菌供测试用的平板。

(4) 移放琼脂块：用无菌镊子将培养成熟的单菌落琼脂块从湿室内移出，并放在含供测试细菌用的培养基平板上，放置位置要均匀(图 10.1)。一般每培养皿放 4 ~ 6 个含菌落琼脂块。在选择单菌落琼脂块时，可适当挑选形态和大小不同的菌落进行测定，以比较它们的抑菌能力的大小。也可以简化为从培养好的平板上直接制备单菌落琼脂块进行抗菌物质含量的测定，以粗测各菌落间含拮抗物的多少。

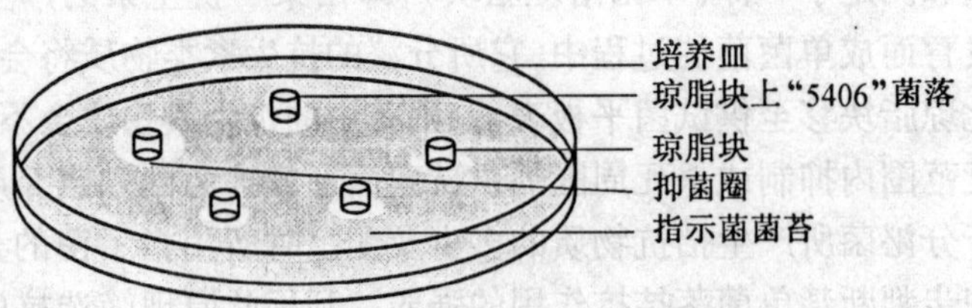


图 10.1 用琼脂块法测定 5406 的拮抗性能示意图

(5) 培养：将放有琼脂块的供试菌平板放在 37 ℃温箱内培养 20 ~ 24 h。

(6) 测量抑菌圈：观察不同类型菌落所形成抑菌圈的大小，并测量各个抑菌圈的直径(mm)，填入结果记录表中。

(7) 筛选单菌落：将抑菌圈直径大的“5406”孢子移接至高氏 1 号斜面培养基上，然后再进行多次复筛和性能测定，从中选出拮抗能力较强而稳定的菌株。

## 三、结果记录

(1) 将各单菌落琼脂块的抑菌圈直径测量值记录在下表中。

| 菌落编号 | 菌落特征描述 | 抑菌圈直径/mm | 备注 |
|---|---|---|---|
| 1 | | | |
| 2 | | | |
| 3 | | | |
| 4 | | | |
| 5 | | | |

(2)记录各种形态特征的单菌落(大小、孢子颜色)。

## 四、注意事项

(1)打孔制备琼脂块、移动和测定等均需采用严格无菌操作。

(2)挑取的琼脂块必须完整,以便比较各单菌落拮抗能力的强弱。

## 五、思考题

1. 影响本实验抑菌圈直径大小的因素有哪些?

2. 用单菌落琼脂块法筛选抗生素产生菌株和高产菌株的依据是什么?有何特点和优点?

3. 本实验操作的关键是什么?

# 实验15　食用菌菌种的分离和培养技术

蕈菌是一类大型真菌,其中有许多可供食用,俗称为食用菌,如蘑菇、香菇、平菇、木耳等。其味道鲜美,营养价值高,由于它含有丰富的蛋白质和维生素,其脂肪含量低且具有多种低聚多糖类,故有很高营养与药用价值,因此,具有较高经济与社会效益而备受菇农的青睐。蕈菌种类多(能食用的达2 000多种,已利用的约400种),广泛分布在森林落叶地带与人工栽培场中(约50种),与人类的关系极为密切。近年来我国城乡已经大量推广和普及食用菌的人工栽培技术。

蕈菌最大的特征是形成形状、大小、颜色各异的大型肉质子实体。典型的蕈菌,其子实体均由顶部的菌盖(包括表皮、菌肉和菌褶)、中部的菌柄(常有菌环和菌托)和基部的菌丝体三部分组成。

蘑菇是蕈菌家族中的著名代表,其学名为双孢蘑菇(Agaricus bisporⅡs),在生长发育中可形成形态结构完全不同的两个阶段(菌丝体与子实体)。蘑菇的担孢子在适宜条件下萌发长出单核菌丝,称一级菌丝体。在一级菌丝体的同宗菌丝之间会结合形成具双核的二级菌丝(是食用菌菌丝的基本形态特征)。双核菌丝细胞在分裂过程中会形成一个特殊的形态结构——锁状联合(镜检菌丝是否具有锁状联合,是判断蘑菇等菌种是否被霉菌污染的常用方法之一)。喙状突起的锁状联合是双核细胞分裂和不断向前延伸并形成大量的二级菌丝体的前提。在适宜条件下,形成二级束状气生菌丝体再扭结分化为各种菌丝束,常称为三级菌丝;部分菌丝束再逐渐形成菇蕾,然后再进行分化、膨大成大型子实体(由菌盖、菌褶、菌环和菌柄等组成),在菌褶的两侧形成于实层(由担子、担孢子、囊状体等组成),它是蘑菇等蕈菌繁殖后代的重要结构。

食用菌栽培菌种的来源有两种,一是向有关菌种保藏或生产单位索取或购买,另一种方法是从自然界采集新鲜的食用菌进行分离。分离法有孢子分离、组织分离及菇木菌丝分离等几种。

其中最简便有效的方法是组织分离,成功率高,菌种质量也好。在自行分离前,首先必须熟悉欲采集的食用菌的形态特征及其生态环境,采集后应详细记录,然后再带回实验室进行分离和鉴定。本实验简介食用菌的观察、分离与制种等基本技术。

## 一、材料和器皿

1. 菌种

双孢蘑菇菌种、平菇菌种等。

2. 培养基

马铃薯葡萄糖琼脂培养基(PDA),食用菌制种的营养原材料等。

3. 器皿

普通光学显微镜、载玻片、盖玻片、镊子、无菌培养皿、无菌滤纸、单面刀片等。

4. 试剂

0.1%升汞、75%乙醇、乳酚油染色液等。

## 二、方法和步骤

### (一)蘑菇菌丝体、子实体的制备与观察

1. 蘑菇菌丝体的形态

要观察蘑菇菌丝体的形态结构,可以直接从生长在斜面培养基或平板上的培养物中挑取菌丝制片观察,若要观察菌丝体的自然着生形态,可采用如下方法制备观察标本。

(1)制 PDA 平板。在无菌培养皿中倒入约 20 mL PDA 培养基,待凝备用。

(2)接蘑菇母种。在无菌操作环境下将蘑菇母种接入上述制备的平板培养基上。

(3)插片或搭片。用无菌镊子将无菌盖玻片以约 400°角插入接有蘑菇母种块的培养基内,距离接种块 1 cm 左右。每个培养皿可插 2 ~3 片。也可以在接有蘑菇母种块边缘开槽后将无菌盖玻片平置搭在槽口上。

(4)恒温培养。将接种平板置 25 ℃恒温培养箱内培养,放一盘水以保持足够的湿度以满足菌丝体的正常生长。

(5)制备镜检片。培养 2 ~3 d 后,当菌丝已长到盖玻片上时,用镊子取出盖玻片。在一洁净的载玻片上滴一滴乳酚油染色液,把盖玻片长有菌丝的一面朝下,覆盖在染液中,用滤纸吸去多余的染液。

(6)镜检观察。将载玻片置载物台上用低倍镜进行观察。

(7)检锁状联合。移动载玻片,寻找到菌丝不成团、并有锁状联合处,用高倍镜、油镜进行仔细观察,并把观察到的图像绘制下来。

2. 蘑菇子实层结构

要观察蘑菇子实体的层次结构,必须对菌褶进行超薄切片(有切片机法与徒手法两种)。切片的材料可用新鲜标本或某些干制标本,现以新鲜蘑菇的徒手切片法作简介。

(1)取菌褶块。取新鲜子实体菌褶部位的一小块组织,放置在培养皿内的纸片上,置于冰箱冷冻室内冷冻约 10 min。

(2)徒手切片。取出培养皿与开启皿盖,左手轻压按住标本,右手用单面刀片对标本进行快速仔细切削,使其形成许多菌褶层的薄片状。

(3)漂洗切片。将切片置于含生理盐水的培养皿内漂浮与漂洗,选取薄而均匀透明的

菌褶层切片制备成观察标本。

(4)镜检观察。可在低倍或中倍镜下观察菌褶层的菌丝形态及担子、担孢子的结构形态等。

**(二)蘑菇菌种的分离与培养法**

1. 采集菌样

用小铲或小刀将子实体周围的土挖松,然后将子实体连带土层一起挖出(切忌用手拔,以免损坏其完整性)。用无菌纸或纱布将整体包好,带回实验室。

2. 子实体消毒

在无菌条件下将带泥部分的菌柄切除,如菌褶尚未裸露,则可将整个子实体浸入0.1%升汞液中消毒2~3 min,再用无菌水漂洗3次。如菌褶已外露,只能用75%乙醇擦菌盖和菌柄表面2~4次,以除去尘埃与杀死附着的正常菌群。

3. 收集孢子

(1)放置搁架:将消毒后的菌盖与菌柄垂直放在消毒过的三角架上,三角架可使用不锈钢丝或铅丝制作。

(2)放入无菌罩内:将菇架一起放到垫有无菌滤纸的培养皿内,然后盖上玻璃罩,玻璃罩下再垫一个直径稍大的培养皿。

(3)培养与收集孢子:将上述装置放在合适温度下,让菌种释放孢子。不同菌种释放孢子的温度稍有差异,如双孢蘑菇为14~18 ℃,香菇为12~18 ℃,侧耳为13~20 ℃。在合适温度下子实体的菌盖逐渐展开,成熟孢子即可掉落至培养皿内的无菌滤纸上(图10.2)。

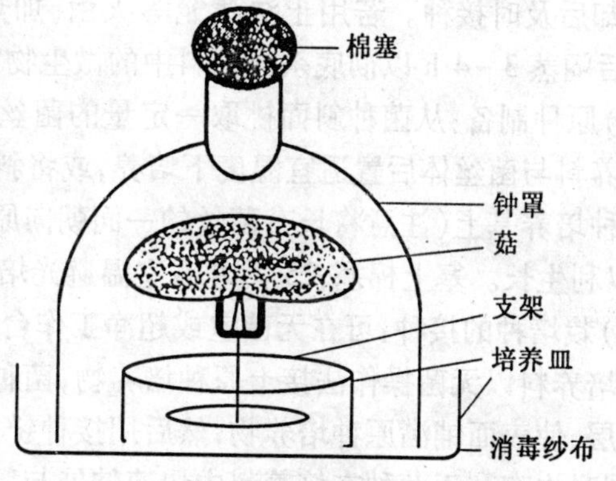


图10.2 蘑菇成熟孢子收集装置示意图

4. 获取菌种

(1)制备孢子悬液:用灭菌的接种环蘸少许无菌水,再用环蘸少量孢子移至含有5 mL无菌水的试管中制成孢子悬液。

(2)接种PDA斜面:挑1环孢子悬液接种到马铃薯斜面培养基上,即在斜面上作"Z"形划线或拉一条线的接种法制备斜面菌种。

(3)培养与观察:经20~25 ℃培养后约4~5 d,待斜面上布满白色菌丝体后即可作为菌种进行扩大培养与使用。

(4)单孢子纯菌斜面:若要获取单孢子纯菌落,可取上述孢子悬液1滴(约0.1 mL)于马铃薯葡萄糖平板培养基上,然后用涂布棒均匀地涂布于整个平板表面上,经培养后,选取单菌落移接至斜面培养基上就可以获得由单孢子得来的纯菌斜面。

(5)组织分离法:组织分离法,即从消毒子实体的菌盖或菌褶部分切取一部分菌丝体,移至马铃薯葡萄糖斜面培养基上,经培养后在菌块周围就会长出白色菌丝体。待菌丝布满整个斜面后就可作为菌种(整个过程要注意进行无菌操作,防止杂菌污染)。

(三)平菇原种和栽培种制备法

1. 母种的分离与培养

食用菌栽培中,菌种优劣是获取经济效益的关键。它直接影响到原种、栽培种的质量及产量与效益,平菇母种的获取与蘑菇菌种的制备相同。

2. 原种和栽培种的制备

由试管斜面母种初步扩大繁殖到固体种(原种)。由原种再扩大繁殖应用于生产的菌种,叫做生产种或栽培种。其逐级扩大的步骤如下:

(1)原种、生产种的培养基配制。

1)培养基配方:棉籽壳 50 kg,石膏粉 1 kg,过磷酸钙(或尿素)0.25 kg,糖 0.5 kg,水约 60 kg,pH 值 5.5 ~6.5。

2)拌料:含水量约 60%(将棉籽壳、石膏粉、过磷酸钙按定量充分拌匀,将糖溶在 60 kg 的水中,然后边搅拌边加入糖水,糖水加完后,再充分拌匀。静止 4 h 后,再测定含水量,一般掌握在 60% 左右,pH 值 5.5 ~6.5)。

3)装瓶:将已经配制好的培养料装入培养瓶中,装料时尽量做到瓶的四周料层较坚实,中间稍松。并在中心留一小洞,以利接种。栽培种装料量常至蘑菇瓶的齐瓶肩处。

4)灭菌:装瓶后应立即灭菌,温度 128 ℃维持 1.5 ~2 h 以彻底杀灭固料内杂菌。取出瓶待冷却后及时接种。若用土法蒸笼等灭菌,加热至培养基上冒出蒸汽后,继续维持 4 ~6 h,然后闷蒸 3 ~4 h 以彻底杀灭固料中的微生物菌体细胞、孢子与芽孢。

(2)原种制备:从菌种斜面挑取一定量的菌丝体移接到 500 mL 三角瓶固体培养料中,拍匀培养料与菌丝体后置适宜温度下培养,或将斜面母种分成 6 块,用无菌接种铲铲下一块放入原种培养基上(注意将长有菌丝的一面朝向原种的培养料),使母种与原种培养料直接接触,以利生长。塞上棉塞,25 ℃左右室温避光培养。

(3)栽培种的接种:可在无菌室或超净工作台上进行接种。将已经灭菌而冷却至 50 ℃左右的培养料以无菌操作法接上原种培养物,菌种接入栽培种培养料的中央洞孔内与培养料的表层,使表面铺满原种培养物,然后用接种铲等将表面压实,以利于原种与培养料紧密结合,同时也有利于菌种在培养料中快速伸展与繁殖。

(4)培养与观察:接种完毕应立即将培养瓶用无菌纸包扎好,25 ℃左右培养,原种瓶装的料面上布满菌丝体需 7 ~10 d,栽培种料面上布满菌丝体则需 20 ~30 d。

## 三、结果记录

1. 绘制显微镜下观察到的蘑菇态构造。

| 观察要点 | 低倍镜下 | 中倍镜下 | 高倍镜下 |
|---|---|---|---|
| 蘑菇菌丝 | | | |
| 菌褶层菌丝 | | | |
| 子实层中担子 | | | |
| 担孢子 | | | |

2.将分离蘑菇的结果记录于下表中。

| 食用菌名称 | 收集孢子的温度 | 孢子颜色与形状 | 菌丝体培养温度 | 备注 |
| --- | --- | --- | --- | --- |
| | | | | |

3.将观察到的蘑菇和平菇子实体形态构造记录在下表中。

| 蕈菌名称<br>子实体 | 蘑菇 | 平菇 |
| --- | --- | --- |
| 菌盖 | | |
| 菌褶 | | |
| 菌柄 | | |
| 菌环 | | |
| 菌托 | | |

4.记录平菇栽培种的制备与培养结果。

## 四、注意事项

(1)培养瓶装料时要上下松紧一致,使瓶周围稍紧而中央松散些,有利于灭菌与接种,接种要严格按无菌操作进行。

(2)在原种或栽培种的培养中,从第三天到菌丝覆盖培养基表面并深入料内2 cm左右起,要勤检查,发现杂菌污染要及时进行妥善处理。

(3)培养好的菌种要放在凉爽、干燥、清洁与避光处,及时使用以防菌种老化。

(4)菌种质量的优劣,直接影响菇的产量。分离到的菌种应注意达到以下标准:

①没有受杂菌污染或混有其他菌种。

②菌丝体呈白色而有光泽,无褐色菌皮。

③菌丝粗壮,分支浓密,生活力强,菌龄适当。

④培养基湿润,含水量适中,试管斜面上有少量水气。

(5)用升汞消毒后的子实体上所残留的溶液必须及时漂洗去,否则会抑制菌丝体的生长。

# 实验16　抗药性突变株的分离

抗药性突变株是指野生型菌株因发生基因突变而产生的对某些化学药物的抗性变异类型,可在加有相应药物的培养基平板上选出。抗药性突变是由于DNA分子的某一特定位置的结构改变所致,与药物的存在无关,而药物的存在只是作为筛选某种抗药性菌株的一种手段。抗药性突变在科学研究和育种实践上是一种十分重要的选择性遗传标记,有些抗药性菌株还是重要的生产菌种。因此,掌握分离抗药性突变株的方法是十分必要的。

为了便于选择适当的药物浓度,分离抗药性突变菌株常用梯度平板法。通过制备存在药物浓度梯度的平板,在其上涂布经诱变处理后的细胞悬液,极个别抗性突变的细胞会在平板上药物浓度比较高的部位长出菌落。将这些菌落挑取纯化，再进一步进行抗性试验，就可以得到所需要的抗药性菌株。

## 一、材料与用品

1. 菌株和培养基

*E. coli* Strs，牛肉膏蛋白胨琼脂培养基、牛肉膏蛋白胨培养液（分装于离心管中，每管5 mL）。

2. 试剂

链霉素、生理盐水。

3. 仪器与物品

培养皿、无菌吸管、玻璃涂棒、离心机等。

## 二、实验步骤

1. 制备菌悬液

从已活化的斜面菌种上挑一环 *E. coli* 于装有 5 mL 牛肉膏蛋白胨培养液的无菌离心管中（接 2 支离心管），置于 37 ℃条件下培养 16 h 左右，离心（3 500 r/min，10 min），弃去上清液后再用生理盐水洗涤 2 次，弃上清液，重新悬浮于 5 mL 生理盐水中。将 2 支离心管的菌液一并倒入装有玻璃珠的锥形瓶中，充分振荡以分散细胞，制成 $10^8$ 个/mL 的菌液。然后吸 3 mL 菌液于装有磁力搅拌棒的培养皿（直径 6 cm）中。

2. 紫外线诱变处理

参见实验 38。

3. 抗药性突变型的检测

（1）梯度平板法。

1）制备梯度平板。将已经融化好的 10 mL 牛肉膏蛋白胨琼脂培养基倒入培养皿，立即将培养皿斜放，使高处的培养基正好位于皿边与皿底的交接处。待其凝固后，将培养皿平放，再加入含有链霉素（100 μg/mL）的牛肉膏蛋白胨琼脂培养基 10 mL。凝固后，便得到链霉素质量浓度从 100 μg/mL 到 0 μg/mL 逐渐递减的梯度培养皿（图 10.3）。然后再在皿底作一个“+”符号标记，以示药物浓度由低到高的方向。

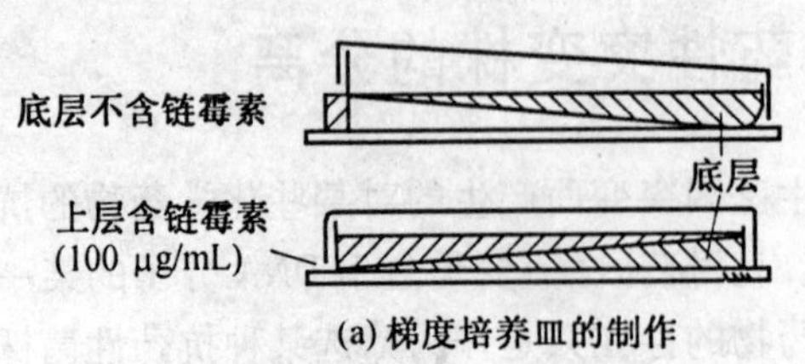


(a) 梯度培养皿的制作

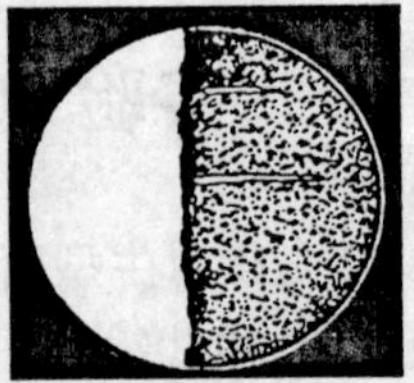

(b) 细菌生长情况

图 10.3　在链霉素的梯度培养皿上枯草芽孢杆菌的生长情况

2）筛选抗药性菌株。用无菌吸管吸取 0.2 mL 诱变后的 *E. coli* 培养液加到梯度平板上，用无菌玻璃涂棒将菌液均匀涂布到整个平板的表面。然后把平板倒置于 37 ℃培养48 h。选择生长在梯度平板中部的单个菌落分别接种到斜面上，培养后再做抗药浓度的测定。

(2)抗药浓度的测定。

1)制备含药平板。取链霉素溶液(750 μg/mL)0.2 mL、0.4 mL、0.6 mL 和 0.8 mL 分别加到无菌培养皿中,再加入融化并冷却到 50 ℃左右的牛肉膏蛋白胨琼脂培养基 15 mL,立即混匀,冷凝后即为含有 10 μg/mL、20 μg/mL、30 μg/mL 和 40 μg/mL 链霉素的含药平板。另外做一个不含药的平板作对照用。

2)抗药性的测定。将上述培养皿用记号笔分区,将分离到的抗药性菌株分别划线接入上述四种药物浓度的平板上和对照平板上。每一皿都必须留一格接种出发菌株。然后将所有培养皿倒置放入 37 ℃温箱中培养过夜。第二天观察各菌株的生长情况,并记录结果。

## 三、实验结果

(1)记录并填表经紫外线诱变后各抗性菌株的抗链霉素的程度(在 40 μg/mL 上能生长的菌,可继续提高药物浓度,作进一步测定)。

(2)这次诱变处理后得到的抗性菌株有几个？它们的抗性程度有什么差异吗？

| 菌株编号 | 含药平板/($\mu g \cdot mL^{-1}$) | | | | 对照平板 |
|---|---|---|---|---|---|
| | 10 | 20 | 30 | 40 | |
| 1 | | | | | |
| 2 | | | | | |
| 3 | | | | | |
| 出发菌株 | | | | | |

## 四、思考题

1. 培养基中的链霉素引起了抗性突变吗？请设计一个实验加以说明。

2. 梯度平板法除用于分离抗药性突变株以外,还有什么其他用途？将未经诱变的菌株涂在含药平板上是否有菌落出现？为什么？

3. 你选出的抗药性菌株中,如有一支抗链霉素的菌株在含药平板上能生长,在不含药平板上反而不生长,这说明什么？

# 实验 17　酵母菌营养缺陷型的筛选

营养缺陷型是指野生型菌株由于诱变处理,使编码合成代谢途径中某些酶的基因突变,丧失了合成某些代谢产物(如氨基酸、核酸碱基、维生素)的能力,必须在基本培养基中补充该种营养成分,才能正常生长出一类突变株。这类菌株可用于进行遗传学分析、微生物代谢途径的研究及细胞和分子水平基因重组研究中,作为供体和受体细胞的遗传标记。在生产实践中它们既可直接用作发酵生产氨基酸、核苷酸等有益代谢产物的菌种,也可作为对生产菌种进行育种时所不可缺少的亲本遗传标记和杂交种的选择性标记。

营养缺陷型的筛选一般都要经过诱变、浓缩缺陷型、检出和鉴定缺陷型四个环节。诱变处理通常突变频率较低,只有通过淘汰野生型,才能浓缩营养缺陷型而选出少数的突变株。浓缩营养缺陷型对于细菌常采用青霉素淘汰野生型,酵母菌和霉菌可采用制霉菌素,丝状微生物还可采用菌丝过滤法。检出营养缺陷型有点种法、影印培养法、夹层培养法等。鉴定营养缺陷型一般采用生长谱法。

本实验将选用亚硝基胍(NTG)为诱变剂。由于NTG杀菌力较弱,诱变作用较强,其作用部位又往往在DNA的复制叉处,较易造成双突变。一般选用NTG处理时,诱变频率较高,可使百分之几十的细胞发生营养缺陷型,筛选营养缺陷型时,可省去浓缩缺陷型这一环节。

## 一、材料与用品

1. 菌种

解脂假丝酵母。

2. 培养基

(1)麦芽汁斜面培养基。在麦芽汁(6波美度)中加入2%琼脂即成自然pH值。

(2)基本培养基(MM)。醋酸钠10 g、$(NH_4)_2SO_4$ 5 g、$KH_2PO_4$0.5 g、$Na_2HPO_4$ 0.5 g、$MgSO_4 \cdot 7H_2O$ 10 g、蒸馏水1 000 mL,pH值6.0。固体培养基需加20 g水洗琼脂。

(3)完全培养基(CM)。与基本培养基的配方相同,另外加入1%蛋白胨,调pH值至6.0,固体培养基加20 g琼脂。

3. 试剂

(1)亚硝基胍(NTG)。

(2)pH值6.0的磷酸缓冲液。称取$Na_2HPO_4 \cdot 2H_2O$ 36.61 g、$NaH_2PO_4 \cdot 2H_2O$ 31.21 g分别溶于1 000 mL蒸馏水中得0.2 mol/L的原液,取0.2 mol/L的$Na_2HPO_4$溶液12.3 mL、0.2 mol/L的$NaH_2PO_4$溶液87.7 mL混合即得到pH值6.0的缓冲液。

(3)混合氨基酸。将15种氨基酸按表10.1组合,各取100 mg左右,烘干研细,制成5组混合氨基酸粉剂,分装入小玻管中避光保存在干燥器中备用。另外取全部(15种)氨基酸混合在一起(每种20 mg左右),烘干研细后再分装小玻管保存,作为初步鉴定用。

**表10.1 五组混合氨基酸**

| 组别 | 所含氨基酸 | | | | |
|---|---|---|---|---|---|
| A | 组氨酸 | 苏氨酸 | 谷氨酸 | 天冬氨酸 | 亮氨酸 |
| B | 精氨酸 | 苏氨酸 | 赖氨酸 | 甲硫氨酸 | 苯丙氨酸 |
| C | 酪氨酸 | 谷氨酸 | 赖氨酸 | 色氨酸 | 丙氨酸 |
| D | 甘氨酸 | 天冬氨酸 | 甲硫氨酸 | 色氨酸 | 丝氨酸 |
| E | 胱氨酸 | 亮氨酸 | 苯丙氨酸 | 丙氨酸 | 丝氨酸 |

(4)混合碱基。称取腺嘌呤、鸟嘌呤、次黄嘌呤、胸腺嘧啶和胞嘧啶各50 mg,混合烘干磨细后分装入小玻管,避光保存备用。

(5)混合维生素将硫胺素、核黄素、吡哆醇、维生素C、泛酸、对氨基苯甲酸、叶酸和肌醇等9种维生素各取50 mg混合,烘干磨细后分装入小玻管,再避光保存备用。

4. 仪器与物品

离心机、试管、培养皿、锥形瓶、涂布棒、插有大头针的软木塞、盖有丝绒布的木头印章等。

## 二、实验步骤

1. NTG 诱变处理

(1)菌悬液的制备。将解脂假丝酵母菌种接斜面,28 ℃培养 2 d 后,挑两环于装有 5 mL/pH 值 6.0 的磷酸缓冲液的离心管中 3 500 r/min 离心 10 min。倒去上清液,打匀后加入缓冲液,倒入装有玻璃珠的锥形瓶中,充分振荡数分钟,用装有 4 层擦镜纸的小漏斗过滤到试管中,即得到分散均匀的以单细胞为主的菌悬液。

(2)NTG 处理。先取 0.5 mL 200 μg/mL 的 NTG 加入试管中,再取 $4\times10^6$ 个/mL 的菌液 0.5 mL 加入上述试管中,混匀后立即置 28 ℃水浴保温,30 min 后取 9 mL 生理盐水加入试管中摇匀,终止反应。

NTG 是一种致癌因子,在操作中要特别小心,切勿与皮肤直接接触。凡具有亚硝基胍的器皿,都要用 1 mol/L NaOH 溶液浸泡,使残余亚硝基胍分解破坏。

2. 营养缺陷型的检出

吸取经诱变处理的菌液 0.5 mL,按 10 倍稀释法稀释后,可使用下面的两种方法检出缺陷型。

(1)影印法。在培养皿内倒入 15 mL 完全培养基,凝固后取 NTG 处理后的菌液 0.2 mL 加入培养皿,用玻璃棒涂布均匀,置 28 ℃培养 1 ~ 2 d,取出后进行影印。

将 15 cm 见方的灭过菌的丝绒布绒面向上南橡皮筋固定在直径略小于培养皿底的圆柱形木头上,将长有菌落的完全培养基平板(每皿 30 ~ 60 个菌落)倒扣在绒布上,轻压培养皿,使菌落印在绒布上作为印模,然后再分别转印至基本培养基和完全培养基平板上(图 10.4)。经 28 ℃培养后,比较两皿上生长的菌落,如在完全培养基平板上长出的菌落而基本培养基平板的相应位置上却无菌落出现,就可以初步判断它是营养缺陷型菌株。

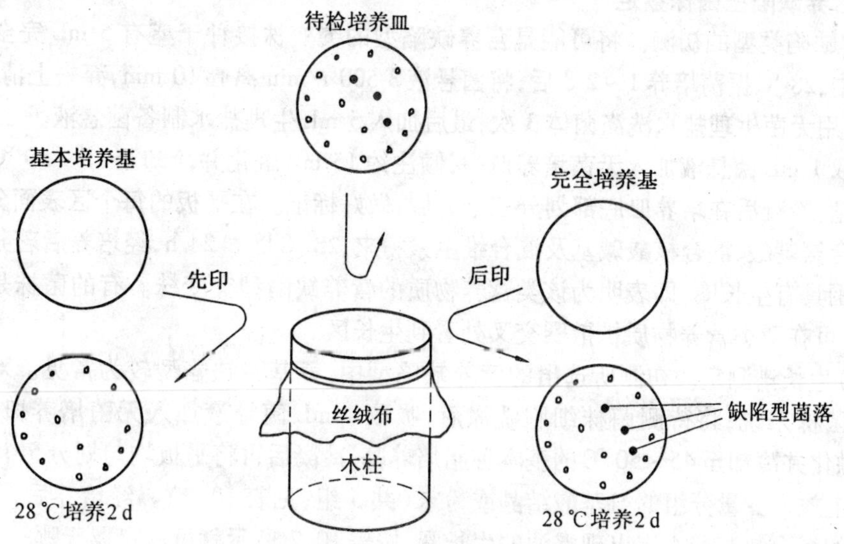


图 10.4　用影印法检出营养缺陷型菌株

(2)点种法。用大头针(插在软木塞上灭过菌)从完全培养基平板上挑选菌落分别逐个点在基本培养基平板和完全培养基平板的相应位置上。点种时应该先点基本培养基，后点完全培养基。在点种时点种量应适宜，点种量过多或过少都不利于培养后的观察。同样置28 ℃恒温培养后，凡在完全培养基上生长而基本培养基上不能生长的菌落就可初步确定它是营养缺陷型（如图10.5）。

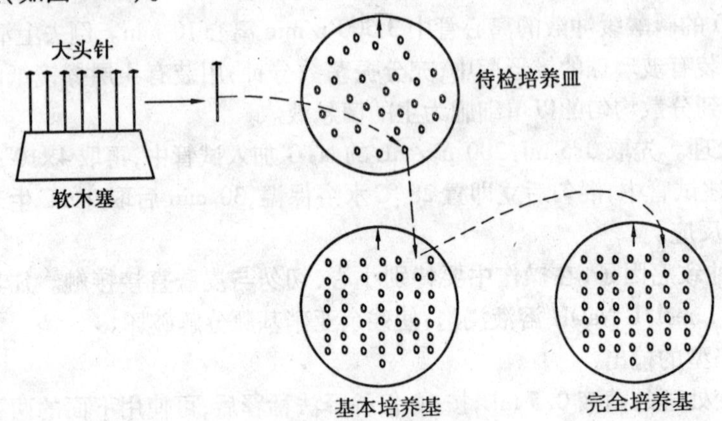


图10.5 生长谱的测定

（3）缺陷型菌落的复证。由于酵母菌常常不是单个细胞而存在，不易获得单纯的突变型菌落，需将菌落进行2～3次平板划线处理。必要时需用液体培养进一步复证，即将缺陷型菌落用接种环挑取少量接种到含基本培养液的小试管中，28 ℃培养3～4 d，不生长的试管加入完全培养液，28 ℃培养2 d，能生长的可判断它是营养缺陷型菌株。

将认为是缺陷型的菌落接至麦芽汁斜面培养基上，并编上号码，在28 ℃下培养4 d后取出保存，供鉴定用。

3. 营养缺陷型菌株鉴定

（1）缺陷类型的初测。将可能是营养缺陷型的突变株接种于盛有5 mL完全培养液的离心管中，28 ℃振荡培养1～2 d后，将菌悬液3 500 r/min离心10 min，弃去上清液，打匀管底菌团，用无菌生理盐水洗涤菌体3次，最后加入5 mL生理盐水制备菌悬液。

吸取1 mL菌悬液加入无菌培养皿中，倾注约15 mL融化并冷却至45～50 ℃的基本琼脂培养基，冷凝后在培养皿底部划分三个区域，做好标记。在平板的每个区表面分别放上微量的混合氨基酸、混合核酸碱基及混合维生素粉末，28 ℃培养24 h，经培养后若某一类营养物质周围具有生长圈，即表明为该类营养物质的营养缺陷型突变株。有的菌株是双重营养缺陷型，可在两类营养物质扩散圈交叉处看到生长区。

（2）生长谱测定。初测所选出的营养缺陷型中，氨基酸缺陷型较为常见。对于氨基酸缺陷型菌株来说，将待测菌株细胞洗涤后，吸取1 mL菌悬液加入无菌培养皿中，倾注约15 mL融化并冷却至45～50 ℃的基本琼脂培养基，冷凝后再将平板均匀划分5个区，在标定的位置上放入少量分组的氨基酸结晶或粉末（共5组，见表10.2）。经培养后，可以看到某些区域的混合氨基酸4周出现混浊的生长圈，按表10.2所示就可确定属于哪一种氨基酸缺陷型。若是碱基或维生素缺陷型，则分别挑取单种碱基或维生素加入各小区，培养后就可确定属于哪一种碱基或维生素缺陷型。

表 10.2　氨基酸营养缺陷型分析表

| 菌落生长区 | 缺陷型所需氨基酸 | 菌落生长区 | 缺陷型所需氨基酸 | 菌落生长区 | 缺陷型所需氨基酸 |
|---|---|---|---|---|---|
| A | 组氨酸 | A,B | 苏氨酸 | B,D | 甲硫氨酸 |
| B | 精氨酸 | A,C | 谷氨酸 | B,E | 苯丙氨酸 |
| C | 酪氨酸 | A,D | 天冬氨酸 | C,D | 色氨酸 |
| D | 甘氨酸 | A,E | 亮氨酸 | C,E | 丙氨酸 |
| E | 胱氨酸 | B,C | 赖氨酸 | D,E | 丝氨酸 |

异亮氨酸、羟脯氨酸、缬氨酸、脯氨酸和天冬酰胺等 5 种氨基酸不包含在 15 种测试的氨基酸中，有些缺陷型用上述 15 种氨基酸测不出来时，可以单独使用这 5 种氨基酸测试。

如果在上述鉴定实验中，发现在 2 组氨基酸扩散圈的交叉处出现双凸透镜状的生长区时，说明这一缺陷型是同时要求 2 种氨基酸的双重缺陷型。

## 三、注意事项

(1)配制基本培养基的药品均用分析纯，使用的器皿应洁净，需用蒸馏水冲洗 2 ~ 3 次，必要时用重蒸水冲洗。

(2)琼脂表面潮湿，会使菌落扩散，即使倒置平皿培养，也会影响分离效果。注意，用倾注法制平板时，琼脂温度控制在 45 ℃左右，最好提前 1 d 制作平板，让水分蒸发或 30 ℃烘干过夜或培养用无菌粗陶瓷培养皿盖替代正常玻璃皿盖，也可在玻璃皿盖内层放浸有甘油的滤纸，吸取皿蒸发的水分，以达到防止菌落扩散的目的。

## 四、思考题

1. 进行化学诱变处理前，洗涤菌体和制备细胞悬浮液时为什么用一定 pH 的缓冲液？
2. 诱变处理后洗涤菌体和制备细胞悬浮液为什么要用生理盐水？无菌蒸馏水可以吗？
3. 如需淘汰野生型、浓缩缺陷型时，在筛选酵母菌营养缺陷型时，可选用哪些抗生素及试剂？对革兰阳性菌和革兰阴性菌，可选用哪些抗生素及试剂？

# 实验 18　产氨基酸抗反馈调节突变株的选育

在细菌代谢过程中，代谢终产物积累到一定程度后，细菌就终止这一代谢终产物的积累。这一调节机制是由于代谢终产物与变构酶或阻遏蛋白的结合。通过基因突变使变构酶和阻遏蛋白的结构发生改变，使其不能和代谢最终产物相结合，从而去除了代谢终产物的负反馈调节作用或失去阻遏作用，就可使特定代谢终产物过量地积累。这类突变株称为抗反馈调节突变株。

与合成代谢终产物在结构上相似的其他化合物，可竞争性地与变构酶或阻遏蛋白相结合，抑制菌株的生长繁殖。如果变构酶结构基因或调节基因发生突变，而使变构酶或阻遏蛋白不再能和合成代谢最终产物相结合，那么结构类似物对于这些突变株就不再具有抑菌作用。根据这一原理，产氨基酸抗反馈突变株选育工作的进行，必须首先以实验来确定所采用的结构类似物对出发菌株的生长有明显的抑制，而这种抑制作用又可被与结构类似物相应的氨基酸所恢复。经过人工诱变选育出的氨基酸结构类似物突变株克服了生长障碍而能够生长后，由于其正常代谢调节机制已被解除，因而即使在培养基中有过量的氨基酸存在的情况下，也能继续合成和积累它们，进一步进行筛选，便可得到高产氨基酸的抗反馈调节突变株。

## 一、材料与用品

1. 菌种

钝齿棒杆菌(*Corynebacterium crenatum*) Asl. 542。

2. 培养基

(1)完全培养基。牛肉膏10 g、蛋白胨10 g、酵母膏5 g、氯化钠5 g、琼脂20 g(用液体培养基时不加)、蒸馏水1 000 mL，pH 值7.0。

(2)基本培养基。葡萄糖20 g、$(NH_4)_2HPO_4$ 2 g、$KH_2PO_4$ 5 g、$MgSO_4 \cdot 7H_2O$ 0.4 g、$MnSO_4 \cdot 4H_2O$ 0.02 g、$FeSO_4 \cdot 7H_2O$ 0.02 g、生物素30 μg、硫胺素0.2 μg、水洗琼脂20 g(使用液体培养基时不加)、蒸馏水1 000 mL，pH 值7.0。

3. 试剂

(1)诱变剂，亚硝基胍(简称NTG)。

(2)赖氨酸结构类似物，S-(2-氨乙基)-L-半胱氨酸(AEC)。

4. 仪器与用品

离心机、分光光度计、培养皿、移液管、离心管、锥形瓶等。

## 二、实验步骤

1. 氨基酸结构类似物对出发菌株生长的抑制及其恢复作用

(1)生长抑制及恢复作用的初步确定。挑取出发菌株 Asl. 542(在斜面上培养24 h细胞)一环接入3 mL无菌生理盐水中，离心洗涤2次，制成菌悬液。再以无菌移液管吸取菌悬液0.1 mL均匀地涂在基本培养基平皿上，然后取少许固体的AEC加在平皿不同区域的中心。因为苏氨酸对AEC的抑菌可以起到增效作用，所以在AEC处同时再加上少量的苏氨酸，30 ℃培养24 h后在加上述药物的位点周围有明显的抑菌圈出现，说明AEC对菌株Asl. 542的生长有明显的抑制作用。

在AEC的抑菌圈内分别加入少量固体的L-赖氨酸，再继续培养24～28 h，发现在加有氨基酸位点周围重新出现明显的生长现象，说明它对AEC菌的生长抑制具有恢复作用。

(2)不同浓度的氨基酸结构类似物对出发菌株生长的抑制作用。采用液体培养法进一步试验测定不同浓度的AEC对出发菌株Asl. 542生长的抑制及其恢复作用。在含有2 mL液体基本培养基的试管中，分别加入AEC/Thr为0.25/0.25 mg/mL、0.5/0.5 mg/mL、1.0/1.0 mg/mL、2.0/2.0 mg/mL及3.0/3.0 mg/mL，同时以不加结构类似物的试管培养物作为对照，各管接种洗净Asl. 542菌悬液0.1 mL作为A组试验。B组试验除培养液中加入上述不同浓度的AEC/Thr外，还在含有AEC的各管内分别添加1 mg/mL的L-赖氨酸，同样接入菌悬液0.1 mL，A、B两组同时置30 ℃摇床上培养20 h后，用721型分光光度计(波长620 nm)测定各管菌悬液的吸光度，计算出各试管中菌体的相对生长率，以确定AEC对出发菌株Asl. 542生长抑制的浓度及L-赖氨酸对生长抑制的恢复作用。

2. 诱变处理

经过上述实验已经证明，钝齿棒杆菌Asl. 542对L-赖氨酸的结构类似物AEC的抑制生长有显著的敏感性，而这种抑制作用可被 L-赖氨酸恢复。因此，可以确定 Asl. 542 菌体为出发菌株，经人工诱变筛选产 L-赖氨酸的抗反馈调节突变株，选育这类突变株的诱变处理方法与筛选营养缺陷型相同。

3. 抗 AEC 突变株的检出

把经过 NTG 处理过的 Asl. 542 菌悬液离心除去上清液，用生理盐水把菌体离心洗涤三次后，将洗净的菌体悬浮在 3 mL 生理盐水中，混匀以 $10^{-1}$、$10^{-2}$ 及 $10^{-3}$ 三个不同稀释度进行稀释，制备成包括原菌悬液在内的四个含细胞数目不同的菌悬液。然后使用无菌移液管从四个不同样品中各取 0.1 mL 分别均匀涂布在含 AEC/Thr 为 1/1 mg/mL、2/2 mg/mL 和 3/3 mg/mL的基本培养平皿上，并涂布接种在不含结构类似物的同样平板上作为对照，培养 5 ~7 d。若在含不同剂量 AEC/Thr 的平皿上生长出菌落，这些菌即为抗 AEC 突变株。将这些菌落分别转移到完全培养基斜面上，30 ℃培养后保藏，以供进一步实验使用。

4. 抗 AEC 突变株产氨基酸的初筛

已知以各种 L-谷氨酸生产菌为出发菌株诱变出的抗 AEC 突变株中几乎都具有积累 L-赖氨酸的能力。通过以下的发酵筛选试验，将产酸水平较高的突变株初步筛选出来，然后再进一步复筛和进行提高产酸率的研究。

(1)发酵筛选培养。分别取斜面培养 24 h 的抗 AEC 突变株一环，接入装有 3 mL 发酵筛选培养基的试管中，28 ~30℃振荡培养 72 ~96 h，摇床转速 220 r/min。发酵结束后，观察各管生长情况和取样测定 pH 值，发酵液经离心后，测定各样中所含的氨基酸。

(2)发酵液中氨基酸的分析测定，参阅发酵液中氨基酸的一般分析测定方法。

## 三、实验报告

记录抗 AEC 突变菌株的筛选结果

| AEC/Thr 剂量 /mg · mL$^{-1}$ | 稀释度 | 菌落数 | 突变率/% | 抗 AEC 突变株 |
|---|---|---|---|---|
| 对照 | 1 | | | |
| | $10^{-1}$ | | | |
| | $10^{-2}$ | | | |
| | $10^{-3}$ | | | |
| 1/1 | 1 | | | |
| | $10^{-1}$ | | | |
| | $10^{-2}$ | | | |
| | $10^{-3}$ | | | |
| 2/2 | 1 | | | |
| | $10^{-1}$ | | | |
| | $10^{-2}$ | | | |
| | $10^{-3}$ | | | |
| 3/3 | 1 | | | |
| | $10^{-1}$ | | | |
| | $10^{-2}$ | | | |
| | $10^{-3}$ | | | |

## 四、思考题

选育产氨基酸的抗结构类似物突变株时，对出发菌株进行诱变处理前，为什么必须以实验确认结构类似物对出发菌株的生长有明显的抑制作用，而这种生长抑制作用能为与结构类似物相应的氨基酸所恢复?

# 实验 19　抗噬菌体菌株的选育

噬菌体污染现象在发酵工业中普遍存在，比一般的杂菌污染更具危害性。虽然通过外部条件的改善可以避免噬菌体污染或降低染菌率，但更为有效的方法还是筛选抗噬菌体的抗性菌株。

常用的抗噬菌体菌株的选育方法有噬菌体淘汰法和诱变法。噬菌体淘汰法是将要进行选育抗噬菌体菌株的菌种加上噬菌体进行培养，通过反复的淘汰，能够正常生长的菌株即为抗噬菌体菌株。但这种方法得到的抗噬菌体菌株多是溶源菌。诱变法是将菌种进行诱变处理后，再利用噬菌体测定，选出抗噬菌体菌株。这样，菌种不接触噬菌体，就可避免因此而产生溶源菌株。

## 一、材料与用品

1. 菌种和培养基

枯草芽孢杆菌 BF7658、枯草芽孢杆菌敏感噬菌体 BS5、BS10、BS12，牛肉膏蛋白胨培养基(液体和固体)。

2. 试剂

pH 6.5 磷酸缓冲液、生理盐水。

3. 仪器与物品

离心机、摇床、紫外灯、培养皿、摇瓶等。

## 二、实验步骤

1. 污染噬菌体的证实和噬菌体的繁殖

(1)噬菌斑试验。先将怀疑受噬菌体污染的发酵液或种子液离心，将离心后的上清液稀释到 $10^{-7}$。然后取不同浓度的稀释液 0.2 mL，敏感菌母瓶种子液 0.5 mL，一同加到平皿上。再倒一层固体培养基摇匀，在 37 ℃下培养 24 h。如在某一个合适稀释度的平板上出现噬菌斑，则证明发酵液或种子液内存在噬菌体。

(2)噬菌体的繁殖。用接种针挖取噬菌斑透明部分的一小块，接种到牛肉膏蛋白胨培养基中，同时加入敏感菌种子液 0.5 mL，在 37 ℃下培养 24 h 后，将沉淀部分弃去，上清液即为噬菌体液。噬菌体液中的噬菌体浓度可测定，即根据不同稀释度的平板中出现的噬菌斑数来计算噬菌体液中的噬菌体数量。一般噬菌体液浓度达 $10^7 \sim 10^8$ 个/mL 以上时，即可放在 4 ℃冰箱中保存备用。如果浓度不符要求，可将该噬菌体液传代到新鲜牛肉膏蛋白胨培养基，即 1 mL 噬菌体液、2 mL敏感菌种子液加入新鲜牛肉膏蛋白胨培养基，37 ℃下培养 24 h，再用噬菌体分离方法计算该噬菌体液的浓度，直至达到要求。

2. 抗噬菌体菌株的筛选

(1)噬菌体淘汰法。

1)固体法。将生长成熟的敏感菌斜面,加入 10 mL 灭菌生理盐水,用接种环刮下斜面上的菌体。将此菌液倒入灭菌的已装有玻璃珠的三角瓶中,在摇床上振荡 3 min,然后过滤制成菌悬液,控制其浓度为 $10^5$个/mL。取此菌悬液 0.1 mL 和噬菌体液 0.1 mL(浓度为 $10^7$ 个/mL 以上),同时加到牛肉膏蛋白胨平板上,使敏感菌浓度与噬菌体浓度比达 1∶100 以上。用玻璃棒将平板上的菌液与噬菌体液混合涂匀,于 37 ℃下培养 1 ~2 d 并进行观察,如果有少数细菌形成菌落,则这些菌落有可能具有抗性。将这些菌落分别在加入 0.1 mL 噬菌体液(浓度 $10^7$个/mL)的平板上划线分离。反复进行几次,直至菌落生长正常,将筛选出的抗噬菌体菌株保藏备用。为证实噬菌体是否与敏感菌起作用,在对照培养基上不加噬菌体液而只加敏感菌液,以便统计死亡率。

2)液体法。将敏感菌悬液 1 mL(浓度为 $10^5$个/mL)和噬菌体液 1 mL(浓度为 $10^7$个/mL 以上)同时接种到牛肉膏蛋白胨培养液中,培养 24 h 后加入 1 mL 浓度为 $10^7$个/mL 的噬菌体液再继续培养。当培养液变清又重新变为浑浊后,再加噬菌体反复感染,培养一定时间后进行平皿分离,从中筛选出抗性菌株保藏备用。

(2)诱变将敏感菌按常规紫外线诱变处理,然后取诱变后菌悬液 0.2 mL 加到牛肉膏蛋白胨平板上,长出菌落后,用接种环挑取一环接种到加有 0.1 mL 噬菌体液(浓度为 $10^7$ 个/mL)的斜面上,进行培养观察。如果斜面上不出现噬菌斑,菌苔生长良好,而对照菌落在同样的噬菌体液斜面上培养后出现噬菌斑甚至不长,则认为前者具有抗性。将这样的斜面挑选出来,进行分离纯化备用。这样菌种不接触噬菌体,可以避免因此而产生溶源菌株。

(3)摇瓶发酵复筛。将用上述方法初步确定具有抗性的菌株接种到含有噬菌体液 0.1 mL(浓度为 $10^7$个/mL)的摇瓶中发酵培养数天,测定生物效价,同时接敏感菌对照摇瓶(加和不加噬菌体)。如果含有噬菌体液的摇瓶发酵单位不受影响,而敏感菌在含有噬菌体液的摇瓶中没有效价,则前者进一步被认为是具有抗性的。然后将效价高于对照菌株的原始斜面挑选出来留种。

(4)固体平板上噬菌斑检查。将上述经过复筛后挑选出来的抗性菌株母瓶菌液 0.5 mL 与浓度在 $10^9$个/mL 以上的噬菌体液 0.2 mL,同时加到灭菌培养皿中,倒上融化后并冷却到 45 ℃牛肉膏蛋白胨琼脂培养基摇匀。同时将敏感菌母瓶菌液也按同样的量和经过 10 倍稀释的噬菌体液 0.2 mL(即 $10^5$个/mL、$10^6$个/mL、$10^7$个/mL、$10^8$个/mL)加入灭菌培养皿,制平板后一起培养检查噬菌斑。如果敏感菌出现噬菌斑而其他被测菌株在大量噬菌体存在时也不出现噬菌斑,则可以肯定是抗噬菌体菌株了。

## 三、思考题

1. 筛选抗噬菌体菌株时,仅用一种噬菌体作为抗性指标好不好?应如何改进?

2. 当筛选获得抗噬菌体菌株后,还应进行什么试验才能应用于生产?

# 第11章　微生物形态观察及染色技术

利用显微镜对微生物细胞形态、结构、大小和排列进行观察前，首先要将微生物样品置于载玻片上制片、染色，为观察到真实、完整的微生物形态结构，根据不同微生物的特点采取不同的制片及相应的染色方法。

微生物细胞个体微小且较透明，在光学显微镜下难以将其与背景区分而看清。所以，在利用光学显微镜对微生物进行观察前，需要利用染料对微生物进行染色，使着色细胞或结构与背景形成鲜明对比，以便更清晰地观察微生物细胞形态及结构特征。微生物的另一个特点是种类繁多，不同微生物细胞结构各异，对各类细胞染料的结合能力不同，研究者必须根据所要观察的微生物细胞的特点及观察目标，选用适宜的染色技术。

## 实验20　四大类微生物菌落形态的识别

微生物具有丰富的物种多样性。在光学显微镜下常见的微生物主要有细菌、放线菌、酵母菌和霉菌四大类。可识别它们的方法很多，其中最简便的方法是观察菌落的形态特征。此法对菌种筛选、鉴定和杂菌识别等实际工作十分重要。

菌落是由某一微生物的一个或少数几个细胞（包括孢子）在固体培养基上繁殖后所形成的子细胞集团。其形态和构造是细胞形态和构造在宏观层次上的反映，两者有密切的相关性。由于上述四大类微生物的细胞形态和构造明显不同，因此所形成的菌落也各不相同，从而为识别它们提供了客观依据。

在四大类微生物的菌落中，细菌和酵母菌的形态较接近，放线菌和霉菌的形态较接近，现分述如下。

1. 细菌和酵母菌菌落形态的异同

细菌和多数酵母菌都呈单细胞生长，菌落内的各子细胞间都充满毛细管水，从而两者产生相似的菌落，包括质地均匀，较湿润、透明、黏稠，表面较光滑，易挑起，菌落正反面和边缘与中央部位的颜色较一致等。它们之间的区别为：

（1）细菌：因细胞较小，故形成的菌落一般也较小、较薄、较透明并较“细腻”。不同的细菌常产生不同的色素，故会形成相应颜色的菌落。更重要的是，有的细菌具有某些特殊构造，于是也形成特有的菌落形态特征，例如，有鞭毛的细菌常会形成大而扁平、边缘很不圆整的菌落，这在一些运动能力强的细菌，例如变形杆菌（*Proteus spp.*）中更为突出，有的菌种甚至会形成迁移性的菌落。一般无鞭毛的细菌，只形成形态较小、突起和边缘光滑的菌落。具有荚膜的细菌可形成黏稠、光滑、透明及呈鼻涕状的大型菌落。有芽孢的细菌，常因其芽孢与菌体细胞有不同的光折射率以及细胞会呈链杆状排列，致使菌落出现透明度较差，表面较粗糙，有时还有曲折的沟槽样外观等。此外，由于许多细菌在生长过程中会产生较多有机酸或蛋白质分解产物，因此，菌落常散发出一股酸败味或腐臭味。

(2)酵母菌:细胞比细菌大(直径大 5 ~ 10 倍),且不能运动,繁殖速度较快,一般形成较大、较厚和较透明的圆形菌落。酵母菌一般不产色素,只有少数种类产红色素(如红酵母属 *Rhodoto,ula*),个别产黑色素。假丝酵母属(*Candida*)的种类因可形成藕节状的假菌丝,使菌落的边缘较快向外蔓延,因而会形成较扁平和边缘较不整齐的菌落。此外,由于酵母菌普遍生长在含糖量高的有机养料上并产生乙醇等代谢产物,故菌落常伴有酒香味。

2. 放线菌和霉菌菌落形态的异同

放线菌和霉菌的细胞都呈丝状生长,当在固体培养基上生长时,会分化出营养菌丝(或基内菌丝)和气生菌丝,后者伸向空中,菌丝相互分离,它们之间无毛细管水形成,故产生的菌落不仅外观干燥、不透明,而且呈多丝状、绒毛状或毡状。由于营养菌丝伸向培养基内层,因此菌落不易被挑起。由于气生菌丝、子实体、孢子和营养菌丝有不同的构造、颜色和发育阶段,因此菌落的正反面以及边缘与中央会呈现不同的构造和颜色。在一般情况下,菌落中心具有较大的生理年龄,会较早分化出子实体和形成孢子,故颜色较深。此外,放线菌和霉菌因营养菌丝分泌的水溶性色素或气生菌丝或孢子的丰富颜色,而使培养基或菌落呈现各种相应的色泽。它们之间的区别为:

(1)放线菌:放线菌为原核生物,菌丝纤细,生长较缓慢,在其基内菌丝上可形成大量气生菌丝,气生菌丝再逐渐分化出孢子丝,其上再形成许多色泽丰富的分生孢了。由此造成放线菌菌落具有形态较小,菌丝细而致密,表面呈粉状,色彩较丰富,不易挑起以及菌落边缘的培养基出现凹陷状等特征。某些放线菌的基内菌丝因分泌水溶性色素而使培养基染上相应的颜色。不少放线菌还会产生有利于识别它们的土腥味素(geosmin),从而使菌落带有特殊的土腥气味或冰片气味。

(2)霉菌:霉菌属于真核生物,它们的菌丝直径一般较放线菌大数倍至 10 倍,长度则更加突出,且生长速度极快。由此形成了与放线菌有区别的大而疏松或大而较致密的菌落。由于气生菌丝随生理年龄的增长会形成一定形状、构造和色泽的子器官,所以菌落表面会形成种种肉眼可见的构造。

现将四大类微生物菌落的识别要点归纳如下:

菌落
- 湿润,正反面、中央与边缘颜色一致
  - 小
    - 小而扁平 } 细菌
    - 小而隆起 } 细菌
  - 大
    - 大而扁平 } 细菌
    - 大而隆起 酵母菌
- 湿润,正反面、中央与边缘颜色不一致
  - 小(致密) 放线菌
  - 大
    - 致密 } 霉菌
    - 疏松 } 霉菌

根据以上归纳,基本上可识别大部分未知菌落的归属。若遇某些过渡类型或疑难对象,则可借助显微镜观察细胞形态来解决。

## 一、材料和器皿

1. 已知菌落

(1)细菌类:大肠埃希氏菌(*Escherichia coli*);金黄色葡萄球菌(*Staphylococcus aureus*);

胶质芽孢杆菌(*Bacillus mucilagin,osus*,俗称“钾细菌”);枯草芽孢杆菌(*Bacillus subtilis*)。

(2)酵母菌类:酿酒酵母(*Saccharomyces cerevr,sr,ae*);黏红酵母(*Rhodotorula glutinis*);热带假丝酵母(*Candida tropicalis*)。

(3)放线菌类:细黄链霉菌(*Streptomyces microflavus*,又称“5406”抗生菌);黑化链霉菌(*Js. nigrificans*);灰色链霉菌(*S. griseus*);金霉素链霉菌(*S. aureofaciens*)。

(4)霉菌类:产黄青霉(*Penicillium chrysogenum*);黑曲霉(*Aspergillus niger*);构巢曲霉(*A. nidulans*);白僵菌(*Beauveria bassiana*)等。

2. 培养基

牛肉膏蛋白胨琼脂培养基,马铃薯葡萄糖琼脂培养基,高氏1号琼脂培养基,钾细菌培养基。

## 二、方法和步骤

1. 制备已知菌的单菌落标本

通过平板涂布或平板划线法可在相应的平板上获得细菌、酵母菌和放线菌的菌落,用单点或三点接种法获得霉菌的单菌落。接种后,细菌平板可放置在37 ℃恒温箱中24~48 h,酵母菌为28 ℃下2~3 d,霉菌和放线菌置于25~28 ℃培养5~7 d。

2. 制备未知菌的单菌落标本

用不同培养基平板按环境中微生物学检测法获取多个适宜的平板,然后从中挑选各大典型菌落若干个,逐个编号,待识别。

3. 辨认未知菌落

按上述表解进行辨认,并将结果填入下面相应的表格中。

## 三、结果记录

将观察到的已知菌落形态特征记录在下表中:

| 四大类 | 菌名 | 辨别要点 | | | | 菌落描述 | | | | | | |
|---|---|---|---|---|---|---|---|---|---|---|---|---|
| | | 湿 | | 干 | | 表面 | 边缘 | 隆起形状 | 颜色 | | | 透明度 |
| | | 厚薄 | 大小 | 松密 | 大小 | | | | 正面 | 反面 | 水溶色素 | |
| 细菌 | 大肠埃希氏菌 | | | | | | | | | | | |
| | 金黄色葡萄球菌 | | | | | | | | | | | |
| | 胶质芽孢杆菌 | | | | | | | | | | | |
| | 枯草芽孢杆菌 | | | | | | | | | | | |

# 实验21　细菌、放线菌、酵母菌和霉菌的制片和简单染色

对个体较小的细菌进行制片时采取涂片法,通过涂抹使细胞个体在载玻片上均匀分布,避免菌体堆积而无法观察个体形态,通过加热固定使细胞质凝固,使细胞固定在载玻片上,这种加热处理还可以杀死大多数细菌而且不破坏细胞的形态。放线菌菌丝体由基内菌丝、

气生菌丝和孢子丝组成，制片时不应采取涂片法，以免破坏细胞及菌丝体形态。通常采用插片法或玻璃纸法并结合菌丝体简单染色进行观察。在插片法中，首先将灭菌盖玻片插入接种有放线菌的平板，使放线菌沿盖玻片和培养基交接处生长而附着在盖玻片上，取出盖玻片可直接在显微镜下观察放线菌在自然生长状态下的形态特征，而且有利于对不同生长时期的放线菌的形态进行观察。在玻璃纸法中，采用的玻璃纸是一种透明的半透膜，将放线菌菌种接种在覆盖在固体培养基表面的玻璃纸上，水分及小分子营养物质可透过玻璃纸被菌体吸收利用，而菌丝不能穿过玻璃纸而与培养基分离，观察时只要揭下玻璃纸转移到载玻片上，即可镜检观察。由于孢子丝形态、孢子排列及形状是放线菌重要的分类学指标，可采用印片法将放线菌菌落或菌苔表面的孢子丝印在载玻片上，经简单染色后观察。

单细胞的酵母菌个体是常见细菌的几倍甚至几十倍，大多数采取出芽方式进行无性繁殖，也可以通过接合产生子囊孢子进行有性繁殖。由于细胞个体大，采取涂片的方法制片有可能损伤细胞，一般通过美蓝染液水浸片法或水-碘液浸片法观察酵母菌形态及出芽生殖方式。同时，采用美蓝染液水浸片法还可以对酵母菌的死、活细胞进行鉴别。美蓝对细胞无毒，其氧化型呈蓝色，还原型无色。由于新陈代谢，活细胞胞内有较强还原能力，使美蓝由蓝色氧化型转变成无色的还原型，染色后活细胞呈无色。死细胞或代谢能力微弱的衰老细胞胞内还原能力弱，染色后细胞呈蓝色或淡蓝色。

霉菌菌丝体由基内菌丝、气生菌丝和繁殖菌丝组成，其中菌丝比细菌及放线菌粗几倍到几十倍。可以采取直接制片和透明胶带法进行观察，也可以采取载玻片培养观察法，通过无菌操作将薄层培养基琼脂置于载玻片上，接种后盖上盖玻片培养，使菌丝体在盖玻片和载玻片之间的培养基中生长，将培养物直接置于显微镜下可观察到霉菌自然生长状态并可连续观察不同发育期的菌体结构特征化。对霉菌可利用乳酸石炭酸棉蓝染液进行染色，盖上盖玻片后制成霉菌制片镜检。

石炭酸可以杀死菌体及孢子并具有防腐作用，乳酸可以保持菌体不变形，棉蓝使菌体着色。同时，这种霉菌制片不易干燥，能防止孢子飞散，用树胶封固后可制成永久标本长期保存。

利用单一染料对菌体进行染色的方法称为简单染色。用于染色的染料是一类苯环上带有发色基团和助色基团的有机化合物。发色基团赋予染料颜色特征，而助色基团使染料能够形成盐。不含助色基团而仅具有发色基团的苯化合物（色原）即使具有颜色也不能用作染料，因为它不能电离，不能与酸或碱形成盐，难以与微生物细胞结合并着色。常用的微生物细胞染料都是盐，分碱性染料和酸性染料，前者包括美蓝（亚甲蓝）、结晶紫、碱性复红、沙黄（番红）及孔雀绿等，后者包括酸性复红、伊红及刚果红等。通常采用碱性染料进行简单染色，原因在于微生物细胞在碱性、中性及弱酸性溶液中通常带负电荷，而染料电离后染色部分带正电荷，很容易与细胞结合而使其着色；当细胞处于酸性条件下（如细菌分解糖类产酸）所带正电荷增加时，可采用酸性染料染色。

## 一、材料和器皿

1. 菌种

枯草芽孢杆菌 12 ~ 18 h 牛肉膏蛋白胨琼脂斜面培养物，金黄色葡萄球菌 24 h 牛肉膏蛋白胨琼脂斜面培养物，球孢链霉菌 3 ~ 5 d 高氏 1 号培养基平板培养物，华美链霉菌 3 ~ 5 d 高氏 1 号培养基平板培养物，酿酒酵母 2 d 麦芽汁斜面培养物，黑曲霉 48 h 马铃薯琼脂平板的培养物，黑根霉 48 h 马铃薯琼脂平板培养物。

2. 溶液和试剂

草酸铵结晶紫染液，齐氏石炭酸复红染液，吕氏碱性美蓝染液，革兰氏染色用碘液，乳酸石炭酸棉蓝染液。

3. 仪器和其他用品

酒精灯、载玻片、盖玻片、显微镜、双层瓶（内装香柏油和二甲苯）、擦镜纸、接种环、接种铲、接种针、镊子、载玻片夹子、载玻片支架、玻璃纸、平皿、U 形玻棒、滴管、解剖针、解剖刀、生理盐水、50% 乙醇、20% 甘油、高氏 1 号培养基平板、马铃薯琼脂薄层平板等。

## 二、操作步骤

### （一）细菌制片及简单染色

1. 涂片

取一块载玻片，用记号笔平均分为两个区域并标记；各滴一小滴生理盐水于两个区域中央；用接种环无菌操作分别由枯草芽孢杆菌营养琼脂斜面和金黄色葡萄球菌营养琼脂斜面挑取适量菌苔，将沾有菌苔的接种环置于载玻片上的生理盐水中涂抹，使菌悬液在载玻片上形成均匀薄膜。若用液体培养物涂片，可用接种环蘸取 1 ~ 2 环菌液直接涂于载玻片上（图 11.1）。

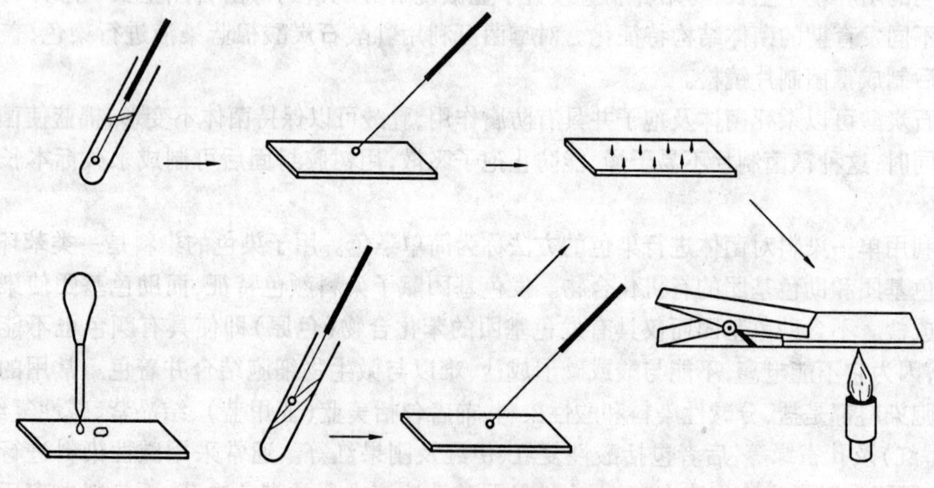

图 11.1　涂片、干燥和染色

2. 干燥

自然干燥或用电吹风干燥。

3. 固定

涂菌面朝上，通过火焰 2 ~ 3 次。

4. 染色

将载玻片平放于载玻片支架上，滴加染液覆盖涂菌部位即可，吕氏碱性美蓝 1.5 min，草酸铵晶紫染液或齐氏石炭酸复红染液 1 min。

5. 水洗

倾去染液，自来水冲洗，水流不宜过急、过大，勿直接冲涂片处，至洗出水无色为止。

6. 干燥

用吸水纸吸去多余水分，自然干燥或电吹风吹干。

7. 镜检

将制备好的样片置于显微镜下进行观察、记录。

**（二）放线菌制片及简单染色**

1. 插片法

（1）接种：无菌操作分别由球孢链霉菌和华美链霉菌高氏 1 号培养基平板培养物挑取菌种在高氏 1 号培养基平板上密集划线接种。

（2）插片：无菌操作用镊子取灭菌盖玻片以约 45 ℃ 插入平板琼脂接种线上。

（3）培养：将平板倒置，于 28 ℃培养 3 ~5 d。

（4）镜检：用镊子小心取出盖玻片，用纸擦去背面的培养物，有菌面朝上放在载玻片上，通过显微镜直接用低倍镜和高倍镜镜检观察（在盖玻片菌体附着部位滴加 0.1% 吕氏碱性美蓝染色后观察效果会更好）。

2. 玻璃纸法

（1）铺玻璃纸：无菌操作用镊子将已灭菌的（155 ~160 ℃干热灭菌 2 h）玻璃纸片（盖玻片大小）平铺在高氏 1 号培养基平板表面，用接种铲或无菌玻璃涂棒将玻璃纸压平并去除气泡，每个平板可铺约 10 块玻璃纸。

（2）接种：无菌操作分别由球孢链霉菌和华美链霉菌高氏 1 号培养基平板培养物挑取菌种在玻璃纸上划线接种。

（3）培养：将平板倒置，于 28 ℃培养 3 ~5 d。

（4）镜检：在载玻片中央滴一小滴水，用镊子从平板上取下玻璃纸片，菌面朝上放在水滴上，使菌紧贴在载玻片上，勿留气泡，通过显微镜直接用低倍镜和高倍镜镜检。

3. 印片法

（1）印片：用解剖针分别由球孢链霉菌和华美链霉菌高氏 1 号培养基平板培养物划一小块菌苔置于载玻片上，菌面朝上，用另一载玻片轻轻在菌苔表面进行按压，使孢子丝及气生菌丝附着在载玻片上。

（2）固定：将有印迹一面朝上，通过火焰 2 ~3 次固定。

（3）染色：用石炭酸复红染色 1 min，水洗，晾干。

（4）镜检：用油镜观察孢子丝形态特征。

**(三)酵母菌制片及简单染色**

1. 美蓝染液水浸片法

(1)滴加一滴0.1%吕氏碱性美蓝染液于载玻片中央,无菌操作用接种环由酿酒酵母麦芽汁斜面培养物挑取少许菌体置于染液中,混合均匀。

(2)用镊子取一块盖玻片,将盖玻片一边与菌液接触,缓慢将盖玻片倾斜并覆盖在菌液上。

(3)将制片放置3 min后,用低倍镜及高倍镜观察酵母菌形态和出芽情况,并根据细胞颜色来区分死、活细胞。

(4)染色30 min后再次观察,注意死、活细胞比例是否发生变化。

(5)用0.05%吕氏碱性美蓝染液作为对照同时进行上述实验。

2. 水-碘液浸片法

将革兰氏染色用碘液用水稀释4倍后,滴加一滴于载玻片中央,无菌操作取少许菌体置于染液中混匀,盖上盖玻片后再进行镜检。

**(四)霉菌制片及简单染色**

1. 直接制片观察法

滴一滴乳酸石炭酸棉蓝染液于载玻片上,用镊子从黑曲霉或黑根霉马铃薯琼脂平板培养物中取菌丝,先放50% 乙醇中浸一下洗去脱落的孢子,然后置于染液中,用解剖针小心将菌丝分开,去掉培养基,盖上盖玻片,用低倍镜和高倍镜镜检。

2. 透明胶带法

(1)滴一滴乳酸石炭酸棉蓝染液于载玻片上。

(2)用食指与拇指分别黏在一段透明胶带两端,使透明胶带呈U形,胶面朝下(图11.2)。

(3)将透明胶带胶面轻轻触及黑曲霉或黑根霉菌落表面。

(4)将黏在透明胶带上的菌体浸入载玻片上的乳酸石炭酸棉蓝染液中,并将透明胶带两端固定在载玻片两端,用低倍镜和高倍镜镜检。

3. 载玻片培养观察法

(1)培养小室准备及灭菌:在平皿皿底铺一张略小于皿底的圆滤纸片,在圆滤纸片上面放一个U形玻棒,在U形玻棒上放一块载玻片和两块盖玻片,盖上皿盖,于121 ℃灭菌30 min,烘干备用(图11.3)。

(2)琼脂块制备:通过无菌操作,用解剖刀由马铃薯琼脂薄层平板上切下1 mm左右的琼脂块,将其移至培养小室的载玻片上,每片两块(图11.3)。

(3)接种:通过无菌操作,用接种针从黑曲霉或黑根霉马铃薯琼脂平板培养物中挑取很少量孢子,接种于培养小室中琼脂块边缘上,将盖玻片覆盖在琼脂块上。

(4)培养:通过无菌操作,在培养小室中圆滤纸片上加3~5 mL灭菌的20%甘油(用于保持湿度),盖上皿盖,于28 ℃培养。

(5)镜检:根据需要于不同时间取出载玻片用低倍镜和高倍镜镜检。

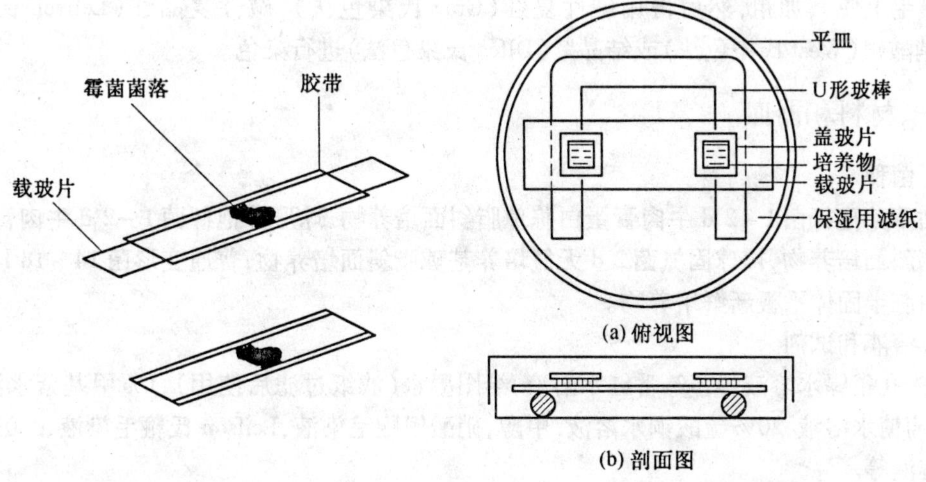


图 11.2 透明胶带法示意图

图 11.3 载玻片培养观察法示意图

## 三、思考题

1. 在进行细菌涂片时应注意哪些细节?
2. 为什么要求制片完全干燥后才能用油镜观察?
3. 黑曲霉和黑根霉在形态特征上有何区别?

# 实验 22 细菌芽孢、荚膜和鞭毛染色实验

简单染色法适用于一般的微生物菌体染色,而某些微生物具有一些特殊的结构,如芽孢、荚膜和鞭毛,对它们进行观察前需要进行有针对性的染色。

芽孢是芽孢杆菌属和梭菌属细菌生长到一定阶段形成的一种抗逆性很强的休眠体结构,也被称为内生孢子(endospore),通常为圆形或椭圆形。是否产生芽孢及芽孢的形状、着生部位、芽孢囊是否膨大等特征是细菌分类的重要指标。与正常细胞或菌体相比,芽孢壁厚,通透性低而不易着色,但是,芽孢一旦着色就很难被脱色。利用这一特点,首先用着色能力较强的染料(如孔雀绿或石炭酸复红)在加热条件下染色,使染料既可进入菌体也可进入芽孢,水洗脱色时菌体中的染料被洗脱,而芽孢中的染料仍然保留。再用对比度大的复染剂染色后,菌体染上复染剂颜色,而芽孢仍为原来的颜色,这样可将两者区别开来。

荚膜是包裹在某些细菌细胞外的一层黏液状或胶状物质,含水量很高,其他成分主要为多糖、多肽或糖蛋白等。荚膜不易着色且容易被水洗去,因此常用负染法进行染色,使背景着色,而荚膜不着色,在深色背景下会呈现发亮区域。也可以采用 Anthony 氏染色法,首先用结晶紫初染,使细胞和荚膜都着色,随后用硫酸铜水溶液洗,由于荚膜对染料亲和力差而被脱色,硫酸铜还可以吸附在荚膜上使其呈现淡蓝色,从而与深紫色菌体区分。

鞭毛是细菌的纤细丝状运动"器官"。鞭毛的有无、数量及着生方式也是细菌分类的一个重要指标。鞭毛直径一般为 10 ~ 30 nm,只有用电镜才能直接观察到。若要用普通光学显微镜观察,必须使用鞭毛染色法。首先用媒染剂(如单宁酸或明矾钾)处理,使媒染剂附

着在鞭毛上使其加粗，然后再用碱性复红（Gray 氏染色法）、碱性复品红（LeIfson 氏染色法）、硝酸银（West 氏染色法）或结晶紫（DIfco 氏染色法）进行染色。

## 一、材料和器皿

1. 菌种

枯草芽孢杆菌 1 ~2 d 牛肉膏蛋白胨琼脂斜面培养物，球形芽孢杆菌 1 ~2 d 牛肉膏蛋白胨琼脂斜面培养物，褐球固氮菌 2 d 无氮培养基琼脂斜面培养物，普通变形菌 14 ~18 h 牛肉膏蛋白胨半固体平板新鲜培养物。

2. 溶液和试剂

5% 孔雀绿水溶液，0.5% 番红水溶液，绘图墨水（滤纸过滤后使用），1% 甲基紫水溶液，6% 葡萄糖水溶液，20% 硫酸铜水溶液，甲醇，硝酸银鞭毛染液，Leifson 氏鞭毛染液，0.01% 美蓝水溶液等。

3. 仪器和其他用品

酒精灯、载玻片、盖玻片、显微镜、双层瓶（内装香柏油和二甲苯）、擦镜纸、接种环、小试管、烧杯、试管架、接种铲、接种针、镊子、载玻片夹子、载玻片支架、滤纸、滴管和无菌水等。

## 二、操作步骤

（1）加热时使用载玻片夹子及试管夹，以免烫伤。

（2）使用染料时注意避免沾到衣物上。

（3）实验后洗手。

### （一）芽孢染色（Schaeffer-Fulton 氏染色法）

1. 制片

按常规方法涂片、干燥及固定。

2. 加热染色

向载玻片滴加数滴 5% 孔雀绿水溶液覆盖涂菌部位，用夹子夹住载玻片在微火上加热至染液冒蒸汽并维持 5 min，加热时注意补充染液，切勿让涂片干涸。

3. 脱色

待玻片冷却后，用缓流自来水冲洗至流出水无色为止。

4. 复染

用 0.5% 番红水溶液复染 2 min。

5. 水洗

用缓流自来水冲洗至流出水无色为止。

6. 镜检

将载玻片晾干后油镜镜检。

### （二）荚膜染色

1. 负染法

（1）载玻片准备：用乙醇清洗载玻片，彻底去除油迹。

(2)制片:在载玻片一端滴一滴6%葡萄糖水溶液,无菌操作取少量菌体于其中混匀,再用接种环取一环绘图墨水于其中充分混匀。另取一块载玻片作为推片,将推片一端与混合液接触,轻轻左右移动使混合液沿推片散开,之后以约30 ℃角迅速向载玻片另一端推动,带动混合液在载玻片铺成薄膜(图11.4)。

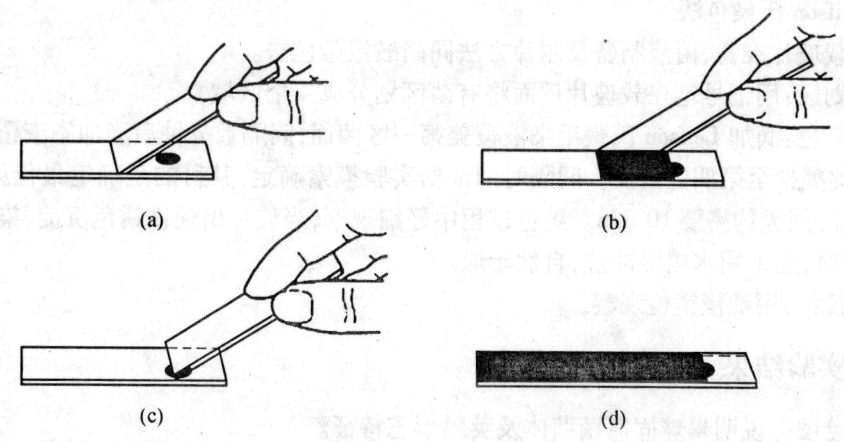


图11.4　荚膜负染色法制片示意图

(3)干燥:将载玻片在空气中自然干燥。

(4)固定:滴加甲醇覆盖载玻片固定1 min后倾去甲醇。

(5)干燥:将载玻片在空气中自然干燥。

(6)染色:在载玻片上滴加1%甲基紫水溶液染色1~2 min。

(7)水洗:用自来水进行缓慢冲洗,自然干燥。

(8)镜检:用低倍镜和高倍镜镜检观察。

2. Anthony氏染色法

(1)涂片:按常规方法取菌涂片。

(2)固定:将载玻片在空气中自然干燥。

(3)染色:用1%结晶紫水溶液覆盖涂菌区域染色2 min。

(4)脱色:倾去结晶紫水溶液后,用20%硫酸铜水溶液冲洗,用吸水纸吸干残液,自然干燥。

(5)镜检:用油镜镜检观察。

(三)鞭毛染色

1. 硝酸银染色法

(1)载玻片准备:将载玻片置于含洗衣粉或洗涤剂的水中煮沸20 min,然后用清水充分洗净,再置于95%乙醇中浸泡,使用时取出在火焰上烧去乙醇及可能残留的油迹。

(2)菌液制备:无菌操作用接种环由普通变形菌14~18 h牛肉膏蛋白胨半固体新鲜培养物平板上挑取数环菌落边缘菌体,悬浮于1~2 mL无菌水中制成轻度浑浊的菌悬液,不能剧烈振荡。

(3)制片:取一滴菌悬液滴到洁净载玻片一端,倾斜玻片,使菌悬液缓慢流向玻片另一端,用吸水纸吸去多余菌悬液,自然干燥。

(4)染色:滴加硝酸银染液A液覆盖菌面3~5 min后用蒸馏水充分洗去A液。用硝酸银染液B液洗去残留水分后,再滴加B液覆盖菌面数秒至1 min,其间可用微火加热,当菌面出现明显褐色时,立即用蒸馏水冲洗,自然干燥。

(5)镜检:用油镜镜检观察。

2. Leifson 氏染色法

(1)载玻片准备、菌液制备及制片方法同硝酸银染色法。

(2)划区:用记号笔在载玻片反面将有菌区划分成4个区域。

(3)染色:滴加Leifson氏鞭毛染液覆盖第一区菌面,间隔数分钟后滴加染液覆盖第二区菌面,以此类推至第四区菌面。间隔时间根据实验摸索确定,其目的是确定最佳染色时间,一般染色时间大约需要10 min。染色过程中仔细观察,当玻片出现铁锈色沉淀,染料表面出现金色膜时,立即用水缓慢冲洗,自然干燥。

(4)镜检:用油镜镜检观察。

## 三、实验结果

(1)绘图并说明褐球固氮菌菌体及荚膜形态特征。

(2)绘图并说明普通变形菌菌体及鞭毛形态特征。

## 四、思考题

1. 为什么荚膜染色不用热固定?

2. 除鞭毛染色法外,还有什么方法能观察到鞭毛?

# 实验23　革兰氏染色法

革兰氏染色法可以将细菌分成革兰氏阳性($G^+$)和革兰氏阴性($G^-$)两种类型,这是由这两种细菌细胞壁结构和组成的差异所决定的(图11.5)。首先利用草酸铵结晶紫进行初染,所有细菌都会着上结晶紫的蓝紫色。然后利用卢戈氏碘液作为媒染剂处理,由于碘与结晶紫形成碘-结晶紫复合物,增强了染料在菌体中的滞留能力。之后用95%乙醇作为脱色剂进行处理时,两种细菌的脱色效果不同。革兰氏阳性细菌细胞壁肽聚糖含量高,壁厚且脂质含量低,肽聚糖本身并不结合染料,但所具有的网孔结构可以滞留碘-结晶紫复合物,现在一般认为乙醇处理可以使肽聚糖网孔收缩而使碘-结晶紫复合物滞留在细胞壁,菌体保持原有的蓝紫色。而革兰氏阴性细菌细胞壁肽聚糖含量低,交联度低,壁薄且脂质含量高,乙醇处理时脂质溶解,细胞壁通透性会增加,原先滞留在细胞壁中的碘-结晶紫复合物容易被洗脱下来,菌体变为无色,用复染剂(如番红)染色后又变为复染剂颜色(红色)。

## 一、实验器材

1. 菌种

大肠杆菌16 h牛肉膏蛋白胨琼脂斜面培养物,金黄色葡萄球菌16 h牛肉膏蛋白胨琼脂斜面培养物。

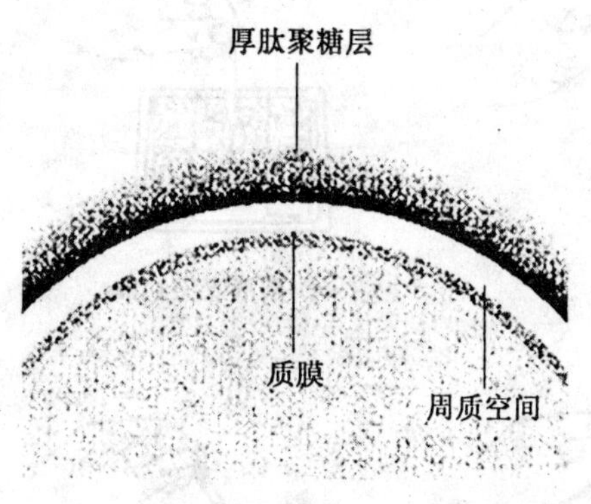

(a) 革兰氏阳性菌

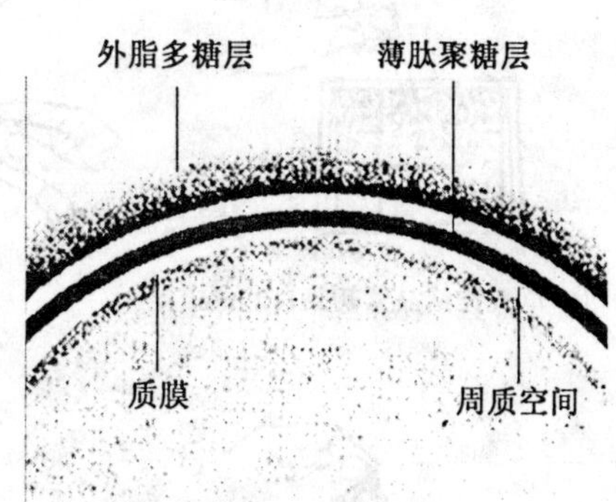

(b) 革兰氏阴性菌

图 11.5　革兰氏阳性菌和阴性菌细胞壁结构示意图

2. 溶液和试剂

革兰氏染液，草酸铵结晶紫染液，卢戈氏（Lugol）碘液，95% 乙醇，番红复染液等。

3. 仪器和其他用品

酒精灯、载玻片、显微镜、双层瓶（内装香柏油和二甲苯）、擦镜纸、接种环、试管架、镊子、载玻片夹子、载玻片支架、滤纸、滴管和无菌生理盐水等。

## 二、操作步骤

1. 制片

取活跃生长期菌种按常规方法涂片（注意不宜过厚）、干燥和固定。

2. 初染

滴加草酸铵结晶紫染液覆盖涂菌部位，染色 1 ~ 2 min 后倾去染液，水洗至流出水无色。

3. 媒染

先用卢戈氏碘液冲去残留水迹，再用碘液覆盖 1 min，水洗至流出水无色。

4. 脱色

将玻片上残留水用吸水纸吸去，在白色背景下用滴管滴加 9% 乙醇脱色（一般约 20 ~ 30 s），当流出液无色时立即用水洗去乙醇。

5. 复染

将玻片上残留水用吸水纸吸去，用番红复染液复染色 2 min，水洗，吸去残水晾干，如图 11.6 所示。

6. 镜检

油镜观察。

7. 混合涂片染色

在载玻片同一区域用大肠杆菌和金黄色葡萄球菌混合涂片，其他步骤同上。

## 三、实验结果

绘出油镜下观察的混合区菌体图像。

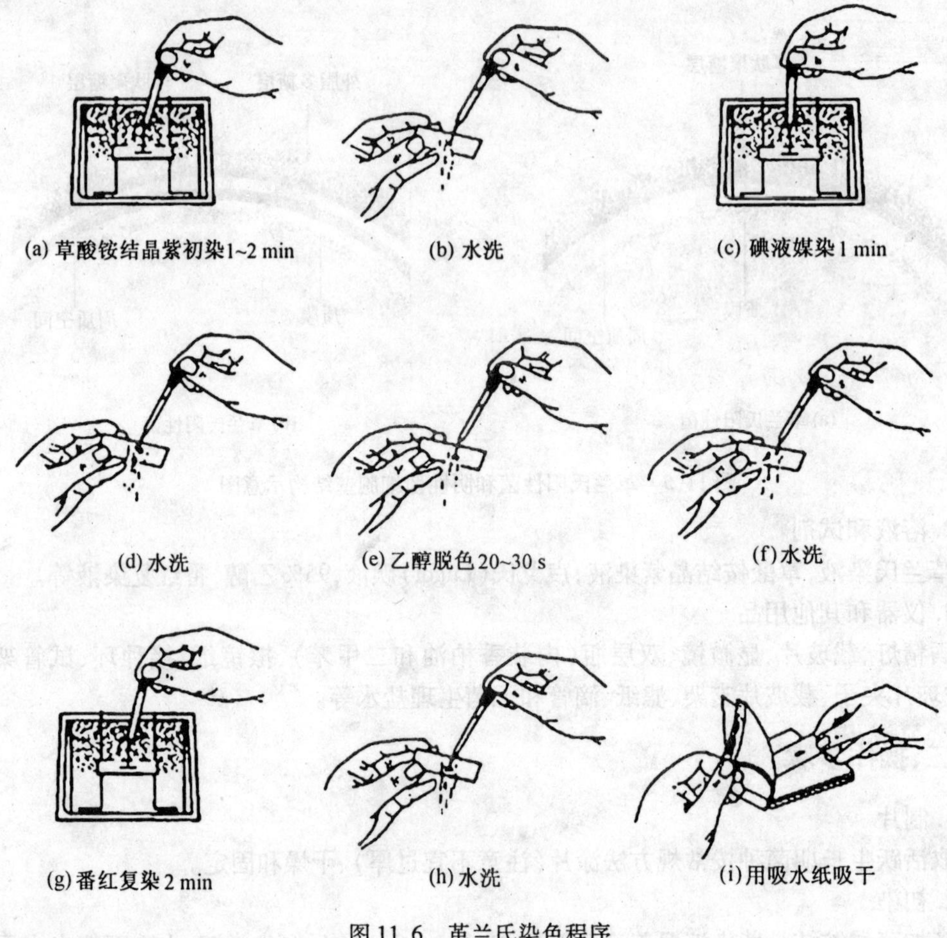


图 11.6 革兰氏染色程序

## 四、思考题

1. 革兰氏染色是否成功,有哪些问题需要注意,为什么?
2. 为什么用老龄菌进行革兰氏染色会造成假阴性?

# 实验 24 真菌若干特殊构造的观察

根霉在自然界分布很广,分解淀粉的能力很强,它是市售甜酒药中的主要糖化菌种,在工业上可用它来生产糖化酶、有机酸和进行甾体化合物的转化等。当它在适宜的培养基或其他含淀粉的基质上生长时,菌丝会迅速向四周蔓延,甚至可覆盖整个平板或其他固态培养料的表面。根霉的菌丝较粗,没有横隔。有部分菌丝分化成匍匐菌丝和假根,这是根霉的重要特征。

根霉的无性繁殖是形成孢子囊孢子,它的无性孢子着生在孢子囊内。根霉的孢子囊较大,其形状因菌种不同而异。孢子囊成熟后囊壁破裂,会释放出大量的孢子囊孢子,并能显示出囊轴(孢子囊梗与孢子囊间横隔凸起,膨大成球形或锥形的结构)和囊托。孢子囊、囊轴和孢子囊孢子等形状和大小是根霉属分类的主要依据,根霉的有性繁殖是产生接合孢子。

酵母菌是人类应用最早的微生物之一。大多数酵母菌都为单细胞的真核生物,由于其形态简单,因此在分类鉴定时除了以形态生理特性为依据外,还要了解其是否具有有性繁殖过程,如能否形成子囊孢子或其他形式的有性孢子等。因此,掌握培养酵母菌和观察它们形态的方法是很必要的。

## 一、根霉孢子囊和假根的观察

假根是根霉的一个重要特征,它具有附着和吸取营养等功能。观察根霉的假根,一般都是从根霉的培养物(斜面菌种或平板上的培养物)上挑取若干菌丝体,放在载玻片上制备成水封片进行镜检观察。用这种方法制成的标本一般仅能观察到根霉的菌丝、孢子囊梗及孢囊孢子等构造,而对其特殊构造——假根却不能很直观地被观察到,这是由于假根扎入培养基内而难以完整地取出的缘故。

本实验介绍的培养法能很直观和真实地观察到根霉的假根及其他构造的形态特征。其中主要依据是当根霉的气生菌丝在遇到培养基以外的障碍物(如培养皿的盖子及皿盖内放置的载玻片等物)时也会很好地附着并分化形成假根,并在假根节上正常地生出孢子囊梗和形成孢子囊,还能观察到在两个假根间的匍匐菌丝。具体的操作方法是:用接种针蘸取少量根霉孢子点接到马铃薯葡萄糖琼脂平板上,然后进行倒置培养。若在皿盖内放一载玻片或用玻棒搁架将其支起,可缩短培养基与载玻片间的距离,则可缩短根霉假根标本片制备的时间(图 11.7)。

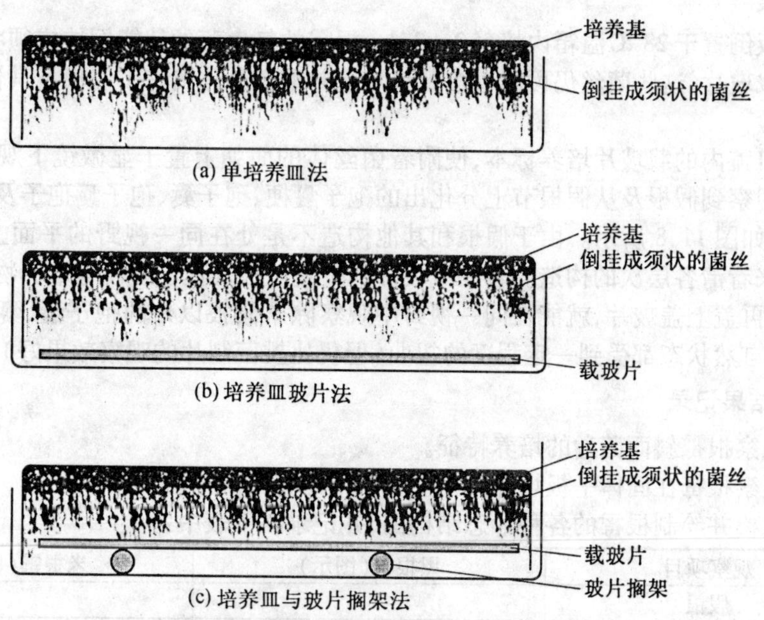


图 11.7　根霉假根等培养的示意图

利用此培养法所获得的载片标本也可制成永久保存片,只要滴加少许乳酸苯酚固定液于理想的标本部位,再盖上盖玻片并用树胶封固即可。

**(一)材料和器皿**

1. 菌种

黑根霉(*Rhizopus nigricarzs*),米根霉(*R. oryzae*)。

2. 培养基

马铃薯葡萄糖琼脂培养基。

3. 固定液

乳酸苯酚固定液。

4. 其他

培养皿、载玻片、盖玻片、玻璃棒搁架、显微镜、接种工具等。

**(二)方法和步骤**

1. 倒平板

将马铃薯葡萄糖琼脂培养基融化并冷却至50 ℃左右倒平板,待冷凝备用。

2. 点接菌种

用接种针以无菌操作蘸取斜面菌种上的黑根霉孢子,以每平板上均匀点接12～16点的方式接种。也可与根霉有性接合孢子实验结合在一起做,即在同一平板表面分别接上黑根霉"+""-"菌株的2条接种线。

3. 放载玻片

可在皿盖内放一块载玻片,或先在皿盖内放一"n"形玻璃搁棒,在其上再放置一块载玻片,以缩短培养基表面与载玻片之间的距离(可减少假根制片培养的时间)。

4. 培养

将平板倒置于28 ℃温箱内培养2～3 d。根霉的气生菌丝就能倒挂成须状,并有许多菌丝接触到载玻片,这些菌丝仍可附着在载玻片上并重新分化出许多假根及其他构造。

5. 镜检

取出皿盖内的载玻片培养标本,使附着菌丝体的面朝上置于显微镜下观察。只要用低倍镜就能观察到假根及从假根节上分化出的孢子囊梗、孢子囊、孢子囊孢子及2个假根间的匍匐菌丝,如图11.8所示。由于假根和其他构造不是处在同一视野的平面上,观察时须调节聚焦点来看清各层次的构造。若在载玻片的少量假根及孢子囊梗等培养物上滴加乳酸苯酚固定液,再盖上盖玻片,就能在同一视野中观察除了假根以外的孢子囊、囊轴和匍匐菌丝等构造,但自然状态都受到一定程度的扭曲(但仍比挑菌制片的观察效果好)。

**(三)结果记录**

(1)观察根霉斜面菌种的培养特征。

(2)观察根霉在固体平板培养基上生长的形态特征。

(3)镜检并绘制根霉的各种形态结构图,并记录在下表中:

| 观察项目 | 黑根霉(图示) | 米根霉(图示) |
| --- | --- | --- |
| 假根 | | |
| 匍匐菌丝 | | |
| 孢子囊 | | |
| 孢子囊孢子 | | |
| 囊轴 | | |

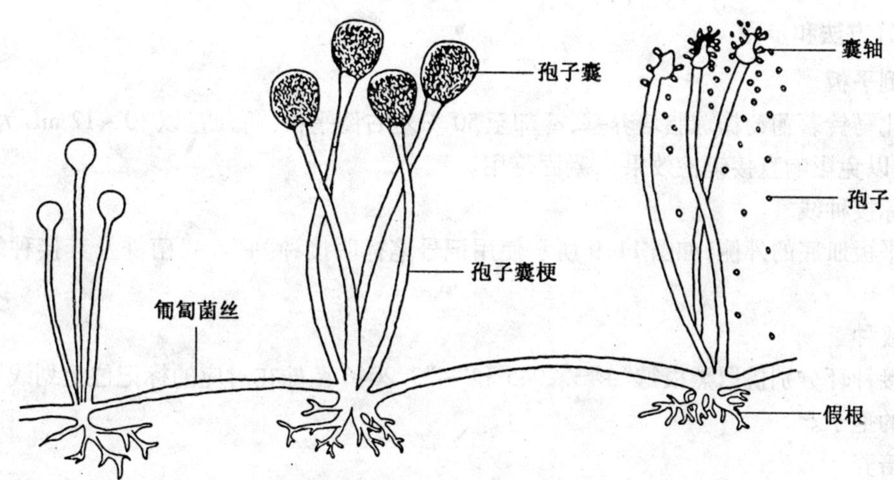


图 11.8　根霉的假根示意图

（四）注意事项

1. 接种时严防因孢子飞散而污染环境。

2. 观察时为了防止根霉菌丝与孢子等污染物镜镜头，宜在载玻片标本上盖上一块盖玻片后再作镜检观察。

## 二、根霉接合孢子囊的形成和观察

霉菌的繁殖方式比其他微生物更加多样化，除形成形态各异的无性孢子进行无性繁殖外，还常有有性繁殖方式，而根霉所形成的接合孢子就是霉菌的有性繁殖方式之一。

在适宜的培养温度下，接种在同一平板培养基表面两侧的两株异性根霉菌株，在各自的生长过程中，在培养基表面相邻近的两异性菌丝体间，能各自向对方伸出极短的侧枝，当两者一旦相互接触后，各自的顶端便迅速膨大成 2 个暂时分隔的原配子囊，然后迅速融合再经质配和核配而发育成配子囊，继而发育成幼接合孢子，最后则成为黑色膨大的成熟接合孢子。

采用本实验介绍的接种黑根霉两异性菌株排成“八”字形线状的培养法（23 ~ 25 ℃），可在同一平板的不同部位观察到接合孢子形成过程中各个不同阶段的形态特征。

（一）材料和器皿

1. 菌种

黑根霉（*Rhizopus nigricans*）“+”3.2045 和“-”3.2046。

2. 培养基

马铃薯葡萄糖琼脂培养基。

3. 器皿

培养皿、载玻片、盖玻片、显微镜、镊子、记号笔和接种工具等。

### (二)方法和步骤

1. 倒平板

融化马铃薯葡萄糖琼脂培养基,冷却至 50 ℃左右倒平板(每皿量以 10 ~ 12 mL 为宜,不宜太厚,以免影响直接镜检效果),凝固待用。

2. 标接种线

在平板皿底的外侧,如图 11.9 所示使用记号笔标明接种"+""-"菌株及其接种线的位置。

3. 接种

用接种环分别挑取黑根霉"+"3.2045 和"-"3.2046 菌株在对应的标记位上划线接上各自菌株的孢子。

4. 培养

将平板倒置于 23 ~ 25 ℃温箱内培养 2 ~ 3 d。若温度过高,则会影响黑根霉"+""-"菌株间接合孢子的形成率。

5. 观察

在培养期间,可多观察几次,以了解生长情况。自第二天后,就能观察到平板上"+"与"-"菌株的接种线间的匍匐菌丝体等较密集,如果通过透视光还可观察到两异性菌株间有一条浅黑色的接合孢子带(图 11.9),而同性菌株间则无此现象出现。

6. 镜检接合孢子

打开皿盖,在接合孢子带上压一块载玻片,轻轻按一下使玻片贴近培养基表面的接合孢子层处,然后将平板培养物直接放在显微镜的镜台上,再用低倍镜沿着接合孢子带上下移动,便能观察到各期的接合孢子的形态特征。使用此法的观察效果十分理想,既能看到根霉的自然生长状态,又能观察接合孢子的着生与各期形态特征。

7. 制片与保存

若需制备成永久标本片,则可使用镊子从培养基表面的接合孢子带区取出部分菌丝体等培养物,放在乳酸苯酚液滴中使其分散开,再盖上盖玻片进行镜检观察。如要制成永久保存片,则将盖玻片用树胶封固即可。

接合孢子的形成过程如图 11.9 所示,常分为五个阶段。

(1)短侧枝期:相邻的异性菌株菌丝间,各自向对方伸出较短粗的侧枝(图 11.9(a))。

(2)原配子囊期:异性短侧枝相互接触,各自顶端膨大,形成 2 个原配子囊(图 11.9(b))。

(3)配子囊期:每个原配子囊产生横壁,将原配子囊分隔为两个部分,横壁前端即为配子囊,后端为配子囊柄(图 11.9(c))。

(4)幼接合孢子期:两个配子囊间的隔膜消失,随之两菌株的细胞质和核之间相互融合成幼接合孢子(图 11.9(d))。

(5)成熟接合孢子期:幼接合孢子中央膨大成囊,囊壁加厚,颜色加深,此时即为成熟接合孢子(图 11.9(e))。

根霉接合孢子平板接种和结果如图 11.10 所示。

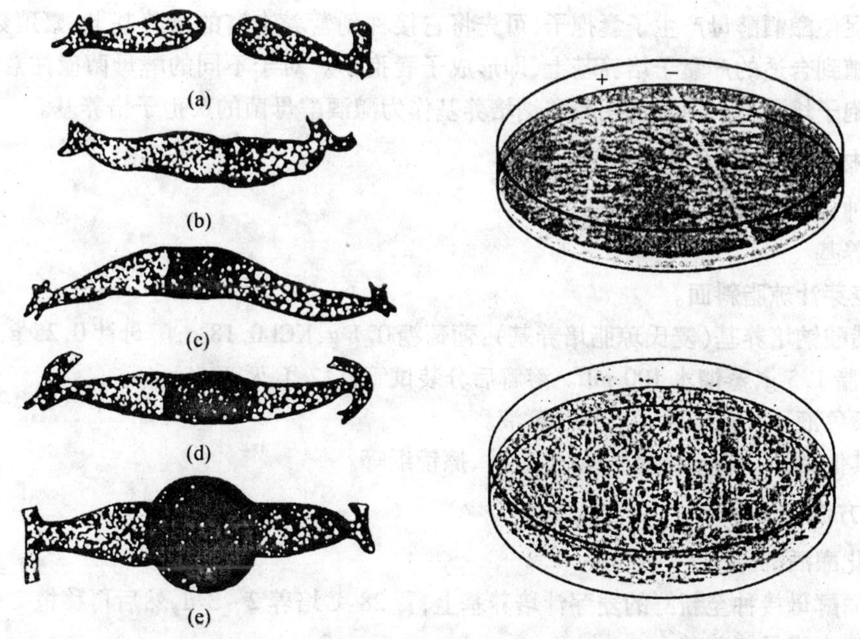


图 11.9　根霉接合孢子形成过程示意图　图 11.10　根霉接合孢子平板接种和结果示意图

(三)结果记录

(1)观察黑根霉在平板上的生长特征及接合孢子带的形态特征。

(2)图示在镜检中所观察到的各期接合孢子的形态特征。

(四)注意事项

(1)接种时黑根霉的"+""-"菌株不要弄错,以免影响实验结果。接种时既要注意无菌操作,又要防止带菌的接种环无意间过火或近火烤死菌源而使实验失败。

(2)制备培养根霉接合孢子的平板时,培养基不宜倒得太多,以免平板过厚而影响平板法镜检时的观察效果。

(3)接种异性根霉菌株的平板培养温度切勿超过 25 ℃,否则会影响接合孢子的形成。

## 三、酵母菌子囊孢子的形成和观察

大多数酵母菌是单细胞生物,形态较简单,因此在分类鉴定上除了观察细胞形态及测定生理特性外,还要观察能否形成有性孢子和孢子形状等特征,并以此作为鉴定酵母菌的重要依据。

酵母菌属中的酿酒酵母既是单细胞生物,又具有真核细胞的特性,在他们的生活史中存在单倍体和双倍体生长的不同阶段,这两个阶段的长短因菌种不同而存在差异。在一般情况下,它们都能持续的以出芽形式进行无性生长繁殖,但是如果将双倍体细胞移接到适宜的产孢子培养基上,染色体就会发生减数分裂,形成含 4 个子核的细胞,原来的双倍体细胞即成为子囊,而 4 个子核最终发展成子囊孢子。将单倍体的子囊孢子逐个分离出来,经无性繁殖后即成为单倍体细胞。

为了促使酿酒酵母产生子囊孢子,可先将它接种到营养丰富的培养基上,繁殖数代后,再将它移植到合适的产囊子培养基上,即形成子囊孢子。对于不同的酵母菌应注意要选择相应的产孢子培养基。通常选用醋酸钠培养基作为酿酒酵母菌的产孢子培养基。

**(一)材料和器皿**

1. 菌种:酿酒酵母

2. 培养基

(1)麦芽汁琼脂斜面。

(2)醋酸钠培养基(麦氏琼脂培养基):葡萄糖 0.1 g,KCl 0.18 g,酵母汁 0.25 g,醋酸钠 0.82 g,琼脂 1.5 g,蒸馏水 100 mL。溶解后分装试管,112 ℃灭菌 15 min。

(3)染色液:6%孔雀液,0.5%沙黄液。

(4)其他:无菌培养皿、显微镜、载玻片、擦镜纸等。

**(二)方法和步骤**

1. 活化酿酒酵母

将酿酒酵母接种至新鲜的麦芽汁培养基上,置 28 ℃培养 2 ~3 d,然后再移植 2 ~3 次。

2. 移接产孢子培养基

将经过活化的酿酒酵母移接至麦氏培养基上,置 30 ℃恒温箱中培养两周。一周后如不产孢子则改用石膏块法(见本实验后附录)培养后再镜检之。

3. 观察

(1)涂布与染色:从产孢子培养基上挑少许菌苔于载玻片上,经涂片、热固定后,加数滴孔雀绿于涂片处,染色 1 min 后水洗,然后滴加 95%乙醇维持约 30 s 后倾去乙醇,最后用 0.5%沙黄液复染 30 s,再倾去染色液,最后再用吸水纸吸干。

(2)镜检染色片:经染色后子囊孢子呈绿色,子囊为粉红色。注意观察子囊孢子的数目、形状和子囊的形成率。

4. 计算子囊形成的百分率

计数时随机取 3 个视野,分别计形成子囊的细胞数和不形成子囊的细胞数,然后按下列公式计算:

$$\text{子囊形成率}=\frac{3\text{ 个视野中形成的总 }A}{3\text{ 个视野中形成的总}(A+B)}\times 100\%$$

式中 $A$——形成子囊的细胞数;

$B$——不形成子囊的细胞数。

**(三)结果记录**

将酿酒酵母产子囊孢子的实验结果记录在下表中:

| 菌名 | 产孢子培养基 | 子囊孢子数 | 孢子形状及表面纹饰 | 子囊形成率/% |
|---|---|---|---|---|
| | | | | |

**(四)注意事项**

(1)用于活化酵母菌的麦芽汁培养基要新鲜,培养基表面要湿润,以保证酵母菌能得到良好的生长。

(2)当在麦芽汁培养基上培养菌数达 $10^7$ 以上时，再采用较大接种量的方式移种到产孢子培养基上，即可提高酵母菌子囊的形成率。

**其他孢子培养基：**

1. 克氏(Kleyn)培养基

$KH_2PO_4$ 0.12 g，葡萄糖 0.62 g，$K_2HPO_4$ 0.2 g，蛋白胨 2.5 g，醋酸钠 5 g，生物素 0.02 mg，NaCl 0.62 g，混合盐溶液 10 mL，蒸馏水 1 000 mL，琼脂 15 g。

2. 水混合盐溶液

$MgSO_4 \cdot 7H_2O$ 0.4%，NaCl · 0.4 %，$CuSO_4 \cdot 5H_2O$ 0.002% ，$MnSO_4 \cdot 4H_2O$ 0.2%，$FeSO_4 \cdot 4H_2O$ 0.2%，用蒸馏水配制。

3. 高氏(Gorodkowa)培养基

葡萄糖 1 g，NaCl 5 g，蛋白胨 10 g，琼脂 15 g，蒸馏水 1 000 mL，112 ℃下灭菌 30 min。

4. 石膏块

取 8 份 $CaSO_4 \cdot 1/2H_2O$ 及 3 份水混合制成楔状斜面置于垫有棉花的试管内，用稀释的 1.5 波林麦芽汁湿润或采用 2% 甘露醇和 0.5% $K_2HPO_4$ 溶液浸润。

4. 胡萝卜块培养基

将胡萝卜洗净，切成楔状斜面，放入垫有湿润脱脂棉的试管内，置 115 ℃下灭菌30 min。

## 四、蓝色犁头霉接合孢子囊的形成和观察

霉菌与细菌、放线菌等微生物相比，不但具有较复杂的形态特征，同时它的繁殖方式也更加多样化。其中蓝色犁头霉形成接合孢子(存在于接合孢子囊中)是霉菌有性生殖的方式之一。

如果将 2 个异性的蓝色犁头霉菌株接种在同一平板培养基上，并将其置于适宜的温度下培养，则相邻的异性菌丝能各自向对方伸出极短的侧枝。当两者接触后，各自顶端膨大形成两个原配子囊，并进一步发育形成配子囊。后经质配和核配发育成为幼接合孢子囊，最后形成黑色、小点状的接合孢子囊。这些接合孢子囊在平板中央排列成带状，其中表面被许多指状附属物围住，且每个接合孢子囊中形成一个接合孢子。

采用本实验介绍的接种和培养方法，可以观察到蓝色犁头霉形成接合孢子囊的不同阶段的形态特征。

### (一)材料和器皿

1. 菌种

蓝色犁头霉(*Absidia coeruleu*)"+""-"菌株。

2. 培养基

马铃薯葡萄糖琼脂培养基(PDA)。

3. 试剂

乳酸苯酚液(由 10 g 结晶苯酚，10 g 乳酸，20 g 甘油和 10 mL 蒸馏水配制而成)。

4. 器皿

培养皿、载玻片、盖玻片、显微镜、解剖针、接种环、记号笔等。

**(二)方法和步骤**

1. PDA 平板制备

将融化并冷至约 45 ℃的 PDA 培养基以每皿 12 ~ 15 mL 倾浇平板(重复 2 皿),平放,冷凝待用。

2. 接种和培养

采用无菌接种环挑取蓝色犁头霉“+”“-”菌株的少量孢子或菌丝,分别以“八”字形划线接种在同一 PDA 平板的两侧(重复 2 皿),倒置于 25 ~ 28 ℃温箱内培养 4 ~ 5 d。

3. 观察

(1)肉眼观察。为了解生长情况,可在培养期间,用肉眼多次观察该菌在 PDA 平板上生长特征。一般自第 2 d 开始就能看到平板上“+”与“-”菌株的菌丝各自向两侧生长的现象,而当培养至 4 ~ 5 d 时,可见到异性菌株间有一条黑色的接合孢子囊带。

(2)显微镜观察。

1)培养物直接观察:打开皿盖,在接合孢子囊带上压一块载玻片,轻轻按一下,使玻片贴近培养基表面的接合孢子囊层,然后将此平板培养物直接置于显微镜的镜台上,用低倍镜或高倍镜观察接合孢子囊带不同部位,以了解蓝色犁头霉“+”“-”菌株形成接合孢子囊的过程(接合孢子囊形成过程见图 11.11)。

(a)原配子囊的形成

(b)配子囊的形成

(c)质配、核配

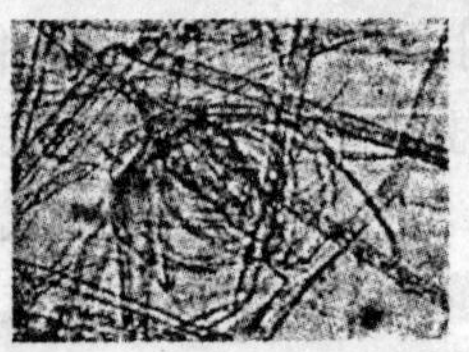
(d)幼接合孢子囊

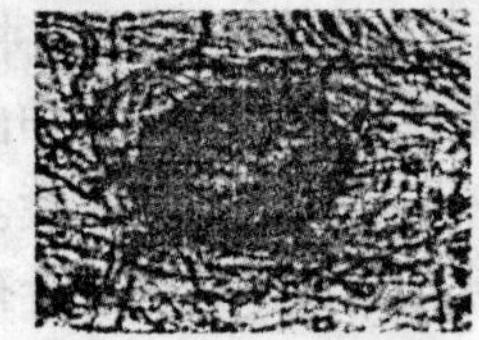
(e)成熟的接合孢子囊

图 11.11　蓝色犁头霉接合孢子囊形成过程特征图

2)培养物制片观察。

①制片:在一洁净的载玻片中央加一滴乳酸苯酚液,再用一无菌的解剖针分别挑取蓝色犁头霉所形成的接合孢子囊的不同部位的生长物,并浸入载玻片的乳酸苯酚液内,而后用 2 支无菌解剖针将培养物撕开,使它全部打湿,盖上盖玻片。

②观察:用低倍镜或高倍显微镜观察蓝色犁头霉接合孢子囊及生长发育过程特征。

(a)相邻的异性菌株菌丝间各自向对方伸出短的侧枝。

(b)原配子囊期:异性短侧枝相互接触,顶端各自膨大,形成 2 个原配子囊。

(c)配子囊期:每个原配子囊产生横壁,将原配子囊分隔为两个部分,横壁前端为配子囊,另一端为配子囊柄,且一配子囊柄上形成许多附属物。

(d)幼接合孢子囊期:2 个配子囊间的隔膜消失,随之两菌株的细胞质和核相互融合,并形成幼接合孢子囊。

(e)接合孢子囊期:幼接合孢子囊中央膨大成囊,囊壁加厚,颜色变黑,形成成熟的接合孢子囊。

**(三)结果记录**

(1)观察并记录蓝色犁头霉在 PDA 平板上所形成的接合孢子囊带的形态特征。

(2)图示镜检中所观察到的蓝色犁头霉形成接合孢子囊各阶段的形态特征。

**(四)注意事项**

(1)接种时不要将蓝色犁头霉"+""-"菌株搞错,以避免实验失败。

(2)接种蓝色犁头霉的平板,培养基不宜倒太多,以免平板过厚而影响观察。

(3)蓝色犁头霉"+""-"菌株形成接合孢子囊的平板宜置于 25 ~ 28 ℃培养,温度过高或过低,结果均不太理想。

## 五、霉菌子囊壳、子囊和子囊孢子的观察

霉菌是一类形态结构较复杂的、小型或微型的丝状真菌。它可通过无性或有性方式进行繁殖。其中有性繁殖又依据种类不同可相应形成结合孢子和子囊孢子等有性孢子。在霉菌的分类鉴定中,通常首先要观察它能否进行有性繁殖,即能否形成上述的何种有性孢子及它们相关的结构等形态特征。因此,子囊孢子的有无及相关形态特征是鉴定霉菌的重要依据。

根据霉菌种类的不同,其有性繁殖方式又可进一步分为同宗配合和异宗配合两类。本实验拟以粗糙脉孢菌(*Neurospora crassa*)为对象,了解霉菌有性繁殖的特点。该种的每个个体是雌雄同株,但它是通过异宗配合的方式,即需要 2 个菌株交配后才能产生子囊壳、子囊和子囊孢子。

**(一)材料和器皿**

1. 菌种

粗糙脉孢菌(*Neurospora crassa*),野生型和赖氨酸缺陷型各一菌株。

2. 培养基

玉米琼脂培养基,把玉米浸泡后晾干,每支试管中放入 2 粒,后加入约 3 mL 已融化的 1.6% 水琼脂,速将 2 cm×5 cm 的滤纸条折成皱纹状,插入试管中的琼脂内(浸入 0.5 ~ 1 cm),装妥后加塞,121 ℃ 20 min 灭菌。

3. 试剂

乳酸苯酚液。

4. 器皿

试管、载玻片、盖玻片、接种针(钩)、显微镜等。

**(二)方法和步骤**

1. 接种培养

用接种针分别挑取粗糙脉孢菌野生型和赖氨酸缺陷型菌株的少量孢子(或菌丝),接入含玉米琼脂试管中的滤纸两侧(接近水琼脂 0.5 ~ 1 cm),重复接 2 支,将上述试管置于

28 ℃培养箱培养 8～12 d。

2. 观察

(1)制片:在一洁净的载玻片中央滴加 1 滴乳酸苯酚液,用一无菌的接种钩挑取滤纸片或培养基表面的数个子囊壳(呈黑色颗粒状的生长物)于上述乳酸苯酚液中,并在其上盖上盖玻片。

(2)观察:先用低倍显微镜观察粗糙脉孢菌的子囊壳形状、颜色(通常呈具一平钝或圆锥形孔口的近球形的黄褐至黑褐色子囊壳,未成熟时呈黄褐色),然后使用接种针的柄轻压盖玻片,使子囊壳破裂,再用低倍镜和高倍镜观察子囊形状、子囊中子囊孢子数目(子囊常呈圆柱形,下有短柄,顶端有厚而胶质化的环,子囊内含 8 个子囊孢子,单行排列)、子囊孢子的形状、颜色、表面纹饰和两种颜色的孢子在子囊中的排列方式。

**(三)注意事项**

接种时不要将粗糙脉孢菌野生型和赖氨酸缺陷型菌株搞错,以避免实验失败。

**粗糙脉孢菌的形态学特征:**

该菌在玉米粉琼脂上,菌落初为粉粒状,后疏松地展开,并且于试管壁边缘形成绒毛状气生菌丝,粉红色至浅橙色。菌丝体松散,四周蔓延,具横隔。生孢子菌丝向空间生长,双叉式分支,分生孢子成链,有孢隔,球形或近球形,光滑,多聚成团块,黄色至淡橙红色,直径 6～8 μm,大多数为 6～7 μm。

子囊壳簇生或散生,近球形。有的生于基物表面,部分埋于基物内部,光滑或带有疏松菌丝,初黄褐色,后变为黑褐色。壁厚,褐色。直径 400～600 μm,孔口平钝或圆锥形,黑色。子囊圆柱形,(150～175) μm×(18～20) μm,下部有一短柄,顶端有厚胶质化的环。子囊内含 8 个椭圆形子囊孢子,单行排列,有 20 个具分叉的纵的脊纹,初橄榄绿色,后变为暗褐黑色,一般(27～30) μm×(14～15) μm],如图 11.12 所示。

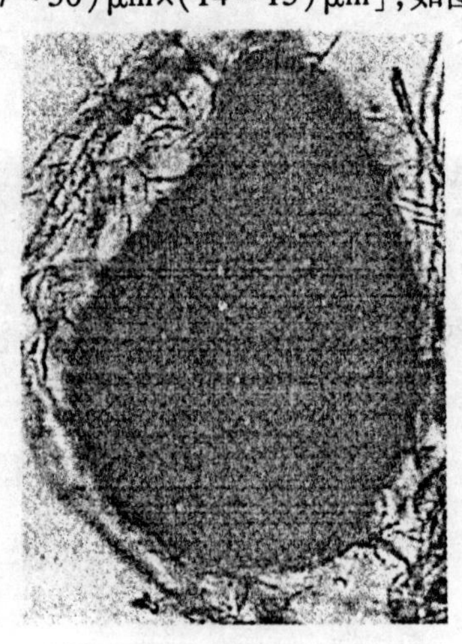

(a)粗糙脉孢菌的子囊壳

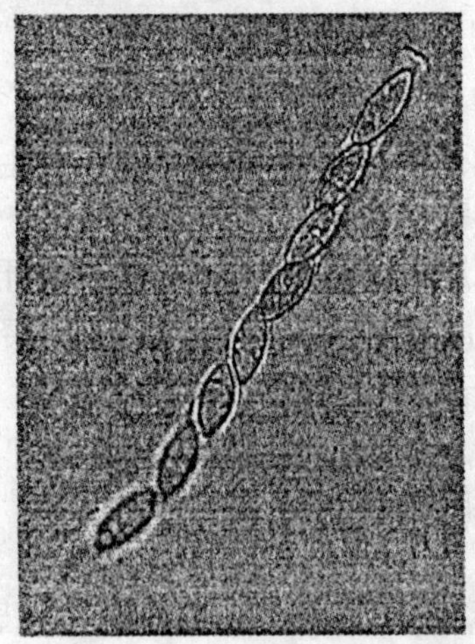

(b)粗糙脉孢菌的子囊和子囊孢子

图 11.12　粗糙脉孢菌

# 第 12 章　微生物的生长和培养

细菌、古生菌、真菌和病毒等微生物能够在自然界适宜的环境(宿主内)中生长繁殖。我们要研究和利用微生物,就涉及如何在人工培养条件下,使它生长繁殖,了解并掌握它们的生长规律及影响生长繁殖的各种因素,从而实现人为控制。要解决这些问题,就必须学习和掌握微生物生长和培养的实验技术。由于考虑到古生菌和一般真菌的基本培养方式和操作程序与细菌相近,因此,本部分除了采用细菌和病毒的培养外,真菌的培养选用了食用真菌。

## 实验 25　大肠杆菌生长曲线的制作实验

在合适的条件下,一定时期的大肠杆菌细胞每 20 min 分裂一次。将一定量的细菌转入新鲜培养液中,在适宜的培养条件下细胞要经历延迟期、对数期、稳定期和衰亡期 4 个阶段。以培养时间为横坐标,以细菌数目的对数或生长速率为纵坐标所绘制的曲线称为该细菌的生长曲线。不同的细菌在相同的培养条件下其生长曲线不同,同样的细菌在不同的培养条件下所绘制的生长曲线也不相同。测定细菌的生长曲线,了解生长繁殖的规律,对于人们根据不同的需要,有效地利用和控制细菌的生长具有重要意义。

当光线通过微生物菌悬液时,由于菌体的散射及吸收作用使光线的透过量降低。在一定范围内,微生物细胞浓度与透光度呈反比,与光密度成正比;而光密度或透光度可以通过光电池精确测出(图 12.1)。因此,可利用一系列菌悬液测定的光密度及含菌量,作出光密度-菌数的标准曲线,然后根据样品液所测得的光密度,从标准曲线中查出对应的菌数。

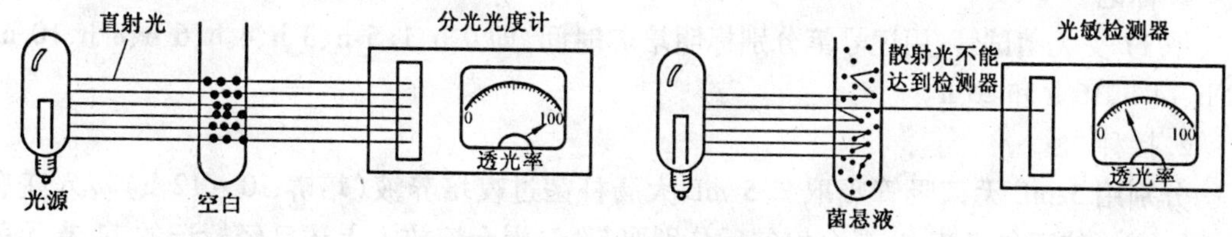


图 12.1　比浊法测定细胞密度的原理

本实验用分光光度计进行光电比浊,测定不同培养时间细菌悬浮液的 OD 值,绘制生长曲线,也可以直接用试管(图 12.2)或带有侧壁管的三角烧瓶(Nephlo 培养瓶,如图 12.3 所示)。测定"klet units "值的光度计,只要接种 1 支试管或 1 个带测定管的三角烧瓶,在不同的培养时间(横坐标)取样测定,以测得的 klet units 为纵坐标,便可很方便地绘制出细菌的生长曲线。如果需要,可根据公式 1 klet units＝OD/0.02 换算出所测菌悬液的 OD 值。

光电比浊计数法的优点是简便、迅速,可以连续测定,适合于自动控制。但是,由于光密度或透光度除了受菌体浓度影响之外,还受细胞大小、形态、培养液成分与颜色以及所采用的光波长等因素的影响,因此,应使用相同的菌株和培养条件制作标准曲线。光波的选择通常在400~700 nm之间。某种微生物选用准确的波长则需根据不同的微生物最大吸收波长及稳定性试验而确定。另外,颜色太深的样品或在样品中含有其他的干扰物质的悬液不适合用此法进行测定。

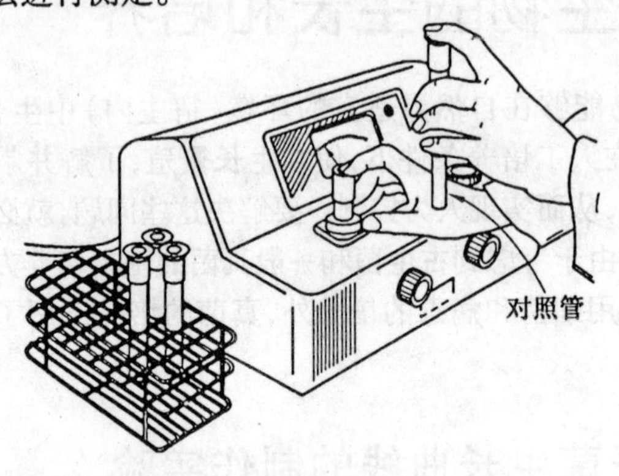


图12.2 直接用试管测定OD值

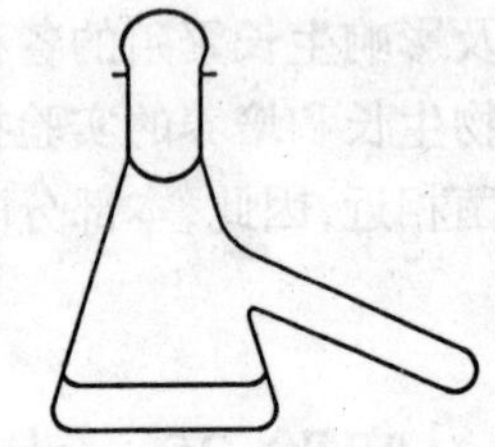

图12.3 带侧壁管的三角烧瓶

## 一、材料和器皿

1. 菌种

大肠杆菌

2. 培养基

LB液体培养基70 mL,分装2支大试管(5 mL/支),剩余60 mL装入250 mL三角烧瓶中。

3. 仪器和其他用品

分光光度计、水浴振荡摇床、无菌试管和无菌吸管等。

## 二、操作步骤

1. 标记

取11支无菌试管,用记号笔分别标明培养时间,即0 h、1.5 h、3 h、4 h、6 h、8 h、10 h、12 h、14 h、16 h和20 h。

2. 接种

分别用5 mL无菌吸管吸取2.5 mL大肠杆菌过夜培养液(培养10~12 h)转入盛有50 mL LB液的三角烧瓶内,混合均匀后分别取5 mL混合液放入上述已经标记的11支无菌试管中。

3. 培养

将已接种的试管置摇床37 ℃振荡培养(振荡频率250 r/min),分别培养0 h、1.5 h、3 h、4 h、6 h、8 h、10 h、12 h、14 h、16 h和20 h,将标有相应时间的试管取出,立即放冰箱中贮存,最后一同比浊测定其光密度值。

4. 比浊测定

用未接种的LB液体培养基作空白对照,选用600 nm波长进行光电比浊测定。从早取出的培养液开始依次测定,对细胞密度大的培养液用LB液体培养基适当稀释后测定,使光密度值在 0.1～0.65 之内。

本操作步骤也可用简便的方法进行代替：

(1)用 1 mL 无菌吸管吸取 0.25 mL 大肠杆菌过夜培养液转入盛有 3～5 mL LB 液的试管中，混匀后将试管直接插入分光光度计的比色槽中，比色槽上方用自制的暗盒将试管及比色暗室全部罩上，形成一个较大的暗环境，另一支盛有 LB 液但没有接种的试管调零点，测定样品中培养 0 h 的 OD 值。测定完毕后，取出试管置 37 ℃继续振荡培养。

(2)分别在培养 1.5 h、3 h、4 h、6 h、8 h、10 h、12 h、14 h、16 h 和 20 h 时，取出培养物试管按上述方法测定 OD 值。该方法准确度高，操作简便。但需要注意的是使用 2 支试管要很干净，其透光度越接近，测定的准确度就会越高。

## 三、思考题

1. 如果用活菌计数法制作生长曲线，你认为与光电比浊法相比会有何不同？各有什么优缺点？

2. 次生代谢产物的大小积累在哪个时期？

# 实验 26　环境因素对微生物生长的影响实验

微生物的生长繁殖受外界环境因素的影响，环境条件适宜时微生物生长良好，环境条件不适宜时微生物的生长则受到抑制，甚至导致微生物的死亡。物理、化学、生物及营养等不同环境因素影响微生物生长繁殖的机制不尽相同，而不同类型微生物对同一环境因素的适应能力也有差别。

1. 温度

温度对微生物细胞的生物大分子的稳定性、酶的活性、细胞膜的流动性和完整性方面都有重要影响，过高温度会导致蛋白质及核算变性失活，细胞膜破坏等，而过低温度会使酶受抑制，细胞新陈代谢活动减弱。因此，每种微生物只能在一定温度范围内生长，在适宜的温度范围内微生物能大量生长繁殖，温度对微生物生长影响的一个决定性因素是微生物酶催化反应对温度的敏感性。在适宜的温度范围内，温度每升高 10 ℃，酶促反应速度将提高 1～2倍，微生物的代谢速率和生长速率均可相应提高。在适宜的温度范围内微生物能大量生长繁殖。根据一般微生物对温度($t$)的最适生长需求，可将微生物分为四大类。以细菌为例，分为四类：嗜冷菌、嗜中温菌、嗜热菌及嗜超热菌。大多数细菌是嗜中温菌，嗜冷菌和嗜热菌占少数。其中，嗜热菌或嗜超热菌是特殊的微生物，这两类菌包括芽孢杆菌和嗜热古菌。而嗜冷微生物(也叫低温性微生物)，尤其是专性嗜冷微生物能在 0 ℃生长。有的在摄氏零下几度甚至更低也能生长。它们的最适宜温度在 5～15 ℃之间。嗜冷微生物能在低温生长的原因是：

(1)嗜冷微生物具备更有效地催化反应的酶；

(2)其主动输送物质的功能运转良好，使之能有效地集中必需的营养物质。

(3)嗜冷微生物的细胞质膜含有大量的不饱和脂肪酸，在低温下能保持半流动性。低温对嗜中温和高温的微生物生长不利。在低温条件下，微生物的代谢极微弱，基本处于休眠状态,但不致死。嗜冷微生物可在 0 ℃生长,最嗜生长温度约为 15 ℃,最高生长温度在 200 ℃左右;嗜温微生物一般在 20 ~45 ℃范围内生长,大多数微生物都属于这一类;嗜热微生物可在 55 ℃以上生长,而超嗜热微生物最适生长温度高于 80 ℃最高生长温度高于 100 ℃。

2. 渗透压

微生物在等渗溶液中可正常生长繁殖;在高渗溶液中细胞失水,生长受到抑制;在低渗溶液中,细胞吸水膨胀,因为大多数微生物具有较为坚韧的细胞壁,细胞一般不会裂解,可以正常生长,但低渗溶液中溶质(包括营养物质)含量低,在某些情况下也会影响微生物的生长。另一方面,不同类型微生物对渗透压变化的适应能力不尽相同,大多数微生物在质量分数为0.5% ~3% NaCl 条件下正常生长,在质量分数为 10 ~15% 以上 NaCl 条件下生长受到抑制,但某些极端嗜盐菌可在质量分数为 30% 以上 NaCl 条件下正常生长。

任何两种浓度的溶液被半渗透膜隔开,均会产生渗透压。溶液的渗透压决定于其浓度。溶质的离子或分子数目越多渗透压越大。在同一质量浓度的溶液中,含小分子溶质的溶液渗透压比含大分子溶质的溶液大。微生物在不同渗透压的溶液中呈不同的反应:

(1)在等渗溶液中微生物生长得很好。

(2)在低渗溶液[$\rho$(NaCl)= 0.1 g/L]中,溶液中水分子大量渗入微生物体内,使微生物细胞发生膨胀,严重者破裂。

(3)在高渗溶液[$\rho$(NaCl)= 200 g/L]中,微生物体内水分子大量渗到体外,使细菌发生质壁分离。

3. pH 值

pH 值是溶液的氢离子活性的量度,它与微生物的生命活动、物质代谢密切关系。不同的微生物要求不同的 pH 值(表 12.1)。微生物可在一个很宽的 pH 值范围内生长,从酸终点(pH 值 1 ~2)到 pH 值 9 ~10(盐湖和土壤环境可能具有这样的 pH 值)都是微生物能生长的范围。大多数细菌、藻类和原生动物的最适 pH 值为 6.5 ~7.5,它们的 pH 值适应范围在 4 ~10 之间。细菌一般要求中性和偏碱性。pH 值对微生物生长具有显著影响,每种微生物都有一定的生长 pH 值范围和最适 pH 值。酵母菌和霉菌要求在酸性或偏碱性的环境中生活,最适 pH 值范围在 3 ~6,有的在 5 ~6,生长极限在 1.5 ~10 之间。嗜酸菌生长最适 pH 值为 0 ~5.5,嗜中性菌为 5.5 ~8.0。凡对 pH 值变化适应性强的微生物,对 pH 值要求不甚严格;而对 pH 值变化适应性不强的微生物,则对 pH 值要求严格。尽管微生物通常可在一个较宽 pH 值范围内生长,并且远离它们的最适 pH 值,但它们对 pH 值变化的耐受性也有一定限度,细胞质中 pH 值突然变化会损害细胞,抑制酶活性及影响膜运输蛋白的功能,从而对微生物造成损伤。

污(废)水生物处理的 pH 值宜维持在 6.5 ~8.5 左右,是因为 pH 值在 6.5 以下的酸性环境不利于细菌和原生动物生长,尤其对菌胶团细菌不利。在废水和污泥厌氧消化过程中,要控制好产酸阶段和产甲烷阶段的产量,pH 值很关键。通常 pH 值应控制在 6.6 ~7.6,最好控制在 6.8 ~7.2 之间。霉菌和酵母菌对有机物具有较强的分解能力。pH 值较低的工业废水可用霉菌和酵母菌处理,不需用碱调节 pH 值,可节省费用。

表 12.1　几种微生物的生长最适 pH 值和 pH 值范围

| 微生物种类 | pH 值 | | |
|---|---|---|---|
| | 最低 | 最适 | 最高 |
| 圆褐固氮菌 | 4.5 | 7.4～7.6 | 9.0 |
| 大肠埃希氏菌 | 4.5 | 7.2 | 9.0 |
| 放线菌 | 5.0 | 7.0～8.0 | 70.0 |
| 霉菌 | 2.5 | 3.8～6.0 | 8.0 |
| 酵母菌 | 1.5 | 3.0～6.0 | 10.0 |
| 小眼虫 | 3.0 | 6.6～6.7 | 9.9 |
| 草履虫 | 5.3 | 6.7～6.8 | 80.0 |

4. 生物因素(抗生素)

在自然界中普遍存在微生物间的拮抗现象,许多微生物可以产生抗生素,能选择性地抑制或杀死其他微生物。不同抗生素的抗菌谱是不同的,例如青霉素和多黏菌素分别作用于革兰氏阳性菌和革兰氏阴性菌,属于窄谱抗生素;四环素和土霉素对许多革兰氏阳性菌和革兰氏阴性菌都有作用,属于广谱抗生素。了解某种抗生素的抗菌谱在临床治疗上有重要意义,利用滤纸条法可初步测定抗生素的抗菌谱。当滤纸条上的抗生素溶液在琼脂平板上向四周扩散后可形成抗生素浓度由高到低的梯度,将不同试验菌与滤纸条垂直划线接种、培养后,根据抑菌带的长短可判断该抗生素对不同试验菌生长的影响程度,初步确定抗菌谱。

5. 化学消毒剂

常用化学消毒剂包括有机溶剂(酚、醇、醛等)、重金属盐、卤族元素及其化合物、染料和表面活性剂等。有机溶剂使蛋白质(酶)和核酸变性失活破坏细胞膜;重金属盐也可使蛋白质(酶)和核酸变性失活,或与细胞代谢产物螯合使之变为无效化合物;碘与蛋白质酪氨酸残基不可逆结合而使蛋白质失活,氯与水作用产生强氧化剂使蛋白质氧化变性;低浓度染料可抑制细菌生长,革兰氏阳性菌比革兰氏阴性菌对染料更加敏感;表面活性剂可改变细胞膜透性,也能使蛋白质变性。通常以石炭酸为标准确定化学消毒剂的杀(抑)菌能力,用石炭酸系数(酚系数)表示。将某种消毒剂作系列稀释,在一定时间及条件下,该消毒剂杀死全部试验菌的最高稀释倍数与达到同样效果的石炭酸最高稀释倍数的比值被称为该消毒剂的石炭酸系数,石炭酸系数数值越大,说明该消毒剂对试验菌杀(抑)菌能力越强。

## 一、材料和器皿

1. 菌种

大肠杆菌、嗜热脂肪芽孢杆菌、荧光假单胞菌、酿酒酵母、金黄色葡萄球菌、盐沼盐杆菌、粪产碱杆菌、枯草芽孢杆菌。

2. 培养基

牛肉膏蛋白胨琼脂培养基,牛肉膏蛋白胨液体培养基,装有蛋白胨葡萄糖发酵培养基的 Salt 试管(内含倒置德汉氏小管),分别含 0.85%、5%、10%、15% 及 25% NaCl 的营养琼脂,胰胨豆胨液体培养基(用 1 mol/L NaOH 或 1 mol/L HCl,将 pH 值分别调至 3、5、7 和 9)。

3. 溶液和试剂

无菌生理盐水,无菌蒸馏水,青霉素溶液(80 万单位/mL),氨苄青霉素溶液(80 万单位/mL),2.5%碘酒,0.1%升汞,5%石炭酸,75%乙醇,100%乙醇,1%来苏尔,0.25%新洁尔灭,0.005%龙胆,0.05%龙胆紫等。

4. 仪器和其他用品

酒精灯、接种环、镊子、无菌平皿、无菌吸管、三角涂棒、试管、三角瓶、1 cm 比色杯,722型分光光度计、无菌滤纸条、滴管和无菌滤纸片(直径5 cm)等。

## 二、操作步骤

### (一)温度对微生物生长的影响

1. 倒平板

将牛肉膏蛋白胨琼脂培养基熔化后倒平板,厚度为一般平板的1.5~2倍。

2. 标记

取12套平板,分别用记号笔在皿底划分为4个区域,标记上荧光假单胞菌、金黄色葡萄球菌、大肠杆菌和嗜热脂肪芽孢杆菌。

3. 接种

无菌操作用接种环分别取上述四种菌,在平板相应位置划线接种。

4. 培养、观察

各取3套平板倒置于4 ℃、20 ℃、37 ℃和60 ℃条件下保温24~48 h,观察细菌生长状况并记录。

### (二)渗透压对微生物生长的影响

1. 倒平板

将含0.85%、5%、10%、15%及25% NaCl的营养琼脂熔化后分别倒平板。

2. 标记

各取3套上述平板(共15套),分别用记号笔在皿底划出3个区域,标记上盐沼盐杆菌、金黄色葡萄球菌和大肠杆菌。

3. 接种

无菌操作用接种环分别取上述三种菌,在平板相应位置划线接种。

4. 培养、观察

将上述平板倒置于30 ℃保温2~4 d,观察细菌生长状况并记录。

### (三)pH值对微生物生长的影响

1. 菌悬液制备

无菌操作吸取适量无菌生理盐水分别加入到酿酒酵母、大肠杆菌和粪产碱杆菌新鲜斜面培养物试管中制成均匀菌悬液,用无菌生理盐水调整菌悬液 $OD_{600}$ 值均0.05。

2. 接种

无菌操作吸取0.1 mL上述三种菌悬液,分别接种至装有5 mL pH值为3、5、7和9的胰胨豆胨液体培养基试管中。

3. 培养

将接种有大肠杆菌和粪产碱杆菌的试管置于37 ℃振荡培养24~48 h,将接种有酿酒酵母的试管置于 28 ℃振荡培养 48 ~72 h。

4. 培养物菌浓度测定

上述试管取出，以未接种菌的胰胨豆胨液体培养基为对照，利用分光光度计测定培养物的 $OD_{600}$ 值。

**(四)生物因素(抗生素)对微生物生长的影响**

1. 倒平板

将牛肉膏蛋白胨琼脂培养基熔化后倒平板，注意平皿中培养基厚度均匀。

2. 贴滤纸条

无菌操作，用镊子取无菌滤纸条分别浸入青霉素溶液和氨苄青霉素溶液润湿，在容器内壁沥去多余溶液，再将滤纸条分别贴在两个平板上(图 12.4)。

3. 接种

无菌操作，用接种环分别取金黄色葡萄球菌、枯草芽孢杆菌和大肠杆菌，从滤纸条边缘分别垂直向外划线接种(图 12.4)。

4. 培养、观察

将上述平板倒置于 37 ℃保温 24 h，观察细菌生长状况并记录。

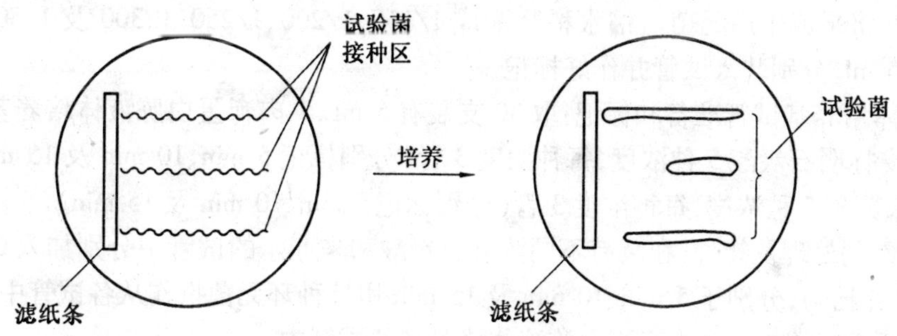


图 12.4　抗生素抗菌谱试验示意图

**(五)化学消毒剂对微生物生长的影响**

1. 滤纸片法

(1)菌液制备：无菌操作将金黄色葡萄球菌菌接种至装有 5 mL 牛肉膏蛋白胨液体培养基的试管中，恒温 37 ℃培养 18 h。

(2)倒平板：将牛肉膏蛋白胨琼脂培养基熔化后倒平板，注意平皿中培养基厚度均匀。

(3)涂平板：无菌操作吸取 0.2 mL 金黄色葡萄球菌菌液加入到上述平板，用无菌三角涂棒涂布均匀。

(4)标记：将上述平板皿底用记号笔划分成 4 ~6 等份，并分别标明一种消毒剂名称。

(5)贴滤纸片：无菌操作，用镊子取无菌滤纸片分别浸入各种消毒剂润湿，在容器内壁沥去多余溶液，再将滤纸片分别贴在平板上相应位置，在平板中央贴上浸有无菌生理盐水的滤纸片作为对照(图 12.5)。

(6)培养、观察：将上述平板倒置于 37 ℃保温 24 h，观察并记录抑(杀)菌圈的大小(图 12.6)。

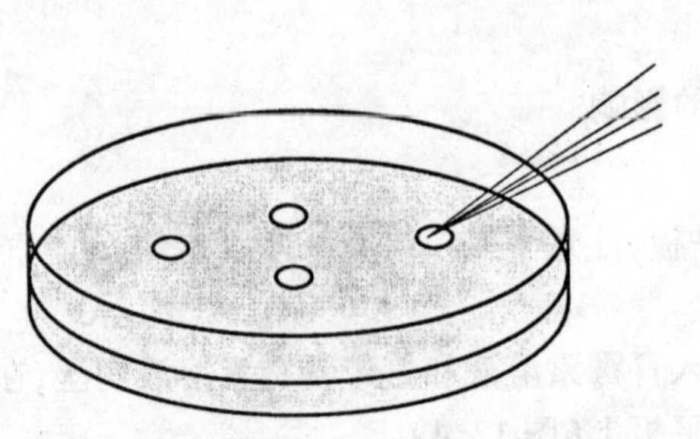

图 12.5 贴滤纸片

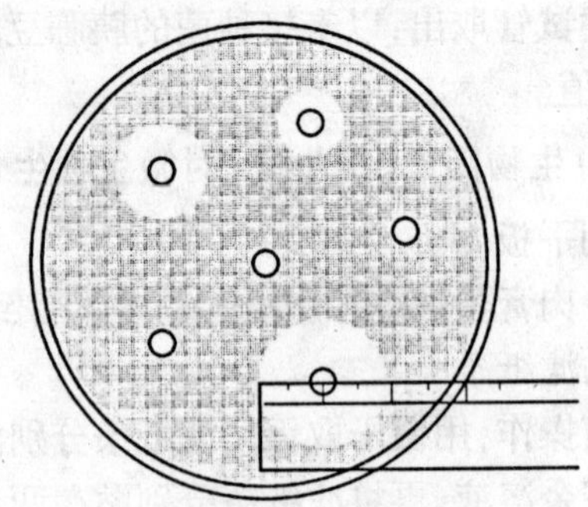

图 12.6 观察并记录抑菌圈的大小

2. 石炭酸系数测定

(1)菌液制备:无菌操作将大肠杆菌接种至装有 30 mL 牛肉膏蛋白胨液体培养基的三角烧瓶中,37 ℃振荡培养 18 h。

(2)消毒剂稀释和分装:将石炭酸用无菌蒸馏水稀释配成 1/50、1/60、1/70、1/80 及1/90 等不同浓度;将来苏尔用无菌蒸馏水稀释配成 1/150、1/200、1/250、1/300 及 1/500 等不同浓度,各取 5 mL 分别装入试管并作好标记。

(3)液体培养基试管准备和标记:取 30 支装有 5 mL 牛肉膏蛋白胨液体培养基的试管,将其中 15 支标明石炭酸 5 种浓度,每种浓度 3 管(分别标记 5 min、10 min 及 15 min);另外 15 支标明来苏尔 5 种浓度,每种浓度 3 管(分别标记 5 min、10 min 及 15 min)。

(4)消毒剂处理及接种:在装有不同浓度石炭酸和来苏尔的试管中分别加入 0.5 mL 大肠杆菌菌液并摇匀,分别于 5 min、10 min 及 15 min 用接种环无菌操作从各试管中取一环菌液,接入已标记好的相应牛肉膏蛋白胨液体培养基的试管中。

(5)培养和观察:将上述试管置于 37 ℃温室,48 h 后观察并记录细菌生长状况。试管内培养液出现浑浊的以"+"表示细菌生长,培养液澄清的以"-"表示细菌不生长。

(6)石炭酸系数计算:找出大肠杆菌用消毒剂处理 5 min 后仍生长,而处理 10 min 和 15 min后不生长的来苏尔和石炭酸的最大稀释倍数,计算二者比值。例如,若来苏尔和石炭酸在 10 min 内杀死大肠杆菌的最大稀释倍数分别为 250 和 70,则来苏尔的石炭酸系数为 250/70≈3.6。

## 三、思考题

1. 你认为嗜热微生物能否感染人类? 为什么?
2. 在什么地方能够分离到嗜冷微生物?

# 实验 27 厌氧微生物的培养实验

厌氧微生物在自然界中分布广泛,种类繁多,作用也日益引起人们的重视。由于它们不能代谢氧来进行进一步生长,且在多数情况下氧分子的存在对机体有害,所以在进行分离、培养时必须处于除去了氧及氧化还原电势低的环境中。

目前,根据物理、化学、生物或它们的综合的原理建立的各种厌氧微生物培养技术很多,其中有些操作十分复杂,对实验仪器也有较高的要求,如主要用于严格厌氧菌的分离和培养的 Hun-gate 技术、厌氧手套箱等。而有些操作相对简单,可用于那些对厌氧要求而言相对较低的一般厌氧菌的培养,如碱性焦性没食子酸法、厌氧罐法、庖肉培养基法等。本实验将主要介绍后面提到的三种,它们都属于最基本也是最常用的厌氧培养技术。

1. 碱性焦性没食子酸法

性没食子酸(pyrogallic acid)与碱溶液($NaOH$,$Na_2CO_3$或 $NaHCO_3$,)作用后形成易被氧化的碱性没食子盐(alkaline pyrogallate),能通过氧化作用而形成黑、褐色的焦性没食子酸从而除掉密封容器中的氧。这种方法的优点是无需特殊及昂贵的设备,操作简单,适于任何可密封的容器,可以迅速建立厌氧环境。而缺点是在氧化过程中会产生少量的一氧化碳,对某些厌氧菌的生长有抑制作用。同时,NaOH 的存在会吸收掉密闭容器中的二氧化碳,对某些厌氧菌的生长不利。用 $NaHCO_3$ 代替 NaOH,可部分克服二氧化碳被吸收的问题,但却又会导致吸氧速率的减慢。

2. 厌氧罐培养法

利用一定方法在密闭的厌氧罐中生成一定量的氢气,而经过处理的钯或铂可作为催化剂催化氢与氧化合形成水,从而能除掉罐中的氧而造成厌氧环境。由于适量的 $CO_2$(2% ~ 10%)对大数的厌氧菌的生长都有促进作用,在进行厌氧菌的分离时可提高检出率,所以一般在供氢的同时还向罐内供给一定的 $CO_2$厌氧罐中 $H_2$及 $CO_2$的生成可采用钢瓶灌注的外源法,但更方便的是利用各种化学反应在罐中自行生成的内源法,例如本实验中即是利用镁与氯化锌遇水后发生反应产生氢气,及碳酸氢钠加柠檬酸水后产生 $CO_2$。而厌氧罐中使用的厌氧度指示剂一般都是根据美蓝在氧化态时呈蓝色,而在还原态时呈无色的原理设计的。

$$Mg+ZnCl_2+2H_2O \xlongequal{\quad} MgCl_2+Zn(OH)_2+H_2$$

$$C_6H_8O_7+3NaHCO_3 \xlongequal{\quad} Na_3C_6H_5O_7+3H_2O+3CO_2$$

目前,厌氧罐培养技术早已商业化,有多种品牌的厌氧罐产品(厌氧罐罐体、催化剂、产气袋、厌氧指示剂)可供选择,使用起来十分方便。如图 12.7 显示了一般常用的厌氧罐的基本结构。

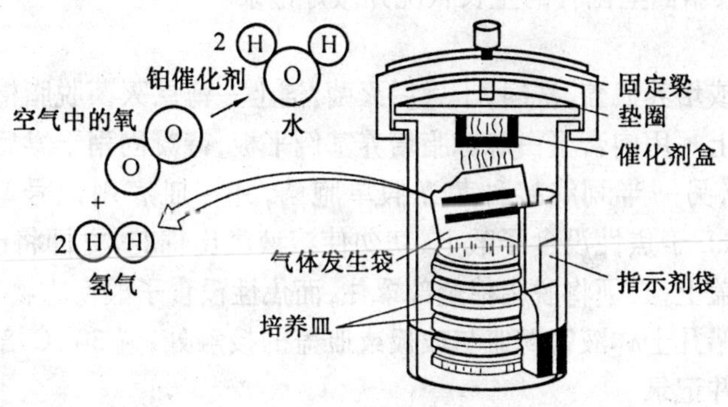


图 12.7　厌氧培养罐

3. 庖肉培养基法

碱性焦性没食子酸法和厌氧罐培养法都主要用于厌氧菌的斜面及平板等固体培养，而庖肉培养基法则在对厌氧菌进行液体培养时最常采用。基本原理是，将精瘦牛肉或猪肉经处理后成庖肉培养基，其中既含有易被氧化的不饱和脂肪酸能吸收氧，又含有谷胱甘肽等还原性物质形成负氧化还原电势差，再加上将培养基煮沸驱氧及用液体石蜡凡士林封闭液面，可用于培养氧菌。这种方法是保藏厌氧菌，特别是厌氧的芽孢菌的一种简单可行的方法。若操作适宜，严厌氧菌都可以获得生长。

## 一、材料和器皿

1. 菌种

巴氏芽孢梭菌（巴氏固氮梭状芽孢杆菌），荧光假单胞菌。

2. 培养基

肉膏蛋白胨琼脂培养基，庖肉培养基。

3. 溶液和试剂

10% NaOH，灭菌的石蜡凡士林（1∶1），焦性没食子酸等。

4. 仪器和其他用品

棉花、厌氧罐、催化剂、产气袋、厌氧指示袋、无菌的带橡皮塞的大试管、灭菌的玻璃板（直径比培养皿大 3～4 cm）、滴管、烧瓶和小刀等。

## 二、操作步骤

### （一）碱性焦性没食子酸法

1. 大管套小管法

在一个已灭菌、带橡皮塞的大试管中，放入少许棉花和焦性没食子酸。焦性没食子酸的用量按在过量碱液中能吸收 100 mL 空气中的氧来估计，本实验用量约 0.5 g。接种巴氏芽孢梭菌在试管肉膏蛋白胨琼脂斜面上，迅速滴入 10% 的 NaOH 于大管中，使焦性没食子酸润湿，并立即放入除掉棉塞已接种厌氧菌的小试管斜面（小试管口朝上），塞上橡皮塞，置 30 ℃培养，定期观察斜面上菌种的生长状况并做好记录。

2. 培养皿法

取一块玻璃板或培养皿盖，洗净，干燥后灭菌，铺上一薄层灭菌脱脂棉或纱布，将 1 g 焦性没食子酸放在其上。用肉膏蛋白胨琼脂培养基倒平板，待凝固稍干燥后，在平板上一半划线接种巴芽孢梭菌，另一半划线接种荧光假单胞菌，并在皿底用记号笔作好标记。滴加 10% NaOH 溶约 2 mL 于焦性没食子酸上，切勿使溶液溢出棉花，立即将已接种的平板覆盖于玻璃板上或培皿盖上，必须将脱脂棉全部罩住，而焦性没食子酸反应物不能与培养基表面接触。以熔化的石蜡凡士林液密封皿与玻板或皿盖的接触处，置 30 ℃培养，定期观察平板上菌种的生长状况并记录。

### （二）厌氧罐培养法

（1）用肉膏蛋白胨琼脂培养基倒平板。凝固干燥后，取 2 个平板，每个平板均同上同时划线接种巴氏芽孢梭菌和荧光假单胞菌，并作好标记。取其中的一个平板置于厌氧罐的培养皿支架上，而后放入厌氧培养罐内，而另一个平板直接置30 ℃温室培养。

(2)将已活化的催化剂倒入厌氧罐罐盖下面的多孔催化剂盒内，旋紧。目前厌氧罐培养法中使用的催化剂是将钯或铂经过一定处理后包被于还原性硅胶或氧化铝小球上形成的"冷"催化剂，它们在常温下即具有催化活性，并可反复使用。由于在厌氧培养过程中形成水汽、硫化氢、一氧化碳等都会使这种催化剂受到污染而失去活性，所以这种催化剂在2次使用后都必须在140～160 ℃的烘箱内烘1～2 h。使它重新活化，并密封后放在干燥处直到下次使用。

(3)剪开气体发生袋的一角，将它置于罐内金属架的夹上，再向袋中加入约10 mL水。同时，由另一同学配合，剪开指示剂袋，使指示条暴露(注:还原态为无色，氧化态为蓝色)，立即放入罐中。必须在一切准备工作齐备后再往气体发生袋中注水，而加水后应迅速密闭厌氧罐，否则，产生的氢气过多地外泄，会导致罐内厌氧环境建立的失败。

(4)迅速盖好厌氧罐罐盖，将固定梁旋紧，置30 ℃温室培养，观察并及时记录罐内情况变化及菌种生长情况。

**(三)庖肉培养基法**

1. 接种

将盖在培养基液面的石蜡凡士林先于火焰上微微加热，使边缘熔化，再用接种环将石蜡凡士林块拨成斜立或直立在液面上，然后用接种环或无菌滴管接种。接种后再将液面上的石蜡凡士林块在火焰上加热使它熔化，然后将试管直立静置，使石蜡凡士林凝固并密封培养基液面。

2. 培养

将按上述方法分别接种了巴氏芽孢梭菌和荧光假单胞菌的庖肉培养基置30 ℃温室培养，并注意观察培养基肉渣颜色的变化和熔封石蜡凡士林层的状态。

## 三、思考题

1. 进行厌氧菌培养时，为什么每次都应同时接种同一种严格厌氧菌作为对照?
2. 你认为这几种厌氧培养基各有何优缺点？请简述？

# 实验28 病毒的培养实验

根据寄主的不同，通常可将病毒分为动物病毒(包括昆虫病毒)、植物病毒与细菌病毒(噬菌体)等。由于病毒是专性寄生物，还不能用人工培养基进行培养，对病毒的培养与测定主要依靠实性感染，例如细菌病毒(噬菌体)需要对特异性细菌进行感染、植物病毒进行实验性植物感染、昆虫病毒则用昆虫感染或组织培养增殖病毒，而动物病毒常用鸡胚培养和组织(细胞)培养代替动物的实验性感染。

鸡胚培养比较容易成功，比接种动物更加方便，无饲养管理及隔离等特殊要求，且鸡胚一般无病毒隐性感染，同时它的敏感范围很广，多种病毒均能适应，是一种经济实用的病毒培养方法。近年来，随着细胞培养技术的日趋成熟，不同种属细胞系源源不断地建立鉴定，为病毒的培养提供了大量可供选择的敏感宿主细胞。加之诸如“非典”病毒、禽流感病毒、艾滋病病毒等高致病性病毒均可用细胞培养的方法培养，因此，病毒的细胞培养已发展成为现今最重要的病毒培养方法之一。所以，本实验主要介绍病毒的鸡胚培养和细胞培养技术与方法。

基于鸡胚和传代细胞系（株）作为病毒的敏感宿主，能支撑病毒完成从吸附到基因组复制、转录、蛋白质合成、装配、裂解的整个生命过程。因此，鸡胚培养和细胞培养方法广泛应用于病毒分离、增殖、毒力测定、疫苗制备等。病毒接种鸡胚均具有最适宜的途径，如羊膜腔、尿囊腔、绒毛尿囊膜和卵黄囊等，故应注意选择合适的鸡胚进行接种途径。通常病毒感染鸡胚和细胞后会出现不同程度的病变症状，如痘苗病毒接种鸡胚绒毛尿囊膜，经培养后产生肉眼可见的白色痘疮样病灶；流感病毒感染犬肾细胞后呈现细胞变圆、收缩脱壁等致细胞病变现象。在实验条件下，病变的严重程度与病毒的毒力相关，故观察细胞的病变程度可用于评估病毒的感染及增殖情况。

## 一、材料和器皿

1. 病毒

痘苗病毒，鸡新城疫病毒 A 型流感病毒。

2. 宿主细胞

犬肾细胞系 MDCK。

3. 培养基

DMEM 细胞培养基（含 10% 新生牛血清、100 μg/mL 的青霉素、链霉素）。

4. 溶液和试剂

2.5% 碘酒，70% 乙醇，0.25% 胰酶，Hank's 液等。

5. 仪器和其他用品

孵卵器、检卵灯、齿钻、磨壳器、钢针、蛋座木架、橡皮胶头、注射器、镊子、剪刀、封蜡（固体石蜡加 1/4 凡士林，熔化）、灭菌培养皿、灭菌盖玻片、6 孔细胞培养板、可调式加样器，无菌试管、倒置显微镜和 $CO_2$ 培养箱等。

6. 白壳受精卵（自产出后不超过 10 d，以 5 d 以内的卵为最好）。

## 二、操作步骤

### （一）病毒的鸡胚培养

1. 准备鸡胚

孵育前的鸡卵先用清水洗净以布擦干，放入孵卵器进行孵育（36 ℃，相对湿度是45% ~ 60%），孵育 3 d 后，鸡卵每日翻动 1 ~ 2 次。孵至第 4 d，用检卵灯观察鸡胚发育情况，未受精卵，只见模糊的卵黄黑影，不见鸡胚的形迹，这种鸡卵应该淘汰。活胚可看到清晰的血管和鸡胚的暗影，比较大一些的还可以看见胚动。随后每天观察一次，对于胚动呆滞或没有运动的，血管昏暗模糊者，即可能是已死或将死的鸡胚，要随时加以淘汰。生长良好的鸡胚一直孵育到接种前，具体胚龄视所拟培养的病毒种类和接种途径而定。

鸡卵孵化期间，箱内应保持新鲜空气流通，特别是孵化 5 ~ 6 d 后，鸡胚发育加快，氧气需要量增大,如空气供应不足,会导致鸡胚大量死亡。

2. 接种

(1)绒毛尿囊膜接种。

1)将孵育 10~12 d 的鸡胚放在检卵灯上,用铅笔勾出气室与胚胎略近气室端的绒毛尿囊膜发育好的地方(图 12.8)。

2)用碘酒消毒气室顶端与绒毛尿囊膜记号处,并用磨壳器或齿钻在记号处的卵壳上磨开一个三角形或正方形(每边约为 5~6 mm)的小窗,不可弄破下面的壳膜。在气室顶端钻一小孔。

3)用小镊子轻轻揭去所开小窗处的卵壳,露出壳下的壳膜,但注意切勿伤及紧贴在下面的绒毛尿囊膜,此时滴加少许生理盐水自破口处流至绒毛尿囊膜,以利两膜分离。

4)用针尖刺破气室小孔处的壳膜,再用橡皮乳头吸出气室内的空气,使绒毛尿囊膜下陷形成人工气室。

5)用注射器通过窗口的壳膜窗孔滴 0.05~0.1 mL 痘苗病毒液于绒毛尿囊膜上。

6)在卵壳的窗口周围涂上半凝固的石蜡,作成堤状,立即盖上消毒盖玻片。也可用揭下的卵壳封口,将卵壳盖上,接缝处涂以石蜡,但石蜡不能过热,以免流入卵内。将鸡卵始终保持人工气室上方的位置进行 36 ℃培养,48~96 h 观察结果。

温度对痘苗病毒病灶的形成影响显著,应严格控制培养温度在 36 ℃,高于 40 ℃的培养温度则鸡胚不能产生典型病灶。

(2)尿囊腔接种。

1)将鸡胚放在检卵灯上照视,用铅笔画出气室与胚胎位置,并在绒毛尿囊膜血管较少的地方作记号(图 12.8)。

2)将鸡胚竖放在蛋座木架上,钝端向上。用碘酒消毒气室蛋壳,并用钢针在记号处钻一小孔。

3)用带 18 mm 长针头的 1 mL 注射器吸取鸡新城疫病毒液,针头刺入孔内,经绒毛尿囊膜入尿囊腔,注入 0.1 mL 病毒液。

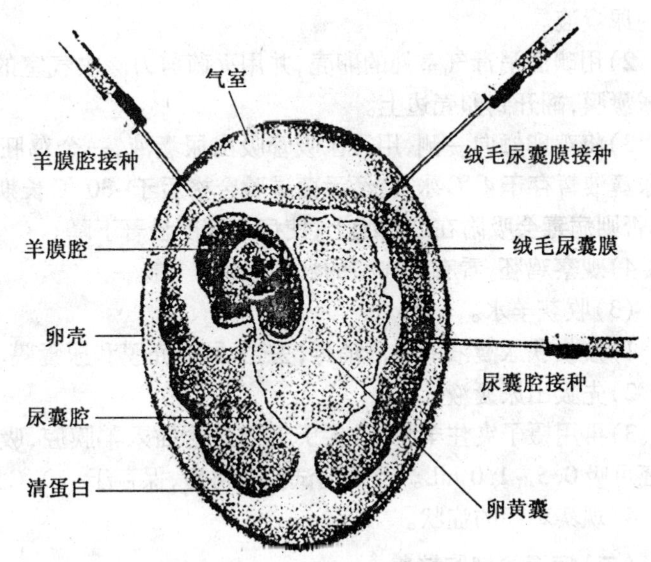


图 12.8　病毒鸡胚接种方式

4)用石蜡封孔后于 36 ℃孵卵器孵育 72 h 观察结果。

(3)羊膜腔接种。

1)将孵育 10~11 d 的鸡胚照视,画出气室范围,并在胚胎最靠近卵壳的一侧做出记号(图 12.8)。

2)碘酒消毒气室部位的蛋壳,齿钻在气室顶端磨一个三角形、每边约 1 cm 的裂痕,注意勿划破壳膜。

3)用灭菌镊子揭去蛋壳和壳膜,并滴加灭菌液体石蜡一滴于下层壳膜上,使它透明,以便于观察,若将鸡胚放在检卵灯上,则看得更清楚。

4)用灭菌尖头镊子,两页并拢,刺穿下层壳膜和绒毛尿囊膜没有血管的地方,并夹住羊膜从刚才穿孔处拉出来。

5)左手用另一把无齿镊子夹住拉出的羊膜,右手持带有26号针头的注射器,刺入羊膜腔内,注入鸡新城疫病毒液0.1 mL。针头最好采用无斜削尖端的钝头,以免刺伤胚胎。

6)用绒毛尿囊膜接种法的封闭方法将卵壳的小窗封住,于36 ℃孵卵器内孵育48~72 h观察结果,保持鸡胚的钝端朝上。

鸡胚接种病毒的操作过程及使用器械应严格无菌,尽可能在无菌工作台上进行。

3. 收获

(1)收获绒毛尿囊膜。

1)用碘酒消毒人工气室上卵壳,去除窗孔上的盖子。

2)将灭菌剪子插入窗内,沿人工气室的界限剪去壳膜,露出绒毛尿囊膜,再用灭菌眼科镊子将膜正中夹起,用剪刀沿人工气室边缘将膜剪下,放入加有灭菌生理盐水的培养皿内,并观察病灶形状。然后或用于传代或用50%甘油保存于-20 ℃以下。

(2)收获尿囊液。

1)将36 ℃孵育72 h的鸡胚放在冰箱内冷冻半日或一夜,使血管收缩,以便得到无胎血的纯尿囊液。

2)用碘酒消毒气室处的卵壳,并用灭菌剪刀除去气室的卵壳。切开壳膜及其下面的绒毛尿囊膜,翻开到卵壳边上。

3)将鸡卵倾向一侧,用灭菌吸管吸出尿囊液,一个鸡胚大约可收获6 mL尿囊液,收获的尿囊液暂存于4 ℃冰箱,经无菌试验合格后于-30 ℃长期贮存。收获尿囊液时勿损伤血管,否则病毒会吸附在红细胞上,使病毒滴度显著下降。

4)观察鸡胚,看有无典型的病理症状。

(3)收获羊水。

1)按收获尿囊液的方法消毒,去壳,翻开壳膜和尿囊膜。

2)先吸出尿囊液。

3)再用镊子夹住羊膜,以尖头毛细血管插入羊膜腔,吸出羊水,放入无菌试管内,每个鸡胚可吸0.5~1.0 mL。经无菌试验合格后,保存于-20 ℃以下低温中。

4)观察鸡胚的症状。

**(二)病毒的细胞培养**

1. 宿主细胞培养

从液氮中取出冷冻的MDCK细胞管,于37 ℃水浴迅速解冻,无菌将解冻的细胞接种于T-25培养方瓶中,加入7~10 mL DMEM培养液,充分混匀,置37 ℃培养2~3 d,待细胞形成致密单层备用。

2. 细胞悬液制备

MDCK细胞单层一瓶,弃上清液,加0.25%胰酶1 mL,37 ℃消化2~5 min,待细胞完全脱壁后加入 3mL DMEM 培养液，充分分散细胞。取样显微计数，调整细胞浓度为(2～5)×$10^5$ 个/mL 备用。

3. 细胞接种

取 6 孔细胞培养板一块，于每孔中加 MDCK 细胞悬液 2 mL，补加 DMEM 培养基 2 mL。

4. 细胞培养增殖

细胞培养板置 37 ℃，5% $CO_2$ 培养箱中培养 24～36 h，待细胞形成 70% 左右的单层后用于病毒接种。

5. 病毒稀释

从-70 ℃冰箱取出已经冻存好的 A 型流感病毒液，解冻后(滴加 2～3 滴 0.25% 胰酶液)用 Hank's 液作 10 倍连续稀释($10^0$，$10^{-1}$，$10^{-2}$，$10^{-3}$，$10^{-4}$，…)备用。

6. 病毒感染

从 $CO_2$ 培养箱中取出 6 孔细胞板，弃细胞培养上清液，用 Hank's 液洗 2 次，分别于孔中加入 $10^0$、$10^{-2}$、$10^{-4}$ 稀释的病毒液 0.5 mL(每稀释度至少加 3 个重复孔)，对照孔以 0.5 mL Hank's，替代病毒液。37 ℃培养箱中吸附 30 min，移去病毒液，每孔加新鲜的 DMEM 培养基4 mL，置 $CO_2$ 养箱培养 48～72 h。

7. 观察

逐日用倒置显微镜观察 MDCK 细胞病变情况，如果病毒感染滴度适宜，培养 48～72 h 后 MDCK 细胞出现变圆、凝集收缩等典型的致细胞病变现象。

## 三、思考题

1. 本实验中所用到的痘苗病毒和鸡新城病毒，除能在鸡胚中进行培养外，还能用哪些方法进行培养？请比较之。

2. 病毒接种时为何要进行适当稀释？不稀释会出现何种结果？

# 实验 29　食用真菌的栽培技术

食用真菌是指可被人类食用的大型真菌，简称为食用菌，例如：平菇、草菇、金针菇、香菇、双孢蘑菇、木耳、银耳、猴头和蜜环菌等，食用菌绝大多数为担子菌，少数属于子囊菌。食用菌味道鲜美，风味独特，营养丰富，并具保健作用，又是重要的药用资源，随着其用途日益增多，而且可利用农副产品及废弃物为原料，进行多种方式的简易生产，因而越来越受到重视，特别是我国，从 20 世纪 90 年代以来，食用菌培养发展十分迅速，已成为一项新兴的行业，已上升到我国农业经济的第六位，仅次于粮、棉、油、果、菜，并跃居国际食用菌产销的第一位。

食用真菌的生产也可视为逐步地放大培养，它可分为母种、原种、栽培种和栽培四个培养步骤(或培养方式)，前三个培养步骤可用固体培养，也可用液体培养，而最后一个培养步骤，大都是采用固体培养，即栽培包括瓶栽、袋料栽培、室外栽培及椴木露天栽培等大规模生产。实验室进行的实验，可根据不同的目的要求和条件，选择其中一种或两种培养步骤进行实验。

食用真菌全部都是化能异养型的，各种现成的有机物能满足生长发育的需要，根据食用真菌不同种和培养步骤的需求，按培养基的配制原则制备培养基，在适宜温度和条件下可进行固体或液体培养。液体培养是研究食用真菌很多生化特征和生理代谢的最适用方法。食用真菌菌丝在液体培养基里分散状态好，营养吸收和气体交换容易，生长快。发育成熟的菌丝及发酵液可制成药物、饮料和食品添加剂等。在固体栽培时，用液体菌种代替固体原种时，由于流动性大，易分散，迅速地扩展，很快地生长，缩短了培养时间，促进了生产效率。

## 一、实验器材

1. 菌种

平菇（侧耳）、香菇、木耳。

2. 培养基

马铃薯葡萄糖培养基（FDA 培养基），玉米粉蔗糖培养基，酵母膏麦芽汁琼脂，棉籽壳培养基。

3. 溶液和试剂

0.1% ~0.2% 的升汞溶液或 75% 乙醇，含 2% 硫酸铵、0.8% 酒石酸的溶液，无菌水等。

4. 仪器和其他用品

搪瓷盘（或玻璃大器皿）、培养皿盖、三角烧瓶、灭菌玻璃珠、灭菌大口吸管、干燥小离心管、玻璃瓶或者塑料袋、铁丝支架、有孔玻璃钟罩、旋转式恒温摇床、接种铲、接种针、镊子、小刀（铲）和滤纸等。

## 二、操作步骤

### （一）母种的分离和培养

食用真菌母种的来源除原已保存的或从有关单位购买的外，则是自行分离。母种分离的方法，按其材料可以划分为：孢子分离法、组织分离法和菇（耳）木分离法。

1. 制备培养基和孢子收集器

马铃薯 200 g，葡萄糖（或蔗糖）20 g，水 1 000 mL。马铃薯去皮，切成小块，加 1 500 mL 水煮沸 30 min，双层纱布过滤，取滤液加糖，补充水至 1 000 mL，pH 值自然，加 1.5% 琼脂制成 FDA 斜面或平板。用搪瓷盘（或玻璃大器皿）、垫有润湿滤纸的培养皿盖、铁丝支架、有孔玻璃钟罩等制成孢子收集器（图 12.9），整个装置灭菌备用。

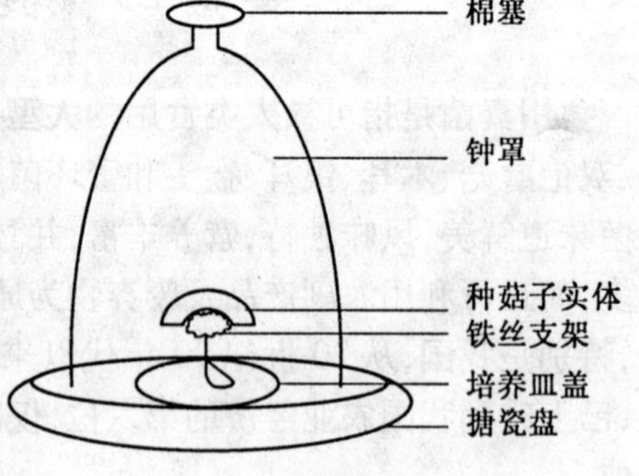


图 12.9　孢子收集器示意图

2. 孢子分离法

实验是以平菇或香菇为例。从自然界或栽培地采集菇时，用小刀（铲）将子实体周围的土掘松，挖出子实体，以无菌操作，将子实体带泥土部分的菌柄切除，如菌褶未裸露，则将子实体浸入 0.1% ~0.2% 的升汞溶液中消毒约 2 min，再放入无菌水中漂洗几次。如菌褶已外露，切除带泥土的菌柄部分后，则用 75% 的乙醇擦菌盖和菌柄表面3次。然后将子实体固定在孢子收集器的支架上，在搪瓷盘内垫衬几层在升汞溶液中已经浸过的纱布或滤纸，以防杂菌污染，盖上玻璃钟罩，塞上消毒棉塞，将装置移至适宜的温度下，平菇13～20 ℃，香菇12～18 ℃，培养1～2 d，孢子便会自动弹落于培养皿的盖子中。用接种环蘸取培养皿盖中的孢子，用5 mL无菌水制成孢子悬液，用孢子悬液接种FDA斜面和划线FDA平板，适宜温度培养，挑取单个菌落接种FDA斜面，培养后即为母种。

3. 组织分离法

选取优良平菇或香菇的子实体，以无菌操作，将子实体的菌柄切除，用75%乙醇擦菌盖和菌柄表面3次，用小刀从菌盖中部纵切一刀，撕开菌盖，在菌盖与菌柄交界处切取一小块组织，移种在FDA斜面或平板上，放在20 ℃左右的适宜温度下，连续培养3～5 d，待菌丝长满斜面，或再移种培养数次后，即为母种。

4. 菇(耳)木分离法

有的食用菌因子实体小而薄，或组织再生能力弱，难用组织分离法获得母种，则用菇(耳)木分离法，它是分离生长在基质内的菌丝，所以也称为基内菌丝分离法。实验以木耳为例，选取菇(耳)整齐、肥厚的新鲜菇(耳)棒，截取长有子实体的约1 cm厚的一小段，采用无菌操作，切除表层部分，浸入0.1%～0.2%的升汞溶液中消毒约2 min，再放入无菌水中漂洗几次，切成小木条后，移种在FDA斜面或平板上，放在20～25 ℃温度培养3～15 d，待菌丝长满斜面或再移种培养数次后，即为母种。

(二)原种和栽培种的固体培养

原种又可称为二级菌种，因食用菌的种类不同其培养基所用原料、培养条件差别较大。以平菇为例制作原种：棉籽壳93 g，麸皮5 g，过磷酸钙1 g，石灰1 g，料：水为1：(1.3～1.5)，将过磷酸钙和石灰先溶于水中，加入棉子壳和麸皮，混匀，使“手握成团，落地能散”，堆闷4～6 h，装入玻璃瓶或塑料袋，边装边压实，装满压实后，再用小棒打孔至瓶底，用纸包扎封口，在121 ℃灭菌90 min，冷却后，无菌操作将母种接入培养基的孔内。25～28 ℃培养约20 d，保持好培养环境，经常检查，除去污染瓶，所得培养物即为原种。

栽培种的固体培养是较大规模地生产食用菌，进行食用菌栽培要求大量菌种。栽培种的固体培养即为原种的放大培养，其培养基的制作、接种、培养条件等操作技术，与固体培养原种的方法技术大同小异。其主要区别是放大了培养，大多是采用聚丙烯耐高压塑料筒状袋(15 cm×30 cm)装培养基，一瓶(袋)原种可接种50个左右的栽培种筒状袋。25～28 ℃培养20 d左右，待菌丝长好后即为栽培种。

(三)原种和栽培种的液体培养

(1)原已保存的、购买的:或自行分离的平菇菌种，采用无菌接种铲薄薄铲下培养基上平菇的菌丝1块，接种于马铃薯培养基斜面中部，26～28 ℃培养7 d，得到的斜面菌种，也可称为母种。

(2)用无菌接种铲铲下马铃薯培养基斜面上约0.5 $cm^2$的菌块，放入装有50 mL玉米粉蔗糖培养基的250 mL三角烧瓶中。由于静止培养，能促使铲断菌丝的愈合，有利于繁殖，所以26～28℃ 静止培养2 d，再置旋转式摇床，同样的温度，150～180 r/min，培养3 d，经检查后,除去污染瓶,所得培养物可称为原种。这种摇瓶液体培养,也可收集培养的菌丝或培养液,进行研究或应用。

(3)扩大液体培养,即为原种的放大培养,将原种以10%的接种量接入玉米粉蔗糖培养基中(培养基的用量视需要而定),25~28 ℃摇床培养3~4 d。在菌丝球数量达到最高峰时(3 d左右),放入一些灭菌玻璃珠,适度旋转摇动5~10 min均质菌丝,将这种均质化的菌丝片断悬液作为栽培种。也可将已培养好的液体培养物接种经洗净、浸泡和灭菌的麦粒,培养后成为菌液—麦粒栽培种,其菌龄一致,且老化菌丝少,污染率低,生产周期短,可增产5%~10%。

**(四)食用菌的栽培**

(1)将棉籽壳培养基装入玻璃瓶或塑料袋内,边装边压实,底部料压得松一些,口部压紧些,用小棒在中央扎一直径约1.5 cm的孔,直至底部,用纸包扎封口,121 ℃灭菌90 min。大生产也可用常压灭菌,100 ℃,6 h。

(2)待培养基温度降至20~30 ℃时,如果此时接种固体栽培种,应除去表面老化菌丝,接种约10%。若接种液体栽培种,用灭菌大口吸管接种5%或均质悬浮液3%,也可接种菌液—麦粒栽培种。包扎好封口纸,移入培养室。

3.栽培管理

(1)发菌:即菌丝在营养基质中向四周的扩散伸长期,室温控制在20~23 ℃,相对湿度为70%~75%。7 d以后,温度可升至25~28 ℃,室内$CO_2$浓度升高,要早晚各一次风,保持空气新鲜。25~30 d后菌丝即可长满全瓶(袋),及时给予散射光照,继续培养4~5 d。

(2)桑葚期:菌丝成熟后给予200 Lux左右散射光照,降室温至12~20 ℃培养,即低温刺激,一般3~5 d后,产生瘤状突起,这是子实体原基,形似桑葚,故又称桑葚期。进行适当通风,相对湿度要求80%~85%。

(3)珊瑚期:原基分化,形成菌柄,菌盖尚未形成,小凸起各自伸长,参差不齐,状似珊瑚。条件合适,只要1 d桑葚期就能转入珊瑚期。湿度控制90%左右,通气量也要逐步加大。

(4)菇蕾形成期:菌盖已形成时,开始出现菌褶,保持90%左右的湿度,18~20 ℃培育温度。同上述给予散射光,通风良好。当菌盖充分展开,菌盖下凹处产生茸毛,则形成了菇蕾。

(5)采收期:出现一批菇蕾,即要立即不留茬基采收。从菌蕾发生到采收需7~8 d。采收后,继续培育,再进行湿度、温度、通风和散射光的管理,直至再出现一批菇蕾,即可采收第二茬菇,再继续,还可采收第三茬菇。食用菌的栽培,虽然栽培原理和技术操作要领与栽培种的培养是相同的,但所用原料较多,价格低廉,塑料筒状袋大,操作器具和场地等,都要符合生产规模的需要,要经过配料、拌料、堆料、装袋、接种、发菌、出菇和采菇等生产过程。许多生产中的技术和方法与实验室食用菌的培养是相同的,具有其独特之处,而且,有的食用菌需要建立专用菇房栽培,有的在露地塑料大棚栽培,也有的在山林中栽培,有的则与农作物套种栽培,还有的采用液体发酵罐生产。所以,食用菌的栽培不仅是一门学科,也是一种重要的生产行业,只有严格的执行生产规程,精心的管理,才能获得优质、丰产的食用菌。

## 三、实验结果

(1)试用简图说明生产平菇的主要过程。

(2)你的实验结果怎样,请简述。

## 四、思考题

1. 比较平菇培养的固体培养和液体培养有何优缺点?

2. 市场出售的食用真菌有哪些?生产她们的过程有哪些差异?

# 实验 30　纯培养菌种的菌体、菌落形态的观察

## 一、仪器和材料

### (一)主要仪器、器皿

恒温培养箱、显微镜、酒精灯(或煤气灯)、载玻片、接种环等。

### (二)实验材料

(1)革兰氏染色液一套:草酸铵结晶紫、革兰氏碘液、体积分数为 95% 的乙醇、番红染液等。

(2)四大类菌落(培养皿):实验室配给放线菌、酵母菌及霉菌等各类菌落,主要特征见表 12.2。

表 12.1　四大类微生物的菌落形态特征

| 主要特征 | 细菌 | 酵母菌 | 放线菌 | 霉菌 |
|---|---|---|---|---|
| 菌落主要特征 | 湿润或较湿润,少数干燥,小而突起或大而平坦 | 较湿润,大而突起,菌苔较厚 | 干燥或较干燥,小而紧密 | 干燥,大而疏松或大而紧密 |
| 菌落透明度 | 透明、半透明或不透明 | 稍透明 | 不透明 | 不透明 |
| 菌落与培养基结合程度 | 结合不紧 | 结合不紧 | 牢固结合 | 较牢固结合 |
| 菌落颜色 | 颜色多样 | 颜色单调,多为乳白色,少数红色 | 颜色多样 | 颜色多样,且鲜艳 |
| 菌落正反面颜色的差别 | 基本相同 | 基本相同 | 一般不同 | 一般不同 |

## 二、实验内容与方法

### (一)菌落形态和个体形态观察

1. 菌落形态的观察

由于微生物个体表面结构、分裂方式、运动能力、生理特性及产生色素的能力等各不相

同,因而个体及它们的群体在固体培养基上生长状况各不一样。按照微生物在固体培养基上形成的菌落特征,可以初步辨别是何种类型的微生物。应注意观察菌落的形状、大小、表面结构、边缘结构、菌丛高度、颜色、透明度、气味、黏滞性、质地软硬情况、表面光滑与粗糙等综合情况,加以判别。

微生物个体形态和菌落形态的观察是菌种鉴定的第一步,非常重要。

(1)观察步骤

①将自己培养的细菌菌落逐个辨认并进行编号,按号码顺序将各细菌的菌落特征描述、记录。

②绘菌落形态图。

(2)细菌、放线菌、酵母菌及霉菌菌落特征的比较。对实验6培养出来的细菌和实验配给的放线菌、酵母菌及霉菌的菌落特征仔细观察,并将上述四种微生物菌落进行比较,做详细记录。

2. 个体形态特征的观察

通过涂片染色观察微生物个体形态。用接种环按号码顺序选择几种细菌(单菌落)做涂片,进行革兰氏染色,并作镜检,确定其革兰氏染色反应,并绘其形态图。由于只做了一次分离实验,得到的单菌落可能还不太纯,镜检时可能会出现多种形态。

**(二)斜面接种**

在无菌操作条件下,用接种环分别挑取平板上长出的各种单菌落,分别接种于各管斜面培养基上,塞好棉塞,放在试管架上置于30 ℃恒温培养箱中培养36 h后观察。尽量选择独立的单菌落进行斜面接种,经培养后即得纯菌种斜面。因为只经过一次划线,有可能有的菌落不纯,则应进行第二次或数次划线后才能得到纯菌种。若要观察微生物在斜面培养基上的生长特征,只需在斜面上由下而上划一直线,经合适温度培养后即可观察到斜面上菌苔的特征。这些生长特征不仅在菌种鉴定上具有参考价值,而且也可用于检查菌株的纯度。

# 实验31　用生长谱法测定微生物的营养要求

为了使微生物生长、繁殖,必须供给所需要的碳源、氮源、无机盐、微量元素、生长因子等,如果缺少其中一种,微生物便不能生长。根据这一特性,可将微生物接种在一种只缺少某种营养物的完全合适的琼脂培养基中,倒成平板,再将所缺的这种营养物(例如各种碳源)点植于平板上,经适温培养,该营养物便逐渐扩散于植点周围。该微生物若需要此种营养物,便会在营养物扩散处进行生长繁殖,微生物繁殖之处便出现圆形菌落圈,即生长图形,故称此法为生长谱法。这种方法可以定性、定量地测定微生物对各种营养物质的需要。在微生物育种和营养缺陷型的鉴定中也常用此法。

## 一、材料与用品

*E. coli*、合成培养基、木糖、葡萄糖、半乳糖、麦芽糖、蔗糖、乳糖,无菌平板、无菌牙签、吸管、无菌水等。

## 二、实验步骤

(1)将培养 24 h 的 *E. coli* 斜面用无菌水洗下,制成菌悬液。

(2)将合成培养基约 20 mL,溶化后冷到 50 ℃左右加入 1 mL *E. coli* 悬液,摇匀,立即倾注于直径为 12 cm 的无菌培养皿中。待其充分凝固后,在平板背面用记号笔划分为 6 个区,并标明要点植的各种糖类如图 12.10 所示。

(3)用 6 根无菌牙签,分别挑取六种糖对号点植,糖粒大小如小米粒大小。

(4)倒置于 37 ℃温室培养 18 ~24 h,观察各种糖周围有无菌落圈。

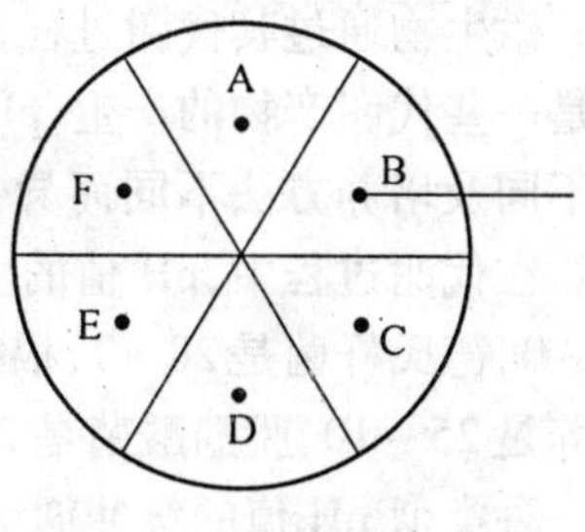


图 12.10 各种糖类点植图示

## 三、实验结果

(1)绘图表示生长情况。

(2)根据实验结果 *E. coli* 所需要的碳源是什么?

# 实验 32 氧和氧化还原电位

根据微生物生长对氧的要求,微生物可分为四类:专性好氧、微需氧、兼性厌氧与专性厌氧。将这些微生物分别培养在含 0.7% 琼脂的试管中,就会出现如图 12.11 所示的生长情况。

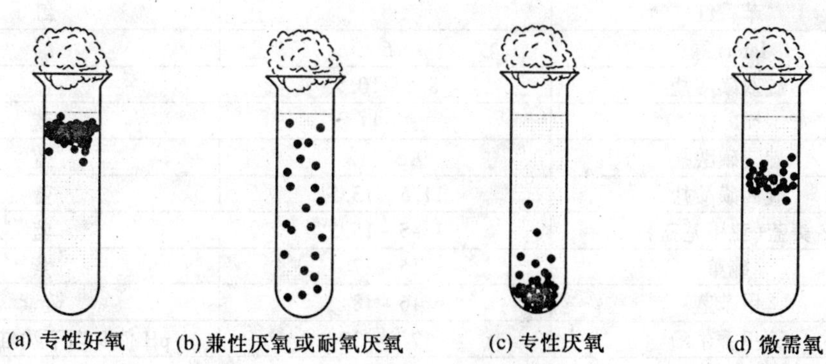


图 12.11 微生物生长对氧的需求

厌氧微生物能够通过氧化磷酸化作用或通过发酵获得能量,并且不需要氧来进行生物合成。专性厌氧微生物是一些在产生能量方面不能利用氧作为最终电子受体,因它通常缺乏把电子传送给氧的终端细胞色素。其中专性厌氧的微生物不但不会利用氧,而且氧对它也会有伤害。微需氧微生物是需要氧,但氧压要低于 20.27 kPa,这很可能是由于氧的毒性关系。

实际上描述微生物对氧的关系还应与培养环境中氧化还原电位(rH)联系起来。因为有些微生物有氧存在时不能生长,但若在培养基中加入一些还原剂如抗坏血酸、$H_2S$ 或含

-SH的有机化合物(如半胱氨酸、二硫乙醇钠、二硫苏糖醇和谷胱甘肽等)来降低氧化还原电位,微生物仍能生长。所以微生物有需氧与厌氧之分,这不仅仅是分子氧存在与否。更需要强调的是培养液中,rH 值还影响微生物的代谢途径。

微生物通过其代谢过程常使环境的氧化还原电位降低,其原因主要是由于氧气消耗,其次是一些代谢产物的产生,pH 值的变化等。改变多少,会因菌种不同、菌龄不同、培养基成分不同及培养方法不同而异。固定某些因素可根据 pH 值观察到菌龄的大小和代谢的强弱。在代谢过程中,pH 值的变化是明显的。例如:丙酮丁醇梭状芽孢杆菌培养液的变化是20~0,德氏杆菌是28~7,根霉的乳酸发酵是28~5,酵母的酒精发酵是25~10,枯草杆菌的培养是25~10,膜醋酸菌是27~6,黑曲霉的柠檬酸发酵是25~12 等。若发酵培养基中加入一种类似 pH 值的缓冲剂,使发酵液的 pH 值固定,则原代谢情况会发生改变。例如丙酮丁醇发酵液中加入多量的中性红,使发酵液 pH 值稳定于3,则发酵产物中丁醇量增加,其他两物减少(丙酮：丁醇：乙醇=11：48：4),若用苯番红或 Janus 绿使发酵液稳定于 pH 值6上下,则三种产物的比例正常(30：60：10)。

测定 pH 值的方法可用电位差计或用 pH 指示剂,前者测出的是电位差(Eh),以伏特(V) 或毫伏特(mV)表示,在 30 ℃时它与 pH 值的关系为:pH=Eh/30+2。

在微生物学内常用的方法是把指示剂加入到培养基中,接入微生物加以培养,以指示剂的变化判定培养液中的 pH 值。常用于测定 pH 值的指示剂见表 12.3。

**表 12.3　用于测定 pH 值的指示剂**

| 指示剂 | pH 值 | 氧化型颜色 |
|---|---|---|
| 中性红 | 2~4.5 | 红 |
| 碱性番红 | 4~7.5 | 红 |
| 苯番红 | 6 | 红 |
| Janus 绿 | 6 | 绿 |
| 靛双磺酸盐 | 8.5~10.5 | 蓝 |
| Nile 蓝 | 9~11 | 蓝 |
| 靛三磺酸盐 | 9.5~12 | 蓝 |
| 靛四磺酸盐 | 11.5~13.5 | 蓝 |
| 美蓝(亚甲基蓝) | 13.5~15.5 | 蓝 |
| 硫堇 | 15~17 | 紫 |
| 甲苯蓝 | 16~18 | 蓝紫 |
| 百里香苯酚 | 17.5~20 | pH 值9 以下浅红,以上蓝 |
| M-甲酚吲酚 | 19~21.5 | pH 值8.5 以下红,以上蓝 |
| 2,6-双氯酚吲酚 | 20~22.5 | pH 值6.0 以下浅红,以上蓝 |

图 12.12 是微生物在生长过程中,培养基中氧化还原电位的变化,一般讲,专性厌氧菌开始生长的电位约-0.1 V(pH 值7.0),需氧菌开始良好生长的电位为+0.3 V(pH 值7.0)。一些厌氧性芽孢发芽的培养基电位不能高于-0.06 V(pH 值7.0),否则就不能发芽。

为此描述微生物对氧的要求还应与环境的氧化还原电位结合起来(表 12.4)。

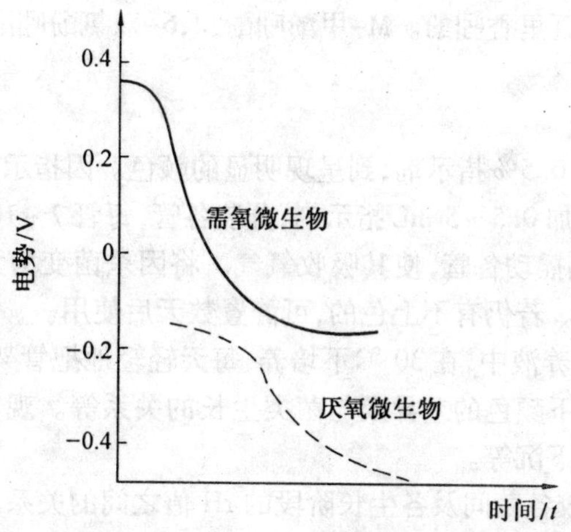


图 12.12　微生物生长过程中培养基中氧化还原电位的变化

表 12.4　微生物生长对 $O_2$ 和环境氧化还原电位要求

| 微生物类型 | 环境氧化还原电位 | | $O_2$ |
|---|---|---|---|
| | 氧化态 | 还原态 | |
| 需氧微生物 | | | |
| 专性 | 生长 | 不生长 | 需氧 |
| 兼性 | 生长 | 生长 | 不需氧,但有氧长得好些 |

## 一、微生物生长对氧的要求

1. 实验材料

(1)菌种:酵母菌、乙酸菌的培养液,黑曲霉孢子液。

(2)培养基:牛肉膏蛋白胨培养基和麦芽汁培养基,各加 0.7% 琼脂,pH 值调到 7.0,115 ℃灭菌 20 min(装在 18×180 试管中,2/3 高度)。

(3)器皿:水浴锅、1 mL 无菌吸管、培养箱。

2. 操作步骤

(1)将两管麦芽汁软琼脂和 1 管牛肉汁蛋白胨软琼脂放在水浴锅中熔化。

(2)待凉至 50 ℃,各吸 1 mL 酵母液,黑曲霉孢子液和乙酸菌液,手搓,搅匀,凝固。

(3)在 30 ℃下培养 24 ~48 h,观察生长情况。

## 二、培养液氧化还原值(rH)的测定

1. 实验材料

(1)菌种:米根霉、黄曲霉、酿酒酵母、白地霉、枯草杆菌、大肠杆菌、乳链球菌、产气杆菌。

(2)培养基:普氏液、豆芽汁葡萄糖、豆芽汁。

(3)指示剂:中性红、碱性番红、亮茜草蓝、靛双磺酸盐、Nile 蓝、靛三磺酸盐、靛四磺酸

盐。美蓝、硫堇、甲苯蓝、百里香吲酚。M-甲酚吲酚,2,6-双氯酚吲酚、Janus 绿、苯番红等的 0.5%溶液。

2. 操作步骤

(1)各培养液中加入 0.5%指示剂,到呈现明显的颜色。因指示剂不同,用量也不同,大致是 100 mL 的培养基内加 0.5 ~5 mL 指示剂,分装各管,每管 7 ~10 mL 的培养液(深层)。100 ℃杀菌 15 min。趁热摇动各管,使其吸收氧气。将因杀菌变为无色还原型指示剂吸氧后,恢复为有色的氧化型。若仍有不上色的,可静置数天后使用。

(2)将各菌接入各培养液中,在 30 ℃下培养,每天轻轻地把管架取出,观察各培养液颜色的变化,每管培养液上下颜色的差异及与菌类生长的关系等。观察时,尽量不要摇动,以免空气进入培养液,菌膜下沉等。

(3)把结果列表,比较各菌间及各生长阶段的 rH 值之间的关系。

# 实验 33　菌种退化与防治措施

## 一、菌种退化

常见的菌种退化,在形态上是分生孢子减少或颜色发生改变,如放线菌和真菌在斜面上多次传代后产生"光秃"型等,从而造成生产上用孢子接种的困难。在生理上常指产量的下降,例如黑曲霉的糖化力,抗菌素的发酵单位的下降,所有这些都对生产不利。

菌种退化的原因是多方面的,但是必须与培养条件的变化导致菌种形态和生理上的变异区别开来,因为优良菌种的生产性能是与发酵工艺条件密切相关的。倘若培养条件起变化,如培养基中某些微量元素缺乏,会导致孢子数量减少,也会引起孢子的颜色改变;温度、pH 值的变化也会使产量发生波动。由这些原因所引起的变化,只要条件恢复正常,菌种的原有性能就能够恢复正常。因此这些原因引起的菌种变化不能称为退化。此外,杂菌污染也会造成菌种退化的假象,产量也会下降,当然,这也不能认为是菌种退化,因为生产菌种一经分离纯化,原有性能就即行恢复。综上所述,只有正确判断菌种是否退化,才能找出正确的解决办法。

## 二、菌种退化的原因

菌种退化的主要原因是有关基因的负突变。如果控制产量的基因产生负突变,就会引起产量下降;如果控制孢子生成的基因发生负突变,则使菌种产孢子的性能下降。当然,这里所说的负突变是指自发的负突变。由于自发突变频率本来就很低,特别是对某一特定的基因来讲,突变率就更低了,因此不能认为群体中个体发生生产性能下降是很容易的。但就一个正常处于旺盛生长状态的细胞而言,发生突变的几率就比处于休眠状态的细胞大得多,尤其是处于一定条件下,群体多次繁殖,可使退化细胞在数量上逐渐占优势,于是退化性状的表现就更为明显,最终成为一株退化了的菌株。

现以芽孢杆菌的黄嘌呤缺陷型在斜面上移接代数对回复突变率和产量的关系予以说明(表 12.5)。

**表 12.5　芽孢杆菌的黄嘌呤缺陷型在斜面上移接代数对回复突变率和产量的关系**

| 实验 | 移接代数 | 每代斜面保存时间 | 回复子比数 | 腺苷产量/(g·$L^{-1}$) |
|---|---|---|---|---|
| Ⅰ | 0 | 147 | 1/4.5×$10^6$ | 13.5 |
| Ⅱ | 2 | 133、14 | 1/2.4×$10^6$ | 14.9 |
| Ⅲ | 6 | 47、3、9、3、71、14 | 1/2.2×$10^5$ | 10.7 |
| Ⅳ | 7 | 47、3、9、3、13、58、14 | 1/3.5×$10^6$ | 13.1 |
| Ⅴ | 9 | 47、3、9、3、13、8、3、47、14 | 1/5.3×$10^3$ | 8.1 |
| Ⅵ | 12 | 47、3、9、3、13、8、3、4、14、6、6、31 | 1/1.0×$10^3$ | 7.4 |

显而易见，虽然菌种总的保存时间都为 147 d，但随着移接代数的增加，回复突变率也增加，腺苷的产量逐步下降。这也说明，退化并不能突然明显，而是当退化细胞在繁殖速率上大于正常细胞时，每移接一代，使退化细胞的优势更为显著，从而导致退化。

在菌种筛选工作中，经常遇到这样的情况，初筛时摇瓶产量很高，但随着复筛的进行，摇瓶产量逐渐下降，由此会被淘汰。此现象在真菌中较为常见，这是一种广义的退化现象。因此菌落如果是一个以上的孢子或细胞繁殖形成，而其中只有一个是高产突变孢子或细胞，移接的结果将使高产菌株数量减少，导致产量会降低。如果菌落确由一个孢子或细胞形成，但该菌类是多核细胞，而一次变异中几个核的变异状态就会不一致，随着传代的进行，即使是单核孢子，如果双链 DNA 上仅一条链上的某个位点发生突变，在进一步移接后也会产生性状分离，形成群体不纯。所以在筛选的过程中，如果同时伴随菌种的分离纯化，这对最终获得稳定的菌株是有利的。如何使诱变的菌株产生较多的纯种呢？有人考虑，如果提高诱变剂量，使单核细胞的 DNA 双链中一条链的某一位点发生突变，而另一条链则完全失活不能复制，这样能否提高纯种的产生几率呢？这种设想，在实验中已被证实，举例见表 12.6。

**表 12.6　不同剂量 UV 处理栗酒裂殖酵母产生不纯菌落的比率**

| 剂量(以存活率计)/% | 菌落总数 | 纯菌落数 | 不纯菌落数 | 突变频率/突变菌落·$10^{-3}$ | 不纯菌落百分比/% |
|---|---|---|---|---|---|
| 100(对照) | 12 165 | 1 | — | 0.08 | — |
| 80～100 | 12 060 | 13 | 12 | 2 | 48 |
| 60～80 | 8 553 | 46 | 20 | 2.7 | 30 |
| 20～60 | 4 922 | 65 | 17 | 16.7 | 21 |
| 1～20 | 9 884 | 195 | 28 | 22.6 | 13 |

对于其他诱变如 EMS、NTG 等的情况也类似，只是在程度上不如紫外线这样突出。另外，退化的原因也与培养条件有关，可能是培养条件对突变的产生有些影响。例如，保藏菌种的温度、基因突变率就随温度降低而减少。培养条件还对不同类型的细胞或细胞核的数量变化产生影响，例如上述产腺苷的黄嘌呤缺陷型中，曾经发现向培养基中加入黄嘌呤、鸟嘌呤以及组氨酸和赖氨酸可以降低回复突变的数量。把米曲霉的异核体培养在含有酪蛋白的培养基上，异核体中带有酪蛋白酶基因的细胞核，在数量上也会由劣势转变为优势，而在水解酪蛋白培养基上，就处于劣势。显然，哪一种菌占优势，在酪蛋白酶的产量上就会占主导地位，因此培养条件会影响退化的产生。综合传代与培养条件对菌种退化的影响，可用糖化酶产生菌泡盛曲霉来进行说明。如图 12.13 是泡盛曲霉经亚硝基胍和紫外线诱变得到的变种在不同的培养基斜面上连续传代十次，培养基种类和传代次数对淀粉葡萄糖苷酶产量

的影响。可以看到,在马铃薯葡萄糖培养基斜面上酶产量极少,这个培养条件对防止菌种退化是有利的。但在另两种斜面上,产酶量随着传代的进行逐渐明显下降,特别是在麦芽汁酵母膏培养基上。研究者指出,这可能是变株在这两种培养基上传代过程中产生回复突变之故。由此可以清楚看到,传代次数多引起的菌种退化的培养条件是有密切关系的。

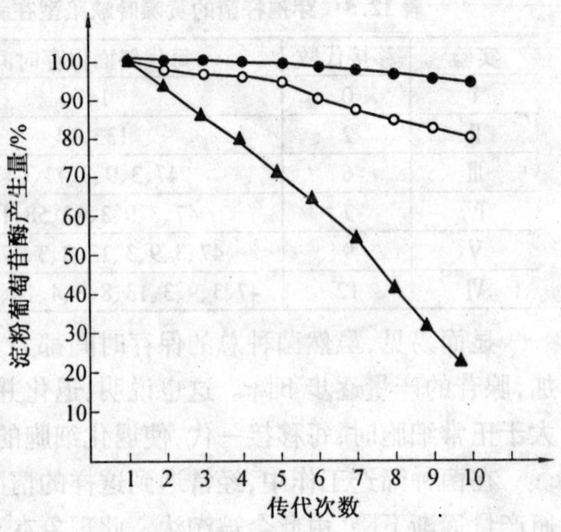


图 12.13 淀粉酶产生菌在不同保藏培养基上传代次数的产酶量

○察氏培养基●马铃薯葡萄糖培养基▲麦芽汁酵母膏培养基

## 三、防止退化的措施

由于菌种退化问题的复杂性,各种菌种退化的情况又不同,加之对有些退化原因还不是很了解,所以防止退化的措施也就显得十分重要。而要切实解决具体问题,还需要根据实际情况,通过实验正确的加以运用。

### (一)防止基因自发突变

上面提到温度对突变有影响,因此首先考虑低温保藏菌种。一般在 0~4 ℃,甚至也有保藏在-196 ℃。虽然在过低温度下保藏是否恰当尚有争议,但低温保藏仍是一条重要原则。

营养缺陷型的回复突变在工业生产中经常遇到。原来的遗传性障碍解除,导致代谢途径的改变,而使产量下降。在这种情况下,如果在原有的遗传性障碍旁边再加一道障碍,那么只有当这两个有关基因同时发生回复突变时,才有可能改变代谢途径,但这种机会就会少得多了。因此两道以上的障碍突变,实际上就能起到防止菌种退化的目的。上述利用黄嘌呤缺陷型生产腺苷酸的例子中,所用菌株原来只在 1 和 2 处有遗传性障碍,经诱变增加一道障碍,即再加上鸟嘌呤缺陷,这样要形成回变就需要两个基因同时回变,这个几率很小,所以得到了稳定的生产菌种。

### (二)防止退化细胞在群体中占优势

1. 少传代

一般情况下,斜面每移接一代,霉菌、放线菌、芽孢杆菌在低温下可保藏半年左右,酵母可保藏 3 个月左右,无芽孢杆菌可保藏 1 个月左右。为此,对生产菌种每移植一代,最好移植的斜面多一些,以供一段时间生产之需,这样移植次数就可减少。若再辅之以定期分离纯化,就能够较好地防止退化。当然斜面的移植次数还是不能减得很少,所以还应采取其他更好的保藏方法。

2. 单细胞分离纯化

鉴于不纯菌落的产生,有时还存在污染,所以进行定期的单细胞分离纯化是防止退化的有效措施。

3. 选择合适的培养条件

上面已经提到培养条件对菌种退化具有一定的影响，或者是不利于发生突变，或是有利于高产菌株而不利于低产菌株的生长，从而限制了退化菌株在数量上占优势，因此可以设想，在进行单细胞分离纯化的同时，配以适当的培养条件，这将更为有效。从合适的培养条件出发，生产上就应避免用陈旧的斜面菌种。

4. 防止诱变处理后的退化

(1) 上面提出高剂量的 UV 有利于得到较多的纯菌落，所以诱变时可以考虑用较高剂量。如在配以低剂量的 NTG 等高诱变剂处理，也可能是个有效的办法。

(2) 筛选同时，配之以分离纯化，这对及时淘汰低产的分离是有效的。

(3) 选择一种对退化型菌株细胞具有更大杀伤力的诱变剂，这是今后诱变育种的一个探索方向。这种诱变剂对退化菌种的复壮自然也起到相应的效果。

(4) 采用遗传学方法选育不易退化的稳定菌株。

## 四、菌种保藏

菌种的长期保藏是一切微生物工作的基础。菌种保藏的日的是使菌种被保藏后不死亡、不变异、不被杂菌污染，并且能够保持优良性状。

自 19 世纪末 F. Kral 开始尝试微生物菌种保藏以来已建立了许多长期保藏菌种的法。虽然不同的保藏方法其原理各异，但基本原则是使微生物的新陈代谢处于最低或几乎停止的状态，以降低菌种的变异率。保藏方法通常基于温度、水分、通气、营养成分和渗透压等多方面考虑。现在菌种保藏方法大体分为以下几种：

1. 传代培养法

此法使用最早，它是将要保藏的菌种通过斜面、穿刺或疱肉培养基，用厌氧细菌培养好后，置 4 ℃存放，定期进行传代培养，再存放。后来发展为在斜面培养物上面覆盖一层无菌的液体石蜡，一方面防止因培养基水分蒸发而引起菌种死亡，另一方面石蜡层可将微生物与空气隔离，减弱细胞的代谢作用。不过，这种方法保藏菌种的时间不长，且传代过多易使菌种的主要特性减退，甚至丢失，因此它只能作为短期保存菌种的方法使用。

2. 悬液法

将细菌细胞悬浮在一定的溶液中，包括蒸馏水、蔗糖和葡萄糖等糖液、磷酸缓冲液、食盐水等，有的还使用稀琼脂。悬液法操作简便，效果较好。有的细菌、酵母菌用这种方法可保藏几年甚至几十年。

3. 载体法

载体法是使生长合适的微生物吸附在一定的载体上进行干燥。土壤、砂土、硅胶、明胶、麸皮、磁珠和滤纸片等都可以作为载体。该法操作通常比较简单，普通实验室均可进行。特别是以滤纸片(条)作载体，细胞干燥后，可将含细菌的滤纸片(或条)装入无菌的小袋封闭后放在信封中邮寄很方便。

4. 真空干燥法

这类方法包括冷冻真空干燥法和 L-干燥法。冷冻真空干燥法是将要保藏的微生物样品先经过低温预冻，然后在低温状态下进行减压干燥；L-干燥法则不需要低温预冻样品，只是使样品维持在 10 ~20 ℃范围内进行真空干燥。

5. 冷冻法

这是一种使样品始终存放在低温环境下的保藏方法。它包括低温法(-80 ~ -70 ℃)和液氮法(-196 ℃)。

水是生物细胞的主要成分,约占活体细胞总量的90%,在 0 ℃或以下时会结冰。样品降温速度过慢,胞外溶液中水分大量结冰,溶液的浓度提高,胞内的水分便大量向外渗透,导致细胞剧烈收缩,会造成细胞损伤,此为溶液损伤。另一方面,若冷却速度过快,胞内的水分来不及通过细胞膜渗出,胞内的溶液因过冷而结冰,细胞的体积膨大,最后导致细胞破裂,此为胞内冰损伤。因此,控制降温速率是冷冻微生物细胞十分重要的步骤。可以通过添加保护剂的方法来克服细胞的冷冻损伤。在需要冷冻保藏的微生物样品中加入适当的保护剂可以使细胞在经低温冷冻时减少冰晶的形成,如甘油、二甲亚砜、谷氨酸钠、糖类、可溶性淀粉、聚乙烯吡咯烷酮(PVP)、血清、脱脂奶等均是保护剂。二甲亚砜对微生物细胞有一定的毒害,一般不采用。

甘油适宜低温保藏,脱脂奶和海藻糖是较好的保护剂,尤其是在冷冻真空干燥中普遍使用。

## (一)实验材料

1. 菌种

大肠杆菌、假单胞菌、灰色链霉菌、酿酒酵母、产黄青霉菌。

2. 培养基

肉汤培养基、PDA 培养基、豆芽汁培养基。

3. 溶液和试剂

液体石蜡、甘油、五氧化二磷(或无水氯化钙)、河沙、瘦黄土或红土、95% 乙醇、10% 盐酸、食盐、干冰。

4. 仪器或其他用具

无菌吸管、无菌滴管、无菌培养皿、安瓿管、冻干管、40 目与 100 目筛子、parafilm 膜、滤纸条(0.5 cm×1.2 cm)、干燥器、真空泵、真空冷冻干燥箱、喷灯、L 形五通管、冰箱、低温冰箱(-70 ℃)、超低温冰箱和液氮罐。

## (二)实验方法

以下几种保藏方法可根据实验室具体条件选做。

1. 斜面法

将菌种转接在适宜的固体斜面培养基上,待其充分生长后,用石蜡膜将试管塞部分包扎好(斜面试管用带帽的螺旋试管为宜,这样培养基不易干燥,且螺旋帽不易长霉,如用棉塞,塞子要求比较干燥),置于 4 ℃冰箱中保藏。

保藏时间需要依微生物的种类各异。霉菌、放线菌及有芽孢的细菌保存 2 ~4 个月移种 1 次,普通细菌最好每月移种 1 次,假单胞菌 2 周传代 1 次,酵母菌间隔 2 个月传代 1 次。

此法操作简单,使用方便,不需特殊设备,能随时检查所保藏的菌株是否死亡、变异与污染杂菌等。缺点是保藏时间短,需定期传代,且易被污染,菌种的主要特性容易改变。

2. 液体石蜡法

(1)将液体石蜡分装于试管或三角烧瓶中,塞上棉塞并用牛皮纸包扎,121 ℃灭菌 30 min,然后放在 40 ℃温箱中使水汽蒸发后备用。

(2)将需要保藏的菌种在最适宜的斜面培养基中培养,直到菌体健壮或孢子成熟。

(3)用无菌吸管吸取无菌的液体石蜡,加入已长好菌的斜面上,用量以高出斜面顶端 1 cm为准,使菌种与空气隔绝。

(4)将试管直立,置于低温或室温下保存(有的微生物在室温下比在冰箱中保存的时间还要长)。

此法实用而且效果较好,产孢子的霉菌、放线菌、芽孢菌可以保藏 2 年以上,有些酵母菌可保藏 1~2 年,一般无芽孢细菌也可保藏 1 年左右。此法的优点是制作简单,不需特殊设备,并且不需经常移种。缺点是保存时必须直立放置,所占位置较大,同时也不便携带。

3. 半固体穿刺法

该方法操作简便,是短期保藏菌种的一种有效方法。

(1)用接种针挑取细菌后,在琼脂柱中采取穿刺培养(培养试管选用带螺旋冒的短聚丙烯安瓿管)。

(2)将培养好的穿刺管盖紧,外面用石蜡膜封严,置 4 ℃存放。

(3)取用时将接种环(环的直径尽可能小些)伸入菌种生长处挑取少许细胞,接入适当的培养基中,穿刺管封严后可保留以后再用。

4. 滤纸法

(1)滤纸条的准备。将滤纸剪成 0.5 cm×1.2 cm 的小条装入 0.6 cm×8 cm 的安瓿管中,每管装 1~2 片,用棉塞塞上后经 121 ℃灭菌 30 min。

(2)保护剂的配制。配制 20% 脱脂奶,装在三角瓶或试管中,112 ℃灭菌 25 min。待冷却后,随机取出几份分别置 28 ℃、37 ℃培养过夜,然后各取 0.2 mL 涂布在肉汤平板上进行无菌检查,确认无菌后方可使用,其余的保护剂置 4 ℃存放待用。

(3)菌种培养。将需保存的菌种在适宜的斜面培养基上培养,直到生长丰满。

(4)菌悬液的制备。取无菌脱脂奶约 2~3 mL 加入待保存的菌种斜面试管内。用接种环轻轻地将菌苔刮下,并制成菌悬液。

(5)分装样品。用无菌滴管(或吸管)吸取菌悬液滴在安瓿管中的滤纸条上,每片滤纸条约 0.5 mL,塞上棉花。

(6)干燥。将安瓿管放入装有五氧化二磷(或无水氯化钙)作吸水剂的干燥器中,用真空泵抽气至干。

(7)熔封与保存。用火焰按图 12.14 所示将安瓿管封口,置于 4 ℃或室温存放。

(8)取用安瓿管。在使用菌种时,取存放的安瓿管用锉刀或砂轮从上端打开安瓿管或将安瓿管口在火焰上烧热,加一滴冷水在烧热的部位使玻

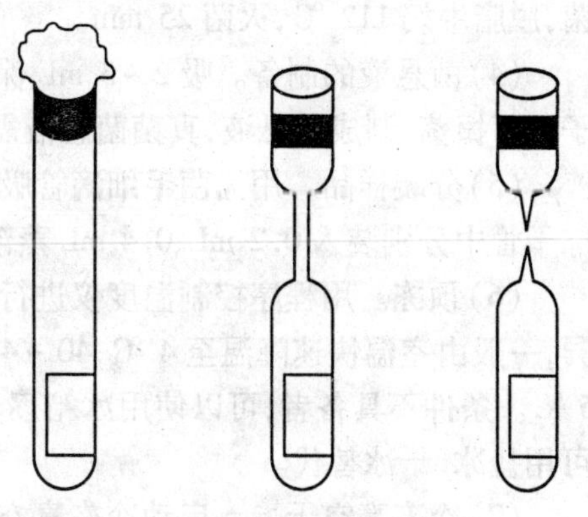

图 12.14　滤纸保藏法的安瓿管熔封

璃裂开，敲掉口端的玻璃，用无菌镊子取出滤纸，放入液体培养基中培养或加入少许无菌水用无菌吸管或毛细滴管吹打几次，使干燥物很快溶出，转入适当的培养基中培养。

5. 砂土管法

(1)河沙处理。取河沙若干加入10%盐酸浸没沙面，加热煮沸30 min或浸入2~4 h以除去有机质。倒去盐酸溶液，用自来水冲洗至中性，最后一次使用蒸馏水冲洗。烘干后用40目筛子过筛，弃去粗颗粒，备用。

(2)土壤处理。取非耕作层不含腐殖质的瘦黄土或红土，加自来水浸泡洗涤数次，直至为中性。烘干后碾碎，用100目筛予过筛，粗颗粒部分丢掉。

(3)沙土混合。处理妥当的河沙与土壤按2∶1、3∶1或4∶1的比例混合（或根据需要而用其他比例，甚至可全部用沙或土）均匀后，装入10 mm×100 mm的小试管或安瓿管中，每管分装1 g左右，塞上棉塞，进行灭菌（通常采用间歇灭菌2~3次），最后烘干。

(4)无菌检查。每10支砂土管随机抽1支，将沙土倒入肉汤培养基中，30 ℃培养40 h，若发现有微生物生长，所有砂土管则需重新灭菌，再做无菌试验，直到证明无菌后方可使用。

(5)菌悬液的制备。取生长健壮的新鲜斜面菌种，加入2~3 mL无菌水（每18 mm×180 mm的试管斜面菌种）中，用接种环轻轻将菌苔洗下，制成菌悬液。

(6)分装样品。每支砂土管（注明标记后）加入0.5 mL菌悬液（刚刚使沙土润湿为宜），用接种针拌匀。

(7)干燥。将装有菌悬液的砂土管放入装有干燥剂的干燥器内，用真空泵抽干水分后火焰封口（也可用橡皮塞或棉塞塞住试管口）。

6. 冷冻真空干燥法

(1)冻干管的准备。选用中性硬质玻璃，95#为宜，内径约5 mm，长约15 cm，冻干管的洗涤按新购玻璃品洗净，烘干后塞上棉花。可将保藏编号、日期等打印在纸上，剪成小条，装入冻干管，121 ℃灭菌30 min。

(2)菌种培养。将要保藏的菌种接入斜面培养，产芽孢的细菌培养至芽孢从菌体脱落或产孢子的放线菌、霉菌至孢子丰满。

(3)保护剂的配置。选用适宜的保护剂按使用浓度配置后灭菌，随机抽样培养后进行无菌检查（同滤纸法保护剂的无菌检查），确认无菌后才能使用。糖类物质需用过滤器除菌，脱脂牛奶112 ℃，灭菌25 min。

(4)菌悬液的制备。吸2~3 mL保护剂加入新鲜斜面菌种试管，用接种环将菌苔或孢子洗下振荡，制成菌悬液，真菌菌悬液需置4 ℃平衡培养20~30 min。

(5)分装样品。用无菌毛细滴管吸取菌悬液加入冻干管，每管约装0.2 mL，最后在几只冻干管中分别装入0.2 mL、0.4 mL蒸馏水做对照。

(6)预冻。用程序控制温度仪进行分级降温。不同的微生物其最佳的降温度率有所差异，一般由室温快速降温至4 ℃，40~4 ℃每分钟降低1 ℃，-60~-40 ℃以下每分钟降低5 ℃。条件不具备者，可以使用冰箱逐步降温。从室温至4 ℃、-12 ℃、-30 ℃、-70 ℃，也可用盐冰、干冰替代。

(7)冷冻真空干燥。启动冷冻真空干燥机制冷系统。当温度下降到-50 ℃以下时，将冻结好的样品迅速放入冻干机内，启动真空泵抽气至样品干燥。

样品干燥的程度对菌种保藏时间影响很大。一般要求样品的含水量为 1% ~3%，判断方法如下：

①外观：样品表面出现裂痕，与冻干管内壁有脱落现象，对照管完全干燥。

②指示剂：用 3% 的氯化钴水溶液装入冻干管作为指示剂，当溶液的颜色由红变浅蓝后，再抽同样长的时间便可。

(8)取出样品。先关真空泵、再关制冷机，打开进气阀使冻干机腔体真空度逐渐下降，直至与室内气压相等后打开，取出样品。先取几只冻干管在桌面上轻敲几下，样品很快疏散，说明干燥程度达到要求。若用力敲，样品不与内壁脱开，也不松散，则需继续冷冻真空干燥，此时样品不需要事先预冻。

(9)第二次干燥。将已干燥的样品管分别安在歧形管上，启动真空泵，进行第二次干燥。

(10)熔封。用高频电火花真空检测仪检测冻干管内的真空程度。当检测仪将要触及冻干管时，发出蓝色电光说明管内的真空度很好，便在火焰下(氧气与煤气混合调节或用酒精喷灯)熔封冻干管。

(11)存活性检测。每个菌株取 1 只冻干管及时进行存活检测。打开冻干管，加入 0.2 mL无菌水，用毛细滴管吹打几次，沉淀物溶解后，转入适宜的培养基培养，根据生长状况确定其存活性，或用平板计数法或死活染色法确定存活率。如需要，可测定其特性。

(12)保存。置 4 ℃或室温保藏，每隔一段时间进行抽样检测。

该方法是菌种保藏的主要方法，对大多数微生物较为合适、效果较好，保藏时间依不同的菌种而定，有的为几年、甚至三十多年。

取用冻干管时，先用 75% 乙醇将冻干管外壁擦干净，再用砂轮或锉刀在冻干管上端划一小痕迹，然后将所划之处向外，两手握住冻干管的上下端稍向外用力便可打开冻干管，再将冻干管上端进口处烧热，在热处滴几滴水，使之破裂，再用镊子敲开。

7. 超低温冰箱法

(1)安瓿管的准备。用于保藏的安瓿管要求既能经 121 ℃高温灭菌，又能在-70 ℃低温长期存放。现已普遍使用聚丙烯塑料制成带有螺旋帽和垫圈的安瓿管，容量为 2 mL。用自来水洗净后，经蒸馏水冲洗多次，烘干，121 ℃灭菌 30 min。

(2)保护剂的准备。配制 20% 的甘油，121 ℃灭菌 30 min。使用前随机抽样进行无菌检查。

(3)菌悬液的制备。取新鲜的培养健壮的斜面菌种加入 2 ~3 mL 保护剂，用接种环将菌苔洗下振荡、制成菌悬液。

(4)分装样品。用记号笔在安瓿管上注明标号，用无菌吸管吸取菌悬液，加入安瓿管中，每只管中加入 0.5 mL 菌悬液，拧紧螺旋帽。

(5)冻存。将分装好的安瓿管放入菌种盒中，快速转入-70 ℃超低温冰箱，并记录菌种在超低温冰箱中存放的位置与安瓿管数。

(6)解冻。需使用样品时，要带上棉手套，从超低温冰箱中取出安瓿管，用镊子夹住安瓿管上端迅速放入 37 ℃水浴锅中摇动 1 ~2 min，样品很快溶化。然后用无菌吸管取出菌悬液加入适宜的培养基中保温培养便可。

(7)存活性测定。选用几种菌株保藏方法进行菌株保藏，定期取保藏菌种，测定其活性，比较不同保藏方法菌种的存活性。可以采用以下方法进行存活检测：

① 染色法。取解冻融化的菌悬液按细菌、真菌死活染色法，通过显微镜观察细胞存活和死亡的比例，计算出存活率。

② 活菌计数法。分别将预冻前和解冻融化的菌悬液按 10 倍稀释法涂布平板培养后，根据二者每毫升活菌数计算出存活率。

按以下公式计算存活率：

$$存活率(\%)=\frac{保藏后每毫升活菌数}{保藏前每毫升活菌数}\times100\%$$

**（三）注意事项**

(1) 液体石蜡和甘油由于黏度较大，最好能反复灭菌 2～3 次后使用，以保证无菌。

(2) 从液体石蜡下面取培养物移种后接种环在火焰上灼烧时，培养物容易与残留的液体石蜡一起飞溅，应特别注意。

(3) 糖类物质和蛋白、血清类在高温、高压下易变性，宜过滤除菌。

(4) 超低温冰箱冻存时，也可以采用向在液体培养基中培养到合适时间的菌悬液中直接添加 50% 甘油，使甘油的质量分数最终达到 20%～25%，然后直接冻存。

(5) 在超低温冰箱保存时，如菌种取出后仍需继续冻存，则不宜解冻，只需用接种环在表面轻划，然后转入适宜的培养基中进行培养即可。取用菌种的过程要迅速，反复冻融不利于菌种的存活。

# 第 13 章　微生物鉴定中的生理生化试验

在所有生活细胞中存在的全部生物化学反应称之为代谢。代谢过程主要是酶促反应过程。具有酶功能的蛋白质多数在细胞内,称为胞内酶。许多细菌产生胞外酶,这些酶从细胞中释放出来,以催化细胞外的化学反应。各种微生物在代谢类型上表现出很大的差异,如表现在对大分子糖类和蛋白质的分解能力以及分解代谢的最终产物的不同,来反映它们具有不同的酶系和不同的生理特性,这些特性可被当成细菌鉴定和分类的内容。

在这部分试验中,通过细菌对大分子物质的水解、糖发酵等几个试验,来证明不同细菌生理生化功能的多样性。

此外,为了使利用生理生化反应鉴定微生物的工作更准确、简便、迅速和微量化,将介绍利用 API-20E 等鉴定系统快速鉴定的方法。

## 实验 34　大分子物质的水解试验

微生物对大分子物质如淀粉、蛋白质和脂肪不能直接利用,必须依靠产生的胞外酶将大分子物质分解后,才能被微生物吸收利用。胞外酶主要为水解酶,通过加水裂解大分子物质为较小化合物,使它能被运输至细胞内。如淀粉酶水解淀粉为小分子的糊精、双糖和单糖,脂肪酶水解脂肪为甘油和脂肪酸,蛋白酶水解蛋白质为氨基酸等,这些过程均可以通过观察细菌菌落周围的物质变化来证实。如淀粉遇碘液会产生蓝色,但细菌水解淀粉的区域,用碘液测定时,不再产生蓝色,表明细菌产生淀粉酶。脂肪水解后产生脂肪酸可改变培养基的 pH 值,使其降低,加入培养基的中性红指示剂会使培养基从淡红色转变为深红色,说明细胞外存在脂肪酶。

微生物除了可以利用各种蛋白质和氨基酸作为氮源外,当缺乏糖类物质时,也可以用它们作为能源。明胶是由胶原蛋白水解产生的蛋白质,在 25 ℃以下可维持凝胶状态,以固体形式存在,而在 25 ℃以上明胶会液化。有些微生物可产生一种称作明胶酶的胞外酶,水解这种蛋白质,而使明胶液化,甚至在 4 ℃仍能保持液化状态。

还有些微生物能水解牛奶中的蛋白质酪素,酪素的水解可用石蕊牛奶来进行检测。石蕊牛奶培养基由脱脂牛奶和石蕊配制而成,是浑浊的蓝色,酪素水解成氨基酸和肽后,培养基会变得透明。石蕊牛奶也常被用来检测乳糖发酵,因为在酸存在下,石蕊会转变为粉红色,而过量的酸可引起牛奶的固化,氨基酸的分解会引起碱性反应,使石蕊变为紫色。此外,某些细菌还能还原石蕊,使试管底部变为白色。

尿素是由大多数哺乳动物消化蛋白质后分泌在尿液中的废物。尿素酶能分解尿素释放出氨,这是一个分辨细菌很有用的诊断试验。尽管许多微生物都可以产生尿素酶,但他们利用尿素的速度比变形杆菌属的细菌要慢,因此,尿素酶试验被用来从其他非发酵乳糖的肠道微生物中快速区分这个属的成员。尿素琼脂含有尿素、葡萄糖和酚红,酚红在 pH 6.8 时为黄色，然而在培养过程中，产生尿素酶的细菌将分解尿素产生氨，使培养基的 pH 值升高，在 pH 值升至 8.4 时，指示剂就转变为深粉红色。

## 一、实验器材

1. 菌种

枯草芽孢杆菌、大肠杆菌、金黄色葡萄球菌、铜绿假单胞菌、普通变形杆菌。

2. 培养基

固体油脂培养基、固体淀粉培养基、明胶培养基试管、石蕊牛奶试管、尿素琼脂试管。

3. 溶液和试剂

革兰氏染色用卢戈氏碘液等。

4. 仪器和其他用品

无菌平板、无菌试管、接种环、接种针和试管架等。

## 二、实验步骤

1. 淀粉水解试验

(1) 将固体淀粉培养基熔化后冷却至 50 ℃左右，无菌操作制成平板。

(2) 用记号笔在平板底部划分成四个部分。

(3) 将枯草芽孢杆菌、大肠杆菌、金黄色葡萄球菌和铜绿假单胞菌分别在不同的部分划线接种，在平板的反面分别在四部分写上菌名。

(4) 将平板倒置在 37 ℃温箱中培养 24 h。

(5) 观察各种细菌的生长情况，打开平板盖子后，滴入少量卢戈氏碘液于平板中，轻轻旋转平板，使碘液均匀铺满整个平板。

如菌苔周围出现无色透明圈，说明淀粉已被水解，为阳性。透明圈的大小可以初步判断该菌水解淀粉能力的强弱，即产生胞外淀粉酶活力的高低。

2. 油脂水解试验

(1) 将熔化的固体油脂培养基冷却至 50 ℃左右时，充分摇荡，使油脂均匀分布，无菌操作倒入平板，待凝。

(2) 用记号笔在平板底部划成四部分，并分别在四部分标上菌名。

(3) 用无菌操作将枯草芽孢杆菌、大肠杆菌、金黄色葡萄球菌和铜绿假单胞菌分别画十字线接种于平板的相对应部分的中心。

(4) 将平板倒置，37 ℃温箱中培养 24 h。

(5) 取出平板，观察菌苔颜色。

如出现红色斑点，说明脂肪水解，为阳性反应。

3. 明胶水解试验

(1) 取 3 支明胶培养基试管，用记号笔标明各管欲接种的菌名。

(2) 用接种针分别穿刺接种枯草芽孢杆菌、大肠杆菌和金黄色葡萄球菌。

(3) 将接种后的试管置于 20 ℃中培养 2 ~ 5 d。

(4) 观察明胶液化情况。

4. 石蕊牛奶试验

(1)取2支石蕊牛奶培养基试管,用记号笔标明各管欲接种的菌名。

(2)分别接种普通变形杆菌和金黄色葡萄球菌。

(3)将接种后的试管置35 ℃中培养24~48 h。

(4)观察培养基颜色变化。

石蕊在酸性条件下为粉红色,碱性条件下为紫色,而被还原时为白色。

5. 尿素试验

(1)取2支尿素培养基斜面试管,用记号笔标明各管欲接种的菌名。

(2)分别接种普通变形杆菌和金黄色葡萄球菌。

(3)将接种后的试管置于35 ℃中培养24~48 h。

(4)观察培养基颜色变化。尿素酶存在时为红色,无尿素酶时为黄色。

## 三、思考题

1. 如何解释淀粉酶是胞外酶而非胞内酶?

2. 不利用碘液,能否证明淀粉水解的存在?

3. 为什么尿素实验可用于鉴定变形杆菌属细菌?

# 实验35 IMViC试验

IMViC是吲哚(indol test)、甲基红(methyl red test)、伏-普(Voges-Prokauer test)和柠檬酸盐(cirate test)四个试验的缩写,i是在英文中为发音方便而加上去的。这四个试验主要是用来快速鉴别大肠杆菌和产气肠杆菌,多用于水的细菌检查。大肠杆菌虽非致病菌,但在饮用水中如果超过一定数量,则表示水质受到粪便污染。产气肠杆菌也广泛存在于自然界中,因此在检查水时,要将两者分开。

硫化氢试验也是检查肠道细菌的生化试验。

吲哚试验是用来检测吲哚的产生,有些细菌产生色氨酸酶,分解蛋白胨中的色氨酸,产生吲哚和丙酮酸。吲哚与对二甲基氨基苯甲醛结合,形成红色的玫瑰吲哚。但并非所有的微生物都具有分解色氨酸产生吲哚的能力,因此吲哚试验可以作为一个生物化学检测的指标。

色氨酸水解反应:

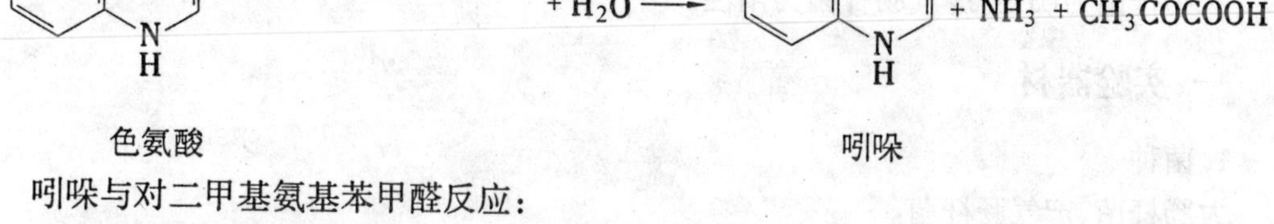

$$\text{(indole ring, N-H)}-CH_2CHNH_2COOH + H_2O \longrightarrow \text{(indole ring, N-H)} + NH_3 + CH_3COCOOH$$

色氨酸　　　　吲哚

吲哚与对二甲基氨基苯甲醛反应:

大肠杆菌吲哚反应为阳性,产气肠杆菌为阴性。甲基红试验是用来检测由葡萄糖产生的有机酸(如甲酸、乙酸、乳酸等)。当细菌代谢糖产生酸时,培养基就会相应变酸,使加入培养基中的甲基红指示剂由橙黄色（pH 6.3）转变为红色（pH 4.2），即甲基红反应。尽管所有的肠道微生物都能发酵葡萄糖并产生有机酸，但这个试验在区分大肠杆菌和产气肠杆菌上仍然是有价值的。这两个细菌在培养的早期均产生有机酸，但大肠杆菌在培养后期仍能维持酸性 pH 4，而产气肠杆菌则转化有机酸为非酸性末端产物，如乙醇、丙酮酸等，使 pH 值升至大约 6。因此，大肠杆菌为阳性，产气肠杆菌为阴性。

伏-普试验是用来测定某些细菌利用葡萄糖产生非酸性或中性末端产物的能力，如丙酮酸。丙酮酸进行缩合、脱羧会生成乙酰甲基甲醇，该化合物在碱性条件下能被空气中的氧气氧化成二乙酰。二乙酰与蛋白胨中精氨酸的胍基作用，生成红色化合物，即伏-普反应阳性，不产生红色化合物者为反应阴性。有时为了使反应更为明显，还可加入少量含胍基的化合物，如肌酸等。产气肠杆菌为阳性反应，大肠杆菌为阴性反应。其化学反应过程如下：

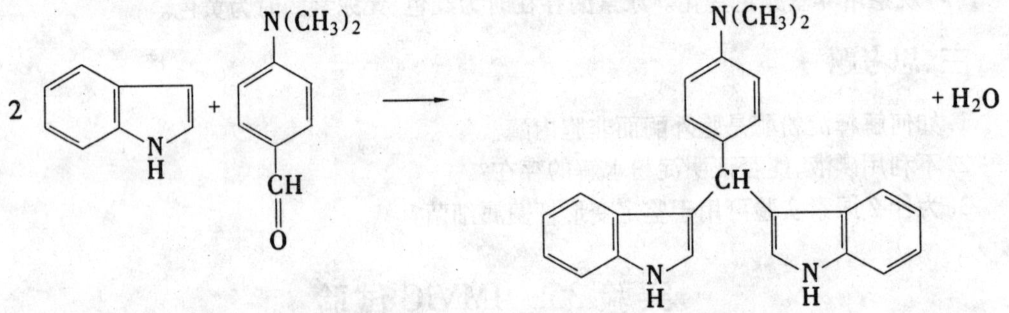

2 吲哚 + 对二甲基氨基苯甲醛 ⟶ 玫瑰吲哚 + $H_2O$

吲哚　　对二甲基氨基苯甲醛　　玫瑰吲哚

柠檬酸盐试验是用来检测柠檬酸盐是否被利用。有些细菌利用柠檬酸盐作为碳源，如产气肠杆菌；而另一些细菌则不能利用柠檬酸盐，如大肠杆菌。细菌在分解柠檬酸盐及培养基中的磷酸铵后，产生碱性化合物，使培养基的 pH 值升高，当加入 1% 溴麝香草酚蓝指示剂时，培养基就会由绿色转变为深蓝色。溴麝香草酚蓝的指示范围为：当 pH 值小于 6.0 时呈黄色，pH 值在 6.5 ~7.0 时为绿色，pH 值大于 7.6 时呈蓝色。

硫化氢试验是检测硫化氢的产生，也是用于肠道细菌检查的常用生化试验。有些细菌能分解含硫的有机物如胱氨酸、半胱氨酸、甲硫氨酸等产生硫化氢，硫化氢遇培养基中的铅盐或铁盐等，就会形成黑色的硫化铅或硫化亚铁沉淀物。

以半胱氨酸为例，其化学反应过程如下：

$$CH_2SHCHNH_2COOH + H_2O \longrightarrow CH_3COCOOH + H_2S + NH_3\uparrow$$

$$H_2S + Pb(CH_3COO)_2 \longrightarrow \underset{(黑色)}{PbS\downarrow} + 2CH_3COOH$$

大肠杆菌为阴性，产气肠杆菌为阳性。

## 一、实验器材

1. 菌种

大肠杆菌、产气肠杆菌。

2. 培养基

蛋白胨水培养基、葡萄糖蛋白胨水培养基、柠檬酸盐斜面培养基、醋酸铅培养基。

在配制柠檬酸盐培养基时,其pH值不要偏高,以淡绿色为宜。吲哚试验中用的蛋白胨水培养基中宜选用色氨酸含量高的蛋白胨,如用胰蛋白胨水解酪素得到的蛋白胨为较好。

3. 溶液和试剂

甲基红指示剂,40% KOH,5%的α-萘酚,乙醚和吲哚试剂等。

## 二、操作步骤

1. 接种与培养

(1)用接种针将大肠杆菌、产气肠杆菌分别穿刺接入2支醋酸铅培养基中(硫化氢试验),置于37 ℃培养48 h。

(2)将上述两菌分别接入2支蛋白胨水培养基(吲哚试验)、2支葡萄糖蛋白胨水培养基(甲基红试验和伏-普试验)和2支柠檬酸盐斜面培养基(柠檬酸盐试验)中,置37 ℃培养48 h。

2. 结果观察

(1)硫化氢试验:培养48 h后,观察黑色硫化铅的产生。

(2)吲哚试验:于培养48 h后的蛋白胨水培养基内加入3~4滴乙醚,摇动数次,静置1 min,待乙醚上升后,再沿试管壁徐徐加入2滴吲哚试剂。在乙醚和培养物之间产生红色环状物为阳性反应。

配蛋白胨水培养基,所用的蛋白胨最好用含色氨酸高的,如用胰蛋白胨水解酪素得到的蛋白胨中色氨酸含量会相对较高。

(3)甲基红试验:培养48 h后,将1支葡萄糖蛋白胨水培养基培养物内加入甲基红试剂2滴,培养基变为红色者为阳性,变为黄色者则为阴性。

(4)伏-普试验:培养48 h后,将另1支葡萄糖蛋白胨水培养物内加入5~10滴40% KOH,然后再加入等量的5%α-萘酚溶液,用力振荡,再放入37 ℃温箱中保温15~30 min,以加快反应速度,若培养物呈红色者,为伏-普反应阳性。

(5)柠檬酸盐试验:培养48 h后观察柠檬酸盐斜面培养基上有无细菌生长和是否变色,蓝色为阳性,绿色为阴性。

## 三、思考题

1. 讨论IMViC实验在医学检验上的意义。

2. 为什么大肠杆菌是甲基红反应阳性,而产气肠杆菌为阴性?

3. 说明在硫化氢实验中醋酸铅的作用,可以用哪种化合物代替醋酸铅?

# 实验36　快速、简易的检测微生物技术

微生物学实验采用以培养基和无菌操作为基础的分离、培养、检测等传统技术,不仅烦琐、费时、费事,而且准确性差、敏感性较低,为了改变这种状况,如何使微生物学技术更快速、简易和自动化,一直是微生物学工作者研究的热点,随着物理、化学、微电子、计算机和分子生物学等先进技术向微生物学的渗透和多学科的交叉,这方面已经取得了突破性进展,其

主要表现在：利用物理、化学领域已通常使用的仪器和设备，如气相色谱仪、高压液相色谱仪、质谱仪、激光显微镜等，能快速准确地进行多种微生物学的实验；利用飞速发展的微电子、计算机等现代技术，已经研制出许多微生物学实验专用的自动化程度很高的仪器，例如微生物传感器测量仪、阻抗测定仪、放射测定仪、微量量热计、生物发光测量仪、自动微生物检测仪（AMS）和药敏自动测定仪等；目前涌现出众多的各种类型的多项微量简易鉴定或检测系统，如 3M 检测纸片（3M petrifilm aerobiccount plates）、API-20E、Biolog 全自动和手动细菌鉴定系统等；随着分子生物学和免疫学的日新月异，各种各样的酶联免疫吸附测定法（ELISA）、DNA 探针、聚合酶链反应（PCR）技术、全自动免疫诊断系统（VIDAS）、DNA 芯片和微型生物芯片实验室等，在微生物学领域广泛地被采用，较好地做到了快速、简易和自动化；计算机在微生物学中越来越多的被应用，例如：数据的分析、处理，图像的分析、制作，发酵的自动控制，菌种和资源的分类鉴定及保藏，文献的检索，实验设计、结果处理等，特别是计算机国际网络的联通，“人机对话”的实现，生物信息学的飞速发展，更促进了微生物学技术的快速、简易和自动化。

这些微生物学新技术的突出优点是：精确性通常比常规技术更高，敏感性最好的可达 10 ~ 12 g，或一个细菌的水平；快速性有的只需要几秒钟；简易性有的可随身携带，很简便地完成试验；有的可以直接用样品（如血、尿、土壤等）试验，摆脱了分离、纯培养、无菌操作等传统微生物学技术的繁琐而费时的实验操作；有的技术或仪器还具有多种用途和多方面的优越性，并实现了全自动化。这些先进技术成果，大多数都已标准化、系统化、商品化和付诸实际应用，此无论对微生物学理论方面的研究，还是微生物生物技术实际的应用，无疑地都起到了巨大的推动作用，并且方兴未艾，迅速地发展。但各种技术、仪器或设备，还具有不同程度的缺陷和问题，其优、缺点也各不相同，有的快速、全自动化，但价格昂贵，有的简易、价廉，但精确性和快速性较差，这有待于取长补短，相互促进，进一步改进和创新。

采用 API-20E 鉴定系统为一试验实例，学习快速、简易地鉴定细菌。采用各种微量反应物进行一次试验就能检测多项试验反应，或几十项试验反应，使微生物能很快地、简易地被鉴定或检测，这种技术被称为多项微量简易鉴测技术，或简易诊检技术或数码分类鉴定法。其基本原理是针对微生物的生理生化特性，配制成各种培养基、反应底物、试剂等，分别微量地（约 0.1 mL）加入各个分隔室中（或用小圆纸片吸收），脱水或不脱水，各分隔室在同一塑料条或板上构成鉴定卡。试验时加入待鉴定（检测）的某一种菌液，培养 2 ~ 48 h，观察鉴定卡上各项反应，按判定表来判定试验结果，用此结果编码，查检索表（根据数码分类鉴定的原理编制成）判断微生物的鉴定结果，或用电脑判断（软件也是根据数码分类鉴定的原理编制），打印出鉴定结果。

多项微量简易鉴测技术已经广泛用于动植物检疫、食品卫生、环境保护、药品检查、化妆品监控、发酵控制和生态研究等方面，尤其是在临床和食品检验中深受欢迎，迅猛发展。国内外此类技术的产品，种类繁多，大同小异。多项微量简易鉴测技术优点突出，不仅能快速、敏感、准确、重复性好的鉴定微生物，而且简易，更节省人力、物力、时间和空间，缺点是各系统差异较大，有的价格昂贵，有的个别反应则是不准，重复性差、难判定，但毫无疑问，它是微生物学技术方法向快速、简易和自动化发展的重要方向之一。

生物-梅里埃公司在快速、简易的鉴定细菌方面，对传统的技术进行了一次标准化、微量化的变革。依据该公司自有的 20 000 多株标准菌株,约 1 000 种不同生化试验,应用在细菌代谢方面和生产技术上,研制和生产出 API 系列产品,如今,已经有 15 个鉴定系列,它几乎能够鉴定临床医学领域发现的所有细菌。API-20E 系统是 API 系列产品中最早和最重要的产品,也是国际上应用最多的系统,主要用来鉴定肠杆菌科细菌。该系统的鉴定卡是一块有 20 个分隔室的塑料条,分隔室由相连通的小管和小杯组成,各小管中含有不同的脱水培养基、试剂或底物等,每一分隔室可进行一种生化反应,个别的分隔室可以进行两种反应,如图 13.1 所示。

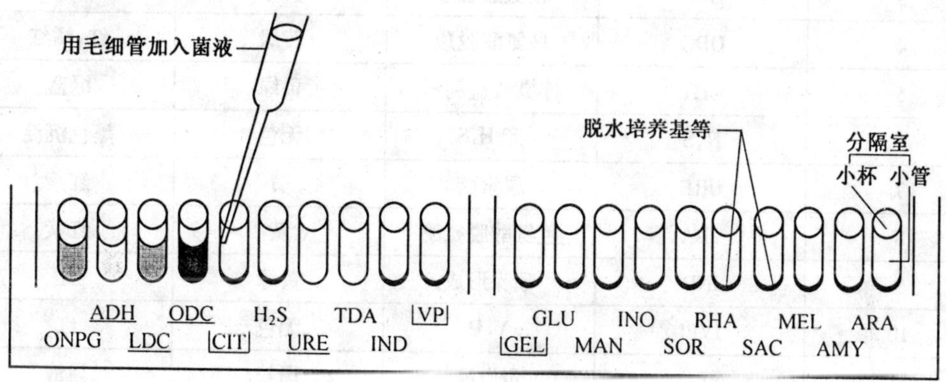


图 13.1　API-20E 鉴定卡

## 一、实验器材

(1)菌种。待检验的肠杆菌科的分纯了的菌株。

(2)仪器和其他用品。无菌水、液体石蜡、灭菌毛细滴管等。

(3)API-20E 系统,包括鉴定卡、反应需添加的试剂、反应判定表、检索表或编码本或电脑软件。

## 二、操作步骤

(1)将待检验的单个或多个菌落用无菌水配置成 1.5 亿个菌或者大于 1.5 亿个菌的菌悬液并混合均匀。

(2)将 API-20E 鉴定卡的密封膜拆除,在卡上标明检验菌号、日期和试检者。

(3)用无菌毛细管吸取已经配置好的菌液,沿分隔室的小管内壁稍微倾斜的缓缓加入小管中,装满各个小管,而对鉴定卡上的实验名称加有方框线条的小杯,则还要加满菌液,对试验名称下有一条横线的小杯,则要加满液体石蜡。加菌液时避免形成气泡,如果形成了气泡,则轻轻摇动除去,切勿用已经吸有菌液的毛细管除去气泡。

(4)将已经接种的鉴定卡放入装有少量水的塑料盒或浅瓷盘中(防止反应液蒸发),置于 37 ℃培养。

(5)培养 18 ~24 h 后,在需要添加试剂的小杯中加入指定的试剂,如 IND 反应加入 IND 试剂,V. P 反应加入 V. P 试剂。观察鉴定卡上各项反应的变色情况,根据反应判定表(表

13.1),判定各项反应是阳性还是阴性反应。

表 13.1　API-20E 反应判定表

| 分隔室 | 鉴定卡上的反应项目 | | 反应结果 | |
|---|---|---|---|---|
| | 代号 | 项目名称 | 阴性 | 阳性 |
| 1 | ONPG | 半乳糖甘酶 | 无色 | 黄 |
| 2 | ADH | 精氨酸水解 | 黄绿 | 红,橘红 |
| 3 | LDC | 赖氨酸脱羧 | 黄绿 | 红,橘红 |
| 4 | ODC | 鸟氨酸脱羧 | 黄绿 | 红,橘红 |
| 5 | CITI | 柠檬酸盐利用 | 黄绿 | 绿蓝 |
| 6 | H,S | 产 $H_2S$ | 无色 | 黑色沉淀 |
| 7 | URE | 尿素酶 | 黄 | 红紫 |
| 8 | TDA | 色氨酸脱氨酶 | 黄 | 红紫 |
| 9 | IND | 吲哚形成 | 黄绿 | 红 |
| 10 | IVPI | V. P | 无色 | 红 |
| 11 | PRO | 蛋白酶 | 黑粒 | 黑液 |
| 12 | GLU | 葡萄糖产酸 | 蓝 | 黄绿 |
| 13 | MAN | 甘露醇产酸 | 蓝 | 黄绿 |
| 14 | INO | 肌醇产酸 | 蓝 | 黄绿 |
| 15 | SOR | 山梨醇产酸 | 蓝 | 黄绿 |
| 16 | RHA | 鼠李糖产酸 | 蓝 | 黄绿 |
| 17 | SAC | 蔗糖产酸 | 蓝 | 黄绿 |
| 18 | MEL | 密二糖产酸 | 蓝 | 黄绿 |
| 19 | AMY | 苦杏仁苷 | 蓝 | 黄绿 |
| 20 | ARA | 阿拉伯糖产酸 | 蓝 | 黄绿 |

(6)按鉴定卡上反应项目的顺序,把每 3 个反应项目编为一组,共编为 7 组,每组中每个反应项目定为一个数值,依次是 1、2、4,各组中反应阳性者以“+”表示,则写下所定的数值,反应阴性者以“-”表示,则写为 0,每组中的数值相加,便是该组的编码数,这样就变形成了 7 位数字的编码。例如:表 13.2 所示,实验结果所得的编码数为 5305773。

(7)用 7 位数字的编码查检索表或将这 7 位数字的编码输入电脑检索,则能将检验的细菌鉴定出是什么菌种。例如:表 13.2 所示的编码数为 5305773,用此 7 位数字的编码查检索表,便得到了所鉴定的细菌产气肠杆菌。

表 13.2　API-20E 举例说明

| 分隔室号 | 项目名称 | 所定数值 | 试验结果 | 记下数值 | 编码 | 检索结果 |
|---|---|---|---|---|---|---|
| 1 | ONPG | 1 | + | 1 | | |
| 2 | ADH | 2 | − | 0 | 5 | |
| 3 | LDC | 4 | + | 4 | | |
| 4 | ODC | 1 | + | 1 | | |
| 5 | CIT | 2 | + | 2 | 3 | |
| 6 | H2S | 4 | − | 0 | | |
| 7 | URE | 1 | − | 0 | | |
| 8 | TDA | 2 | − | 0 | 0 | |
| 9 | IND | 4 | − | 0 | | |
| 10 | VP | 1 | + | 1 | | 5305773<br>产气肠杆菌<br>(*Enterobacter acrogenes*) |
| 11 | GEL | 2 | + | 0 | 5 | |
| 12 | GLU | 4 | + | 4 | | |
| 13 | MAN | 1 | + | 1 | | |
| 14 | INO | 2 | + | 2 | 7 | |
| 15 | SOR | 4 | + | 4 | | |
| 16 | RHA | 1 | + | 1 | | |
| 17 | SAC | 2 | + | 2 | 7 | |
| 18 | MEL | 4 | + | 4 | | |
| 19 | AMY | 1 | + | 1 | 3 | |
| 20 | ARA | 2 | + | 2 | | |

## 三、思考题

1. 根据你的实验，多项微量简易鉴测技术的优点是什么？有何不足之处？
2. 试设计检测饮用水中大肠杆菌总数的检测卡。

# 实验 37　芽孢杆菌属种的鉴定

芽孢杆菌属（*Bacillus*）细菌多数是中温菌，少数能耐高温。大部分是腐生菌，常见于土壤，少数是动物或昆虫致病菌。细胞杆状［(0.3～2.2) μm×(1.2～7.0) μm］，菌体内会产生抗热的芽孢。大多数种能运动，具周生鞭毛。化能异养菌，好氧或兼性厌氧，过氧化氢酶阳性。该属细菌 DNA 的 G% +C% 为 32～62 克分子%（$T_m$），在 Bergey's 手册（第 8 版）中属于第 15 部分——芽孢杆菌科（Bacillaceae），包括 22 个种和一些未定的种。

本实验依据 Gordon 氏分类法，将芽孢杆菌属分为三群，包括 21 个种和一些未定位的种。第一群芽孢囊不明显膨大，芽孢椭圆形或柱形，中生至端生，革兰阳性。本群根据菌体粗细又可分成两群：菌体大于 0.9 μm，常见的有巨大芽孢杆菌（*B. megaterium*）、蜡状芽孢杆菌（*B. cereus*）；菌体细的小于 0.9 μm，包括枯草芽孢杆菌等。第二群芽孢囊膨大，芽孢椭圆形，中生至端生，革兰染色不定，包括多黏芽孢杆菌（*B. potymyxa*）、嗜热脂肪芽孢杆菌（*B. stearoihermophilus*）等。第三群芽孢囊膨大，芽孢球形，端生至次端生，仅球形芽孢杆菌（*B. sphaericus*）一种。

## 一、材料与用品

1. 菌种和培养基

标准菌种包括枯草芽孢杆菌、巨大芽孢杆菌（*B. megaterium*），未知菌种包括芽孢杆菌若干有代表性的菌株。

2. 仪器与用品

9 cm 培养皿、接种环、15 mm×150 mm 试管、试管架、10 mm×100 mm 小试管、酒精灯、250 mL 三角瓶、手提式灭菌锅、1 000 mL 烧杯、恒温培养箱（调节 30 ℃）、pH 试纸（pH 5.4 ~ 8.0）、恒温水浴锅、酸碱缓冲溶液、试剂及药品见附录。

## 二、实验步骤

芽孢杆菌属分种的鉴定以形态特征及生理生化特性为主，并结合生态条件来进行。

1. 个体形态的观察

根据芽孢杆菌属鉴定的要求需进行以下几项染色观察。

（1）革兰染色。一般采用 12 ~ 14 h 的菌龄进行染色。对某些染色不定的菌株（例如高温芽孢杆菌）要重复多次加以判断。芽孢杆菌属大多数种是革兰阳性菌，少数种染色不定。个别种如日本甲虫芽孢杆菌（*B. popilliae*）和缓病芽孢杆菌（*B. ientimorbus*）则是革兰阴性菌。

（2）美蓝染色。取葡萄糖营养琼脂上的 12 ~ 14 h 培养物，用 0.1% 美蓝进行淡染色，观察原生质中有无聚 β-羟基丁酸颗粒。

（3）芽孢染色。确定孢囊的形态（膨大、不明显膨大、梭状或鼓槌状）、芽孢在孢囊中位置（中生、端生或次端生）以及芽孢的形态（椭圆、柱状、圆形）。

（4）鞭毛染色。采用菌龄为 12 ~ 14 h 的菌体进行染色，确定是否有鞭毛及鞭毛着生的位置。

（5）测量菌体大小。利用革兰染色涂片进行菌体大小的测量，菌体大小以微米（μm）为单位。

2. 群体形态（菌落形态和培养特征）的观察

不同种的细菌，在不同性质或状态的培养基上的生长特征各异，因此可作为鉴定细菌的依据之一。

（1）在肉汤液体培养基上的形态。把试验菌接种在肉汤液体试管中，30 ℃培养 1 ~ 2 d，观察菌体是否形成菌膜、菌环或沉淀（絮状沉淀、颗粒状沉淀）或者是均匀混浊。注意在观察前切勿摇动试管。

(2)在肉汤琼脂固体培养基上的菌落形态。

1)在斜面上的培养特征。用接种针挑取少量菌苔,直线接种于肉汤琼脂斜面上,30 ℃培养 1 ~ 2 d,观察该接种线上菌苔的形态,如线状、有小刺、念珠状、扩展状或假根状等。

2)在肉汤琼脂平板上的菌落特征。将菌种划线接种于肉汤琼脂平板上,培养 24 h,观察并记录单菌落的形态及特征:菌落形态:圆形、不规则形、菌丝体状、根状扩展等;菌落质地:表面光滑、湿润、干燥、皱褶等;菌落边缘:边缘整齐、缺刻状、波状或裂叶状等;菌落的光学特性:透明、半透明、不透明;菌落的颜色和是否分泌可溶性色素等。

3.生理生化试验

细菌个体微小,形态特征简单,在分类鉴定中单凭形态学特征是不能达到鉴定的目的,必须借助许多生理生化指标来加以鉴别。细菌对各种生理生化试验的不同反应,能够显示出各类菌种的酶系不同,因此,所反映的结果也比较稳定,可作为鉴定的重要依据。鉴定芽孢杆菌属的各个种需做的生理生化试验包括过氧化氢酶反应、需氧性试验、糖发酵试验(木糖、葡萄糖、阿拉伯糖、甘露醇)、V. P 试验,并测定 V. P 培养液生长后的 pH 值、淀粉水解试验、产糊精结晶试验(仅试用于鉴定个别种)、柠檬酸盐(或丙酸盐)的利用、马尿酸盐水解、二羟丙酮的形成、明胶液化、酪素水解、酪氨酸水解、石蕊牛奶反应、硝酸盐还原试验、苯丙氨酸脱氨试验、卵磷脂酶测定、耐盐性试验(2%、5%、7% NaCl)、在酸性营养肉汤(pH 5.7)中的生长、对溶菌酶(0.001%)的抗性试验、对叠氮化钠(0.02%)的抗性试验、细菌的最低及最高生长温度的测定等。

总之,对一株未知菌进行鉴定,首先应根据形态特征鉴别是属哪一大类(科或属),然后再根据生理生化特性借助检索表来确定是哪个种,并和标准种的特征加以比较,最后定出种名来。还可采用血清学技术和核酸探针技术以及 PCR 技术进一步确证。

## 三、实验结果

(1)列表记录几株芽孢杆菌的特征。

(2)参照芽孢杆菌检索表,对实验所用菌株进行鉴定。

# 实验 38　理化因素的诱变效应

基因突变泛指细胞内(或病毒粒内)遗传物质的分子结构或数量突然发生的可遗传的变化,可自发或诱导产生。自发突变的概率一般都很低($10^{-9}$ ~ $10^{-6}$),利用某些物理、化学或生物因素可显著提高基因自发突变的频率。具有诱变效应的因素被称为诱变剂紫外线(UV),是一种最常用的物理诱变因素。紫外线辐射能够引起 DNA 链的断裂、DNA 分子内和分子间的交联等,但最主要的是使双链之间或同一条链上两个相邻的胸腺嘧啶形成二聚体,阻碍正常配对,从而引起突变。可见光照射能激活光解酶,将胸腺嘧啶二聚体解开而使 DNA 恢复正常。因此,为了避免光复活,用紫外线照射处理时以及处理后的操作应该在红光下进行,并且将照射处理后的微生物放在暗处培养。

亚硝基胍(N-甲基-N′-硝基-N -亚硝基胍,NTG)是一种烷化剂,主要作用是引起 DNA 链中 GC-AT 的转换。其作用部位又往往在 DNA 的复制叉处,较易造成双突变,故有超诱变剂之称。亚硝基胍也是一种致癌因子,在操作中要特别小心,切勿与皮肤直接接触。凡有亚硝基胍的器皿都要使用 1 mol/L NaOH 溶液浸泡,使残余亚硝基胍分解破坏。

本实验用产生淀粉酶的枯草芽孢杆菌 BF7658 作为试验菌,根据试验菌诱变后在淀粉培养基上透明圈直径的大小来指示诱变效应。一般而言,透明圈越大,淀粉酶活性越强。

## 一、材料与用品

1. 菌株和培养基

枯草芽孢杆菌 BF7658,淀粉培养基、LB 液体培养基。

2. 试剂

亚硝基胍、碘液、无菌生理盐水、盛 4.5 mL 无菌水的试管。

3. 仪器与物品

1 mL 无菌吸管、玻璃涂棒、血细胞计数板、显微镜、紫外线灯(15 W)、磁力搅拌器、台式离心机振荡混合器等。

## 二、实验步骤

1. 紫外线对枯草芽孢杆菌 BF7658 的诱变效应

(1)菌悬液的制备。

1)取培养 48 h 生长丰满的枯草芽孢杆菌 BF7658 斜面 4~5 支,用 10 mL 左右的无菌生理盐水将菌苔洗净,倒入一支无菌大试管中。将试管在振荡混合器上振荡 30 s,以打散菌块。

2)将上述菌悬液离心(3 000 r/min,10 min),弃去上清液。使用无菌生理盐水将菌体洗涤 2~3 次,制成菌悬液。用显微镜直接计数法计数,调整细胞浓度为 $10^8$ 个/mL。

(2)平板制作。将淀粉琼脂培养基融化,倒入平板 27 套,凝固后待用。

(3)紫外线照射。

1)预热紫外灯。将紫外线开关打开预热约 20 min,使紫外线照射强度稳定。紫外灯功率为 15 W,照射距离为 30 cm。

2)加菌液。取直径 6 cm 无菌平皿 3 套,分别加入上述已经调整好细胞浓度的菌悬液 3 mL,并放入一根无菌搅拌棒或大头针。

3)照射。将上述 3 套平皿先后置于磁力搅拌器上,打开磁力搅拌器的开关,先照射 1 min,再打开皿盖,分别搅拌照射 30 s、1 min 和 3 min。盖上皿盖,关闭紫外灯。照射计时从开盖起至加盖止。操作者应戴上玻璃眼镜,以防紫外线伤眼睛。

(4)稀释菌液

1)稀释。用 10 倍稀释法把经过照射的菌悬液在无菌水中稀释成 $10^{-6}$~$10^{-1}$。

2)涂布菌液。取 $10^{-4}$、$10^{-5}$ 和 $10^{-6}$ 3 个稀释度涂平板,每个稀释度涂 3 套平板,每套平板加稀释菌液 0.1 mL,使用无菌玻璃涂棒均匀地涂满整个平板表面。以同样的操作,取未经紫外线处理的菌液稀释涂平板作为对照。

注意:从紫外线照射材料开始,直到涂布完平板的几个操作步骤都需在红灯下进行。

(5)培养。将上述涂匀的平板,用黑色的布或纸包好,置于 37 ℃培养 48 h。注意,每个平板背面都要事先标明处理时间和稀释度。

(6)计数。将培养好的平板取出进行细菌计数。根据对照平板上活菌数(cfu),计算出每毫升菌液中的 cfu 数。同样计算出紫外线处理 30 s、1 min 和 3 min 后的 cfu 数及致死率。

$$\text{存活率}(\%)=\frac{\text{处理后每毫升 cfu 数}}{\text{对照每毫升 cfu 数}}\times 100\%$$

$$\text{致死率}(\%)=\frac{\text{对照每毫升 cfu 数}-\text{处理后每毫升 cfu 数}}{\text{对照每毫升 cfu 数}}\times 100\%$$

(7)观察诱变效应。选取 cfu 数在 5 ~6 个左右的处理后涂布的平板观察诱变效应。分别向平板内滴加碘液数滴,在菌落周围将出现透明圈。分别测量透明圈直径并计算其比值(HC 比值)。与对照平板相比较,说明诱变效应,并选取 HC 比值大的菌落移到试管斜面上培养,保存备用。

2. 亚硝基胍对枯草芽孢杆菌 BF7658 的诱变效应

(1)菌悬液制备。将试验菌斜面菌种挑取一环接种到含 5 mL 淀粉培养液的试管中,置于 37 ℃振荡培养过夜。然后取 0.25 mL 过夜培养液至另 1 支含 5 mL 淀粉培养液的试管中,置 37 ℃振荡培养 6 ~7 h。

(2)平板制作。将淀粉琼脂培养基融化,倒平板 10 套,凝固后待用。

(3)涂平板。取 0.2 mL 上述菌液倒入一套淀粉培养基平板上,用无菌玻璃涂棒将菌液均匀地涂满整个平板表面。

(4)诱变。在上述平板稍靠边的一个位点上放少许亚硝基胍结晶,然后将平板倒置于 37 ℃恒温箱中培养 24 h,放在亚硝基胍的位置周围将会出现抑菌圈(图 13.2)。

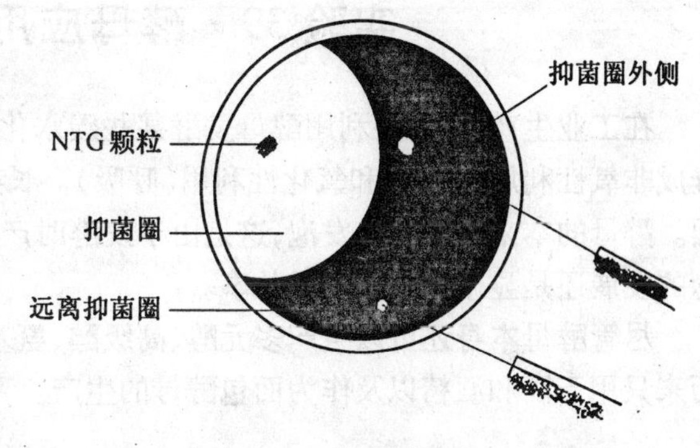

图 13.2　亚硝基胍平板

(5)增殖培养。挑取紧靠抑菌圈外侧的少许菌苔到盛有 20 mL LB 液体培养基的三角瓶中,摇匀,制成处理后菌悬液。同时,挑取远离抑菌圈的少许菌苔到另一只盛有 20 mL LB 液体培养基的三角瓶中,摇匀,制成对照菌悬液。将上述 2 只三角瓶置于 37 ℃振荡培养过夜。

(6)涂布平板。分别取上述两种培养过夜的菌悬液 0.1 mL 涂布淀粉培养基平板处。

诱变后菌悬液涂布 6 套平板,对照菌悬液涂布 3 套平板。涂布后的平板,置 37 ℃恒温箱中培养48 h。实际操作中可根据两种菌液的浓度适当地用无菌生理盐水稀释。注意每套平板背面都要作好标记,以区别经处理的和对照。

(7)观察诱变效应。分别向 cfu 数在 5 ~6 个左右的处理后涂布的平板内加碘液数滴,在菌落周围将出现透明圈。分别测量透明圈直径与菌落直径并计算其比值(HC 比值)。与对照平板相比较,说明诱变效应,并选取 HC 比值大的菌落移接到试管斜面上进行培养(此斜面可作复筛用)。

## 三、实验结果

1. 将紫外线诱变结果填入下表

| 处理时间 | 平均稀释 cfu 倍数/皿数 | | | 活率/% | 致死率/% |
|---|---|---|---|---|---|
| | $10^{-4}$ | $10^{-5}$ | $10^{-6}$ | | |
| 0(对照) | | | | | |
| 30 s | | | | | |
| 1 min | | | | | |
| 2 min | | | | | |

2. 观察诱变效应并填下表：

| 诱变剂 | 1 | 2 | 3 | 4 | 5 | 6 | … |
|---|---|---|---|---|---|---|---|
| 菌落 | | | | | | | |
| HC 比值 | | | | | | | |
| UV | | | | | | | |
| NTG | | | | | | | |
| 对照 | | | | | | | |

# 实验 39　酵母应用特性的测定

在工业生产中，需要利用酵母发酵某些碳水化合物的能力。人们将酵母利用碳源方式分成非氧性利用(发酵)和氧化性利用(呼吸)。长期以来，人们就知道利用酵母来做酒和发面。酵母的本来意思就是发泡，这是由于发酵时产生的 $CO_2$ 引起泡沫翻腾，当然酵母本身概念的发展还是显微镜发明之后的事。

尽管酵母本身还可以生产多元醇、高级醇、氨基酸、维生素、有机酸等一系列代谢物，但历来只用于酒和酒精以及作为面包酵母的生产。

## 一、压榨酵母发酵力的测定

酵母在微酸性糖液中起发酵作用，糖逐渐减少，乙醇及 $CO_2$ 比例增大。$CO_2$ 是气体，除溶解于醪中外，都排至外面。所以测定酵母的发酵力可以通过测定糖液比重的减小或测糖的减少、乙醇的增加或称培养器的减轻量，以确定 $CO_2$ 失去多少；或使用 NaOH 等固定 $CO_2$ 然后称量；或将培养器密闭，根据增大的压力，来确定发酵的强弱等。

测醪的糖度(Brix)，可以计算出发酵度。$D$ 表示发酵前醪的糖度，$d$ 表示发酵后摇动去除 $CO_2$ 后的糖度。

$$AP=[(D-d)/D]\times 100$$

可是发酵后的醪内有乙醇，所以它的糖度不能代表糖的残留量。利用前式算出的发酵度也因此加上“表观”两字。真正发酵度的计算方法，是取发酵后的醪液 100 mL，蒸发至 50 mL，将乙醇完全驱逐，再用蒸馏水冲兑成 100 mL。然后测量其糖度，以 $d$ 所示，则真正发酵度 $RP$ 如下式计算：

$$RP = [(D - d)/D] \times 100$$

称为酵瓶法，多用发酵栓（图 13.3）内盛浓硫酸，吸收随 $CO_2$ 跑出的水泡。

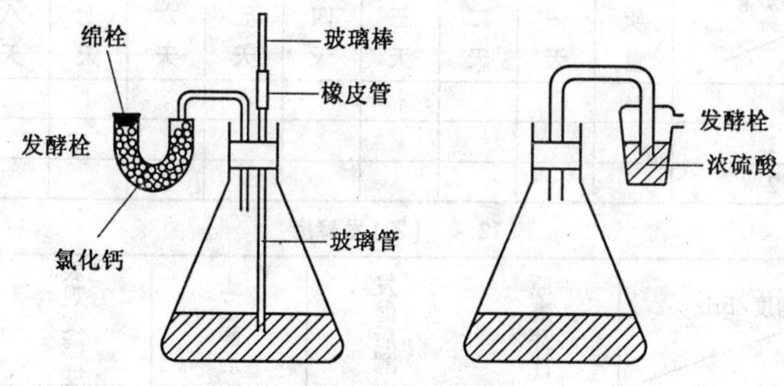


图 13.3　发酵栓

## （一）实验材料

1. 菌种

酿酒酵母或待测酵母。

2. 培养基

麦芽汁。

3. 器皿

带发酵栓的发酵瓶（250 mL）、天平。

## （二）操作步骤

（1）用糖度表测出麦芽汁的糖度，记入附表，然后分装入发酵瓶中，每瓶 20 mL，加棉塞，另用油纸包发酵栓，115 ℃灭菌 20 min。

（2）麦芽汁冷却至 20～30 ℃（手测，勿用表量），贴上标签，注明菌种及接种日期。将管中麦芽汁培养的酵母摇匀，用无菌吸管移接 1 mL 于发酵瓶中，再用另一吸管移接到另一发酵瓶，依此类推。

（3）打开发酵栓的油纸，装于发酵瓶。用吸管装 2.5 mol/L 硫酸入发酵栓，以距离出气口管 0.5 cm。

（4）用干布将发酵瓶各部分抹干净，置瓶于天平上称量，记入附表。移瓶于 5 ℃保温箱中，以后每天称量一次，均记入附表，以减轻量小于 0.2 g 为止。

（5）摇动 2 瓶麦芽法，使 $CO_2$ 尽量逸去，然后打开，加水至 150 mL，用糖度表测出糖度，计算表观发酵度。

（6）取发酵醪 100 mL，蒸发掉约一半，冷凉。加蒸馏水，冲成 100 mL，测其糖度，计算真正发酵度。

（7）实验记录见表 13.3 和表 13.4。

表 13.3 （甲）发酵瓶减轻量（$CO_2$量）

| 菌种名称 \ 质量/g | 原质量 | 第一天 | 第二天 | 第三天 | 第四天 | 第五天 | 第六天 | 第七天 | 第八天 | 总减轻重 |
|---|---|---|---|---|---|---|---|---|---|---|
| 酒精酵母 | | | | | | | | | | |
| 试验菌种 1 | | | | | | | | | | |
| 试验菌种 2 | | | | | | | | | | |

表 13.4 （乙）发酵度

| 菌种名称 \ 糖度/Brix | 原麦芽汁 | 发酵后醪 | 去乙醇后 | 表观发酵度 | 真正发酵度 |
|---|---|---|---|---|---|
| 酒精酵母 | | | | | |
| 试验菌种 1 | | | | | |
| 试验菌种 2 | | | | | |

## 二、压榨酵母发酵力的测定

压榨酵母是除去培养液的固体酵母，多用于面包、发酵、饲料及食用。

压榨酵母的外观为黄白色，有光泽、呈紧密块、无霉臭、不腐败、无异味。取子弹大小一团，掷于地上能弹回而不胶贴于地面的为好，在 22 ℃保温箱中，存放 16 d 不软化为好。关于发酵力的测定，多用测定 $CO_2$重量法：蔗糖 4 g，磷酸二氢钾 0.22 g，磷酸镁 0.25 g，加水 50 mL，转移到带有发酵栓的瓶中，加压榨酵母 1 g，称瓶重。放至 30 ℃培养箱内，6 h 后再称瓶重，减少数即为 $CO_2$量。以产生 1.75 g $CO_2$发酵度为 100，由下式得到酵母的发酵力：

$$CO_2\text{ 克数}\times(100/1.75)=\text{发酵力}$$

后经改进在发酵液中加入无机盐类，结果与实际制面包发酵度很相近。在 400 mL 的发酵液中加压榨酵母 10 g，30 ℃温度下，2 h 产生 $CO_2$ 1 000 mL 以上的为好酵母，800 ~ 1 000 mL的为中等，800 mL 以下为劣品。

无压榨酵母时，可使用澄清曲汁培养，酵母生成后，在过滤纸中压榨，即得固体酵母。

### （一）实验材料

1. 菌种

压榨酵母 10 g。

2. 培养基

发酵液 400 mL：蔗糖 40 g，磷酸二氢钾 2 g，磷酸二氢氨 1 g，硫酸 0.25g 及硫酸钙 0.2 g。

3. 器皿

测定设备一套（图 13.4），培养箱、天平、水锅。

### （二）操作步骤

（1）发酵容器置于培养箱中 1 h，使其温度达 30 ℃，且维持不变。

（2）将 10g 酵母加入发酵液中和匀，倒入发酵器的 1 瓶中。记时间，连接管塞，酵母在 1 瓶发酵所生 $CO_2$，经导管到 2 瓶，排 2 瓶的水入量筒，量筒内水的体积即等于 1 瓶中所生

$CO_2$ 的体积。为免去 2 瓶中水吸收 $CO_2$,可于水面加一层石蜡,使 $CO_2$ 与水不相接触或用饱和食盐水,以减低 $CO_2$ 的溶解度。

(3)6 h 后,观察量筒中水的容量,将所产生的 $CO_2$ 的体积毫升数乘以 0.038 41,得百克酵母所发酵的蔗糖的克数或乘以 0.04 得百克酵母发酵葡萄糖的克数。

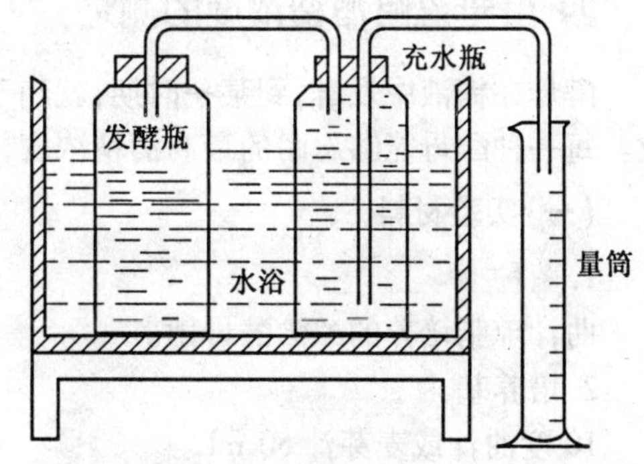


图 13.4　压榨酵母发酵力测定装置

## 三、面包酵母发面力的测定

所谓的面包酵母,即做面包用的压榨酵母。面包酵母的优劣,应以其发面力的大小而定。德国规定,加 2 g 蔗糖于 160 mL 的 2% 食盐水中,加热至 30 ℃,加入 5 g 酵母及 35 ℃的面粉 280 g,电机搅拌 5 min,将面包团压入一上口 15 cm×10 cm、下口 14 m×9 m、高 8.4 cm 的盒中,在盒高 7 cm 处,盖一活板。保温 33 ~ 35 ℃,记录由和面起至面团发至活板(7 cm 高)时的时间。此时间若在 92 min 以上,则表示该酵母不良。在 90 min 内,面团能增高原容积的 60% 为合格。

### (一)实验材料

1. 菌种

500 mL 三角瓶盛 100 mL 麦芽汁培养 1 周的酵母 1 瓶。

2. 培养基

面粉 100 g,蒸馏水 55 mL。

3. 器皿

500 mL 量筒 1 只,大碗 1 只,长筒水浴,酒精灯。

### (二)操作步骤

(1)面粉放入碗中,蒸馏水加入玻璃杯,均置于 30 ℃培养箱内,水浴盛水,保温 30 ℃。

(2)将培养的酵母上部清液倾去,加入蒸馏水和匀,即加入面粉内(记时间),和成团,压入量筒,记容积。加棉塞,置量筒于水浴中,保温 30 ℃,每 30 min 记容积一次,直到面团收缩为止,再填入下表中。

| 时间 | 和面开始时间/min | 和面终止时间/min | 保温发酵后 | | | | | | 酵母优劣 |
|---|---|---|---|---|---|---|---|---|---|
| | | | 0 min | 60 min | 90 min | 120 min | 150 min | 180 min | |
| 面团容积 | | | | | | | | | |
| 入量筒后/mL | | | | | | | | | |
| 面团容积增加/% | | | | | | | | | |

## 四、酵母忍耐酒精浓度的测定

酵母在糖液中发酵，到某一时期，就趋于停止。其主要原因之一是由于酒精浓度增高所致。每一种酵母能够忍耐的最高酒精浓度，是它在应用上的一个重要特性。

### （一）实验材料

1. 菌种

曲汁琼脂培养的酿酒酵母菌。

2. 培养基

10 度曲汁或麦芽汁 50 mL。

3. 器皿

10 mL V 形发酵管 5 支，无菌 2 mL 刻度管 1 支，10 mL 刻度吸管 1 支，酒精灯，接种环，95%（容量）酒精。

### （二）操作步骤

（1）将标签粘贴于各发酵管上，标 12、14、16、18、20 等数字，按表 13.5 每管加入曲汁量：

表 13.5　酶母忍耐酒精浓度数值表

| 发酵管号 | 12 | 14 | 16 | 18 | 20 |
|---|---|---|---|---|---|
| 95%酒精/mL | 1.26 | 1.4 | 1.68 | 1.90 | 2.15 |
| 曲汁/mL | 8.74 | 8.60 | 8.32 | 8.10 | 7.85 |
| 培养液含酒精（V/V）/% | 12 | 14 | 16 | 18 | 20 |

（2）使曲汁聚集于封口的一端，加棉塞，115 ℃ 20 min 灭菌。右手大拇指用酒精浸洗消毒待干后，左手拔去 12 号管的棉塞且执好，右拇指压管口，倒和数次，使酒精与曲汁和匀，拇指移去，再盖加棉塞，如上法混合其他管中液体。

（3）每发酵管接入酵母两接种环，保温 25 ℃，1 周后检查各管中气泡有无及多少，再填入下表中。

| 管号 | 12 | 14 | 16 | 18 | 20 |
|---|---|---|---|---|---|
| 生成气泡 | | | | | |

注：用“+”的个数表示气泡多少，“-”表示无气泡。

## 五、酵母抵抗防腐剂能力的测定

有的酵母如一些粉状毕赤氏酵母、结合酵母、球拟酵母、醭酵母等需氧耐盐，能在酱油等发酵食品上生长，形成一些白色斑点并扩大成皮膜。由于它们的生长使酿造食品的一些有效成分如糖分、氨基酸等减少，使特有香味消失，并产生霉味、酸臭、腐败味，使它无法食用。为此可添加规定限度内的防腐剂以便预防。目前最常用的防腐剂是苯甲酸钠，规定最高用量的调整不超过 0.1%（表 13.6）。

**表 13.6　我国防腐剂添加使用卫生标准**

| 名称 | 使用范围 | 最大使用量/(g·kg$^{-1}$) | 备注 |
| --- | --- | --- | --- |
| 苯甲酸<br>苯甲酸钠 | 酱油、醋、果汁类、果酱类、果子露、 | 1.0 | (1)浓缩果汁不得超过 2 g/kg<br>(2)苯甲酸和苯甲酸钠同时使用时,以苯甲酸计,不得超过最大使用量 |
| | 罐头、 | 0.8 | |
| | 葡萄酒、果子酒 | 0.2 | |
| | 汽酒、汽水 | 0.4 | |
| | 果子汽水 | | |
| | 低盐酱菜、面酱类、蜜饯类、山楂糕、果味露 | 0.5 | |
| 山梨酸<br>山梨酸钾 | 酱油、醋、果酱类 | 1.0 | (1)浓缩果汁不得超过 2 g/kg<br>(2)山梨酸和山梨酸钾同时使用时,山梨酸汁,不得超过最大使用量 |
| | 低盐酱菜、面酱类、蜜饯类、罐头 | 0.5 | |
| | 山楂糕、果味露 | | |
| | 果汁类、果子露、葡萄酒、果酒 | 0.6 | |
| | 汽酒、汽水 | 0.2 | |
| 二氧化硫 | 葡萄酒 | 0.25 | 二氧化硫残留量不得超过0.05 g/kg |
| 丙酸钙 | 面包、醋、酱油、糕点 | 2.5 | |
| 丙酸钠 | 糕点 | 2.5 | |
| 对羟基苯甲酸乙酯 | 酱油 | 0.25 | |
| | 醋 | 0.10 | |
| 对羟基苯甲酸丙酯 | 清凉饮料 | 0.10 | |
| | 水果、蔬菜表皮 | 0.012 | |
| | 果子汁、果酱 | 0.2 | |
| 脱氢醋酸 | 腐乳、什锦酱菜、原汁橘酱 | 0.3 | |

**(一)实验材料**

1. 菌种

粉状毕赤氏酵母、结合酵母、醭酵母及酱油白花等供试样品。

2. 培养基

生酱油。

3. 防腐剂

苯甲酸钠。

4. 器皿

三角瓶、棉塞、量筒、天平。

**(二)操作步骤**

(1)分装生酱油于三角瓶中,150 mL 的三角瓶装 100 mL。分装数个。

(2)每瓶装入苯甲酸钠若干,然后摇匀,加棉塞,一起加热至 70 ℃,20 min 冷凉。

(3)每瓶接种 25 ℃培养,每天观察记录是否生醭,以 2 周为限。

(4)结果填入下表中。

| 瓶号 | 苯甲酸钠加入量 | 生酵日期/(毕赤氏酵母) | | | | | | | | | | | | | | |
|---|---|---|---|---|---|---|---|---|---|---|---|---|---|---|---|---|
| | | 1 | 2 | 3 | 4 | 5 | 6 | 7 | 8 | 9 | 10 | 11 | 12 | 13 | 14 | 15 |
| 1 | 0 | | | | | | | | | | | | | | | |
| 2 | 0.05 | | | | | | | | | | | | | | | |
| 3 | 0.01 | | | | | | | | | | | | | | | |
| 4 | 0.5 | | | | | | | | | | | | | | | |

注:一个表只表示接入一种菌,还应作一对照,即不接任何菌种。

# 第四篇　环境工程微生物实验

## 第14章　空气中微生物的检测

### 实验40　空气卫生细菌实验

空气中污染物的种类很多,细菌则是污染源的一种。细菌通过各种方式进入空气。细菌主要来源于带有微生物的灰尘、水蒸气、人体脱落的干燥物等。空气中的污染物大多由细菌、酵母菌、霉菌孢子、病毒组成,大部分细菌都为腐生型。

#### 一、撞击法检测空气中的细菌总数

空气中微生物质量的好坏往往以细菌总数的指标来衡量。一般情况下空气中细菌总数越高,存在致病性微生物的可能性越高,可使人感染而致病。此外,微生物产生的过敏原进入人体后,可以引发哮喘等多种变态反应性疾病。常见的过敏原有真菌孢子、放线菌孢子、尘螨、花粉等,本试验采用撞击式微生物采样器采样,通过抽气动力作用,使空气通过狭缝或小孔产生高速气流,使悬浮在空气中的带菌粒子撞击到营养琼脂平板上,经过37 ℃,48 h培养后,计数菌落数。根据采样器的流量采样时间,换算成每立方米空气中的菌落数,以$cfu/m^3$报告结果。

**(一)实验仪器**

高压蒸汽灭菌器,干热灭菌器,恒温培养箱,冰箱,量筒、三角烧瓶、pH计或精密pH试纸,撞击式微生物采样器。

**(二)实验操作**

1. 培养基的配制

营养琼脂培养基:蛋白胨20 g,琼脂15 g,牛肉膏,3 g,NaCl 3 g,蒸馏水1 000 mL,pH值7.4。

将上述营养成分混合加热溶解后,用NaOH、HCl调节pH值,过滤分装。置高压蒸汽灭菌器121 ℃,20 min。

2. 实验步骤及操作方法

(1)采样地点。随机选择具有代表性的采样点。室内采样一般为五点梅花式,室外的

采样可根据空气污染程度及地势变化进行采样。

(2)将采样器消毒，并装营养琼脂培养基，根据仪器说明进行采样。通风机转速为4 000～5 000 r/min，使得空气微生物在培养基表面上均匀分布。每个采样点平行放2～3个平皿。

(3)室内培养。将采集样品的平皿带回实验室，并置于生化恒温培养箱内，恒温38～48 ℃。

(4)细菌的计算。计算细菌的污染程度，可以根据吸取的同量的空气测得。每分钟的气流量可从仪器的微气压计测得。同时气体流量的大小可在仪器上进行调整。这就可以短时间内，取得气体标本。用公式进行计算，即

$$C=N/(Q\times t)$$

式中 $C$——空气细菌菌落数，cfu/m$^3$；

$N$——平板上菌落数；

$Q$——采样流量，m$^3$/min；

$t$——采样时间，min。

## 二、沉降法检测空气中的细菌

沉降法是指空气中的细菌自然沉降于培养基的表面，经培养后，计数其生长的菌落数，然后按公式推算出每立方米空气中细菌的总数。

### (一)实验仪器

高压蒸汽灭菌器；生化恒温培养箱；玻璃器皿：500 mL三角瓶、1 000 mL烧杯、平皿等。

### (二)实验试剂

牛肉膏、蛋白胨、琼脂、NaCl、NaOH、HCl(液)。

### (三)实验操作

1.培养基的配制

(1)营养琼脂培养基：蛋白胨20 g，牛肉膏5 g，NaCl 15 g，琼脂20 g，蒸馏水1 000 mL，pH值7.4～7.6。

取上述成分混合加热溶解，用质量分数为15%的NaOH和质量分数为10%的HCl溶液调pH值为7.4～7.6，置高压蒸汽灭菌器，120 ℃，20 min，倒入平皿至底的1/2高度，冷却待用。

(2)采样点的选择。室内采样，可随机五点采样，室外采样可根据地势高低、房舍远近，而设立采样点。在进行采样时，作平行样3～5个。

2.操作步骤

(1)将带有营养琼脂培养基的平皿，放在选好的采样点上，打开平皿盖，暴露空气中5 min，作平行样3～5个，盖上皿盖。

(2)带回实验室，并置入生化恒温培养箱内，将平板倒转，恒温37 ℃，培养24～48 h，并观察菌落数。

(3)继续培养5 d，观察是否有放线菌及霉菌生长。

(4)细菌计算。以奥梅梁斯基公式计算法计数。在面积为 100 $cm^2$ 平板琼脂培养基表面上,5 min 降落的细菌经 37 ℃,培养 24 h 后所生长的菌落数和 10 L 空气中所含的细菌数相当。根据奥氏公式进行计算,即

$$X=N\times100\times100/\pi r^2$$

式中　$X$——每立方米空气中的细菌个数;

$N$——5 min 降落在平板上的细菌,经 37 ℃,培养 24 h 后所生长的菌落数;

$r$——平皿底半径。

## 三、滤膜法检验空气细菌

通过仪器吸取空气,计算空气通过滤膜的过气量来计算空气中细菌的含量。空气中的悬浮物与气体的含量不同,几乎任何一个空气样品都会含有悬浮物,悬浮物大都由尘埃、细菌、酵母菌、霉菌、病毒及花粉等组成。因此,空气中的细菌,可用滤膜器来做空气过滤检验。

### (一)实验仪器

高压蒸汽灭菌器;生化恒温培养箱;膜滤器;玻璃器皿:500 mL 三角瓶、1 000 mL 烧杯平皿、滤膜。

### (二)实验试剂

琼脂、蛋白胨、牛肉膏、NaCl、HCl(液)、NaOH。

### (三)实验操作

1. 培养基的制备

营养琼脂培养基:牛肉膏 3 g,蛋白胨 10 g,琼脂 15 g,NaCl 3 g,蒸馏水 1 000 mL,pH 值 7.4 ~7.6(用质量分数为 10% 的 NaOH 液、质量分数为 10% 的 HCl 液进行调配)。

高压蒸汽灭菌 121 ℃,20 min。

2. 菌种采集

(1)将滤膜器灭菌,灭菌用煮沸法。

(2)将灭菌过的滤膜($\phi$0.2 ~2 μm) 放在滤器的滤板上,把过滤器拧紧。

(3)采用 5 ~10 L/min 的速度,吸取检验所需要的空气量 50 ~100 L,用气流速度计或微气压计来测定。

操作方法及步骤:

(1)将营养琼脂培养基溶化后,装入平皿中,以皿底的 1/2 高度为基准,无菌操作,凝固后待用。

(2)将过滤细菌的滤膜取下,并将菌面向上放置,即滤膜的平滑面贴在培养基上,各样细菌都会生长良好。

(3)也可以将滤膜放到已精确量过的无菌生理盐水中,充分洗涤干净,滤膜上的菌被制成菌悬液。

(4)可采用平板分离式稀释法检测细菌总数及细菌分类。

(5)将平皿放入生化恒温培养箱内,37 ~38 ℃,恒温培养 24 h。

(6)计算。每立方米空气中所含的细菌数的计算式为:

$$每立方米细菌数=平皿上细菌集落数\times\frac{1\ 000}{每分钟空气流量\times时间}$$

# 实验 41　常见霉菌的检测及形态观察

霉菌由许多交织在一起的菌丝体构成。在潮湿的条件下,生长繁殖成丝状、毛绒状或蜘蛛网状菌丝体,并在形态及功能上分化成多种特殊结构。菌丝在显微镜下观察呈管状有的有横隔将菌丝分割为多细胞(如青霉、曲霉),有的菌丝不具有横隔(如毛霉、根霉)。菌丝的直径比一般细菌如放线菌菌丝大到几倍甚至几十倍。菌落形态较大,质地较疏松,且颜色各异。菌丝体经制片后可用低倍镜或高倍镜观察。在观察时要要注意菌丝直径的大小,菌丝体有无隔膜,营养菌丝有无假根,无性繁殖或有性繁殖时形成的孢子种类及着生方式。

由于霉菌的菌丝体较粗大,而且孢子容易飞散,如果将菌丝体置于水中容易变形,在观察时将其置于乳酸石碳酸溶液中,保持菌丝体原形,使细菌不易干燥,并有杀菌作用。

## 一、实验仪器

高压蒸汽灭菌器,生化恒温培养箱,净化工作台,恒温水浴,显微镜,玻璃器皿、1 000 mL 烧杯、500 mL 三角瓶、试管等。

## 二、实验试剂

牛肉膏、蛋白胨、NaCl、乳酸石碳酸。

## 三、操作步骤

1. 培养基的制备

肉浸液培养基 20 g,牛肉膏 10 g,蛋白胨 5 g,蒸馏水 1 000 mL,pH 值 7.4 ~7.6。

将上述成分混合后,加热融化。用 NaOH、HCl(液)调制 pH 值后,置于高压蒸汽灭菌器内于 120 ℃灭菌,30 min,冷却后待用。

2. 操作方法与步骤

(1)选用菌种:黄曲霉、黑根霉、白地霉、紫红曲霉。

(2)将冷却后的培养基溶化后,倒入平皿(至 1/2 高),凝固后,接种选用的菌种。

(3)置于生化恒温培养箱内,恒温 37 ℃,培养 24 h。

(4)霉菌菌落特征的观察。观察产黄青霉、黄曲霉、黑根霉平板中的群落,并描述菌落特征。做好记录,注意观察菌落形态的大小,菌丝的高矮、生长密度,孢子颜色和菌落表面等状况。并于细菌、放线菌、酵母菌菌落进行比较。

(5)个体观察。于洁净的载片中央,第一小滴乳酸石碳酸溶液,然后用接种针从菌落边缘挑取少许菌丝体置于其中,将其摊平,轻轻盖上盖片(注意勿出现气泡),置于低倍镜、高倍镜下观察。

1)紫红曲霉。观察菌丝体的分枝状况,有无横隔。分生孢子梗及分枝方式、梗基、小梗及分生孢子的形状。利用平板插片法,可以观察到较为清晰的分生孢子穗,帚状分枝的层次状况及成串的分生孢子。平板接种后待菌落长出时斜插上灭菌盖片(角度为30°~45°)。盖片应插在菌落稍前侧,经培养后盖片内侧可以隐约见到长有一薄层薄丝体。用镊子取下轻轻盖在滴有乳酸石炭酸溶液的载片上,即可观察。

2)黄曲霉。观察菌丝体有无横隔、足细胞,注意分生孢子梗、顶囊、小梗及分生孢子着生状况及形状。

3)黑根霉。观察无横隔菌丝(注意菌丝内常有气泡,不是横隔)、假根、葡萄枝、孢子囊柄、孢子囊及孢囊孢子,孢囊破裂后就能观察到囊托及囊轴。

# 实验 42　尘螨的检测

室内尘螨的自然食物来源主要为人的皮鳞屑和生长在皮鳞屑上的真菌,也可能存在于其他的食物来源。通常褥垫、床、枕头、用羽毛填制的儿童玩具、沙发、地毯等处的尘螨数量最高,一般每克灰尘内螨的数量为 10~1 000 个。

湿度是控制螨生长的主要因素。针对螨的寄生条件及其寄生方式,可用空气中灰尘收集法及鳞屑收集法检测。

## 一、实验仪器

空气采样器;液体法尘埃测定仪;显微镜;恒温水浴振荡仪;玻璃器皿:烧杯、载玻片、盖玻片。

## 二、实验操作

1. 螨的样品采集

(1)室内灰尘中尘螨的采集。室内尘螨的采集,大都是运用仪器采样法进行的。用装配 $\phi$38 cm,孔径 6 μm 滤膜的空气采样器和液体尘埃测定仪,同时进行,采集时间为 1~24 h。

(2)地毯尘埃的采集。抖动法:将地毯装入塑料袋中,抖动 30 min,或轻轻拍打,对收集的尘埃进行检测;平板刮动:多用于单位面积的采集,即使用塑料布覆盖在地毯上,在其上用平板刮动,进行采样。

(3)家具上螨的采集。沙发上、床上、地板上的尘螨采样,使用真空机真空抽取其表面 2 min,面积约为 3 $m^2$ 范围。

(4)宠物身上的毛皮鳞屑的采集。在猫和狗等宠物身上,进行检测寄生螨,可以使用液体尘埃测定仪进行采集。

2. 操作方法与步骤

(1)螨的直接计数法。无论采用以上何种采集方法采集到的螨样品,都可以直接置于载玻片上用显微镜直接观察计数。此方法可以直接鉴别出螨属,并可以确认螨的死活。但这种方法存在缺点,在确定螨属时,要求具有一定的技术;不能按粪粒的数量来确定螨的数量。该项技术较耗时,不适合做大范围的研究。

(2)鸟嘌呤测定法。鸟嘌呤测定法,一般是使用液体尘埃测定仪,测定室内尘螨。鸟嘌呤是一种蛛形纲昆虫的含氨排泄物,螨虫是其主要来源。可以根据鸟嘌呤和偶合化合物颜色反应这一道理,利用分光光度计来测定。

(3)螨过敏原免疫学检验。尘螨过敏源大多存在于室内沉积灰尘中,采集的方法大都用液体法测定仪检测。除此之外,还存在于宠物的皮毛、鳞屑中。在具体的免疫分析中,灰尘样品的提取比例如下:

将 100 mg 灰尘溶解在 2 mL 缓冲溶液或溶于 2 mL 甘油中,然后在恒温水浴振荡仪中 27 ℃,30 r/min,振荡 2 ~4 h,促进提取。然后将提取物在-2 ℃的温度下存放,避免反复冻融。置于显微镜下镜检,将提取物用仪器——对流免疫电泳进行分析。

# 第15章　废物、废水处理中的相关微生物实验

水处理包括给水处理和废水处理，水中的微生物种类繁多，但由于水环境条件的复杂性、多变性，就使问题显得更为复杂，但是只要掌握了这些基础知识和基本技能，并灵活运用到实际工作中去，便会使复杂的实验变得简单化。

微生物的来源有水体中固有的微生物，有雨水冲刷地面来自土壤的微生物，有工业废水和生活污水及牲畜排泄物夹带的微生物。也有降雨雪时，来自空中的微生物。水生动植物的死亡尸体，为这些微生物提供了丰富的营养物质。

## 实验43　水中细菌菌落总数的测定

细菌菌落总数（colony form unit，菌落形成单位，简写为 cfu）是指 1 mL 水样在营养琼脂培养基中，于恒温 37 ℃培养 24 h 后所生长的腐生性细菌菌落总数。它是有机物污染程度的一个重要指标，也是卫生指标。在饮用水中所测得的细菌菌落总数除说明水被生活废物污染的程度外，还指示了该饮用水能否饮用。但水源水中的细菌菌落总数不能说明污染的来源。因此，结合大肠菌群数以判断水的污染源和安全程度就更全面。

我国现行《生活饮用水卫生标准》（GB 5749—2006）规定：细菌菌落总数在 1 mL 自来水中不得超过 100 个。细菌种类很多，有各自的生理特性，必须用适合它们生长的培养基才能将它们培养出来。然而，在实际工作中却不易做到，所以通常用一种适合大多数细菌生长的培养基培养腐生性细菌，以它的菌落总数表明有机物污染程度。水中细菌总数与水体受有机污染的程度成正相关，因此细菌总数常作为评价水体污染程度的一个重要指标。细菌总数越大，说明水体被污染得越严重。

### 一、仪器和材料

各种灭菌玻璃仪器、培养基、稀释水；活性污泥、土壤或土壤 1 瓶；接种环、酒精灯或煤气灯、恒温培养箱等。

### 二、实验内容与操作方法

#### （一）生活饮用水

以无菌操作方法，用无菌移液管吸取 1 mL 充分混匀的水样注入无菌培养皿中，倾注入约 10 mL 已融化并冷却至 50 ℃左右的营养琼脂培养基，平放于桌上迅速旋摇培养皿，使水样与培养基充分混匀，冷凝后成平板。每个水样做 3 个平板。另取一个无菌培养皿倒入培养基并作空白对照。将以上所有平板倒置 37 ℃恒温培养箱内培养 24 h，计菌落数。算出 3 个平板上长的菌落总数的平均值，即为 1 mL 水样中的细菌总数。

(二)水源水

1. 稀释水样

在无菌操作条件下,以 10 倍稀释法稀释水样,视水体污染程度确定稀释倍数。

2. 取水样至培养皿

用无菌移液管分别吸取 3 个适宜浓度的稀释液 1 mL(或 0.5 mL)加入无菌培养皿内,再倒培养基,冷凝后倒置 37 ℃恒温培养箱中培养。

3. 计菌落数

将培养 24 h 的平板取出计菌落数。取在平板上有 30~300 个菌落的稀释倍数计数。

## 三、菌落计数及报告方法

进行平皿菌落计数时,可用肉眼观察,也可用放大镜和菌落计数器计数。记同一浓度的 3 个平板(或 2 个)的菌落总数,计算平均值,再乘以稀释倍数即为 1 mL 水样中的细菌菌落总数。

(一)平板菌落数的选择

计数时应选取菌落数在 30~300 个/皿之间的稀释倍数进行计数:若其中一个平板上有较大片状菌落生长时,则不宜采用,而应以无片状菌落生长的平板作为该稀释度的平均菌落数;若片状菌落约为平板的一半,而另一半平板上菌落数分布很均匀,则可按半个平板上的菌落计数,然后乘以 2 作为整个平板的菌落数。

(二)稀释度的选择

(1)实验中,当只有一个稀释度的平均菌落数符合此范围(30~300 个/皿)时,则以该平均菌落数乘以稀释倍数报告(表 15.1 例 1)。

**表 15.1 稀释度选择及菌落总数报告方式**

| 例次 | 不同稀释度的平均菌落数 | | | 两个稀释度菌落数之比 | 菌落总数/($cfu \cdot mL^{-1}$) | 报告方式/($cfu \cdot mL^{-1}$) |
|---|---|---|---|---|---|---|
| | $10^{-1}$ | $10^{-2}$ | $10^{-3}$ | | | |
| 1 | 1 365 | 164 | 20 | — | 16 400 | 16 000 或 $1.6\times10^4$ |
| 2 | 2 760 | 295 | 46 | 1.6 | 37 750 | 38 000 或 $3.8\times10^4$ |
| 3 | 2 890 | 271 | 60 | 2.2 | 27 100 | 27 000 或 $2.7\times10^4$ |
| 4 | 无法计数 | 4 650 | 513 | — | 513 000 | 510 000 或 $5.1\times10^5$ |
| 5 | 27 | 11 | 5 | — | 270 | 270 或 $2.7\times10^2$ |
| 6 | 无法计数 | 305 | 12 | — | 30 500 | 31 000 或 $3.1\times10^4$ |

(2)当有 2 个稀释度的平均菌落数均在 30~300 之间时,则应视两者菌落数之比值来决定,若比值小于 2,则应报告两者之平均数;若大于 2 则报告其中较小的菌落数(表 15.1 例 2 及例 3)。

(3)当所有稀释度的平均菌落数均大于 300 时,则应按稀释度最高的平均菌落数乘以稀释倍数报告(表 15.1 例 4)。

(4)当所有稀释度的平均菌落数均小于 30 时,则应按稀释度最低的平均菌落数乘以稀释倍数报告(表 15.1 例 5)。

(5)当所有稀释度的平均菌落数均不在 30~300 之间时,则以最接近 300 或 30 的平均菌落数乘以稀释倍数报告(表 15.1 例 6)。

**(三)菌落数的报告**

菌落数在 100 以内时按实有数据报告,大于 100 时,采用两位有效数字,在两位有效数字后面的位数,以四舍五入方法计算。为了缩短数字后面的零数,可用 10 的指数来表示(表 15.1 报告方式栏)。在报告菌落数为“无法计数”时,则应注明水样的稀释倍数。

# 实验 44 活性污泥培养液中菌胶团的观察

活性污泥中生物相对比较复杂,以细菌原生动物为主,还有真菌、后生动物等。某些细菌能分泌胶黏物质形成菌胶团,进而形成污泥絮绒体。在正常的成熟污泥中,细菌大多数都集中于菌胶团絮绒体内,游离细菌较少,此时,污泥絮绒体可具有一定形状、结构稠密、折射率强、沉降性能好,少数菌丝体伸出絮绒体外;当其大量出现时,常可以造成污泥膨胀或污泥松散,使污泥池运转失常。

## 一、实验仪器

显微镜;测微尺(目测微计、物测微计);100 mL 量管、载玻片、盖玻片、吸管、镊子。

## 二、实验操作方法及步骤

1. 肉眼观察

取曝气池的混合液置于 100 mL 量筒内,直观活性污泥在量筒中呈现的絮绒体外观及沉降性能(30 min 沉降后的污泥体积)。

2. 制片镜检

滴混合液 1 ~2 滴于载玻片上,加盖玻片制成水浸标本片,在显微镜低倍或高倍镜下观察生物相。污泥菌胶团絮绒体:形状、大小、稠密度、折光性、游离细菌多少等;丝状微生物:伸出絮绒体外的多寡,以哪一类为优势。

# 实验 45 循环水冷却系统中有关的微生物检验

循环水冷却系统通常分为密闭式循环水冷却系统和敞开式循环水冷却系统。

由于循环冷却水的水温、溶解氧、营养物(C、N、P)等都给微生物提供了有利于生长繁殖的条件,使得微生物生长繁殖,微生物所引起的黏泥、污垢和腐蚀,在冷却水系统中十分普遍。

循环水冷却系统中的微生物呈悬浮状态或附着状态而存在,而且种类繁多,因此,通过微生物数量的测定,可以为判断微生物造成的危害程度以及评价杀微生物药剂的效果提供重要的依据。关于各类微生物数量的测定方法,与土壤、水体中的测定一样,只是在样品的采集、处理等方面存在差异,在此不加以详述,下面要介绍几个常用的实验。

1. 污垢中菌类的测定

循环水冷却系统的污垢中菌类数量的多少是判断微生物危害程度的重要依据。在工厂进行大检修时，应及时采集污垢样品进行菌类的测定。

（1）垢样的采集。污垢样品的采集一般用广口瓶和不锈钢小勺，采样时所用器具都要预先经过灭菌处理。

垢样采集地点一般为水冷器的管壁、系统管道内壁、冷却塔、集水池等处，注意采集具有明显生物粘泥特征的垢样。采样点应该具有代表性，争取每次取样都在同一处，以便使测定结果具有可比性。

水冷器中的垢样应在封头打开后立即采集，否则会引起微生物的死亡或增殖，可能使测定结果与实际不符。若设备内污垢较厚时，可分层采集垢样。每个垢样采集量不得少于5 g。采样时，要详细记录采样时间、地点、垢样的颜色、外观性状、垢层厚度等项内容。

（2）垢样的保存。对采集的垢样应立即进行测定，若暂时不能进行测定，则应存放于冰箱中，存放温度为4～10 ℃，时间不宜超过24 h。

如果测定垢样中的硫酸盐还原菌而又不能立即进行时，垢样应单独采集，并用无菌水充满采样瓶后再存放。

(3)垢样的处理。将垢样运用无菌滤纸吸干表面水分，直到滤纸上不再有明显的湿迹为止。然后，调拌均匀，称取2份，每份均为1.0 g。

将其中一份垢样置于105 ℃下烘干至恒重，并记录最后质量。将另外一份放入无菌研钵内中充分磨细，然后全部转移到装有100 mL无菌稀释水的三角烧瓶中（瓶内预置适量的玻璃珠），再充分摇匀。根据样品中各类菌的可能数，并采用倍比稀释的方法，稀释到适当的浓度，通常稀释到$10^{-8}$～$10^{-7}$。

（4）菌类的测定。一般情况下主要测定异养菌、铁细菌、硫酸盐还原菌、真菌四类，如有特殊需要，可再测定其他菌类。不同的菌类应选取不同的稀释度进行测定。一般来说，异养菌选取、$10^{-8}$～$10^{-5}$，真菌选取$10^{-4}$～$10^{-2}$，铁细菌和硫酸盐还原菌应选取$10^{-6}$～$10^{-2}$较为适宜。

（5）结果计算。结果可以有两种表示方式：

一是按测得的菌数结果直接报告，即

某菌类=测得的菌数（个）/垢样湿重(g)

二是用干重法表示，即

某类菌=测得的菌数（个）/垢样干重(g)

2.悬浮型黏泥量的测定

循环水冷却系统的生物性黏泥有悬浮型、附着型、沉积型等三种类型。它们之间有着十分密切的联系。因此，测定水中悬浮型黏泥量，就可以间接地判断系统中生物性黏泥的危害状况。

(1)测定器具和装置。测定用的器具有25目浮游植物网、转子流量计(0～2 $m^3$/h)、量筒(20～100 mL)和定时钟，测定装置如图15.3所示。

(2)测定步骤。将进水阀打开，调节流量为1.0 $m^3$/h，然后关闭浮游网下端，将其挂在出水口，并开始计时。过滤水量一般为0.5～2.0 $m^3$，可根据黏泥量的多少来选择。黏泥量很少时（例如，小于2 mL/$m^3$），过滤的水量应多一些，以减少误差；黏泥量较多时（例如，大于10 mL/$m^3$），过滤的水量则应该少一些，以防止网孔堵塞后水从上部溢流。

在达到要求的过滤水量后，关闭进水阀，取浮游植物网，然后从网的外侧喷水冲洗，将滤出的黏泥冲洗到网的下端，并打开网下端的开关，使黏泥进入量筒中。重复几次，直到网中的截留物全部移至量筒中为止。封住量筒的口部，使量筒倒转数次，静置沉淀 30 min 后，读出量筒底部黏泥的体积。

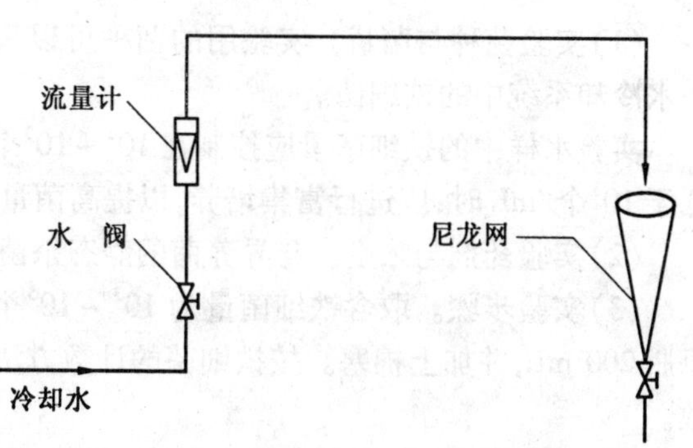

图 15.3　悬浮型黏泥量测定装置

(3)结果计算。悬浮型黏泥量的测定结果，可按下式计算：

黏泥量=量筒内黏泥体积(mL)/过滤的水量($m^3$)

3.异养菌的静态杀菌实验

循环水冷却系统中微生物的控制主要是依靠投加杀菌剂。杀菌剂的种类很多，性能各异，而且各地区微生物的种群及各工厂的生产工艺条件差别都很大，因此，在选择杀菌剂时应当进行实验评价，择优使用。本实验用于选择合适的药剂种类和恰当的投加浓度。

(1)实验菌种与菌量。为了做到切合实际，实验时应直接采用工厂现场冷却水中的混合异养菌。

试样中的菌量对药剂的杀菌率影响甚大。为使实验结果具有可比性，试样的异养菌总数应控制在 $10^5$ ~ $10^7$ 个/mL。

若现场冷却水中的异养菌数低于 $10^5$ 个/mL 时，应进行富集培养，提高菌量。富集培养采用普通牛肉膏蛋白胨液体培养基。另外，在同一批次的实验中，实验的菌量应相同或相近。

(2)实验药剂与浓度。根据杀菌剂的性能结合生产工艺条件(如温度、pH 值、污染物质、水稳剂配方等)选取几种相对较为合适的药剂进行实验。对某些杀菌剂的性能尚不了解时，也可以直接用来进行实验，通过实验了解其性能。

作为高效的杀菌剂，在一般循环冷却水的正常处理中，投加质量浓度不应超过 100 mg/L，在此范围内选取几个浓度等级进行实验。

(3)实验步骤。取含菌量在 $10^5$ ~ $10^7$ 个/mL 的现场水样或富集培养后的水样，分装于若干只 500 mL 三角烧瓶中(具体瓶数由同一批次实验的药剂种数和浓度等级而定)，每瓶 200 mL，并且加上棉塞。测定所取水样的异养菌数，此即为同一批次实验的起始菌数。将试样瓶进行编号，每瓶对应地加入实验用的药剂稀释液 1 mL，充分摇匀。将全部试样瓶置于 30 ℃恒温条件下。

药剂加入后的第 1 h、4 h、8 h、12 h、16 h、20 h、24 h 分别测定各试样瓶中的异养菌总数，此即为不同时间的存活菌数。

(4)杀菌率计算。杀菌率按下式计算：

杀菌率=(起始菌数-存活菌数)/起始菌数×100%

4.铁细菌的静态杀菌实验

通过本实验可以筛选出针对铁细菌杀菌效果良好的杀菌剂。

(1)实验菌种与菌量。实验用的菌种可以采用人工培养的铁细菌,也可以直接采用循环水冷却系统中的铁细菌。

实验水样中的铁细菌量应控制在 $10^3$ ~ $10^5$个/mL 范围。若现场冷却水中的铁细菌的量低于 $10^3$个/mL 时,应进行富集培养,以提高菌量。

(2)实验药剂与浓度。与异养菌的静态杀菌实验中的规定相同。

(3)实验步骤。取含铁细菌量为 $10^3$ ~ $10^5$个/mL 的水样,分装于 500 mL 三角烧瓶中,每瓶 200 mL,并加上棉塞。按铁细菌的计数方法,测定供试水样的铁细菌数,此即为起始菌数。

将试样瓶编号,每瓶对应地加入药剂稀释液 1 mL,充分摇匀后置于 30 ℃恒温条件下。在加药后的第 1 h、8 h、16 h、24 h 分别取样并测定各试样瓶中的铁细菌数,此即为不同时间的存活菌数。

(4)杀菌率计算。杀菌率按下式计算:

杀菌率=(起始菌数-存活菌灵敏)/起始菌数×100%

# 实验 46 多管发酵法测定自来水中总大肠菌群

根据水中大肠杆菌群的数目来判断水源是否被粪便污染,并间接推测水源受肠道病原菌污染的可能性。现规定每升自来水中大肠菌群不超过 3 个,若只是经过加氯消毒即供生活饮用的水源水,大肠菌群数平均每升不超过 1 000 个,若经过净化处理及加氯消毒后供作生活饮用水的水源水,其大肠菌群数不得超过 10 000 个,检查大肠菌群的方法有多管发酵法和滤膜法两种。

发酵管内装有乳糖蛋白胨培养基,并倒置一杜氏小管。乳糖能起到选择作用,因为很多细菌不能发酵乳糖,而大肠菌群能发酵乳糖而产酸产气。为了便于观察细菌的产酸情况,培养基内加有溴甲酚紫作为 pH 指示剂,细菌产酸后,培养基即由原来的紫色变为黄色,溴甲酚紫还有抑制其他细菌如芽孢细菌生长的作用。

平板培养基一般使用复红亚硫酸钠琼脂(远藤式培养基,或伊红、美蓝作为指示剂),亚硫酸钠还可以抑制其他杂菌的生长。对 24 h 内产酸产气和 48 h 产酸产气的初发酵管均需要在上述平板上划线分离菌落。

## 一、实验仪器

高压蒸汽灭菌器;生化恒温培养箱;显微镜;玻璃器皿:1 000 mL 烧杯、500 mL 三角瓶、1 mL移液管、试管、杜氏小管、平皿、酒精灯;实验试剂:牛肉膏、蛋白胨、琼脂、乳糖、NaCl、溴甲酚紫、体积分数 95% 乙醇、$K_2HPO_4$、伊红、美蓝。

乳糖蛋白胨培养基:

蛋白胨 10 g,牛肉膏 3 g,乳糖 5 g,NaCl 3 g,蒸馏水 1 000 mL,1.6% 溴甲酚紫乙醇液 1 mL,pH 值 7.2 ~7.4。

将上述成分加热溶解后,加入 1.6% 溴甲酚紫乙醇液 1 mL,调 pH 7.2 ~7.4 后,分装于试管中,置高压蒸汽灭菌器中 115 ℃灭菌 20 min。贮于暗处备用。

浓缩三倍乳糖蛋白胨培养基：

蛋白胨 30 g，牛肉膏 9 g，乳糖 15 g，NaCl 9 g，蒸馏水 1 000 mL，1.6% 溴甲酚紫乙醇液 1 mL，pH 值 7.2～7.4。

灭菌方法同上。

平板分离用伊红美蓝培养基：

蛋白胨 10 g，乳糖 10 g，$K_2HPO_4$ 3.0 g，琼脂 18 g，蒸馏水 1 000 mL，2% 伊红水溶液 20 mL，5% 美蓝水溶液 13 mL。

将蛋白胨、乳糖、$K_2HPO_4$、琼脂、称量后，加入蒸馏水中，加热溶解后，置于高压蒸汽灭菌器中，115 ℃灭菌 20 min。灭菌后，冷却至 70～80 ℃，将已灭菌的 2% 伊红和 5% 美蓝水溶液，加入培养基，混匀，避免产生气泡，待用。

## 二、操作步骤

1. 水样的采取

(1)自来水。先将自来水的水龙头用火焰灼烧 3 min 灭菌，再开放水龙头使水流 5 min 后，以灭菌三角瓶接取自来水，以待分析。

(2)池水、河水或湖水。应取距水面 10～15 cm 的深层水样，先将灭菌的带玻璃塞瓶，瓶口向下浸入水中，然后翻转过来，除去玻璃塞，水急流入瓶中，盛满后，将瓶塞盖好，再从水中取出，最好立即检查，否则需要放入冰箱中保存。

2. 自来水检查

(1)初发酵试验：在 2 个含有 50 mL 三倍浓缩乳糖蛋白胨发酵三角瓶中，各加入 100 mL 水样。在 10 支含有 5 mL 三倍浓缩乳糖蛋白胨发酵管中，加入 10 mL 水样，混匀后，37 ℃培养 24 h，24 h 未产气的继续培养至 48 h。

(2)平板分离：将 24 h 产酸产气及 48 h 产酸产气的发酵管，分别划线接种，于伊红美蓝琼脂平板上，再于 37 ℃下培养 18～24 h，将符合下列特征的菌落的一小部分，进行压片，革兰氏染色，然后镜检。

1)深紫黑色，有金属光泽。

2)紫黑色，不带或略带金属光泽。

3)淡紫红色，中心颜色较深。

(3)复发酵试验：经涂片、染色、镜检，如为革兰氏阴性无芽孢杆菌，则提取该菌落的另一部分，中心接种于普通浓度的乳糖蛋白胨发酵管中，每管可接种来自同一初发酵管的同类型菌落 1～3 个，37 ℃培养 24 h，结果若产酸产气，即证实有大肠菌群存在。

3. 池水、河水或湖水等的检验

(1)将水样稀释成 $10^{-1}$、$10^{-2}$。

(2)分别吸取 1 mL $10^{-1}$、$10^{-2}$ 的稀释水样和 1 mL 原水样，再分别注入装有 5 mL 的和 50 mL的 3 倍浓缩乳糖蛋白胨发酵液的试管中。

(3)以下步骤同上述自来水的平板分离和复发酵试验。

(4)测得 0.01 mL、1 mL 和 10 mL 水样的发酵管结果，即得每升水样中的大肠菌群数。

# 实验47 粪大肠杆菌的测定

粪大肠杆菌是总大肠菌群的一部分，主要来自粪便，由于总大肠菌群既包括了来源于人类和其他温血动物粪便的粪大肠杆菌，还包括了其他非粪便的杆菌，故不能直接反应水体近期是否受到粪便污染。而粪大肠杆菌能更加准确的反应水体受粪便污染的情况，是目前国际上通行的检测水质是否受粪便污染的指示菌，在卫生学上有更重要的意义。

粪大肠杆菌在44.5 ℃培养24 h，仍能生长并发酵乳糖产酸产气，是一类粪源性大肠菌群，也称其为耐热性大肠菌群，包括埃希氏菌属。实验中通过提高培养温度的方法，造成不利于来自自然环境的大肠菌群生长的条件，从而使培养出来的菌主要为来自粪便的大肠埃希氏菌(包括克雷伯氏菌属)。

测试方法：测定粪大肠杆菌的方法与总大肠菌群的方法相同，也分多管发酵法和滤膜法两种，区别仅在于培养温度的不同。粪大肠杆菌的检测，多在总大肠菌群的基础上进行。

## 一、多管发酵法

1. 器材和培养基

(1)器材：所用的器材除包括测定总大肠菌群所用的仪器设备外，还要有精确的恒温培养箱，能确保温度维持在(44.5±0.2)℃。

(2)培养基

1)乳糖蛋白胨培养液：制法和成分与总大肠菌群多管发酵发相同。

2)EC培养液：蛋白胨20 g，乳糖5 g，三号胆盐1.5 g，$K_2HPO_4$ 4 g，$KH_2PO_4$ 1.5 g，NaCl 5 g，蒸馏水1 000 mL，灭菌后pH值为6.9分装于有小导管的试管中，包装后灭菌，115 ℃灭菌20 min，取出后置于阴冷处备用。

2. 方法与步骤

(1)根据水样污染的程度，确定稀释度。

(2)按总大肠菌群多管法接种水样。

(3)培养：在37 ℃培养24 h，用接种环从产酸产气或只产酸的发酵管中取一环，分别接种于EC培养液中，置于(44.5±0.2)℃温度下培养(如用水浴培养，水面应该超过试管内液面)。

(4)结果观察：若产酸产气或只产酸不产气，均表示有粪大肠菌群存在，即为阳性。按总大肠菌群多管发酵法结果计算方法，换算成每升的粪大肠菌群数。

## 二、滤膜法

检验粪大肠菌群的方法有多种途径，其水样过滤等步骤与总大肠菌群滤膜法相同，此处介绍两种培养温度的M-TEC法，其特异性和准确性均较佳。

1. 器材与培养基

(1)器材：所用器材与测定总大肠菌群所用的仪器设备相同。

(2)培养基(M-TEC培养基)：蛋白胨5 g，酵母浸膏3 g，乳糖10 g，$K_2HPO_4$，3.3 g，

$KH_2PO_4$ 1.0 g，NaCl 7.5 g，十二烷基硫酸钠 0.2 g，脱氧胆酸钠 0.1g，质量浓度 16 g/L 的溴甲酚紫 80 mL，溴酚红 80 mL，琼脂 15 g，蒸馏水 1 000 mL，pH 7.3，包装后灭菌，115 ℃灭菌 20 min，取出后置于阴冷处备用。

2. 方法与步骤

滤膜过滤一定体积的水量后，平置于平板的表面，截菌面向上。先在 37 ℃预培养 2 h，再移至(44.5±0.2)℃下培养 23～24 h，粪大肠菌群菌落呈现出黄色。必要时将可疑菌落接种于乳糖蛋白胨培养液中培养，观察是否产气，计算出 1 L 水样中存在的粪大肠菌群数。

按实验结果查检索表，得出粪大肠菌群数，以每毫升的个数计。

# 实验 48　废水硝化-反硝化生物脱氮

废水中氮的存在形式，以有机氮化合物和氨氮为主。传统的活性污泥法能将有机氮物转化为氨氮，却不能有效地去除氮。废水生物脱氮工艺中对氮的去除，是通过硝化菌和反硝化菌共同的生物作用而实现的。废水生物脱氮的基本原理是通过硝化反应先将氨氮氧化为硝酸盐，再通过反硝化反应将硝酸盐还原成气态氮从水体中逸出。许多生物脱氮工艺均依赖于这一个基本原理。本实验采用废水硝化-反硝生物脱氮工艺，重点考察混合液的污泥浓度(MLSS)、温度、溶解氧对硝化与反硝化效果的影响，从而对该工艺有比较深入的了解。

1. 生物硝化过程

生物硝化过程是由一群自养型好氧微生物完成的，它包括 2 个步骤，第一步是由亚硝酸菌(*Nitrosomonas*)将氨氮转化为亚硝酸盐($NO_2^-$)，亚硝酸菌中有亚硝酸单胞菌属、亚硝酸螺杆菌属和亚硝化球菌属。第二步则由硝酸菌(*Nitrobacter*)包括硝酸杆菌属、螺菌属和球菌属，将亚硝酸盐进一步氧化为硝酸盐($NO_3^-$)。亚硝酸菌和硝酸菌统称为硝化菌。硝化菌属专性好氧菌。这类菌利用无机碳化合物如 $CO_3^{2-}$、$HCO_3^-$ 和 $CO_2$ 作碳源，从 $NH_3$、$NH_4^+$ 或 $NO_2^-$ 的氧化反应中获取能量，两项反应均需在 $CO_3^{2-}$ 有氧的条件下进行。

2. 生物反硝化过程

反硝化反应是由一群异养型微生物完成的，它的主要作用是将硝酸盐或亚硝酸盐还成气态氮或 $N_2O$，反应在无分子态氧的条件下进行。

反硝化细菌在自然界很普遍，包括假单胞菌属、反硝化杆菌属、螺旋菌属和无色杆菌属等。它们多数是兼性的，在溶解氧浓度极低的环境中可利用硝酸盐中的氧作电子受体，有机物则作为碳源及电子供体提供能量并得到氧化稳定。大多数反硝化菌都能在进行反硝化的同时将 $NO_3^-$ 同化为 $NH_4^+$ 供细胞合成所用，此过程可称为同化反硝化。

当环境中缺乏有机物时，无机物如氢、$Na_2S$ 等也可作为反硝化反应的电子供体，微生物还可通过消耗自身的原生质进行所谓的内源反硝化，内源反硝化的结果是细胞物质的减少，并会有 $NH_3$ 的生成，因此，废水处理中均不希望此种反应占主导地位，而应提供必要的碳源。

## 一、实验材料与仪器

1. 活性(颗粒)污泥

2. 模拟生活污水

按表15.2配方配置人工合成模拟生活污水，作为基础培养液，使用时可按需要增加浓度，使模拟生活污水进水浓度为这一基础培养液的2～3倍或更高的倍数。这种模拟城市生活污水的$COD_{Cr}$值为174 mg/L，总氮约为27.5 mg/L，氨氮约为7.2 mg/L，配成后需实测。

表15.2 模拟生活污水配方

| 材料名称 | 数量 |
|---|---|
| 淀粉，工业用 | 0.067 g |
| 葡萄糖，工业用 | 0.05 g |
| 蛋白胨，实验用 | 0.033 g |
| 牛肉膏，实验用 | 0.017 g |
| $Na_2CO_3 \cdot 10H_2O$，工业用 | 0.067 g |
| $NaHCO_3$，工业用 | 0.02 g |
| $Na_3PO_4$，工业用 | 0.017 g |
| 尿素，工业用 | 0.022 g |
| $(NH_4)_2SO_4$，工业用 | 0.028 g |
| 水 | 1 000 mL |

3. 仪器及其他用具

生物脱氮实验装置(SBR反应器，直径为150 mm，高为500 mm，总有效容积为7.5 L。试验时采用鼓风曝气(用转子流量计调节曝气量))如图15.4所示。

恒温器控制水温，电控恒温水浴锅，化学耗氧量($COD_{Cr}$)测定装置，pH值酸度计。

## 二、操作步骤

1. 实验准备

(1)实验过程测定仪器及试剂。准备化学耗氧量($COD_{Cr}$)、pH值测定仪器，配制测定过程所需化学标准试剂。

(2)人工合成生活污水的配制。根据模拟生活污水的组成成分进行定量混合，混合均匀后，测定$COD_{Cr}$浓度后备用。

(3)实验操作模式。进水→溶解氧控制仪控制曝气(10 h)→沉降(1 h)→排水。为了保证硝化反应所需的酸度，在曝气3 h后向反应器投加1 g左右的碳酸氢钠。反应器每周期处理水量3 L，此为反应器有效容积的60%。在实际操作过程中，溶解氧控制仪控制充氧仪间歇曝气，以使溶解氧控制在恒定的水平。除沉降期间外，整个过程中都要辅以电动搅拌器低转速搅拌。

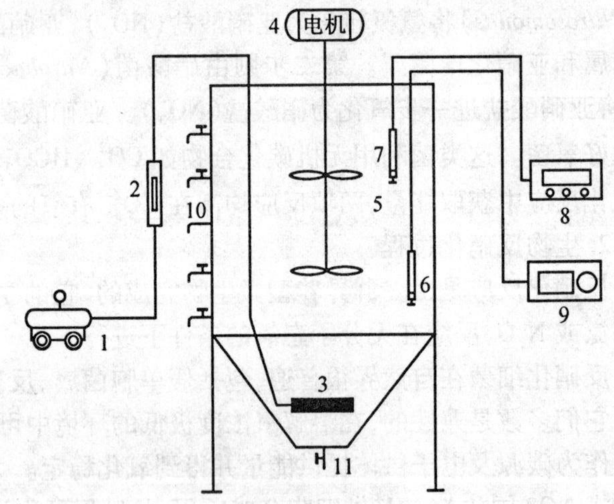


图15.4 SBR用于污水脱氮实验装置

1—空压机；2—流量计；3—微孔曝气器；4—搅拌机；5—SBR反应器；6—pH值传感器；7—温度传感器；8—温度控制仪；9—pH值检测仪；10—取样口；11—排泥口

(4)污泥接种及驯化过程。将取自城市生活污水处理厂的曝气池污泥作为本实验的接种污泥,污泥接种后要进行培养驯化,驯化期间采用进水→曝气(7 h)→沉降(1 h)→排水的操作模式,逐渐增加进水的 $COD_{Cr}$负荷及氨氮负荷。

2. 实验过程及步骤

(1)活性污泥浓度对硝化反硝化的影响。本实验通过溶解氧控制仪将曝气期间 DO 质量浓度要控制在约 2.0 mg/L,考查四种混合液污泥质量浓度(1 500 mg/L,2 500 mg/L,3 500 mg/L,5 000 mg/L)对硝化反硝化的影响,同时采取跟踪监测采样分析,间隔 2 h,检测其 $COD_{Cr}$、氨氮和硝态氮浓度。

(2)考查溶解氧浓度对硝化反硝化的影响。实验反应器内 MLSS 控制在 3 500 ~ 4 500 mg/L。通过溶解氧控制仪使整个曝气过程中混合液溶解氧质量浓度分别都控制在 3.8 ~4.2 m/L、1.8 ~2.2 mg/L 和 0.3 ~0.7 mg/L,并考查不同溶解氧浓度对硝化反硝化的影响,对在 3 种溶解氧浓度条件下进行每隔 2 h 取样监测,检测其 $COD_{Cr}$、氨氮和硝态氮浓度。

(3)温度对同步硝化反硝化的影响。本实验控制的基本条件为 pH 8.5、DO 2 ~3 mg/L、污泥质量浓度为 3 500 ~4 500 mg/L,重点考查不同温度(15±2)℃、(20±2)℃、(25±2)℃)对硝化与反硝化的影响,采取跟踪监测采样分析,间隔 2 h,分别检测其 $COD_{Cr}$、氨氮和硝态氮浓度,填入实验过程记录表中。

# 实验 49　微生物吸附法去除重金属

生物吸附就是应用生物材料(藻类、真菌、细菌以及代谢产物)吸附水溶液中的重金属。具有吸附剂来源丰富、选择性好、去除效率高等特点。尤其在低浓度废水处理中具有独特优势。在后处理中,采用一般的化学方法如调节 pH 值,加入较强络合能力的解吸剂,就可以解吸生物吸附剂上的重金属离子,回收吸附剂,以循环利用。

随着经济的快速发展,废水的大量排放,土壤和水体中重金属积累的加剧,重金属污染越来越引起人们的关注,治理和回收重金属也已成为人们日益关注的热点。由于重金属的来源不同,种类不同,而且在溶液中存在形态不同,因而处理方法也不同。含重金属废水的传统处理方法有三类:第一类是废水中重金属离子通过发生化学反应除去;第二类是使废水中的重金属在不改变化学形态的条件下进行吸附、浓缩和分离;第三类是借助微生物或植物的吸收、积累、富集等作用除去废水中的重金属,具体方法有生物絮凝法、生物吸附法。该法以原材料来源丰富、成本低、吸附速度快、吸附量大、选择性好等优势受到越来越多的关注。

## 一、材料和器材

1. 菌种

酿酒酵母。

2. 培养基及试剂

PDA 液体培养基,50 mg/L $Pb(NO_3)_2$溶液,0.5% $H_2SO_4$,0.5% NaOH,1% HCl 溶液,1 mol/L HCl 溶液,95% 乙醇,双蒸水。

3. 仪器及其他用品

分光光度计、精密 pH 计、高压灭菌锅、天平、离心机、烘箱、三角瓶、烧杯、搅拌棒、离心管。

## 二、操作步骤

1. 菌体的培养

将酿酒酵母斜面菌种接种至种子培养基中，28 ℃振荡培养 24 h，然后转接至液体培养基中，28 ℃振荡恒温培养 48 h。5 000 r/min 离心 10 min，弃上清液，收集菌体待用。

2. 菌体的预处理

以蒸馏水洗涤 3 次然后离心（5 000 r/min，离心 10 min，下同），将 0.085 g 的微生物菌体分别浸泡于 0.1 mol/L 的 10 mL NaOH、0.1 mol/L 的 10 mL HCl 或 30% 的乙醇中 40 min，然后用蒸馏水洗涤 3 次，离心备用，并且以不经处理的菌液作为对照。

3. 吸附实验方法

分别称取 200 mg 经预处理过的生物材料于各个瓶中，加入 100 mL 50 mg/L 的 $Pb(NO_3)_2$ 溶液，然后置于振荡器上振荡 24 h（室温 21 ℃）。通过滴加 0.1 mol/L 的 NaOH 或 HCl 调节在吸附平衡期间变化的 pH 值，使溶液的 pH 值保持在 5。用 0.45 μm 膜滤纸过滤，用原子吸收分光光度计测定滤液中剩余的重金属离子浓度。

4. 重金属解吸实验

将已经吸附了重金属的微生物菌体投加到 0.1 mol/L $Na(CO_3)_2$、0.1 mol/L $CH_3COOK$、0.1 mol/L EDTA 或 HCl 水溶液中，调节 pH 值为 2，在 30 ℃下解吸 1 h，使用蒸馏水对解吸后的菌体洗涤 3 次，离心后备用。

5. 再生菌体和回用实验

重复步骤 3 和 4，进行回用实验。

# 实验 50 富营养化水体中藻类的测定（叶绿素 a 法）

"叶绿素 a 法"是生物监测浮游藻类的一种方法。根据叶绿素的光学特征，叶绿素可分为 a、b、c、d、e 这 5 类，其中叶绿素 a 存在于所有的浮游藻类中，叶绿素 a 是最重要的一类。叶绿素 a 的含量，在浮游藻类中大约占有机质干重的 1% ~2%，是估算藻类生物量的一个良好指标。

## 一、实验器材

### （一）仪器

分光光度计（波长选择大于 7 50 nm，精度为 0.5 ~2 nm）、台式离心机、冰箱、真空泵（最大压力不超过 300 kPa）、匀浆器（或小研钵）等。

### （二）其他器皿和试剂

（1）蔡氏细菌滤器、滤膜（0.45 μm，直径 47 mm）。

(2) $MgCO_3$悬浊液(1 g $MgCO_3$细粉悬浮于 100 mL 蒸馏水中)。

(3)体积分数为 90% 的丙酮溶液(90 份丙酮+10 份蒸馏水)。

(4)水样,两种不同污染程度的湖水(A、B)各 2 L。

## 二、方法和步骤

### (一)清洗玻璃仪器

整个实验中所使用的玻璃仪器应全部用洗涤剂清洗干净,避免酸性条件下会引起叶绿素 a 的分解。

### (二)过滤水样

在蔡氏细菌滤器上装好滤膜,取两种湖水各 50 ~ 500 mL 减压过滤。待水样剩余若干毫升之前加入 0.2 mL $MgCO_3$悬浊液,摇匀直至抽干水样。加入 $MgCO_3$可增进藻细胞滞留在滤膜上,同时还可防止提取过程中叶绿素 a 被分解。如果过滤后的载藻滤膜不能马上进行提取处理,则应将其置于干燥器内,放冷暗处于 4 ℃保存,放置时间最多不能超过 48 h。

### (三)提取

将滤膜放于匀浆器或小研钵内,加 2 ~ 3 mL 体积分数为 90% 的丙酮溶液,匀浆,以破碎藻细胞。然后用移液管将匀浆液移入刻度离心管中,用 5 mL 90% 的丙酮冲洗 2 次,最后补加体积分数为 90% 的丙酮于离心管中,使管内总体积为 10 mL。塞紧塞子并在管子外部罩上遮光物,充分振荡后,放入冰箱内避光提取 18 ~ 24 h。

### (四)离心

提取完毕后离心(3 500 r/min) 10 min,取出离心管,用移液管将上清液移入刻度离心管中,塞上塞子,再离心 10 min,准确记录提取液的体积。

### (五)测定光密度

藻类叶绿素 a 具有其独特的吸收光谱(663 nm),因此可用分光光度法测其含量。用移液管将提取液移入 1 cm 比色杯中,以体积分数为 90% 的丙酮溶液作为空白,分别在 750 nm、663 nm、645 nm、630 nm 波长下测提取液的光密度(OD)。此过程中,必须控制样品提取液的 $OD_{663}$值在 0.2 ~ 1.0 之间,如果不在此范围内,应调换比色杯,或改变过滤水样量。$OD_{663}$小于 0.2 时,应改用较宽的比色杯或增加水样量;$OD_{663}$大于 1.0 时,可稀释提取液或减少水样滤过量,再使用 1 cm 比色杯比色。

### (六)叶绿素 a 浓度计算

将样品提取液在 663 nm、645 nm、630 nm 波长下的光密度值($OD_{663}$、$OD_{645}$、$OD_{630}$)分别减去在 750 nm 下的光密度值($OD_{750}$),此值为非选择性本底物光吸收的校正值。叶绿素 a 的浓度($\rho_a$)(单位:μg/L)计算公式如下:

1. 样品提取液中的叶绿素 a 的浓度

$$\rho_{a提取液}=11.64(OD_{663} \sim OD_{750})-2.16(OD_{64} \sim OD_{750})+0.1(OD_{630}-OD_{750})$$

2. 水样中叶绿素 a 浓度

$$\rho_{a水样}=\frac{\rho_{a提取液}\times V_{丙酮}}{V_{水样}}$$

式中，$\rho_{a水样}$为样品提取液中叶绿素 a 的质量浓度，μg/L；$V_{丙酮}$为体积分数为 90% 的丙酮体积，mL；$V_{水样}$为过滤水样体积，mL。

## 实验 51　活性污泥培菌方法与培菌过程中生物相的演替

污水处理厂建成投产前，首先要进行的工作就是培养活性污泥，污水处理厂正式运行前需要大量的活性污泥。因为活性污泥是由微生物体组成的，不是纯种菌。因此，培养活性污泥不需要严格的无菌操作培养条件，只要满足了微生物所需营养及适宜的生活条件，就可以把活性污泥培养出来。对某些特殊的工业废水除培养活性污泥外，还要使活性污泥适应所要处理的废水水质，因此，对活性污泥还要进行驯化，以达到较好的处理效果。

### 一、培菌方法

活性污泥的培养，就是为形成活性污泥的微生物提供一定的生长繁殖条件，营养物质、溶解氧、适宜的温度和酸碱度等，在这种情况下，经过一段时间，就会有活性污泥形成，并且在数量上逐渐增长，并最后达到处理废水所需要的污泥浓度。

生活污水处理厂的培菌过程较为简单，我们可在温暖季节，先使曝气池充满生活污水，闷曝（即曝气而不进污水）数小时后即可连续进水，进水量从小到大逐渐增加，连续运行数天后可见活性污泥开始出现并逐渐增多，由于生活污水营养较为合适，所以，污泥很快地就会增长至所需的浓度。为了加快这一进程，还可适当增加培菌初期所需营养物的浓度，例如投加一些浓质粪便或米泔水等，以提高营养物浓度。设有初沉池的处理系统可让废水超越初沉池，直接进入曝气池。培菌时期（尤其是初期），由于污泥尚未大量形成，污泥浓度较低，故应适当控制曝气量，使它大大地低于正常运行期的曝气量。对一些含有毒物质的工业废水还可以投放一定量的筛选菌种，或废水流过的下水道里的污泥，以利于以后的驯化。

由于工业废水的水质及营养等原因，工业废水处理系统的培菌往往较困难。采用数级扩大培菌。根据微生物生长繁殖快的特点，仿照发酵工业中的菌种种子发酵罐数级扩大培养的工艺，因地制宜，寻找合适的容器，进行分级扩大培菌。例如，1975 年上海金山石化总厂水质净化厂 7.5 万 $m^3$/d 规模的处理系统中培菌，采用 1 500 $m^3$ 的混合检测池一条曝气池整个曝气池三级扩大培菌的方案。先在容积相对较小的混合检测池中培菌，投加厂生活区化粪池中的混合液。

### 二、厌氧生物膜快速挂膜方法——排泥法

目前，厌氧生物膜反应器挂膜方法及影响因素的研究较少，应用广泛的方法是密闭循环法，即把预先培养好的活性污泥与污水混合后，泵入反应器中，出水流入循环池，经过 2 ~ 3 d 密闭循环，以小水量直接进水并逐渐加大进水量，直至挂好膜。密闭循环法（以下简称为“循环法”）挂膜，需要设置循环池和循环泵，且需要数量较多的接种污泥，操作较为不方便。

基于生物膜是微生物在载体上生长、繁殖的这一原理，通过实验和理论分析逐渐形成了

“快速排泥挂膜法”(以下简称为“排泥法”),即将接种的活性污泥和污水混合后泵入反应器中,静置 6 ~ 8 h,使污泥与载体接触起到接种微生物的作用,之后再全部排放掉,再连续进不含污泥的污水,并逐渐加大进水量。在适宜的温度下,3 ~ 4 d 可完成挂膜。

下面以上流式固定滤床的挂膜为例介绍压氧条件下排泥法挂膜的过程。

1. 试验装置

试验中采用的反应器是不带三相分离器的上流式固定滤床,由直径 15 cm、高 130 cm 的有机玻璃筒制成。反应区填充软性和半软性填料的结合体盾式填料。反应器放置在恒定温度(35±1) ℃的恒温木箱中。

2. 试验废水

进水是用豆制品废水稀释并配加 $NaHCO_3$ 调整 pH 值而成的。废水的 COD 质量浓度为 5 000 ~ 6 500 mg/L, $BOD_5$ 质量浓度为 2 400 ~ 3 100 mg/L, VFA 质量浓度为 2 900 ~ 3 100 m g/L, TKN 质量浓度为 280 ~ 300 mg/L, pH 值为 6.5 ~ 7.0。

为了加快厌氧产甲烷菌的生长,挂膜过程在进水中 4 次投加了微量元素,其中 $CaCl_2$ 为 100 m g/L, $MgSO_4$ 为 30 mg/L, $FeCl_2$ 为 60 mg/L, $NiCl_2$ 为 0.5 mg/L。

3. 试验过程和试验结果

取污泥消化池中的厌氧污泥,用 COD 质量浓度为 4 000 mg/L 的豆制品废水进行间歇培养。1 个月以后将活性已经很好的厌氧污泥 10 L 装入反应器中,再加入 7.2 L COD 质量浓度为4 000 mg/L的豆制品废水,静置 1 d 后开始小水量进水,废水 COD 浓度为 4 000 mg/L 左右。每天取样分析进出水的 COD、VFA、pH 值、碱度及产气气相中的 $CH_4$ 含量。若反应器的 COD 去除率和气相中 $CH_4$ 含量增加,出水的 VFA 浓度降低,则提高进水流量和浓度,但提高幅度较小。在试验的第十天和第十四天分别从反应器底部排除 1 L 污泥。

经过 1 个月的驯化运行,反应器的 COD 去除率将高于 93%,出水 pH 值达 7.3 左右,VFA 质量浓度在 200 mg/L 以下,气相中 $CH_4$ 含量超过 70%;从填料上取出的生物膜厚而密实,镜检发现其中存有大量丝状菌、球菌和八叠球菌,故可以认为已完成厌氧滤床的驯化挂膜。

根据文献报道,厌氧滤床的挂膜时间一般为 2 个月左右,但采用排泥法在 1 个月时间内完成了驯化挂膜。

4. 影响排泥法挂膜的主要因素

除运行条件外,反应器挂膜还与接种污泥的性质、废水的成分和浓度及载体的特性等有关。

(1) 接种污泥的性质。挂膜过程首先是生物污泥的培养和驯化过程,因此,选择活性良好的接种污泥是挂膜成功的第一步。上式厌氧滤床用于挂膜的接种消化污泥,在反应器之前已进行了初期驯化,即用豆制品水间歇流培养,豆制品废水中的营养物都已被污泥中的厌氧微生物所适应。动态运行初期入反应器的废水量和浓度与间歇培养后期的废水量和浓度很接近,且此时污泥的产气活性和沉降性能都很好,采用这种污泥为快速驯化挂膜打下了良好的基础。

(2) 废水的成分和浓度。废水所含物质是构成生物膜微生物的营养物质,所以,废水的成分和浓度对反应器挂膜至关重要。Cohen 等人的研究表明,在进水 pH 值和碱度较高时,高浓度的有机挥发酸进入反应器将有利于产甲烷菌的生长,加快挂膜速度,有利于产甲烷菌生长的最佳 pH 值为6.8~7.2,碱度为3 000~4 000 mg/L(以 $CaCO_3$计)。由于黄泔水稀释以后其 pH 值只有4.5~4.7,且系统缓冲能力不足,因此,投加 $NaHCO_3$,调节其 pH 值为6.5~7.0,同时也相应提高了进水碱度,有利于生物膜的形成;按照 Bruant 的观点,厌氧微生物不仅需要碳源、氮源和磷、钾、镁、钙、硫、钠、铁等营养矿物质,同时也需要镍、铜、钴、锰等微量营养矿物质,这些元素在产甲烷菌群的生理活动中都起着很重要的作用。

(3) 载体的特性。影响生物膜附着性的因素除了载体(填料)的外观形状外,还有载体的表面粗糙度、表面电位和亲水性。表面粗糙度是决定能否很快形成初期生物膜的主要因素,粗糙度大、挂膜就快,一般微生物表面带负电,因此,载体表面电位越高,生物膜中的微生物越容易附着,生物膜生长越快;由于微生物属于亲水性粒子,所以,使用亲水性载体易形成生物膜。

# 实验 52 活性污泥的培养与驯化

## 一、好氧活性污泥的培养与驯化

好氧活性污泥是指活性污泥中的微生物均属好氧性的,这些微生物只有在具有氧气的条件下才能氧化降解废水中的污染物质。因此,在污水处理过程中一定要向处理水中曝气供氧,以满足微生物好氧的需求,好氧活性污泥的培养与驯化主要有以下几种方法。

### (一)活性污泥接种培养法

用已有的活性污泥作为种源,即取水质相近的污水处理厂的干污泥作为接种菌,用处理的水进行活化,这是最简便的培养活性污泥的方法。但要注意干污泥转流问题,最好将块状干污泥转成沫状,否则会沉入池底,曝气时不能悬浮在水中,严重影响活性污泥的培养,活性污泥培养活化过程如下。

首先,把干污泥粉碎成沫状投入曝气池中,然后将事先调节的污水注入曝气池中,水中应含有生活污水、要处理的污水和河水或自来水,调至 pH 值为 7 左右,水温 25~30 ℃。$COD_{Cr}$为 500~800 mg/L,$BOD_5$为 350~600 mg/L,水中的 $BOD_5$:N:P=100:5:1。进行间曝活化(不进水不出水曝气),经过 2~3 d 间曝培养活化后,有些活性污泥开始出现活化,大部分污泥还需要进一步活化。因此,要停止曝气,让活性污泥下沉,把上清液排走。再按上述水质成分注入曝气池中,给活性污泥补充营养,再间曝 2~3 d。此时,可测活性污泥沉降比和观察原生动物情况。若 $SV_{30}$增长到 15%~30%,并出现了钟虫、轮虫,说明了活性污泥已经完全被活化并有大量新增长的活性污泥,此时,就可投产运行。如果 $SV_{30}<15\%$,可再按上述方法进行间曝活化,直到 $SV_{30}<15\%$ 为止。

### (二)异步培养驯化法

培养活性污泥和驯化活性污泥是分开进行的,即先培养活性污泥然后再驯化。培养活性污泥可用粪便水或生活污水培养,培养时先把粪便水或生活污水过滤去除杂质,再用河水或自来水进行稀释,调节 $COD_{Cr}$为 500~800 mg/L,$BOD_5$ 为 350~500 mg/L,pH 值为 7 左右，水温 25～30 ℃，然后把培养液引入曝气池，进行间曝培养，溶解氧质量浓度达到 3～4 mg/L，经间曝 2～3 d 后，因微生物已把养料用竭，同时又积累了有害的代谢产物，因此，需要补充养料和排出代谢产物，所以，要及时更换水。换水时要静态操作停止曝气，让形成的活性污泥絮体雏形下沉。沉降 1～2 h，把上清液排出，然后再加入新配的培养液（按上述要求配制）。经反复间曝换水，大约经过 20～30 d 活性污泥就可培养成功。用粪便水培养的活性污泥，只适应于处理生活污水，而不适用于处理工业废水。因此，用这种活性污泥处理工业废水，还要对活性污泥进行驯化。驯化时把活性污泥培养在含有工业废水的培养液中，培养液应由粪便水或生活污水加工业废水组成。开始驯化时，工业废水浓度不要太大，可按 10% 的浓度梯度递增，在驯化过程中也要不断进行间曝，坚持不断换水，一般驯化 30 d 左右活性污泥就适应了所要处理的工业废水，驯化成功的标志为 $SV_{30}>15\%$。

**（三）同步培养驯化法**

活性污泥培养和驯化同时进行。即用粪便水或生活水培养活性污泥的同时可加入要处理的工业废水。刚开始加入的工业废水量要小，主要看废水的毒性，毒性大的废水要少加，毒性小的废水可多加。毒性大的废水加入量为 5% 为宜，间曝 2～3 d 停止曝气，让刚刚形成的活性污泥絮体下沉，把上部清水排掉，然后再加入新的培养液。工业废水量可适当增加，一般可按 10% 浓度梯度递增。间曝培养过程中，溶解氧质量浓度应维持在 3～4 mg/L。培养驯化过程中，不适应废水的微生物逐步被淘汰，适应的就能够被保存下来，一般连续培养驯化 50～60 d，就可把活性污泥培养出来。要求活性污泥 $SV_{30}$ 达到 15%～30%，如果 $SV_{30}<15\%$，仍需继续培养和驯化。同步培养驯化活性污泥要比异步培养驯化活性污泥优越，可节省培养驯化时间。

**（四）接种菌的选育**

用活性污泥法处理含有某种特殊毒物的工业废水，处理效果往往很不理想，这主要是因为活性污泥中的微生物对这种毒物很敏感，菌种不适应这种毒物。在这种情况下，就要从自然界中筛选出对毒物具有分解能力的菌种，可到排放这种毒物污水的渠道中取污泥，进行培养分离和筛选。把选育出来的菌种分离，再进行适应毒物驯化，最后筛选出对毒物有很强降解能力的菌株，再把菌株放大培养，可接斜面菌种，扩大到三角瓶摇床，再扩大 10 L 间曝罐。根据需要量逐步扩大培养，然后加入含有毒物废水培养液的曝气池中进行间曝培养，直到所养的特异菌种形成活性污泥（这种特异性菌种在活性污泥中占绝对优势），用这种活性污泥处理毒物废水，可取得良好的处理效果。

1. 接种菌的培育方法

（1）干污泥培菌。取水质类型相同，已正常运行的处理系统中脱水后的干污泥作为菌种源进行培菌。例如取同兴袜厂染色废水处理系统中板框压滤后的干污泥，作为安徽某印染厂的活性污泥系统种源。将占曝气池总体积 1% 左右的干污泥，加入少量的水捣碎，然后再添加工业水和适量浓度粪便，按上法培菌，污泥很快形成并增长至所需浓度。由于干污泥易于运输，此法适合于邻近无生化处理系统的偏僻地区。

（2）工业废水直接培菌。某些厂的工业水营养成分较全，如罐头食品厂、肉类加工厂、豆制品厂等，可用这类工业废水直接培菌。另一类工厂的废水，虽然营养成分尚全，但倘若浓度不足，培菌周期往往较长，对这类废水可适当增补一些如工厂中的废淀粉浆料、食堂的米泔水、面汤水（碳源）或尿素、硫氨、氨水（氮源）等营养，以加快培菌的进程。例如，上海第三印染厂即以本厂印染废水再增补部分营养，顺利培养出所需的活性污泥。

(3)对有毒或难生物降解的工业废水只能先以生活污水培菌，然后再用工业废水驯化。

2. 培菌过程中生物相的演替

在培菌过程中，随着环境条件的变化，其中主要是BOD（即营养物浓度）的不断降低，系统中微生物的种类与数量也会相应起变化。

由于细菌和鞭毛虫类，通过细胞表膜的渗透作用，将溶解于水中的有机物质吸收到体内作为营养物质，它们能在高度污染的、未经处理的水域中大量繁殖。变形虫类能用伪足吞噬固体有机物碎屑以摄取营养物质，因此，也必须生存于有机物丰富的污泥或水域中。在培菌初期，水中有机物浓度（BOD）会很高，污泥尚未形成，还没有明显处理效果，这时曝气池中可见大量游离细菌，接着出现的是植物性鞭毛虫的杆囊虫和动物性鞭毛虫的波多虫等，此外，还能看到一定数量的变形虫，但不久就出现了吞食细菌能力更强的纤毛虫类的原生动物，先是小型的吞食细菌的游泳型纤毛虫如豆形虫、肾形虫等大量出现，继而出现能够吞食小型纤毛虫的漫游虫、裂口虫和草履虫等。随着培菌的进行，水中有机营养物质逐渐被消耗，异养细菌的数量下降，游泳型纤毛虫逐步让位给固着型纤毛虫，它们以尾柄固着在污泥絮体上生长。因此，钟虫类固着型纤毛虫的出现和增长就标志着活性污泥的逐步形成和增长。与此同时，匍匐型纤毛虫如楯纤虫等也出现于污泥间，它们以有机残渣和死亡的生物体为食。随着污泥日趋成熟，处理效果也会越来越高。水中有机物减少到极低时，便相继出现了吞噬散落污泥的轮虫，故轮虫的出现是污泥成熟及净化程度高的标志，培菌过程中微生物的有规律演替如图15.5所示。

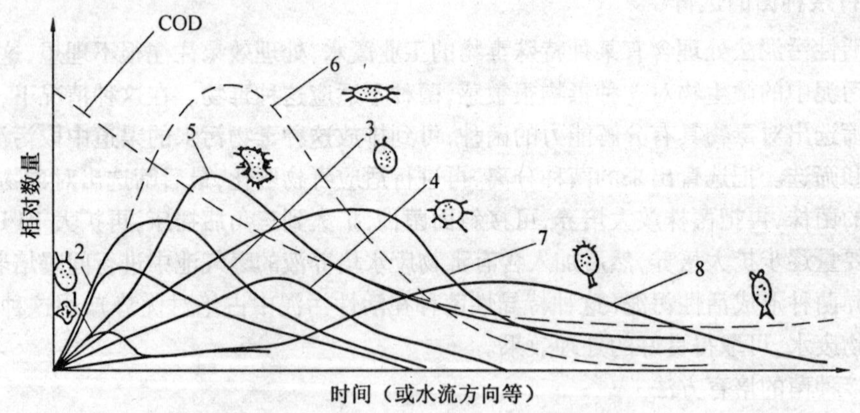


图15.5 活性污泥培养过程中微生物的演替

1—肉足虫；2—植物性鞭毛虫；3—动物性鞭毛虫；4—吸管虫；5—游泳型纤毛虫；6—细菌；7—固着型纤毛虫；8—轮虫

## 二、厌氧活性污泥的培养与驯化

厌氧活性污泥是指活性污泥中的微生物均属厌氧性的，这些微生物只有在无氧条件下才能生长繁殖。有氧存在对厌氧微生物有杀害或抑制作用,因此,在污水处理中一定具备厌氧条件,活性污泥也是在厌氧条件下进行培养与驯化的。有不同的培养与驯化厌氧活性污泥方法,下面主要介绍上流式厌氧污泥床(WASB)颗粒化污泥的培养与驯化方法。

上流式厌氧污泥在建成运行前需要大量的颗粒化污泥。颗粒化污泥是经过培养取得的。因为,颗粒化污泥主要是由厌氧性细菌组成,所以,培养需要时间长、难度较大。但是,只要培养方法适宜,满足厌氧性细菌的生活条件,还是很容易培养成功的。

1. 营养条件

营养条件对厌氧性活性污泥的培养是十分重要的因素,因为营养适宜,厌氧微生物才能很好的生长繁殖,所以,要配制满足厌氧微生物需求的营养液。可用要处理的废水作为培养基质,培养基质成分应符合 $COD_{Cr}$ : N : P = 100 : 5 : 1,并向培养基溶液中适量添加 $Ca^{2+}$、$Co^{2+}$、$Mn^{6+}$、$Zn^{2+}$。这些元素都有利于甲烷细菌生长,并能保证厌氧污泥的颗粒化。培养基中质量浓度 COD 控制在 4 000 mg/L 左右,pH 值为 7 ~ 7.2,并向基质液中接种颗粒污泥或厌氧活性污泥,也可接种好氧活性污泥,消化污泥等,接种量一般控制在 5% ~ 10%。

2. 培养驯化运行条件

进水 $COD_{Cr}$ 质量浓度最好在 1 500 ~ 4 000 mg/L,颗粒化污泥培养初期,水力负荷不宜过高,一般控制在 0.25 ~ 0.3 $m^3/(m^3 \cdot h)$。COD 负荷控制在 0.6 kg/(kgVSS · d)。在起动运转过程中既不能突然提高负荷,也不能长期稳定在低负荷下运行。以免颗粒污泥受到负荷的冲击和长期处于营养匮乏,从而会影响厌氧微生物的生长繁殖。因此,在运行中当出水较好,COD 去除率较高的条件下,此时可以逐渐提高负荷,否则对污泥颗粒化很不利。当污泥颗粒出现时,在较为适宜的负荷下稳定运行一段时间,有利于培养出沉降性能良好和产甲烷菌活性很高的颗粒化污泥。然后可再适当的增加负荷,在一定限度内负荷越高,颗粒污泥的增殖越快,在培养颗粒污泥运行期间严防有毒物质进入反应器,像有机氯农药、氰化物、酚类等,这些毒物可抑制甲烷细菌的生长,对培养颗粒污泥十分不利。

3. 控制环境条件

反应器装置要具备严格厌氧条件,这是培养颗粒污泥成功的关键条件。中温消化温度控制在 35 ~ 40 ℃,高温消化温度控制在 55 ℃左右;低温消化温度控制在 25 ℃左右。在运行期注意温度不要波动太大,最好稳定运行,pH 值要维持在 6.5 ~ 7.2,过酸或过碱都会严重影响颗粒污泥的培养,因此,要保持 pH 值稳定在 7.0 左右。进水碱度(以 $CaCO_3$ 计)要大于 1 000 mg/L,$Ca^{2+}$ 有凝絮作用,对形成颗粒污泥很有好处,是影响颗粒化的重要因素,当加入 80 mg/L $Ca^{2+}$ 时,可加快颗粒化污泥的出现。当加入 $Ca^{2+}$ 为 0.05 mg/L、$Zn^{2+}$ 为 0.5 mg/L、$Fe^{2+}$ 为 1.0 mg/L,对培养颗粒化污泥十分有利,加入 1 ~ 2 mg/L 的磷酸盐可以加速颗粒化污泥的形成。近年来发现产甲烷菌所特有的辅酶 $F_{420}$ 中含有 Ni 的成分,并发现在培养颗粒化污泥过程中加入适量的 $Ni^{2+}$,对提高产甲烷菌的活性具有正效应。

在上述控制的培养条件下,高温 55 ℃,反应器运行 110 d 左右,中温 35 ℃,反应器运行 160 d 左右,低温 25 ℃反应器运行 200 d 左右颗粒化污泥才能培养成功。

4. 颗粒化污泥培养成熟的标志

(1)颗粒化污泥大量形成,由下至上充满了整个反应器,反应器内呈现 2 个污泥浓度分布均匀的反应区。即污泥床区和悬浮污泥层区,其间会有比较明显的界限。

(2)颗粒污泥沉降性能良好,有球状、杆状、卵圆形或十分不规则的黑色颗粒球体,其黑色主要是由于沉淀的 FeS 存在的缘故,当加入 HCl 溶液时,即刻产生恶臭的 $H_2S$ 气体。球形的颗粒污泥一般直径在 0.1 ~ 2 mm,最大的直径可达 3 ~ 5 mm,颗粒污泥密度在 1 ~ 1.05 $g/cm^3$,底部污泥床颗粒 SS 污泥质量浓度可达 50 ~ 100 $kg/m^3$,上部悬浮层颗粒 SS 污泥质量浓度可达 20 $kg/m^3$。

(3)颗粒污泥在光学显微镜下观察,多数为多孔结构,内部有相当大的自由的空间比例,是为了气体和基质交换提供的场所。颗粒污泥内部存在着大小不一的碳酸钙晶体,表面还有一层透明的胶状物。颗粒污泥主要由产甲烷菌组成,表面上有占优势的甲烷八叠球菌,颗粒污泥中间孔中有甲烷球菌,甲烷杆菌和甲烷丝状细菌,较好的颗粒污泥产甲烷菌应占厌氧细菌的 40% ~50%。

## 三、影响活性污泥培养驯化的因素

微生物的生长与环境条件关系极大。在废水生物处理过程中,应设法创造良好的环境,让活性污泥中微生物很好地生长、繁殖,以达到令人满意的处理效果以及经济效益。

影响活性污泥培养驯化的环境因素较多,一般来说,其最主要的是营养、温度、pH 值、溶解氧以及有毒物质。

1. 微生物的营养

一般来说,废水中大多含有微生物能够利用的碳源。但是,对于有些碳量低的工业废水来讲,可能还应另加碳源,如生活污水、米泔水、淀粉浆料等。

微生物除了需要碳营养外,还需要氮、磷营养,它们之间的比例一般为 BOD : N : P = 100 : 5 : 10。生活污水的氮、磷含量较高,采用生物法处理时不需另外投加。但有些工业废水含氮、磷低,若不能满足微生物需要,应考虑投加尿素、硫酸铵等含氮化合物或磷酸钾、磷酸钠等含磷化合物。

2. 温度

各类微生物所生长的温度范围不同,约为 5 ~ 80 ℃。此温度范围内,可分成最低生长温度、最高生长温度范围,微生物可分为中温性、好热性(高温性)和好冷性(低温性)三类。中温性微生物(中温菌)的生长温度范围为 20 ~ 45 ℃,好热性微生物(嗜热菌)的生长温度在 45 ℃以上,好冷性微生物(嗜冷菌)的生长温度在 20 ℃以下。废水好氧生物处理,以中温细菌为主,其生长繁殖的最适温度为 20 ~ 37 ℃。当温度超过最高生长温度时,会使微生物的蛋白质迅速变性及酶系统遭到破坏而失去活性,严重者可导致微生物死亡。低温会使微生物代谢活力降低,进而处于生长繁殖停止状态,但仍保存其生命力。

厌氧生物处理中的中温性产甲烷菌最适温度范围为 25 ~ 40 ℃,高温性为 50 ~ 60 ℃,厌氧生物处理常采用温度为 33 ~ 38 ℃和 52 ~ 57 ℃。

3. pH 值

不同的微生物有不同的 pH 值适应范围。例如细菌、放线菌、藻类和原生动物的 pH 值适应范围是在 4 ~ 10 之间。大多数细菌适宜中性和偏碱性(pH = 6.5 ~ 7.5)环境;氧化硫化杆菌,则喜欢在酸性环境,它的最适 pH 值为 3,也可以在 pH 值为 1.5 的环境中生活;酵母菌和霉菌要求在酸性或偏酸性的环境中生活,最适 pH 值为 3.0 ~ 6.0,适应范围为 1.5 ~ 10 之间。

废水生物处理过程保持最适 pH 值范围是十分重要的。如用活性污泥法处理废水，曝气池混合液的 pH 值宜为 6.5～8.5，如果曝气池混合液 pH 值达到 9.0 时，原生动物将由活跃转为呆滞，菌胶团黏性物质解体，活性污泥结构也会遭到破坏，处理效果显著下降。如果进水 pH 值突然降低，曝气池混合液呈酸性，活性污泥结构也会变化，二次沉淀池中将出现大量浮泥现象。

当废水的 pH 值变化较大时，应设置调节池，使进入反应器（如曝气池）的废水，保持在合适的 pH 值范围。

4. 溶解氧

溶解氧是影响生物处理效果的重要因素。例如，废水的好氧生物处理中，如果溶解氧不足，好氧微生物由于得不到足够的氧，其活性会受到影响，新陈代谢能力降低，同时对溶解氧要求较低的微生物将应运而生，影响正常的生化反应过程，造成处理效果下降。

好氧生物处理的溶解氧一般以 2～4 mg/L 为宜。在这种情况下，活性污泥或生物膜的结构正常，沉降、絮凝性能好。

5. 有毒物质

在工业废水中，有时存在着对微生物具有抑制和杀害作用的化学物质，这类物质我们称之为有毒物质：其毒害作用主要表现在细胞的正常结构遭到破坏以及菌体内的酶变质，并失去活性。如重金属离子（砷、铅、镉、铁、铜、锌等）能够与细胞内的蛋白质结合，使它变质，导致酶失去活性。

为此，在废水生物处理中，对这些有毒物质应严加控制，但毒物浓度的允许范围，尚无统一标准，表 15.3 中列出的数字可供参考。

**表 15.3　废水生物处理的毒物容许质量浓度**

| 毒物名称 | 容许质量浓度/($mg \cdot L^{-1}$) | 毒物名称 | 容许质量浓度/($mg \cdot L^{-1}$) |
|---|---|---|---|
| 锌 | 5～20 | 游离氯 | 0.1～1 |
| 铜 | 5～20 | 氯苯 | 100 |
| 铅 | 1 | 硝酸根 | 5 000 |
| 铬酸盐 | 5～20 | 硫酸根 | 5 000 |
| 氰 | 5～20 | 醋酸根 | 100～150 |
| 硫 | 10～30 | 苯 | 100 |
| 氨 | 100～1 000 | 酚 | 100 |
| 亚砷酸盐 | 5 | 甲醛 | 100～150 |
| 砷酸盐 | 20 | 丙酮 | 9 000 |
| | | 油脂 | 30～50 |

# 实验 53　根据消化细菌的相对代谢率检测环境污染物的综合生物毒性

硝化细菌是化能自养菌，专性好氧，从氧化 $NO_2^-$ 的过程中获得能量。以二氧化碳为唯一碳源，作用产物为 $NO_3^-$（见反应方程式），它要求中性或弱碱性的环境（pH 6.5～8.0）。亚硝酸盐被氧化为硝酸盐，靠硝酸盐细菌完成，主要有硝化杆菌属 *Nitrobac*）、硝化刺菌属（*Nitrospin*）和硝化球菌属（*Nitrococcus*）中的一些种类。硝化作用所形成的硝酸盐，在有氧环境中被植物、微生物同化，但在缺氧环境中则被还原成为氮分子释放进入空气中。

$$HNO_2 + H_2O \longrightarrow HO-\underset{\displaystyle OH}{\underset{|}{N}}-OH \longrightarrow HNO_3 + 2H + \text{能量} \quad \xrightarrow{\frac{1}{2}O_2} H_2O$$

硝化细菌是对各种毒物都比较敏感的细菌，毒物的存在会影响其代谢活性。在有毒物存在的情况下，硝化细菌的代谢活性降低，其氧化亚硝酸盐为硝酸盐的速率随之降低。因此可根据硝化细菌转化的亚硝酸盐的量来表示毒物对硝化细菌代谢的影响，并根据相对代谢率（实验组代谢率/对照组代谢率×100%）来评价综合生物毒性大小。

本实验通过检测培养液中亚硝酸盐在一定时间内的去除量来测定硝化细菌的代谢率，并根据相对代谢率的公式计算出实验条件下的相对代谢率。由于多种污染物，如有机污染物、重金属和络合阴离子等，对硝化细菌都具有毒害作用，因此，此方法可以用于水、土壤等多介质中多种污染物的综合毒性评价，本实验采用一种有机物（氯仿）和一种重金属（镉）为受试污染物。

## 一、实验用品和试剂

1. 菌种

硝化细菌。

2. 培养基和试剂

硝化细菌培养基，磷酸缓冲液（pH 7.4），亚硝酸盐显色剂，亚硝酸盐氮标准贮备溶液（0.25 g/L）。

亚硝酸盐氮标准中间液：50.0 mg/L。取亚硝酸盐氮标准贮备液 50.00 mL 置于 250 mL 容量瓶中，用水稀释至标线，摇匀。此中间液贮于棕色瓶内，保存于 2～5 ℃，可稳定 1 周）。

亚硝酸盐氮标准使用液（1.0 mg/L。取亚硝酸盐氮标准中间液 10.00 mL 置于 250 mL 容量瓶中，用水稀释至标线，摇匀。此溶液在使用时，当天配置。

氯化镉溶液：1 mg/L、10 mg/L。精确称取 0.5 g 分析纯氯化镉，加去离子水 500 mL，完全溶解后吸取此溶液 1 mL，以去离子水稀释至 100 mL，此溶液质量浓度为 10 mg/L。再吸取10 mg/L的氯化镉溶液 10 mL，以去离子水稀释至 100 mL，此溶液质量浓度即为 1 mg/L。

氯仿溶液：14.8 mg/L、148 mg/L。精确吸取 0.5 mL 氯仿（分析纯），加去离子水稀释至 500 mL，其质量浓度为 1 480 mg/L，作为贮备液。吸取贮备液 10 mL，以去离子水稀释至 100 mL，此溶液质量浓度为 1.48 mg/L。吸取 148 mg/L 的氯仿溶液 10 mL，以去离子水稀释至100 mL，此溶液质量浓度则为 14.8 mg/L。

高锰酸钾标准溶液：0.050 mol/L。溶解 1.6 g 高锰酸钾（$KMnO_4$）于 1.2 L 蒸馏水中，煮沸 0.5～1 h，使体积减少到 1 L 左右，放置过夜，用 $G_3$ 号玻璃砂芯滤器过滤后，滤液贮存于棕色试剂瓶中避光保存。

草酸钠标准溶液：0.050 mol/L，溶解经 105 ℃烘干 2 h 的优级纯无水草酸钠 3.350 0±0.000 4 g于 750 mL 水中，定量转移至 1 000 mL 容量瓶中，用水稀释至标线，摇匀。

酚酞指示剂，去离子水。

3. 仪器及其他用具

恒温振荡器、高压蒸汽灭菌锅、离心机、分光光度计、电子天平、三角瓶（250 mL，500 mL），容量瓶（100 mL，500 mL），移液管（0.5 mL，1 mL，2 mL，5 mL，10 mL），试管（12 mm×75 mm）、洗耳球、试管架、滤纸、称量纸、酒精灯。

## 二、实验步骤

1. 硝化细菌的培养

取菜园土 10 g 置于 90 mL 无菌水中制成土壤悬液，再取 10 mL 土壤悬液接种在有 90 mL硝化细菌培养基的 500 mL 三角瓶中，30 ℃振荡培养 15 d。

2. 亚硝酸钠标准曲线的绘制

在一组 50 mL 比色管中分别加入 0 mL、1.0 mL、3.0 mL、5.0 mL、7.0 mL 和 10.0 mL 亚硝酸盐氮标准使用液，用水稀释至标线。逐个加入 1.0 mL 显色剂，密塞，混匀。静置 20 min 后，在 2 h 内，于波长 540 nm 处，用光程 10 mm 比色皿，以水为参比，测量吸光度。从测得的吸光度中扣除空白，将校正的吸光度对亚硝酸盐氮含量(μg)绘制标准曲线。

3. 硝化细菌对亚硝酸钠的代谢

(1)将振荡培养后的硝化细菌以 2 000 r/min，离心 10 min，倾去培养基，用磷酸缓冲液制成菌悬液。

(2)取 15 只 250 mL 三角瓶分为 5 组，每组 3 瓶。5 组分别为对照组、1 mg/L 氯化镉溶液组(A)、10 mg/L 氯化镉溶液组(B)、14.8 mg/L 氯仿溶液组(C)、148 mg/L 氯仿溶液组(D)。各瓶加入溶液具体见表 15.4。将加好的三角瓶置于恒温振荡器中，37 ℃振荡培养，定时(0、2、4 h)取样分析。

表 15.4　溶液组分

| 组别 | 共同加入 | 加入溶液 |
|---|---|---|
| 对照组 | 亚硝酸盐氮标准中间液 8 mL，菌悬液 12 mL | 30 mL 去离子水 |
| A 组 | | 1 mg/L 氯化镉溶液 30 mL |
| B 组 | | 10 mg/L 氯化镉溶液 30 mL |
| C 组 | | 14.8 mg/L 氯仿溶液 30 mL |
| D 组 | | 148 mg/L 氯仿溶液 30 mL |

(3)取 3 ~5 mL 水样，经过滤后，取滤液 1 mL，用蒸馏水稀释至 50 mL，置于 50 mL 比色管中，加 1.0 mL 显色剂，然后按标准曲线绘制的相同步骤操作，测量吸光度，从标准曲线上查得亚硝酸盐氮量。

## 三、实验报告

1. 结果

(1)亚硝酸盐氮含量的计算：

$$C=m/V$$

式中　$C$——水中亚硝酸盐氮的质量浓度，mg/L；

$m$——由水样测得的校正吸光度，从标准曲线上查得相应的亚硝酸盐氮质量，μg；

$V$——水样的体积,mL。

(2)相对代谢率的计算:

$$T=(C_{初}-C_{试})/(C_{初}-C_{对})\times 100\%$$

式中　$T$——相对代谢率,%;

$C_{初}$——初始时亚硝酸盐氮的质量浓度,mg/L;

$C_{试}$——实验组取样测得的亚硝酸盐氮的质量浓度,mg/L;

$C_{对}$——对照组取样测得的亚硝酸盐氮的质量浓度,mg/L。

(3)根据相对代谢率评价该浓度氯化镉和氯仿的综合毒性。

## 四、注意事项

(1)硝化细菌的最佳培养条件是采用灭菌培养基,培养基 pH 值为 7.0~9.0,接种量为 90 mL培养基中接入富集培养得到的硝化细菌种子液 10 mL,培养的温度为 28~30 ℃,振荡培养。

(2)异养菌的存在对硝化速率有影响,硝化作用需要高度好氧条件以及中性至微碱性的 pH 值。异养菌的存在若引起溶解氧(DO)下降或 pH 值改变,就会降低硝化速率,因为硝化细菌对这些因素敏感。但只要 DO、pH 值等条件合适,即使存在有机物和异养 细菌,硝化作用也能快速进行。

(3)硝化反应速度受温度影响较大,因为温度对硝化细菌的增殖速度和活性影响很大,硝化细菌的最适宜温度为 30 ℃左右。

(4)溶解氧浓度影响硝化反应速度和硝化细菌的生长速度,硝化过程的溶解氧浓度,一般建议在 1.0~2.0 mg/L。

(5)进行亚硝酸盐含量测定时,当试样 pH≥11,可能遇到某些干扰。遇到情况,可向试样中加入酚酞溶液 1 滴,边搅拌边逐滴加入磷酸溶液,至红色消失。

经此处理,则在加入显色剂后,体系 pH 值为 1.8±0.3,而不影响测定。试样如有颜色和悬浮物,可向每 100 mL 试样中加入 2 mL 氢氧化铝悬浮液,搅拌,静置,过滤,弃去 25 mL 初滤液后,再取试样测定。

(6)亚硝酸盐氮中间标准液和标准使用液的浓度值,应采用贮备液标定后的准确浓度的计算值。

(7)利用硝化细菌代谢率可以定量监测污染物 Cd、Pb、Cu、Zn、As、Cr、Hg 和 B 等的毒性。随着上述重金属浓度的增加,硝化细菌对亚硝酸盐的代谢率会降低。生物毒性增强,若以抑制硝化细菌代谢率 25% 为生物临界浓度,上述重金属的生物临界质量浓度分别大约为:Hg 0.0 3 mg/L,Cd 0.8 mg/L, Cu 1.0 mg/L,As 4.0 mg/L,Cr 10.0 mg/L,B 42 mg/L,Pb 55 mg/L 和 Zn 90 mg/L。

毒性顺序为:Hg>Cd>Cu>As>Cr>B>Pb>Zn。

# 第16章 土壤微生物实验

## 实验54 土壤中功能微生物的检测

土壤中存在着各种细菌生理群以及降解性微生物，其中主要的有纤维分解细菌、固氮细菌、氨化细菌、硝化细菌和反硝化细菌等，它们在土壤养分元素循环和污染物降解转化中都起着重要作用。因此，分析和认识土壤中各种功能微生物对土壤微生物资源利用与开发具有重要意义。

### 一、氨化细菌的测定

氨化细菌类群参与土壤中有机态氮转化为氨气的生物学过程，这个过程叫做氨化作用(ammonification)。由于这类细菌的活动，使植物不能利用的有机含氮化合物转化为可给态氮，为植物及一些自养和异养微生物繁殖与活动创造了良好的营养条件。因此，分析土壤中这类细菌的组成与数量是很必要的。

#### (一)平板培养法

1. 培养基

采用牛肉膏蛋白胨琼脂培养基：

牛肉膏3 g，蛋白胨5 g，琼脂18 g，pH值7～7.2，蒸馏水1 000 mL。

2. 操作步骤

参见微生物平板稀释法分离与计数，其上生长的好氧细菌，均属氨化细菌。

#### (二)稀释法

1. 蛋白胨氨化培养基(表16.1)

将培养基在普通滤纸上过滤，装入试管(1.8 cm×18 cm)，每管装5 mL，121 ℃下灭菌30 min，每个样品需培养20支试管。

表16.1 蛋白胨氨化培养基

| 成分 | 含量 | 成分 | 含量 |
|---|---|---|---|
| 蛋白胨 | 5.0 g | 磷酸氢二钾 | 0.5 g |
| 磷酸二氢钾 | 0.5 g | 蒸馏水 | 1 000 mL |
| pH值 | 7.0 | 硫酸镁 | 0.5 g |

奈氏试剂：溶解2 g KI于5 mL蒸馏水中。在此溶液中加入Hg 12小粒至溶解饱和为止(32 g)；将12.4 g KOH溶于约40 mL蒸馏水中。将此溶液倒入$HgI_2$溶液中，加水至100 mL。

2. 操作步骤

选取4个稀释度(如$10^{-9}$～$10^{-6}$)的土壤悬液，每一稀释度的悬液接种4支试管(即4次重复),每管接种 1 mL。另取 4 支培养基不接种悬液而接种无菌水作为对照。于 28 ℃条件下培养 3 d、5 d 后分别进行检查,根据培养基的混浊度、菌膜、沉淀、气味、颜色等变化来判断氨化细菌的有无(与对照管比较)。第 7 天采用奈氏试剂定性测试有无氨的产生。从培养试管中吸取 1 或 2 滴培养液于白瓷板孔中,如加入 1 或 2 滴奈氏试剂后出现棕红色或浅褐色沉淀,即表示培养基内有氨的产生。从测定记录结果《稀释法四次重复测数统计表》得出数量指标和菌的近似值,参见"MPN 稀释法"计算结果。

## 二、硝化细菌的测定

土壤中的硝酸盐类的积累,主要是由氨化作用所产生的氨,通过硝化细菌的活动(硝化作用)氧化为硝酸,再与土壤中的金属离子作用形成硝酸盐。因此,土壤中硝化细菌的存在与活动,对于土壤肥力以及植物的营养有着重要的意义。氨氧化为硝酸,是由两类细菌经过两个阶段完成的。第一阶段是氨氧化为亚硝酸,由亚硝酸细菌(氨氧化细菌)来完成;第二阶段是由亚硝酸氧化为硝酸,由硝酸细菌(亚硝酸氧化细菌)完成,两者统称为硝化细菌。土壤中硝化细菌数量的测定,一般情况下只测定亚硝酸细菌的数量。因为在土壤中,硝化作用的第一阶段和第二阶段是连续进行的。土壤中很少发现亚硝酸盐的积累。测定参与第一阶段的亚硝酸细菌的数量,即能说明硝化细菌数量的多少。

### (一)亚硝酸细菌数量的测定

1. 培养基

采用改良的斯蒂芬森培养基:

$(NH_4)_2SO_4$ 2 g,$MgSO_4 \cdot 7H_2O$ 0.03 g,$K_2HPO_4$ 0.075g,$NaH_2PO_4$ 0.25 g,$CaCO_3$ 5 g,$MnSO_4 \cdot 4H_2O$ 0.01 g,pH 值 7.2,蒸馏水 1 000 mL。

注:培养 2 周后,取培养液于白瓷板上,加格利斯试剂甲液和乙液各一滴,若有亚硝酸存在则呈红色,并证明有亚硝化作用。

将培养基在普通滤纸上过滤,装入试管(1.8 cm×18 cm),每管装 5 mL,121 ℃下灭菌 30 min。

2. 实验试剂

格利斯试剂是由两种溶液组成的:

A 液:将 0.5 g 对氨基苯磺酸加到 150 mL 20% 的稀乙酸溶液中。

B 液:将 1 g α-萘胺加到 20 mL 蒸馏水和 150 mL 20% 的稀乙酸溶液中。

3. 操作步骤

选取 6 个稀释度(如 $10^{-7}$ ~$10^{-2}$)的土壤悬液,每一稀释度的悬液接种 4 支试管(即 4 次重复),每管接种 1 mL。另取 4 支培养基不接种悬液而接种无菌水作对照。于 28 ℃条件下培养 14 d 后,吸取培养液 5 滴于白瓷板孔中,加入 1 或 2 滴格利斯试剂,如有亚硝酸($NO_2^-$)存在,则呈红色,表示有亚硝酸细菌存在。记录测试结果。按附录中《稀释法四次重复测数统计表》得出数量指标和菌的近似值,参见"MPN 稀释法"计算结果。

如需对亚硝酸细菌进一步分离与纯化,可吸取 1 mL 培养物加入新鲜的亚硝酸细菌培养液中再培养,必要时可反复 2 次进行富集培养。吸取浓缩 10 倍的该细菌培养液 2 mL,加入到经紫外线消毒的硅胶板上,涂匀,置于 40 ℃温箱中干燥至平板表面无积水,然后将经过富集培养的样品进行悬液接种培养。14 d 后即可观察菌落的生长情况,然后制成涂片,经简单染色,在油镜下可见椭圆形或近于球形的菌体形态。

### (二)硝酸细菌数量的测定

1. 培养基

采用硝酸细菌培养基:

$NaNO_2$ 1.0 g,$K_2HPO_4$ 0.75 g,$NaH_2PO_4$ 0.25 g,$MgSO_4 \cdot 7H_2O$ 0.03 g,$Na_2CO_3$ 1.0 g,$MnSO_4 \cdot 4H_2O$ 0.01 g,蒸馏水 1 000 mL。

注:先用格利斯试剂测定,若不呈红色,再用二苯胺(diphenylamine)试剂测试,若呈蓝色,表明有硝化作用。

将培养基在普通滤纸上过滤,分装入试管(1.8 cm×18 cm),每管装 5 mL,121 ℃下灭菌 30 min。

2. 实验试剂

格利斯试剂:同前。

二苯胺试剂:将 0.5 g 无色二苯胺溶于 20 mL 蒸馏水及 100 mL 浓硫酸中。

3. 操作步骤

选取 5 个稀释度(如 $10^{-6} \sim 10^{-2}$)的土壤悬液,每一稀释度的悬液接种 4 支试管(即 4 次重复),每管接种 1 mL。另取 4 支培养基不接种悬液而接种无菌水作对照。于 28 ℃条件下培养 14 d 后,测定硝酸根的产生。吸取培养液 5 滴于白瓷板孔中,先加入 1 或 2 滴格利斯试剂,如不呈红色,则表示亚硝酸已经完全消失。此时,另吸取培养液 5 滴于白瓷板孔中,加入 1 或 2 滴二苯胺试剂,如呈蓝色,则表示亚硝酸已氧化为硝酸($NO_3^-$),并可以说明有硝酸细菌的存在。记录测试结果。按附录中《稀释法四次重复测数统计表》得出数量指标和菌的近似值,参见“MPN 稀释法”计算结果。

如需对硝化细菌进一步分离与纯化,可吸取 1 mL 培养物加入新鲜的硝酸细菌培养液中再培养,必要时可反复两次进行富集培养。吸取浓缩 1 倍的硝化细菌培养液 2 mL,加入经紫外线消毒的硅胶板上,涂匀,置于40 ℃温箱中干燥至平板表面无积水,然后将经富集培养的样品进行悬液接种培养,14 d 后可观察菌落的生长状况。

## 三、反硝化细菌的测定

土壤中由于硝化作用所积累的硝酸,在厌氧条件下以 $NO_3$或 $NO_2$代替 $O_2$作为最终电子受体,被反硝化细菌还原为亚硝酸、氨甚至氮气等,被称为广义的反硝化作用。参与这一作用的细菌称为反硝化细菌(*Denitrifyingbacteria*),也称为硝酸还原细菌。土壤中反硝化细菌多为兼性细菌,测定其数量一般采用稀释平板法。

1. 培养基

反硝化细菌培养基见表 16.2。

表 16.2 采用反硝化细菌培养基

| 成分 | 含量 | 成分 | 含量 |
|---|---|---|---|
| 柠檬酸钠 | 5.0 g | 硫酸镁 | 0.2 g |
| 硝酸钾 | 2.0 g | 磷酸氢二钾 | 1.0 g |
| 磷酸二氢钾 | 1.0 g | 蒸馏水 | 1 000 mL |
| pH 值 | 7.2~7.5 | | |

注:用奈氏试剂及格利斯试剂测定有无氨和 $NO_2$ 存在。若其中之一或二者均呈正反应,均表示有反硝化作用。若格利斯试剂为负反应,再用二苯胺测试,也为负反应时,表示有较强的反硝化作用。

每支试管(1.8 cm×18 cm)中装入 10 mL 培养基(深层培养,以造成厌氧条件),在培养基中倒放入一小玻璃管(杜氏发酵管),121 ℃下灭菌 30 min。

2. 实验试剂

(1)奈氏试剂:同前。

(2)格利斯试剂:同前。

(3)二苯胺试剂:同前。

3. 操作步骤

选取 5 个稀释度(如 $10^{-7}$ ~ $10^{-3}$)的土壤悬液,每一个稀释度的悬液分别接种 4 支试管(即 4 次重复),每管接种 1 mL。另取 4 支培养基不接种悬液而接种无菌水作对照。于 28 ℃条件下培养 14 d 后,检查是否有细菌生长。如有细菌生长,一般培养液变浊,甚至有时有气泡出现,吸取 1 或 2 滴培养液于白瓷板孔中,如加入 1 或 2 滴奈氏试剂后出现棕红色或浅褐色沉淀,即表示培养基内有氨产生;同时用格利斯试剂和二苯胺分别检查是否有亚硝酸和硝酸的存在。测定记录结果,按附录中《稀释法四次重复测数统计表》得出数量指标和菌的近似值,参见本书“稀释平板法”计算结果。

如需对反硝化细菌进一步分离与纯化,可吸取 1 mL 培养物加入新鲜的反硝化细菌培养液中再培养,必要时可反复 2 次进行富集培养。吸取浓缩 10 倍的反硝化细菌培养液 2 mL,加入到经紫外线消毒的硅胶板上,涂匀,置于 40 ℃温箱中干燥至平板表面无积水,然后将经富集培养的样品进行悬液接种培养。14 d 后可观察菌落的生长情况,并纯化单菌落。

如果需要镜检,可取无菌吸管 1 支,先用手指压紧管口,放入培养瓶底部,再松手,此时培养液会自动吸入,取出后涂片,经革兰氏染色后镜检,一般用酒石酸钾钠作为碳源的多为革兰氏阴性的细杆菌。

## 四、好氧性自生固氮细菌的测定

土壤中的自生固氮微生物,包括好氧性自生固氮菌和厌氧性自生固氮菌、固氮藻类以及一些能固定少量氮素的放线菌和真菌等,其中以好氧性自生固氮菌和厌氧性自生固氮菌的固氮能力较大,大气中的氮素占空气的 70%,但植物不能直接利用。固氮微生物却具有固定大气中氮素的能力,使气态氮素转变为植物可以利用的形态,这对土壤氮素积累及植物氮素营养有重要意义。因此了解它们在土壤中的数量以及活动强度,对研究土壤氮素循环有着十分重要的作用。

## (一)平板培养法

1. 培养基

采用瓦克斯曼77号培养基,或阿须贝无氮琼脂培养基,其具体配方参见表16.3。

表16.3 固定菌培养基配方

| 成分 | 含量 | 成分 | 含量 |
|---|---|---|---|
| 葡萄糖 | 10 g | 硫酸镁 | 0.2 g |
| 磷酸氢二钾 | 0.5 g | 硫酸锰 | 微量(1%溶液2滴) |
| 氯化钠 | 0.2 g | 三氯化铁 | 微量(1%溶液2滴) |
| 1%刚果红 | 5.0 mL | 琼脂(精制) | 18 g |
| 蒸馏水 | 1 000 mL | pH值 | 7.0(先测再加刚果红) |

2. 操作步骤

用上述培养基制成平板,每个土样准备培养皿9套。将不同稀释度(如$10^{-3}$~$10^{-1}$)的土壤悬液0.05 mL,分别滴加到琼脂培养基的表面,用玻璃刮刀刮匀后,于28 ℃恒温箱中培养7 d后,参见"稀释平板法"计算结果。

在此培养基上生长的自生固氮菌的菌落特征是:微微突起,表面光滑或具有皱纹,呈黏液状,有时还呈褐色,不透明,不染成红色,埋藏菌落呈三角形或菱形。镜检细胞肥大,常呈"8"字形,且具荚膜。必须与微嗜氮的微生物加以识别,并最好用化学方法测定固氮量。

## (二)稀释法

选取4个稀释度(如$10^{-4}$~$10^{-1}$)的土壤悬液,每一稀释度的悬液接种4支试管(即4次重复),每管接种1 mL。另取4支培养基不接种悬液而接种无菌水作对照。于28 ℃条件下培养7 d后,如滤纸上出现褐色菌落,则表示有自生固氮菌的生长。按附录中《稀释法四次重复测数统计表》得出数量指标和菌的近似值,参见"稀释平板法"计算结果。

如需对好氧性自生固氮菌进一步分离与纯化,可吸取1 mL培养物加入新鲜的固氮菌培养液中再培养,必要时可反复两次进行富集培养。吸取该培养液0.05 mL,加入到平板上,涂匀,置于2 ℃温箱中培养7 d后可观察菌落的生长情况,并纯化单菌落。

1. 培养基

采用阿须贝氏培养基,但不加琼脂,具体配方参见表16.4。

表16.4 阿须贝氏培养基

| 成分 | 含量 | 成分 | 含量 |
|---|---|---|---|
| 磷酸二氢钾 | 0.2 g | 硫酸镁 | 0.2 g |
| 氯化钠 | 0.2 g | 甘露醇(或葡萄糖) | 10.0 g |
| 碳酸钙 | 5.0 g | 硫酸钙 | 0.1 g |
| 琼脂 | 18.0 | 蒸馏水 | 1 000 mL |
| pH值 | 6.8~7.0 | | |

将5 mL培养基分装于(1.8 cm×18 cm)试管中,管中贴于内壁放一滤纸条上,一半浸入培养基内,一半露于空气中,121 ℃下灭菌30 min。

2. 操作步骤

选取4个稀释度(如$10^{-4}$~$10^{-1}$)的土壤悬液,每一稀释度的悬液接种4支试管(即4次重复),每管接种 1 mL。另取 4 支培养基不接种悬液而接种无菌水作为对照。于 28 ℃条件下培养 7 d 后,如滤纸上出现褐色菌落,则表示有自生固氮菌的生长。按附录中《稀释法四次重复测数统计表》得出数量指标和菌的近似值,参见“稀释平板法”计算结果。

如需对好氧性自生固氮菌进一步分离与纯化,可吸取 1 mL 培养物加入新鲜的固氮菌培养液中再培养,必要时可反复 2 次进行富集培养。吸取该培养液 0.0 5 mL,加入到平板上,涂匀,置于 28 ℃温箱中培养 7 d 后可观察菌落的生长情况,并纯化单菌落。

## 五、厌氧性自生固氮细菌的测定

1. 培养基(表 16.5)

表 16.5 厌氧性自生固氮细菌培养基

| 成分 | 含量 | 成分 | 含量 |
|---|---|---|---|
| 葡萄糖 | 20 g | 硫酸镁 | 0.5 g |
| 磷酸氢二钾 | 1.0 g | 硫酸锰 | 0.01 g |
| 氯化钠 | 0.25 g | 硫酸亚铁 | 0.01 g |
| 蒸馏水 | 1 000 mL | | |

每支试管(1.8 cm×18 cm)中装入 15 mL 培养基(深层培养,以造成厌氧条件),在培养基中倒放入一小玻璃管(杜氏发酵管),121 ℃下灭菌 30 min。

2. 操作步骤

选取 4 个稀释度(如 $10^{-7} \sim 10^{-4}$)的土壤悬液,每一个稀释度的悬液接种 4 支试管(即 4 次重复),每管接种 1 mL。另取 4 支培养基不接种悬液而接种无菌水作对照。于 28 ℃条件下培养 5 天后,观察气泡及丁酸的形成,同时进行镜检,以观察菌体。按附录中《稀释法四次重复测数统计表》得出数量指标和菌的近似值,参见“MPN 稀释法”计算结果。

## 六、硫化细菌的测定

硫是所有生命体生长所必需的组成成分。植物和微生物的主要硫素养料是硫酸盐类,它们吸收硫酸盐类合成为有机硫化物,这是自然界硫元素的有机质化过程。同时生物体内的有机硫化物也可以以硫化氢的状态释放出来,然后转化为游离的硫或硫酸盐类。所有这些过程都是由微生物来进行的。土壤中的硫磺细菌和硫化细菌都能将蛋白质分解时形成的硫化氢氧化成硫磺或硫酸,这种作用就是硫化作用。因此,测定土壤中硫化细菌的数量及其作用强度是有很大意义的。

1. 培养基

采用硫化细菌培养基,其具体配方参见表 16.6。

表 16.6 硫化细菌培养基

| 成分 | 含量 | 成分 | 含量 |
|---|---|---|---|
| 硫代硫酸钠 | 5.0 g | 氯化铵 | 0.1 g |
| 磷酸氢二钠 | 0.2 g | 碳酸氢钠 | 1.0 g |
| 氯化镁 | 0.1 g | 蒸馏水 | 1 000 mL |

注:接土壤悬液,培养 2 ~ 4 周,用 1% $BaCl_2$ 溶液检查培养液中有无白色沉淀,有白色沉淀表示有 $SO_4^{2-}$ 存在,证明有硫化作用。

将 5 mL 培养基分装于试管(1.8 cm×18 cm)中,每个样品需培养基 48 支试管。121 ℃下灭菌 30 min。

2. 操作步骤

用 6 个稀释度($10^{-6}$ ~ $10^{-1}$)的土壤悬液接种,每个稀释度重复 8 试管,每管接土壤悬液 0.5 mL,另取 4 支培养基不接种悬液而接种无菌水作对照。于 28 ℃条件下养 15 d 及 30 d 时检查结果,每次检查用一组稀释度的 4 个重复培养进行。检查时每管滴入 1% 氯化钡溶液 2 滴,如有白色沉淀,表明有硫酸根($SO_4^{2-}$)存在,证明有硫化细菌进行硫化作用,即$BaCl_2 + SO_4^{2-} = BaSO_4 \downarrow + 2Cl^-$。按附录中《稀释法四次重复测数统计表》得出数量指标和菌的近似数,参见"MPN 稀释法"的计算结果。

如需对硫化细菌进一步分离与纯化,可吸取 1 mL 培养物加入新鲜的硫化细菌培养液中富集培养。吸取硫化细菌培养液 0.05 mL,加入到平板上,涂匀,置于 28 ℃温箱中培养 7 d 后可观察菌落的生长情况,并纯化单菌落。将培养物涂片后,经简单染色,在油镜下可见细小的、无芽孢杆菌。

## 七、反硫化细菌的测定

在厌氧条件下,有些兼性腐生细菌能还原硫酸为硫化氢,这个过程被称为反硫化作用。硫化氢在土壤中累积过多,危害植物生长,如水稻烂根现象。

1. 培养基

采用反硫化细菌培养基,其具体配方参见表 16.7。

表 16.7　反硫化细菌培养基

| 成分 | 含量 | 成分 | 含量 |
|---|---|---|---|
| 磷酸氢二钾 | 1.0 g | 天门冬素 | 2.0 g |
| 硫酸亚铁 | 0.01 g | 硫酸镁 | 2.0 g |
| 乳酸钠 | 5.0 g | 蒸馏水 | 1 000 mL |

注:培养 2 周后,加 5% 柠檬酸铁 1 或 2 滴,观察是否有黑色沉淀,如有,证明有反硫化作用(由于反硫化作用产生的 $H_2S$ 与柠檬酸盐作用生成 FeS 沉淀),或在试管中吊一条浸过乙酸铅的滤纸条,若有 $H_2S$ 生成则与铅结合成 PbS 沉淀(黑色),使滤纸变黑。

将 5 mL 培养基分装于试管(1.8 cm×18 cm) 中,121 ℃下灭菌 30 min。

2. 操作步骤

用 7 个稀释度($10^{-7}$ ~ $10^{-1}$)的土壤悬液进行接种,每个稀释度的悬液重复 4 管,每管接土壤悬液 0.5 mL,另取 4 支培养基不接种悬液而接种无菌水作对照。于 28 ℃条件下培养 14 d 后,添加 5% 柠檬酸铁 1 或 2 滴,观察试管底部及管壁是否形成黑色沉淀,如有证明有反硫化作用。按附录中《稀释法四次重复测数统计表》得出数量指标和菌的近似值,参见"MPN 稀释法"计算结果。

如需对反硫化细菌进一步分离与纯化,可吸取 1 mL 培养物加入新鲜的反硫化细菌培养液中富集培养。吸取反硫化细菌培养液 0.05 mL,加入到平板上,涂匀,置于 28℃温箱中培养 7 d 后可观察菌落的生长情况,并纯化单菌落。将培养物涂片后,经简单染色,在油镜下可见弯曲的反硫化弧菌。

## 八、磷细菌的测定

土壤中的磷素有20%～80%是以有机物质状态存在于植物残体和微生物体内，必须经过微生物对有机磷化物的分解作用才能转变为简单的、植物吸收的磷化物（主要是磷酸盐）。有些细菌能产生有机酸或无机酸，加强了土壤中某些难溶性的磷酸盐，如磷酸钙等的溶解性，从而提高了土壤中可给性磷素的含量。因此，测定这一类群微生物的数量，对了解土壤中磷素的转化有重要的现实意义。一般磷细菌的测定都是采用稀释法，但为获取菌种资源，可采用稀释平板法。

### （一）有机磷细菌

1. 培养基

采用蒙金娜有机磷培养基，其具体配方参见表16.8。

**表16.8 蒙金娜有机磷培养基**

| 成分 | 含量 | 成分 | 含量 |
| --- | --- | --- | --- |
| 葡萄糖 | 10 g | 硫酸铵 | 0.5 g |
| 氯化钠 | 0.3 g | 氯化钾 | 0.3 g |
| 硫酸镁 | 0.3 g | 硫酸亚铁 | 0.03 g |
| 琼脂 | 15.0～18 g | 碳酸钙 | 5.0 g |
| 硫酸锰 | 0.03 g | 蒸馏水 | 1 000 mL |
| pH值 | 7.0～7.5 | 卵磷脂 | 0.2 g |

将5 mL培养基分装于试管（1.8 cm×18 cm）中，121 ℃下灭菌30 min。

2. 实验试剂

（1）4%钼酸铵试剂。称取化学纯钼酸铵结晶18 g，溶解在420 mL蒸馏水中，然后再渐渐向钼酸铵水中加入30 mL浓硫酸，充分振荡，使结晶完全溶解后，保存在棕色玻璃瓶中待用。

（2）还原剂。称取化学纯亚硫酸氢钠（$NaHSO_3$）15 g，溶于250 mL蒸馏水中，加入亚硫酸钠（$Na_2SO_3$）1.5 g和1,2,4-氨基萘酚磺酸使之完全溶解后，用蒸馏水稀释成500 mL。如溶液浑浊，可用滤纸过滤，保存于棕色瓶中使用。

3. 操作步骤

用4个稀释度（$10^{-7}$～$10^{-4}$）的土壤悬液接种，每个稀释度的悬液重复4管，每管接土壤悬液1.0 mL，另取4支培养基不接种悬液而接种无菌水作对照。于28 ℃条件下培养5 d后，加4%钼酸铵试剂2 mL于试管中，在沸水浴中加热2 min。取出后加入还原剂1 mL，有磷酸时呈蓝色反应。按附录中《稀释法四次重复测数统计表》得出数量指标和菌的近似值，参见“MPN稀释法”计算结果。

如需对有机磷细菌进一步分离与纯化，可吸取1 mL培养物加入新鲜的有机磷细菌培养液中富集培养。吸取有机磷细菌培养液0.05 mL，加入到平板上，涂匀，置于28 ℃温箱中培养7 d后可观察菌落的生长情况，并纯化单菌落。

(二)无机磷细菌

1.培养基

采用磷酸三钙无机磷培养基,其具体配方参见表16.9。

表16.9　磷酸三钙无机磷培养基

| 成分 | 含量 | 成分 | 含量 |
|---|---|---|---|
| 葡萄糖 | 10 g | 硫酸铵 | 0.5 g |
| 氯化钠 | 0.3 g | 氯化钾 | 0.3 g |
| 硫酸镁 | 0.3 g | 硫酸亚铁 | 0.03 g |
| 琼脂 | 15~18 g | 磷酸三钙 | 10 g |
| 硫酸锰 | 0.03 g | 蒸馏水 | 1 000 mL |
| pH值 | 7.0~7.5 | | |

2.实验材料

无菌培养皿、无菌吸管(1 mL)或移液枪、玻璃刮刀等。

3.操作步骤

采用平板分离法。取3个稀释度($10^{-6}$~$10^{-4}$)的土壤悬液,接种量为1.0 mL,平板培养7 d,计算具有透明圈的菌落数及细菌菌落总数,以透明圈的大小作为产酸解磷能力强弱的指标。

## 九、钾细菌的测定

钾细菌又被称硅酸盐细菌,具有分解土壤中铝硅酸盐和转化钾及其他灰分元素成为植物可吸收态的营养的能力。它们不但能分解含钾的长石、云母、玻璃和磷石灰等矿物释放出有效态钾,并能从空气中摄取氮素。因此,硅酸盐细菌是研发微生物肥料的重要材料。测定土壤中硅酸盐细菌的数量一般采用稀释平板法。

(一)培养基

采用硅酸盐培养基,其具体配方参见表16.10。

表16.10　硅酸盐培养基

| 成分 | 含量 | 成分 | 含量 |
|---|---|---|---|
| 硫酸镁 | 0.2 g | 氯化镁 | 0.2 g |
| 酵母膏 | 0.4 g | 磷酸氢二钾 | 0.5 g |
| 碳酸钙 | 1.0 g | 甘露醇 | 10 g |
| 硫酸锰 | 0.2 g | 琼脂 | |
| 蒸馏水 | 1 000 mL | pH值 | 7.0~7.2 |

(二)操作步骤

将2个稀释度($10^{-4}$、$10^{-3}$)的土壤悬液1 mL接种于灭菌的培养皿中,然后倾入上述冷至45 ℃左右的培养基约12 mL,充分摇匀,待冷却凝固后,倒放于28 ℃恒温箱中。培养4 d,取出计数。选择大型,透明凸起如玻璃珠状,十分黏着而有弹性的菌落即为硅酸盐细菌。从测定记录,参见“稀释平板法”计算结果。

如需对钾细菌进一步分离与纯化,对上述菌落进行划线,置于 28 ℃温箱中培养 4 d 后可观察菌落的生长情况。

## 十、铁细菌的测定

铁是植物生长和大部分微生物发育所必需的元素之一。土壤中铁的形态主要为氧化铁及它们的水化物,以及各种简单的亚铁化合物,如碳酸铁等。土壤中游离的高铁和亚铁的比例决定于土壤的氧化还原状态。这种氧化还原变化,不只是化学反应,而且铁细菌(*Iron-bacteria*)在好氧或微好氧条件下,能氧化亚铁($Fe^{2+}$)为高铁($Fe^{3+}$),从中获取能量,即

$$4FeCO_3+O_2+6H_2O \longrightarrow 4Fe(OH)_3+4CO_2$$

能量起着很重要的作用,尤其是对水稻土或潜育土。因此,测定土壤中铁细菌的数量对进一步认识土壤中的氧化还原过程和研究土壤腐蚀作用有着重要意义。测定土壤中铁细菌数量一般采用 MPN 稀释法。

### (一)培养基

采用铁细菌培养基,其具体配方参见表 16.11。

**表 16.11 铁细菌培养基**

| 成分 | 含量 | 成分 | 含量 |
|---|---|---|---|
| 磷酸氢二钾 | 0.5 g | 硫酸镁 | 0.5 g |
| 柠檬酸铁铵 | 10.0 g | 氯化钙 | 0.2 g |
| 硫酸铵 | 0.5 g | 硝酸钠 | 0.5 g |
| pH 值 | 6.8~7.2 | 蒸馏水 | 1 000 mL |

分装于 100 mL 已灭菌的量筒或大试管中,每管 100 mL,121 ℃下灭菌 30 min。

### (二)操作步骤

将 7 个稀释度($10^{-7}$ ~ $10^{-1}$)的土壤悬液接种,每管接 1 mL,每个稀释度的悬液重复 4 次。于 28 ℃条件下培养 10 d,视铁细菌的生长情况,得出数量指标。从测定记录结果,按附录中《稀释法四次重复测数统计表》得出菌的近似值,参见“MPN 稀释法”计算结果。

如需对铁细菌进一步分离与纯化,可吸取 1 mL 培养物加入新鲜的铁细菌培养液中富集培养。然后平板划线,纯化单菌落。

## 十一、纤维分解菌的测定

纤维素(cellulose)是组成植物组织的主要成分,约占植物组织的 50%。土壤中植物残体的分解主要是由微生物来进行的,是土壤碳素循环的 50%,是土壤碳素循环的重要驱动者。纤维素分解菌有好氧与厌氧之分,土壤中纤维素的分解作用主要是由好氧性分解菌进行的,如噬纤维素菌属(*Cytophaga*),具有很强的纤维素分解能力。除细菌外,真菌与放线菌的某些类群也具有分解纤维素的能力。在厌氧条件下,分解纤维素的微生物是由一些产孢子杆菌,如奥氏纤维素芽孢杆菌(*Bacillus omelianskii*)和相类似的少数种进行的。它们不但在大气碳素循环中有重要作用,而且其分布与土壤性状、土壤肥力有着密切的关系。因此,测定土壤中纤维素分解菌的数量是十分必要的。

## (一)好氧性纤维素分解菌

1. 平板法

(1)培养基

采用赫奇逊培养基,其具体配方参见表 16.12。

表 16.12　赫奇逊培养基

| 成分 | 含量 | 成分 | 含量 |
|---|---|---|---|
| 磷酸二氢钾 | 1.0 g | 硫酸镁 | 0.3 g |
| 氯化钠 | 0.1 g | 氯化钙 | 0.1 g |
| 氯化铁 | 0.01 g | 硝酸钠 | 2.5 g |
| 琼脂 | 18.0 g | 蒸馏水 | 1 000 mL |
| pH 值 | 7.2 左右 | | |

注:1. 将已融化的上述培养基倒入培养皿上,凝固后在琼脂平板表面放一张无淀粉滤纸,用刮刀涂抹滤纸表面使其紧贴在琼脂表面。接种土粒或土壤悬液后保湿培养。

2. 按上述成分配成培养液(不加琼脂),分装试管中,每管约 5.0 mL,然后加入处理过的滤纸 1 条贴于试管内壁,一半浸入培养液,一半露出液面,用稀释法接种、计数。

3. 滤纸处理法:用 1% 乙酸浸泡一昼夜,用碘液检查确无淀粉后,再用 2% 苏打水(碳酸氢钠)冲洗至中性,晾干待用。用法:插入滤纸条或加入 2 mm×2 mm 大小的滤纸片 0.05 g,观察方法同上。

(2)操作步骤。分别接种 0.05 mL 稀释度为 $10^{-3}\sim10^{-1}$ 的土壤悬液于冷凝的平板培养基上,用玻璃刮刀使其均匀涂抹于培养基的表面。然后用灭菌的镊子夹取灭过菌的直径与培养皿等大的滤纸,覆盖于培养基上,再用干净灭菌的玻璃刮刀压平,置于盛有水的干燥器中,28 ℃条件下保湿培养 14 d 后取出,计算黏液菌、弧菌、真菌和放线菌的数量,参见本章“稀释平板法”计算结果。

如需对好氧性纤维素分解菌进一步分离与纯化,可采用划线法纯化单菌落。

2. 稀释法

(1)培养基。采用赫奇逊培养基,不加琼脂,其具体配方参见表 16.12。

将 5 mL 培养基分装于试管(1.8 cm×18 cm)中,管中贴于内壁放一滤纸条,一半浸入培养液内,一半露于空气中,121 ℃下灭菌 30 min。

滤纸条是以普通的滤纸剪成 5 cm×0.7 cm 的纸条。如呈酸性反应,先以碱性溶液(在自来水中加入 1 或 2 滴浓碱液即可),浸泡 4~5 h,取出用自来水冲洗,烘干使用。

(2)操作步骤。用 5 个稀释度($10^{-5}\sim10^{-1}$)的土壤悬液接种,每管接土壤悬液 1.0 mL,每个稀释度的悬液重复 4 管。另取 4 支培养基不接种悬液而接种无菌水作对照。在接入土壤稀释液时,需经过露于液面的滤纸条流入培养基中。于 28 ℃条件下培养 14 d,检查各试管中滤纸条上细菌菌落的出现及滤纸变薄、断裂、色素产生情况。测定记录结果,按附录中《稀释法四次重复测数统计表》得出数量指标和菌的近似值,参见“MPN 稀释法”计算结果。

## (二)厌氧性纤维素分解菌

1. 培养基

采用厌氧性纤维素分解菌培养基,其具体配方参见表 16.13。

表 16.13 厌氧性纤维素分解菌培养基

| 成分 | 含量 | 成分 | 含量 |
|---|---|---|---|
| 磷酸氢铵钠 | 2.0 g | 硫酸镁 | 0.5 g |
| 磷酸二氢钾 | 1.0 g | 碳酸钙 | 5.0 g |
| 氯化钙 | 0.3 g | 蒸馏水 | 1 000 mL |
| 蛋白胨 | 1.0 g | | |

将上述培养基 10 ~ 15 mL 装于试管中,并插入 1 cm×10 cm 滤纸条一片或加入切成 2 mm×2 mm 大小滤纸片 0.05 g,121 ℃下灭菌 30 min。

2. 操作步骤

用 5 个稀释度($10^{-5}$ ~ $10^{-1}$)的土壤悬液接种,每管接土壤悬液 1.0 mL,每个稀释度重复 4 管。另取 4 支培养基不接种悬液而接种无菌水作对照。于 28 ℃条件下培养 14 d 后(加滤纸小片者放 1 个月),取出检查滤纸上的溶解区以及菌落或色斑情况,以判别有无厌氧分解菌。加滤纸片则培养 1 个月后取出振荡观察纸屑的腐烂情况。测定记录结果,按附录中《稀释法四次重复测数统计表》得出数量指标和菌的近似值,参见“MPN 稀释法”计算结果。

如需继续分离纯化,可用纤维素琼脂培养基,稀释平板法接种,经厌氧培养,可得到厌氧性纤维分解菌的纯培养物。

## 十二、光合细菌的测定

光合细菌是一大类具有光合色素,能在厌氧、光照条件下进行光合作用的原核生物的总称,一般生长在湖底土、河流底土、海底土和水稻土等生境中。光合细菌由 4 个科组成:着色菌科(红硫菌科,又称红色或紫色硫细菌);绿菌科(又称绿硫细菌);红螺菌科(又称红色或紫色非硫细菌);绿色屈挠菌科(又称滑行丝状绿色硫细菌)。前 2 个科的光合细菌均为厌氧性光合细菌,但着色菌科细菌的硫磺颗粒在细胞内,而绿菌科细菌的硫磺颗粒却在胞外,两者都能以 $CO_2$ 作为唯一或主要的碳源,以 $H_2S$ 作为光合反应的供氢体,能源来自于日光,属光能无机自养型,后 2 个科的光合细菌都能利用各种有机碳化合物为碳源和光合反应的供体,能源来自日光,属光能有机异养型。其中,红螺菌科细菌在有机污水治理、光合细菌饲料蛋白、天然色素以及光合细菌产氢等方面具有广泛的应用前景。因此,本节将介绍土壤中光合细菌的分离、纯化常见方法。

### (一)培养基(表 16.14)

表 16.14 光合细菌培养基

| 成分 | 含量 | 成分 | 含量 |
|---|---|---|---|
| 氯化铵 | 1.0 g | 氯化镁 | 0.2 g |
| 酵母膏 | 0.1 g | 磷酸氢二钾 | 0.5 g |
| 氯化钠 | 2.0 g | 蒸馏水 | 1 000 mL |

### (二)操作步骤

称取 60 g 适于光合细菌生长的土壤,灭菌后装入玻璃量筒内,再加入采集的样品水。根据欲分离的不同光合细菌选用上述相同的培养基 100 ~ 200 mL,并与土壤搅拌均匀,然后加入流体石蜡(由液体石蜡和固体石蜡以 1 : 1 比例加热混合而成)隔绝空气,造成厌氧环境。

在25～35 ℃温度下，用5 000～10 000 lx的光照强度进行光照培养2～8周。这时，光合细菌在玻璃壁上呈菌落状，并且布满整个筒壁，呈红色或绿色。然后，用吸管在细菌生长良好的泥土层吸取泥水样和细菌，移植至约50 mL的试剂瓶中，再加入上述培养液，继续培养。用试剂瓶培养时，先装入泥状溶液，再把各种培养液装满瓶子，然后塞紧塞子，防止培养液溢出，保持厌氧条件。试验瓶的橡皮塞用胶布封好，以防止长时间培养液蒸发。

在这个试剂瓶中不断进行富集培养，并将生长良好的光合细菌悬浮液适当稀释，在厌氧条件下继续进行光照培养。

用碱性没食子酸法进行厌氧平板培养，在2 000～5 000 lx光照条件下进行。把干燥器内的空气用真空泵减压到1/3，再通入无菌的氢气，进行气体置换造成厌氧条件，然后用碱性没食子酸把残余的氧气除去。

把悬液和琼脂培养基混匀后装入已经灭菌的细玻璃管中凝固，把玻璃管口两端用橡皮塞塞紧后进行光照培养。培养结束后，在无菌条件下推出凝固琼脂或打碎玻璃管。

将以上分离到的不同形态的菌株进行反复分离纯化，直到在显微镜下观察菌体形态基本一致，纯化工作才结束，菌株供鉴定用。

## 十三、甲烷产生菌的测定

大气中甲烷是引起全球气候变暖的主要因素之一。大气中的甲烷几乎有一半来自于富含有机物的缺氧、多水的水田土壤、沼泽、湿地、水底淤泥等厌氧生境的生物过程。这些甲烷在厌氧生境中由产甲烷细菌(*Methane bacteria*)形成以后，经碳素循环起着重要作用。

### (一)培养基(表16.15)

表16.15　甲烷产生菌培养基

| 成分 | 含量 | 成分 | 含量 |
|---|---|---|---|
| 磷酸氢二钾 | 6.0 g | 磷酸氢二钾 | 6.0 g |
| 硫酸铵 | 6.0 g | 氯化钠 | 12.0 g |
| 硫酸镁 | 2.6 g | 氯化钙 | 0.16 g |
| 硫酸亚铁 | 0.002 g | 碳酸氢钠 | 5.0 g |
| 乙酸钠 | 2.5 g | 甲酸钠 | 2.5 g |
| 酵母浸液 | 2.0 g | 胰酶解酪蛋白 | 2.0 g |
| L-半胱氨酸盐 | 0.5 g | 硫化钠 | 0.5 g |
| 微量元素液 | 10 mL | 蒸馏水 | 1 000 mL |

注：固体培养基中需加1.8%琼脂。

＊每升微量元素液中含有下述成分(用KOH调节pH值至7.0)：

| | | | |
|---|---|---|---|
| 氮三乙酸 | 1.50 g | 硫酸镁($MgSO_4 \cdot 7H_2O$) | 3.00 g |
| 硫酸镁($MgSO_4 \cdot 2H_2O$) | 0.50 g | 硫酸锌($ZnSO_4 \cdot 7H_2O$) | 0.10 g |
| 氯化钙($CaCl_2 \cdot 2H_2O$) | 0.10 g | 氯化钠(NaCl) | 10.00 g |
| 钼酸钠($NaMoO_4 \cdot 2H_2O$) | 0.01 g | 硫酸钴($CoSO_4$) | 0.10 g |
| 硼酸($H_3BO_3$) | 0.01 g | 硫酸锌($ZnSO_4$) | 0.10 g |
| 硫酸钾铝[$AlK(SO_4)_2$] | 0.01 g | 硫酸铜($CuSO_4 \cdot 5H_2O$) | 0.1 g |

经土壤和水层逸散入大气。因此，甲烷产生菌对自然界碳素循环起着重要作用。

### (二)操作步骤

将熔化好装有固体培养基的培养管,放置排列于水温在45~50 ℃的水浴锅中,每一富集培养处理,排列7或8支,每列前放一支同样组分,仅缺少琼脂的液体培养基,每个处理重复1次。每支培养管5 mL培养液中,用1 mL注射器分别加入1%硫化钠和5%碳酸氢钠混合试剂、青霉素液各0.1 mL。把相应基质的富集培养物在旋涡混合器上将富集絮状物打散。用1 mL灭菌注射器以氮气流洗去氧后,吸取0.1 mL富集培养物,迅速注入加有同一基质的液体培养基中,将此管立即在旋涡混合器上混匀,然后依次同法稀释,每次稀释后均匀混合。稀释程度视富集培养物中产生甲烷细菌的数量而定,以最后2或3个稀释度的培养管中出现10个以下单菌落为宜。在滚管机水槽中加入冰块和冷水,使滚管过程中水温保持较低温度,以便培养管中琼脂培养基迅速凝固。启动滚管机,把已接入的富集培养物琼脂培养基的培养管平稳放在滚轴与支托点之间,任意均匀转动。待琼脂培养基在培养管内壁凝固成为均匀透明的琼脂薄膜为止。如无滚管机也可在一瓷盘中加水、冰块和少量氯化钠以降低温度,用手滚动进行。30 ℃培养培养10 d后,以厌氧操作技术挑取滚管菌落,培养后再进行厌氧滚管分离,多次反复直至纯培养物。得到多株纯培养物,采用气相色谱仪检测是否能利用甲烷,并进行荧光显微镜镜检。

## 十四、有机污染物降解菌的测定

土壤中存在大量的微生物资源,它们是土壤环境的净化器,对土壤环境修复发挥着不可替代的作用。因此,土壤中降解菌资源的筛选与分离成为土壤环境微生物修复研究中的重要工作。本节以有机污染物(农药、酚、石油、多环芳烃及有机氯化合物等)为例,介绍土壤中高效降解菌的筛选、分离及纯化常规方法。

### (一)培养基

1. 无机盐含有机污染物培养基(表16.16)

**表16.16 无机盐含有机污染物培养基**

| 成分 | 含量 | 成分 | 含量 |
| --- | --- | --- | --- |
| 磷酸二氢钠 | 1.0 g | 磷酸氢二钠 | 2.0 g |
| 硫酸镁 | 0.5 g | 氯化钙 | 0.02 g |
| 硝酸铵 | 1.0 g | 氯化亚铁 | 2滴 |
| 蒸馏水 | 1 000 mL | | |

注:一定浓度的有机污染物(如500 mg/L),pH 7.0。固体培养基中加1.8%琼脂。有机污染物及其他各种试剂均为分析纯。

2. 富集培养基(表16.17)

**表16.17 富集培养基**

| 成分 | 含量 | 成分 | 含量 |
| --- | --- | --- | --- |
| 牛肉膏 | 3.0 g | 蛋白胨 | 10 g |
| 氯化钠 | 5.0 g | 蒸馏水 | 1 000 mL |
| 琼脂 | 20 g | pH值 | 7.2~7.4 |

注:121 ℃高压蒸汽灭菌20 min。用于菌株的平板分离及活化,另外做活化培养基时不加琼脂。

### (二)操作步骤

称取 2 g 有机污染土壤(也可从非污染土壤中筛选),接种于新鲜的 100 mL 液体无机盐含相应有机污染物的培养基中,在 30 ℃,150 r/min 摇床振荡培养 3 ~ 5 d 后,吸取 1 mL 转接至新鲜的上述培养基(必要时,有机污染物浓度也可逐一增加),连续富集,每周转接1 次,多次转接后,用稀释平板分离法在富集培养基上进行分离,反复划线分离得到菌株。所得菌株重新转接至含有机污染物的无机盐固体培养基上,以验证菌株的降解能力。

观察记录菌种的生长状况、菌落特征、镜检菌体的形态结构,以及生理生化和生态特征,革兰氏染色、芽孢染色及鞭毛染色以及菌种鉴定。

## 十五、重金属抗性菌的测定

土壤微生物可以积累和转化环境中的重金属,其中,生物积累机理主要表现在胞外络合作用、胞外沉淀作用以及胞内积累三种作用方式。由于微生物对重金属具有很强的亲和吸附性能,有毒金属离子可以沉积在细胞的不同部位或者结合到胞外基质上,或被轻度螯合在可溶性或不溶性生物聚合物上。一些微生物如动胶菌、蓝细菌、硫酸还原菌以及某些藻类,能够产生胞外聚合物如多糖、糖蛋白等具有大量的阴离子基团,与重金属离子形成络合物同时,重金属进入细胞后,可通过“区域化作用”分布在细胞内的不同部位,体内可合成金属硫蛋白(MT),MT 可通过 Cys 残基上的巯基与金属离子结合形成无毒或低毒络合物。可见,微生物生物技术在净化污染土壤环境方面具有广泛的应用前景。因此,下面主要介绍土壤中重金属抗性菌的筛选、分离及纯化常规方法。

### (一)培养基

1. 有氮改良基础培养基(表 16.18)

表 16.18 有氮改良基础培养基

| 成分 | 含量 | 成分 | 含量 |
|---|---|---|---|
| 蔗糖 | 10 g | 磷酸氢二钾 | 2.0 g |
| 硫酸镁 | 0.5 g | 硫酸铵 | 1.0 g |
| 氯化钠 | 0.1 g | 酵母膏 | 0.5 g |
| 碳酸钙 | 0.5 g | pH 值 | 7.2 |
| 蒸馏水 | 1 000 mL | | |

注:一定浓度的重金属(依不同的环境条件和要求而定)。固体培养基中加 1.8% 琼脂。重金属试剂均为化学纯。

2. 富集培养基(表 16.19)

表 16.19 富集培养基

| 成分 | 含量 | 成分 | 含量 |
|---|---|---|---|
| 牛肉膏 | 3.0 g | 蛋白胨 | 10 g |
| 氯化钠 | 5.0 g | 琼脂 | 20 g |
| 蒸馏水 | 1 000 mL | pH 值 | 7.2 ~ 7.4 |

注:121 ℃高压蒸汽灭菌 20 min。用于菌株的平板分离及活化,另外做活化培养基时不加琼脂。

**(二)操作步骤**

称取 2 g 重金属污染土壤(也可从非污染土壤中进行筛选),接种于新鲜的 100 mL 液体无机盐含相应重金属的培养基中,在 30 ℃,150 r/min 摇床振荡培养 3 ~ 5 d 后,吸取 1.0 mL 转接至新鲜的上述培养基(必要时,重金属浓度也可逐一增加),连续富集,每周转接 1 次,多次转接后,用稀释平板法在富集培养基上分离,反复划线分离得到菌株。所得菌株重新转接至含重金属的无机盐固体培养基上,以验证菌株的抗性。然后,对有明显功能的菌种进行鉴定。

# 实验 55　土壤中光合异养菌的分离培养

在土壤中微生物种类繁多,以异养型细菌为主,它是自然生态系统中的主要成员,也是人类可以利用的微生物资源的主要来源,它广泛分布于天然土壤。

分离培养土壤中的光合异养菌,关键是选择适宜的各种营养成分和不同酸碱度的培养基。在不同温度和不同厌氧、光照条件下进行培养。

## 一、实验仪器

高压蒸汽灭菌器,生化恒温培养箱,显微镜,真空干燥器,真空抽气泵,烘箱,玻璃器皿:100 mL 量管、培养皿、烧杯、三角瓶、吸管、玻璃棒等。

## 二、实验试剂

$NH_4Cl$、$K_2HPO_4$、$CH_3COONa$、$MnSO_4 \cdot 7H_2O$、NaCl、酵母液汁、$NaHCO_3$、NaOH 无机盐类溶液、$FeCl_3 \cdot 6H_2O$、$CuSO_4 \cdot 5H_2O$、$H_3BO_3$、$MnCl_2 \cdot 4H_2O$、$ZnSO_4 \cdot 7H_2O$、$Co(NO_3)_2 \cdot 6H_2O$、焦性没食子酸、液体石蜡。

## 三、实验操作

1. 土样采集

在选定取样地区后,要按对角交叉取样法 5 点取样,将头层 2 cm 处土样去除,取 2 ~ 10 cm处的土样。用灭菌的土铲,采取 5 个点的样品 1 kg,充分混匀,将碎石及植物根部去除,装入无菌瓶中带回实验室。

2. 土样处理

先称取土样 10 ~ 15 g。记下准确质量,在烘箱内 105 ℃烘干 8 h 置于干燥器中冷却后称重,当干土达到恒重时,计算土壤中水的质量分数,以便换算干土中的微生物数量。

土壤中水的质量分数/% =[(湿土壤重-干土壤重)/湿土壤重]×100%

3. 操作方法及步骤

(1)接种。将采集混拌均匀的土样称取 200 g,放置于 100 mL 的量筒内,加培养基至离管口约 5 cm 的高度,用玻璃棒充分搅拌,然后加入厚度约 1 cm 的液体石蜡密封,为厌氧处理,盖上橡皮塞以减少水分蒸发或细菌污染。

(2)培养基的制备。$NH_4Cl$ 1g、$K_2HPO_4$ 0.2 g、$CH_3COONa$ 3 g、$MgSO_4 \cdot 7H_2O$ 0.2 g、NaCl 1 g、酸母液汁 0.1 g、无机盐类 10 mL、蒸馏水 1 000 mL,pH 7,121 ℃高压蒸汽灭菌 20 min。

注:取 $NaHCO_3$ 1 g,制备成质量分数5%的 $NaHCO_3$ 水溶液过滤,除菌后取20 mL加入灭菌培养基中混合。

无机盐类溶液:

$FeCl_3 \cdot 6H_2O$ 5 mg,$CuSO_4 \cdot 5H_2O$ 0.05 mg,$Na_2SO_3$ 1 mg,$MnCl_2 \cdot 4H_2O$ 0.05 mg,$ZnSO_4 \cdot 7H_2O$ 1 mg,$Co(NO_3)_2 \cdot 6H_2O$ 0.5 mg,蒸馏水1 000 mg。

(3)培养观察。将厌氧光照培养管,放于生化恒温培养箱内,恒温28~30 ℃,光照5 000~10 000 lx(或100 W灯光照射)培养2周。在量筒管壁上长出红色细菌菌落。用接种针(或无菌吸管)挑起菌种,在固体培养基上作平板划线分离(固体培养基是在上培养基中加5%琼脂)。然后作碱性焦性没食子酸,用吸氧法创造出厌氧条件。

将接种的平板,倒置于干燥器内,进行厌氧培养,恒温28~30 ℃,时间2周,干燥器外,保持光照5 000~10 000 lx(或100 W灯光照射)至平板长出红色非硫细菌。然后,再进行纯种分离培养1~2次,无菌操作,挑取出纯菌落进行单染色及革兰氏染色,在油镜下,观察细菌形态。

## 四、实验结果处理

1. 土壤中细菌总数的计算

称取新鲜土样10 g,放入装有9 mL无菌水的三角瓶内充分摇匀,即为$10^{-1}$浓度的稀释液,然后用无菌移液管吸取$10^{-1}$菌液,在加入9 mL的无菌水的三角瓶内,充分摇匀,即为$10^{-2}$浓度稀释液,依此类推做出$10^{-3}$、$10^{-4}$、$10^{-5}$等一系列土壤稀释液。

然后,用涂布接种法作$10^{-4}$、$10^{-5}$浓度的平板分离(培养基用厌氧处理培养基)平行样3~5个,28~30 ℃培养2周。数出平均菌落数,按下式进行计算:

每克干土中细菌数=(同一稀释度的菌落平均数×稀释倍数×10)/(1-土壤中水质量分数%)

2. 碱性焦性没食子酸法

此种方法广泛用于创造厌氧条件。因为碱性焦性没食子酸吸氧能力强,且不需要特殊装置。将待培养物放入干燥箱内,按100 mL培养物,需焦性没食子酸1 g及2.5 mol/L NaOH 10 mL计算,将焦性没食子酸与NaOH装入玻璃瓶,混合成碱性焦性没食子酸,放入干燥器内,可吸收容器内的氧气。调配厌氧指示剂(6%葡萄糖水溶液,用蒸馏水将0.1 mol/L的NaOH 6 mL稀释至100 mL,用蒸馏水将0.5%的美蓝3 mL稀释至100 mL,将三种液体进行等量混合,即成厌氧指示剂),将厌氧指示剂加入试管煮沸至无色,放入干燥箱内,如容器内处于厌氧条件,指示剂无色,如容器内有氧时则指示剂变为蓝色。

当培养物品放入容器内时,立即盖紧干燥皿盖子密封,同时用真空泵抽出空气,恒温下培养即可。

## 五、实验结果讨论

(1)通过试验,观察描述红色非硫菌的菌落特征及菌体形态特征。

(2)比较红色非硫细菌与其他光合菌在培养时,对光照、营养条件等其他环境条件要求的不同点。

(3)从生理生化,生长特征分析,是否能将红色非硫菌应用在细菌处理污水方面,书写试验报告。

# 实验 56　土壤化能自养菌的分离培养

化能自养菌存在于土壤中(在污水中也存在着化能自养菌),对自然界的不同环境中的无机元素的循环有着独特而重要的作用。土壤化能自养菌是一些能氧化不同无机物,从中获得能量,同化二氧化碳而生活的自养类细菌,主要代表菌有三种:亚硝酸细菌、硝酸细菌和硫细菌。

## 一、实验仪器

高压蒸汽灭菌器;生化恒温培养箱;显微镜;玻璃器皿:烧杯(500 mL、1 000 mL)、量筒100 mL、三角瓶(500 mL、1 000 mL)、1 mL 移液管、培养皿、玻璃棒、载玻片、盖玻片、白瓷板。

## 二、实验试剂

$K_2HPO_4$、$MgSO_4 \cdot 7H_2O$、NaCl、$FeSO_4 \cdot 7H_2O$、$MnSO_4 \cdot 4H_2O$、HCl、NaOH、$(NH_4)_2SO_4$、$CaCO_3$、磺胺酸、醋酸、α-苯胺、浓硫酸、二苯胺、$Na_2SO_3 \cdot 5H_2O$、$NH_4Cl$、$MgCl_2$、$CaCl_2 \cdot 6H_2O$、$BaCl_2$。

## 三、实验操作

1. 亚硝酸细菌的培养与观察

亚硝酸细菌是一种椭圆形或近似球形的无芽孢的小杆菌,革兰氏染色阳性。亚硝酸细菌是能引起亚硝酸硝化作用,能将氨氧化为亚硝酸的细菌。

(1)亚硝化培养基的制配。

$(NH_4)_2SO_4$ 0.5 g,$CaCO_3$ 1 g,维氏标准溶液(1∶20)1 000 mL。

每 100 mL 三角瓶内装 30 mL,121 ℃高压蒸汽灭菌器 30 min。

附:维氏标准溶液的配制

$K_2HPO_4$ 5 g,$MgSO_4 \cdot 7H_2O$ 2.5 g,NaCl 2.5 g,$FeSO_4 \cdot 7H_2O$ 0.05 g,$MnSO_4 \cdot 4H_2O$ 0.05 g,蒸馏水 1 000 mL。

pH 值 7.2,高压蒸气灭菌 115 ℃ 20 min。

(2)实验溶液。格利斯溶液Ⅰ:称取磺胺酸 0.5 g 溶于 150 mL 的 30% 醋酸溶液中,棕色广口瓶存放,待用。格利斯溶液Ⅱ:称取 α-苯胺 0.5 g 溶于 50 mL 蒸馏水中,煮沸后,缓慢加入 30% 的醋酸溶液 150 mL,存放在棕色瓶中待用。

(3)操作方法及步骤。首先检查培养液中有无 $NO_2^-$ 的存在。检查的方法是用无菌移液管吸取未接种的培养液少许,放在白瓷板的凹窝中。加格利斯液Ⅰ与格利斯溶液Ⅱ各 2 滴,如果不呈红色,则证明培养液中无 $NO_2^-$。

在已证明无$NO_2^-$的培养液1～3瓶中，加入小颗粒土壤数粒。置于生化培养箱中，恒温28～30 ℃，培养7 d，最多不能超过10 d。然后用无菌移液管吸取长菌的培养液少许，放入白瓷板的凹窝处，加格利斯溶液Ⅰ和格利斯溶液Ⅱ各2滴试剂，呈现红色，证明已经生成$NO_2^-$。

(4)加富培养。将已长菌的培养基，接入无菌的培养液中，进行观察。经过几次转接，可使培养液中亚硝酸菌逐步增多，达到一定的浓度时再镜检。

(5)菌体形态观察。将富集培养出的亚硝酸菌制成图片，进行革兰氏染色，然后在显微镜的油镜下进行观察。革兰氏阴性无芽孢的小杆菌类似球菌，这就是亚硝酸细菌。

2.硝酸细菌的培养与观察硝酸细菌是一种常见的小杆菌，革兰氏阴性，无芽孢，是能将亚硝酸氧化为硝酸的细菌。

(1) 硝化细菌培养基的制备。

$NaNO_2$ 1 g，$CaCO_3$ 1 g，维氏标准盐溶液(1∶20) 1 000 mL(无硝酸细菌配制)，每100 mL三角瓶中装培养基30 mL。

高压蒸汽灭菌121 ℃，灭菌30 min。

(2)实验溶液。维氏标准盐溶液(在亚硝酸细菌检测时配制)；格利斯溶液Ⅰ与Ⅱ(在亚硝酸细菌检测时配制)；磺胺酸、浓硫酸、醋酸；二苯胺试剂(称取二苯胺1 g溶于20 mL蒸馏水中，充分溶解后，缓慢加入浓硝酸100 mL，置于棕色瓶中，待用)。

(3)操作方法及步骤。先去除培养基中的$NO_2^-$，在培养基中加入醋酸5～8滴，使之酸化，再加入数粒磺胺酸，此时会有气体产生，当气体停止放出时，再加入一粒磺胺酸，此时$NO_2^-$会转化为$N_2$而逸去。用无菌吸液管吸取少量培养液放在白瓷板的凹窝里，加格利斯溶液Ⅰ与Ⅱ各2滴，如不呈现红色，证明培养物中不含$NO_2^-$。硝酸细菌的分离培养，是在检测后的硝化培养基中加入少量土壤放在生化恒温培养箱中28～30 ℃培养7 d，不得超过10 d，然后检查$NO_3^-$的产生，吸取已长菌的培养液少许放在白瓷板的凹窝中，滴加浓硫酸及二苯胺试剂各2滴，如有蓝色出现即证明有$NO_3^-$积累，然后将菌液进行多次加富培养后，进行镜检。

(4)菌体形态观察。当硝酸细菌进行富集培养到一定浓度时，作革兰氏染色，在油镜下观察硝酸细菌的形态特征。绘图，作实验报告。

3.硫细菌的培养与观察

在自然界中能引起硫化作用的微生物很多。但一般分为光能型及化能型。在化能自养型细菌中，起主要作用的有硫杆菌和丝状的硫磺细菌，能将自然环境中硫化氢等无机硫化物氧化为硫磺或硫酸。

(1) 硫细菌培养基的制备。

萨氏硫化菌培养液：$Na_2SO_4 \cdot 5H_2O$ 10 g，$NH_4Cl$ 2 g，$K_2HPO_4$ 3 g，$MgCl_2$ 0.5 g，$CaCl_2 \cdot 6H_2O$ 0.2 g，蒸馏水1 000 mL。

pH值6.0～6.2，分装100 mL三角瓶内，每瓶装30 mL培养液。

高压蒸汽灭菌121 ℃，30 min。

(2)实验溶液。1% $BaCl_2$溶液。

(3)操作方法及步骤。首先检查未接种的培养液中，有无$SO_4^{2-}$的存在，用无菌移液管取培养基5 mL滴入$BaCl_2$溶液5滴，如有白色沉淀产生，证明培养液中不含$SO_4^{2-}$。其次作硫细菌的分离培养,将江、河、湖、沼泽水底湿地或水田土壤的表层泥土,少量装入三角瓶培养液内,生化恒温箱内恒温 28 ~30 ℃,培养 15 d。

然后检验 $SO_4^{2-}$ 的产生,用无菌移液管吸取培养的菌悬液 2 mL,放入无菌试管中,滴入 $BaCl_2$溶液 2 ~3 滴,如有沉淀产生证明 $SO_4^{2-}$生成。

再进行富集培养,将菌液在硫化菌的培养液内,进行多次往复接种,当菌浓度达到一定程度时使用显微镜镜检。

(4)菌体形态观察。将加富培养的硫细菌,作单染色,制片在油镜下观察。可见无芽孢杆菌为硫杆菌,有时能见到菌体外的硫磺颗粒。丝状的硫磺细菌菌体呈丝状,有的菌体内含有硫磺颗粒积累。

## 四、实验结果处理

土壤内微生物的数量和种类与土壤深度和性质等很多环境因素有关,土壤表层至十几厘米处微生物的数量最多。土壤中细菌的生物质量,以 17 cm 深的耕作层土壤每亩中 $15\times10^4$ kg 计算,则此深度内每亩土壤活细菌量为 90 ~280 kg,以土壤有机质含量为 3% 计算,则所含细菌的干重为土壤有机质的 10% 左右。

按土壤中细菌的活动能力,可划分为氨化细菌、硝化细菌、反硝化细菌、固氮纤维素分解菌等很多种。但在众多的类型中,异养、好氧的嗜温菌无论在何种土壤中的含量都是最多的。当土壤偏酸时,真菌数量比例上升,霉菌的菌丝体在土壤中会使土壤的物理结构得到改变。

# 实验 57　利用微生物对石油污染土壤的生物修复

在石油的开采炼制、储运和使用过程中,不可避免地会造成石油落地污染土壤。石油是主要由烷烃、环烷烃、芳香烃、烯烃等组成的复杂混合物。其中多环芳香烃类物质被认为是一种严重的致癌、致诱变物质。石油通过土壤-植物系统或地下饮用水,经由食物链进入人体,直接危及人类健康。因此,近年来世界各国对土壤石油污染的治理问题都极为重视,目前的处理方法主要有三种:物理处理、化学处理和生物修复,其中生物修复技术被认为最具生命力。

利用微生物及其他生物,将土壤、地下水或海洋中的危险性污染物原位降解为二氧化碳和水或转化成为无害物质的工程技术系统称为生物修复(bioremediation)。大多数环境中都进行着天然的微生物降解净化有毒有害有机污染物的过程。研究表明,大多数下层土含有能生物降解低浓度芳香化合物(如苯、甲苯、乙基苯和二甲苯)的微生物,只要水中含有足够的溶解氧,污染物的生物降解就可以进行。但自然条件下由于溶解氧不足,营养盐缺乏和高效降解微生物生长缓慢等限制性因素,微生物自然净化速度就会很慢,需要采用各种方法来强化这一过程。例如提供氧气或其他电子受体,添加氮、磷营养盐,接种经驯化培养的高效微生物等,以便能够迅速去除污染物,这就是生物修复的基本思想。

石油污染土壤的生物修复技术主要有两类,一类是原位生物修复,一般适用于污染现场;另一类是异位生物修复,主要包括预制床法、堆式堆制法、生物反应器法和厌氧处理法。

置 37 ℃恒温箱培养过夜。

噬菌体裂解液中加氯仿是为防止细胞污染，一般存放冰箱 4 ℃保存。在吸取裂解液时，不要把吸头伸到试管底部，以免吸进沉在底部的氯仿。

(3)取出平板进行噬菌斑计数，然后算出每毫升噬菌体原液中 P1 噬菌体的数目。

3. 转导

(1)接种受体菌于 5 mL LB 液体中，30 ℃振荡培养过夜。

(2)将上述过夜培养液按 1∶5 稀释于 5 mL 的 LB 液体中，30 ℃振荡培养 2～3 h 后，在培养液中加入 $CaCl_2$，使之终浓度为 $5\times10^{-3}$ mol/L（$Ca^{2+}$有助于 P1 噬菌体对受体细胞的吸附）。

(3)取如上制得的噬菌体裂解液（滴定度约为 $10^{10}$ 个/mL），用无菌生理盐水稀释到 $10^{-3}$，取 $10^{-1}$、$10^{-2}$、$10^{-3}$稀释裂解液 1.5 mL 分别加入无菌试管，对每支试管再加入 1.5 mL 含有 $CaCl_2$的受体菌培养液。

(4)37 ℃保温 20 min，取出后离心(3500 r/min，15 min)，弃去上清液后加入 1 mL 无菌生理盐水重新悬浮。

(5)分别取重新悬浮液 0.1 mL 涂布在两种选择培养基上（乳糖色氨酸基本培养基各涂 2 皿，葡萄糖基本培养基各涂一皿），并取未经噬菌体处理的受体菌液在两种选择培养基上各涂一皿作为对照，置于 37 ℃恒温箱培养 2 d。

(6)同时将含有 $CaCl_2$ 的受体菌液用无菌生理盐水稀释到 $10^{-6}$，取 $10^{-5}$和 $10^{-6}$稀释菌液涂布在葡萄糖色氨酸基本培养基上，每皿涂布 0.1 mL，每稀释度涂布 3 皿，置 37 ℃恒温箱培养 2 d。

(7)取出平板，进行菌落计数，计算转导频率。

$$\text{转导频率}=\frac{\text{每毫升转导子数}}{\text{每毫升受体菌数}}$$

## 三、思考题

1. 转导过程中，噬菌体和受体细胞混合保温后，为什么要采取离心和重新悬浮实验步骤？

2. 试述局限性转导和普遍性转导的区别。

# 实验 60　Ames 氏致突变和致癌试验

Ames 氏试验又称鼠伤寒沙门氏菌/哺乳动物微粒体试验，它是由 Bruce Ames 在美国加利福尼亚大学建立的。这种试验是目前国内外公认并首选的一种检测环境致突变物的短期生物学试验方法，其阳性结果与致癌物吻合率高达 83%。一旦测出某种物质能引起突变，可以将这种物质用于动物试验，以确证其致癌性。

Ames 氏试验是利用鼠伤寒沙门氏菌的组氨酸营养缺陷型菌株（His－）发生回复突变的性能来检测待测物的致突变率；让试验菌株在缺乏组氨酸的培养基上培养并接触待测物，然后测定这种培养基上长成的原养型（$His^+$）菌落数。

本实验使用的菌株是鼠伤寒沙门氏菌 TA98。这一菌株不但是组氨酸缺陷型，还缺乏 DNA 修复酶，可以防止 DNA 损伤的正确修复。以往的试验中还要加入哺乳动物肝微粒体酶系，使待测物活化，表现出致癌活性。本实验省略了这一酶系的加入，因其制备条件要求较高。学生可在以后的实验训练中，参阅有关资料后进行这种酶系加入的实验。本实验在没有加入这种酶系的情况下，用 4-硝基-O-苯二胺作为阳性对照物，采用点试法(还有一种方法是掺入法，多用于待测物作用的数量分析)，也会取得良好的效果。

## 一、实验器材

1. 菌株

鼠伤寒沙门氏菌 TA98。

2. 培养基

营养肉汤：牛肉膏 0.5%、蛋白胨 1%、NaCl 0.5%、pH 7.2、121 ℃高压蒸汽灭菌 20 min。

底层葡萄糖基本培养基平板(Vogel-Bonner 培养基 E)：$MgSO_4 \cdot 7H_2O$ 0.2 g，柠檬酸($C_6H_8O_7 \cdot H_2O$) 2.0 g，$K_2HPO_4$ 10 g，磷酸氢铵钠($NaHNH_4PO_4 \cdot 4H_2O$) 3.5 g，蒸馏水 200 mL，121 ℃ 高压蒸汽灭菌 20 min。配 20% 葡萄糖 100 mL，112 ℃高压蒸汽灭菌 30 min；15 g 琼脂粉加 700 mL 蒸馏水，121 ℃高压蒸汽灭菌 20 min。以上 3 种溶液分开灭菌后，80 ℃左右时在容积 2 L 的无菌三角烧瓶中混匀各组分，倒入每平皿约 25 mL，冷凝后即成。

上层琼脂培养基试管：琼脂粉 0.6 g，NaCl 0.5 g，蒸馏水 100 mL，将上述各组分混合，加热溶化后再加入 10 mL 的 0.5 mmol/L L-组氨酸+0.5 mmol/L D-生物素混合液(1.22 mg D-生物素、0.77 mg L-组氨酸溶于 10 mL 温热蒸馏水中即成)，加热混匀后趁热分装入小试管，每管装 2.5 mL，121 ℃高压蒸汽灭菌 20 min。

3. 溶液、试剂及待测物质

无菌水，4-硝基-O-苯二胺溶液(4-NOPD，10 μg/mL)，未知的可能致癌物溶液，从家里带来的待测物。

4. 仪器和其他用品

振荡混合器、无菌滴管、1 mL 无菌吸管、镊子、装无菌滤纸圆片的平皿等。

## 二、实验步骤

1. 试验菌液的准备

挑取适量菌种于盛有 10 mL 营养肉汤的小三角烧瓶中，37 ℃振荡培养 10～12 h，菌液浓度要求达到$(1\sim2)\times10^9$个/mL。

菌液浓度的判断可参照多次活菌计数及在 650 nm 波长下测其透光率，以透光率作为菌液浓度参数。试验菌菌液在符合要求后应尽快投入试验。

2. 点试法致突变性试验

(1) 取 4 套葡萄糖基本培养基平板，在背面分别作阳性对照、阴性对照、未知的可能致癌物和任选的标记。

(2) 液化 4 支上层琼脂培养基，并冷却到 45 ℃。可先用电炉烧水液化，然后放在 45 ℃水浴保温。这一温度既使琼脂不凝固，又不烫死细菌。

(3)用 1 支 1 mL 吸管吸取 0.1 mL 试验菌液,放入 1 支在 45 ℃保温的上层琼脂培养基试管。

(4)用振荡混合器充分混匀 3 s 或用两个手掌搓匀,迅速倒在阳性对照的葡萄糖基本培养基平板上,使它铺满底层。动作要快,吸取、混匀和铺满底层要在 20 s 内完成。否则,琼脂会凝固。

(5)重复如上述步骤(3)和(4),分别将其余 3 管的内含物倒在底层平板上。

(6)用镊子把无菌滤纸圆片垂直放在阳性对照平板的中心附近。镊子头要蘸乙醇,过火燃烧灭菌。

(7)用一无菌滴管吸取 4-硝基-O-苯二胺溶液慢慢从滤纸圆片上方放入,让其饱和为止。然后将圆片放平。

注意:加液不能过量,不要让所加溶液滴到平板上,否则会影响试验结果。

(8)如上操作,把无菌滤纸圆片放入阴性对照平板的中心附近。用无菌水打湿滤纸圆片,然后将圆片放平,注意及时换用无菌滴管。

(9)如上操作,把圆片放入未知的可能致癌物平板。用未知的可能致癌物溶液浸润圆片,然后将圆片放平。

(10)在第四套任选平板上,如上操作,放一滴从家里带来的待测物溶液到圆片上,然后将圆片放平。如果待测物为结晶体,可以直接放少许到平板中心。

(11)将如上制得的 4 套平板放入 37 ℃恒温箱,保温培养 2d。

3. 观察评价结果

凡在点试法圆片周围长出一圈密集可见的 His+ 回变菌落者,即可初步认为待测物为致突变物。如没有或只有少数菌落出现,则为阴性。菌落密集圈外出现的散在大菌落是自发回复突变的结果,与待测物无关。

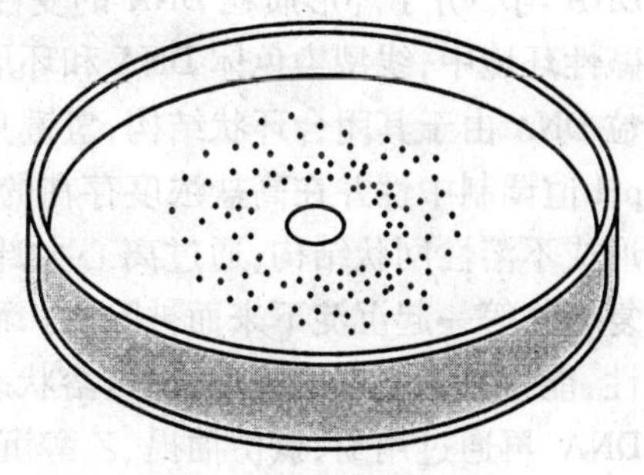

图 17.2　点式法阳性结果

观察结果时,一定要见到试验平板琼脂表面 His+ 回复突变菌落下有一层菌苔背衬,方可以确定为 His+ 回变菌落。这是上层培养基中所含的微量组氨酸使 His- 菌株细胞生长分裂数次所形成的。诱变作用的发生需要这种生长,图 17.2 为点试法阳性结果。

## 三、实验结果

列表报告实验结果。

## 四、思考题

1. 试述本实验的基本原理。
2. 查阅资料,说明掺入法的一般方法及关键步骤。
3. 本实验的分析评价很重要,你有什么体会?

# 第18章 分子微生物学基础技术

## 实验61 细菌质粒DNA的小量制备

细菌质粒的发现是微生物学对现代分子生物学发展的重要贡献之一。特别是自20世纪70年代末以来,根据质粒分子生物学特征而构建的一系列克隆和表达载体更是现在分子生物学发展、改良生物品种和获得基因工程产品不可缺少的分子载体,发展十分迅速,而质粒的分离和提取则是最常用和最基本的实验技术,其方法很多,仅大肠杆菌质粒的提取就有十多种,包括碱裂解法、煮沸法、氯化铯-溴化乙锭梯度平衡超离心法以及各种改良方法等。本实验是以大肠杆菌的pUC18质粒为例来介绍目前常用的碱裂解法小量制备质粒DNA的技术。

由于大肠杆菌染色体DNA比通常用作载体的质粒DNA分子大得多,因此在提取过程中,染色体DNA易断裂成线型DNA分子,而大多数质粒DNA则是共价闭环型,根据这一差异便可以设计出各种分离、提纯质粒DNA的方法。碱裂解法就是基于线型的大分子染色体DNA与小分子环形质粒DNA的变性复性之差异而达到分离目的的。在pH 12.0~12.6的碱性环境中,线型染色体DNA和环形质粒DNA氢键均能发生断裂,双链解开而变性,但质粒DNA由于其闭合环状结构,氢键只发生部分断裂,而且其2条互补链不会完全分离,当将pH值调制中性并在高盐浓度存在的条件下,已分开的染色体DNA互补链不能复性而交联形成不溶性网状结构,通过离心大部分染色体DNA、不稳定的大分子RNA和蛋白质-SDS复合物等一起沉淀下来而被除去。而部分变性的闭合环型质粒DNA在中性条件下很快复性,能恢复到原来的构型,呈可溶状态保存在溶液中,离心后的上清中便含有所需要的质粒DNA,再通过用酚、氯仿抽提、乙醇沉淀等步骤而获得纯的质粒DNA。

### 一、实验器材

1. 菌株

大肠杆菌DH5α/pUC18(Amp$^r$)。

2. 培养基

含氨苄青霉素(Amp)的LB液体和固体培养基。

3. 溶液和试剂

溶液Ⅰ、Ⅱ、Ⅲ和Ⅳ,TE缓冲液,10 μg/mL的无DNase的RNase,100%冷乙醇,电泳缓冲液(TAE缓冲液),0.7%琼脂糖凝胶,凝胶加样缓冲液,1 mg/mL溴化乙锭,氨苄青霉素水溶液(1mg/mL)。

4. 仪器和其他用品

稳压电泳仪和水平式微型电泳槽、透射式紫外分析仪、旋涡混合器、微量加样器等。

## 二、操作步骤

(1)挑取大肠杆菌 DH5α/pUC18 的一个单菌落于盛 5mL LB 培养基德试管中(含100 μg/mL的氨苄青霉素)37 ℃振荡培养过夜(16 ~24 h)。

(2)吸取1.5 mL的过夜培养物与一小塑料离心管(又称 Eppendorf 管)中,离心(1 200 r/min,30 s)后,弃去上清液,留下细胞沉淀。

(3)加入 100 μL 冰预冷的溶液Ⅰ,在旋涡混合器上强烈振荡混匀。

(4)加入 200 μL 溶液,盖严管盖,反复颠倒小离心管 5 ~6 次或用手指弹动小管数次,以混合内容物。置冰浴 3 ~5 min(根据不同菌株,可适当缩短)。注意不要强烈振荡,以免染色体 DNA 断裂成小的片段而不易于质粒 DNA 分开。

(5)加入 150 μL 溶液,在漩涡混合器上快速短时(约 2 s)振荡混匀,或将管盖朝下温和振荡 10 s 置冰浴 3 ~5 min。确保完全混匀,又不致染色体 DNA 断裂成小片段。

离心(12 000 r/min)5 min,以沉淀细胞碎片和染色体 DNA,取上清转移至另一洁净的小离心管中。

(6)加入等体积的溶液,振荡混匀,室温下离心 2 min,小心吸取上层水相至另一洁净的小离心管中。

(7)加入 2 倍体积的冷无水乙醇,置于室温下 2 min,以沉淀核酸。

(8)室温下离心 5 min,弃上清。加入 1 mL 70% 乙醇振荡漂洗沉淀。

(9)离心后,弃上清。可见 DNA 沉淀附在离心管管壁上,用记号笔标记其位置,并用消毒的滤纸小条小心吸净管壁上残留的乙醇,将管倒置放在滤纸上,室温下蒸发痕量乙醇10 ~15 min 或真空抽干乙醇 2 min,也可在 65 ℃烘箱中干燥 2 min。

(10)加入 50 μL TE 缓冲液(含 RNase,20 μg/mL),充分混匀,取 5 μL 进行琼脂糖凝胶电泳,剩下的贮存于-20 ℃冰箱内,为下一个实验用。

(11)用加入的 50 μL TE 缓冲液多次,反复地选择 DNA 沉淀标记部位,用以充分溶解附在管壁上的质粒 DNA。

(12)琼脂糖凝胶电泳观察质粒 DNA。

①将微型电泳槽的胶板两端挡板插上,在其一端放好梳子,在梳子的底部与电泳槽底板之间保持约 0.5 mm 的距离。

②用电泳缓冲液配制 0.7% 的琼脂糖胶,加热使其完全溶化,加入一小滴溴化乙锭溶液(1 mg/mL),使胶呈微红色,摇匀(但不要产生气泡),冷至 65 ℃左右,倒胶(凝胶厚度一般为0.3 ~0.5 cm)。倒胶之前先用琼脂糖封好电泳胶板两端挡板与其底板的连接处,以免漏胶(图 18.1(a))。

根据实验的需要,溴化乙锭也可以不直接加入胶中,而是在电泳完毕后,将凝胶放在含0.5 mg/mL 的 EB 中染色 15 ~30 min,然后转入蒸馏水中脱色 15 ~30 min。

③待胶完全凝固后,小心取出两端挡板和梳子,将载有凝胶的电泳胶板(或直接将凝胶)放入电泳槽的平台上,加电泳缓冲液,使其刚好浸没胶面(液面约高出胶面 1 mm)。

④取上述获得的质粒 DNA 3 ~5 μL 加1 ~2 μL 加样缓冲液(内含溴酚蓝指示剂),混匀后上样(图 18.1(b))。

⑤接通电源,记住:上样槽一端位于负极,电压降选择为 1 ~5 V/cm(长度以 2 个电极之间的距离计算)(图 18.1(c))。

⑥根据指示剂迁移的位置,判断是否终止电泳。切断电源后,再取出凝胶,置透射式紫外分析仪上观察结果或拍照。

EB 特异性地插入质粒 DNA 分子后,因为同一种质粒的相对分子质量大小一致,因此在凝胶中形成一条整齐的荧光带而有别于染色体弥散型荧光带。

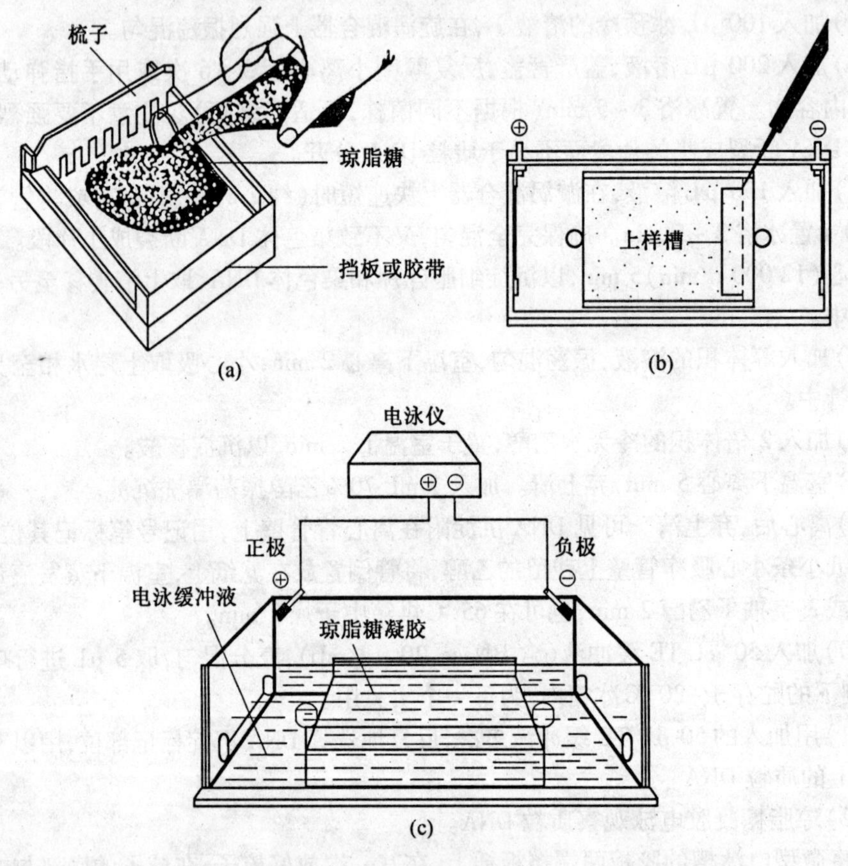


图 18.1 琼脂糖凝胶电泳

## 三、实验结果

试述你在透射式紫外分析仪上观察到的质粒凝胶电泳的结果。

## 四、思考题

试分析下列结果产生的原因,指出哪一种是正确的结果。

①没有观察到任何荧光带。

②观察到 2 ~3 条荧光带。

③只观察到一片不成带形的拖尾荧光。

# 实验 62　质粒 DNA 的转化

转化活性是检测质粒生物活性的重要指标。在基因克隆技术中，转化（transformation）特指质粒 DNA 或以它为载体构建的重组质粒 DNA（包括人工染色体）导入细胞的过程，是一种常用的基本实验技术。该过程的关键是受体细胞的遗传学特性及所处的生理状态。用于转化的受体细胞一般是限制修饰系统缺陷的变异株，以防止对导入的外源 DNA 的切割，用 $R^-$、$M^-$ 符号表示。此外，为了便于检测，受体菌一般应具有可选择的标记（例如抗生素敏感性、颜色变化等）。但质粒 DNA 能否进入受体细胞则取决于该细胞是否处于感受态（competence）。所谓感受态是指受体细胞处于容易吸收外源 DNA 的一种生理状态，可通过物理化学的方法诱导形成，也可以自然形成（自然感受态）。在基因工程技术中，通常采用诱导的方法。大肠杆菌是常用的受体菌，其感受态一般是通过用 $CaCl_2$ 在 0 ℃条件下处理细胞而形成。基本原理是：细菌处于 0 ℃的 $CaCl_2$ 低渗溶液中，会膨胀成球形，细胞膜的通透性发生变化，转化混合物中的质粒 DNA 形成抗 DNase 的羟基磷酸钙复合物黏附于细胞表面，经 42 ℃短时间热激处理，促进细胞吸收 DNA 复合物，在丰富培养基上生长数小时后，球状细胞复原并发生分裂增殖，在选择培养基上便可获得所需的转化子。

## 一、实验器材

1. 菌株

大肠杆菌 HB101（$Amp^s$），pUC18 质粒（实验 61 中制备，以及标准品）。

2. 培养基

LB 液体培养基（20 mL/250 mL 三角烧瓶），含（和不含）氨苄青霉素的 LB 平板，2×LB 培养基。

3. 溶液和试剂

0.1 mol/L $CaCl_2$ 溶液。

4. 仪器和其他用品

10 mL 塑料离心管和 1.5 mL 小塑料离心管、微量进样器、玻璃涂棒、恒温水浴锅（37 ℃，42 ℃）、分光光度计、台式离心机等。

## 二、操作步骤

1. 制备感受态细胞

（1）将大肠杆菌 HB101 在 LB 琼脂平板上划线，37 ℃培养 16～20 h。

（2）在划线平板上挑 1 个单菌落于盛有 20 mL LB 培养基的 250 mL 三角烧瓶中，37 ℃振荡培养到细胞的 $OD_{600}$ 值为 0.3～0.5 之间，使细胞处于对数生长期或对数生长前期。

（3）将培养物于冰浴中放置 10 min，然后转移到 2 个 10 mL 预冷的无菌离心管中，4 000 r/min，0～4 ℃离心 10 min。

（4）弃上清液，倒置离心管 1 min，流尽剩余液体后，置冰浴 10 min。

（5）分别向两管加入 5 mL 用冰预冷的 0.1 mol/L $CaCl_2$ 溶液悬浮细胞，置冰浴中 20 min。

(6) 4 000 r/min,0 ~4 ℃离心 10 min,回收菌体,弃上清液。分别向两管各加入 1 mL 冷的 0.1 mol/L $CaCl_2$溶液,重新悬浮细胞。

(7)按每份 200 μL 分装细胞于无菌小塑料离心管中,如果不马上用可加入终体积分数为 10% 的无菌甘油,置-20 ℃或-70 ℃贮存备用。

制得的感受态细胞,如果在 4 ℃条件下放置 12 ~24 h,其转化率可增高 4 ~6 倍,但 24 h 后,转化率将下降,以上均严格无菌操作。

2. 转化

(1)加 10 μL 含约 0.5 μg 自制的 pUC18 质粒 DNA 到上述制备的 200 μL 感受态细胞中。同时设 3 组对照:不加质粒;不加受体;加已知具有转化活性的质粒 DNA。具体操作参照表 18.1 进行。

**表 18.1 质粒 DNA 转化操作参数**

| 编号 | 组别 | 质粒 DNA/μL | TE 缓冲液/μL | 0.1 mol/L $CaCl_2$/μL | 受体菌悬液/μL |
|---|---|---|---|---|---|
| 1 | 受体菌对照 | — | 10 | — | 200 |
| 2 | 质粒对照 | 10(0.5 μL) | — | 200 | — |
| 3 | 转化实验组 Ⅰ | 10(0.5 μL) | — | — | 200 |
| 4 | 转化实验组 Ⅱ | 10(0.5 μL) | — | — | 200 |

注:阳性对照,用已知具有转化活性的 pUC18 质粒 DNA 进行转化。

(2) 将每组样品轻轻混匀后,置冰浴 30 ~40 min,然后置 40 ℃水浴热激 3 min,迅速放回冰浴 1 ~2 min。

(3)向每组样品加入等体积的 2×LB 培养基,置 37 ℃保温 1 ~1.5 h,让细菌中的质粒表达抗生素抗性蛋白。

(4)每组各取 100 μL 混合物涂布于含氨苄青霉素(50 μg/mL)的选择平板上,室温下放置 20 ~30 min。

(5)待菌液被琼脂吸收后,倒置平板于 37 ℃培养 12 ~16 h,并观察结果。

## 三、实验结果

1. 自行设计表格记录你的实验结果。
2. 计算转化效率:

转化效率=转化子总数/质粒 DNA 总量(μg)

## 四、思考题

1. 本实验中的受体菌为什么要是对氨苄青霉敏感的?
2. 本实验介绍的转化方法,你认为有哪些地方是可以转化的?

# 实验 63 细菌总 DNA 的制备

细菌基因组大小一般为 1 ~5 Mb。制备纯的高相对分子质量的 DNA 是进行细菌基因组分析、基因克隆和遗传转化研究等的基础。细菌总 DNA 制备方法很多，但都包括两个主要步骤，先裂解细胞，接着采用化学或酶学方法除去样品中的蛋白质、RNA、多糖等大分子。

1. 细胞裂解

大肠杆菌 HB101 菌株和枯草芽孢杆菌 BR151 菌株是常用的具有代表性的革兰氏阴性和阳性细菌的菌株。由于革兰氏阴性和阳性细菌的细胞壁组成不同，所以两类细菌总 DNA 的制备方法在裂解细胞的步骤中有所不同，采用 SDS 处理即可直接裂解大肠杆菌等革兰氏阴性细菌细胞，而裂解枯草芽孢杆菌等革兰氏阳性细菌细胞，则需要先使用溶菌酶处理降解细菌细胞壁后，再用 SDS 等表面活性剂处理裂解细胞。

2. DNA 纯化

一般用饱和酚、酚/氯仿/异戊醇和蛋白酶处理除去 DNA 样品中的蛋白质；在用酚抽提 DNA 样品时，由于 DNA 和 RNA 在水相和酚相分配系数不同，可以除去部分 RNA，用 RNase 除去残余的 RNA；而采用 CTAB/NaCl 溶液可以除去样品中的多糖和其他污染的大分子物质。

3. DNA 浓度和纯度检测

不同的分子生物学实验目的对制备的 DNA 样品中 DNA 的浓度和纯度要求不同，一般通过测量 DNA 溶液的 $OD_{260}$ 和 $OD_{280}$，估算核酸的纯度和浓度。纯 DNA：$OD_{260}/OD_{280}$ 比值为 1.8；纯 RNA：$OD_{260}/OD_{280}$ 比值为 2.0。如果核酸样品被蛋白质或酚污染，$OD_{260}/OD_{280}$ 比值则会降低。用 1 cm 的石英比色杯测量时，纯的核酸样品，可按 $OD_{260}$ 约相当于双链 DNA 50 μg/mL、单链 DNA 40 μg/mL 或 RNA 38 μg/mL 计算；对于纯度不高的 DNA 样品可以利用下面的公式估算 DNA 的质量浓度：

$$\text{DNA 质量浓度}(\mu g/\mu L) = OD_{260}\times 0.063 - OD_{280}\times 0.036$$

此外，需要注意的是，由于不同构型的 DNA 消光系数不同，一般质粒 DNA 样品具有多种构型（参见实验 61），所以上面估算 DNA 浓度的公式并不适用于质粒 DNA。

## 一、实验器材

1. 菌株

大肠杆菌 HB101 菌株，枯草芽孢杆菌 BR151 菌株。

2. 培养基

分装于试管中的牛肉膏蛋白胨培养基（5 mL/支）。

3. 溶液和试剂

TE 缓冲液（10 mmol/L Tris-HCl，1 mmol/L EDTA，pH 8.0，含 20 μg/mL RNase），10%（*m/V*）SDS，20 mg/mL 蛋白酶 K，十六烷基三甲基溴化铵（CTAB）/NaCl 溶液（10% CTAB/0.7 mol/L NaCl），溶液Ⅳ（酚/氯仿/异戊醇 = 25 : 24 : 1，体积比），氯仿/异戊醇（24 : 1，体积比），70% 乙醇，3 mol/L 乙酸钠（pH 5.2），SC 溶液（0.15 mol/L NaCl，0.01 mol/L 柠檬酸钠，pH 7.0），4 mol/L 和 5 mol/L NaCl，溶液 A（10 mmol/L Tris-HCl（pH 8.0），20% 蔗糖（*m/V*），2.5 mg/mL 溶菌酶，新鲜配制），1 mg/mL 溴化乙锭（EB），饱和酚，异丙醇。

4. 仪器和其他用品

试管、1.5 mL 微量离心管、漩涡振荡器、水浴锅、高速台式离心机、电热干燥箱、紫外分光光度计、恒温摇床和琼脂糖凝胶电泳系统等。

## 二、操作步骤

1. CTAB 法制备大肠杆菌 HB101 菌株总 DNA

(1)挑取大肠杆菌 HB101 的一个单菌落于装有 5 mL 牛肉膏蛋白胨培养基的试管中，37 ℃振荡培养过夜(12 ~ 16 h)。

(2)吸取 1.5 mL 的过夜培养物于 1 个微量离心管中，12 000 r/min 离心 20 ~ 30 s 收集菌体，弃去上清液，保留细胞沉淀。

离心可在 4 ℃或室温下进行，但离心时间不宜过长，以免影响下一步的菌体分散悬浮。启动离心机前，检查是否平衡放置好离心管。

(3)加入 567 μL TE 缓冲液，在旋涡振荡器上强烈振荡重新悬浮细胞沉淀，再加入 30 μL 10% 的 SDS 溶液和 3 μL 20 mg/mL 的蛋白酶 K，混匀，37 ℃温浴 1 h。

细胞悬浮要充分，否则细胞难以完全裂解，会影响 DNA 的产量。

(4)加入 100 μL 5 mol/L NaCl，充分混匀，再加入 80 μL 的 CTAB/NaCl 溶液，充分混匀，65 ℃温浴 10 min。

从此步骤开始可以除去多糖和其他污染的大分子。

(5)加入等体积的溶液Ⅳ，盖紧管盖，轻柔地反复颠倒离心管，充分混匀，使两相完全混合，冰浴 10 min。

既要充分混匀，又不能剧烈振荡，否则会使基因组 DNA 断裂。酚微溶于水，具有强腐蚀性，注意防护。如果不小心沾染到皮肤上，立即用大量水冲洗，不要用肥皂洗，以免加重皮肤烧伤。

(6)12 000 r/min 离心 10 min，小心吸取上层水相转移至另一干净的 1.5 mL 微量离心管中。

(7)加入等体积的氯仿/异戊醇，混匀，12 000 r/min 离心 5 min，小心吸取上层水相转移至另一干净的 1.5 mL 微量离心管中。

(8)加入 1/10 体积的乙酸钠溶液，混匀；再加入 0.6 体积的异丙醇，混匀，这时可以看见溶液中有絮状的 DNA 沉淀出现。用牙签挑出 DNA，转移到 1 mL 70% 乙醇中洗涤。

(9) 12 000 r/min 离心 5 min，弃去上清液，可见 DNA 沉淀附于离心管壁上，用记号笔在管壁上标出 DNA 沉淀的位置，将管倒置在滤纸上，让残余的乙醇流出；室温下蒸发 DNA 样品中残余乙醇，10 ~ 15 min 或者在 65 ℃干燥箱中干燥 2 min。

注意离心时微量离心管盖柄都朝外，这样离心完毕后 DNA 都沉淀在这一侧的底部。

(10)用 50 ~ 100 μL TE 缓冲液(含 20 μg/mL RNase)溶解 DNA 沉淀，混匀，取 5 μL 进行琼脂糖凝胶电泳检测(参见实验 61)，剩余的样品贮存于 4 ℃冰箱中，以备下一个实验用。

用加入的 TE 缓冲液多次、反复地洗涤 DNA 沉淀标记部位，以充分溶解附在管壁上的总 DNA。但操作要轻柔，以免快速吹吸导致剪切力过大使 DNA 断裂。如沉淀溶解不完全，可在 65 ℃水浴 10 min 使沉淀溶解完全，一般这样的样品都纯度不高。

(11)将 DNA 样品用 TE 缓冲液稀释后利用紫外分光光度计测量溶液的 $OD_{260}$ 和 $OD_{280}$，依据 $OD_{260}$、$OD_{280}$ 以及 $OD_{260}/OD_{280}$ 的比值检测制备的总 DNA 样品的浓度及纯度。

2. 高渗法制备枯草芽孢杆菌 BR151 菌株总 DNA

(1)挑取枯草芽孢杆菌 BR151 菌株的 1 个单菌落于装有 5 mL 牛肉膏蛋白胨培养基的试管中,37 ℃振荡培养过夜(12~16 h)。

(2)吸取 2.5 mL 的过夜培养物于 5 mL 离心管中,10 000 r/min 离心 1 min 收集菌体,吸弃上清液,保留细胞沉淀。

(3)用 1 mL SC 溶液重新悬浮菌体,10 000 r/min 离心 1 min,吸弃上清液,保留细胞沉淀;菌体重悬于 0.5 mL SC 溶液中。

(4)加入 0.1 mL 2 mg/mL 用 SC 溶液新鲜配制的溶菌酶,边滴加边用旋涡振荡器小心混匀,置于 37 ℃温浴 15 min。

溶菌酶处理是关键。在温浴过程中可以用旋涡振荡器混匀 2~3 次,如果细菌悬浊液变清,表明溶菌酶处理效果较好,否则需要补加溶菌酶,适当延长温浴时间或者重新开始准备样品。

(5)加入 0.6 mL 4 mol/L 的 NaCl,混匀,裂解细胞。

以下操作同"CTAB 法制备大肠杆菌 HB101 菌株总 DNA"。

由于盐浓度较高,直接用饱和酚抽提蛋白质时,水相在下,有机相在上,此外,沉淀 DNA 前,不需要加入乙酸钠溶液。

3. 正丁醇法制备细菌总 DNA

(1)该方法是 1992 年 Mark &Ho 报道的适合多种细菌和蓝藻的总 DNA 提取方法。

(2)挑取 1 个单菌落与装有 5 mL 牛肉膏蛋白胨培养基的试管中,37 ℃振荡培养过夜(12~16 h)。

(3)吸取 700 μL 的过夜培养物于微量离心管中,加入 7 μL 10%SDS,混匀。

(4)加入等体积的饱和酚,漩涡振荡,混匀,12 000 r/min 离心 10 min,吸取约 550 μL 上层水相于一个干净的微量离心管中。

以下操作同"CTAB 法制备大肠杆菌 HB101 菌株总 DNA"。

## 三、实验结果

(1)检查制备的细菌总 DNA 的纯度和浓度。

(2)记录细菌总 DNA 电泳的结果。

## 四、思考题

1. 试解释总 DNA 制备中细胞裂解各步骤的工作原理。

2. 除紫外吸收的方法测定 DNA 的浓度外,还有哪些常用的方法,原理是什么?

# 实验 64　细菌基因组文库的构建

基因组文库(genomic library)是指代表整个生物体基因组的随机产生的重叠 DNA 片段的克隆的总和。将基因组 DNA 用物理方法(如超声波、机械剪切力等)或酶法(限制性内切酶部分酶切)降解成一定大小的片段,然后将这些片段与适当的载体(如 λ 噬菌体、cosmid

或 YAC 载体等)连接,转入相应的受体细胞,这样每一个细胞接受了含有一个基因组 DNA 片段与载体连接的重组 DNA 分子,许多这样的细胞能一起组成一个含有基因组各 DNA 片段克隆的集合体,即基因组文库。构建基因组文库后,可以用分子杂交等技术去钓取基因组中的目的基因或 DNA 序列。如果这个文库足够大,能够涵盖该生物基因组 DNA 全部的序列,即该生物完整的基因组文库,就能从中钓出该生物的全部基因或 DNA 序列。

当生物基因组比较小时,此法通常比较容易成功;当生物基因组很大时,构建完整的基因组文库就非常不容易,从庞大的文库中去克隆目的基因工程量也很大。

构建基因组文库的常用载体有质粒、λ 噬菌体、cosmid、BAC(Bacterial Artificial Chromosome)、YAC(Yeast Artificial Chromosome),分别最大可克隆 20 kb、25 kb、45 kb、300 kb、1 000 kb大小的 DNA 片段。可根据基因组的大小和实验要求计算所需文库的大小,选择合适的克隆载体:

$$N=\frac{\ln(1-P)}{\ln(1-f)}$$

式中 $N$——文库所需重组子数目;

$P$——预期某基因在文库中出现的概率;

$f$——插入片段的平均大小和基因组大小的比率。

由于细菌基因组较小,一般在 1 ~5 Mb,构建质粒文库比较方便。以 pUC18 为载体,大肠杆菌 DH5α 为受体,通过 α 互补、蓝-白菌落筛选可以直观地判断是否有片段插入质粒多克隆位点。

## 一、实验器材

1. 菌株

大肠杆菌 DH5α 菌株。

2. 培养基

含 X-gal 和 IPTG 的筛选培养基:在事先制备好的含 100 μg/mL 氨苄青霉素的 LB 平板表面加 40 μL X-gal 和 4 μL IPTG,用无菌玻棒将溶液涂匀,置于 37 ℃下放置 3 ~4 h,使培养基表面的液体完全被吸收。

3. 溶液和试剂

质粒 pUC18,枯草芽孢杆菌基因组 DNA,限制性内切酶 Sau3AⅠ和 BamHⅠ,10×酶切缓冲液,T4DNA 连接酶及反应缓冲液,小牛肠磷酸酶(CIP)及反应缓冲液,DNA 相对分子质量标记,TE 缓冲液(pH 8.0),溶液Ⅳ(酚/氯仿/异戊醇=25∶24∶1,体积比),氯仿/异戊醇(24∶1,体积比),无水乙醇,70% 乙醇,3 mol/L 乙酸钠(pH 5.2)。

X-gal (20 mg/mL):二甲基甲酰胺溶解 X-gal 配制成 20 mg/mL 的贮液,包以铝箔或黑纸以防止受光照被破坏,贮存于-20 ℃。

IPTG (200 mg/mL):200 mg IPTG 溶解于 800 μL 蒸馏水中后,用蒸馏水定容至 1 mL,用 0.22 μm 滤膜过滤除菌,分装于微量离心管中贮于-20 ℃。

4. 仪器和其他用品

试管、1.5 mL 微量离心管、旋涡振荡器、水浴锅、高速台式离心机、电热干燥箱、紫外分光光度计、恒温摇床、琼脂糖凝胶电泳系统等。

## 二、操作步骤

1. 细菌总 DNA 和质粒 DNA 制备

参见实验 61 和实验 63 或者直接利用两个实验中制备保存的 DNA 样品。

2. 基因组 DNA Sau3A Ⅰ部分酶切

(1)酶切条件确定：通过酶浓度梯度法确定产生 4 ~ 6 kb DNA 片段所需要的条件。分取 5 只 1.5 mL 微量离心管，每管加入：基因组 DNA 2 μg（溶于 10 μL TE 缓冲液中），10×Sau3A Ⅰ酶切缓冲液 2.5 μL，$H_2O$ 12 μL。

分别加入 0.1 单位、0.25 单位、0.5 单位、1 单位、2 单位的 Sau3A Ⅰ至 5 只微量离心管中；37 ℃温浴，分别于 5 min、10 min、20 min、40 min 从各微量离心管取 5 斗 L 样品置冰上，最后通过琼脂糖凝胶电泳与 DNA 相对分子质量标记比较，确定酶切时间和酶量，使得酶切后 DNA 片段在 4 ~ 6 kb。

(2)依据确定的酶切条件酶切 10 μg 基因组 DNA，酶切结束后加 TE 缓冲液至总体积 500 μL，加入 500 μL 的溶液Ⅳ，盖紧管盖，反复颠倒离心管，充分混匀，使两相完全混合后，冰浴 10 min。

(3) 12 000 r/min 离心 10 min，小心吸取上层水相转移至另一干净的 1.5 mL 微量离心管中。

(4)加入等体积的氯仿/异戊醇，混匀，12 000 r/min 离心 5 min，小心吸取上层水相转移至另一干净的 1.5 mL 微量离心管中。

(5)加入 1/10 体积的乙酸钠溶液，混匀；再加入 2 倍体积的无水乙醇，混匀，12 000 r/min 离心 10 min，弃去上清液。

(6)加入 1 mL 70% 乙醇，12 000 r/min 离心 5 min，弃去上清，可见 DNA 沉淀附于离心管壁上，将管倒置在滤纸上，让残余的乙醇流出；室温下蒸发 DNA 样品中残余乙醇，10 ~ 15 min，或者在 65 ℃干燥箱中干燥 2 min。

(7)用 25 μL TE 缓冲液溶解 DNA 沉淀，混匀，取 2 μL 进行琼脂糖凝胶电泳检测（参见实验 61），估计 DNA 样品的浓度，剩余的样品贮存于 4 ℃冰箱中保存备用。

由于 DNA 片段大小在 4 ~ 6 kb 之间，没有明显的条带，只能通过测量 4 ~ 6 kb 范围内的总荧光强度的办法大致估算，或者用微量紫外分光光度计测量 $OD_{260}$ 计算 DNA 浓度。

3. 质粒载体 BamH Ⅰ酶切及 5′磷酸基团去磷酸化处理

(1)取 1 只 1.5 mL 微量离心管，加入：pUC18 质粒 2 μg（溶于 10 μL TE 缓冲液中），10×BamH Ⅰ酶切缓冲液 2 μL，$H_2O$7 μL，BamH Ⅰ 1 μL。

混匀，37 ℃温浴 2 h。取 2 μL 进行琼脂糖凝胶电泳检测是否酶切完全。反应混合物中 DNA 片段纯化同步骤 2 的(2) ~ (7)。

(2)取 1 只新的灭菌微量离心管，加入：BamH Ⅰ酶切后的 pUC18 片段 10 μL，10×CIP 缓冲液 7.5 μL，$H_2O$ 12 μL，CIP 2 U。

37 ℃温浴 30 min；反应混合物中 DNA 片段纯化同步骤 2 的(2) ~ (7)。

4. 连接

(1)取1只新的灭菌的1.5 mL微量离心管,加入0.3 μg去磷酸化处理载体DNA片段,再加等物质的量(可稍多)的外源DNA片段。

(2)加蒸馏水至体积为8 μL,于45 ℃保温5 min,以使重新退火的黏端解链,将混合物冷却至0 ℃。

(3)加入10×T4DNA连接酶缓冲液1 μL,T4DNA连接酶0.5 μL,轻叩管底混匀,随后用离心机将液体全部甩到管底,于16 ℃保温过夜(8~24 h)。

为检测连接效果要同时做两组对照反应,其中对照1组只有质粒载体无外源DNA;对照2组为没有经过去磷酸化处理的BamHⅠ酶切的质粒载体片段。

5. 大肠杆菌DH5α感受态细胞的制备及转化

(1)大肠杆菌DH5α感受态细胞的制备参见实验62。

(2)连接反应混合物各取2 μL转化大肠杆菌DH5α感受态细胞,具体方法见实验68。

6. 重组文库的筛选

(1)取100 μL连接反应产物转化混合物用无菌玻棒均匀涂布于筛选平板上,37 ℃下培养30 min以上,直至液体被完全吸收后倒置平板于37 ℃继续培养12~16 h,待出现明显而又未相互重叠的单菌落时拿出平板,于4 ℃放置数小时,使显色完全。

含有没有插入基因组DNA片段质粒的转化子在X-gal和IPTG选择平板上为蓝色菌落。带有重组质粒的转化子由于丧失了β-半乳糖苷酶活性在X-gal和IPTG选择平板上为白色菌落。

(2)对获得的白色菌落进行计数,计算携带插入片段的克隆所占比例。如果携带插入片段的克隆所占比例过低,需要重新构建,否则影响下面的文库扩增及以后的筛选。

(3)再用无菌牙签挑取12个白色单菌落接种于含氨苄青霉素100 μg/mL的5 mL LB液体培养基中,37 ℃下振荡培养12 h。使用碱裂解法制备质粒DNA(参见实验61),采用步骤3的体系进行BamHⅠ酶切,产物进行琼脂糖凝胶电泳检测,与DNA相对分子质量标记比较,计算插入片段的平均大小。

(4)根据插入片段的平均大小计算构建的重组子数目是否达到要求。

7. 基因组DNA文库的扩增与保存

(1)在长满重组转化子的选择平板上加入LB培养液,9 cm的平板加1~2 mL(15 cm的平板则加3~4 mL),用1只灭菌的玻璃刮棒小心刮下所有的菌落,形成菌悬液。

(2)将刮下的菌悬液接入含氨苄青霉素100 μg/mL的5 mL LB中,37 ℃下振荡培养4~6 h,使用碱裂解法制备质粒DNA或质粒提取试剂盒提取质粒,-20 ℃保存备用。

质粒文库保存较为方便,也可以直接在培养好的菌悬液中加入无菌的甘油至终体积分数15%,分装到微量离心管中于-70 ℃保存备用,筛选文库时直接涂布于选择平板,而筛选质粒的文库时,可以取0.5~1 μL转化大肠杆菌,再通过菌落杂交等方法进行筛选。

由于文库扩增时,一部分克隆生长相对较慢,扩增过程中会出现某些克隆丢失的现象,因此文库扩建完成后不易多次扩增。

## 三、实验结果

(1)检查制备的总 DNA 质粒文库插片片段的平均大小。
(2)计算构建的细菌总 DNA 质粒文库的代表性。

## 四、思考题

1. 基因组文库构建好后,能否通过不断扩增一直使用下去,为什么?
2. 请设计一个实验方案从构建的文库中筛选出含某一特定基因的克隆。

# 实验 65　应用 PCR 技术鉴定细菌

随着分子生物学、化学分析技术的快速发展,微生物鉴定的方法与技术得到了相应的扩展。Woese 建立的 16S rRNA (18S rRNA) 基因序列分析方法对生命科学理论研究与实际应用产生了重大影响。1985 年,美国 Cetus 公司的 Mullis 等创建了一种聚合酶链反应(Polymerase Chain Reaction,PCR) 技术,在生命科学各个领域中得到了广泛的应用,同样在微生物鉴定中也发挥着重要作用。正是因为这种方法与技术产生的深远影响,Mullis 等科学家获得了诺贝尔奖。

PCR 技术在微生物菌种鉴定中的应用主要有:DNA 指纹图谱的分析,包括随机扩增多态性 DNA (random amplification of polymorphic DNA,RAPD)、扩增 rDNA 限制性片段分析 (amplifiedr DNA restriction analysis,ARDRA) 和扩增片段长度多态性 (amplified fragment lengthpolymorphism,AFLP) 等,通过 PCR 技术对微生物染色体 DNA 进行比较分析;16S rRNA(18S rRNA)的序列检测,这些技术已经成为确定微生物分类地位的关键性依据。

实际上,PCR 技术是将生体内 DNA 复制过程用于体外反应。如图 18.2 所示,通过设计一对特异性引物,有效地识别靶 DNA 片段两端相应位点,与模板单链 DNA 上相应的位置互补,然后通过 PCR 反应系统中的 Taq 酶,完成一次循环,使靶 DNA 片段扩展为 2 条。再经变性(de-naturalization)、退火(anneal)和延伸(extension),靶 DNA 量便扩增到 4 条,再经过变性使新形成的一条 DNA 链与原来的 DNA 链分开,成为 2 条 DNA 单链;再经过引物重复上一次过程,不同的是新生的 DNA 单链也成为模板链。如此 35 次循环,可使靶 DNA 增加 106 倍,在琼脂糖凝胶上可见明显的 DNA 带。

Spilker 等根据假单胞菌最新的系统发育(16S rDNA 序列)数据设计出能够准确从属与种的水平上鉴定假单胞菌与铜绿假单胞菌的特异性引物,建立了简便、快速且准确鉴定假单胞菌与铜绿假单胞菌的 PCR 技术。

本实验根据 Spilker 等设计的引物应用 PCR 技术鉴定假单胞菌与铜绿假单胞菌。

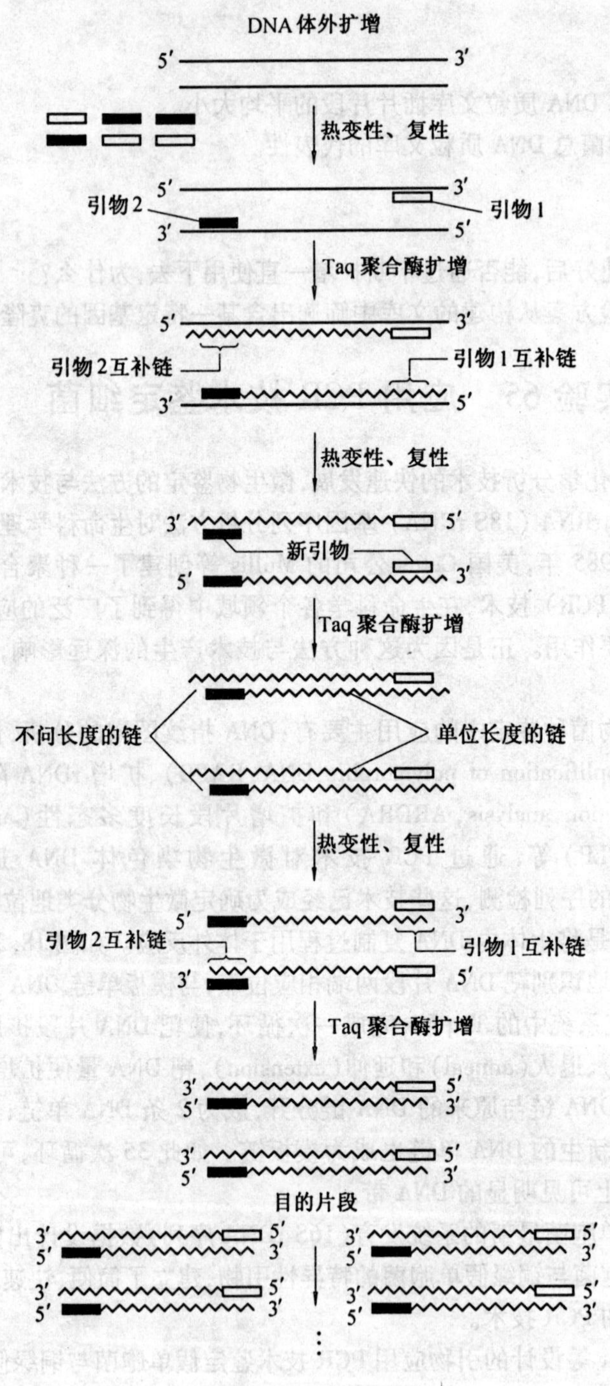


图 18.2 PCR 原理

## 一、实验器材

1. 菌种

铜绿假单胞菌(*Pseudomonas aeruginosa*)(模式菌株)、石竹伯克霍尔德氏菌(*Burkholde-*

*riacapacia*)(模式菌株)、假单胞菌(*Pseudomonas sp.*)(待鉴定菌株)。

2. 溶液和试剂

琼脂糖、溴化乙锭溶液、溶液Ⅰ、溶液Ⅱ、溶液Ⅲ、TE 缓冲液、无水乙醇、电泳缓冲液、LB 培养基等。

3. 仪器和其他用品

冷冻离心机、台式离心机、PCR 仪、水浴锅、样品干燥箱、进样枪、离心管、枪头、凝胶电泳仪和引物等。

## 二、操作步骤

1. 细菌染色体 DNA 的制备

(1)菌种培养:从平板单个菌落或斜面上挑取少许菌苔接入新鲜的营养肉汤培养液中,置 37 ℃振荡培养(200 ~250 r/min) 过夜;再将培养液转入新鲜的 LB 培养液中,继续振荡培养 12 ~16 h。

(2)细菌染色体 DNA 的制备:其操作步骤详见实验 61。

(3)OD 值的测定:取适量的 DNA 样品加入微量比色杯中,通过紫外分光光度计分别测定 DNA 在 280 nm 和 260 nm 处的 OD 值。根据 OD 值可以确定样品中 DNA 的浓度,并通过 $OD_{260}/OD_{280}$ 比值评价 DNA 的纯度,进行 PCR 的 DNA 样品最后溶于无离子水中。

2. PCR 扩增

(1)引物:根据已鉴定假单胞菌属和铜绿假单胞菌种,合成相应的引物:

1)假单胞菌。

引物:　PA-GS　-F　5′-GACGGCTGACTAATGCCA-3′

　　　PA-GS　-R　5′-CACTGCTGTTCCTTCCTATA-3′

2)铜绿假单胞菌。

引物:　PA-GS　-F　5′-GGGGGATCTTCGGACCTCA-3′

　　　PA-GS　-F　5′-TCCTTAGAGTGCCCACCCG-3′

(2)PCR 扩增。

1)PCR 反应体系:

10×PCR 缓冲液 2.0 μL,10×4 种 dNTP(0.6 mmol/L)8.5 μL,引物 1(-F)(20 pmol/L) 2.0 μL,引物 2(-R)(20 pmol/L)0.5 μL,模板 DNA(200 ng)0.5 μL,Taq 聚合酶贮存液(1 U/μL)1.0 μL,无菌去离子水加至,25.0 μL。

注:如果使用 Premix Tag 溶液,则加入 12.5 μL 无菌去离子水即可(Premix Tag 溶液含有四种 dNTP 的混合物、Taq 酶与 PCR 缓冲液),不需再加 PCR 缓冲液,四种 dNTP 与 Taq 聚合酶。

各种溶液或试剂加入后将反应管用手指轻轻地弹数次,使加入的各种溶液混合均匀,然后 flash,使离心管内壁上的溶液均在反应系统中。

2)PCR 反应条件:

95 ℃:5 min;94 ℃:30 s;58 ℃:30 s(鉴定假单胞菌属的退火温度为 54 ℃);72 ℃:60 s。

共 30 个循环,最后 1 个循环的延伸时间为 5 min。

按上述反应条件设定 PCR 程序。

3) PCR 扩增:将待扩增的反应管放在 PCR 仪的样品孔内,使离心管的外壁与 PCR 样孔充分接触,盖好盖子;按下 Start 键,启动 PCR 仪,DNA 扩增会正式开始。扩增完成后取出 PCR 反应管,检测 PCR 产物。

3. 琼脂糖凝胶电泳

PCR 产物检测依不同的用途而异。用于细菌鉴定较为简便,通常经琼脂糖凝胶电泳分析 DNA 即可。

(1) 琼脂糖凝胶的制备:操作过程详见实验 52。

(2) 上样:取大小适宜的进样枪,调好取样量,在枪的前端套上无菌枪头,吸取 DNA 样品 2 ~ 5 μL 在 0.5 mL 离心管或以其他方式与上样缓冲液(loading buffer) 按 6 : 1 的比例混合均匀,再将混合物全部吸取,小心地加入琼脂糖凝胶样孔内。

(3) 电泳:打开电泳仪电源,并调节电压。电泳开始时可将电压稍调高(1 ~ 8 V/cm);待样品完全离开样孔后,将电压调到 1 ~ 5 V/cm,继续电泳。

(4) 结果观察:待溴酚蓝颜色迁移到凝胶约 2/3 处时便可关闭电源;戴上一次性手套,取出凝胶,放在凝胶观察仪上,打开紫外灯观察凝胶上 DNA 带,并照相或作记录。

## 三、思考题

1. 使用同一引物对不同的菌株进行 PCR 得到相同或不同的 DNA 片段,这说明什么?

2. 按照你的理解,PCR 引物与 DNA 探针有区别吗? 为什么?

# 实验 66　甲基对硫磷降解基因的克隆和基因工程菌的构建

通过甲基对硫磷降解基因的克隆,学习微生物基因组 DNA 及质粒的提取方法,DNA 酶切、酶连、转化等常规分子生物学操作技术,掌握微生物基因文库构建技术及功能表达法克隆降解性基因技术。

DNA 的体外操作已经成为生物学研究的常规技术手段,通过将经适当限制性内切酶消化的基因组 DNA 连接到 pUC19 等克隆载体上再转化到 *E. coli* DH5α 中,根据外源片段表达的相应功能来克隆基因的技术,称为功能表达法基因克隆。Sau3A Ⅰ(酶切位点 GATC)可以随机对基因组进行切割,将甲基对硫磷降解菌的基因组经 Sau3A Ⅰ酶切后回收适当大小的片段(2 ~ 6 kb)。将回收的片段与经 BamH Ⅰ 酶切并脱磷的载体进行酶连,转化 *E. coli* DH5α 感受态细胞,挑取的转化子的总量即为甲基对硫磷降解菌的基因组文库。

在本实验中,由于甲基对硫磷降解基因可以在大肠杆菌中表达,因此,不需要挑取转化子,而是直接在选择性培养基上挑取表达农药降解功能的转化子,大大节省了工作量。

基因克隆后需要在表达载体中进行高效表达,以获得所需的降解酶。克隆基因得到以后可以送到商业公司进行测序,根据序列信息寻找编码降解基因的编码区。根据序列设计引物扩增降解基因的编码区并在两端设计适当的酶切位点,将基因克隆到表达载体中(本实验采用 pET-29a),就可以获得高效表达降解基因的工程菌。

## 一、实验材料和仪器

1. 菌株与质粒

菌株：M6 菌具有甲基对硫磷水解酶活性。*E. coli* DH5α Δlac U169(ϕ80 lacZ ΔML5)。

辅助转移菌株 *E. coli* WD803(pRK2013)具染色体编码的 str 抗性和质粒编码的 Km 抗性，*E. coli* BL21(DE3)。

实验中所用的质粒：pUC19(Ampr)、pET-29a(Kmr)。

2. 培养基及试剂

LB、2×YT、SOC、SOB、LBM 培养基(LB 中添加 100 mg/L 甲基对硫磷)、染色体、质粒提取试剂、感受态制备试剂及电泳缓冲液(配制方法参见有关资料)、Sau3A Ⅰ、牛小肠碱性磷酸酯酶(CLAP)、Sal Ⅰ、Bgl Ⅱ、Rnase、Taq DNA 聚合酶、dNTP 及连接酶、琼脂糖。

3. 仪器及用具

高速台式离心机、落地式高速冷冻离心机、恒温水浴、杂交炉、超净工作台、摇床、电泳仪，微量移液器、PCR 仪。

## 二、实验步骤

1. 提取 M6 菌染色体总 DNA

M6 菌提前 2 d 划 LB 平板活化，挑单菌落，接 5 mL 试管 37 ℃剧烈振荡培养过夜，10% 接种量转接至 50 mL LB 液体培养基摇至稳定期。12 000 r/min 离心 90 s 收集菌体，TEN 洗涤后离心收集菌体，悬浮于等体积 TEN 中，加入 40 μL 蛋白酶 K(19 mg/mL，40 μL/6 mL 菌液)，37 ℃过夜(约 12 h)，加 1/3 体积饱和 NaCl 剧烈振荡 15 s，12 000 r/min 离心 5 min。上清液用等体积酚/氯仿抽提两次，12 000 r/min 离心 5 min，收集上加入等体积 TE(稀释调整 NaCl 浓度)，0.6 体积异丙醇沉淀离心后 70% 酒精洗涤沉淀，4 ℃ 2 h 溶于 TE 中，加 1/10 体积 3 mol/L pH 值为 5.2 NaAc 后，2 V 的 95% 酒精沉淀 DNA，70% 酒精洗涤后溶于 100 μL IE 中，测定 $OD_{260}/OD_{280}$，确定 DNA 的纯度和浓度。

2. 载体质粒 pUC19 DNA 的大量提取

从 500 mL 培养物中大量提取质粒 DNA，所提取质粒沉淀溶于 500 μL 含 40 μg/mL RNase的 TE 中，-20 ℃保存。

3. 制备大肠杆菌感受态细胞

(1)从在 37 ℃培养了 16～20 h 的培养板上挑取一个 2～3 mm 的细菌单菌落，转移到一个装有 100 mL LB 培养液的 1 L 锥形瓶中。在 37 ℃剧烈振荡培养 3 h，通过检测菌液的 $OD_{600}$，监测细菌的生长。当培养液 $OD_{600}$ 达到 0.35 时收集细菌。

(2)将细菌转移到冰预冷的无菌 50 mL 的离心管中。将培养产物置冰上 10 min，使之冷却。

(3)4 ℃，2 700 r/min 离心 10 min。

(4)倒掉培养液。将离心管倒立在吸水纸上 1 min，使残留的培养液流干。

(5)每个管中加入 30 mL 冰预冷的 $MgCl_2-CaCl_2$ 溶液(80 mmol/L $MgCl_2$，20 mmol/L $CaCl_2$)，搅动沉淀使之重新悬浮。

(6)4 ℃,2 700 r/min 离心 10 min。

(7)倒掉培养液。将离心管倒立在吸水纸上 1 min,使残留的培养液流干。

(8)每个管中加入 2 mL 冰预冷的 $CaCl_2$溶液,搅动沉淀使之重新悬浮。至此,细菌可直接用于转化或分装成小份后于-70 ℃冻存。

4. M6 染色体及质粒 DNA 的酶切

反应体系的建立:

| 制备型酶切反应体系 | (100 μL) | 检测型酶切反应体系 | 10 μL |
|---|---|---|---|
| DNA(质粒或染色体) | 60 μL | DNA(质粒或染色体) | 2 μL |
| 限制性内切酶 | 适量 | 限制性内切酶 | 适量 |
| 缓冲液 | 10 μL | 缓冲液 | 1 μL |
| 加双蒸水至终体积 | 1 00 μL | 加双蒸水至终体积 | 10 μL |

↓

37 ℃反应适当时间

↓

75 ℃灭活 15 min 中止酶切反应

M6 总 DNA 采用 Sau3A Ⅰ进行部分酶切,pUC19 质粒采用 BamH Ⅰ进行酶切,酶切后回收所需大小的片段。

5. 载体脱磷

取适量 BamH Ⅰ酶切的 pUC19 质粒线状 DNA 按下列方法建立脱磷反应体系:

| | |
|---|---|
| 线状 PUC19 | 20 μg |
| CLAP | 1.2 U |
| Buffer | 10 μL |
| 加 10 mmol/L Tris-Cl 至 100 μL | |

37 ℃温浴 30 min

↓

补加 1.2 U CLAP

温浴结束后,加 EDTA(pH 值为 8.0)至终浓度为 5 mmol/L,充分混匀,75 ℃加热 15 min 以灭活 CLAP,然后用酚、酚/氯仿进行抽提,以纯化去磷酸化的 DNA。加入 0.1 倍体积 3 mol/L乙酸钠(pH 值为 7.0),充分混匀,再加 2 倍体积的酒精,充分混匀后于 0 ℃放置 15 min。用微量离心机于 4 ℃以 12 000 r/min 离心 10 min,以回收 DNA。用 TE(pH 值为 7.6)重新溶解沉淀的 DNA,使质量浓度为 100 μg/mL,贮存于-20 ℃备用。

6. 酶连

按如下所述设立连接反应混合物:

将 0.1 μg 载体 DNA 转移到无菌微量离心管中,加等摩尔量的 M6 DNA 回收片段。加水至 7.5 μL,45 ℃加温 5 min 以使重新退火的黏端解链,将混合物冷却到 0 ℃。建立如下反应体系:

10×T4 噬菌体 DNA 连接酶缓冲液 1 μL,T4 噬菌体 DNA 连接酶溶液 0.5 μL,5 mmol/L ATP 1 μL,加双蒸水至 10 μL。

于 14 ℃温浴 12 h。扩大反应体积 3 倍，22 ℃继续温浴 3 h。

另外，再设立两个对照反应：只有质粒载体，只有外源 DNA 片段。每个样品各取 1～2 μL转化大肠杆菌感受态细胞。

7. 酶连产物转化及转化子筛选

取 200 μL 感受态转移到无菌的微量离心管中，每管加 2 μL 酶连产物进行转化，转化后菌株涂布 LBM 培养基。

观察菌落周围农药水解情况，有透明圈出现的即为表达甲基对硫磷降解酶的阳性克隆。挑取阳性克隆至 LB(含 Amp)平板上进行扩增，提取质粒检测质粒的插入片段，并进行序列测定。

8. 基因工程菌构建

根据序列分析结果设计 PCR 引物扩增甲基对硫磷水解酶基因的编码区，酶切后插入到表达质粒 pET-29a 中，获得表达质粒 pET-mpd。将 pET-mpd 质粒转入 *E. coli* BL21(DE3)菌株中，获得高效表达甲基对硫磷降解酶的工程菌株。将工程菌点接到含有 IPTG 的 LBM 平板测定工程菌的活性。

## 三、思考题

1. 进行酶连时为何需要进行载体的脱磷处理？
2. 感受态效率对文库建立有何影响？

# 第19章　免疫学技术

抗原和抗体相互作用的反应称为免疫学反应(血清学反应),由于抗原性质不同,试验方法不同,抗原和抗体反应可呈现不同的现象。抗原抗体特异性结合后发生肉眼可见的凝聚或沉淀反应是免疫学技术的基础。随着免疫学技术的迅速发展和对免疫现象认识的不断深入,尤其是最近几十年,单克隆抗体技术在免疫学理论研究中的广泛应用,为人们提供了一系列敏感性高、特异性强、稳定性好的免疫检测技术。21 世纪前后,随着分子生物学、分子遗传学等学科和标记技术的发展,免疫学检测技术也在不断完善,技术不断推陈出新。基于抗原抗体反应的免疫学技术在食品、环境、生物学、医学等各个领域发挥着越来越重要的作用。常见的免疫学技术有免疫荧光技术、免疫酶技术、放射免疫技术和免疫传感器等。本部分实验主要包括目前较为常用的、灵敏度和特异性较高的免疫学检测技术,如凝集反应、免疫血清的制备、酶联免疫吸附试验、免疫印迹等。

## 实验 67　酶联免疫吸附试验

酶联免疫吸附试验(Enzyme-linked Immunosorbent Assay,ELISA)是酶联免疫技术的一种,是将抗原抗体反应的特异性与酶反应的敏感性相结合而建立的一种新技术,ELISA 的技术原理是:将酶分子与抗体(或抗原)结合,形成稳定的酶标抗体(或抗原)结合物,当酶标抗体(或抗原)与固相载体上的相应抗原(或抗体)相结合时,即可在底物溶液参与下,产生肉眼可见的颜色反应,颜色的深浅与抗原或抗体的量呈比例关系,使用 ELISA 检测仪即酶标测定仪,测定其吸收值可作出定量分析。此技术具有特异、敏感、结果判断客观、简便和安全等优点,日益受到重视,不仅在微生物学中应用广泛,而且也被其他学科广为采用。

### 一、实验器材

1. 抗原和抗体

2. 溶液和试剂

(1)包被液(0.05 mol/L pH 9.6 碳酸盐缓冲液):甲液为 $Na_2CO_3$,5.3 g/L;乙液为 $NaHCO_3$,4.2 g/L。取甲液 3.5 份加乙液 6.5 份混合均匀,现用现混。

(2)洗涤液(吐温-磷酸盐缓冲液,pH 7.4):NaCl 8 g,$KH_2PO_4$ 0.2 g,$Na_2HPO_4 \cdot 12H_2O$ 2.9 g,KCl 0.2 g,吐温-20 0.5 mL,蒸馏水加至 100 mL。

(3) pH 5.0 磷酸盐-柠檬酸盐缓冲液:柠檬酸(19.2 g/L) 24.3 mL,0.2 mol/L 磷酸盐溶液 (28.4 g/L $Na_2HPO_4$) 25.7 mL,两者混合后加蒸馏水 50 mL。

(4)底物溶液:100 mL pH 5.0 磷酸盐-柠檬酸盐缓冲液加邻苯二胺 40 mg,再加 30% $H_2O_2$ 0.2 mL。

(5)终止液:2 mol/L $H_2SO_4$。

3. 仪器和其他用品

酶标反应板、微量移液器、血清稀释板、温箱、酶标测定仪等。

## 二、操作步骤

1. 包被抗原

用吸管小心吸取用包被液稀释好的抗原，沿孔壁准确加入 100 μL 至每个酶标反应板孔中，防止气泡产生，37 ℃放置 4 h 或 4 ℃放置过夜。

抗原的包被量主要决定于抗原的免疫反应性和所要检测抗体的浓度。对于纯化抗原一般所需抗原包被量为每孔 20 ~ 200 μg，其他抗原量可据此调整。

2. 清洗

快速甩动塑料板倒出包被液。用另一根吸管吸取洗涤液，加入板孔中，洗涤液量以加满但不溢出为宜。室温放置 3 min，甩出洗涤液，再加洗涤液，重复上述操作三次。

3. 加血清

小心吸取已经稀释好的血清，准确加 100 μL 于对应板孔中，第四孔加 0.1 mL 洗涤液，37 ℃放置 10 min。在水池边甩出血清，洗涤液冲洗三次。

4. 加酶标抗体

沿孔壁上部小心准确加入 100 μL 酶标抗体（不能让血清玷污吸管），37 ℃放置 30 ~ 60 min，同上倒空，洗涤三次。

5. 加底物

按比例加 $H_2O_2$ 于配制的底物溶液中，立即吸取此溶液分别加于板孔中，每孔 100 μL。置于 37 ℃，显色 5 ~ 15 min（经常观察），待阳性对照有明显颜色后，立即加一滴 2 mol/L $H_2SO_4$ 终止反应。

6. 判断结果

肉眼观察，阳性对照孔应呈明显黄色，阴性孔应呈无色或微黄色，待测孔颜色深于阳性对照孔则为阳性；一般采用每孔 OD 值对实验结果进行记录，采用不同的反应底物，测定时的最大吸收峰位置不同，为得到最敏感的检测结果，要求采用测定波长进行测定。若测光密度，酶标测定仪取 $\lambda=492$ nm。$P/n>2.1$ 时为阳性，$P/n<1.5$ 为阴性，$1.5\leqslant P/n\leqslant 2.1$ 则为可疑阳性，应予复查。

$$P/n=\frac{\text{检测孔 OD 值}}{\text{阴性孔 OD 值}}$$

用空白孔校 $T=100\%$。

## 三、思考题

金黄色葡萄球菌在食物中经常产生肠毒素，该毒素有 A 型、B 型和 C 型，某食物中金黄色葡萄球菌已产生一种类型的毒素，请你试设计出 ELISA 鉴定出为哪种类型的毒素。

# 实验 68　免疫印迹法

蛋白质印迹（protein blotting）是 1979 年 Towbin 等人将 DNA 的 Southern blotting 技术扩

展到蛋白质研究领域,并与特异灵敏的免疫分析技术相结合而发展的技术。即先将蛋白质经高分辨率的 PAGE 电泳有效分离成许多蛋白质区带,分离后的蛋白质转移到固定基质上,然后以抗体为探针,与附着于固相基质上的靶蛋白所呈现的抗原表面发生特异性反应,最后结合。L 的抗体可用多种二级免疫学试剂(如标记的抗免疫球蛋白、与辣根过氧化物酶或碱性磷酸酶偶联的抗免疫球蛋白等)检测。Western 印迹法可以测出 1~5 mg 的待检蛋白。该技术主要用于未知蛋白质的检测及抗原组分、抗原决定簇的分子生物学测定;同时也可用于未知抗体的检测和 McAb 的鉴定等。

## 一、实验器材

1.溶液和试剂

(1)裂解缓冲液

0.15 mol/L NaCl,5 mmol/L EDTA pH 8.0,1% Triton X-100,10 mmol/L Tris -Cl, pH 7.4。

用之前加入 0.1%5 mol/L 二硫苏糖醇(DTT),0.1% 100 mmol/L PMSF 和 0.1%5 mol/L 6-氨基乙酸。

(2)30%聚丙烯酰胺:丙烯酰胺(acrylamide) 29 g,N′,N′-双丙烯酰胺(N′,N′-bisacrylamide) 1 g,加水至 100 mL,室温避光保存数月。

(3)100%十二烷基硫酸钠(SDS):用去离子水配成 10%溶液,室温保存。

(4)10%过硫酸铵(AP):过硫酸铵 1 g,加水至 10 mL,4 ℃保存 1 周。

(5)分离胶缓冲液(1.5 mol/L,pH 8.8):Tris 18.2 g,SDS 0.4 g,HCl 调 pH 值至 8.8,总体积为 100 mL。

(6)浓缩胶缓冲液(0.5 mol/L,pH 6.8):Tris 6.05 g,SDS 0.4 g,HCl 调 pH 值至 6.8,总体积为 100 mL。

(7)10×Tris-甘氨酸电极缓冲液:Tris 15g,Gly 72 g,SDS 5 g,加水至 500 mL。

(8)转移电泳缓冲液(0.025 mol/L,pH 8.3):Tris 3.785 g,Gly 19.3 g,加水至 1 000 mL,溶解后加甲醇 200 mL。

(9)洗涤缓冲液(0.01 mol/L pH 7.2 PBS):$NaH_2PO_4$ 0.438 g,$Na_2HPO_4$ 2.51 g,NaCl 8.76 g,加水至 1 000 mL。

(10)2×SDS 凝胶加样缓冲液:100 mmol/L Tris-Cl(pH 6.8),200 mmol/L DTT,4% SDS,0.2%溴酚蓝,20%甘油。

(11)PBST 缓冲液:NaCl 18 g,KCl 0.2 g,$Na_2HPO_4$ 1.42 g,$KH_2PO_4$ 0.27 g。浓 HCl 调 pH 7.4,加水至 1 000 mL,灭菌后加入 0.02% Tween-20。

(12)封闭液(blocking buffer):用 PBST 缓冲液加入 5%~10%脱脂奶粉,放 4 ℃保存。

(13)丽春红染色液:用 4%乙酸配制 1%的丽春红。

2.仪器和其他用品

电泳仪、垂直电泳槽等电泳常用设备、电泳印迹装置、振荡器、磁力搅拌器等。

## 二、操作步骤

### (一)聚丙烯酰胺凝胶电泳

1. 准备细胞裂解物

(1)用胰蛋白酶消化并离心收集细菌细胞。

(2)用裂解缓冲液裂解沉淀细胞,冰浴 10 min。5 $\times 10^5$个细胞用 20 μL 裂解缓冲液。

(3)4 ℃,14 000 r/min 离心 10 min。将上清液移到新的离心管中,弃除沉淀。

(4)确定蛋白质浓度。

(5)样品液中加入等体积的 2 倍加样缓冲液。

(6)煮沸 5 min。

(7)室温冷却 5 min。

(8)离心数秒。

2. 凝胶制备

(1)安装好灌胶装置。

(2)倒入分离胶至梳子孔下 1 cm。

(3)用 1 mL 水饱和的正丁醇封闭凝胶(能在这一步停止,放置过夜)。

(4)当凝胶凝固后,倒掉正丁醇,并用去离子水淋洗。

(5)灌入浓缩胶后,立即插入梳子。

(6)当浓缩胶凝固后,将凝胶放入电泳槽,并加入缓冲液。

3. 凝胶电泳

(1)快速离心样品上样。一定要记得上样相对分子质量标准。

(2)按 SDS-PAGE 不连续缓冲系统进行,凝胶上所加电压为 8 V/cm。当染料前沿进入分离胶后,将电压提高到 15 V/cm,继续电泳至溴酚蓝到达分离胶底部(约需 4 h),然后关掉电源终止电泳。

### (二)转移

(1)戴上手套,切 6 张 Whatman 3 mm 1 张硝酸纤维素膜,其大小都应与凝胶大小完全吻合。

注意:拿取凝胶、3 mm 滤纸和硝酸纤维素膜时必须戴手套。

(2)把硝酸纤维素膜浸没于去离子水中,浸泡 5 min 以上以驱除留于滤膜上的气泡,同时将 6 张 3 mm 滤纸浸泡于转移缓冲液中。

(3)戴上手套按如下方法安装转移装置:

①平放底部电极(将为阴极),石墨一边朝上。

②在这一电极上放置 3 张用转移缓冲液浸泡过的 3 mm 滤纸,逐张叠放,精确对齐,然后用一玻璃移液管作滚筒以挤出所有气泡。

③把硝酸纤维素膜放在 3 mm 滤纸堆上,要保证精确对齐,而且在 3 mm 滤纸与硝酸纤维素膜之间不留有气泡。

④从电泳槽上撤出放置 SDS-丙烯酰胺凝胶的玻璃,把凝胶转移到一盘去离子水中略为

漂洗一下，然后准确平放于硝酸纤维素膜上，把凝胶左下角置于硝酸纤维素膜的标记角上，要戴手套排除所有气泡。

(4)将靠上方的电极(阳极)放于夹层上，石墨一边朝下，连接电源后，根据凝胶面积按0.65 mA/cm$^2$，接通电源，电转移1.5～2 h。

**(三)硝酸纤维素膜上蛋白质染色**

(1)电转移结束后，拆卸转移装置，将硝酸纤维素膜移至小容器中。

(2)将硝酸纤维素膜浸泡于水中5 min以上以驱除留于其上的气泡。

(3)将硝酸纤维素膜置于丽春红染色液中染色5～10 min，其间轻轻摇动托盘。

(4)蛋白带出现后，于室温用去离子水漂洗硝酸纤维素膜，其间换水数次。

(5)用防水性印度墨汁标出作为相对分子质量标准的参照蛋白质的位置。

**(四)免疫检测**

1. 膜的封闭

将硝酸纤维素膜完全没入封闭液中，轻轻摇动30～60 min。

2. 洗膜

倒掉封闭液，用PBST缓冲液轻洗三次。

3. 加入一抗

倒掉PBST缓冲液，将一抗用PBST溶液稀释至适当浓度后加入容器中至完全浸泡硝酸纤维素膜，轻轻摇动1 h以上。

4. 洗膜

倒掉一抗溶液，用PBST缓冲液洗膜两次，每次5 min。

5. 加入二抗

倒掉PBST缓冲液，加入用PBST溶液稀释至适当浓度的二抗，轻轻摇动1 h以上。

6. 洗膜

倒掉二抗溶液，用PBST缓冲液冲洗膜三次，每次10 min。

7. 硝酸纤维素膜显色

将膜置入底物溶液中，在暗室反应15～30 min。当出现明显的棕色斑点时，立即用自来水冲洗，最后用蒸馏水彻底漂洗。实验结果照相保存，硝酸纤维素膜干燥后避光保存。

## 三、思考题

该实验如要用于细菌鉴定，应该如何进行？

# 实验69 免疫血清的制备

采用人工的方法将微生物或某种成分与产物注入机体，就可能刺激机体产生相应的抗体。凡是注入机体内能够刺激抗体形成，并与该抗体产生明显反应的物质，称为抗原。在机体内产生与该抗原产生特异性反应的物质称为抗体。由于抗原与抗体反应具有非常高的专一性，因而被广泛应用于多种疾病的诊断、细菌、病毒与动植物的分类及成分的鉴定。这里以苏云金杆菌分类研究的血清学方法为例,介绍实验的步骤和方法。

## 一、材料与用品

1. 菌种和实验动物

苏云金芽孢杆菌库斯塔克亚种、健康雄性家兔(体重 2.5 ~3.5 kg)。

2. 试剂

0.3%甲醛盐水(用生理盐水配)、0.85%生理盐水、5%叠氮钠、0.5%石炭酸生理盐水。

3. 仪器与用品

乙醇棉花、碘酒棉花、消毒干棉花、灭菌吸管、毛细滴管、小试管、大试管与离心管、2 mL 和 20 mL 注射器、9 号与 7 号针头、灭菌细口瓶、离心机等。

## 二、实验步骤

1. 抗原的制备

(1)H 抗原的制备。将苏云金杆菌接种于半固体斜面培养基上活化 2 ~3 代,随即接种到盛有 50 mL 肉汤培养液的 250 mL 三角瓶中,8 层纱布包口后置于摇床上,30 ℃振荡培养 5 ~8 h。经显微镜检查细胞正常、运动活跃,便立即离心收集菌体,将沉降的菌体悬浮于 0.3% 甲醛生理盐水中,使菌体浓度为 $5\times10^{8}$ 个/mL,放冰箱保存备用。

(2)O 抗原的制备。将离心沉降的菌体悬浮于少量的 0.5% 石炭酸生理盐水中,再加等量的无水酒精混合置于冰箱过夜,然后用生理盐水稀释成 $5\times10^{8}$ 个/mL,放冰箱备用。

2. 免疫血清的制备

(1)动物的免疫方法。选择 2.5 kg 左右的健康家兔,将其放在家兔固定箱内或请助手将兔按住在桌上不动,一手轻扶耳根,然后在耳外侧边缘静脉处,先用碘酒棉花,后用乙醇棉花涂擦消毒,并使静脉扩张。用经过煮沸消毒(每次煮 10 ~15 min)的注射器及 7 号针吸取菌液,沿耳静脉平行方向刺入静脉。如针头确在静脉内,注入材料时容易推进,同时可以观察到血管颜色变白。若不易推进,而且局部有隆起时,则表示针头不在血管中,应重新注射。注射完毕在拔出针头前,先用棉球按住注射处,然后再拔出针头,并继续压迫片刻,以防止血流溢出。注射剂量日程见表 19.1。

表 19.1 抗体制备的日程

| 注射日期 | 菌液 | 注射剂量 | 注射途径 |
|---|---|---|---|
| 第一日 | 死菌 | 0.3 | 静脉 |
| 第三日 | 死菌 | 0.5 | 静脉 |
| 第六日 | 死菌 | 1.0 | 静脉 |
| 第九日 | 死菌 | 1.5 | 静脉 |
| 第十二日 | 死菌 | 2.0 | 静脉 |
| 第十九、二十二日 | 采血少量(1 mL)分离出血清,如凝集效价达 1 ∶ 2 000 以上则停止动物进食,以无菌操作手续大量采血 | | |

耳静脉注射是每隔 2 ~3 天注射菌液一次,一共 5 次,末次注射后 7 ~10 d 采血,如凝集效价达 1 ∶ 2 000 以上则停止动物进食,以无菌手续大量采血。

(2)采血与分离血清。

1)颈动脉放血法。将兔子仰卧固定其四肢,颈部剪毛消毒,在前颈部皮肤纵切开 10 cm 左右,用止血钳将皮分开夹住,剥离皮下组织后露出肌层,用刀柄加以分离即可见搏动的颈动脉。将颈动脉与迷走神经剥离长约 5 cm,用止血钳夹住血管壁周围的筋膜,远心端使用丝线结扎,近端用动脉钳夹住。然后用酒精棉球消毒血管周围的皮肉,用无菌剪刀剪一"V"形缺口(约为血管断面的 1/2,切不可将血管全部剪断)。取长 15 cm 直径 1.6 mm 的塑料管,将一端剪成针头样斜面并插入颈动脉中,用丝线将此管结扎固定在动脉上,另一端放入无菌试管或无菌茄子瓶中,然后松开动脉夹,血液即流入瓶中,直至动物死亡,无血液流出为止。一般 2 500 g 家兔可放血 80 ~ 120 mL。

2)以无菌的滴管吸取血清置无菌离心管中,离心沉淀除去红细胞,取上清液置无菌试管中,此即免疫血清,测定其效价。

3)在分离所得的血清中徐徐加入 5% 叠氮钠用于防腐,使其最后浓度为 0.05% ~ 0.1%。分装血清于试管或安瓿瓶中,并标明血清名称,凝集效价及制备日期,保存于冰箱中备用。

## 三、思考题

1. 简述免疫血清的制备过程。
2. 制备抗血清时为何要多次注射抗原?
3. 制备 O 抗原时为何要加入酒精?

# 实验 70 凝集反应

凝集反应是颗粒抗原或表面覆盖抗原的颗粒状物质(如聚苯乙烯乳胶等),与相应抗体在电解质存在下的成团作用而引起。凝集反应常用的方法有玻片法与试管法。利用已知的抗血清可以鉴定未知细菌。因此,此法可用于诊断许多传染病的病原,进行细菌的抗原分析、鉴定及分型,也可以应用已知细菌检查未知血清的抗体。

## 一、材料与用品

1. 抗原和抗体

苏云金芽孢杆菌 H 抗原、苏云金芽孢杆菌 O 抗原(制备方法见实验 75)、苏云金芽孢杆菌免疫血清。

2. 试剂与用品

生理盐水、载片、小试管、试管架、移液管(1 mL、5 mL)、水浴锅、无菌滴管。

## 二、实验步骤

1. 玻片凝集反应

此法只能用于进行定性测定,用已知的免疫血清检查未知细菌。

(1)取洁净干燥的载片,用蜡笔划分两区,一端注明为试验,一端注明为对照。

(2)用滴管吸取生理盐水,滴 2 滴于对照端;用滴管吸取苏云金芽孢杆菌免疫血清,滴

2滴于试验端部(测H抗原时,免疫血清须先用O抗原吸附中和后才能使用)。

(3)两端分别滴加苏云金芽孢杆菌培养物。

(4)将玻片略为反复摆动后静置于50 ℃恒温水浴表面上保湿5~10 min,以加快抗原和抗体的反应。待5 min后便可观察到一端有凝集反应,出现凝集小块则为阳性结果;另一端为生理盐水与抗原的混合物作为对照。如果肉眼不易观察清楚,可将玻片置于低倍镜下检查凝集块。

2.试管凝集反应

此法为免疫血清定量测定效价法。

(1)取清洁干燥的小试管10支,排列于试管架上。

(2)用移液管按表19.2分别加入生理盐水0.5 mL于各试管中。

(3)取免疫血清0.5 mL加入另一试管,并加4.5 mL生理盐水进行混合,制成稀释1:10的免疫血清。

(4)用移液管吸取稀释成1:10的免疫血清0.5 mL,注入第一管内,并吸吹三次混匀;然后由第一管中吸取0.5 mL注入第二管,再吹吸三次混匀;吸出0.5 mL注入第三管……以此类推到第九管为止。从第九管吸出0.5 mL弃去,第十管不加血清,以作对照。

(5)在每管中加入0.5 mL经过处理的苏云金芽孢杆菌菌悬液作为抗原,摇匀,并置45 ℃水浴中2 h后,初步观察结果,转置冰箱中,次日再观察结果(表19.2),观察结果时勿摇动试管。

**表19.2　血清凝集反应记录**

| 试　管 | 1 | 2 | 3 | 4 | 5 | 6 | 7 | 8 | 9 | 10 |
|---|---|---|---|---|---|---|---|---|---|---|
| 生理盐水/mL | 0.5 | 0.5 | 0.5 | 0.5 | 0.5 | 0.5 | 0.5 | 0.5 | 0.5 | 0.5 |
| 加1:10血清(稀释)注入第一管 血清的稀释度 | 0.5 | 0.5 | 0.5 | 0.5 | 0.5 | 0.5 | 0.5 | 0.5 | 0.5 | — |
| 细菌悬液/mL | 1:20 | 1:40 | 1:80 | 1:160 | 1:320 | 1:640 | 1:1 280 | 1:2 560 | 1:5 120 | 0 |
| 最后血清稀释度 | 0.5 | 0.5 | 0.5 | 0.5 | 0.5 | 0.5 | 0.5 | 0.5 | 0.5 | 0.5 |
| 结果 | 1:40 | 1:80 | 1:160 | 1:320 | 1:640 | 1:1 280 | 1:2 560 | 1:5 120 | 1:10 240 | 0 |

## 三、实验报告

1.在下表中记录玻片凝集反应试验结果

| 结果/项目 | 对照区,即生理盐水+菌体 | 试验区,即血清+菌体 |
|---|---|---|
| H(O)抗原阳性 | | |
| H(O)抗原阴性 | | |

2.在下表中记录各试管凝集反应的结果

| 血清稀释 | 1:40 | 1:80 | 1:160 | 1:320 | 1:640 | 1:1 280 | 1:2 560 | 1:5 120 | 1:10 240 | 对照 | 效价 |
|---|---|---|---|---|---|---|---|---|---|---|---|
| 凝集反应强弱 | | | | | | | | | | | |

# 实验 71 沉淀反应

当可溶性抗原与其相应的抗体在电解质存在的溶液或含缓冲液的半固体琼脂凝胶中彼此接触时，所产生的复合物是肉眼可见的乳白色沉淀物或沉淀线，此反应称为沉淀反应或琼脂双向扩散反应。沉淀反应的试验方法有很多，有试管环状沉淀法、絮状沉淀法以及琼脂扩散法。

双向免疫扩散是利用抗原和抗体在同一个凝胶内彼此都扩散，相遇后会形成特异的沉淀线（或叫带）。这种沉淀线对形成它的抗原和抗体是不可透过的，而对与这种抗原和抗体无关的所有其他抗原和抗体则是可透过的。因此，两种一致的抗原或抗体从两个不同的孔进行扩散，当与从第三个孔扩散的它们的抗体或抗原反应时，彼此将以一定的角度形成融合的沉淀线上一致的反应，如图 19.1(a)所示。在同样条件下，两种无共同决定簇的抗原与它们的抗体（混合放在第三孔中）反应时，彼此将以一定的角度形成两条交叉的沉淀线上不一致的反应，如图 19.1(b)所示。在部分一致的情况下，上述两种情形都有可能出现，即形成部分交叉和部分融合的沉淀线，如图 19.1(c)、(d)所示。利用此法可诊断某些疾病（如炭疽、鼠疫等）、分析细菌抗原。

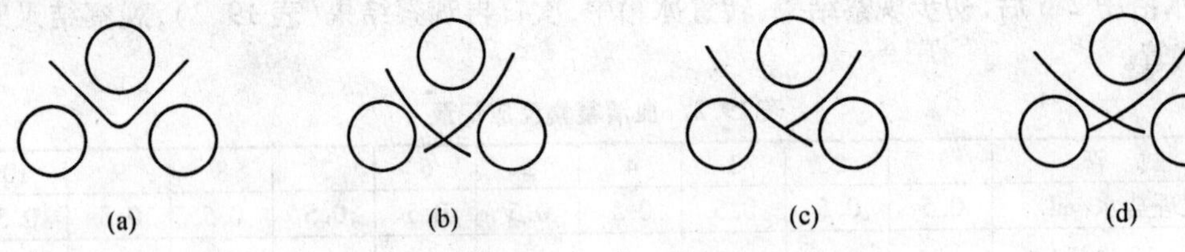


图 19.1 双向免疫扩散平板中沉淀线的类型

## 一、材料与用品

1. 材料

(1) pH 8.6 巴比妥-盐酸缓冲液。巴比妥钠 9.0 g，1 mol/L HCl 溶液 6.5 mL，溶于蒸馏水中，定容至 1 000 mL。

(2) 1% 琼脂糖。取 1 g 经纯化过的琼脂糖粉，溶于 100 mL pH 8.6 巴比妥-盐酸缓冲液中，分装于小试管，每支 3 mL，冰箱保存备用。

(3) 苏云金芽孢杆菌 O 抗原（菌体用超声波破碎，500×离心，取上清液）。

2. 药品与用品

苏云金芽孢杆菌免疫血清，塑料或玻璃培养皿（50 mm×12 mm 或 100 mm×15 mm）、吸管、滴管、吸水纸等。

## 二、实验步骤

(1) 将培养皿放在一水平面上，注入经融化的 1% 琼脂糖（50 mm×12 mm 的用 3 mL，100 mm×15 mm 的用 12 mL）。加完后，立即轻轻转动培养皿，使琼脂糖均匀展开后，盖上盖,室温冷凝。

(2)20 min 后,将其放入冰箱。使用时取出,按所需要的模型进行打孔。

(3)用滴管加入所试验的试剂后,盖上培养皿盖,在室温扩散大约 24 h。

(4)借助照明读结果或用侧面光对黑色背景照相。

## 三、思考题

1. 记录各沉淀线的距离和图谱。

2. 分析抗原及抗体的相关性。

# 第20章 发酵实验应用技术

## 实验72 摇瓶与发酵

微生物培养类型主要分为好氧培养和厌氧培养。绝大多数采用好氧培养工业微生物，实验室中最常见的方法是振荡培养，以摇瓶培养为代表。

1. 摇瓶培养

摇瓶培养技术问世于20世纪30年代，由于其简便、实用，很快便被发展成为微生物培养中极重要的技术而得到普及，并广泛用于工业微生物菌种筛选、实验室大规模发酵试验、种子培养等。摇瓶培养设备主要有旋转式摇床和往复式摇床两种类型（图20.1），也有旋转式和往复式的混合类型，其中以旋转式最为常用。用旋转式摇床进行微生物振荡培养时，固定在摇房上的三角烧瓶随摇床以200～250 r/min的速度运动，由此带动培养物围绕着三角烧瓶的内壁平稳地运动。在使用往复式摇床振荡培养时，培养物被前后抛掷，会引起较为剧烈的搅拌和撞击。振荡培养中所使用的发酵容器通常为三角烧瓶，也有使用特殊类型的烧瓶或试管。在振荡培养过程中采用的烧瓶类型和振荡类型主要取决于所要研究的发酵类型及性质。振荡培养通常用于有氧过程中，主要有两种类型：一是供氧相对较大，以产生大量的细胞，常见于丝状微生物（如食用菌、放线菌）中；二是需供氧但所需供氧量较小，常见于细菌。要获得高氧供应，可在较大的烧瓶（250 mL、500 mL三角烧瓶）中盛装相对较小容积的培养基，由此可获得更高的氧传递速率，便于细胞的迅速生长，要获得较低的氧供，则需采用较慢的振荡速度和相对大的培养体积。经连续振荡培养一段时间后，细菌等单细胞微生物可以呈均匀的细胞悬液；而丝状真菌和放线菌，可得到纤维糊状培养物——纸浆状生长。如果振荡不足，则会形成许多球状菌团——颗粒状生长。

小型台式摇瓶机

大型恒温摇瓶机

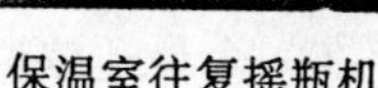

保温室往复摇瓶机

大型恒温摇瓶机

图20.1　一些代表性摇瓶装置

用于振荡培养的发酵容器也可以选用试管。试管大小可根据需要来定。将盛有一定体积培养基的试管倾斜固定在支架上，倾斜角度一般为15°、30°，倾斜方向与振荡方向一致。试管随摇床平台作旋转式或往复式运动。用试管作发酵容器的优点是在较小的空间范围内一次可处理较大的样品数。但效率远不如使用三角烧瓶。因此，在通常情况下更多的是选择25 mL、50 mL小烧瓶。同样，在使用试管进行振荡培养时，可在试管中盛装相对较少的培养基以旋转式振荡培养来提供丝状微生物。良好的气体环境，也可以用相对多的培养基以往复式振荡培养，使细菌迅速生长。振荡培养中，三角烧瓶用6～8层医用纱布封口，试管塞一般用普通棉塞，也可以使用封口胶或其他的塑料或金属盖。

2. 振荡培养

振荡培养中的实际问题振荡培养是建立深层发酵的开始。就某一特定微生物而言，振荡培养时存在一最佳培养基配方和最佳培养基容量。一般来说，振荡培养丝状微生物时培养基最佳容量为50～100 mL/500 mL三角烧瓶或25～50 mL/250 mL三角烧瓶，即为发酵容器容积的10%～20%。在这一范围内，培养基量越小，所得试验的结果越好。通过使用带有挡板的烧瓶，使用气体通透性更好的封口胶代替纱布或棉塞，以及增加摇床振荡速率也可获得相同的效应。但需特别注意的是提高振荡速率时必须注意烧瓶的放置位置与重力平衡，以减少由于角速度增加引起的磨耗和不平衡甚至翻车。在使用棉塞和纱布时应采用普通棉纱而非脱脂棉纱，以防吸水潮湿而妨碍氧的扩散。

将已接种的烧瓶固定到摇床上培养，在培养过程中应特别注意两个问题：一是上文已提及的温度控制；另一个十分重要的问题就是维持连续振荡，振荡不连续进行哪怕只是数分钟的停顿，对结果的影响都是极其显著的；而且由于数分钟的停顿对微生物细胞生长的影响不能观察出来，使影响从表面上不易被发现。有报道在用黑曲霉生产柠檬酸的发酵试验中，提高通气率可以刺激柠檬酸的生产。片断通气时柠檬酸的产率会直线下降，甚至不可逆转；在繁殖期中断通气20 min不会使菌株的活力下降，但菌株生产和积累柠檬酸的能力受到不可逆的破坏或减慢。

经24～48 h培养，可检查烧瓶，以判断生长的程度和类型。在好氧生长时，消耗1 g葡萄糖通常可增加0.25～0.5 g的细胞。单细胞细菌经培养后会出现一稠密或轻度稠密的培养物；而丝状菌株如果在含5%的糖的培养基中生长可形成密细胞培养物，4～5 d后，细胞密度可达 20 ~ 30 g/L,如果培养物产生毒性物质或大量的副产物以及产生抑制细菌生长的产物,则生长速度相应降低。

振荡培养过程中,必须定期、定时分析培养过程中的各种参数。通过光密度,培养基中细胞沉积或通过过滤、干燥和称重可定量或半定量地估计细胞生长情况。迅速而粗略地估计细胞生长的方法是将一些培养物放置于一较小的测量瓶中,室温静置一段时间后根据细胞沉积粗略估计微生物细胞生长情况。此外,培养液的 pH 值、残糖、色质、表观和气味的变化也应随时加以记录;用显微镜检测菌丝末端状态、分枝情况、絮凝体形成及污染情况,对于掌握培养物的培养状况也是重要的。

细胞或孢子接种浓度对试验的成功极为重要,不同的微生物细胞或孢子以及不同的振荡培养过程的接种浓度差异是十分显著的,且各自存在一个最适浓度,这必须在预实验中确定。最适接种浓度的获得和采用可保证良好的生长和高质量的培养物。使用不同的接种浓度还可获得不同的生产类型。例如,当使用 $2\times10^2$ ~ $1\times10^3$ 个/mL 青霉孢子接种浓度时,经 25 ℃培养 120 h 后菌丝呈平滑,致密沉积体;而当接种浓度在 $5\times10^3$ ~ $5\times10^4$ 个/mL 时,相同条件下培养后则呈小、纤丝状、絮凝物,直径在 0.4 mm 左右。

振荡培养中最常出现的另一个问题是贫瘠生长。通常这是由于接种浓度太低或种子活力较差引起的。根据经验,种子的培养时间为 1 ~ 2 d,接种后培养基中的孢子浓度在 $5\times10^4$ ~ $1\times10^6$ 个/mL。

振荡培养时培养物被污染并不常见,若一旦被污染,会带来许多麻烦。出现污染时,培养物表面为表观改变、气味异常、菌丝体雾浊不清、产品丢失等,需及时发现并及时处理。

## 一、摇瓶发酵生产柠檬酸

### (一) 实验材料

1. 生产菌株

黑曲霉在第一次出现时加斜面。

2. 培养基

葡萄糖 140 g, $NH_4NO_3$ 2.5 g, $KH_2PO_4$ 2.6 g, $MgSO_4 \cdot 7H_2O$ 2.5 g, $Cu^{2+}$ 0.06 mg, $Zn^{2+}$ 25 mg, $Fe^{2+}$ 1.3 mg, $Mn^{2+}$ 1.0 mg,去离子水加至 1 000 mL, pH 3.8。

3. 化器

500 mL 三角烧瓶、旋转式摇床等。

### (二) 操作步骤

(1) 取干净的 500 mL 三角烧瓶,分装 50 mL 培养基,高压灭菌。

(2) 以 $8\times10^4$ 个/mL 的接种浓度无菌接入黑曲霉孢子,混匀。

(3) 置旋转式摇床(振幅 25 mm,转速 270 r/min)振荡培养 9 d。可获得 72% 的糖转化为柠檬酸盐,菌体为小的菌球体,直径为 0.1 ~ 0.5 mm。

## 二、小型深层发酵系统

实验中的各种发酵试验,最终都是为了获得理想的菌种并根据这些发酵试验获得的数据进行有效放大。因此,在易于改变控制条件、便于结果观察和分析的小型台发酵罐中进行发酵试验是十分理想的。多数发酵产品是经微生物好氧培养得到的。氧气在培养基中的溶解浓度很高,因此,微生物细胞反应器(发酵罐)必须不断进行通气和搅拌,使培养液中有一定的溶解氧浓度,并可以保持培养液的均匀悬浮状态,促进发酵热的散失等。

常见的发酵罐有机械搅拌式、自吸式,鼓泡式和气升式。如图 20.2 所示是一种小型恒化器,一种常见的机械搅拌式实验发酵器。与三角烧瓶摇瓶发酵获得的数据相比,采用台式发酵罐获得的各种参数更接近于生产,因而更加便于运用到扩大生产规模,但价格较为昂贵。

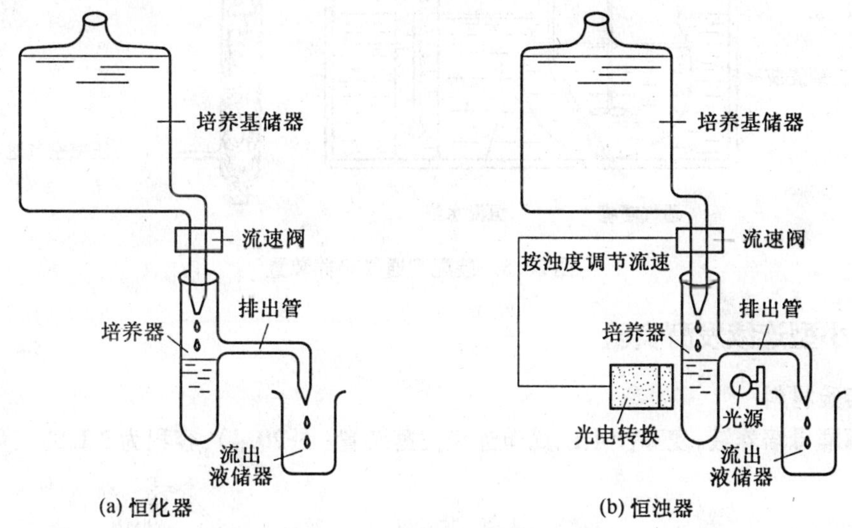


图 20.2 小型恒化器

实验室中可自行配制一种通气培养装置(图 20.3)。该装置由一些玻璃器皿装配而成,有箭头处拆开部分,依次是搅拌、发酵瓶(三颈烧瓶)、洗气瓶和棉花过滤器。空气可以来自空气压缩机。各部分的开口处用锡纸或棉花包上,进行高压灭菌。灭菌后按图连接。用于此装置的塞子和管子最好为硅橡胶。过滤器中的棉塞要尽可能压紧,取样口兼作接种口。

好氧发酵中对连续发酵工艺的研究是很重要的。当连续培养达到稳定状态时,反应器中的细胞、基质和产物浓度会保持恒定不变,细胞的比生长速率也将保持恒定,从而有利于研究细胞代谢活动与环境的关系,连续培养方式有单级连续培养、细胞回流单极连续培养和多级连续培养。在单级连续培养时,当反应器内达到稳定状态,细胞的比生长率就和稀释率相同。此时只要改变加料的流量,就可以改变细胞的比生长速率,从而可以研究特定细胞在不同比生长率下的生理特性。连续培养还用于菌种筛选过程中生长优势的优选与富集、基因工程菌质粒稳定性、细胞壁生长效应以及生物反应动力学等方面的研究。

除恒化器外,连续培养控制技术尚有保持细胞密度恒定不变的恒浊器(Turbidostat),保持残余底物浓度不变的营养恒定反应器(Nutristat),保持 pH 值不变的 pH 自动恒定器,以 $CO_2$ 排出速率(CER)为控制量的 CER-恒定器,以及保持氧不变的溶氧恒定器和摄氧恒定。

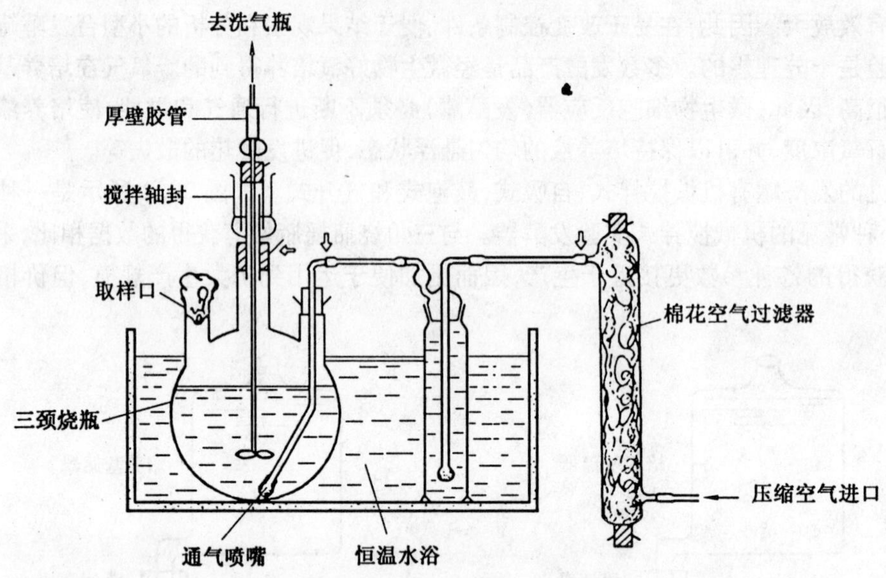


图 20.3　装配型通气培养装置

## 三、小型连续发酵实验

### 1. 实验材料

酿酒酵母培养液，麦芽汁 4 L，简单连续发酵装置（图 20.4），容积为 2 L 的三角瓶。

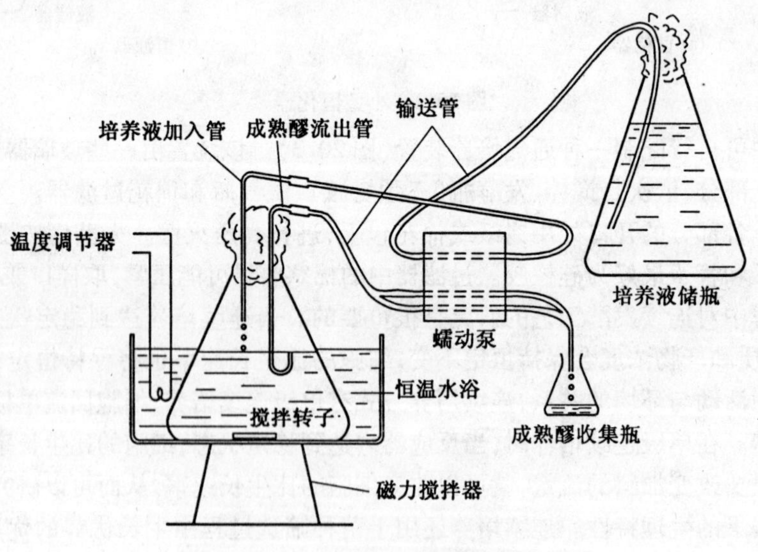


图 20.4　简单连续发酵装置

### 2. 操作步骤

（1）将制备好的 1 L 麦芽汁倒入 2 000 mL 的三角瓶中。用棉塞固定玻璃管，玻璃管上端接内径 3 mm，外径 5 mm 的橡皮管。用弹簧夹住，然后经 68.65 kPa 压力灭菌 20 min。

（2）将灭菌后凉至 30 ℃的三角瓶安装于恒温水浴锅中进行培养。

(3)将酿酒酵母培养液以 1：10 接入三角瓶中,先进行搅拌间歇培养。若有无菌通气管,也可通气搅拌培养。

(4)将补料用的培养基 3 L 装在 3 L 的三角瓶中,将送料的橡皮管的一端插入,用棉塞固定,另一端用油纸包好,在 68.65 kPa 压力下灭菌 20 min。

(5)定时测定间歇培养的菌液浓度,以求出增殖速度。

(6)取下输液用的橡皮管,剥去油纸,接到蠕动泵进液口,将培养器的输液橡皮管接到蠕动泵出液口。

(7)根据增殖速度,以较少稀释率开始流加培养基,此时稀释率必须小于此增殖率。

(8)计算出流出液中的细胞产率。

(9)微生物细胞的同步培养。

微生物细胞的同步培养是利用诱导或选择等方法,使微生物群体的每个细胞的生长周期都完全同步,即在同一时间内分裂的方法。诱导法有营养诱导法,此法是微生物细胞在生长一段时间后,使营养不足而造成生长终点或使生长终止;然后小量接入新鲜富营养培基中,一般将处于对数生长后期的细胞重新悬浮于新鲜的培养基中,可造成 1 ~ 2 次细胞周期的同步生长。诱导法尚有抑制诱导法、温度变化诱导法、生长因子补加诱导法等。选择法则是利用非同步细胞处于不同生长周期时细胞大小及密度存有差异进行选择。选择的主要方法有过滤和离心法,此法不常用。

## 四、酿酒酵母的同步培养

1. 实验材料

(1)酿酒酵母。

(2)基础培养基:$(NH_4)_2SO_4$ 7.0 g,$Na_2HPO_4 \cdot 12H_2O$ 2.5 g,酵母粉 5.0g,水 1 000 mL,pH 5.5。

(3)200 g/L 葡萄糖溶液。

(4)1 L 实验室发酵罐,50 mL 三角烧瓶,摇床。

2. 实验步骤

(1)将 10 mL 基础培养基分装入 50 mL 三角烧瓶内,接入酿酒酵母,再补加 200 g/L 葡萄糖溶液 0.1 mL。

(2)置摇床振荡培养 8 h。

(3)将基础培养基加入发酵罐内,强烈通风。

(4)取 20 mL 上述培养物接入发酵罐内。

(5)调节温度为 24 ℃。

(6)以递增流加葡萄糖液量流加葡萄糖液(葡萄糖液递增量控制可根据实验确定)。一般经 10 h 左右的培养就可得到同步细胞。

3. 厌氧培养

厌氧培养在发酵工业研究上是很重要的,发酵工业中如制酒等混合发酵过程有大量厌氧微生物,对这些厌氧微生物的研究特别是对己酸菌、丁酸菌、甲烷菌等的研究对控制发酵有重要作用。厌氧微生物细胞具有脱氢酶系,但缺乏细胞色素及缺乏超氧化物转化酶、触酶和过氧化物酶。在氧化还原过程中，氧化还原电位(Eh)较高的物质可以氧化氧化还原电位低的物质，而 Eh 低的物质不能氧化 Eh 高的物质。在有氧环境中，培养基中的营养物质转化为氧化型，Eh 升高，细菌必须具有 Eh 很高的酶如细胞色素氧化酶，才能氧化培养基中的物质，以获得能量。厌氧菌缺乏这一类 Eh 较高的酶，所以能量供应不足，不能生长。微生物适应的氧化还原电位如图 20.5 所示。

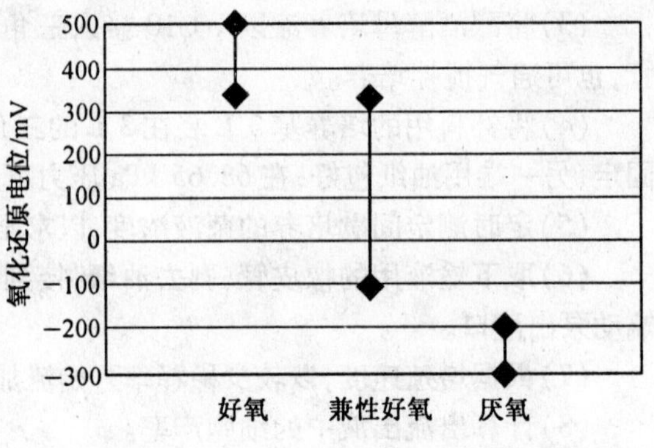


图 20.5　微生物适应的氧化还原电位

同样，细菌在有氧环境中进行代谢活动时，常产生有强烈杀菌作用的超氧离子($O^{2-}$)与过氧化氢($H_2O_2$)。需氧菌含有的超氧化物歧化酶能将超氧离子转化为过氧化氢；又有触酶(即过氧化氢酶)和过氧化物酶，能迅速分解所生成的 $H_2O_2$，从而消除其损害作用。

厌氧菌不含这些酶类，不能破坏超氧离子和 $H_2O_2$，易被杀伤，故在有氧时不能够生长。因此，在培养厌氧菌时，需消除环境的氧气并降低培养基的 Eh。消除氧气的方法有物理、化学和生物方法，在培养基中添加还原物质可有效地降低培养基的 Eh。

厌氧培养法有多种，下面介绍几种常用的方法。

(1)深层穿刺分离培养(图 20.6)：用一根 18 ~ 20 mm 直径的玻璃管，截成 180 ~ 200 mm长，洗净烘干。一头塞入橡皮塞，再加入 2/3 管长的营养琼脂，塞上胶塞或塑料帽，灭菌，凉至凝固。穿刺接菌种或待分离物。培养后可见到生长的厌氧微生物菌落。此时拔出橡皮塞，用无菌刀切割，分离再培养，此法对于一般厌氧微生物适用。

(2)深层穿刺与化学吸氧相结合(图 20.7(a))。深层穿刺后，在培养基上部加一层非脱脂棉，再加一层脱脂棉，上面加入焦性没食子酸和 $Na_2CO_3$粉末的混合物，再用胶塞或塑料帽盖紧。焦性没食子酸和 $Na_2CO_3$在有湿气(即水分)存在的条件下缓慢作用吸氧和放出 $CO_2$，造成厌氧状态，强化了厌氧条件。

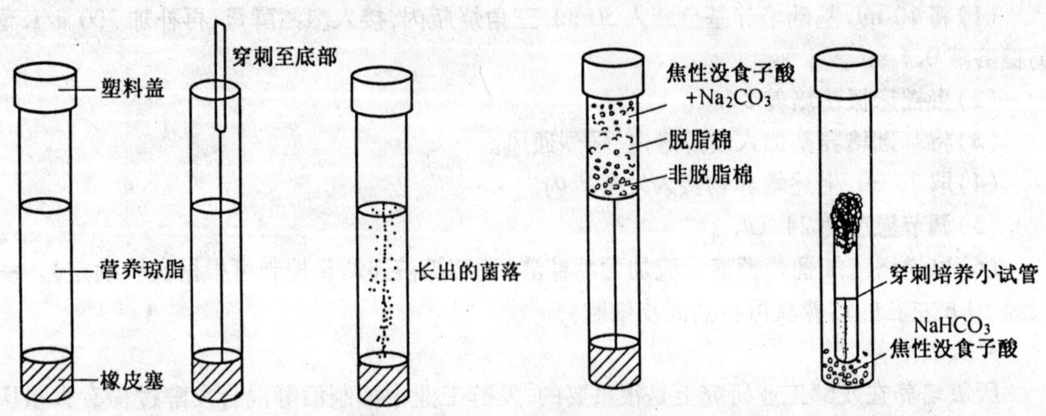


图 20.6　深层穿刺分离培养　　图 20.7　深层穿刺与化学吸氧相结合与夹套试管法

气路控制系统、箱架、瓶架等部分组成，培养箱的温度能进行自行调节控制，气路安排合理，能任意输入所需的气体和准确调节流量。箱内备有紫外灯，可消毒操作室内空气。使用厌氧培养箱进行厌氧微生物分离培养时，整个操作过程可以在正压 $CO_2$ 或氮气下进行，使整个接种过程在无氧状态。因此，厌氧培养箱在分离、研究极端专性厌氧菌时更有其优势。现在以美国 Forma 公司生产的厌氧培养系统为例介绍如下基本操作过程：第一，关闭内门后开启外侧门，将培养基及标本等物品放入传递箱内，随即关上外门；第二，按下循环起始钮，真空泵即开始自动排气减压充入 $N_2$，重复 2 次；第三，通过手套箱打开内门，混合气体即流入传递箱，直至箱内压力和大气压相等；第四，当厌氧状态指示灯亮时，再将培养物移入操作箱内，关闭内门；第五，在厌氧环境操作箱内，将标本接种于培养基上，送入恒温箱中培养。手套箱中的混合气体是由气瓶直接供给，通过该箱中的钯催化剂可以除去剩余的氧，以达到高度的厌氧状态。

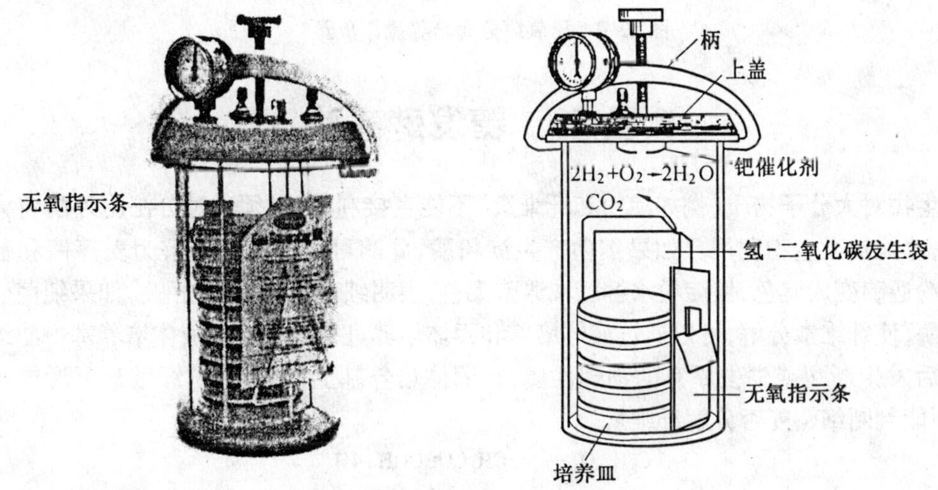


图 20.8　厌氧培养罐

在进行厌氧培养时，使用的钯催化剂经 160 ℃ 干烤 2 h 后，又可恢复其活力，但不宜重复使用。

## 五、厌氧罐分离培养厌氧微生物

1. 实验材料

(1) 划线或稀释分离用的丁酸菌的培养基若干。

(2) 厌氧罐系统、吸管、水。

2. 操作步骤(图 20.9)

(1) 将已划线或稀释分离的平皿倒置入罐内。

(2) 把 $H_2CO_3$ 发生源的封口打开，加入 10 mL 无菌蒸馏水，加入指示纸。

(3) 打开指示纸条，指示面对外。

(4) 将罐盖压上。

(5) 拧紧螺旋压紧。

(6) 1 ~2 h 内指示纸由蓝变红，否则要换产气源。

(7)置于恒温箱中培养3~7 d。

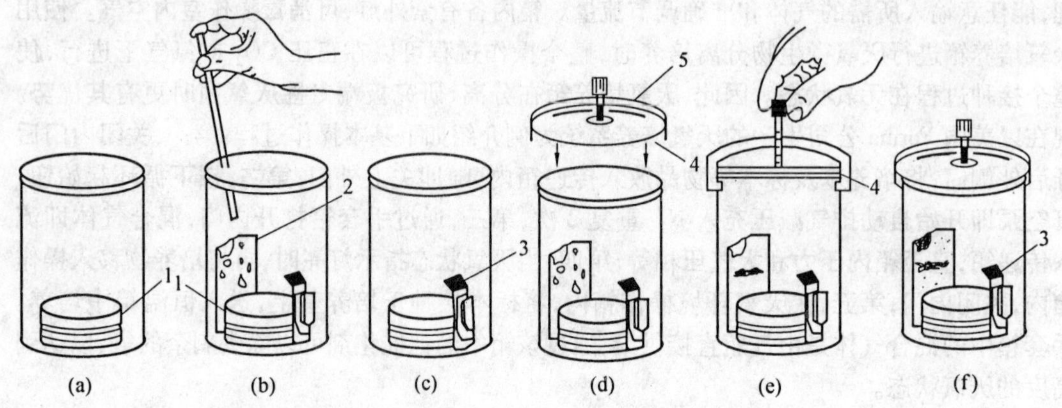


图20.9　压氧罐分离培养操作步骤

# 实验73　糖发酵实验

微生物对大分子物质(例如淀粉和纤维素)不能直接利用,必须通过分泌胞外酶将大分子分解,才能被微生物利用。如果细菌产生淀粉酶,此酶可以使淀粉水解为麦芽糖和葡萄糖。淀粉遇碘变成蓝色,但淀粉水解区域遇碘无色,表明细菌能产生淀粉酶。如果细菌分泌纤维素酶,使纤维素分解,可以通过液体培养和固体培养进行试验。在液体培养基中滤纸条被分解后发生断裂或失去原有的物理性质;在固体培养基上,细菌降解纤维素可形成水解斑,从而能判断细菌能否分解纤维素。

$$C_6H_{12}O_6 \longrightarrow 2CH_3COCOOH + 4H$$

丙酮酸

$$2CH_3COCOOH \longrightarrow CH_3COCHOHCH_3 + 2CO_2$$

乙酰甲基甲醇

$$CH_3COCHOHCH_3 \xrightarrow[+NaOH]{2H} CH_3COCOCH_3$$

二乙酰

糖发酵试验是最常用的生化反应,在肠道细菌的鉴定上尤为重要。绝大多数细菌都能利用糖类作为碳源和能源,但它们在分解糖的能力上则有很大的差异,有些细菌能分解某种糖并产酸(如乳酸、乙酸、丙酸等)和气体(如氢、甲烷、二氧化碳等);有些细菌只产酸不产气。如大肠杆菌能分解乳糖和葡萄糖产酸并产气;伤寒杆菌能分解葡萄糖产酸不产气,不能分解乳糖;普通变形杆菌分解葡萄糖产酸产气,但不能分解乳糖。酸的产生可用指示剂来断定。在配制培养基时预先加入溴甲酚紫[pH 5.2(黄色)~6.8(紫色)],当发酵产酸时,可使培养基由紫色变为黄色。气体的产生可由发酵管中倒置的德汉氏小管中有无气泡来证明。

V.P试验可测定细菌发酵葡萄糖的变化。某些细菌在糖代谢过程中,分解葡萄糖产生丙酮酸,丙酮酸脱羧后生成活性乙醛。后者再与丙酮酸或乙醛化后生成中性的乙酰甲基甲醇。乙酰甲基甲醇在碱性条件下被氧化为二乙酰,它与蛋白胨中氨基酸的胍基作用后产生红色化合物,此即为 V. P 试验阳性。其过程大致如图 20.10 所示。

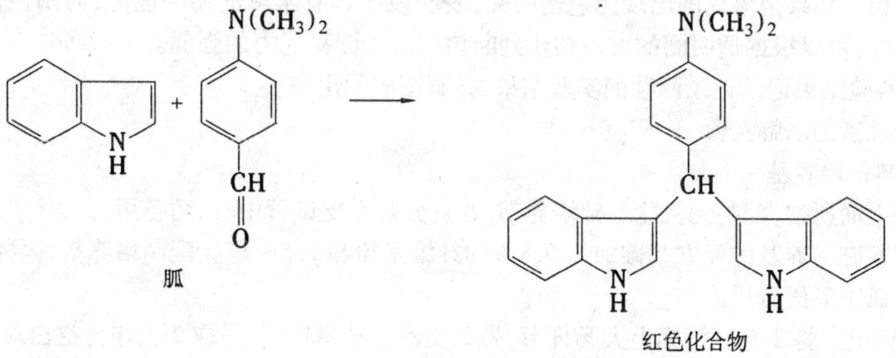

$$\text{吲哚} + \text{对二甲氨基苯甲醛 } (CH_3)_2N\text{-}C_6H_4\text{-}CHO \longrightarrow \text{红色化合物}$$

胍　　红色化合物

图 20.10　糖发酵的细菌鉴定显色实验

细菌利用柠檬酸盐的能力各不相同。如各种肠细菌可利用柠檬酸盐为碳源,而大肠杆菌则不利用柠檬酸盐。故能否利用柠檬酸盐是一项鉴别性特征。当培养基中含有柠檬酸钠时,如微生物能将柠檬酸分解为 $CO_2$,则培养基中由于有游离钠离子呈碱性,使培养基中酚红指示剂(pH 6.8 ~8.4,黄→红)由淡粉红色变为玫瑰红色以识别之。

## 一、实验器材

(1)实验菌种大肠杆菌斜面、枯草芽孢杆菌斜面、普通变形杆菌斜面、产气肠杆菌斜面各 1 支。

(2)实验培养基盛有葡萄糖发酵培养基的试管和乳糖发酵培养基的试管各 3 支(内装有倒置的德汉小管),固体淀粉培养基(牛肉膏蛋白胨培养基加 0.2% 的可溶性淀粉),用于检测细菌分解纤维素的无机盐基础培养基如下:$K_2HPO_4$ 0.5 g,$KH_2PO_4$,0.5 g $NH_4NO_3$ 1.0 g,$MgSO_4 \cdot 7H_2O$ 0.5 g,$CaCl_2$ 0.1 g,$FeCl_3$ 0.02 g,NaCl 1.0 g,酵母膏 0.05 g,水 1 000 mL,pH 7.0。

柠檬酸盐斜面培养基,葡萄糖蛋白胨水培养基,蛋白胨水培养基等。

(3)实验仪器及器具培养皿、普通新华 I 号滤纸、试管、试管架、接种环、酒精灯、杜氏发酵管等。

(4)实验试剂卢哥碘液、甲基红指示剂、20% 葡萄糖、蔗糖、V. P 试验用的试剂(A 液:5% α-萘酚;B 液:40% NaOH 溶液)。

## 二、实验步骤

1. 淀粉水解试验

(1)制备淀粉培养基平板。按要求配制淀粉培养基,然后倒入无菌平皿中,凝固后制成平板。

(2)划分平皿。在培养皿背面划分四个区域,分别标上大肠杆菌和枯草杆菌。

(3)接种。用接种环取少量待测菌点接种在培养基表面(对应背面的菌名)。

(4)培养将接种后的平皿倒置在37 ℃恒温培养箱中培养24 h。

(5)检测取出平板，打开平皿盖，滴加少量的碘液于平板上，轻轻旋转，使碘液均匀的铺满整个平板。如果菌落周围出现无色透明圈，表明该菌具有水解淀粉的能力，为阳性，不能水解为阴性；可以根据透明圈的大小初步判断该菌水解淀粉能力的强弱。

(6)实验结果记录记录两菌的实验结果，并画图表示出来。

2. 纤维素的水解实验

(1)制备培养基

①按上面所列，配制无机盐基础培养基，并且分装6支试管中，灭菌备用。

②在基础培养基的配方基础加入0.8%的纤维素粉和1.5%琼脂配制培养基，灭菌后分别倒入平皿中凝固备用。

(2)标记。将2支试管标上大肠杆菌，另2支标上枯草杆菌，另取2支作为空白对照。

(3)试管测试法在上面的灭菌含有培养基的试管中，分别加入1条无菌的滤纸条(宽1 cm长为5~7 cm)。若测定好氧菌，滤纸条有部分在培养基外面；若为厌氧微生物，则纸条完全浸在培养基中。把所有试管包括对照在内于37 ℃恒温培养箱培养1周后观察，能将滤纸条分解为一团纤维或将滤纸条折断为阳性，没有变化则为阴性。

(4)平皿测试法用上述(1)中的含纤维素的平板接种大肠杆菌和枯草杆菌，同时接种不含纤维素的培养基作对照。均在37 ℃恒温培养箱培养1周后观察菌落周围有透明圈为阳性，没有透明圈为阴性。

(5)实验结果记录。记录两菌的实验结果，并画图表示。

3. 细菌的糖发酵试验

(1)制备培养基按照要求制备葡萄糖发酵培养基和乳糖发酵培养基，加入溴甲酚紫作为指示剂(发酵产酸可由紫色变为黄色)，然后各分装3支试管(内装有倒置的德汉氏小管)灭菌备用。

(2)标记在试管上标明培养基的名称和要接种的菌种以及对照组。

(3)接种在每一组中，一管接入大肠杆菌；一管接入枯草杆菌；另一管不接种作为对照。接种完，轻摇使试管混匀，要防止倒置的小管进入气泡。37 ℃保温培养24 h、48 h、72 h后检查。

(4)培养后检查实验结果记录在表20.1中。

**表20.1 观察各试管颜色变化及德汉氏小管中有无气泡**

| 糖类 | | 葡萄糖 | | | 乳糖 | | |
|---|---|---|---|---|---|---|---|
| 培养时间/h | | 24 | 48 | 72 | 24 | 48 | 72 |
| 枯草杆菌 | 产酸 | | | | | | |
| | 产气 | | | | | | |
| 大肠杆菌 | 产酸 | | | | | | |
| | 产气 | | | | | | |
| 对照 | 产酸 | | | | | | |
| | 产气 | | | | | | |

注：检查时与对照组比较。记录符号："+"表示产生。产酸是指发酵液由紫色变为黄色。产气是指小玻璃管内有气体积累。"-"表示不产生。

4. 细菌V.P(乙酰甲基甲醇)实验

(1)制备培养基。按要求制备葡萄糖蛋白胨水培养基,然后装入20 mL试管各装入5 mL灭菌备用。

(2)接种将试验菌大肠杆菌和产气肠杆菌分别接种于装有葡萄糖蛋白胨水培养基培养液中,置于37 ℃恒温培养箱中培养48 h(如果为阴性可以适当延长时间)。

(3)结果观察。取培养液1 mL加入无菌的小试管中,加1 mL 40% NaOH和0.5 mL α-萘酚,用力振荡,在37 ℃恒温培养箱中保温15~30 min后观察颜色变化。如培养液为红色则V.P试验为阳性,黄色为V.P实验阴性。

(4)记录实验结果于表20.2中。

**表20.2　V.P实验结果**

| V.P实验结果 | 阳　性 | 阴　性 |
|---|---|---|
| 大肠杆菌 | | |
| 产气肠杆菌 | | |

5. 柠檬酸盐利用实验

(1)制备培养基按要求制备柠檬酸盐培养基,灭菌制备斜面备用。

(2)接种将试验菌大肠杆菌和产气肠杆菌分别在斜面上划线接种,置于37 ℃恒温培养箱中培养48 h。

(3)结果观察若该菌能利用柠檬酸盐,则可在此斜面上生长并将培养基由原来的淡粉红色变为玫瑰红色,此为阳性;颜色不变者为阴性。

(4)记录实验结果于表20.3中。

**表20.3　柠檬酸盐利用实验结果**

| 柠檬酸实验结果 | 阳　性 | 阴　性 |
|---|---|---|
| 大肠杆菌 | | |
| 产气肠杆菌 | | |

注:检查时与对照组比较。所有阳性结果用"+"表示,所有阴性结果用"-"表示。

# 实验74　微生物沼气发酵

微生物利用生活有机物垃圾、污水、粪便、农副产品及废弃有机物产生沼气,既可治理环境污染,又可利用废物产生能源,而且是重要的再生能源。特别是我国农村大力推广的"沼气生态园",将沼气池、厕所、畜禽舍建在日光温室内,成为"四位一体"模式,形成以微生物发酵产沼气、沼液、沼渣为中心的种植业、养殖业、可再生能源和环境保护"四结合"的生态系统,在我国经济和社会的可持续发展中都起重要作用。但微生物产沼气费时、费事,效率较低,许多问题亟待研究解决。进一步研究微生物产沼气的机制、条件和工艺是提高其效率的主要途径之一。

进行微生物产沼气实验,有利于深刻认识微生物产沼气的机制,也为进一步研究和制取微生物产沼气提供了一种简捷方法。

用富含淀粉等有机质的稻米或面条替代废弃有机物产沼气，首先是许多异养微生物将淀粉等不同有机质，在有氧条件下，分解生成简单的有机酸、醇和 $CO_2$ 等，然后是产甲烷菌将乙酸、$CO_2$、$H_2$等在厌氧条件下，转化生成甲烷，从而形成以 60% ~70% 甲烷为主，其次为 30% ~40% $CO_2$，尚有极少数其他气体的沼气。发酵的原料、温度、pH 值、菌种、反应器等，对沼气产生的速度、质和量都有很大影响。微生物产沼气是一个非常复杂的过程，其机制还没有完全清楚，但可以肯定，它是多种微生物经好氧和厌氧混合发酵的结果。

## 一、实验器材

1. 菌种

来自于培养室的环境。

2. 培养基

50 g 稻米或面条。

3. 仪器和其他用品

2 个 1 000 mL 左右带盖的塑料饮料瓶、50 cm 长的乳胶或塑料软管、医用 2 号注射针头、橡皮塞、接种环、剪刀、强力黏胶、500 mL 的玻璃杯等。

## 二、实验步骤

1. 发酵装置的制备

将接种环烧红，在 2 个塑料饮料瓶近底部各烙穿一小孔，孔径大小与乳胶管口径相近，再将一瓶盖中央烙穿一小孔，孔径大小与 2 号注射针头的尾端大小相近。将乳胶管的两端分别插入两塑料瓶的小孔内，用强力黏胶密封乳胶管与塑料饮料瓶的相交处。将 2 号注射针头的尾端嵌入瓶盖的小孔，同样密封瓶盖与 2 号注射针头的相交处。待密封处干燥后，用水检验，要确认密封处不漏水，才能算完成制备。这种连接在一起的 2 个带盖的塑料瓶可称为发酵装置，带注射针头瓶盖的塑料瓶可称为发酵罐，另一塑料瓶则称为储存罐（图 20.11）。这种装置可用于实验室的一些发酵实验。

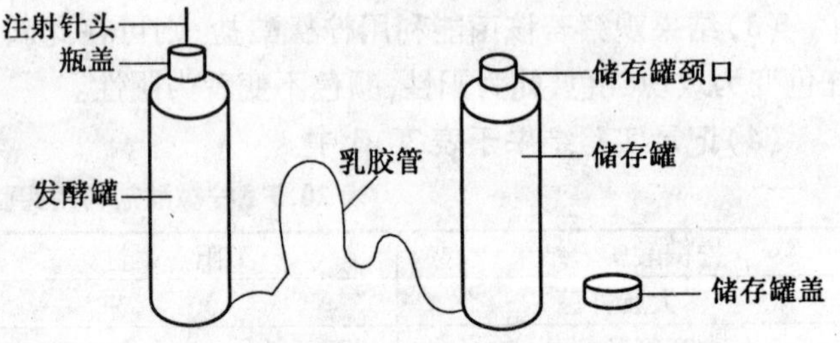


图 20.11 微生物产沼气的发酵装置示意图

2. 好氧发酵

取 50 g 稻米或面条，置于玻璃杯中，加入 200 mL 的自来水，放 28 ~37 ℃发酵，24 ~48 h 后，见水表面有许多小气泡，表明好氧发酵成功。如果需要加快实验的速度，便将稻米或面条加水煮熟，并置于 37 ℃发酵 24 h，同样可以使好氧发酵成功。

3. 厌氧发酵

将储存罐的盖盖上，并拧紧，好氧发酵过的物料和发酵液全部装入发酵罐，并加自来水将发酵罐灌满，拧紧罐盖，使水滴从注射针头的针尖中溢出，针尖扎入一小橡皮塞，密封注射针头的针管。将全套发酵装置放在 28 ~ 37 ℃室内，打开储存罐的盖，进行厌氧发酵，并经常观察厌氧发酵的状况。

4. 沼气的检验

厌氧发酵时，在发酵罐中，微生物发酵物料持续地产生沼气，聚集在发酵罐液面的上方，并产生压力将发酵罐中的物料和发酵液逐渐地排入储存罐中。发酵 4 h 后，定期记录排入储存罐中的物料和发酵液的量，表示厌氧发酵产沼气的量，由于存在 $CO_2+H_2O \rightleftharpoons H_2CO_3$ 反应，因而沼气中含有 $CO_2$ 的量较少，使其可以燃烧。待发酵液绝大多数被排入储存罐时，将储存罐提升，放在高处，使储存罐底部高于发酵罐的瓶盖部，拔去发酵罐注射针头上的橡皮塞，这时发酵液将回流到发酵罐，沼气从注射针孔排出，对准注射针的针尖点火，则可见到针尖处有气体燃烧，因沼气的火焰小，而且色淡，亮处不易看清，但可见针尖被烧红或用纸片可在针尖上方被点燃。如果气体离开火源能自行燃烧，说明气体中甲烷含量已达 50%，$CO_2$ 量在 40% 以下，也表明发酵产生了沼气。1 000 mL 沼气，从针尖排出可燃烧 7 ~ 8 min。

5. 检测产沼气的总量

沼气燃完后，待储存罐的发酵液全部流回发酵罐，将储存罐的盖盖上，并拧紧，小橡皮塞再次扎入发酵罐盖上的针尖，放在 28 ~ 37 ℃ 室内，再打开储存罐的盖，进行厌氧发酵，并经常观察厌氧发酵的状况，记录所产气体的量。待发酵液绝大多数被排入储存罐时，便可以进行第二次沼气的检验。如此从厌氧发酵到沼气的检验，还可进行第三、第四……，直至产沼气很少。每次所产沼气相加，则是 50 g 稻米或面条在本次实验条件下产生沼气的总量。

6. 产沼气的发酵条件实验

根据实验目的要求的需要，可用此发酵装置或再添加某些设备，如水浴锅、搅拌器，进行产沼发酵条件实验，包括发酵原料（有机垃圾、秸秆、人畜粪便）、碳氮比、温度、pH 值、搅拌、活性污剂的添加、有害物的控制等实验。将实验得到的产沼气速度、总量等分析比较，获得的结果对大规模生产沼气有参考意义和价值。

## 实验 75　牛乳的巴氏消毒、细菌学检查及酸乳的制作

治国安民的古训："国以民为本，民以食为天，食以安为先。"微生物在"食"中起着极其重要的作用，一方面，致病微生物污染了食物或饮料，危及人们的健康和生命，但另一方面，利用有益微生物的活动，生产出营养更丰富、风味独特或保存期延长的人们非常喜爱的食品或饮料。微生物工作者在防污染、抗腐烂和制备安全的美味佳肴方面，责无旁贷，也大有可为。

本部分实验首先是检测和鉴定食品卫生质量的优劣及安全性，以牛奶中细菌的检查为实例，因为牛奶往往是多种疾病传播的一种重要的非生命载体，富含微生物生长繁殖的丰富营养、微生物含量高的食品，也将有致病菌存在的可能性。其次是利用有益微生物酿造出品质、风味都很好的各种食品，以制作酸乳为实例，因为酸乳不仅品质优良，风味独特，深受人们喜爱，而且是最大的微生物产业之一，全世界每年所制作的酸乳超过亿吨，而生产的啤酒已达 1.5 亿 t，我国 2001 年啤酒总产量为 2 200 万 t，仅次于美国，居世界第二位。

牛奶蛋白质主要是由酪蛋白、乳清蛋白等完全蛋白质组成，所含氨基酸种类齐全，数量

充足，比例适当，适于人体构成肌肉组织，消化率高达98%，因而它不但能维持成人健康，还能促进儿童生长发育。牛奶所含乳糖能促进Ca、Fe、Zn的吸收，还含有Ca、P、Fe等矿物质，特别是含钙最多，也含有较多的维生素A和$B_2$等，很有利于人们的身体健康。牛奶含有人体所需的绝大多数营养物质，而且健康的功效突出，是其他食物所不可比的，被公认为物美价廉的全价营养食品。经添加乳酸菌类发酵奶，所制成的酸乳，无论是营养价值，还是健康功效，都比未发酵的奶更胜一筹。在法国，酸乳被冠以"长寿牛奶"之称。

世界年产奶近6亿t，人均饮奶量约为100 kg，发达国家则达200 kg，我国人均年饮奶量只有18 kg，因此，在未来几年，我国奶业仍会保持强劲的发展态势。从健康母牛体内刚挤出的牛奶，含有少量的正常起始微生物，但在采取、运输、包装、加工等过程中，会被很多其他微生物甚至致病菌污染，而且牛乳是营养丰富的优良培养基，在其中的微生物会很快地生长繁殖。因此，奶制品一定要消毒，并要对其进行细菌学的检查，这是必需的，关系着千家万户的饮食安全。

超高温瞬时杀菌和巴氏(巴斯德)消毒法是牛乳通常采用的两种消毒方法，前一种方法是指湿热温度135～150 ℃时，加热时间3～5 s，在很短时间内，牛奶的营养物质不被破坏，但能有效地杀死微生物。巴氏消毒法是分装之前消毒生奶，确保细菌相对较少，能消灭牛奶中的病原菌和有害微生物，但不破坏牛奶的营养成分，并保持其物理性质。该方法是一种温和的加热工艺，在实际应用中，加温消毒的范围较广，一般在63～90 ℃之间视消毒时间而定，例如：63 ℃为30 min，80 ℃为15 min，90 ℃为5 min。

牛乳的细菌学检查一般有：①显微镜直接计数-涂片面积与视野面积之比估算法；②美蓝还原酶试验(methylene blue reductase test)；③检测大肠菌群；④标准平板计数细菌数。

(1)显微镜直接计数适用于含有大量细菌的牛乳，生鲜牛乳可使用此法检查。如果显微镜检查，每个视野只有1～3个细菌，此牛乳则为一级牛乳；如果牛乳中有很多长链链球菌和白细胞，通常是来自患乳房炎的母牛；若一个视野中有很多不同的细菌，则往往说明此牛乳被污染(图20.12)。在发达国家，牛奶中微生物超过5万个/mL，就要受到严厉惩罚，例如：在澳大利亚优质牛奶细菌总数低于3万个/mL，体细胞总数低于2.5万个/mL；而合格牛奶的细菌总数最高上限为5万个/mL。由于显微镜直接计数不够精确，消毒牛乳的卫生检查一般不采用此法。

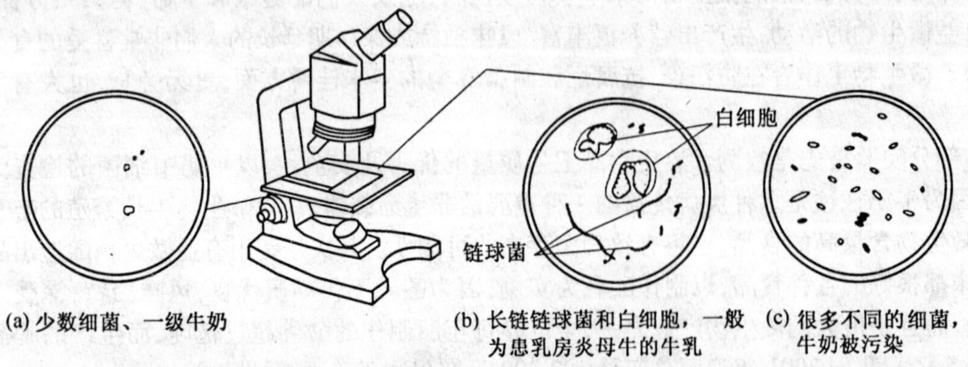


(a) 少数细菌、一级牛奶　(b) 长链链球菌和白细胞，一般为患乳房炎母牛的牛乳　(c) 很多不同的细菌，牛奶被污染

图20.12　不同牛乳样品在显微镜视野中的情况

(2)美蓝还原酶试验是用于测定牛乳质量的一种定性检测法,操作简便,不需要特殊设备。含有大量活细菌的奶与含细菌量少的奶相比,它具有较低浓度的 $O_2$,即氧化-还原电位较低,这是由于活的好养和兼性厌氧细菌利用氧作为细胞呼吸中的最后点子受体。美蓝是一种氧化还原作用指示剂,在厌氧环境中,它将被还原为无色美蓝(无色亚甲基蓝),如图20.13所示。通过加入奶中的美蓝颜色变化的速度,可鉴定该牛乳的卫生质量。标准规定为:在 30 min 内美蓝被还原,蓝色的奶变成无色,奶的质量很差,为四级奶;在 30 min 至 2 h 之间被还原,奶的质量差,为三级奶;在 2 ~6 h 之间被还原,奶的质量中等,为二级奶;在 6 ~8 h 之间被还原者,奶的质量好,为一级奶。

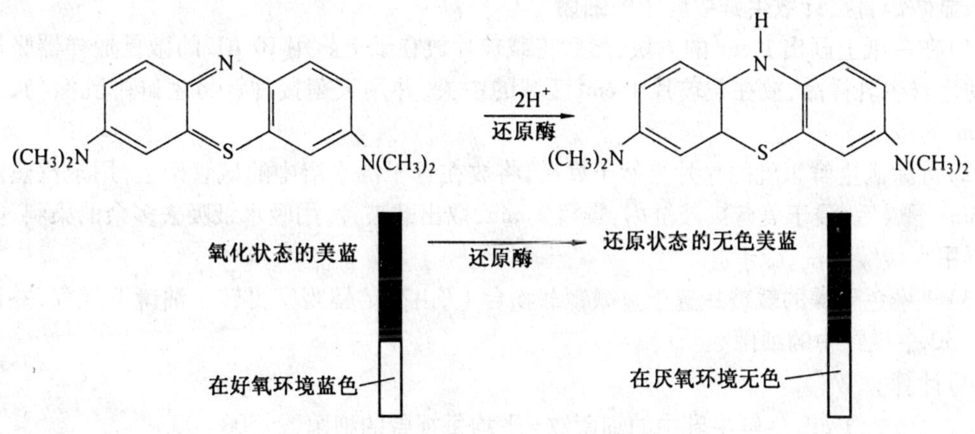


图 20.13　美蓝还原酶试验的机制

(3)检查牛奶盒奶产品中大肠杆菌群是其卫生质量的一个重要指标,指示出病原菌存在的多少。

(4)常采用紫红胆汁琼脂(Violet Red Bile Agar,VRBA)平板检测大肠杆菌群在奶中存在的数量,这是因为大肠菌群在此平板的表面下,形成粉红圈包围的深红凸透镜状菌落。标准平板计数法是牛乳细菌计数的常规方法,此法较敏感,牛乳中含有少量细菌时,能得出比较正确的结果。我国消毒牛乳的卫生标准是用标准平板计数法检查,规定细菌总数小于 30 000 个/mL。

酸乳是以牛奶为主要原料,接种保加利亚乳杆菌、乳酸链球菌、嗜热链球菌等菌种,经过发酵,使乳中的蛋白质凝结成块状,而制成的一种乳制品。酸乳中由于菌种迅速地生长繁殖,菌体及代谢产物大量增加,尤其是所含的乳酸等有机酸能改善肠道菌群,抑制致病菌的生长繁殖,还具有增强免疫功能、刺激肠胃蠕动、阻碍对铅的吸收等功能,而且具有清新爽口的风味。

## 一、实验器材

1. 菌种

市售酸乳中的菌种。

2. 培养基和牛乳样品

牛肉膏蛋白胨琼脂、紫红胆汁琼脂、生鲜牛乳、市售奶粉、市售酸乳。

3. 溶液和试剂

美蓝溶液(1∶250 000)、美蓝(Levowitz-Weber)染液、无菌水、蒸馏水等。

4. 仪器和其他用品

无菌培养皿、无菌试管、无菌三角烧瓶、三角烧瓶、无菌带帽的螺旋试管、1 mL与10 mL无菌吸管、10 μL微量加样器与吸嘴、显微镜、染液缸、水浴锅、试管架、无菌封口膜、吸水纸、蜡笔等。

## 二、操作步骤

1. 显微镜直接计数生鲜牛乳中的细菌

(1)在白纸上画出1 $cm^2$的方块,然后将载玻片放在纸上。用10 μL的微量加样器吸取混匀的生鲜牛乳样品,放在载玻片1 $cm^2$区域的中央,并用灭菌接种针将生鲜牛乳涂匀,涂满1 $cm^2$的范围。

(2)待涂满生鲜牛乳的涂片自然干燥后,将放在置于沸水浴中的试管架上,用蒸汽热固定5 min,干燥后,浸于美蓝染液缸内,染色2 min,取出载玻片,用吸水纸吸去多余的染料,晾干。再用水缓缓冲洗,晾干。

(3)将染色干燥的载玻片置于显微镜载物台上,由高倍镜观察再转至油镜下观察,并计数30~50个视野中的细菌数。

(4)计算。

$$1\ mL生鲜牛乳中的细菌数=平均每视野的细菌数\times 500\ 000$$

因为:一般油镜的视野直径为0.16 mm,一个视野的面积=0.082 mm×3.1416 mm=0.02 $mm^2$,换算成$cm^2$,视野面积=0.02 cm×0.01 cm=0.000 2 $cm^2$,1 $cm^2$的视野数=1.0÷0.000 2=5 000,又因每平方厘米的牛乳量为0.01 mL,即1/100 mL,则每一视野中的牛乳量:1/100×1/5 000 =1/500 000 mL,所以,一个视野中的1个细菌就代表1 mL牛乳中有500 000个细菌。因此,1 mL生鲜牛乳中的细菌数=一个视野的细菌数×500 000=平均每视野的细菌数×500 000。

2. 采用巴氏消毒法对生鲜牛乳消毒

(1)将生鲜牛乳充分地摇均匀,无菌10 mL吸管吸取1.5 mL生鲜牛乳加入无菌试管内,将试管置于80 ℃的恒温水浴锅内,生鲜乳要完全泡在80 ℃的水中,并不时摇动,保持15 min。

(2)当保持80 ℃温度已到15 min时,试管立即从水浴锅中取出,用冷水冲洗试管外壁,冷却试管中的经巴氏消毒法消毒的奶,这种奶称为巴氏消毒牛奶。

3. 美蓝还原酶试验

(1)用蜡笔分别标记你的姓名、生鲜牛奶和巴氏消毒牛奶在2个带帽的螺旋试管上。

(2)分别用10 mL无菌吸管,向2个试管加入10 mL生鲜牛奶和巴氏消毒牛奶。

(3)向两试管各加入1 mL美蓝溶液,盖紧管塞。

(4)轻轻倒转试管几次,使蓝色均匀,置于37 ℃水浴中,并记录水浴开始的时间。水浴5 min后,从水浴中移出试管,并倒转几次,使它再次混合均匀,放回水浴中。

(5)在8 h期间内,每隔30 min观察、记录试管中奶颜色的变化,奶的颜色从蓝变白,指示还原作用的完成。当试管中的奶至少 4/5 变白了，则为还原作用的终点，记录此时间。美蓝还原酶试验过程如图 20.14 所示。

(6) 记录你试验的两种奶分别在多长时间内美蓝被还原，并鉴别两种奶的卫生质量。

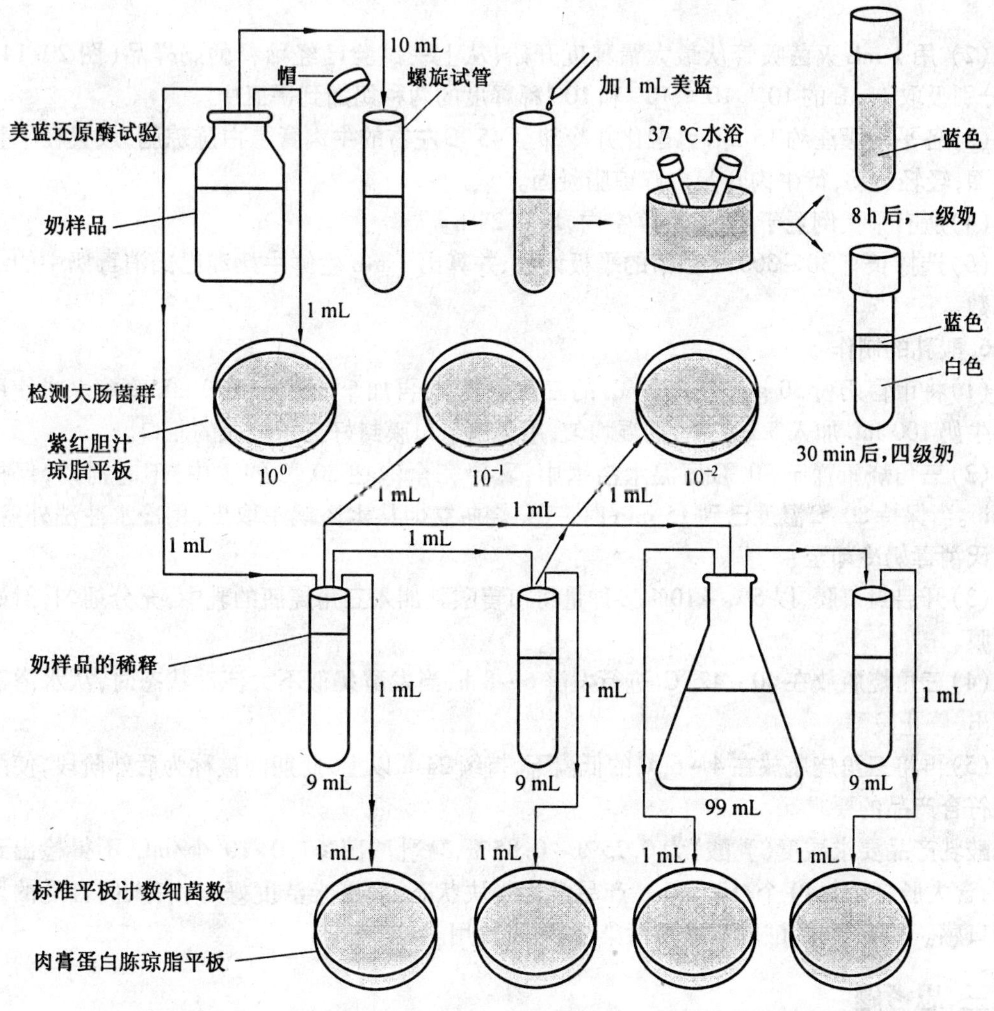


图 20.14 牛奶的细菌学检查图解

4. 检测大肠菌群

(1) 摇动奶样品 20 多次，按图 20.14 那样稀释生鲜牛奶和巴氏消毒奶。

(2) 在无菌平皿边缘，用蜡笔标记姓名、日期、各个稀释度和生鲜牛奶或巴氏消毒奶。

(3) 分别吸取 1 mL 的 $10^0$ 和 1 mL $10^{-1}$、$10^{-2}$ 稀释度的两种奶加到平皿中。

(4) 将融化并冷却的紫红胆汁琼脂 15 mL 倒入每个平皿，放置在平整的表面，轻轻旋动，待 VRBA 凝固，然后加 5 mL VRBA 到每个平板上，再轻轻旋动，待 VRBA 凝固。

(5) 所有平板倒置在 32 ℃培养室内，培养 24 h。

(6) 选择具有 25 ~ 250 个菌落之间的平板，这些菌落位于平板的表面之下，而且是被粉红色圈包围的深红凸透镜状。记录具这种特征的菌落数，并计算出所试验的生鲜牛奶和巴氏消毒奶中每毫升含大肠菌群数。

5. 标准平板计数细菌数

(1) 在无菌平皿的边缘,用蜡笔标记出姓名、日期、各个稀释度和生鲜牛奶或巴氏消毒奶。

(2) 用 1 mL 灭菌吸管从最大稀释度开始,从上一试验已经稀释的奶样品(图 20.14)中,分别吸取 1 mL 的 $10^{-1}$、$10^{-2}$、$10^{-3}$和 $10^{-4}$稀释度的两种奶加到平皿中。

(3)各平板倾注约 15 mL 已融化并冷却至 45 ℃左右的牛肉膏蛋白胨琼脂,放置在平整的表面,轻轻旋动,待牛肉膏蛋白胨琼脂凝固。

(4)所有平板倒置于 37 ℃培养室内,培养 24 h。

(5)选择长有 30 ~300 个菌落的平板计数,并算出 1 mL 生鲜牛奶和巴氏消毒奶中的细菌总数。

6. 酸乳的制作

(1)将市售奶粉 30 g 加到 250 mL 的三角烧瓶中,再加 5 g 蔗糖和 70 mL 蒸馏水或使用市售牛奶 100 mL 加入 5 g 蔗糖,摇混均匀,用无菌封口膜封好三角烧瓶的瓶口。

(2)三角烧瓶置于 80 ℃恒温水浴锅中,乳要完全泡在 80 ℃的水中,不时摇动,保持 15 min。当保持 80 ℃温度已到 15 min 时,三角烧瓶立即从水浴锅中取出,用冷水冲洗外壁,使巴氏消毒奶冷却至 45 ℃。

(3)开启封口膜,以 5% ~10% 接种量将市售酸乳加入三角烧瓶的乳中,充分摇匀,封好封口膜。

(4)三角烧瓶放在 40 ~42 ℃ 进行发酵 6 ~8 h,当发酵奶似不大流动状态时,从水浴锅中取出,停止发酵。

(5)再将三角烧瓶放在 4 ~6 ℃的低温下,持续 24 h 以上,此期间被称为后熟阶段,使酸乳能符合产品的要求。

酸乳产品要求酸度(乳酸)为 0.75% ~0.85%,含乳酸菌≥$1.0\times10^{7}$个/mL,不得检出致病菌,含大肠杆菌≤40 个/100 mL。产品常为凝块状态,表层光洁度好,具有人们喜爱的风味和口感。如有异味,酸乳可能被污染,则不可饮用。

## 三、思考题

1. 奶没有冷藏时,为什么会变得酸臭? 如何能使酸奶保存时间延长?
2. 以奶为原料,请你试设计制作一种或多种新的发酵食品或饮料。

# 实验 76 固定化酵母发酵产啤酒

啤酒(beer)一般是指以大麦为主要原料,其他谷物、酒花为辅料,经大麦发芽、糖化制作麦芽汁、酵母发酵等工序,获得的一种含多种营养成分和 $CO_2$的液体饮料。啤酒的生产和销售遍及世界各地,是全球产销量最大的饮料酒,生产的啤酒已达 1.5 亿 t,我国 2001 年啤酒总产量为 2 200 万 t,仅次于美国,居世界第二位。世界年人均消费量为 21 L,德国和捷克为 160 L以上,我国为 11 L。虽然啤酒种类繁多,名称不计其数,但其营养价值大同小异。它素有“液体面包”的雅称，它所含的各种氨基酸、糖、维生素、无机盐等，不仅营养均衡，也易被人体吸收，而且有一定的保健功能，如：维生素 $B_{12}$、叶酸，可改善消化机能、预防心血管疾病。啤酒的风味和口感也是各种各样，但以其特有的“麦芽的香味、细腻的泡沫、酒花的苦涩、透明的酒质”为人们所喜爱，能满足不同人的需求。营养丰富和风味独特都是啤酒业作为微生物生物技术最大产业之一，经久不衰的重要原因。

啤酒的生产过程主要包括大麦发芽、捣碎麦芽、加入辅料糖化、加热、添加酒花、煮沸、分离酒药、除去凝固物、冷却麦芽汁、发酵、过滤、包装与灭菌等。啤酒生产最重要的是发酵工艺，主要，分为传统发酵和露天大罐发酵两大类型，后者具生产规模大、投资较少、见效快、自动化强等优势，因而在逐步取代传统发酵。固定化酵母发酵产啤酒，以其可重复使用、实现生产连续化、生产周期短、后处理较简便等优点，成为一种备受关注的新型发酵产啤酒工艺。

大麦浸泡吸水后，在适宜的温度和湿度下能发芽，在此过程中则产生糖化酶、葡聚糖酶、蛋白酶等水解酶，这些酶一方面可水解麦芽本身的组分，如淀粉、半纤维素、蛋白质等，分解生成麦芽糖、糊精、氨基酸、肽等低分子物质，另一面可进一步水解辅料（如大米粉已添加淀粉酶水解淀粉），将其含有的高分子物质，分解生成同样的低分子物质。辅料的使用可减少麦芽用量，降低蛋白质比例，并改善啤酒的风味和色泽，也可降低原料成本。

酒花（hops）属桑科律草属植物，用于啤酒发酵的为成熟的雌花，它所含酒花树脂是啤酒苦涩的主要来源，酒花油赋予啤酒香味，单宁等多酚物质促使蛋白质凝固，有利于澄清、防腐和啤酒的稳定。

采用海藻酸盐作为固定化载体，固定化微生物细胞，这是一种比较成熟的包埋固定化方法，用来固定化酵母产啤酒，能够发挥固定化发酵工艺的优势。固定的啤酒酵母利用麦芽汁中的低分子物质产啤酒，发酵的基本原理与乙醇发酵原理属大同小异，只是由于发酵原料、工艺等的差别，从而产出了啤酒。

## 一、实验器材

1. 菌种

啤酒酵母。

2. 培养基和原料

麦芽汁培养基、大麦、大米、酒花（或酒花浸膏、颗粒酒花）、耐高温淀粉酶、糖化酶等。

3. 溶液和试剂

2.5% 海藻酸钠、1.5% $CaCl_2$、0.025 mol/L 碘液、乳酸或磷酸等。

4. 仪器和其他用品

搪瓷盘或玻璃容器、纱布、无菌封口膜、糖度计、水浴锅、三角烧瓶等。

## 二、操作步骤

1. 麦芽粉的制备

取 100 g 大麦放入搪瓷盘或玻璃容器内，用水洗净后，浸泡在水中 6 ~ 12 h，将水倒掉，放置 15 ℃阴暗处发芽，上盖纱布一块，每日早、中、晚淋水一次，麦根伸长至麦粒的 2 倍时，即停止发芽，摊开晒干或烘干，磨碎制成麦芽粉，贮存备用。

2. 麦芽汁的制备

将30 g大米粉加入250 mL水中，混合均匀，加热至50 ℃，用乳酸或磷酸调pH至6.5，加入耐高温α-淀粉酶，其量为6 U/g大米粉，50 ℃保温10 min，1 ℃/min的速度一直升温至95 ℃，保持此温度20 min，然后迅速升至沸腾，持续20 min，并加水保持原体积，约5 min内迅速降温至60 ℃，成为大米粉水解液备用。70 g麦芽粉加入200 mL水中，混合均匀，加热到50 ℃，用乳酸或磷酸调节pH到4.5，保温30 min，升温至60 ℃，然后与备用的大米粉水解液混合，搅拌均匀，加入糖化酶，其量为50 U/g大米粉和麦芽粉，60 ℃保温30 min，继续升温至65 ℃，保持30 min，补加水维持原体积，用碘液检验醪液，当结果不呈蓝色时，再升温至75 ℃，保持15 min，完成糖化过程。糖化液用4~6层纱布过滤，滤液如浑浊不清，可用鸡蛋白澄清，方法是将1个鸡蛋白加水约20 mL，调匀至生泡沫时为止，然后倒在糖化液中搅拌煮沸，再过滤，制成麦芽汁，并用糖度计测量其糖度。

如果将麦芽汁稀释到5°~6°Bé(波美度)，pH值约6.4，加入1.5%~2%琼脂，121 ℃灭菌20 min，即成麦芽汁琼脂培养基。将麦芽汁总量的一半煮沸，添加酒花，其用量为麦芽汁的0.1%~0.2%，一般分3次加入，煮沸70 min，补水至糖度为10°Bé，用滤纸趁热进行过滤，滤液则为加了酒花的麦芽汁。

3. 固定化酵母的制作

接种啤酒酵母于麦芽汁琼脂培养基斜面，28 ℃培养24 h后，从斜面接种一环酵母于装有30 mL麦芽汁的三角烧瓶中，28 ℃，100 r/min摇床培养24 h后，于4 000 r/min离心20 min，沉淀物加入生理盐水混均匀，其体积约为10 mL，成为用于固定化的酵母悬液。2.5 g海藻酸钠水浴加热溶解于100 mL蒸馏水中，即为2.5%海藻酸钠，冷却至30 ℃，然后与已经制备好的约为10 mL的酵母悬液混匀，用装有2号针头的注射器吸取此混合液，迅速地滴加在300 mL的1.5% $CaCl_2$溶液中，或采用蠕动泵法，将混合液滴加入1.5% $Cacl_2$溶液中，形成圆形颗粒。经过2~3 h硬化成形后，再用无菌生理盐水洗涤两次，便制成固定化酵母。可用无菌生理盐水浸泡固定化酵母，贮存在4 ℃冰箱中备用。

4. 固定化酵母发酵产啤酒

取20 g固定化酵母加到250 mL的三角烧瓶中，然后加入50 mL糖度为10°Bé的麦芽汁，用无菌封口膜封好瓶口，28 ℃静止发酵48 h，倒出发酵液，即完成了固定化酵母第一次发酵产啤酒。再将麦芽汁加入经发酵过的固定化酵母中，进行第二次同样的发酵，收集发酵液，还可重复发酵几次。合并发酵液，即是固定化酵母发酵所产的啤酒。

用加了酒花的麦芽汁替换麦芽汁，加到盛有20 g固定化酵母的三角烧瓶中，其他发酵条件完全相同，也进行多次发酵，收集的发酵液同样是固定化酵母发酵所产的啤酒。

品尝实验所得的两种啤酒，注意色和味方面的差异。

## 三、实验结果

(1)制成麦芽汁多少毫升？其糖度是多少？

(2)制成固定化酵母多少克？其颗粒大小是否一致？

## 四、思考题

1. 制备麦芽汁时，糖化的温度和时间对啤酒的产量和质量有什么影响？

2. 试述如何改进固定化酵母发酵产啤酒，使其发挥更大效益，能够成为啤酒生产的重要工艺。

# 实验77　泡菜的制作和其中乳酸菌的分离

泡菜是一种经乳酸菌厌氧发酵后制成的酸渍性风味蔬菜，在我国民间广泛食用，历史悠久。能制作泡菜的蔬菜种类很多，常用的有甘蓝（包心菜）、大白菜、萝卜、莴苣、青椒、黄瓜和花椰菜等，制作泡菜的菌种一般不必特别接入，只是利用自然微生物群落即可，但目前也有采用人工接种的。主要发酵菌种为植物乳杆菌（*Lactobacillus plantarum*）、短乳杆菌（*L. brevis*）、乳酸乳球菌乳脂亚种（*Lactococcus lactis subsp. cremoris*）、啤酒片球菌（*Pediococcus cerevisiae*）、戊糖片球菌（*P. pentosaceus*）和某些明串珠菌（*Leuconostoc spp.*）等。

泡菜的制作过程实为乳酸菌选择培养过程，其中重要的选择性措施有：适量加糖，以促使乳酸菌优势生长；隔绝空气，以创造有利于乳酸菌的生长和抑制好氧性杂菌生长的厌氧环境；适当加盐，以抑制部分不耐盐的杂菌。泡菜发酵可以分三个阶段，即微酸阶段、酸化阶段和过酸阶段。制作泡菜的容器是有1个水封盖的附罐或玻璃罐，它保证了厌氧乳酸发酵的关键性条件。在这一密封容器中，经过物料和在其上的大量附生微生物群中的好氧菌、兼性厌氧菌的呼吸作用，使容器内逐步达到厌氧状态，从而为各种乳酸菌的生长创造了良好的条件，由它们产生乳酸和其他有机酸进一步抑制或杀死了腐败菌，从而保证了泡菜的质量和风味。

泡菜中的乳酸菌很容易进行分离。分离用的培养基很多，常用的有麦芽汁碳酸钙琼脂培养基、番茄汁碳酸钙琼脂培养基、BCP琼脂培养基和MRS琼脂培养基等。在菌种分离时，若能同时选用数种培养基，则成功率更高。乳酸菌都是一些兼性厌氧菌或耐氧厌氧菌，革兰氏阳性，杆状或球状，无芽孢，不运动，分解和合成能力都较差，营养要求较高，需提供丰富的肽类、氨基酸和维生素，它们缺乏呼吸链的成分、超氧化物歧化酶和过氧化氢酶，在琼脂培养基表面或内层只形成较小的白色或淡色菌落。

本实验将选择甘蓝（包心菜）和萝卜作为主要原料制作泡菜。

## 一、材料和器皿

1. 培养基

（1）麦芽汁碳酸钙琼脂培养基。

（2）番茄汁碳酸钙琼脂培养基。

（3）BCP琼脂培养基。

2. 材料

甘蓝（包心菜）、萝卜、蔗糖、食盐等。

3. 器皿

小型泡菜坛或 250 mL 三角瓶(其上自制一个水阀,如图 20.15 所示)、厌氧罐,培养皿、接种环、烧杯、试管、量筒、pH 试纸、吸管、砧板、菜刀等。

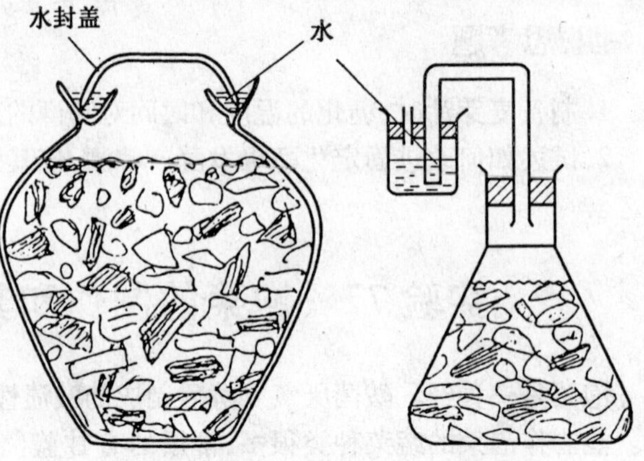

图 20.15　泡菜发酵用的坛和三角瓶

## 二、方法和步骤

1. 泡菜制作

(1) 选料:要选择新鲜的甘蓝或萝卜等蔬菜,洗净,切成 3 ~ 5 cm 的长条放入洁净的泡菜坛或灭菌后的三角瓶中,直至总容积的 2/3 左右。

(2) 加水:取含 5% 食盐和 3% 蔗糖的冷开水,加至容器的 4/5 的容积处,然后盖上水封盖或水阀。

(3) 保温:置于 28 ℃恒温箱中保温 1 周左右。泡菜质量以酸化阶段为佳,若时间过长,则说明泡菜发酵已进入过酸阶段。

(4) 质量检验:一般通过感官辨色泽(浅黄,无白花)、闻气味以及进一步测 pH 值即可知泡菜的成熟度和质量优劣(一般以 pH 3.5 ~ 4.0,乳酸量 1.0% ~ 1.5% 为佳)。

2. 菌种分离

(1) 浇注平板:将上述三种培养基浇注若干平板。

(2) 平板分离:将优质的泡菜汁通过直接平板划线法或经适当稀释后进行涂布平板法分离出单菌落。

(3) 恒温培养:将上述平板分别放入 25 ℃、37 ℃温箱培养 48 h 以上,也可以放入厌氧罐内培养。

(4) 观察菌落:乳酸菌在上述平板培养基表面只形成浅色(一般为淡黄或白色)的小菌落。

但在麦芽汁碳酸钙琼脂培养基表面,菌落周围可出现透明圈,而在 BCP 琼脂培养基表面则可使紫色的培养基形成黄色包围圈。

(5) 触酶反应:厌氧菌一般都无触酶(过氧化氢酶),故使用滴管把 3% $H_2O_2$ 滴在菌落上,若无气泡产生,就能证明该菌为触酶阴性。

(6) 移种保存:将各种特征性菌落分别接入斜面试管,经培养后作保存用,并可进一步进行形态和生理等试验,以鉴定它们分别属于何种乳酸菌(乳酸细菌的鉴定可参看凌代文或东秀珠等的《乳酸细菌分类鉴定及实验方法》或《常见细菌系统鉴定手册》。

## 三、注意事项

(1) 制作泡菜的蔬菜原料应洗净,但不可用开水烫过。

(2) 泡菜罐内不宜留出过多空间,同时,在制作期间,不可经常打开水封盖取样,否则因氧气过多而促使其中的白地霉(*Geotrichum candidum*)等杂菌大量生长,形成“白花”,降低产量。

(3)因泡菜发酵是厌氧发酵过程,故应注意水封盖或水阀是否因缺水而导致失效。

## 四、思考题

1. 泡菜中大量生长的乳酸菌来自何处?为何它们能成为优势菌群?
2. 为制作优良的泡菜,在容器、选料、配液、保温、管理和操作上应注意哪些要点?
3. 本实验中用于分离乳酸菌的三种培养基各有何优点?其原理如何?

# 实验 78　甜酒酿的制作及其酒药中根霉分离

甜酒酿简称酒酿,是我国民间广泛食用的一种高糖、低酒精含量的发酵食品。由优质大米(糯米)经小曲中的根霉和酵母的糖化和发酵制成的。小曲又称白药,传统的制法是用早籼糙米粉加辣蓼草和适量水后经过自然发酵和干燥而成,一般制成球状或方块状,白色,有香味,内含丰富的根霉(*Rhizopus spp.*)、毛霉(*Mucor spp.*)和野生酵母等天然发酵菌群。目前市场上出售的"浓缩甜酒药",实为用纯种根霉经过液体培养后的菌丝体干粉,由它酿制的甜酒酿一般甜味甚浓而酒味不足。

甜酒酿的制作原理十分简单:根霉的孢子在米饭基质上发芽后,迅速萌发出大量菌丝体,它们分泌的几种淀粉酶能将基质中的淀粉水解为葡萄糖。这就是糖化阶段。接着,再由根霉和多种酵母菌继续将其中一部分葡萄糖转化为乙醇,此即酒精发酵阶段。一般优质的甜酒酿要求甜味浓郁、酒味清淡、香味宜人、固液分明。

甜酒酿的制作方法是:糯米用水浸透后蒸煮、冷却、接种小曲粉并搅匀装入洁净容器后压实 25 ℃下培养 3 ~ 5 d 成品。若对甜酒酿进行过滤、压榨,还可得到低醇度的营养甜酒,俗称"老白酒"。从甜酒酿或小曲等材料中可以分离出优质根霉菌种。

## 一、材料和器皿

1. 种曲

市售"甜酒药"、"白药"等小曲或"浓缩甜酒药"(沪产根霉菌丝粉)。

2. 培养基

马铃薯葡萄糖琼脂培养基(PDA)。

3. 物料

优质糯米。

4. 器皿

烧杯(500 mL)、培养皿、吸管、试管、接种环、研钵等。

## 二、方法和步骤

1. 甜酒酿制作

(1)选好米料:选择优质糯米作为发酵原料。

(2)淘净浸透:糯米用清水淘净后浸泡 12 ~ 24 h。

(3)蒸煮熟透:用蒸笼或高压锅隔水蒸透糯米。

(4)降温接种:将蒸熟的米饭从蒸锅中取出、分散、降温(约 30 ℃),再按干米量接种"浓缩甜酒药"。沪产"浓缩甜酒药"每包能接种 1.5 ~ 2.0 kg 糯米。为使接种时酒药与米饭拌匀,可将酒药先与冷开水搅匀,然后均匀撒布后再拌匀。若使用的曲种是市售块状或球状酒药,则应按照用量先将它在研钵中研细,再用一定量的炒熟面粉混匀,然后再与大量米饭拌匀。

(5)装料发酵:接种后的米饭可装入 500 mL 烧杯中(经压实后容积在 300 mL 左右),中央再留一散热和积液孔道。若用陶坛或其他容器也可,但事先都应洗净和开水淋泡,以防杂菌污染。

(6)保温发酵:在 30 ℃温箱中先培养 2 d 左右。第一天可在米饭表面见到纵横交错的大量菌丝体在延伸,接着可见米饭的黏度逐渐下降,糖化液慢慢溢出;第二天,菌丝体生长与发酵继续进行。这时若发现米醅较干,则可适当补加些凉开水。

(7)后熟发酵:酿制 2 d 后的酒酿已初步成熟,但口味不佳(酸涩、甜味和酒香味较差),因此需在 8 ~ 10 ℃较低温度下放置数天,再进行后发酵,以减少酸味、提高糖度和酒香味。

(8)质量评估:优质的甜酒酿应是色泽洁白、米粒分明、酒香浓郁、醪液充盈、甜醇爽口的发酵食品。

2. 甜酒药中根霉的分离

(1)配培养基:配制马铃薯葡萄糖琼脂培养基,并准备数个平板。

(2)平板接种:先将若干酒药放入研钵中研细(若用"浓缩甜酒药"则可省略研细步骤)。

然后再采用无菌牛皮纸弹末法、稀释液平板涂布法或平板划线分离法进行平板菌落分离。

(3)恒温培养:在 28 ℃下培养 12 ~ 24 h 后进行纯菌落挑选。

注意:因根霉的匍匐菌丝在平板表面蔓延极快,故培养时间稍长后即无法区分单菌落,从而影响分离效果。

(4)选取纯种:将典型的单菌落及时接种到新鲜斜面上,经培养后观察形态特征,并留作保存菌种。

(5)初步鉴定:可进行载片培养等方法观察其特征性构造,包括假根、孢子囊柄、孢子囊、囊轴和孢囊孢子的形状等。各种甜酒药中的根霉主要存在米根霉(*Rhizopus oryzae*)和华根霉(*R. chinensis*)等。若要进一步比较各酒药中菌种的优劣,尤其是糖化率和其他指标,则可以参见有关参考书。

## 三、结果记录

把你的实验结果填入下表中。

| 项目 | 色泽 | 米粒清晰度 | 醪液量 | 甜度 | 酸度 | 酒味 | 其他 | 结论 |
|---|---|---|---|---|---|---|---|---|
| 结果 | | | | | | | | |

注:除色泽外,其他指标可用 10 个"+"表示。

## 四、注意事项

(1)实验中所使用的接种工具和培养容器均应清洗干净和适当消毒,操作者的手和指甲尤应认真清洗。

(2)选择的糯米必须是优质的，待它吸足水分后再隔水蒸煮熟透，使米饭粒既粒粒饱满又易于散开，从而可使拌种均匀、有利于空气及液体流动，并使酒酪成熟度一致。

(3)酒酿保温时间稍长后，表面会产生许多黑色孢子囊，这是根霉成熟后的正常现象。若表面出现红色、黄色或其他颜色的菌落或霉斑，则是污染杂菌的表现，严重时应该弃去。

## 五、思考题

1. 什么叫小曲，为什么天然小曲(酒药、白药)可用作甜酒酿制作中的菌种?

2. 为何用天然小曲制作的甜酒酿其甜味和酒味都较浓郁，而用"浓缩甜酒药"制作的则甜味浓而酒味淡，有什么办法可提高后者的酒味?

# 实验 79　小型自控发酵罐的使用和主要生化指标的检测

发酵罐是进行液体发酵时的特殊设备，生产上使用的发酵罐容积大，均用钢板或不锈钢板制成，供实验室使用的小型发酵罐。发酵罐配备有控制器和各种电极，可以自动地调控试验所需要的培养条件，是微生物学、遗传工程、医药工业等科学研究所必需的设备。

当我们得到一个有价值的工业用生产菌之后，为了更接近于工业生产的实际情况，应当在实验室规模利用小型发酵罐进行微生物扩大培养和目的产物生成量的试验，以期掌握该生产菌的发酵调控规律，尽快应用于工业生产。目前实验室用的自控发酵罐体积在 1 ~ 150 L之间，它们基本上由两部分所组成。

1. 发酵系统的控制器

它主要是对发酵过程中的各种参数如温度、pH 值、溶解氧、搅拌速度、空气流速和泡沫水平等进行设定、显示、记录以及对这些参数进行反馈调节控制。

它主要由六部分组成。

(1)罐体。一般为一个圆柱形的玻璃或不锈钢筒，高度和直径比一般为 1.5 ~ 2.1 之间。顶盖上有 9 个孔口(图 20.16)，分别是加料及接种口、放置温度计口、补料口、放置 DO (溶解氧)电极口、放置温度电极口、放置 pH 电极口、放置消泡电极口、放置取样管口、放置搅拌器及冷凝管口。

(2)搅拌系统。由驱动马达、搅拌轴和涡轮式搅拌器组成，主要用来气-液和液-固混合以及质量和热量的传递，特别是对氧的溶解具有重要意义，因为它可以增加气-液之间的湍动，增加气-液接触面积及延长气-液接触时间。

(3)传热装置。用来带走由生物氧化及机械搅拌所产生的热量，以保持菌种发酵在适宜温度下进行。

(4)通气系统。主要由空气压缩器、油水分离器、孔径在 0.2 μm 左右的微孔过滤片和空气分布器组成，用来提供好氧性微生物发酵过程中所需要的氧。为了减少发酵液的挥发和防止菌种发散到环境中，还可以在空气出口处安装冷凝器和微孔过滤片。

(5)消泡系统。由于发酵液中含有大量蛋白质，在强烈的搅拌下将产生大量的泡沫，严重的泡沫将导致发酵液的外溢和增加染菌的机会，需用加入消泡剂的方法消去泡沫。

(6)各种参数检测器。包括 pH 电极、溶氧电极、温度传感器、泡沫传感器,以使微生物在最适的环境条件下进行生长和分泌产物。

各厂家生产的发酵罐会有所差别,但基本原理是相同的,基本结构是类似的。本实验利用瑞士比欧公司制造的 KLF2000-3.7 L 全自动发酵罐进行大肠杆菌菌体的培养。

*E. coli* 是遗传工程研究过程中常用的受体菌种。本实验学习采用 *E. coli* 在小型发酵罐内进行发酵的方法。通过控制合适的培养条件,可使 *E. coli* 迅速持续地生长,获得所要求的高产培养物。

为了解发酵过程中培养菌的生长及对培养基的利用情况,需在发酵过程中定时地取样测定,包括对菌体进行镜检并测定不同时期发酵液的细菌浊度、残留的还原糖及氨基氮等变化。

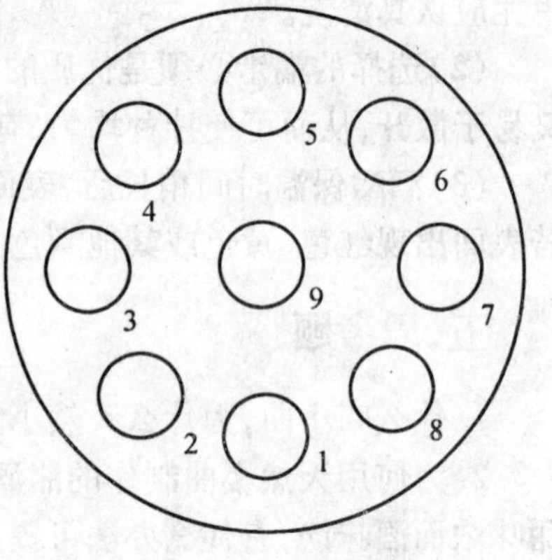

5 6 4 9 7 3 8 2 1

图 20.16 发酵罐顶盖

1—加料及接种;2—放置温度计;3—补料;4—放置 DO(溶解氧)电极;5—放置温度电极;6—放置 pH 电极;7—放置消泡电极;8—放置取样管;9—放置搅拌器及冷凝管

## 一、材料与用品

1. 菌种和培养基

*E. coli*, LB 液体培养基、牛肉膏蛋白胨培养基、M9 培养基。

2. 试剂

泡敌、氨水、牛肉膏、蛋白陈、葡萄糖等;裴林试剂甲液、裴林试剂乙液、0.1% 标准葡萄糖液;0.05% 溴麝香草酚蓝溶液、0.5% 酚酞溶液、标准 0.1 mol/L NaOH 溶液、中性甲醛溶液。

3. 仪器及设备

KLF2000-3.7 L 发酵罐及其附属设备、旋转式摇床、分光光度计等。

## 二、实验步骤

本发酵过程采用工艺路线如图 20.17 所示。

菌种 ⟶ 斜面 —培养 24 h⟶ 一级种子(250 mL 摇瓶) —培养 14 h⟶ 二级种子(250 mL 摇瓶)

—培养 10 h⟶ 上罐 —发酵 14 ~ 16 h⟶ 放罐

图 20.17 发酵过程工艺路线

1. 菌种准备

(1)配制培养基及培养所需菌种。

1)配制牛肉膏蛋白胨固体培养基 100 mL,分装试管,灭菌后摆成斜面。

2)配制 LB 培养液 300 mL,分装 50 mL 于一个 250 mL 锥形瓶(作一级种子瓶)中,余下 250 mL 平均分装于 2 个 500 mL 锥形瓶(作二级种子瓶)中,灭菌。

(2)接种与培养。

1)上罐前两天先从冰箱中取出菌种转接斜面,培养 24 h。

2)上罐前一天由斜面菌种转接一级种子瓶，振荡培养14 h，然后转接二级种子瓶，将此培养液置于培养锅中培养，转速150 r/min，温度37 ℃，培养10 h左右。

2. 上罐前的准备

(1)洗净发酵罐及各连接胶管。

(2)配制M9培养基2 500 mL，置于发酵罐内。

(3)校正pH电极和Pt电极。

(4)在500 mL锥形瓶装150 mL蒸馏水，灭菌。

(5)配制牛肉膏、蛋白胨和葡萄糖补料，消泡剂灭菌。

3. 上罐时的操作步骤

(1)连接发酵罐与各电极导线。

(2)接通控制器、参数输入及显示装置、电极校正装置。

(3)按控制器、参数输入与显示装置上的AUTO键，使发酵罐处于“自动控制”状态。

(4)连接压缩空气管路，接通空气压缩机电源，调节贮气罐出气口压力为0.5～1.0 MPa，调节空气流量计旋钮，使浮子悬浮在2.5～3.0处，通入压缩空气。

(5)调节搅拌转速为300 r/min。

(6)连接冷却水管路，打开自来水龙头，先通入冷却水。

(7)输入各控制参数，本机能自动控制发酵过程中的温度、pH值及显示OD值。控制参数的输入是通过参数输入及显示装置进行的(控制参数的输入方法详见本型号罐说明书)。

(8)将酒精棉或酒精置接种口周围，点燃，进行无菌接种，接入250 mL二级种子。密封接种口。接种后立即进行第一次取样，在分光光度计上测定细菌的浊度(OD)值。

(9)在搅拌转速300 r/min和空气流量在2.8 L/min下校正OD至100%。

(10)在150 mL无菌水中加入氨水150 mL，用无菌硅胶管连接至补料口，并通过酸碱泵，用作调节发酵过程中培养液的pH值。

5. 发酵过程中各种生理指标的测定

发酵过程中，虽然能自动控制温度和pH值两个重要条件，但仍需专人负责照看。

(1)经常注意发酵罐运转是否正常，检查各控制参数是否在合适的范围内，遇有故障及时排除。

(2)每小时取样测定细菌光密度值，进行革兰染色及镜检，以了解菌生长情况及检查是否有杂菌污染。

(3)随着培养时间的延长，适当的调节进气量和转速来维持一定的OD值。

(4)定时取样用裴林快速定糖法，测定培养液中还原糖的含量。

(5)发酵液中糖的质量分数小于4%时，直接取发酵液0.5 mL于锥形瓶中。若糖质量分数大于4%时，先稀释10倍后，取稀释液0.5 mL于锥形瓶中。

1)向锥形瓶中加入裴林试剂甲液和乙液各5 mL，混匀，加热至沸腾。

2)用0.1%标准葡萄糖液滴定至蓝色消失，记录消耗葡萄糖的体积数($V$)。

3)取0.5 mL蒸馏水于锥形瓶中，采用同法进行滴定，记录消耗葡萄糖的体积数($V_0$)。

按下式进行计算：

$$葡萄糖\% = \frac{(V_0 - V) \times 0.1}{0.5} \times 稀释释倍$$

式中,$V_0$为葡萄糖滴定空白时消耗的毫升数;$V$为葡萄糖滴定样品时消耗的毫升数。

(6)定时取样测定发酵液中氨基氮的含量。

1)取发酵液经3 500 r/min离心10 min。

2)分别吸取上清液2.0 mL于两个磨口具塞锥形瓶中,各加蒸馏水5 mL,向另一磨口具塞锥形瓶中加入7 mL蒸馏水。作为空白对照。

3)向上述3个瓶中各加中性甲醛溶液5.0 mL,混匀,加0.5溴麝香草酚蓝溶液2滴和0.5%酚酞溶液4滴。

4)用标准0.1 mol/L NaOH溶液滴定至紫色,分别记录所消耗的毫升数。

5)按下式计算:

$$氨基酸的含量 = \frac{(V - V_0) \times 1.400\ 8}{2}$$

式中,$V$为滴定发酵液时消耗NaOH溶液的毫升数;$V_0$为滴定空白时消耗NaOH溶液的毫升数;1.400 8为1 mL 0.1 mol/L NaOH溶液相当的氮毫克数;氨基氮的含量是每毫升中的含量。

(7)当发酵到一定时候,光密度值达到1~1.5,发酵液中还原糖和氨基氮含量较低时,开始补料,并在发酵结束前一小时即时终止。

(8)每小时记录发酵过程温度、pH值和OD的测定数值,并记录操作情况。

6. 放罐

经过发酵约14 h后菌量增长(OD值)缓慢时,便可放罐。发酵液经离心后收集菌体作进一步处理用。

7. 清洗

(1)放罐后,向发酵罐内加入约2 500 mL蒸馏水。

(2)把各电极、取样管等插入发酵罐内,固定,盖上电极帽。连同其他接触过大肠杆菌的容器和物品,置于高压蒸汽灭菌锅中灭菌。

(3)灭菌后清洗干净,按要求存放。

## 三、注意事项

(1)各电极在调试、安装过程中要极细心,防止电极头损坏。

(2)在接种、取样等各个操作时要细心,以防止杂菌的污染。

## 四、思考题

1. 发酵过程中所需的无菌空气是如何获得的?
2. 发酵过程中搅拌的作用是什么?
3. 在发酵过程中调节溶氧的方法有哪些?

# 第21章 生物技术综合应用介绍

## 实验80 餐厨垃圾厌氧制氢实验

近年来,随着城市生活设施和居住条件的改善,城市垃圾中餐厨垃圾的发生量有越来越大的趋势。餐厨垃圾具有含水率高、易腐烂、营养丰富的特点。一方面具有较高的利用价值,另一方面必须对其进行适当的处理,才能得到社会效益、经济效益和环境效益的统一。与垃圾问题相似,传统能源储量日益减少以及能源需求的不断增长也是人类面临的巨大挑战,人们越来越认识到可再生能源的巨大潜力和发展前景。氢是一种十分理想的载能体,它具有能量密度高、热转化效率高、清洁无污染等优点。因此,作为一种理想的"绿色能源",其发展前景十分光明。

从现有制氢工艺来看,厌氧发酵制氢有着诸多优势和巨大发展潜力。目前,主要是研究利用有机废水为碳源,并取得了很大进展。而利用纤维素、淀粉、糖类等自然界储量很大且可再生的生物质资源,可以使生物制氢有更广泛的研究前景,而不是局限于废水处理方面。从成分上来说,餐厨垃圾非常适合作为厌氧发酵制氢的原料,这样既能处理固体废弃物,又能产生清洁能源,是比较合理的处理方案。通过本实验将了解利用餐厨垃圾厌氧发酵制氢的原理和方法。

一般认为,有机质的厌氧降解分为四个阶段,即水解、酸化、产乙酸和产甲烷阶段。其中,产乙酸和甲烷阶段为限速步骤。在自然环境中,这些过程是在许多有着共生和互生关系的微生物作用下完成的,各种微生物适宜的生长环境可能不同。颗粒污泥中参与分解复杂有机物的整个过程的厌氧细菌可分为三类:第一,水解发酵菌,对有机物进行最初的分解,生成有机酸和酒精;第二,产乙酸菌,对有机酸和酒精进一步分解利用;第三,产甲烷菌,将$H_2$、$CO_2$、乙酸以及其他一些简单化合物转化成为甲烷。

从以下的路线发现可以通过适当的方法,阻断产甲烷菌的生长,使反应停留在产酸产氢阶段,从而实现制氢。

$$\underset{\text{(多糖、蛋白质、脂肪)}}{\text{大分子有机物}} \xrightarrow{\text{水解}} \underset{\text{(单糖、氨基酸、肽等)}}{\text{小分子有机物}} \xrightarrow{\text{产酸、产氢}} \text{酸类、}H_2\text{、}CO_2 \xrightarrow{\text{产甲烷}} CH_4$$

## 一、实验材料与仪器

1. 实验材料

(1)餐厨垃圾可取自所在校区周围餐馆和食堂,固体总干重为40%左右为宜,需分离出其中的骨类和贝类等不易降解的物质。

(2)厌氧发酵所用活性污泥可选择当地污水处理厂的剩余脱水污泥。

(3)氢气标准气体。

(4)高纯氮气瓶。

(5)分析纯 $NaHCO_3$ 固体。

2. 实验仪器

(1)气相色谱仪。装配 TCD 检测器,2 mm×3 mm 不锈钢填充柱装填 60～80 目 TDS-01 担体,载气为 $N_2$。

(2)电子秤或其他质量测量装置,测量范围大于 200 g。

(3)pH 计。

(4)电磁炉及蒸煮用锅具。

(5)湿式气体流量计(需另备匹配橡胶管若干),或者可以自制简易式排水法气体体积测量装置,在反应容器和流量计间需连接一个水封。

(6)温度控制装置。由数据控制仪、PT100 型温度探头、一定数量的电阻丝和电线,具体连接方法可参考数据控制仪的说明书。

(7)自制反应容器。由有机玻璃做成圆柱状主体,容积为 500 mL,外壁用连接温度控制装置的电阻丝缠绕以保持所需温度,顶部设气体出口,尺寸应为可与气体流量计通过橡胶管连接,另设温度探头入口,也可用合适容积锥形瓶等容器以水浴方式加热。

## 二、实验步骤

(1)活性污泥高温预处理。取污泥适量放在烧杯中,塑料薄膜封口,在 100 ℃下高温蒸煮 15 min,将厌氧活性污泥内菌群灭活,保留具有芽孢的厌氧微生物。

(2)将 200 g 餐厨垃圾(经预处理后)与高温处理后的活性污泥以体积比 9 : 1 混合均匀,置入反应容器。将反应容器灌满水以驱除空气,然后加入 $NaHCO_3$ 使容器中 pH 值达到 6 左右。将温控探头和气体导管接好,密封容器(确保各接口密封良好),将反应容器气体导管与气体流量计接好(中间连接一个水封瓶)。

(3)将温度控制装置控制在(37±1)℃,进行厌氧制氢过程。每 8 h 记录一次产生气体的体积,并在橡胶管上对气体取样,用气相色谱检测,使用外标法得出其中的氢气含量。反应大概要进行 3 d 左右,直到气体流量计读数不再改变为止。

(4)数据处理。将得到的生物气体累计体积(mL)、氢气体积分数(%)、氢气产量(mol)的数据进行整理并分别做出其随时间(h)的变化曲线图。氢气产量的数据需要根据氢气体积通过标准气体状态方程得出,温度和压强数据可以从流量计上的温度计和气压计读出。

(5)在条件和时间允许的情况下,建议分组同时进行以下实验:在步骤(2)中 pH 值可以分别改变为 5 或 7,步骤(3)的温度控制仪可将设置分别改变为(20±1)℃或(50±1)℃,注意每次只改变其中一个步骤。将各组得到的数据汇总,可得到相同 pH 值条件在不同温度设置下的各数据比较图表,或者同温度条件在不同 pH 值情况下的各数据比较表。

## 三、思考题

1. 若不对污泥进行高温处理,对实验结果会有怎样的影响?

2. 总结对于餐厨垃圾厌氧发酵产氢最适宜的 pH 值和温度条件(适用于进行步骤(5)后)。

# 实验81 UCT生物脱氮除磷技术

1. 氮、磷对水体的危害

氮、磷是植物生长所必需的营养物质,但过量的氮、磷进入天然水体会导致:水体富营养化;影响水源水质,增加给水处理的成本;对人和生物也会产生毒性。因此城市污水在排入天然水体之前必须要经过脱氮、除磷处理。常规的生物处理工艺其主要功能是去除污水中的含碳有机物,某些工艺对氮有一定的去除率,但对磷的去除效果非常差。污水中的含磷化合物除少部分用于微生物自身生长繁殖的需要外,大部分难以去除而以磷酸盐的形式随二级处理出水排入受纳水体。

2. 生物除磷

含磷污水主要来源于各种洗涤剂、工业原料、农业肥料的生产和人体的排泄物。污水中的磷根据污水的类型而以不同的形态存在。最常见的有磷酸盐、聚磷酸盐和有机磷。生活污水中的含磷量一般在3~4 mg/L,其中有70%是可溶性的。传统的二级处理出水中有90%左右的磷以磷酸盐形式存在。污水中磷的去除一般可以采取两种方式:化学沉淀法和生物法。化学沉淀法是通过投加氯化铁或硫酸铁,使污水中的磷以磷酸铁的形式沉淀从而达到除磷的目的。这种方法效果很好,但费用高,出水含高浓度的氯盐或硫酸盐且污泥产生量高。因此越来越多的国家选择生物法除磷。生物除磷是利用一种特殊的微生物种群-聚磷菌来完成污水除磷目的的。通常在厌氧1好氧这样交替变化的活性污泥系统中,会产生这种聚磷菌。在厌氧/缺氧条件下聚磷菌的生长会受到抑制,为了生存它释放出其细胞中的聚磷酸盐(以溶解性的磷酸盐形式释放到溶液中),并利用此过程中产生的能量(以ATP形式)摄取污水中的低分子量的脂肪酸(LMFA)以合成聚-β-羟基丁酸盐(PHB)颗粒贮存在其体内,此时表现为磷的释放。

当聚磷菌进入好氧环境后,它们的活力将会得到充分的恢复。而此时水中有机物由于经过了厌氧环境下的降解其浓度已非常低,为了生存它们将PHB降解为LMFA和能量(以ATP形式)。它们从污水中大量摄取溶解态正磷酸盐用于合成AIP,并在其细胞内以多聚磷酸盐的形式贮存能量。这种对磷的积累作用远远超过微生物正常生长所需的磷量,这一阶段表现微生物对磷的吸收。

最后将富含磷的污泥以剩余污泥的方式排出处理系统以外,从而降低处理出水中磷的含量。

3. 生物脱氮

污水中的氮一般以有机氮、氨氮、亚硝酸盐氮和硝酸盐氮四种形态存在。生活污水中的氮的主要形态是有机氮和氨氮。其中有机氮占生活污水含氮量的40%~60%,氨氮占50%~60%,亚硝酸盐氮和硝酸盐氮仅占0~5%。污水脱氮主要采用生物法。其基本机理是在传统的二级生物处理中,在将有机氮转化为氨氮的基础上,通过硝化菌和反硝化菌的作用,将氨氮通过硝化转化为亚硝酸氮、硝酸氮,再通过反硝化作用将亚硝酸盐氮、硝酸盐氮转化为氮气,而达到从废水中脱氮的目的。通常生物脱氮包括氨氮硝化和亚硝酸盐氮及硝酸盐氮的反硝化两个阶段。只有当废水中的氮以亚硝酸盐氮和硝酸盐氮的形态存在时,就仅需反硝化一个阶段。

4. UCT 工艺

UCT 工艺是在 AINO 工艺基础上对回流方式作了调整以后提出的工艺，它兼具脱氮、除磷的功能。污水首先进入一个厌氧池，在这里兼性厌氧发酵菌将污水中的可生物降解的大分子有机物转化为 VFA 这类分子量较低的发酵中间产物。在厌氧区聚磷菌的生长受到抑制，为了生存，将体内聚磷酸盐分解以溶解性磷酸盐形式释放入溶液中，同时释放其生存所需要的能量。并利用此阶段释放出的能量摄取水中的 VFA，合成 PHB 颗粒贮存在体内。其次，污水进入第一个缺氧池。反硝化菌利用有机基质和从进水中进来的和从沉淀池回流来的硝酸盐进行反硝化。然后污水进入第二个缺氧池，反硝化细菌利用好氧区中回流液中的硝酸盐以及污水中的有机基质进行反硝化，达到同时除磷脱氮的效果。最后，污水进入一个好氧池，聚磷菌在利用污水中残留的有机基质的同时，主要通过分解其体内贮存的 PHB 所放出的能量来维持生长所需，同时过量摄取环境中的溶解态磷。硝化菌将污水中的氨氮转化成为硝酸盐。此时有机物经厌氧、缺氧段分别被聚磷菌和反硝化菌利用后，浓度已相当低。最后混合液进入二沉池，在二沉池中完成泥水分离。二沉池的污泥回流和好氧区的混合液回流到缺氧区，这样就阻止了处理系统中硝酸盐进入到厌氧池而影响厌氧过程中磷的释放。为了补充厌氧区中的污泥流失，缺氧区混合液向厌氧区回流。在污水的 TKN/COD 适当的情况下，可实现完全的反硝化作用，使缺氧区出水中的硝酸盐浓度接近于零，从而使其向厌氧段的回流混合液中的硝酸盐浓度也接近于零，这样使厌氧段保持严格的厌氧环境而保证良好的除磷效果。

## 一、实验装置

实验工艺流程如图 21.1 所示。

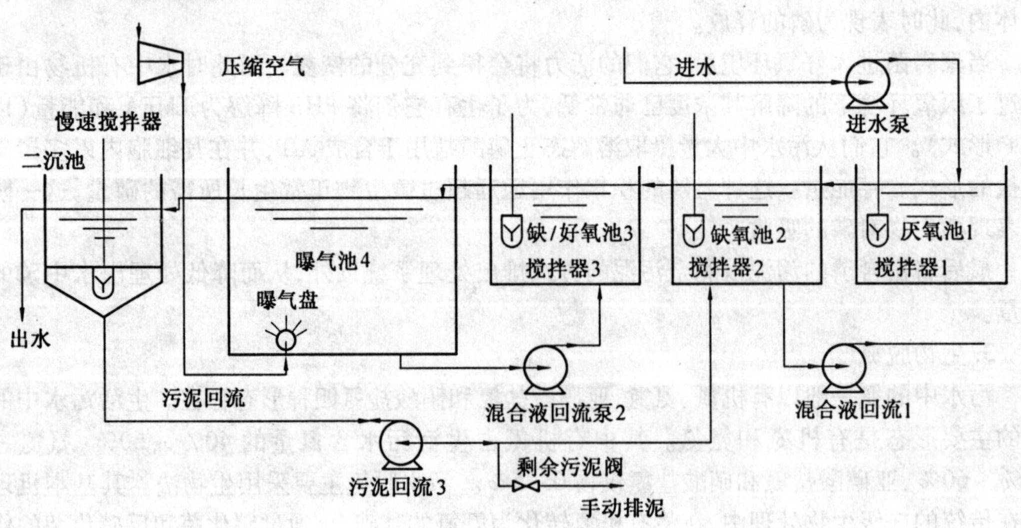


图 21.1 UCT 系统工艺流程

(1) UCT 系统一套。由进水泵、污泥回流泵、混合液回流泵、厌氧反应器、缺氧反应器、好氧反应器、搅拌器、曝气盘、空气压缩机等组成。

(2)必要的水质分析仪器和玻璃仪器。

## 二、实验步骤

1. 启动和试运行

本系统是在传统活性污泥运行方式的基础上改良而来,因此本系统在正式运行之前也要进行试运行以确定最佳的运行条件。在本系统运行中,作为变数考虑的因素同样是混合液污泥浓度(MLSS)、空气量、污水的注入方式等。

2. 正式运行

试运行确定最佳条件后,即可转入正式运行。为了经常保持良好的处理效果,需要对处理情况定期进行检测。通常需要测定以下参数:

(1)进水流量 $Q_{inf}$(L/h)。

(2)二沉池污泥回流流量 $Q_r$(L/h)。

(3)好氧池向缺氧池回流的混合液流量 $Q_{m_1}$(L/h)。

(4)缺氧池向厌氧池回流的混合液流量 $Q_{m_2}$(L/h)。

(5)好氧池内溶解氧质量浓度,DO(mg/L)。

(6)厌氧池、缺氧池、好氧池内 pH 值。

(7)进、出水 $BOD_5$ 质量浓度 $BOD_5$(mg/L)。

(8)进、出水 COD 质量浓度 $COD_{tot}$(mg/L)。

(9)进、出水总氮质量浓度 $N_{total}$(mg/L)。

(10)厌氧池、缺氧池、好氧池中混合液悬浮固体质量浓度 MLSS (g/L)。

(11)进、出水总磷质量浓度 $P_{total}$(mg/L)。

## 三、结果与讨论

1. 先将监测数据列于下表。

| 项目 | 进水流量/(L·h$^{-1}$) | 二沉池污泥回流装置/(L·h$^{-1}$) | 好氧池向缺氧池回流的混合液流量 $Q_m$/(L·h$^{-1}$) | 缺氧池向厌氧池回流的混合液流量 $Q_m$/(L·h$^{-1}$) | DO/(mg·L$^{-1}$) | pH 值 | | | MLSS/(mg·L$^{-1}$) | | |
|---|---|---|---|---|---|---|---|---|---|---|---|
| | | | | | | 厌氧池 | 缺氧池 | 好氧池 | 厌氧池 | 缺氧池 | 好氧池 |
| | | | | | | | | | | | |

| 项目 | COD | | | $BOD_5$ | | | 总氮 | | | 总磷 | | |
|---|---|---|---|---|---|---|---|---|---|---|---|---|
| | 进水/(mg·L$^{-1}$) | 出水/(mg·L$^{-1}$) | 去除率/% | 进水/(mg·L$^{-1}$) | 出水/(mg·L$^{-1}$) | 去除率/% | 进水/(mg·L$^{-1}$) | 出水/(mg·L$^{-1}$) | 去除率/% | 进水/(mg·L$^{-1}$) | 出水/(mg·L$^{-1}$) | 去除率/% |
| | | | | | | | | | | | | |

| | |
|---|---|
| 微生物镜检 | |
| 备注 | |

2. 计算以下参数

(1)污水在各个池中的水力停留时间 HRT(h)。

(2)二沉池的污泥回流比 $R$。

## 四、思考题

1. 试分析水力停留时间对总氮、总磷去除效率的影响。

2. 根据你的操作经验,简单介绍一下 UCT 系统运行的控制要点。

# 实验 82　UASB 高效厌氧生物处理

1. 污水厌氧生物处理

污水厌氧生物处理是指在无氧的条件下,利用专性厌氧菌作用进行污水处理的过程。有机物的厌氧分解过程可以分为以下四个阶段:

(1)水解或液化阶段。复杂的、不溶的大分子有机物不能透过细胞膜,因此不能为细菌直接利用。在这一阶段它们会被水解成小分子有机物(糖、氨基酸、脂肪酸),这些小分子的水解产物能够溶解于水并透过细胞膜为细菌所利用。

(2)发酵或酸化阶段。在这一阶段,上述小分子的化合物在发酵细菌(即酸化菌)的细胞内转化为更简单的化合物并分泌到细胞外。这一阶段的主要产物有挥发性脂肪酸(VFA)、醇类、乳酸、二氧化碳、氢气、氨、硫化氢等,与此同时酸化菌也要利用部分物质合成新的细胞物质。

(3)产乙酸阶段。在此阶段,上一阶段的产物被进一步转化为乙酸、氢气、碳酸以及新的细胞物质。

(4)产甲烷阶段。这一阶段里,乙酸、氢气、碳酸、甲酸和甲醇等被转化为甲烷、二氧化碳和新的细胞物质。

2. UASB 反应器

UASB 反应器通常有两种构造形式:一种是周边出水,顶部出沼气的构造形式(本系统);另一种则是从周边出沼气,顶部出水的构造形式。无论何种构造形式,其基本构造都包括以下几个部分:

(1)污泥床。污泥床位于整个 UASB 反应器的底部。污泥床内具有很高浓度的生物量,其污泥质量浓度(MLSS)一般为 40 000 ~ 80 000 mg/L。污泥床中的污泥由活性生物量(或细菌)约占 70% ~ 80% 的高度发展的颗粒污泥组成,正常运行的 UASB 中的颗粒污泥的粒径一般在 0.5 ~ 5 mm,具有优良的沉降性能,其沉降速度一般在 1.2 ~ 1.4 cm/s,其典型的污泥体积指数(SVI)为10～20 mL/g。污泥床的容积一般占到整个UASB反应器容积的30%左右,但它对UASB反应器的整体处理效果起着极为重要的作用。它对反应器中有机物的降解量一般可占到整个反应器全部降解量的70%～90%。污泥床对有机物如此有效的降解作用使得在污泥床内产生大量的沼气微小的沼气气泡经过不断地积累、合并而逐渐形成较大的气泡,并通过其上升的作用而使整个污泥床层都得到良好的混合。

(2)污泥悬浮层。污泥悬浮层位于污泥床的上部。它占据整个UASB反应器容积的70%左右,其中的污泥质量浓度要低于污泥床,通常为15 000～30 000 mg/L,由高度絮凝的污泥组成,一般为非颗粒状污泥,其沉速明显小于颗粒污泥的沉速,污泥体积指数一般在30～40 mL/g之间,靠来自污泥床中上升的气泡可以使此层污泥得到良好的混合。污泥悬浮层中絮凝污泥的浓度呈自下而上逐渐减小的分布状态,这一层污泥担负着整个UASB反应器有机物降解量的10%～30%。

(3)沉淀区。位于UASB反应器的顶部,其作用主要是使得由于水流夹带作用而随上升水流进入出水区的固体颗粒(主要是污泥悬浮层中的絮凝性污泥)在沉淀区沉淀下来,并沿沉淀区底部的斜壁滑下而重新回到反应区内(包括污泥床和污泥悬浮层),以保证反应器中污泥不致流失而同时保证污泥床中污泥的浓度。沉淀区的另外一个作用是,可以通过合理调整沉淀区的水位高度来保证整个反应器的有效空间高度而防止集气空间的破坏。

(4)三相分离器。三相分离器一般设在沉淀区的下部,但有时也可将其设在反应器的顶部,具体视所用的反应器的形式而定。三相分离器的主要作用是将气体(反应过程中产生的沼气)、固体(反应器中的污泥)和液体(被处理的废水)这三相加以分离,将沼气引入集气室,将处理出水引入出水区,将固体颗粒导入反应区。它由集气室和折流挡板组成。有时,也可将沉淀装置看做三相分离器的一个组成。具有三相分离器是UASB反应器的主要特点之一,三相分离器的合理设计是保证正常运行的一个重要内容。

运行过程中,废水以一定的流速自反应器的底部进入反应器,水流在反应器中的上升流速一般维持在0.5～1.5 m/h之间,最佳上升流速在0.6～0.9 m/h之间。水流依次流经污泥床、污泥悬浮层至三相分离器及沉淀区。UASB反应器中的水流呈推流形式,进水与污泥床及污泥悬浮层中的微生物充分混合接触并进行厌氧分解。厌氧分解过程中所产生的沼气在上升过程中将污泥颗粒托起,由于大量气泡的产生,即使在较低的有机和水力负荷条件下,也能看到污泥床明显膨胀。随着反应器中产气量的不断增加,由气泡上升所产生的搅拌作用(微小的沼气气泡在上升过程中相互结合而逐渐形成较大的气泡,将污泥颗粒向反应器的上部携带。最后由于气泡的破裂,绝大部分污泥颗粒又将返回到污泥区)变得日趋剧烈,从而降低了污泥中夹带气泡的阻力,气体便从污泥床内突发性地逸出,引起污泥床表面呈沸腾和流化状态。反应器中沉淀性能较差的絮状污泥则在气体的搅拌下,在反应器上部形成污泥悬浮层。沉淀良好的颗粒污泥则在反应器的下部形成高浓度的污泥床。伴随着水流的流动,气、水、泥三相混合液上升至三相分离器中,气体遇到反射板或挡板后折向集气室而被有效地分离排出;污泥和水进入上部的静止沉淀区,并在重力作用下泥水发生分离。

## 一、实验装置

实验所用装置如图21.2所示。

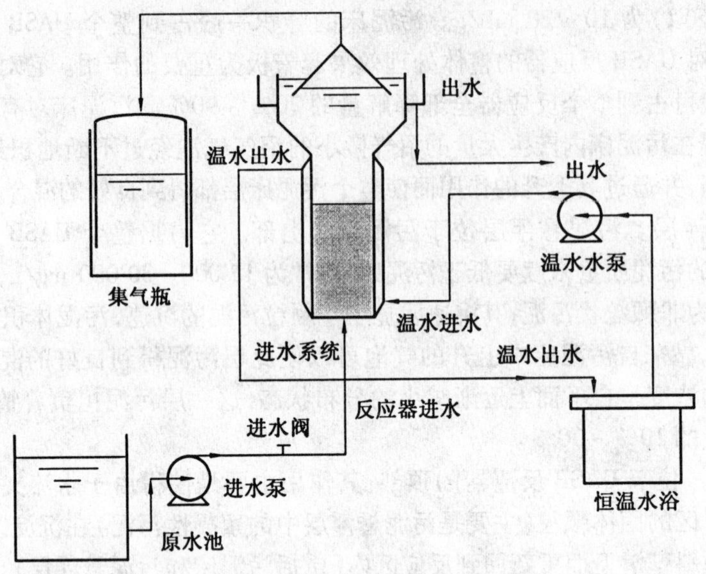


图 21.2　厌氧 UASB 反应器工艺流程

(1)升流式厌氧污泥床(UASB)反应器一套。由 UASB 反应器、集气瓶、沼气计量系统、进水泵、温水水泵、恒温水浴、原水池等部分组成。

(2)必要的水质分析仪器和玻璃仪器。

## 二、实验步骤

1. 启动

当接种好颗粒污泥、连接好三相分离器、生物气测量装置和恒温水浴装置后,实验即可开始。厌氧生物处理对环境条件的变化非常敏感,因此在采用本系统处理污水之前,需充分了解污水的物理、化学性质。对于成分较为复杂的污水,需经过污水厌氧可生物降解性测试来确定其是否适宜采用厌氧处理方法。

2. 污泥活化

厌氧装置启动以后,首先用易于生物降解的合成水样来活化污泥。合成水样的配制有很多种方法;表 21.1 将介绍一种常用方法。

除此之外,还需投加微量和痕量营养元素。方法是从花园中取 100 g 泥土,加 1 L 自来水混合,摇匀,用滤纸过滤后,即得痕量营养元素贮备液。1 L 合成水样中加 5 mL 上述滤液。

**表 21.1　合成水样配制**

| 化合物名称 | 质量浓度/$(g \cdot L^{-1})$ |
|---|---|
| 乙酸 | 0.25 |
| 丙酸 | 0.25 |
| 丁酸 | 0.25 |
| 葡萄糖 | 0.25 |
| 尿素(N 源) | 0.5 |
| $Na_2HPO_4$或 $NaH_2PO_4$(P 源) | 0.1 |

为防止产酸过程酸过度积累,引起系统 pH 值的下降,合成水样中还需加入一定量的缓冲物质。可以在 1 L 合成水样中加入 1 g $NaHCO_3$。

水样 pH 值用 1 mol/L $NaHCO_3$ 或 1mol/L HCl 调整到 6.5 ~ 7.5 之间。

3. 试运行

污泥活化后，可逐步引入预处理的废水，使污泥逐渐适应废水理化性质。本实验采用中温（37 ℃）消化，加热方式为水浴加热法。生物气的计量采用排水法。即在集气瓶中装入 NaOH 溶液，通过用量筒测定每日所排出的 NaOH 溶液体积来计量每日的产气量。

4. 正式运行

当系统稳定后，即可正式运行。系统示警运行后，需要经常测定以下参数，以监控系统运行：

（1）反应器内污泥床层高度 $H$（m）。

（2）进水流量 $Q_{inf}$（L/h）。

（3）总产气量 $Q_{gas}$（L/d）。

（4）甲烷总产量 $Q_{CH_4}$（L/d）。

（5）进、出水 pH 值。

（6）反应器内温度 $T$（℃）

（7）进、出水 COD 质量浓度 $COD_{tot}$（mg/L）。

（8）纸滤后进、出水 COD 质量浓度 $COD_{pf}$（mg/L）。

（9）膜滤后进、出水 COD 质量浓度 $COD_{mf}$（mg/L）。

（10）进、出水总氮质量浓度 $N_{total}$（mg/L）。

## 三、实验结果

1. 将监测数据列于下表中。

| 项目 | 进水流量 $Q_{inf}$(L·h$^{-1}$) | | 总产气量 $Q_{gas}$/(L·d$^{-1}$) | | 甲烷总产量 $Q_{CH_4}$/(L·d$^{-1}$) | | 污泥床层高度 $H$/m | | 反应器内温度 $T$/℃ | pH 值 | |
|---|---|---|---|---|---|---|---|---|---|---|---|
| | | | | | | | | | | 进水 | 出水 |
| | | | | | | | | | | | |
| | 进水 | 出水 | 进水 | 出水 | 进水 | 出水 | 进水 | 出水 | | | |
| | | | | | | | | | | | |

2. 计算以下参数

（1）BOD 容积负荷率（kg/（L·d））。

（2）COD 去除率（%）。

①$COD_{tot}$；②$COD_{pf}$；③$COD_{mf}$。

（3）水力停留时间 HRT（h）。

## 四、思考题

1. 试说明三相分离器的作用。

2. 颗粒污泥与絮状污泥相比有何优点？

# 第22章　探索性实验技术

根据实验教学重点、难点，结合学生的认知规律，充分利用现有的实验室条件，为学生提供一种通过设计实验，熟悉实验设计方法、实验设计原则。在已达到的基本微生物学理论知识和实验技能的水平上，自己确立研究题目，设计一项课题。建议实验结束后写出论文，召开论文答辩会，实验小组成员参加答辩，以提高学生的实验技能和科研素养。

良好的实验环境，创设科研情景，优化实验空间。尽可能突出并支持学生的主体地位，促使他们积极主动地参与实验活动的全过程。针对学生在实验中出现的新问题，要有目的地提供不同的学术思想，指导学生养成良好的实验科学素养。

## 实验83　检测发酵和食品工业用水微生物的数量

从微生物学的角度来看，这些检测主要是一些方法学上的问题，涉及取样、培养、计数、培养基和培养条件以及数据处理等方面。为了相互比较，在很大程度上还取决于各单位使用的方法与操作上的一致性。

从卫生指标来看，发酵和食品工业用水中的微生物数量主要考虑的是细菌，特别是病原菌的数量。从防疫的角度出发，在正常情况下主要涉及用水中细菌总数的测定和大肠杆菌数量的测定。有人研究成人粪便中的 *E. coli* 群的数量，发现每克粪便含有 $2\times10^{8}\sim10^{9}$ 个。若水中发现有 *E. coli* 群的细菌，即可证明已为粪便污染。

虽然 *E. coli* 群在人及动物肠道内生存，一般不具有致病性，但具有了粪便污染也就有可能有肠道病原菌的存在。根据这个理由，就可以认为这种含有 *E. coli* 的水供饮用或酿造是不安全的。

水的卫生学检验中最常用的指标就是细菌总数和 *E. coli* 群。细菌总数是指每克或每毫升食品或水样中，经过处理在一定条件下培养后所得细菌菌落的总数，也可称菌落总数。细菌总数主要用于判断试样被污染的程度。在实际工作中，一般只用一种常用的方法去作细菌总数的测定，测定结果仅仅反映一群能够在营养琼脂上生长，37 ℃普通培养箱中培养24 h后的细菌菌落的总数。*E coli* 群是指一大群在37 ℃经24 h培养后能够发酵乳糖产酸产气、需氧或兼性厌氧的革兰氏阴性无芽孢杆菌。*E. coli* 群数也称 *E. coli* 指数，是指每100 mL(g)水(食品)中 *E. coli* 群的最近似值。通过检查 *E. coli* 群数，一方面能表明样品有无污染，另一方面则可判定该试样的污染程度。*E. coli* 群数的测定是以不同稀释度的样品定量接种乳糖发酵管各数管，按照乳糖发酵产酸产气并确证为 *E. coli* 群的阳性管数，查检索表再求出 *E. coli* 群的最近似值。

【目标定位】

(1)通过本设计实验确定一定环境中微生物的分布情况。

(2)掌握并熟练运用鉴定和计数一定环境中微生物的基本研究方法。

## 实验84　微生物技术在食品保鲜中的应用

“消毒”在英语中为“disinfection”，意为“去除感染”，也就是指杀灭引起感染的微生物。在治疗学与卫生学中，“消毒”指的是“杀灭病原微生物”；在工业微生物中，“消毒”指的是“除去杂菌，也除去会引起感染的微生物”。

“灭菌”在英语中为“sterilization”，意即“绝育，使失去繁殖能力”。对微生物而言，失去繁殖能力就是死亡。因此，“灭菌”指的是杀死一切微生物（包括繁殖体和芽孢等），不分病原或非病原微生物以及杂菌或非杂菌。此外，消毒一般偏指化学因素处理，灭菌一般偏指物理因素处理。消毒的结果并不一定是无菌状态，灭菌的结果则是无菌状态，灭菌和消毒是食品保鲜成败的关键。最常用的灭菌方法是高温灭菌法。因为微生物的生物功能主要靠蛋白质来实现，加热可以使蛋白质变性、凝固，从而引起微生物的死亡。当环境温度超过微生物的最高生长温度时，将引起微生物死亡。不同微生物的最高生长温度不同，不同生长阶段的微生物的耐热能力也不相同，因而可以通过控制热处理的温度和时间进行消毒或灭菌。但高温带来了营养的损失。因此，要使一种食品的营养损失得最少又能得到较长的货架期，就必须根据具体情况选择不同的灭菌方式，对不能进行高温灭菌的物品则采用其他灭菌方法。

【目标定位】

(1)通过本实验得到一种货架期较长、营养丰富的食品。

(2)根据具体情况，能适时的选择并熟练运用不同的消毒与灭菌操作技术。

## 实验85　检测几种常见消毒剂的杀菌效果

用于对传播媒介进行消毒的药物则为消毒剂。消毒剂的种类繁多，作用机制各异，按化学性质可分为含氯消毒剂、过氧化物类消毒剂、环氧乙烷、醛类消毒剂、酚类消毒剂、含碘消毒剂、醇类消毒剂、季铵盐类消毒剂、双胍类消毒剂，消毒剂的种类不同，对微生物的作用效果也不尽相同。一些消毒剂只能杀灭细菌繁殖体，而芽孢和病毒仅受到抑制作用失去繁殖能力，经过一段时间和适当条件又可恢复繁殖能力，此为抑菌作用。但在某些条件下抑菌作用和杀菌作用是可以相互转换的，杀菌剂在低浓度时则表现为抑菌作用；而抑菌剂在高浓度时则表现为杀菌作用。

消毒剂不同于抗生素，其毒性作用较大，普遍应用在体外发挥作用，对各类微生物包括细菌、放线菌、真菌、病毒等均具有杀灭或抑制作用，它广泛用于人体、水果、蔬菜、饮水、物品、环境和交通工具的消毒除菌，对杀灭人体、食物和环境中的微生物，阻断传染病的传播具有重要作用。常用的消毒剂有过氧乙酸、含氯杀菌剂（如84消毒液）、过氧化氢水溶液等。传统消毒剂的缺点是没有持效性，开发高效、广谱、长效型消毒剂则是今后日化产品的重要发展方向。

一个理想的消毒剂应具备如下条件：对自然界中的微生物具有广谱的药效；少量即可有效；有良好的配伍性；溶解性、分散性优良，不影响产品的基本效能；安全性高，对人体无毒无害，不会产生过敏，无毒副作用。实际上真正符合上述要求的消毒剂很少，本实验主要针对市售的几种常见消毒剂，通过消毒剂对微生物的杀灭试验，来评估各种消毒剂的杀菌效果。

消毒剂对微生物的杀灭试验主要通过消毒剂对常见的微生物如 *E. coli*、金黄色葡萄球菌和枯草芽孢杆菌的定性和定量杀菌试验检测。定性试验用来检测某一消毒剂对常见微生物是否具有杀灭作用，通过一系列实验来确定该消毒剂的最小杀菌（抑菌）浓度。消毒剂普遍缺乏时效性，所以一个消毒剂的时效性是很重要的。可能在一定的时间内对微生物具有杀灭（抑制）作用，在经过一段时间之后这种作用便消失。

在定性的试验基础上，以某一消毒剂的最小杀菌（抑菌）浓度为使用浓度，采用平板菌落计数法，检测在该浓度下消毒剂对指示微生物的杀灭百分率。

【目标定位】

（1）熟悉并掌握检测消毒剂杀菌效果的实验方法。

（2）通过实验评价几种常见消毒剂的杀菌效果。

## 实验 86 研究牛乳在酸败过程中细菌的生态学演变

刚采集的生牛乳中含有少量不同的细菌，而牛乳的成分对细菌来讲是一种很好的营养基质，因此，在温暖的条件下，细菌即开始很快地繁殖。然而也不是所有的细菌都能如此，由于当时生牛乳的 pH 值是中性的，且含有丰富的乳糖，故有利于其中自然存在的乳酸细菌例如乳链球菌（*Streptococcus lactis*）很快地繁殖。它们发酵乳糖产生乳酸，使牛乳的 pH 值降低，并引起蛋白质凝结成乳酪状。这种低的 pH 值最终抑制了乳链球菌的繁殖，被比较能耐受低 pH 值的发酵乳糖的菌种乳杆菌（*Lactobacillus*）所代替，它们完成乳糖发酵，并使 pH 值继续降低。接着是酵母菌在这种低 pH 值下利用乳酸而生长。随者乳糖和乳酸的消失，pH 值再度上升，假单胞菌（*Pseudomonas*）和芽孢杆菌（*Bacillus*）能产生蛋白酶，开始分解凝结了的牛乳蛋白质，当蛋白质被利用完毕，牛奶的分解也就完成了。

生牛乳的这种生态学演变的自然过程是一个很典型的例子。原始细菌的活动为以后的细菌创造了有利的生化条件，因而能观察到一个微生物群体接替另一微生物群体的一系列演变。这种自然演变的基本原则也能在地面环境中的高等植物和动物中实现，自然界其他类别微生物也会发生同样的演变过程。

【目标定位】

（1）通过本设计实验，掌握牛乳在酸败过程中细菌的生态学演变规律。

（2）理解酸牛乳的制作机制。

## 实验 87 微生物之间相互作用的研究

微生物在自然界中是以混合的群落形式存在的，生物群落中各个种群、个体之间存在各种的相互作用。有些相互作用对某一群体是有利的，而对其他群体则是不利的或没有影响。正是这种正负作用使得生物群落能够保持生态平衡。根据参与相互作用的 2 个群体受到影响的程度，可以把这些相互作用分为八种，包括中立关系、偏利共生关系、协作关系、互惠共生关系、竞争关系、拮抗关系、捕食关系和寄生关系。

微生物相互作用的机制复杂。在正的相互作用中，一个微生物群体可以给其他微生物群体提供营养物质和生长所必需的因子，某些微生物群体则在它正常生长和代谢过程中，能使生活环境发生改变，从而为另一微生物群体创造更有利的生活环境。在负的相互作用中，比较常见的是竞争关系和拮抗关系。竞争包括对生存空间和营养物质的竞争，竞争的结果对双方或单方都产生不利的影响，使微生物群体的密度下降，生长速率下降，使受影响的群体失去占据某一生态环境的能力。拮抗关系是指 2 个微生物群体生长在一起时，其中 1 个群体产生一些对另一群体有抑制作用或有毒的物质，结果造成另一个群体生长受抑制或被杀死，而产生抑制物或有毒物质的群体则不受影响或者可以获得更有利的生长条件。如某些微生物群体可以通过产生乳酸或类似的低分子质量有机酸、抗生素、细菌素和其他抗菌物质等，来抑制或杀死其他的微生物群体。在一个复杂的自然生物群落中，不同微生物群体之间可能存在各种各样的相互关系，使得微生物群落能更有效地利用现有的资源在这一生境中存在下去。除此之外，光、温度、pH 值、$O_2$、营养物浓度和组成均会对这种相互作用产生影响。

研究微生物相互作用的方法有很多，大致可分为平板法、上清液法和混合培养法。根据微生物种类、作用机制和预期目标的不同，选取不同的实验方法。平板法主要是在固体表面进行，比较全面地研究不同微生物之间的相互作用，常用的有点种法和划线法。上清液法是利用某一微生物分泌到上清液中的代谢产物，来研究某一微生物对其他微生物的作用，常用的有纸片法、琼脂扩散法、牛津杯法，混合培养法是通过观察 2 个以上微生物群体在同一液体环境中的生长现象，来研究微生物之间的相互作用。

【目标定位】

（1）了解微生物相互作用的机制。

（2）根据微生物相互作用的方式，选择适当的方法进行微生物相互作用的研究。

## 实验 88　微生物酶制剂的合成受多水平调控

在大规模培养微生物产生酶时，通常应注意三点。

1. 菌株

在大规模培养微生物产生酶时，对于使用菌种要全面考虑。一般而言，大部分微生物都在培养后期产生酶，因此在产生高活力酶的同时，酶的稳定性很重要或者说要筛选对酶分解能力差的菌株为生产菌，同时要明确此菌种来源，保存条件和保存周期等。

2. 培养基

在大规模培养时，培养基原料廉价是很重要的。如生产的是诱导酶，作为培养基而言，重要的是寻找廉价的诱导剂，解决此问题就可以大规模的培养生产菌。此外，在培养基中残存的诱导剂也将成为酶的不稳定因子。

3. 培养条件

在霉菌的大规模培养时，菌丝体成为浆状还是成为无数的小球状，对菌体的生长及产物的生成影响极大。一般而言，含有固形物的培养基，菌丝体成为浆状，而澄清的培养基都易于结成菌丝体小球，但也随着培养容器和培养条件而发生变化。

在大规模培养时,受一级种的状况影响很大,因此,决定种子培养条件是重要的。例如,从斜面移植到三角烧瓶时,三角瓶的形状、容量、摇床的转速等都会明显地影响菌丝的性状。

此外,微生物发酵从小试到大规模培养的培养条件设计中,放大因子的确定是很复杂的,至今大部分都要依靠经验。霉菌的液体培养过程是非牛顿流体运动,其原因在于发酵液黏度较高,菌丝体可受的剪切力小,各菌种菌丝体生长状况不同。在小规模培养的放大设计中,将氧吸收速率参照为一些发酵条件确定的目标,与此同时也从黏度、溶氧、菌体量等的测定值确定培养条件。

总之为了酶的生产除了要从酶的性质、稳定性考虑外,还必须从产酶菌体的生长及产生酶的最适条件进行设计。

【目标定位】

(1)通过本设计实验,掌握目的产物生产菌的发酵调控规律。

(2)掌握小型自控发酵罐的操作及应用。

## 实验 89　研究青霉素发酵过程中糖的变化

糖是微生物生命活动中的碳源,也是主要的能源之一。糖代谢与菌体生长、产物积累紧密相关。所以在微生物发酵过程中,发酵液内糖的消耗情况是一项重要的生理指标,也是掌握发酵进程的重要依据之一。

糖的定量测定方法很多,如斐林氏法、碘量法、蒽酮法、3,5-二硝基水杨酸法等,各有优缺点。

【目标定位】

(1)获得青霉素发酵过程中碳源的变化规律。

(2)掌握一种测定糖的分析方法。

## 实验 90　微生物菌肥生产与质量控制

微生物菌肥是经人工培养的含有益微生物的生物肥料,又称微生物肥料。微生物菌肥是活体肥料,它的作用主要靠它含有的大量有益微生物的生命活动来完成。通过这些有益微生物在土壤里进行的生命活动,不仅具有固氮、解磷、解钾的功能,满足作物氮、磷、钾养分的需求,而且能抑制土壤中某些病原微生物的繁殖,防止或减轻了土传病害的发生。微生物产生的次生代谢产物中的激素类物质,还能促进植物的生长发育和早熟,次生代谢产物中的胞外多糖又能促进土壤团粒结构的形成,连续数年施用,能改善土壤的供养条件。只有当这些有益微生物处于旺盛的繁殖和新陈代谢的情况下,物质转化和有益代谢产物才能够不断形成。因此,微生物肥料中有益微生物的种类、生命活动是否旺盛是其有效性的基础,而不像其他肥料是以氮、磷、钾等主要元素的形式和含量的多少为基础。正因为微生物肥料是活制剂,所以肥效与活菌数量、强度及周围环境条件密切相关,包括温度、水分、酸碱度、营养条件及原生活在土壤中土著微生物的排斥作用都有一定影响。

微生物菌肥还有一些其他肥料所没有的特殊作用。可以提高化肥利用率。有利于绿色食品生产,能改善农产品的品质。有利于环保,利用微生物的特定功能分解发酵城市生活垃圾及农牧业废弃物而制成微生物肥料是一条经济可行的有效途径,有利于改良土壤。

微生物在农业上的作用已经逐渐被人们所认识。现国际上已有70多个国家生产、应用和推广微生物肥料,我国目前也有250家企业年产数十万吨微生物肥料应用于生产。这虽与同期化肥产量和用量不能相比,但确已经开始在农业生产中发挥作用,取得了一定的经济效益和社会效应,已初步形成正规工业化生产模式。随着研究的深入和应用的需要新品种萌开发正不断扩大,微生物肥料现已形成:由豆科作物接种剂向非豆科作物肥料转化;由单一接种剂向复合生物肥转化;由单一菌种逐渐向复合菌种转化;由单一功能向多功能转化;由用无芽孢菌种生产向用有芽孢菌种生产转化等趋势。不仅如此,近20年来,许多国家更认识到微生物肥料作为活的微生物制剂,其有益微生物的数量和生命活动旺盛与否是质量和应用效果好坏的关键。微生物菌肥的生产主要包括如下过程:选育优质菌种,探索和优化培养条件,研究最佳工艺条件,寻找最佳质量检测

【目标定位】

(1)通过本设计实验,利用所掌握的微生物学理论知识和实验技术,能筛选到1~2种用于菌株生产的菌株。

(2)能生产至少一种菌肥。

## 实验91　Nisin产生菌的筛选、鉴定及应用

食品安全是全世界都共同关注的问题,而食品防腐保鲜则是食品安全的一个关键问题。过去人们常常利用加入化学防腐剂的方法来延长食品的保藏期,但化学防腐剂的添加过量或滥用可以对人体健康和生态环境产生不利的影响。随着人们生活水平的提高,健康食品、绿色食品也越来越受到欢迎。利用安全高效生物源防腐剂代替化学防腐剂已成为一种趋势。

Nisin(乳酸链球菌素、乳链菌肽、尼辛)是由乳酸乳球菌(*Lactococcus lactis*)某些菌株所产生的一种小分子多肽物质,它对许多革兰阳性菌,包括金黄色葡萄球菌、溶血链球菌、肉毒梭菌、嗜热脂肪芽孢杆菌、李斯特菌等在内的多种革兰阳性食物腐败菌和病原菌都有强烈的抑杀作用。同时,它可以被人体消化道的酶所消化,因此成为一种安全、高效、无毒的天然食品防腐剂,自1969年开始被FAO/WHO批准可作为食品添加剂以来,Nisin已在80多个国家和地区都得到了广泛应用,已成为目前世界上应用量和应用范围最大的食品生物保鲜剂,具有巨大的发展潜力和广泛的应用前景。

本实验拟从鲜奶或乳制品、泡菜等发酵产品中取样,采用选择培养基分离Nisin产生菌,并选用黄色微球菌(*Micrococcus flavus*)或金黄色葡萄球菌(*Sta phy-lococcus aureus*)作为指示菌种,使用琼脂扩散法(打孔法、滤纸片法、牛津杯法等)进行抑菌试验,经进一步筛选得到高产Nisin的优良菌株;根据形态学特征;生理生化指标以及16S rDNA等分子生物学特点,对菌株进行鉴定;并对Nisin高产菌株在发酵乳制品或其他发酵食品中的应用进行初步探索。

【目标定位】

(1)通过本设计实验得到一株或几株产量较高的Nisin产生菌。

(2)本设计实验是将食品科学与生物科学知识相互渗透、有效结合。学生可以自愿组成研究小组,自行查阅文献,设计实验方案。在实施和完成实验方案过程中,培养学生观察思考、分析问题和解决问题的能力,增强创新意识,提高团队协作精神。

# 第23章 综合研究实验

## 实验92 酚降解菌的分离及其性能的测定

在工业废水的生物处理中,对污染成分单一的有毒废水常可选育特定的高效菌种进行处理。这些高效菌具有处理效率高、耐受毒性强等优点,本实验通过筛选分离酚降解菌来掌握特定高效菌种的常规分离方法。筛选所得的高效酚降解菌种除了具有较强的酚降解能力外,还必须能形成菌胶团,才能在活性污泥系统中保存下来。

### 一、实验仪器材料

1. 仪器

恒温摇床、培养箱、培养皿、锥形瓶、试管、接种针等。

2. 培养基

肉膏蛋白胨液体培养基、牛肉膏蛋白胨琼脂培养基、尿素培养基、蛋白胨培养基。

### 二、实验步骤

1. 采样

为了能获得酚降解能力较强的菌种,在高浓度含酚废水流经的场所采样,如排放含酚废水下水道的污泥、沉渣等,为获得既能降解酚又有良好的形成菌胶团能力的菌株,在处理含酚废水的构筑物中,取活性污泥或生物膜进行分离。

2. 单菌株分离

(1)将采得的样品分别置于装有适量无菌水和玻璃珠或石英砂的无菌锥形瓶中,在摇床上振荡片刻,使样品分散、细化。

(2)分别以稀释平板法和划线分离法在肉膏蛋白胨琼脂培养基平板上对样品进行分离。为了 减少杂菌的生长,可在培养基内添加少量酚液,方法是:在无菌培养皿中加入数滴浓酚液,再将加热溶化并冷却至48 ℃左右的牛肉膏蛋白胨琼脂培养基倾入平皿中,使培养基内最终的酚浓度为50 mg/L左右,然后再做划线分离或稀释分离。

(3)倒置平皿,在28 ℃下培养48 h和72 h,分别挑取单菌落,接入牛肉膏蛋白胨琼脂斜面上,28 ℃下培养48 h。

(4)将斜面培养物再次在营养牛肉膏琼脂平板上做划线分离,培养后长出单菌落证明无杂菌后,再接入斜面,培养后置于冰箱中待测。

3. 酚降解能力的测定

(1)将菌株在营养牛肉膏液体培养基中振荡培养到对数生长期(28 ℃,约16~28 h)。

(2)在培养物中加入少量浓酚液,使培养液内酚质量浓度达到10 mg/L左右,进行酚分解酶的诱发。

(3)继续振荡培养 2 h 后,再次加入浓酚液,使培养液内酚质量浓度提高到 50 mg/L 左右,继续振荡培养 4 h。

(4)用 4-氨基安替比林比色法测定培养液中残留酚的浓度,并计算出酚的去除率。

4. 菌胶团形成能力试验

(1)将筛选分离出的酚降解能力较强的菌株,分别接种在盛有 50 mL 灭菌的尿素培养基和蛋白胨培养基的锥形瓶内。

(2)28 ℃摇床振荡培养 12 ~ 16 h,凡能形成菌胶团的菌株,培养物形成絮状颗粒,静置后沉淀,液体澄清。

凡酚降解能力较强且又能形成菌胶团的菌株即为入选菌株,经扩大培养后即可提供研究及生产上使用。

# 实验 93　利用 Biolog 自动分析系统分离鉴定人体正常菌群

正常菌群是长期定居于人体皮肤、口腔、咽喉、肠道、泌尿生殖道等特定部位的微生物类群的总称。通常正常菌群对人体有益无害,只有在特定条件下,这些微生物才可能引发疾病。分离人体特定部位的正常菌群旨在了解其种类、数量的变化,为某些感染性疾病的诊断提供参考数据,具有一定的临床意义。Biolog 自动微生物分析系统是目前应用最广泛的微生物鉴定系统之一,可以鉴定包括细菌、酵母菌和丝状真菌在内的 392 属、2 000 种以上的微生物,几乎涵盖了所有的人类、动物和植物病原以及食品和环境微生物。

一般而言,人体正常菌群的种类与其定居部位有关,如皮肤以葡萄球菌、铜绿假单胞菌、丙酸杆菌、类白喉杆菌居多,而口腔最常见的菌是链球菌、肺炎球菌、乳杆菌、梭杆菌等,肠道则是大肠杆菌、产气杆菌、双歧杆菌、变形杆菌的居住大本营。正常菌群种类、数量的变化会受人体生理因素的制约和环境条件的影响。因此,人体特定部位正常菌群的分离于鉴定,具有理论与应用的双重意义。

为了让学生了解人体咽喉、皮肤正常菌群种类和数量的差异,本实验采用最新的 Biolog 自动分析系统鉴定从皮肤、咽喉分离纯化的微生物。该系统鉴定微生物的原理是基于不同种类的微生物利用碳源具有特异性,且碳源代谢产生的酶能使咔唑类物质(TV)产生颜色反应。加之微生物利用碳源代谢,能使菌体大量增殖,浊度显著改变。因此可充分应用不同微生物的特征指纹图谱建立数据库,待鉴定微生物的图谱与数据库参比,即可得出鉴定结果。Biolog 公司提供的微生物鉴定系统由微生物自动分析仪、计算机分析软件、浊度仪和鉴定板组成(图 23.1),其中的鉴定板分五大类,即 GN2 板(鉴定革兰氏阴性好养菌)、GP2 板(鉴定革兰氏阳性好养菌)、

图 23.1　Biolog 微生物鉴定系统

AN 板(鉴定厌氧菌)、YT 板(鉴定酵母菌)和 FF 板(鉴定丝状真菌)。鉴于咽喉、皮肤的正常菌群以革兰氏阳性细菌为主,故选用 GN2、GP2 鉴定板即可。

## 一、实验器材

1. 培养基

血琼脂平板,牛肉膏蛋白胨琼脂平板,固体斜面培养基(适用于咽喉、皮肤正常菌群生长繁殖)。

2. 溶液和试剂

0.85% 生理盐水(NaCl),革兰氏染色试剂,用于棉签和压舌板消毒的消毒液,浊度标准液(由 Biolog 公司提供)。

3. 仪器和其他用品

无菌棉签、无菌压舌板、记号笔、酒精灯、接种环、接种针、35 ℃培养箱、试管架或容器、Biolog 微生物自动鉴定分析仪、微生物鉴定板(GN2、GP2)、浊度仪、8 道电动可调式连续移液器、V 型加样槽等。

## 二、操作步骤

### (一)人体正常菌群的分离

1. 咽喉正常菌群的分离

(1) 教师示范正确的咽部取样方式、注意取样的特定部位(图 23.2)。

(2)学生用无菌棉签从自己或同组人的扁桃体附近咽部取样。即用无菌压舌板压住舌头以免其干扰棉签取样。用棉签在血琼脂平板边缘来回滚,然后用接种环在此区域划线以便单菌落分离。

(3)用记号笔在平板上写上姓名、取样部位、日期和培养基种类。

(4)平板倒置,于 35 ℃培养 24 ~72 h。

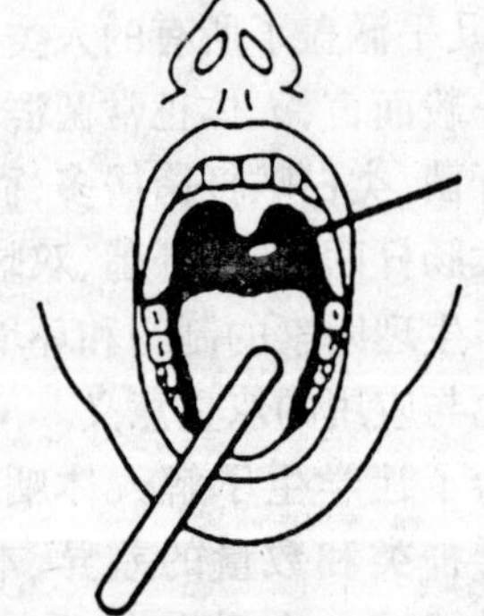

图 23.2　棉签咽喉部取样示意图

2. 皮肤正常菌群的分离

(1)用 0.85% 生理盐水稍许浸湿棉签并擦拭手臂(擦

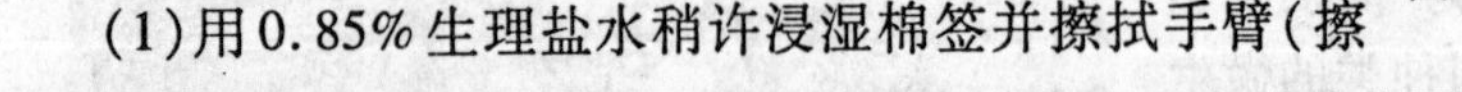

拭前除去棉签上多余的盐水),然后接种在牛肉膏蛋白胨琼脂平板(方法同上)。

(2)做好标记,同上。

(3)平板倒置,于室温培养 24 ~72 h。

### (二)人体正常菌群的菌落观察及革兰氏染色鉴别

1. 咽喉标本接种培养物观察

(1)观察血琼脂平板上不同种类的微生物菌落,描述菌落的特征及溶血型。

(2)挑取典型单菌落接种固体斜面并作革兰氏染色,革兰氏染色结果将会作为进一步鉴定的依据。因此,染色结果至少重复 2 次。

(3)记录菌落观察及革兰氏染色结果,完成相关部分的实验报告。

2. 皮肤标本接种培养物观察

(1)观察牛肉膏蛋白胨琼脂平板上微生物生长情况,即菌落特征、大小等,如果 24 h 后仍没有长出菌落,延长培养时间至菌落长出为止。

(2)描述菌落形态,挑取典型菌落,接种斜面并作革兰氏染色观察。

(3)记录菌落形态及革兰氏染色结果,完成相关部分的实验报告。

**(三)人体正常菌群种的 Biolog 技术自动鉴定**

1. 分离纯化

分别取咽喉、皮肤斜面培养物,采用划线法或稀释法进一步纯化微生物。制备单克隆的纯培养物,是获得可靠鉴定结果的首要条件。

2. 平板扩大培养

分别接种待鉴定微生物于适宜的固体平板上,于 35 ℃培养 16 ~24 h 备用。

3. 制备菌悬液

取出微生物培养平板,加入适量的 GN/GP-IF 试剂(由 Biolog 公司提供)洗下菌苔,无菌吸取菌悬液至比浊管中,充分混匀,制备成分散的菌悬液。

4. 调整浊度

(1)以 CN/CP-IF 试剂液作为空白对照,调整浊度仪指针至 100% T,用 GP-Rod SB 标准浊度液(由 Biolog 公司提供)校对参数(读数应为 28% ±3%)。

(2)浊度仪校准后插入待测菌悬液试管,静置 5 min,重复 3 次检测菌悬液的浊度应为 28% ±3%。

(3)高于或低于标准浊度值均需调整菌液浊度,即通过加入浓的菌液或稀的菌液来调整菌液浓度,直至达到要求的浊度为止(28% ±3%)。

5. 接种微生物鉴定板及培养

(1)将调整浊度后的菌液(浊度为 28% ±3%)倾入 V 形加样槽,用 8 道移液器取菌悬液,接种 Biolog 96 孔微生物鉴定板,革兰氏阴性菌接种 GN2 板,革兰氏阳性菌接种 GP2 板,150 μL/孔。

(2)将接种后的鉴定板置带盖塑料盒中(盒中底部垫一湿毛巾进行保湿),于 30 ℃培养箱中培养 4 ~6 h 或 16 ~24 h。

6. 结果测定

(1)培养后的鉴定板分别置于 Biolog 微生物自动分析仪中读数,读数操作按仪器提示进行,直至结果读完为止。

(2)读数结果直接输入计算机中,用其附带的 Biolog 软件进行分析,最终获得鉴定到菌种的结果。

7. 结果统计

分别统计咽喉、皮肤正常菌群革兰氏阳性和阴性菌种的数量,对鉴定结果作初步评估。

## 三、思考题

1. 取咽喉部标本时分离正常菌群时,选取咽喉的哪个特定部位,为什么?

2. 皮肤取样分离正常菌群时,为什么棉签要先蘸取盐水?

3. 为什么血琼脂平板放在35 ℃培养,而牛肉膏蛋白胨平板放在室温下培养?

## 实验94 利用互联网和计算机辅助基因分析鉴定古菌和细菌

生物信息学(bioinformatics)是在生命科学的研究中,以计算机为工具对生物信息进行储存、检索和分析的科学。它是当今生命科学的重大前沿领域之一,同时也是21世纪自然科学的核心领域之一。其研究重点主要体现在基因组学(genomics)和蛋白质组学(proteomics)两个方面,具体说就是从核酸和蛋白质的序列出发,分析序列中蕴含的结构、功能信息。

古菌和细菌的鉴定、分类经典方法包括形态观察、染色、生理生化反应和多项微量简易检测技术等,而现在DNA测序技术和生物信息学为古菌和细菌鉴定提供了新的方法。基本原理是亲缘关系越近的种类,其DNA序列相似度就越高。一般选择所有生物都有的基因来进行比对,使用得最为普遍的是编码核糖体小亚基16S rRNA的DNA序列。

目前,核糖体RNA基因序列已被广泛用于原核、真核生物多样性研究,构建系统进化树,这是由于使用rRNA具有以下几个优点:首先,细胞一般都含有核糖体和核糖体RNA,亲缘关系较近的两种生物之间的rRNA碱基序列差异小于两种亲缘关系较远的rRNA碱基序列差异;其次,RNA基因高度保守,变异会相对较少,这是因为如果变异过大,两个序列之间就无法进行比较了;最后,对rRNA测序比较方便,可以不必在实验室进行细胞培养。

通过rRNA序列比对在鉴定方面已取得不少成果,如在不同的生物群体中发现所谓的“信号序列”(signature sequences),一般在16S rRNA上特定的位置存在长5~10 bp的特定序列,古菌、真细菌和真核生物,包括原核各主要类群之间都有自己特有的信号序列。通过计算机进行rRNA序列对比,能够揭示出更多的生物之间亲缘和进化关系的细节。

生物信息学研究中常通过比对基因序列鉴定生物种类,目前在公共数据库中拥有超过16 000中生物的基因序列数据,当你向数据库提交1段新的序列时,可以在数秒钟内得到含有这一序列的生物鉴定结果。基因序列比较一般包括序列相似性比较,即将待测序列提交DNA序列数据库进行比对,找出与此序列相似的已知序列,用于确定该序列与其他序列间的相似度大小,采用多序列比较算法,常用的软件有CLUSTALW等;构建系统进化树,根据序列同源性分析的结果,重建反映物种间进化关系的进化树,可采用PYLIP、MEGA等软件完成构建工作。

本实验通过登录GenBank(http://www. nvbi. nlm. nih. gov/),提交细菌和古菌的16S rRNA的DNA序列片段,鉴定这几种未知的微生物。

此外,还有一些重要的网站拥有的数据库可以进行序列分析:

基因组研究所(The Institute for Genomic Research):http://www. tigr. org/

欧洲生物信息学所(European Bioinformatics Institute):http://www. ebi. ac. uk/

### 一、实验器材

仪器和其他用品:计算机及联网辅助设施,安装有Internet Explorer或Netscape浏览器。

## 二、操作步骤

(1)启动计算机。

(2)打开 Internet Explorer 或 Netscape 浏览器。

(3)在地址栏输入"http://www.nvbi.nlm.nih.gov/",登录 GenBank 网站,当主页打开后,点击页面上部链接栏中的"BLAST",进行在线分析。

(4)页面打开后,在"Nucleotide"栏中找到"Nucleotide-nucletide BLAST(blastn)"链接,点击。

(5)打开的页面是用红色的线条分为 3 个区域,从上向下分别为:序列输入、参数选择和输出格式。将待比对分析的细菌和古菌的 16S rRNA 的 DNA 序列通过复制、粘贴到序列提交"Search"后面的大方框内;在"Set subsequence"后面的 2 个小方框内确定提交的序列范围;在"Choose database"后面的下拉菜单中选择"nr"。

预先输入 word 文档或者文本文档中,以免在线输入费时间,而且容易出错。

(6)根据需要调整部分参数后,点击下面的"BLAST"按钮,提交序列。

提交前如果发现有需要修改之处,可以按"Reset query"或"Reset all"修改参数或序列后再提交。

(7)提交后出现新的页面,会在"The request ID"后面给出检索的编号,点击"Format"按钮;分析完成后,屏幕上会按选择的格式显示与提交的序列相似序列的登录号和来源。

分析完成的时间长短与服务器及网络运行情况有关。

## 三、思考题

1. 哪些参数对准确搜索很重要?
2. 试比较经典鉴定方法和采用 16S rDNA 序列进行鉴定的优缺点。
3. 你认为生物信息学是一门什么样的学科?

附:需要鉴定的古菌和细菌的 16S rRNA

1. 古菌

| | |
|---|---|
| 1 | ATTFFGCTTG ATCCTGCCGG AGGCCATTGC TATCGGAGTC CGATTTAGCC ATGCTACTTG |
| 61 | TGCGGGTTTA GACCCGCAGC GGAAAGCTCA GTAACACGTG GCCAAGCTAC CCTGTGGACG |
| 121 | AGCCGGAAAC CGGGAAACTG AGGCTAATCC CCGATAACGC TTTGCTCCTG GAAGGGGCAA |
| 181 | AGCCGGAAAC GCTCCGGCGC CACAGGATGC GGCTGCGGTC GATTAGGTAG ACGGTGGGGT |
| 241 | AACGGCCCAC CGTGCCCATA ATCGGTACGG GTTGTGAGAG CAAGAGCCCG GAGACGGAAT |
| 301 | CTGAGACAAG ATTCCGGGCC CTACGGGGCG CAGCAGGCGC GAAACCTTTA CACTGTACGA |
| 361 | AAGTGCGATA AGGGGACTCC GAGTGTGAAG GCATAGAGCC TTCACTTTTG TACACCGTAA |
| 421 | GGTGGTGCAC GAATAAGGAC TGGGCAAGAC CGGTGCCAGC CGCCGCGGTA ATACCGGCAG |
| 481 | TCCGAGTGAT GGCCGATCTT ATTGGGCCTA AAGCGTCCGT AGCTGGCTGA ACAAGTCCGT |
| 541 | TGGAAATCT GTCCGCTTAA CGGGCAGGCG TCCAGCGGAA ACTGTTCAGC TTGGGACCGG |

| | |
|---|---|
| 601 | AAGACCTGAG GGGTACGTCT GGGCTAGGAG TGAAATCCTG TAATCCTGGA CGGACCGCCC |
| 661 | GTGGCGAAAG GGGTACGTCT GGGCGGATCC GACAGTGAGG GACGAAAGCT AGGGTCTCGA |
| 721 | ACCGGATTAG ATACCCGGGT AGTCCTAGCT GTAAACGATG TCCGCTAGGT GTGGCGCAGG |
| 781 | CTACGAGCCT GCGCTGTGCC GTAGGGAAGC CGAGAAGCGG ACCGCCTGGG AAGTACGTCT |
| 841 | GCAAGGATGA AACTTAAAGG AATTGGCGGG GGAGCACTAC AACCGGAGGA GAATGAGGTT |
| 901 | TAATTGGACT CAACGCCGGA CATCTCACCA GCCCCGACAG TAGTAATGAC GGTCAGGTTG |
| 961 | ATGACCTTAC CCGAGGCTAC TGAGAGGAGG TGCATGGCCC CCGTCAGCTC GTACCGTGAG |
| 1 021 | GCGTCCTGTT AAGTCAGGCA ACGAGCGAGA CCCCCACTCC TAATTGCCAG CGGTACCCTT |
| 1 081 | TGGGTAGCTG GGTACATTAG GTGGACTGCC GCTGCCAAAG CGGAGGAAGG AACGGGCAAC |
| 1 141 | GGTAGGTCAG TATGCCCCGA ATGGGCTGGG CAACACGCGC GCTACAATGG TCGAGACAAT |
| 1 201 | GGGAAGCCAC TCCGAGAGGA GGCGCTAATC TCCTAAACTC GATCGTAGTT CGGATTGAGG |
| 1 264 | GCTGAAACTC GCCCTCATGA AGCTGGATTC GGTAGTAATC GCGTGTCAGC AGCGCCCGCT |
| 1 321 | GAATACGTCC CTGCTCCTTG CACACACCGC CCGTCAAATC ACCCGAGTGG GGTTCGGATG |
| 1 381 | ACGCCGGCAT GCGCTGGTCA AATCTGGGCT CCGCAAGGGG GATTAAGTCG TAACAAGGTA |
| 1 441 | GCCGTAGGGG AATCTGCGGC TGGATCACCT CCT |

2. 细菌 1

| | |
|---|---|
| 1 | AGAGTTTGAT CCTGGCTCAG ATTGAACGCT GGCGGCAGGC CTAACACATG CAAGTCGAAC |
| 61 | GGTAACAGGA AGCAGCTTGC TGCTTTGCTG ACGAGTGGCG GACGGGTGAG TAATGTCTGC |
| 121 | GAAACTGCCT GATGGAGGGG GATAACTACT GGAAACGGTA GCTAATACCG CATAACGTCG |
| 181 | CAAGACCAAA GAGGGGGACC TTCGGGCCTC TTGCCATCGG ATGTGCCCAG ATGGGATTAG |
| 241 | CTAGTAGCTG GGGTAAAGGC TCACCTAGGC GACGATCCCT AGCTGGTCTG AGAGGATGAC |
| 301 | CAGCCACACT GGAACTGAGA CACGGTCCAG ACTCCTAGGG GAGGCAGCAG TGGGGAATAT |
| 361 | TGCACAATGG GCGCAAGCCT GATGCAACCA TGCCGCGTGT ATGAAGAAGG CCTTCGGGTT |
| 421 | GTAAAGTACT TTCAGCGGGG AGGAAGGGAG TAAAGTTAAT ACCTTTGCTC ATTGACCTTA |
| 481 | CCCGCAGAAG AAGCACCGGC TAACTCCGTG CCAGCAGCCG CGGTAATACG GAGGGTGCAA |
| 541 | GCGTTAATCG GAATTACTGG GCGTAAAGCG CACGCAGGCG GTTTGTTAAG TCAGATGTGA |
| 601 | AATCCCCGGG CTCAACCTGG GAGCTGCATC TGATACTGGC AAGCTTGAGT CTCGTAGAGG |
| 661 | GGGGTATAAT TCCAGGTGTA GCGGTGAAAT GCGTAGAGAT CTGGAGGAAT ACCGGTGGCG |
| 721 | AAGGCGGCCC CCTGGACGAA GACTGACGCT CAGGTGCGAA AGCGTGGGGA GCAAACAGGA |
| 781 | TTAGATACCT GGTAGTCCAC GCCGTAAACG ATGTCTACCT GGAGGTTGTG CCCTGAGGCG |
| 841 | AGGCTTCCGG AGCTAACGCG TTAAGTCGAC CGCCTGGGGA GTACGGCCGC AAGGTTAAAA |
| 901 | CTCAAATGAA TTGACGGGGG CCCGCACAAG CGGTGGAGCA TGTGGTTTAA TTCGATGCAA |

| | |
|---|---|
| 961 | CGCGAAGAAC CTTACCTGGT CTTGACATCC ACGGAAGTTT TCAGAGATGA GAATGTGCCT |
| 1 021 | TCGGGAACCG TGAGACAGGT GCTGCATGGC TGTCGTCAGC TCGTGTTGTG AAATGTTGGG |
| 1 081 | TTAAGTCCCG CAACGAGCGC AACCCTTATC CTTTGTTGCC AGCGGTCCGG CCGGGAACTC |
| 1 141 | AAAGGAGACT GCCAGTGATA AACTGGAGGA AGGTGGGGAT GACGTCAAGT CATCATGGCC |
| 1 201 | CTTACGACCA GGGCTACACA CGTGCTACAA TGGCGCACAC AAAGAGAAGC GATCTCGCGA |
| 1 261 | GAGCAAGAGG ACCTCATAAA GTGCGTCGTA GTCCGGATTG GAGTCTGCAA CTCGACTCCA |
| 1 321 | TGAAGTCGGA ATCGCTAGTA ATCGTGGATC AGAATGCCAG GGTGAATACG TTCCCGGGCC |
| 1 381 | TTCGGGAGGG CGCCCGTCAC ACCATGGGAG TGGGTTGCAA AAGAAGTAGG TAGCTTAACC |
| 1 441 | TTCGGGAGGG CGCTTACCAC TTTGTGATTC ATGACTGGGG TGAAGTCGTA ACAAGGTAAC |
| 1 501 | CGTAGGGGAA CCTGCGGTTG CATCACCTCC TT |

3. 细菌2

| | |
|---|---|
| 1 | GGGCTCAGGA CGAACGCTGG CGGCGTGCCT AATACATGCA AGTCGAGCGG ACAGATGGGA |
| 61 | GCTTGCTCCC TGATGTTAGC GGCGGACGGG TGAGTAACAC GTGGGTAACC TGCCTGTAAG |
| 121 | ACTGGGATAA CTCCGGGAAA CCGGGGCTAA TACCGGATGG TTGTCTGAAC CGCATGGTTC |
| 181 | AGACATAAAA GGTGGCTTCG GCTACCACTT ACAGATGGAC CCGCGGCGCA TTAGCTAGTT |
| 241 | GGTGAGGTAA CGGCTCACCA AGGCGACGAT GCGTAGCCGA CCTGAGAGGG TGATCGGCCA |
| 301 | CACTGGGACT GAGACACGGC CCAGACTCCT ACGGGAGGCA GCAGTAGGGA ATCTTCCGCA |
| 361 | ATGGACGAAA GTCTGACGGA GCAACGCCGC GTGAGTGATG AAGGTTTTCG GATCGTAAAG |
| 421 | CTCTGTTGTT AGGGAAGAAC AAGTGCCGTT CAAATAGGGC GGCACCTTGA CGGTACCTAA |
| 481 | CCAGAAAGCC ACGGCTAACT ACGTGCCAGC AGCCGCGGTA ATACGTAGGT GGCAAGCGTT |
| 541 | GTCCGGAATT ATTGGGCGTA AAGGGCTCGC AGGCGGTTTC TTAAGTCTGA TGTGAAAGCC |
| 601 | CCCGGCTCAA CCGGGGAGGG TCATTGGAAA CTGGGGAACT TGAGTGCAGA AGAGGAGAGT |
| 661 | GGAATTCCAC GTGTAGCGGT GAAATGCGTA GAGATGTGGA GGAACACCAG TGGCGAAGGC |
| 721 | GACTCTCTGG TCTGTAACTG ACGCTGAGGA GCGAAAGCGT GGGGAGCCAA CAGGATTAGA |
| 781 | TACCCTGGTA GTCCACGCCG TAAACGATGA GTGCTAAGTG TTAGGGGGTT TCCGCCCCTT |
| 841 | AGTGCTGCAG CTAACGCATT AAGCACTCCG CCTGGGGAGT ACGGTCGCAA GACTGAAACT |
| 901 | CAAAGGAATT GACGGGGGCC CGCACAAGCG GTGGAGCATG TGGTTTAATT CGAAGCAACG |
| 961 | CGAAGAACCT TACCAGGTCT TGACATCCTC TGACAATCCT AGAGATAGGA CGTCCCCTTC |
| 1 021 | GGGGGCAGAG TGACAGGTGG TGCATGGTTG TCGTCAGCTC GTGTCGTGAG ATGTTGGGTT |
| 1 081 | AAGTCCCCCA ACGAGCGCAA CCCTTGATCT TAGTTGCCAG CATTCAGTTG GGCACTCTAA |
| 1 141 | GGTGACTGCC GGTGACAAAC CGGAGGAAGG TGGGGATGAC GTCAAATCAT CATGCCCCTT |
| 1 201 | ATGACCTGGG CTACACACGT GCTACAATGG ACAGAACAAA GGGCAGCGAA ACCGCGAGGT |

| | |
|---|---|
| 1 261 | TAAGCCAATC CCACAAATCT GTTCTCAGTT CGGATCGCAG TCTGCAACTC GACTGCGTGA |
| 1 321 | AGCTGGAATC GCTAGTAATC GCGGATCAGC ATGCCGCGGT GAATACGTTC CCGGGCCTTG |
| 1 381 | TACACACCGC CCGTCACACC ACGAGAGTTT GTAACACCCG AAGTCGGTGA GGTAACCTTT |
| 1 441 | TAGGAGCCAG CCGCCGAAGG TGGGACAGAT GATTGGGGTG AAGTCGTAA |

# 实验95 苏云金芽孢杆菌的分离和鉴定

自然界许多昆虫都可能会被病原微生物(包括细菌、病毒和真菌)感染得病死亡,因此可以利用这些昆虫的致病微生物进行有害昆虫的生物防治。从感病死亡的昆虫体内分离病原微生物,是一种获得杀虫微生物的好方法。但是病死虫体上存在的微生物并不一定都是导致该昆虫死亡的病原体,还必须设计一种可靠的程序确认病原体的存在。

本实验以研究使用最广的苏云金芽孢杆菌(*Bacillus thuringiensis*,以下均简称 Bt)为例,学习杀虫微生物的分离。1987 年,Travers 等利用醋酸盐对芽孢萌发的选择性抑制试验,发明了采用选择性培养基分离 Bt 的方法,从而提高了从虫体分离 Bt 的效率。

苏云金芽孢杆菌在生长发育期的后期,可以在细胞的一端形成一个椭圆形的芽孢,另一端会同时出现一个或多个菱形或锥形的碱溶性蛋白晶体——δ 内毒素,即伴胞晶体。有时芽孢位于细胞中央,而伴胞晶体则位于细胞的两端。能形成芽孢并同时形成伴胞晶体,是苏云金芽孢杆菌区别于其他芽孢杆菌的最为显著的形态特征。例如,蜡状芽孢杆菌(*Bacillus cereus*)在形态、培养特征和生化反应等方面与苏云金芽孢杆菌相似,一般难于将二者区分开来。但蜡状芽孢杆菌只产生芽孢而不产生伴胞晶体,因此可以通过芽孢和伴胞晶体的观察来判断是否为苏云金芽孢杆菌。

根据柯赫法则,即在每一相同病例中都会出现这种微生物;要从寄主分离出这样的微生物并在培养基中培养出来;用这种微生物的纯培养物接种健康而敏感的寄主,同样的疾病会重复发生;从试验发病的寄主中能再度分离培养出这种微生物来,才能确定是该寄主的病原微生物。因此,在获得用作防治害虫的病原微生物纯培养物后,还必须确定其对原寄主是否致病、其致病力的强弱(毒力高低),才能考虑其应用价值。本实验通过苏云金芽孢杆菌对棉铃虫和小菜蛾的感染过程,了解病原微生物感染昆虫的一般方法。

苏云金芽孢杆菌是目前应用最为广泛的杀虫微生物,Bt 产品质量检测已有国际上通用的生株杀虫对象不同及使用地区的差异,应采用不同的标准试虫、标准样品及测定程序。由于在测定中,当死亡率接近 0 或 100% 时,浓度每增加一个单位,引起死亡率的变化都不明显,而当死亡率在 10% ~90% 之间时,浓度每增加一个单位,引起死亡率的变化则会较大,表明在后一个浓度范围内,所得到的死亡率最能真实地代表昆虫群对杀虫剂的反应。所以,在生物测定中,无论是标准品还是待测样品,所选用的 5 个稀释度的相应死亡率均应在 10% ~90% 范围内。本实验介绍了以棉铃虫和小菜蛾为试虫的两种生物测定方法。

## 一、实验器材

1. 材料

病感死亡的菜青虫。标准品(CS95,H3abc,效价 20 000 U/mg)。

2. 菌种

本实验分离获得的苏云金芽孢杆菌菌株 Bt,苏云金芽孢杆菌菌悬液或菌粉。

3. 供试昆虫

棉铃虫(Heliothis armigera)初孵幼虫,小菜蛾(Plutella xylostella)三龄幼虫。

4. 培养基

BPA 和 BP 培养基。

5. 溶液和试剂

石炭酸复红染色液、萘酚蓝黑、卡宝品红、碳酸碱性复红、75% 乙醇、95% 乙醇、98% 甲醇、醋酸、36% 乙酸溶液(乙酸溶于蒸馏水),磷酸缓冲液(氯化钠 8.5 g、磷酸氢二钾 6.0 g、磷酸二氢钾 3.0 g、聚三梨酯-80 1 mL,蒸馏水 1 000 mL),15% 尼泊金(对羟基苯甲酸酯溶于95% 乙醇)、10% 甲醛溶液(甲醛溶于蒸馏水)、于酪素溶液(干酪素 2 g 加 2 mL 1 mol/L 氢氧化钾、8 mL 蒸馏水、灭菌)、蒸馏水等。

6. 其他原料

黄豆粉(黄豆炒熟后磨碎、60 目过筛)、大麦粉(60 目过筛)、酵母粉、苯甲酸钠、维生素 C、琼脂粉、菜叶粉(甘蓝型油菜叶、80 ℃烘干、磨碎、80 目过筛)、蔗糖、纤维素粉 CF-11、氢氧化钾和氯化钠等。

7. 仪器和其他用品

试管、平板、吸管、三角瓶、显微镜、擦镜纸、香柏油、二甲苯、载玻片、接种环、酒精灯、小镊子、小剪刀、解剖针、无菌生理盐水、250 mL 磨口三角瓶、1 000 mL 烧杯、50 mL 烧杯、18 mm×180 mm 试管、养虫管(9 cm×2.5 cm)、50 mL 注射器、玻璃珠、标本缸(内径 20 cm)、搪瓷盘、24 孔组织培养盘、恒温培养箱、水浴锅、振荡器、微波炉等。

## 二、操作步骤

### (一)苏云金芽孢杆菌的分离

1. 虫体消毒

取病死虫子浸入 75% 乙醇中,用无菌镊子取出后,转入无菌生理盐水中,洗涤 3 次,再转至无菌生理盐水中或可直接浸入 95% 乙醇中,立即提起,火焰点燃数秒后,转入无菌生理盐水中即可。

2. 病虫尸体液制备

用丝线结扎死虫的口腔和肛门,用无菌小剪刀从虫体背部或腹部进行解剖,取出体液放入盛有玻璃珠和 10 mL 无菌水的三角烧瓶中,充分振荡 10 min,即为病虫尸体液,可用此液体涂片进行显微镜观察病原菌细胞。

3. 病原菌富集培养

将病虫尸体液接入 BPA 培养基中,充分振荡后,于 30 ℃摇床振荡培养 42 h 取出,于

75～80 ℃水中热处理 10～15 min。也可以直接将病虫尸体液于 75～80 ℃水中热处理 10～15 min，再进行划线分离。

4. 分离单菌落

用 10 倍稀释法将上述病原菌富集液稀释至 $10^{-6}$，取 $10^{-4}$、$10^{-5}$、$10^{-6}$ 3 个稀释度的样品 0.1 mL，采用稀释倒平板或涂布的方法均可，接种于做好稀释度标记的 BP 培养基平板中，每个稀释度做 3 个重复。将平板倒置放于 30 ℃恒温培养箱中培养，同时可取 $10^{-1}$ 稀释度进行划线分离单菌落。

5. 培养及观察

取培养箱中培养 24 h、48 h、72 h 的平板样品，挑取单菌落制片，用石炭酸复红染色 1～2 min，镜检，观察记录菌体、芽孢、伴胞晶体的形态。用培养 72 h 平板，观察记录单个菌落形态特征。

6. 形态特征

营养体杆状，两端钝圆，通常单个存在或以 2～4 个杆状细胞连在一起形成短链。进一步发育后，营养体内形成芽孢和伴胞晶体，菌落成熟后，芽孢和伴胞晶体游离。符合上述特征者，可以确定为苏云金芽孢杆菌。

### (二)苏云金芽孢杆菌芽孢和伴胞晶体的区别染色

1. 萘酚蓝黑-卡宝品红染色

(1) 染液配制

1) A 液(萘酚蓝黑液)：萘酚蓝黑 1.5 g，醋酸 10 mL，蒸馏水 40 mL。

2) B 液(卡宝品红液)：卡宝品红 1.0 g，9% 乙醇 10 mL，蒸馏水 90 mL。使用时配成 30% 水溶液。

(2) 苏云金芽孢杆菌涂片制作：在载玻片上滴上少许蒸馏水，将在 BP 培养基平板中培养 48 h 以上的苏云金芽孢杆菌菌落用接种环挑取少许与其混匀，在空气中干燥，经火焰固定。

(3) 染色：先用 A 液染色 80 s，水洗，再用 B 液复染 20 s，水洗，干燥后进行镜检。

营养体染成紫色，芽孢为粉红色，晶体为深紫色。

2. 齐氏(Ziehl)石炭酸复红染色

(1) 染色液配制(见附录)。

(2) 苏云金芽孢杆菌涂片同上。

(3) 染色：将石炭酸复红染液滴加在菌体细胞涂片上，染色 2～3 min，水洗，干燥后镜检。

营养体染成红色，晶体为深红色，芽孢不着色，仅见具有轮廓的折光体。

### (三)苏云金芽孢杆菌感染昆虫鉴定及杀虫剂的生物测定

1. 以棉铃虫为试虫的感染和生物测定程序

(1) 饲料制备

1) 饲料配方：酵母粉 12 g，黄豆粉 24 g，维生素 C 1.5 g，苯甲酸钠 0.42 g，36% 乙酸 3.9 mL，蒸馏水 300 mL。

2) 饲料配制：将黄豆粉、维生素 C、苯甲酸钠和乙酸加入大烧杯内，加入 100 mL 蒸馏水润湿。将另外 200 mL 蒸馏水加入装有琼脂粉的另一个大烧杯内，加热沸腾至琼脂粉完全融化，然后使之冷却到约 70 ℃，再与上述的其他混合好的原料混合，在电动搅拌器内高速搅拌 1 min，快速移至 60 ℃水浴锅中保温。

(2)感染液配制。

1)标准品感染液配制：称取 100～150 mg 标准品，放入装有玻璃珠的磨口三角瓶中，加入磷酸缓冲液 100 mL，浸泡 10 min 后，在振荡器上振荡 1 min 制成母液。将标准品母液用磷酸缓冲液以一定倍数等比稀释，样品稀释 5 个浓度，并设一缓冲液为对照，吸取每一个浓度感染液和对照液 3 mL，分别倒入 50 mL 小烧杯中备用。

2)悬浮剂样品感染液配制：将悬浮剂样品充分振荡后，吸取 1 mL 放入装有玻璃珠的磨口三角烧瓶中，加入磷酸缓冲液 99 mL，浸泡 10 min，在振荡器上振荡 1 min 制成母液。将标准品母液用磷酸缓冲液以一定倍数等比稀释，每个样品都稀释 5 个浓度，并设一缓冲液为对照，吸取每一个浓度感染液和对照液 3 mL，分别倒入 50 mL 小烧杯中备用。

3)100 mL 试剂样品感染液配制：用分析天平称取相当于标准品毒力效价的样品量，加入磷酸缓冲液 100 mL，其余参照标准品配制方法配制成样品感染液。

(3)感染饲料制备：用注射器吸取 27 mL 饲料，注入上述已经装有感染液和对照液的小烧杯中，用磁力搅拌器高速搅拌 30 s 后，迅速倒入组织培养盘的各个小孔中，以铺满各孔底为准，凝固待用。

(4)感染昆虫：于 26～30 ℃室温下进行感染试验。将孵化 12 h 内未经进食的初孵幼虫抖入标本缸内，待数分钟后，选取爬上标本缸口的健康幼虫作为试虫。用毛笔将选出的幼虫轻轻移入组织盘各小孔中，每孔一条试虫，每一浓度和对照均为两盘(共 48 条试虫)。用垫有薄泡沫塑料 72 的配套盖板盖好，将所有组织盘叠起来，再用橡皮筋捆紧。直立着放入 30 ℃恒温培养箱中培养 72 h。

(5)结果观察及统计：打开所有组织盘，用牙签触动试虫，完全无反应者为死虫，计算死亡率。如对照有死亡试虫，则查校正值表或按公式(1)计算死亡率。对照死亡率低于 6%，不需校正；在 6%～15%之间需校正；大于 15%则测定无效。将浓度换算成对数值，死亡率或校正死亡率换算成概率值，用最小二乘法或用有统计功能的计算器分别求出标准品的 $LC_{50}$ 值(半致死浓度)，按照公式(2)计算毒力效价。

$$\text{校正死亡率} = \frac{\text{处理死亡率} - \text{对照死亡率}}{1 - \text{对照死亡率}} \tag{1}$$

$$\text{待测样品效价} = \frac{\text{标准品}LC_{50}\text{值} \times \text{标准品效价}}{\text{待测样品}LC_{50}\text{值}} \tag{2}$$

毒力测定法允许相对偏差，但每个样品 3 次重复测定结果的最大偏差不得超过 20%。毒力测定制剂各浓度所致死亡率应在 10%～90%之间，在 50%死亡率左右的浓度要各有两个。

2. 以小菜蛾为试虫的感染和生物测定程序

(1)感染液配制。

1)标准品感染液配制：称取 100～150 mg 标准品，放入装有玻璃珠的磨口三角烧瓶中，加入磷酸缓冲液 100 mL，浸泡 10 min，在振荡器上振荡 30 min，得到质量浓度约为 1 mg/mL 的标准品母液。将标准品母液用磷酸缓冲液以一定倍数等比稀释，每个样品稀释 5 个质量浓度(1.000 mg/mL、0.500 mg/mL、0.250 mg/mL、0.125 mg/mL、0.062 5 mg/mL)。

2)可湿性粉剂样品感染液配制:用分析天平称取相当于标准品毒力效价的样品量,加入磷酸缓冲液 100 mL,其余参照标准品配制方法配制成样品感染液。

3)悬浮剂样品感染液的配制:将悬浮剂样品用力充分振荡 20 min 后,吸取 10 mL 放入装有 90 mL 蒸馏水的磨口三角烧瓶中,充分摇匀,得到 100 μL/mL 的母液。再将母液稀释成终质量浓度为 5.000 μL/mL、2.500 μL/mL、1.250 μL/mL、0.625 μL/mL 和 0.313 μL/mL 的稀释液。

对效价过高或过低的样品,在测定之前先用 3 个距离相差较大的浓度进行预备试验,估计 $LC_{50}$ 值的范围,进而再设计稀释度。

(2)感染饲料制备。

1)饲料配方:蔗糖 6.0 g,酵母粉 1.5 g,维生素 C 0.5 g,干酪素溶液 1.0 mL,菜叶粉 3.0 g,纤维素粉 1.0 g,琼脂粉 2.0 g,菜子油 0.2 mL,10% 甲醛溶液 0.5 mL,15% 尼泊金 1.0 mL,蒸馏水 100 mL。

2)饲料配制:将蔗糖、酵母粉、干酪素溶液、琼脂粉加入 45.0 mL 蒸馏水调匀,搅拌煮沸,使琼脂完全溶化,加入尼泊金,搅匀。将其他成分及 5 mL 蒸馏水调制成糊状,待琼脂冷却至 75 ℃左右时,与之混合,搅匀,置 55 ℃保温。取 50 mL 烧杯编号,分别加入 0.5 mL 相应浓度的感染液,对照加入缓冲液;再分别加入 4.5 mL 保温的感染饲料,用电动搅拌器搅拌 5 s,使感染液与饲料充分混匀,并迅速倒入已编号的养虫管内,每一浓度倒 3 管,凝固待用。

(3)感染昆虫:用毛笔调取小菜蛾三龄幼虫放入已经准备好的养虫管,每管 10 条,塞好棉塞,放入用黑布包裹的铁丝篓内,于 25 ℃室温下进行感染饲养 48 h。

(4)结果观察及统计:打开养虫管观测幼虫死亡情况,用牙签触动试虫,完全无反应者为死亡,结果统计分析方法同上棉铃虫为试虫的分析方法。

## 三、思考题

1. 供分离的病感虫体为什么不宜使用死亡时间过久的虫体?
2. 供染色用的苏云进芽孢杆菌为什么必须培养 48 h 以上?
3. 以棉铃虫或小菜蛾为试虫的两种测定方法有何异同?

# 实验 96　碱性蛋白酶高产菌株的选育与基因克隆

碱性蛋白酶是一类最适作用 pH 值为碱性的蛋白酶,在轻工、食品、医药工业中用途非常广泛。该酶最早发现于猪胰腺中,1945 年瑞士人 Dr Jaag 等人发现地衣芽孢杆菌能够产生这类酶,从此开启了人们利用微生物生产碱性蛋白酶的历史。微生物来源的碱性蛋白酶都是胞外酶,与动植物来源的碱性蛋白酶相比具有产酶量高,适合进行大规模工业生产的优点。因此,微生物碱性蛋白酶在整个酶制剂产业中一直都占有很大的市场份额,被认为是最重要的应用型酶类。微生物碱性蛋白酶的菌种选育、基因克隆及表达的研究也一直为人们所关注。

## 一、产蛋白酶菌株的筛选

自能够产生胞外蛋白酶的菌株在牛奶平板上生长后，其菌落周围可形成明显的蛋白水解圈。水解圈与菌落直径的比值，常被作为判断该菌株蛋白酶产生能力的初筛依据。但是，由于不同类型的蛋白酶（例如酸性或中性蛋白酶）都能在牛奶平板上形成蛋白水解圈，细菌在平板上的生长条件也和液体环境中的生长情况相差很大，因此在平板上产圈能力强的菌株不一定就是碱性蛋白酶的高产菌株。通过初筛得到的菌株还必须使用发酵培养基进行培养，通过对发酵液中蛋白酶活力的仔细调查、比较，才有可能真正得到需要的碱性蛋白酶高产菌株，这个过程被称为复筛。需要指出的是，因为不同菌株的适宜产酶条件差异很大，常需选择多种发酵培养基进行产酶菌株的复筛工作，否则有可能漏掉一些已经得到的高产菌株。例如，本实验推荐使用的玉米粉-黄豆饼粉培养基可用于对芽孢杆菌属细菌的产酶能力进行比较，对于其他属种的细菌则未必合适。

碱性蛋白酶活力测定按中华人民共和国颁布标准 QB 747—80《工业用蛋白酶测定方法》进行。其原理是 Folin 试剂与酚类化合物（Tyr. Trp. Phe）在碱性条件下发生反应形成蓝色化合物，用蛋白酶分解酪蛋白（底物）生成含酚基的氨基酸与 Folin 试剂呈蓝色反应，通过分光光度计比色测定可知酶活性的大小。

### （一）实验器材

1. 菌株

从自然界筛选获得的蛋白酶产生菌株，地衣芽孢杆菌（*Bacillus licheniformis*）。

2. 溶液和试剂

蛋白胨、酵母粉、脱脂奶粉、琼脂、干酪素、三氯醋酸、NaOH、$Na_2CO_3$、Folin 试剂、硼砂、酪氨酸和水等。

3. 仪器和其他用品

三角烧瓶、培养皿、吸管、试管、涂布棒、玻璃搅拌棒、水浴锅、分光光度计、培养摇床、高压灭菌锅、尺、玻璃小漏斗和滤纸等。

### （二）实验步骤

1. 培养基和试剂的配制

（1）牛奶平板：在普通肉汤蛋白胨固体培养基中添加终质量分数为1.5%的牛奶。

脱脂奶粉用水溶解后应单独灭菌（0.06 MPa，30 min），铺平板前再与加热熔化的肉汤蛋白胨培养基混合。

（2）发酵培养基：玉米粉4%，黄豆饼粉3%，$Na_2HPO_4$ 0.4%，$KH_2PO_4$ 0.03%，3 mol/L NaOH 调 pH 值到9.0，0.1 MPa 灭菌20 min；250 mL 三角烧瓶的装瓶量为50 mL。

玉米粉、黄豆饼粉不溶于水，培养基配制过程中加热煮沸、pH 调节及分装到三角烧瓶等环节应注意用玻璃搅拌棒不断搅拌，以保证培养基均匀、一致。

（3）pH 11 硼砂-NaOH 缓冲液：硼砂19.08 g 溶于1 000 mL 水中；NaOH 4 g，溶于1 000 mL水中，二液进行等量混合。

（4）2%酪蛋白：称取2 g 干酪素，用少量0.5 mol/L NaOH 润湿后适量加入 pH 11 的硼砂-NaOH 缓冲液,加热溶解,定容至 100 mL,4 ℃冰箱中保存,使用期不超过 1 周。

用于润湿干酪素的 NaOH 的量不宜过多,否则会影响配制溶液的 pH 值;加热溶解过程中可使用玻璃搅拌棒不断碾压干酪素颗粒,并帮助其溶解。

2. 酶活标准曲线的制作

用酪氨酸配制 0 ~ 100 μg/mL 的标准溶液,取不同浓度的酪氨酸溶液 1 mL 与 5 mL 0.4 mol/L $Na_2CO_3$、1 mL Folin 试剂混合,40 ℃水浴中显色 30 min,680 nm 测定吸收值并绘制标准曲线,求出光密度为 1 时相当的酪氨酸质量(μg),即为 *K* 值。

采用普通的 721 型分光光度计,采用 0.5 cm 比色杯测定的 OD 值一般在 200 左右。

3. 使用选择平板分离蛋白酶产生菌株

取少量土样混于无菌水中,梯度稀释后涂布到牛奶平板上,37 ℃培养 30 h 左右观察;建议用地衣芽孢杆菌作为对照菌株。

家畜饲养、屠宰等动物性蛋白丰富的地点土壤中筛选获得高产蛋白酶菌株的概率更大,若条件许可的话,建议尽量选择这样的地点来进行采样。

4. 产蛋白酶菌株的观察与转接

对牛奶平板上的总菌数和产蛋白酶的菌数进行记录,选出蛋白水解圈最大的 10 个菌株进行编号,用米尺分别测量、记录菌落和透明圈的直径,然后转接到肉汤琼脂斜面上,37 ℃培养过夜。

5. 用发酵培养基测定蛋白酶产生菌株的碱性蛋白酶活力

将初筛获得的 10 株蛋白酶产生菌株和作为对照的地衣芽孢杆菌一起接种到发酵培养基中,37 ℃ 200 r/min 摇床培养 48 h。

为避免误差,有条件的情况下将上述菌株每个应平行接种 3 瓶发酵培养基。

6. 酶活力的测定

将发酵液离心或过滤后按照下列程序(表 23.1)测定碱性蛋白酶活力:

**表 23.1 酶活力测定程序**

| 空白对照 | 样品 |
|---|---|
| 发酵液(或其稀释液)1 mL | 发酵液(或其稀释液)1 mL |
| 0.4 mol/L 三氯醋酸 3 mL | 2% 酪蛋白 1 mL |
| 2% 酪蛋白 1 mL | 40 ℃水浴保温 10 min |
| | 0.4 mol/L 三氯醋酸 3 mL |

静置 15 min,使蛋白质沉淀完全,然后用滤纸过滤,滤液应清亮,无絮滤液 1 mL、0.4 mol/L $Na_2CO_3$ 5 mL、Folin 试剂 1 mL,40 ℃水浴保温 20 min,于 680 nm 处测 OD 值碱性蛋白酶的活力单位 U,以每毫升或每克样品在 40 ℃、pH 11(或其他碱性 pH)条件下,每分钟水解酪蛋白所产生的酪氨酸质量(μg)来表示。

$$U=K\times A\times N\times 5/10$$

式中 *K*——由标准曲线求出光密度为 1 时相当的酪氨酸质量(μg),本实验 $K=200$;

*N*——稀释倍数;

*A*——样品 OD 值与空白对照 OD 值之差;

1/2——因测定中吸取的滤液是全部滤液的 1/5,而酶反应时间为 10 min。

### (三)实验结果

将结果填入下表 23.2,并对每个菌株的菌落情况进行简单的说明。

表 23.2　结果记录表

| 菌株编号 | 菌落直径 | 蛋白水解圈直径 | 蛋白水解圈/菌落直径比值 | 发酵液中的酶活力 | | | |
|---|---|---|---|---|---|---|---|
| | | | | 1 | 2 | 3 | 平均酶活 |
| 1 | | | | | | | |
| 2 | | | | | | | |
| 3 | | | | | | | |
| 4 | | | | | | | |
| 5 | | | | | | | |
| 6 | | | | | | | |
| 7 | | | | | | | |
| 8 | | | | | | | |
| 9 | | | | | | | |
| 10 | | | | | | | |
| 对照 | | | | | | | |

注:对照为地衣芽孢杆菌。

### (四)思考题

在选择平板上分离获得蛋白酶产生菌的比例如何?试结合采样地点进行说明。

## 二、蛋白酶产生菌株的初步鉴定和诱变育种

很多微生物都具有产生胞外碱性蛋白酶的能力,其中用于碱性蛋白酶工业生产的主要菌株及最重要的研究、开发对象大多都来自芽孢杆菌属,地衣芽孢杆菌、枯草芽孢杆菌、短小芽孢杆菌等目前都是重要的蛋白酶生产菌。而除芽孢杆菌外的其他具有碱性蛋白酶生产能力的菌株大多都是革兰氏阴性细菌,例如假单胞菌、赛氏杆菌等。由于不同属种细菌的产酶条件各不同,因此对从自然界中筛选分离的产酶菌株进行大致分类有助于对分离菌株的产酶能力进行正确的评估和优化。本实验拟通过革兰氏染色、芽孢染色等技术对从自然界中分离筛选的 10 株蛋白酶产生菌株进行大致的分类定位,学生可以此为基础对上一个实验的初筛、复筛结果进行进一步的分析、判断。

另一方面,由于自发突变的概率一般仅在 $10^{-9}$ ~ $10^{-6}$ 之间,变异程度较为轻微,从自然界中直接筛选获得能满足生产需要的高产菌株的概率很小。要想获得具有实际应用潜力的优良菌种,还必须通过物理或化学手段提高菌株的突变率,进行诱变育种。本实验拟采用实验 49 介绍的简易平板诱变法对筛选得到的蛋白酶高产菌株进行诱变处理,以减少使用者和 NTG 接触的概率。同时推荐在用常规蛋白水解圈大小进行诱变菌株筛选时以利福平抗性作为辅助筛选标记。因为利福平是一种转录抑制剂型抗生素,可以通过与 RNA 聚合酶的卢亚基结合而抑制转录的起始过程,通过选择抗利福平的菌株有可能筛选获得 RNA 聚合酶体变异株,以提高转录水平,增加酶产量。

**（一）实验器材**

1. 菌株

上一个实验筛选获得的蛋白酶产生菌株，地衣芽孢杆菌。

2. 溶液和试剂

在上一个实验所用溶液和试剂的基础上增加：革兰氏染液，芽孢染色液，葡萄糖，$(NH_4)_2SO_4$，$MgSO_4 \cdot 7H_2O$，亚硝基胍（NTG），利福平等。

3. 仪器和其他用品

在上一个实验中所用仪器和用品的基础上增加：显微镜及相关用品，牙签等。包括亚硝基胍在内的化学诱变剂多是致癌剂，对人体及环境均有危害，使用时需谨慎。

**（二）实验步骤**

1. 培养基和试剂的配制

（1）芽孢染色液、革兰氏染液、牛奶平板、发酵培养基、蛋白酶活性检测溶液等的配制方法参照第一部分实验 23、24 和上一个实验。

（2）利福平溶液：称取 0.5 g 利福平用少量二甲基亚砜溶解，再按二甲基亚砜：水=6：4 的比例定容到 10 mL，制备成 50 mg/mL 的贮备液，4 ℃避光保存。临用前以一定比例加到熔化冷却到 50～60 ℃的琼脂培养基中后，立即铺制平板。

（3）淡薄培养基：酵母膏，0.07%；蛋白胨，0.1%；葡萄糖，0.1%；$(NH_4)_2SO_4$，0.02%；$MgSO_4 \cdot 7H_2O$，0.02%；$K_2HPO_4$，0.4%；琼脂，2%。pH 7.2～7.4，0.06 MPa，灭菌 30 min，用于菌株产芽孢情况检查。

形成芽孢是芽孢杆菌属细菌的关键性特征，但不是所有的芽孢杆菌都能在任何情况下形成芽胞。因此，在鉴定菌株是否为芽孢杆菌时，宜采用生胞子培养基进行培养后再进行芽孢染色检查。本实验采用的淡薄培养基是几种生胞子培养基中效果较好的一种。

2. 革兰氏染色

将上一个实验筛选获得的 10 株蛋白酶高产菌株按照实验 24 的方法进行革兰氏染色检查，以地衣芽孢杆菌作为对照菌株。

3. 芽孢检查

将上述菌株（或革兰氏染色阳性）的菌株接种到淡薄培养基平板上，37 ℃培养 2 d 后按实验 23 的方法进行芽孢染色观察。以地衣芽孢杆菌作为对照。淡薄培养基上的细菌培养物液可以用相差显微镜直接观察其产芽孢情况。

4. 产蛋白酶高产菌株的亚硝基胍平板法诱变

将上一个实验筛选获得的碱性蛋白酶产生能力最强的菌株经活化后分别接种到肉汤液体培养基中，37 ℃、200 r/min 摇床培养 12～16 h。取 100 μL 菌液涂布于肉汤培养基平板，待表面液体渗入琼脂平板后，用无菌牙签挑少量（不需定量）的 NTG 固体粉末点于平板上，待 NTC 粉末润湿后，于 37 ℃倒置培养过夜，直至出现明显的抑菌圈。

如果上一个实验未能获得较好的碱性蛋白酶产生菌株，也可以用地衣芽孢杆菌作为诱变出发菌株。

5. 突变菌株的初筛

从 NTG 抑菌圈边缘刮取菌苔，加到装有 5 mL 肉汤培养基的试管中，37 ℃、200 r/min 摇床培养 2 ~ 6 h，这个过程被称为中间培养。因为对于刚经诱变剂处理过的菌株，有一个表现迟滞的过程即细胞内原酶有量的稀释过程（生理延迟），需 3 代以上的繁殖才能将突变性状表现出来。

据此应让变异处理后细胞在液体培养基中培养几小时，使细胞的遗传物质复制，繁殖几代，以得到纯的变异细胞。这样，稳定的变异就会显现出来。若不经液体培养基的中间培养，直接在平皿上分离就会出现变异和不变异细胞同时存在于一个菌落内的可能，而形成混杂菌落，以致造成筛选结果的不稳定和将来的菌株退化。中间培养时间不宜太长，否则同一种突变株增殖过多会加大复筛的工作量。

经过中间培养后的菌悬液进行适当稀释后涂布到含利福平终质量浓度分别为 1 μg/mL、10 μg/mL、20 μg/mL、40 μg/mL 的牛奶平板表面。培养 1 ~ 2 d 后对平板上的菌落的蛋白水解圈情况进行观察，从不同利福平浓度的平板上各选择 5 个蛋白水解圈最大的菌株进行编号，用米尺分别测量、记录菌落和透明圈的直径，然后转接到肉汤琼脂斜面上，37 ℃培养过夜。

6. 突变菌株的复筛

将上述 20 个菌株按照上一个实验的方法分别用发酵培养基测定其产酶能力，以未经诱变的出发菌株作为对照。

（三）实验结果

1. 将自然筛选菌株初步鉴定的结果填入表 23.3，并结合上一个实验的结果进行简单讨论。

表 23.3　自然筛选菌株初步鉴定结果

| 菌株编号 | 细胞形态 | 革兰氏染色 | 是否判断为芽孢杆菌 | 产酶情况（上一个实验） | |
|---|---|---|---|---|---|
| | | | | 蛋白水解圈/菌落直径比值 | 酶活力 |
| 1 | | | | | |
| 2 | | | | | |
| 3 | | | | | |
| 4 | | | | | |
| 5 | | | | | |
| 6 | | | | | |
| 7 | | | | | |
| 8 | | | | | |
| 9 | | | | | |
| 10 | | | | | |
| 对照 | | | | | |

注：对照为地衣芽孢杆菌。

2. 将诱变后的初筛、复筛结果填入表 23.4。

**表 23.4 诱变后初筛/复筛结果**

| 筛选平板的利福平质量浓度/($\mu g \cdot mL^{-1}$) | 产酶情况 | | | | | | | | | |
|---|---|---|---|---|---|---|---|---|---|---|
| | 1 | | 2 | | 3 | | 4 | | 5 | |
| | 直径比值 | 酶活力 | 直径比值 | 酶活力 | 直径比值 | 酶活力 | 直径比值 | 酶活力 | 直径比值 | 酶活力 |
| 0 | | | | | | | | | | |
| 10 | | | | | | | | | | |
| 20 | | | | | | | | | | |
| 40 | | | | | | | | | | |

**(四)思考题**

你认为还可以采用哪些诱变策略来进行碱性蛋白酶高产菌株的诱变选育。

## 三、碱性蛋白酶基因的克隆与表达

细菌碱性蛋白酶具有重要的工业应用价值,在商品酶的生产中占有相当大的份额。利用基因工程的手段对性能好的细菌碱性蛋白酶进行克隆和高效表达一直是蛋白酶应用研究的热点之一。另一方面,细菌蛋白酶的形成受一系列复杂调控系统的控制,对它的分子生物学研究也有助于对细菌的代谢、发育等基本生命现象的了解,具有重要的理论意义。

对细菌碱性蛋白酶基因的克隆可采用鸟枪法、探针杂交法等多种克隆策略。本实验选用地衣芽孢杆菌作为实验材料,它的碱性蛋白酶基因序列已有报道。因此可以根据该菌碱性蛋白酶基因保守性高的特点,利用特异性引物从染色体上直接 PCR 扩增获得完整的地衣芽孢杆菌碱性蛋白酶基因片段(APR),包括结构基因和上、下调控序列,长度在 1.6 kb 左右。而为了 DNA 重组操作方便,在引物 P1、P2 的 5′端分别加上了地衣芽孢杆菌碱性蛋白酶基因上不存在的 BainH Ⅰ 和 Sac Ⅰ 酶切位点,方便将该 PCR 扩增片段克隆到大肠杆菌-枯草芽孢杆菌穿梭质粒 pBE2 的多克隆位点(MCS)部位(图 23.3),构成重组质粒 pBE2-APR。后者通过二步自然转化法导入产蛋白酶缺陷的枯草芽孢杆菌 BG2036 菌株中后,可以通过观察菌株是否能恢复在牛奶平板上形成蛋白

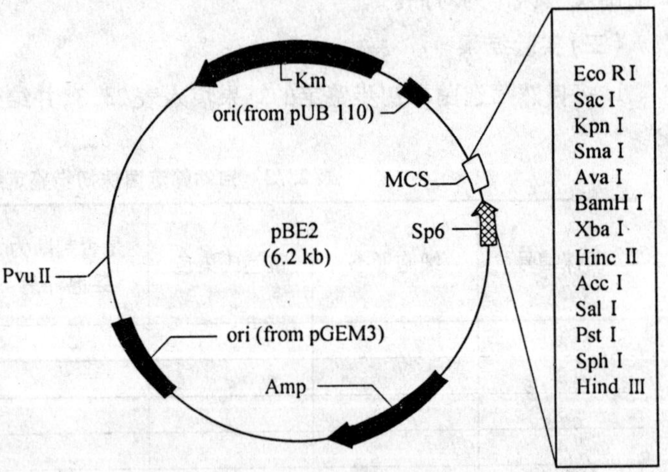


图 23.3 大肠杆菌-枯草芽孢杆菌穿梭质粒 pBE2 的结构示意图
ori(from pUB 110):在枯草芽孢杆菌中起作用的复制起始区;
ori(from pGEM3):在大肠杆菌中起作用的复制起始区;
Amp:氨苄青霉素抗性基因,在大肠杆菌中表达;
Km:卡那霉素抗性基因,在大肠杆菌和枯草芽孢杆菌中均能表达;
MCS:多克隆位点,含多个单一限制性内切酶位点的区段

水解圈来判断所克隆的碱性蛋白酶基因的表达情况。

大肠杆菌不能识别来自于芽孢杆菌的启动子，因此 pBE2-APR 上的蛋白酶基因在大肠杆菌中并不能获得表达。但从基因克隆的技术角度出发，大肠杆菌适合作为该基因克隆与表达过程的中间宿主。这是因为受质粒转化机制限制，酶切、连接后的质粒直接转化枯草芽孢杆菌时效率低下。而利用大肠杆菌作为中间宿主，以较大的频率获得重组体 DNA，再提取质粒，则可产生大量的多聚体分子，以此转化为枯草芽孢杆菌感受态细胞，就能大大提高转化效率。此外，大肠杆菌的遗传背景清楚，基因克隆操作的技术路线成熟，更利于保证实验操作的顺利、成功。

**（一）实验器材**

1. 菌株和质粒

碱性蛋白酶产生菌地衣芽孢杆菌，产蛋白酶缺陷的枯草芽孢杆菌 BG2036（A apr684Anpr E522，Kma），大肠杆菌 HB101，大肠杆菌-枯草芽孢杆菌穿梭质粒 pBE2。

2. 溶液和试剂

氨苄青霉素（Amp）、卡那霉素（Km）、$(NH_4)_2SO_4$、$K_2HPO_4$、$KH_2PO_4$、柠檬酸钠 · $2H_2O$、$MgSO_4 \cdot 7H_2O$、葡萄糖、组氨酸（His）、EGTA、酪素、酸水解酪素、蔗糖、溶菌酶、脱脂奶粉、限制性内切酶 BamH Ⅰ、Sac Ⅰ、T4DNA 连接酶等。

其他试剂：质粒 DNA 提取相关试剂参见实验 61，大肠杆菌质粒 DNA 转化相关试剂参见实验 62，枯草芽孢杆菌总 DNA 提取相关试剂参见实验 63，限制性内切酶相关试剂参见实验 64，PCR 扩增相关试剂参见实验 65。

3. 仪器和其他用品

包括 DNA 提取、转化及 PCR 扩增等所需要的仪器和用品，参见实验 61 ~65。

**（二）操作步骤**

1. 培养基、试剂的配制和引物设计

（1）抗生素溶液配制。

氨苄青霉素（Amp）：将氨苄青霉素配制成 100 mg/L 的水溶液，贮存于-20 ℃。

卡那霉素（Km）：将卡那霉素配制成 10 mg/mL 的水溶液，贮存于-20 ℃。

抗生素可过滤灭菌或以无菌操作将定量的无菌水加到药瓶中溶解为药粉后直接使用。

（2）枯草芽孢杆菌自然遗传转化法中的 TM1、TM2 培养基按表 23.5 配制。注意基本盐溶液、2% $MgSO_4 \cdot 7H_2O$、25% 葡萄糖均应该分别灭菌，临用前混匀。

**表 23.5　配制 TM1、TM2 培养基**

| | TM1 | TM2 |
|---|---|---|
| 培养基总体积 | 2.5 mL | 2.5 mL |
| 基本盐溶液 | 625 mL | 625 mL |
| 水 | 1.6 mL | 1.84 mL |
| 25% 葡萄糖 | 25 μL | 25 μL |
| 2% $MgSO_4 \cdot 7H_2O$ | 25 μL | 25 μL |
| 5% 酸水解酪素 | 25 μL | |
| 25 μg/mL 酪素 | | 25 μL |
| 100 mmol/L EDTA | | 25 μL |

基本盐溶液：$(NH_4)_2SO_4$ 8 g，$K_2HPO_4$ 56 g，$KH_2PO_4$ 24 g，柠檬酸钠·$2H_2O$ 4 g，加水定容到1 000 mL。

(3) PCR引物。

P1：5′-AAAAA GGATCC GTA ATG ATG AGG AAA AAG AG-3′
（GGATCC：BamHⅠ）

P2：5′-GGGG GAGCTC ATG TTA TTG AGC GGC AGC T-3′
（GAGCTC：SacⅠ）

(4)实验中其他溶液和试剂的配制方法参见实验61～65。

2. 地衣芽孢杆菌总DNA的提取

按实验62介绍的芽孢杆菌总DNA提取方法进行。

3. 碱性蛋白酶基因的PCR扩增和电泳检查

按实验64介绍的方法，以地衣芽孢杆菌的染色体DNA为模板，在0.5 mL的薄壁微量离心管中配制下列反应液(表23.6)进行PCR扩增，总体积为25 μL。

**表23.6 PCR反应液**

| 模板 | 10 ng |
|---|---|
| 引物P1 | 0.1～0.5 μmol/L |
| 引物P2 | 0.1～0.5 μmol/L |
| dNTP混合物 | 2 μmol/L |
| 10×Taq缓冲液 | 2.5 μL |
| Taq | 1～3 U |
| 灭菌蒸馏水 | 加至25 μL |

反应程序：94 ℃，5 min ⟶94 ℃，60 s ⟶56 ℃，60 s ⟶72 ℃，2 min ⟶72 ℃，5 min，共进行30个循环。

扩增结束后取2 L上样进行电泳检查，扩增片段的大小应在1.6 kb左右。

4. 酶切处理

将上述PCR产物和质粒pBE2分别按下列配方(表23.7)用BamHⅠ和SacⅠ进行双酶切处理。

**表23.7 双酶切处理反应液**

| 反应物 | $H_2O$ | 10×缓冲液 | DNA | 酶1 | 酶2 | 总体积 |
|---|---|---|---|---|---|---|
| 加量/μL | 11.4 | 2 | 5 | 0.8 | 0.8 | 20 |

由于不同厂家提供的限制性内切酶的反应条件有差异，具体操作时应仔细阅读厂家提供的说明书，尽量选择BamHⅠ和SacⅠ均能较好反应的酶切缓冲液(10×缓冲液)，37 ℃保温3 h。

如果两种酶的反应缓冲液差异较大，则应先加入要求较低盐浓度的酶作用，在该酶作用温度下保温2 h，再加入第二种酶，并补加第二种酶的缓冲溶液，再在该酶作用温度下保温2 h。

若反应总体积扩大，则以上所加各反应物的量均应成倍扩大。此外，由于内切酶保存在50%的甘油中，为使酶切反应中甘油不影响酶的活性，所加酶的量不应超过反应体系总体积的10%。

5. 连接

在0.5 mL的薄壁微量离心管中配制下列反应液(表23.8)，总量为10 μL，12～16 ℃连接反应4 h以上。

表 23.8　连接反应液

| | |
|---|---|
| PCR 片段酶切产物 | 0.3 μg |
| pBE 酶切产物 | 0.1 μg |
| 10×缓冲液 | 1 μL |
| T4DNA 连接酶 | 0.5 μL |
| 灭菌蒸馏水 | 加至 10 μL |

连接反应中的 DNA 的浓度可以通过琼脂糖电泳带的亮度大致估算,加样时应保证外源片段和载体间有数倍的浓度差。

6. 重组质粒的筛选和检测

将上述连接产物转化大肠杆菌 HB101 感受态细胞,随机挑选在 Amp 平板上生长的转化子进行标记、培养后提取质粒,用 BamH Ⅰ 和 Sac Ⅰ 分别进行单酶切和双酶切的处理。连接上外源片段的重组质粒进行双酶切处理后应可看见两条电泳条带,且其大片段小于该质粒单酶切后形成的单一电泳条带。而自连后的 pBE2 载体不论进行单酶切还是双酶切处理得到的电泳条带大小均相同。

筛选获得的重组菌株应进一步纯化并重新提取质粒进行检测。正确的 pBE2-APR 重组质粒经过 BamH Ⅰ 和 Sac Ⅰ 双酶切处理后的小片段的长度应该在 1.6 kb 左右,而大片段应和 pBE2 单酶切后的大小一致。

有关实验操作参见实验 60、61。

7. APR 片段上碱性蛋白酶基因功能的检测

(1) 枯草芽孢杆菌感受态细胞的制备:接种枯草芽孢杆菌 BG2036 于 5 mL LB 培养基,37 ℃培养过夜。转接 200 μL 菌液到 5 mL 新鲜预热 LB,37 ℃摇床培养 5.5 h(不超过3.0)。取培养液 350 μL,12 000 r/min 离心 1 min;弃上清后用 50 μL 水重悬菌体,并全部加到预热的 2.5 mL TM1 中。37 ℃摇床培养 4.5 ~5 h。取上述菌液 500 μL 转接到预热的 2.5 mL TM2 中。恒温 30 ℃摇床培养 2 h,即可直接用于转化或加甘油后-70 ℃保存。

(2) 枯草芽孢杆菌的自然转化:从重组大肠杆菌中提取质粒 pBE2-APR 和 pBE2。分别取 5 μL 质粒 DNA 与 100 μL 枯草芽孢杆菌 BG2036 感受态细胞、5 μL 0.2 mol/L $MgCl_2$ 溶液混匀,于 37 ℃水浴保温 40 min,涂布 $K_m$ 终质量浓度为 10 μg/mL 的牛奶平板。

(3) 碱性蛋白酶基因表达的检测:上述牛奶平板 37 ℃培养约 20 h 后观察。含 pBE2-APR 的 BG203 6 重组菌株如能在菌落周围形成透明水解圈则证明所克隆的基因片段具有蛋白酶的功能。作为对照组,含 pBE2 的 BG2036 菌株在同样条件下则不能形成蛋白水解圈。

BG2036 菌株的两种主要的胞外蛋白酶(中性蛋白酶和碱性蛋白酶)的基因发生了突变,因此其表型为产蛋白酶缺陷。但随着它在牛奶平板上培养时间的延长,体内其他微量蛋白酶的积累仍会导致菌落周围蛋白水解圈的形成。因此,用该菌株验证所克隆基因的蛋白酶功能时应在规定时间内观察,并设置实验对照。

**(三) 思考题**

1. 请分析本实验每个操作步骤应如何设置阳性和阴性对照。

2. 除了本实验采用的自然遗传转化法外,还有哪些方法可以将外源 DNA 导入枯草芽孢杆菌?

# 第24章　实验数据处理

环境综合实验中的监测实验和水污染处理工艺实验等都需要作一系列的测定，并取得大量数据。实践表明，每项实验都有误差，同一项目的多次重复测量，结果总有差异。即实验值与真实值之间的差异，这是由实验环境不理想，实验人员的技术水平、实验设备或实验方法不完善等因素引起的。随着研究人员对研究课题认识的提高，仪器设备的不断完善，实验中的误差可以逐渐减小，但是不可能做到没有误差。因此，绝不能认为取得了实验数据就已经万事大吉。一方面，必须对所测对象进行分析研究，估计测试结果的可靠程度，并对取得的数据给予合理的解释；另一方面，还必须将所得到的数据加以整理归纳，用一定的方式表示出各数据之间的相互关系。前者即误差分析，后者为数据处理。

对实验结果进行误差分析与数据处理的目的是：

(1)可以根据科学实验的目的，合理地选择实验装置、仪器、条件和方法。

(2)能正确处理实验数据，以便在一定条件下得到接近真实值的最佳结果。

(3)合理选定实验结果的误差，避免由于误差选取不当造成人力、物力的浪费。

(4)总结测定的结果，得出正确的实验结论，并通过必要的整理归纳(如绘成实验曲线或得出经验公式)为验证理论分析提供条件。

误差与数据处理内容很多，在此介绍一些基本知识。读者需要更深入了解时，可参阅有关参考书。

## 实验97　误　　差

即使在同一个试验室、由同一个分析人员采用相同的样品处理步骤和分析方法，分析同一个样品，通常都不能获得一致的测量数据，即测量结果存在差异。这是因为在实验过程中，存在一些难以控制的因素。简单来说，引起误差的原因可分为：

(1)测量装置(包括计量器具)的固有误差。

(2)在非标准工作条件下所增加的附加误差。

(3)所用测量原理以及根据该原理在实施测量中的运用和实际操作的不完善引起的方法误差。

(4)在标准工作条件下，被测量值随时间的变化。

(5)环境因素(温度、湿度、空气污染等)的变化引起被测量值的变化。

(6)与观测人员有关的误差因素。

因此，了解、分析和表述误差及来源，是质量保证和质量控制工作的主要内容。

### 一、误差的种类

测量误差指测量结果与被测量真值之差。它既可用绝对误差表示，也可用相对误差表示。按其产生的原因和性质，误差可分为系统误差、随机误差和过失误差。

1. 系统误差

系统误差又称恒定误差、可测误差。在多次测量同一样品时，其测量值与真值之间误差的绝对值和符号保持恒定或在改变测量条件时，测量值按某一确定规律变化的误差。确定规律是指这种误差的变化，可以归结为某个或某几个因素的函数。这种函数一般可以用解析公式、曲线来表述，按其变化规律系统误差可分为两类：

(1)固定值的系统误差。其值的大小、正负号恒定。如天平称重中标准砝码误差引起的称量误差。

(2)随条件变化的系统误差。其值已经确定的并通常是已知的规律随某些测量条件的变化而变化。例如，随温度周期变化而引起的温度附加误差。

由于系统误差所具有的特征，系统误差是可避免或尽量消除的。而且，对于已确定或已知的系统误差，应对测量结果进行修正。一般来说，修正系统误差的方法有：

(1)仪器校准。测量前，预先对仪器进行校准，并对测量结果进行修正。

(2)空白实验。用空白实验结果修正测量结果，以消除实验中各种原因所产生的误差。

(3)标准物质对比分析。将实际样品与标准物质在完全相同的条件下进行测定，当标准物质的测定值与保证值一致时，即可认为测量的系统误差已基本消除。

将同一样品用不同原理的分析方法进行分析。例如，与经典分析方法进行比较，以校准方法，减少误差。

(4)回收率实验。在实际样品中加入已知量的标准物质，与样品于相同条件下进行测量，用所得结果计算回收率，观察是否定量回收，必要时可用回收率作校正因子。

2. 随机误差

随机误差又称偶然误差，常用标准差表示，是由测量过程中各种随机因素的共同作用造成的。在实际测量条件下，多次测量同一量时，误差的绝对值和符号的变化，时大时小、时正时负，以不可确定的方式变化。随机误差遵从正态分布，并具有以下特征：

(1)有界性。在一定条件下，对同一样品进行有限次测量的结果，其误差的绝对值不会超过一定界限。

(2)单峰性。绝对值小的误差出现次数比绝对值大的误差出现次数多。

(3)对称性。在测量次数足够多时，绝对值相等的正误差与负误差的出现次数大致相等。

(4)抵偿性。在一定条件下，对同一样品进行测量，随机误差的代数和随着测量次数的无限增加而趋于零。由于随机误差的可变性或随机性，必须严格控制实验条件，按操作规程正确地处理和分析样品，以减小随机误差。另外，增加测量次数也可减小随机误差。

3. 过失误差

过失误差也称粗大误差或粗差。这类误差是分析人员在测量过程中不应有的过失或错误造成的，它无一定规律可循。例如，器皿不洁净、错用样品和标准、错加试剂、操作过程中的样品损失、仪器异常而未发现、错记读数以及计算错误等。

含有过失误差的测量数据，经常是离群数据，可按照离群数据的统计检验方法将其剔除。对于确知操作中存在失误或错误所产生的测量数据，无论结果好与坏，都必须舍去。

## 二、误差的表示方法

1. 绝对误差和相对误差

(1)绝对误差是单一测量值或多次测量值的均值与真值之差,测量值大于真值时,误差为正,反之为负。

$$绝对误差=测量值-真值$$

(2)相对误差为绝对误差与真值的比值,常用百分数表示。

$$相对误差(\%)=绝对误差/真值\times 100\%$$

2. 绝对偏差和相对偏差

(1) 绝对偏差为单一测量值($X_i$) 与多次测量值的均值($\overline{X}$) 之差,用 $d_i$ 表示。

$$d_i = X_i - \overline{X}$$

(2) 相对偏差为绝对偏差与多次测量值的均值的比值,常用百分数表示。

$$相对偏差(\%) = d_i/\overline{X} \times 100\%$$

3. 平均偏差和相对平均偏差

(1) 平均偏差为单一测量值的绝对偏差的绝对值之和的平均值,用 $\overline{d}$ 表示。

$$\overline{d} = \frac{\sum |d_i|}{n} = \frac{|d_1| + |d_2| + \cdots + |d_n|}{n}$$

(2) 相对平均偏差为平均偏差与多次测量值的均值的比值,常用百分数表示。

$$相对平均偏差(\%) = \overline{d}/\overline{X} \times 100\%$$

4. 标准偏差(用 $S$ 或 $SD$ 表示)

$$S = \sqrt{\frac{1}{n-1}\sum_{i=1}^{n}(X_i - \overline{X})^2}$$

5. 相对标准偏差

相对标准偏差($RSD$) 是样本的标准偏差与其均值的比值,常用百分数表示。

$$相对标准偏差(\%) = \frac{S}{\overline{X}} \times 100\%$$

6. 差方和、方差

(1) 差方和又称离均差平方和或平方和,指绝对偏差的平方之和,用 $S$ 表示。

$$S = \sum_{i=1}^{n}(X_i - \overline{X})^2 = \sum_{i=1}^{n} d_i^2$$

(2) 方差用 $S^2$ 或 $V$ 表示。

$$S^2 = \frac{1}{n-1}\sum_{i=1}^{n}(X_i - \overline{X})^2$$

# 实验 98 准 确 度

准确度是用来评价在规定的条件下,样品的测定值(单次测定值或重复测定值的均值)

与假定的或公认的真值之间的符合程度。由于监测分析方法大多数是相对方法,因此,分析结果的准确度主要取决于方法的系统误差和随机误差。在对分析方法的精密度、灵敏度,仪器的稳定性,样品的均匀性、稳定性、代表性、方法干扰、基体效应、分析空白和试剂的制备等进行全面研究后,才能将准确度控制在质量保证目标以内。

用绝对误差和相对误差表示分析方法的准确度。用测定标准物质和(或)标准物质加标回收率的方法来评价分析方法的准确度。

### 一、标准样品

通过分析标准样品,比较所获得的测定结果与标准样品的给定值,可了解分析方法的准确度。

### 二、加标回收率

加标回收率实验,可以反映分析方法是否存在系统误差。因此,在实际工作中,这是运用比较普遍的确定准确度的方法。

### 三、不同方法的比较

用已知准确度或大家公认的经典分析方法与待考察的方法进行比较,往往用于新方法准确度的确定。而且,两种方法的原理最好是不同的。当用不同原理的分析方法对同一样品进行重复测定时,若所得结果与待考察方法一致或经统计检验数据间的差异不显著时,则可认为该方法具有可接受的准确度。若所得结果呈显著性差异,则应以大家公认的经典分析方法为准。

## 实验99　精　密　度

精密度表示在规定的条件下,用同一方法对同一样品进行重复测定,所得结果的一致性或发散程度。它的大小由分析方法的随机误差决定,测量过程的随机误差越小,分析方法的精密度越好(或越小)。分析方法的精密度可用极差、平均偏差、相对平均偏差、标准偏差和相对标准偏差表示,而标准偏差常被采用。通常情况下,分析方法的精密度可表述为如下几种。

### 一、平行测定的精密度

在相同的条件下(同一实验室、相同的分析人员、相同的仪器设备),用同一分析方法,在不同的时间内对同一样品进行 $n$ 次重复测定,精密度用标准偏差或相对标准偏差表示。

### 二、重复性精密度

在相同的条件下(同一实验室、相同的分析人员、相同的仪器设备),用同一分析方法,在不同的时间内,对同一样品进行 $m$ 次重复测定的离散程度。计算出 $m$ 个平均值 $\overline{X}_1,\overline{X}_2,\cdots,\overline{X}_m$,重复性精密度 $S_r$ 为:

$$S_r = \sqrt{\frac{\sum s_r^2}{m}}$$

## 三、再现性精密度

用同一分析方法,在不同的条件下(不同的实验室、不同的分析人员、不同的仪器设备和(或)在不同的时间内),对同一样品重复测定的离散程度。可以是一个实验室,进行 $m$ 次或 $n$ 次重复测定或由 $m$ 个实验室进行 $n$ 次重复测定。由下式计算出总的标准偏差:

$$S_{\overline{X}} = \sqrt{\frac{\sum(\overline{X_i} - \overline{\overline{X}})^2}{m - 1}}$$

式中:$\overline{\overline{X}} = \sum \overline{X_i}/m$。

# 实验 100 工作曲线中可疑值的检验

监测分析中往往是通过工作曲线来确定待测污染物的含量。一般是测定几个已知浓度的标准溶液,通过线性回归绘出工作曲线,再由工作曲线计算出待测污染物含量。那么,这几个已知浓度的标准溶液的测定值中有无应剔除的可疑值,可采用标准化残差法进行统计检验。

测量值与最佳直线的拟合值之差叫做残差 $d_i$。令已知浓度的标准溶液的仪器读数为 $Y_i$,标准溶液的浓度为 $X_i$,用线性回归法求解最佳直线的截距 $a$ 和斜率 $b$,则该测定值的残差为:

$$d_i = Y_i - (a + bX_i)$$

标准化残差的定义为:$d_i/S_{di}$,其中,残差的标准误差用下式计算:

$$S_{di} = S_f\sqrt{\frac{n-1}{n} - \frac{(X_i - \overline{X})^2}{\sum(X_i - \overline{X})^2}}$$

若计算的标准化残差大于临界值(表 24.1、表 24.2),则在给定的显著性水平下,某标准溶液测定值是离群值,可考虑剔除。

**表 24.1 不同浓度的观测值及标准化残差**

| 溶液序号 | 标准溶液浓度($X_i$) | 观测值($Y_i$) | 拟合值 $Y_i=a+bX_i$ | 残差 $d_i=Y_i-(a+bX_i)$ | 标准化残差 |
|---|---|---|---|---|---|
| 1 | 0.181 3 | 0.212 | 0.229 | −0.017 | −1.07 |
| 2 | 0.192 8 | 0.277 | 0.240 | 0.037 | 2.26 |
| 3 | 0.562 7 | 0.585 | 0.599 | −0.014 | −0.74 |
| 4 | 0.600 2 | 0.615 | 0.635 | −0.020 | −1.07 |
| 5 | 0.921 9 | 0.954 | 0.947 | 0.007 | 0.35 |
| 6 | 0.987 3 | 1.004 | 1.011 | −0.007 | 0.36 |
| 7 | 1.102 7 | 1.137 | 1.123 | 0.014 | 0.81 |
| 8 | 1.181 6 | 1.200 | 1.199 | 0.001 | 0.05 |

表 24.2　标准化残差临界值表

| n | 显著性水平 a | | | n | 显著性水平 a | | |
|---|---|---|---|---|---|---|---|
| | 0.10 | 0.05 | 0.01 | | 0.10 | 0.05 | 0.01 |
| 4 | 1.41 | 1.41 | 1.41 | 11 | 2.30 | 2.43 | 2.64 |
| 5 | 1.69 | 1.71 | 1.73 | 12 | 2.35 | 2.48 | 2.70 |
| 6 | 1.88 | 1.92 | 1.97 | 14 | 2.43 | 2.57 | 2.80 |
| 7 | 2.01 | 2.07 | 2.16 | 16 | 2.50 | 2.64 | 2.92 |
| 8 | 2.10 | 2.19 | 2.31 | 18 | 2.56 | 2.71 | 2.99 |
| 9 | 2.18 | 2.28 | 2.43 | 20 | 2.60 | 2.76 | 3.06 |
| 10 | 2.24 | 2.35 | 2.53 | 24 | 2.69 | 2.85 | 3.17 |

# 实验 101　有效数字修约及运算规则

在一组分析数据中,由于实验条件和实验操作等难于重现,在实验过程中出现差错、过失或数据计算、记录时出现失误等方面的原因,有时个别数据与正常数据之间有显著的差别,此类数据统称为离群数据。因此,在分析处理和运用数据之前,往往要进行数据检验,以判断和剔除离群值。根据以往的工作经验,分析测试人员往往不经任何数据处理或检验,便将原始数据用于各种计算。或者某些监测站的质控人员完全按照数据处理的有关规定和计算公式,对原始数据进行机械处理和检验,剔除提示的一切“异常值”。这两种情形都是不对的或者说不科学的。

另外,由于原始实验结果的修饰程度可以严重地影响分析结果的精密度,甚至“人为挑选或修饰”数据,使原始数据的标准差或极差变小,产生了失真。因此,在进行离群值的判定时应特别注意这一因素。尤其是质控人员,千万不能根据上述检验方法的结果,直接将参加检验的数据进行简单的剔除处理。而应与分析测试人员和其他相关的研究人员进行认真的分析研究,查找原因,并结合分析化学的基本常识,再决定取舍,这一点对于监测数据的处理,尤其是协作试验的数据处理至关重要。

## 一、有效数字

表示测定结果应该用有效数字,才能精确地表示数字的有效意义。一个有效数字其倒数的第二位以上的数字应该可靠的,即是确定的数字。而末位数字是可疑的,即不确定的。所谓有效数字应由全部确定的和一位不确定的数字构成。因此,由有效数字表示的数据必然是近似值。那么,测定值的记录和报告必须按照有效数字的计算规则进行。

数字“0”的含义非常不确定,这主要与“0”在有效数字中的位置有关。当它用于指示小数点的位置,不表示测量的准确度时,不是有效数字。当它用于表示与准确度有关的数字时,即为有效数字。例如:

(1)第一个非零数字前的“0”不是有效数字,例如:0.045 6,仅有三位有效数字;0.006,仅有一位有效数字。

(2)非零数字中的“0”是有效数字,例如:2.007 6,有五位有效数字;6 307,有四位有效数字。

(3)小数中最后一个非零数字后的"0"是有效数字,例如:2.760 0,有五位有效数字;0.760%,有三位有效数字。

(4)以零结尾的整数,有效数字的位数较难判断,例如:27 600,可能是三位、四位或者五位。为了避免出现上述情况,建议根据有效数字的准确度改写成指数形式:例如:$2.07\times10^4$,有三位有效数字;$2.700\times10^4$,有四位有效数字。

## 二、数字的修约规则

按 GB 8170—87《数值修约规则》的有关规定对监测数据进行修约,进舍规则如下:

(1)拟舍去数字的最左一位数字小于5时,则舍去,即保留的各位数字不变。

例如:将12.149 8 修约到一位小数,得12.1。

例如:将12.149 8 修约成两位有效位数,得12。

(2)拟舍去数字的最左一位数字大于5,或者是5,而其后跟有并非"0"的数字时,则进一,即保留的末数字加1。

例如:将1 268 修约到"百"数位,得$13\times10^2$或$1.3\times10^3$。

例如:将1 268 修约成三位有效位数,得$127\times10$或$1.27\times10^3$。

例如:将10.502 修约到个数位,得11。

(3)拟舍去数字的最左一位数字为5,而后面无数字或皆为"0"时,若保留的末位数字为奇数(1、3、5、7、9),则进一;为偶数(2、4、6、8、0),则舍去。

例如:将下列数字修约成两位有效位数,0.032 5 则修约为0.032;32 500 修约为$3.2\times10^4$。

(4)负数修约时,先将它的绝对值按上述三条规定进行修约,然后在修约值前面加上负号。

(5)不许连续修约。拟修约数字应在确定修约位数后,一次修约获得结果,而不是多次按上述规定连续修约。

例如:修约间隔为1(即修约到个数位),15.454 6 正确的修约值为15。不正确的做法为:15.4546、15.455、15.46、15.5、16。

(6)在具体工作中,测试或计算部门,有时先将获得的数值按指定的修约位数275多一位或几位数报出,而后由其他部门判定。为了避免产生连续修约的错误,应按下述步骤进行:

报出数值最后的非零数字为5时,应在数值后面加"(+)"或"(-)"或不加符号,分别表示该数字已进行过舍、进或未舍未进处理。

例如:16.50(+)表示实际值大于16.50,经修约舍弃成为16.50;表示实际值小于16.50,经修约进一步成为16.50。

如果判定报出值需要进行修约,当拟舍弃数字的最左一位数字为5,而后面无数字或皆为零时,数值后面有"(+)"号者进一,数值后面有"(-)"号者舍去,其他仍按前述的规定进行修约。

例如:将下列数字修约到个数位后进行判定(报出值多留一位到一位小数):

| 实测值:15.454 6 | 16.520 3 | 17.500 0 | -15.454 6 |
|---|---|---|---|
| 报出值:15.5 | 16.5(+) | 17.5 | -15.5(-) |

修约值:15　　17　　18　　-15

## 三、有效数字的计算规则

在进行数据计算时,应弃去多余的数字,一般采取“四舍六入五单双”的原则,或者说“4要舍,6 要入,5 前单数要进一,5 前双数全舍光”而不用“四舍五入”的方式。

(1)对于多个数字(一般为 6 个以上)的一组数据,在进行平均值等计算时,可以保留两位可疑数字计算均值,然后再按“四舍六入五单双”的原则进行修约。

(2)几个数字相加减时,有效数字位数的取舍,取决于绝对误差最大的一个数据的有效数据的位数。

(3)几个数据相乘除时,得数的修约,以有效数字位数最少的数据为依据或相对误差最大的为依据。在作乘除、开方、乘方运算时,若所得结果的第一位数字等于或大于 8,则其有效数字可多记一位。例如:经过乘除、开方、乘方运算后的结果前三位为 8.01,则计算结果的有效数字位数可增至四位。

(4)在所有计算式中,常数 π、e 以及$\sqrt{2}$、1/2 等系数的有效数字的位数,可以认为是无限的,即在计算中,需要几位就取几位。

(5)在对数计算中,所取对数位数应与真数的有效数字位数一致。例如,pH 12.25 和 $[H^+]=5.6\times10^4$ mol/L 等,都是两位有效数字。也就是说,对数的有效数字位数,只计小数点以后的数字位数,不计对数的整数部分。

## 四、数据记录规则

(1)记录测量数据时,只保留一位可疑(不确定)数字。当用合格的计量器具称量物质或量取溶液时,有效数字可以记录到最小分度值,最多保留一位不确定数字。例如:用最小分度值为 0.1 mg 的分析天平称量物质时,有效数字可以记录到小数点后第四位;用有分度标记的吸管或滴定管量取溶液时,读数的有效位数可达其最小分度后一位,保留一位不确定数字。

(2)表示精密度通常只取一位有效数字。测定次数很多时,方可取两位有效数字,且最多只取两位。

(3)在数值计算中,当有效数字位数确定之后,其余数字应按修约规则一律舍去。

(4)在数值计算中,某些倍数、分数、不连续物理量的数目,以及不经测量而完全根据理论计算或定义得到的数值,其有效数字的位数可视为无限。这类数值在计算中,需要几位就可以写几位。

(5)测量结果的有效数字所能达到的位数不能低于方法检出限的有效数字所能达到的数位。

# 实验 102　实验数据表示方法

在对实验数据进行误差分析整理剔除错误数据后,还要通过数据处理将实验所提供的数据进行归纳整理,用图形、表格或经验公式表示,以找出影响研究事物的各因素之间互相影响的规律,为得到正确的结论提供可靠的信息。

## 一、列表表示法

列表表示法是将一组实验数据中的自变量、因变量的各个数值依一定的形式或顺序一一对应列出来，以反应各变量之间的关系。

列表法具有简单易作、形式紧凑、数据容易参考比较等优点，但对客观规律的反映不如图形表示法和方程表示法明确，在理论分析方面使用不方便。

完整的表格应包括表的序号、表题、表内项目的名称和单位、说明以及数据来源等。

实验测得的数据，其自变量和因变量的变化，有时是不规则的，使用起来很不方便。此时可以通过数据的分度，使表中所列数据成为有规则的排列，即当自变量作等间距顺序变化时，因变量也随着顺序变化。这样的表格查阅较方便。数据分度的方法有多种，较为简便的方法是先用原始数据（即未分度的数据）画图，作出一条光滑曲线，然后在曲线上一一读出所需的数据（自变量作等距离顺序变化），并列表。

## 二、图形表示法

图形表示法的优点在于形式简明直观，便于比较，易显出数据中的最高点或最低点、转折点、周期性以及其他特异性等。当图形作得足够准确时，可以不必知道变量间的数学关系，对变量求微分或积分后得到需要的结果。

图形表示法可用于两种场合：第一，已知变量间的依赖关系图形，通过实验，将取得数据作图，然后求出相应的一些参数；第二，两个变量之间的关系不清，将实验数据点绘于坐标纸上，用以分析、反映变量间的关系和规律。

图形表示法包括以下四个步骤。

（1）坐标纸的选择

常用的坐标纸有直角坐标纸、半对数坐标纸和双对数坐标纸等。选择坐标纸时，应根据研究变量间的关系，确定选用哪一种坐标纸。坐标线不宜太密或太稀。

（2）坐标分度和分度值标记

坐标分度指沿坐标轴规定各条坐标线所代表的数值的大小。进行坐标分度应注意下列几点。

①一般以 $x$ 轴代表自变量，$y$ 轴代表因变量。在坐标轴上应注明名称和所用计量单位。分度的选择应使每一点在坐标纸上都能够迅速方便地找到。例如，图 24.1(b) 中的横坐标分度不合适，读数时图(a)比图(b)方便得多。

②坐标原点不一定就是零点，也可用低于实验数据中最低值的某一整数作起点，高于最高值的某一整数作终点。坐标分度与实验精度一致，不宜过细，也不能太粗。如图 24.2 中的图(a)和图(b)分别代表两种极端情况，图(a)的纵坐标分度过细，超过实验精度，而图(b)分度过粗，低于实验精度，这两种分度都不恰当。

③为便于阅读，有时除了标记坐标纸上的主坐标线的分度值外，还有一细副线上也标以数值。

（3）根据实验数据描点和作曲线描点方法比较简单，把实验得到的自变量与因变量一一对应地点在坐标纸上即可。若在同一图上表示不同的实验结果，应采用不同符号加以区别，并注明符号的意义，如图 24.3 所示。

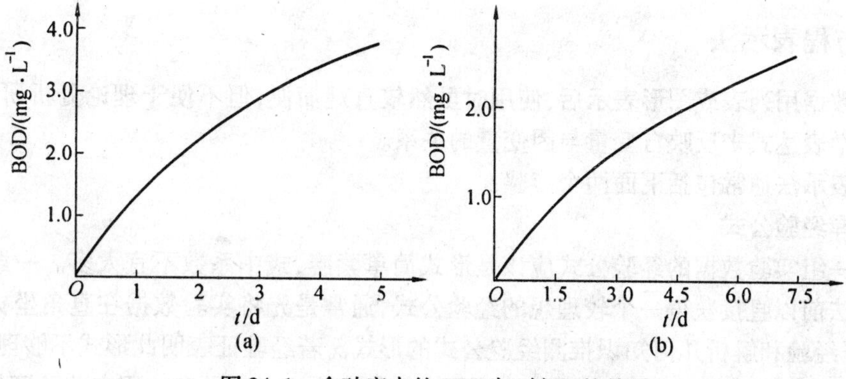


图24.1　含砷废水的BOD与时间$t$的关系

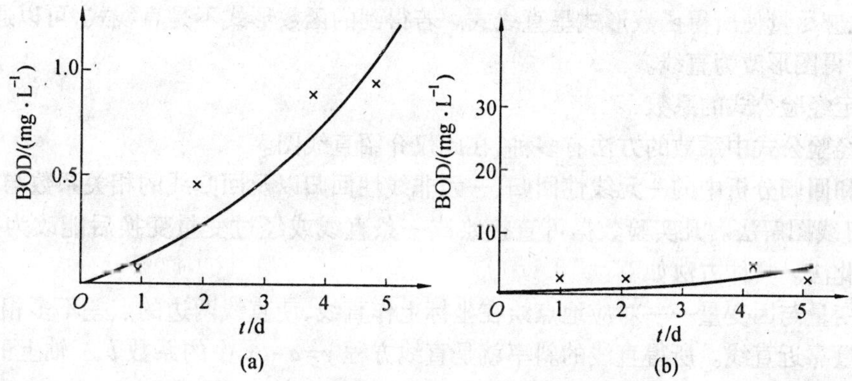


图24.2　某污水的BOD与时间$t$关系曲线

作曲线的方法有两种：第一，数据不够充分、图上的点数较少，不易确定自变量与因变量之间的对应关系，或者自变量与因变量间不一定呈函数关系时，最好是将各点用直线直接连接，如图24.3所示；第二，实验数据充分，图上的点数足够多，自变量与因变量呈函数关系，则可作出光滑的连续曲线，如图24.3所示BOD曲线。

(4)注解说明每一个图形下面应有图名，将图形的意义清楚准确地描写出来，紧接图表应有一简要说明，使读者能较好地理解文章的意思。此外，还应注明数据的来源，如作者姓名、实验地点、日期等(图24.4)。

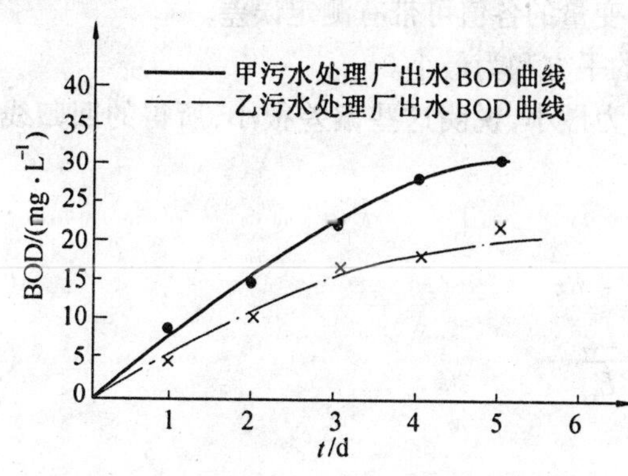


图24.3　在同一图上表示不同的实验结果

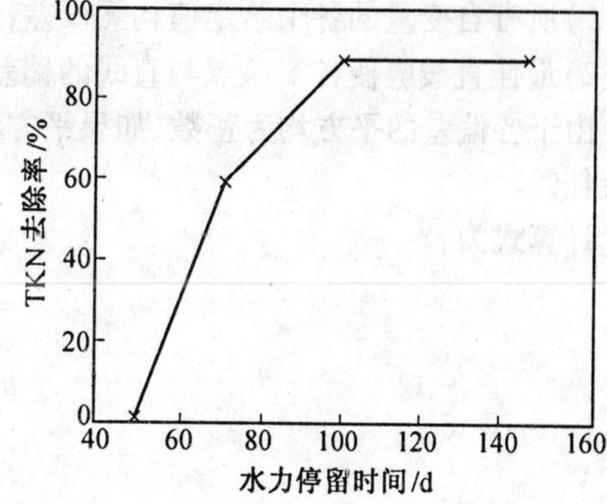


图24.4　TKN去除率与水力停留时间的关系

## 三、方程表示法

实验数据用列表或图形表示后，使用时虽然较直观简便，但不便于理论分析研究，故常需要用数学表达式来反映自变量与因变量的关系。

方程表示法通常包括下面两个步骤：

1. 选择经验公式

表示一组实验数据的经验公式应该是形式简单紧凑，式中系数不宜太多。一般没有一个简单方法前以直接获得一个较理想的经验公式，通常是先将实验数据在直角坐标纸上描点，再根据经验和解析几何知识推测经验公式的形式。若经验证表明此形式不够理想时，则另立新式，再进行实验，直至得到满意的结果为止。表达式中容易直接用实验验证的是直线方程，因此应尽量使所得函数形式呈直线式。若得到的函数形式不是直线式，可以通过变量变换，使所得图形改为直线。

2. 确定经验公式的系数

确定经验公式中系数的方法有多种，在此仅介绍直线图。

解法和回归分析中的一元线性回归、一元非线性回归以及回归线的相关系数与精度。

(1)直线图解法。凡实验数据可直接绘成一条直线或经过变量变换后能改为直线的，都可以用此法。具体方法如下：

将自变量与因变量一一对应地点绘在坐标上作直线，使直线两边的点差不多相等，并使每一点尽量靠近直线。所得直线的斜率就是直线方程 $y=a-bx$ 中的系数 $b$，$y$ 轴上的截距就是直线方程中的 $a$ 值。直线的斜率可用直角三角形的 $\Delta y/\Delta x$ 比值求得。

直线图解法的优点是简便，但由于每个人用直尺凭视觉画出的直线可能不同，因此，精度较差。当问题比较简单，或者精度要求低于0.2%～0.5%时可以用此法。

(2)一元线性回归。

一元线性回归就是工程上和科研中常常遇到的配直线的问题，即两个变量 $x$ 和 $y$，存在一定的线性相关关系，通过实验取得数据后，用最小二乘法求出系数 $a$ 和 $b$，并建立起回归方程 $y=a-bx$(它称为 $y$ 对 $x$ 的回归线)。

用最小二乘法求系数时，应满足以下两个假定：

1)所有自变量的各个给定值均无误差，因变量的各值可带有测定误差。

2)最佳直线应使各实验点与直线的偏差的平方和为最小。

由于各偏差的平方均为正数，如果平方和为最小，说明这些偏差很小，所得的回归线即为最佳线。

计算式为：

$$a=\bar{y}-b\bar{x} \tag{1}$$

$$b=\frac{L_{xy}}{L_{xx}} \tag{2}$$

式中：

$$\bar{x}=\frac{1}{n}\sum_{i=1}^{n}x_i \tag{3}$$

$$\bar{y} = \frac{1}{n}\sum_{i=1}^{n} y_i \tag{4}$$

$$L_{xx} = \sum_{i=1}^{n} x_i^2 - \frac{1}{n}\left(\sum_{i=1}^{n} x_i\right)^2 \tag{5}$$

$$L_{xy} = \sum_{i=1}^{n} x_i y_i - \frac{1}{n}\left(\sum_{i=1}^{n} x_i\right)\left(\sum_{i=1}^{n} y_i\right) \tag{6}$$

一元线性回归的计算步骤如下。

① 将实验数据列入一元回归计算表(表 24.3),并计算。

表 24.3　一元回归计算表

| 序号 | $x_i$ | $y_i$ | $x_i^2$ | $y_i^2$ | $x_iy_i$ |
|---|---|---|---|---|---|
| $\sum$ | | | | | |

$\sum x =$　　　$\bar{x} =$　　　$\sum x^2 =$

$\sum y =$　　　$\bar{y} =$　　　$n =$

$L_{xx} = \sum x^2 - (\sum x)^2/n = \sum y^2 = \sum y^2 =$　　　$\sum xy =$

$L_{yy} = \sum y^2 - (\sum y)^2/n =$　　　$L_{xy} = \sum xy - (\sum x)(\sum y)/n =$

② 根据式(1)、式(2) 计算 $a$、$b$,得一元线性回归方程 $y = a + bx$。

(3) 回归线的相关系数与精度用上述方法配出的回归线是否有意义?两个变量间是否确实存在线性关系?在数学上引进了相关系数 $r$ 来检验回归线有无意义,用相关系数的大小判断建立的经验公式是否正确。

相关系数 $r$ 是判断两个变量之间相关关系的密切程度的指标,它有下述特点。

1) 相关系数是介于 $-1$ 和 1 之间的值。

2) 当 $r = 0$ 时,说明变量 $y$ 的变化可能与 $x$ 无关,这时 $x$ 与 $y$ 没有线性关系,如图 24.5 所示。

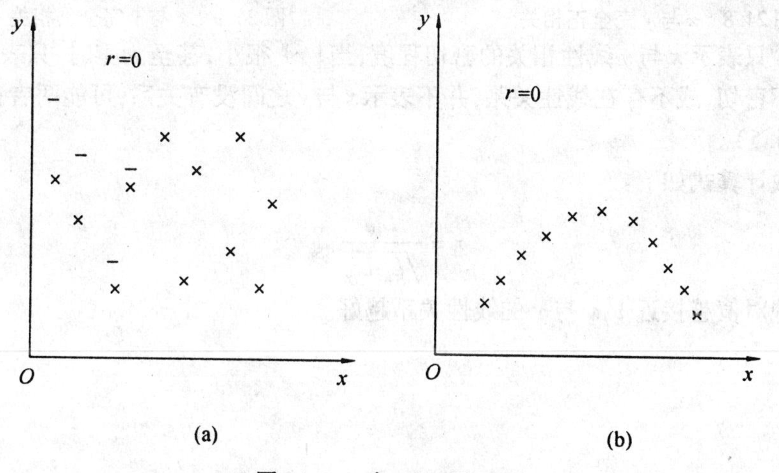


图 24.5　$x$ 与 $y$ 无线性关系

3) $0 < |r| < 1$ 时,$x$ 与 $y$ 之间存在着一定线性关系。当 $r > 0$ 时,直线斜率是正的,$y$ 值随 $x$ 增加而增加,此时称 $x$ 与 $y$ 为正相关(图 24.6)。当 $r < 0$ 时,直线的斜率是负的,$y$ 随着

$x$ 的增加而减少，此时称 $x$ 与 $y$ 为负相关（图 24.7）。

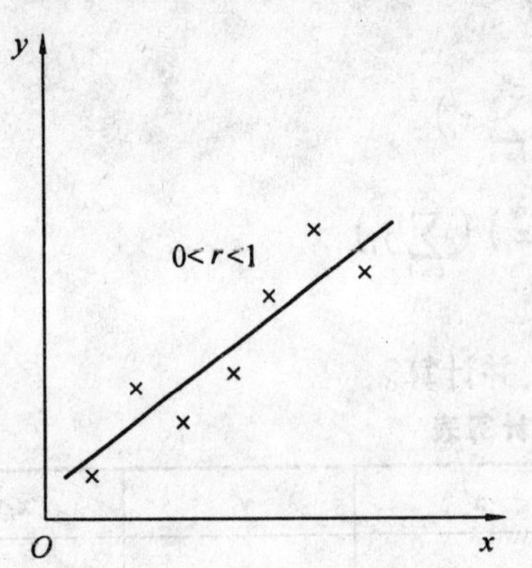


图 24.6　$x$ 与 $y$ 为正相关

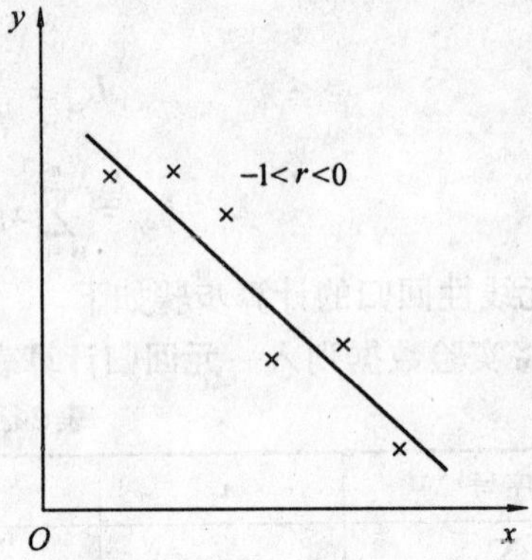

图 24.7　$x$ 与 $y$ 为负相关

4）$|r|=1$ 时，$x$ 与 $y$ 完全线性相关。当 $r=+1$ 时称为完全正相关（图 24.8）。当 $r=-1$ 时，称为完全负相关（图 24.9）。

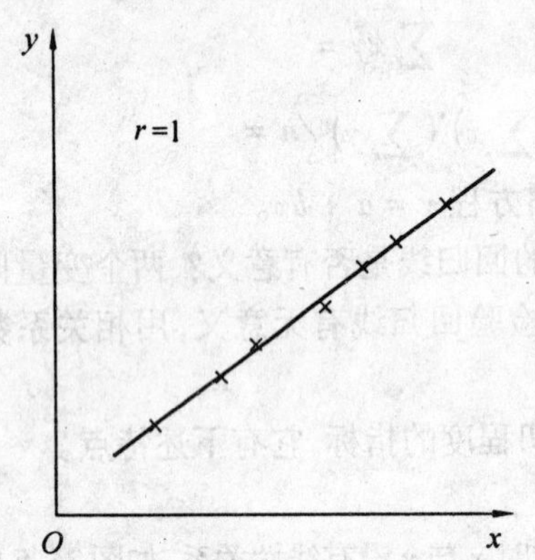


图 24.8　$x$ 与 $y$ 完全正相关

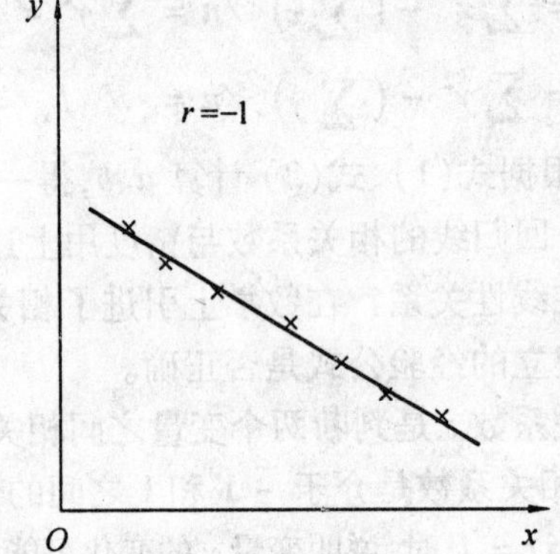


图 24.9　$x$ 与 $y$ 完全负相关

相关系数只表示 $x$ 与 $y$ 线性相关的密切程度，当 $|r|$ 很小，甚至为零时，只表明 $x$ 与 $y$ 之间线性关系不密切，或不存在线性关系，并不表示 $x$ 与 $y$ 之间没有关系，可能两者存在着非线性关系（图 24.5）。

相关系数计算式如下：

$$r=\frac{L_{xy}}{\sqrt{L_{xx}L_{yy}}}$$

相关系数的绝对值越接近 1，$x$ 与 $y$ 的线性关系越好。

# 附　录

## 附录1　中国微生物菌种保藏管理条例

### 总　则

第一条　微生物学的研究在现代生物学中占有重要地位，随着我国社会主义建设的发展，在农业、林业、畜牧业、渔业、轻工、化工、采矿、环保、医药卫生和国防等方面起着越来越重要的作用。菌种是进行微生物学研究和应用的基本材料，是发展生物工程的重要基础条件之一，是国家的重要生物资源。为了进一步做好菌种的分离筛选、收集保藏、鉴定编目、供应交流，以便使其更好地为四个现代化服务，特制订本管理条例。

第二条　本条例所指的菌种，包括可以培养的有一定科学意义或实用价值的细菌、真菌、病毒、细胞等代表株。

第三条　中国微生物菌种保藏管理委员会现设普通、农业、林业、工业、抗生素、医学、兽医微生物等菌种保藏管理中心。

### 收集与保藏

第四条　收集

（一）各保藏管理中心有权向国内有关单位收集和索取有一定价值的菌种。

（二）凡单位或个人分离，选育或引进具有一定价值的菌种，应及时将该菌种的复制培养物及详细资料，送交有关保藏管理中心。确认有保存价值者，方可入藏。

（三）下述菌种均为国家重要的生物资源，均需向有关中心办理入藏手续。

1. 申请专利的菌种

2. 报部和省（自治区、直辖市）级科研成果所涉及的菌种

3. 新种、新型菌种

第五条　保藏

（一）各保藏管理中心所保藏的菌种，必须具有该菌种的详细历史及有关实验资料。

（二）各保藏管理中心对所负责保藏的菌种均应采取妥善、可靠的方法保藏，避免菌种的污染或死亡。

（三）各保藏管理中心应制定安全、严密的保管制度，并指定专人负责。

（四）各保藏管理中心应尊重申请保藏单位或个人的劳动成果，并为其作证，维护其合法权益，不得擅自扩散。

## 命名与编目

第六条 命名

有关分类命名及统一译名等事宜,由委员会的学术组协同有关方面负责。

第七条 编目

(一)菌种目录是国家掌握生物资源的主要依据,为此在委员会的领导下,组织有关人员,编制或修订以下几种目录:

1. 中国菌种目录

2. 各保藏管理中心的菌种目录

3. 国家专利或保密的菌种目录

4. 必要的其他菌种目录

(二)各保藏管理中心对新收集的菌种应每年按规定日期上报委员会,以便定期通告。

(三)编入“中国菌种目录”之菌种,其使用的菌号,任何单位或个人不得随意更改。

## 供应与交流

第八条 国内供应

(一)凡各单位需用菌种,必须开具公函,说明菌种之名称、菌号、型号、数量及用途。各使用单位对有关保藏机构提供的菌种进行深入研究获得成果时,应在成果报告中注明提供菌种的单位。

(二)凡国家允许邮寄之菌种,必须按有关规定严密包装。

(三)对人、动物、植物有传染性的病原微生物、抗生素生产菌种及保密菌种,在供应使用时,应严格按照相应的管理办法执行。

第九条 国际交流

(一)国内尚未保藏的菌种需由国外引进时,由单位自备外汇开具清单(包括菌种名称、型别、菌号及国别和保藏单位的名称及地址等)填写中、英文本各一式三份,经省(自治区、直辖市)业务主管部门审批后,送交有关保藏中心负责办理。

(二)单位或个人向国外索取或交换的菌种,应及时将该菌种或复制的培养物连同资料送交有关保藏管理中心保藏。

(三)从国外引进致病性强的及我国尚未发现的医学、动物及植物病原微生物菌种时,应事先经主管部门批准。

(四)国外向我国索取菌种,负责供应单位应按国家科委颁发的“中华人民共和国生物资源出口管理办法”办理。

## 奖 惩

第十条 凡单位或个人对菌种筛选、保藏和管理工作有突出贡献的,应给予精神或物质奖励;对由于菌种保藏和管理不妥而造成危害或损失的,根据不同情况,给予必要的惩处。

## 附　则

第十一条　本条例由国家科委批准后实施。

第十二条　本条例的实施细则由各菌种保藏管理中心制订，报主管部门批准后实施，并向菌种保藏委员会备案。

（颁布日期：1986.08.08；实施日期：1986.08.08；颁布单位：国家科委）

# 附录2　国际确认的专利菌种保藏机构

| 保藏单位(简称) | 所在国家 | 保藏范围 |
|---|---|---|
| 中国典型培养物保藏中心(CCTCC) | 中国 | 各类培养物 |
| 中国普通微生物菌种保藏中心(CGMCC) | 中国 | 普通微生物 |
| 比利时微生物保藏中心(BCCM) | 比利时 | 大多数微生物 |
| 澳大利亚国家分析试验室(AGAL) | 澳大利亚 | 微生物 |
| 保加利亚菌种保藏库(NBIMCC) | 保加利亚 | 微生物 |
| 捷克微生物保藏所(CCM) | 捷克 | 普通微生物 |
| 法国微生物保藏中心(CNCM) | 法国 | 各类培养物 |
| 德国微生物保藏中心(DSM) | 德国 | 普通微生物 |
| 匈牙利国家农业和工业微生物保藏中心(NCAIM) | 匈牙利 | 工业微生物 |
| 日本国家生命科学和人类技术研究所(NIBH) | 日本 | 各类培养物 |
| 荷兰真菌保藏所(CBS) | 荷兰 | 真菌 |
| 韩国细胞系研究联盟(KCLRF) | 韩国 | 动植物细胞 |
| 韩国微生物保藏中心(KCCM) | 韩国 | 微生物 |
| 韩国典型培养物保藏中心(KCIC) | 韩国 | 各类培养物 |
| 俄罗斯微生物保藏中心(VKM) | 俄罗斯 | 工业微生物 |
| 俄罗斯科学院微生物理化所(IBFM-VKM) | 俄罗斯 | 各类培养物 |
| 俄罗斯国家工业微生物保藏中心(VKPM) | 俄罗斯 | 工业微生物 |
| 斯洛伐克酵母保藏所(CCY) | 斯洛伐克 | 酵母菌 |
| 西班牙普通微生保藏中心(CECT) | 西班牙 | 普通微生物菌种 |
| 英国藻类和原生动物保藏中心(CCAP) | 英国 | 藻类、原生动物 |
| 欧洲动物细胞保藏中心(ECACC) | 英国 | 动物细胞系等 |
| 国际真菌学研究所(IMD) | 英国 | 真菌、细菌等 |
| 英国国家食品细菌保藏中心(NCFB) | 英国 | 工业细菌 |
| 英国国家典型培养物保藏中心(NCTC) | 英国 | 普通微生物 |
| 英国国家酵母菌保藏中心(NCYC) | 英国 | 酵母菌 |

# 附录3　常用微生物名称

*Aspergillus niger*：黑曲霉；*Aspergillus sp.*：曲霉；*Llspergillus flavus*：黄曲霉；*Aspergillus parasiticus*：寄生曲霉；*Alcaligenes faecatis*：粪产碱杆菌；*Azotobacter chroococcum*：褐球固氮菌；*Bacillus cereus*：蜡状芽孢杆菌；*Bacillus mucilagimosus*：胶冻样芽孢杆菌；*Bacillus mycoides*：蕈状芽

孢杆菌;*Bacillus subtilis*:枯草芽孢杆菌;*Bacillus sphaericus*:球形芽孢杆菌;*Bacillus thuringiensis*:苏云金芽孢杆菌;*Candida albicaus*:白假丝酵母;*Ceotrichum candidum*:白地霉;*Clostridium butyricum*:丁酸梭菌;*Escherichia coli*:大肠埃希氏菌;*Enterobacter aerogenes*:产气肠杆菌;*Halobacterium halobium*:盐生盐杆菌;*Influenza virusa*:A 型流感病毒;*Lactobacillus bul garicus*:保加利亚乳杆菌;*Micrococcus luteus*:藤黄微球菌;*Mucor sp.*:毛霉;*Mycobacteium phlei*:草分枝杆菌;*Newcastle-distase virus*:鸡新城疫病毒;*Penicillium sp.*:青霉;*Penicillium chrysogenum*:产黄青霉;*Penicillium griseofuvum*:灰棕黄青霉;*Pleurotus ostreatus*:侧耳(平菇);*Proteus vulgaris*:普通变形杆菌;*Pseudomonas sp.*:假单胞菌;*Pseudomonas aeruginosa*:铜绿假单胞菌;*Pseudomonas savastanoi*:萨氏假单胞菌;*Rhizopus sp.*:根霉;*Saccharomyces carlsbergensis*:卡尔酵母;*Saccharomyces cerevisiae*:酿酒酵母;*Serratia marcescens*:黏质沙雷氏菌;*Staphylococcus albus*:白色葡萄球菌;*Staphylococcus aureus*:金黄色葡萄球菌;*Streptomyces fradiae*:弗氏链霉菌;*Streptomyces glaca*:青色链霉菌;*Strptomyces griseus*:灰色链霉菌;*Streptomyces microflavus*(5406):细黄链霉菌(5406 放线菌);*Vaccinia virus*:痘苗病毒(牛痘病毒)。

# 附录4　染色液的配制

## 一、吕氏(Loeffler)碱性美蓝染液

A 液:美蓝 0.6 g,95% 乙醇 30 mL;B 液:KOH 0.01 g,蒸馏水 100 mL。分别配制 A 液和 B 液,配好后混合即可。

## 二、齐氏(Ziehl)石炭酸复红染液

A 液:碱性复红(basic fuchsin)0.3 g,95% 乙醇 10 mL;B 液:石炭酸 5.0 g,蒸馏水 95 mL。

将碱性复红在研钵中研磨后,逐渐加入 95% 乙醇,继续研磨使其溶解,配成 A 液。

将石炭酸溶解于水中,配成 B 液。

混合 A 液及 B 液即成。通常可将此混合液稀释 5~10 倍使用,稀释液易变质失效,一次不宜多配。

## 三、革兰氏(Gram)染液

1. 草酸铵结晶紫染液

A 液:结晶紫(crystal violet)2 g,95% 乙醇 20 mL;B 液:草酸铵(ammonium oxalate)0.8 g,蒸馏水 80 mL。

混合 A、B 二液,静置 48 h 后使用。

2. 卢戈氏(Lugol)碘液

碘片 1 g,碘化钾 2 g,蒸馏水 300 mL。

先将碘化钾溶解在少量水中,再将碘片溶解在碘化钾溶液中,待碘全溶后,加足水分即成。

3. 95%乙醇溶液

4. 番红复染液

番红(safranine O)2.5 g,95%乙醇 100 mL。

取上述配好的番红乙醇溶液 10 mL 与 80 mL 蒸馏水混匀即成。

## 四、芽孢染色液

1. 孔雀绿染液

孔雀绿(malachite green)5 g,蒸馏水 100 mL。

2. 番红水溶液

番红 0.5 g,蒸馏水 100 mL。

3. 苯酚品红溶液

碱性品红 11 g,无水乙醇 100 mL。

取上述溶液 10 mL 与 100 mL 5%的苯酚溶液混合,过滤备用。

4. 黑色素(nigrosin)溶液

水溶性黑色素 10 g,蒸馏水 100 mL。

称取 10 g 黑色素溶于 100 mL 蒸馏水中,置沸水浴中 30 min 后,滤纸过滤 2 次,补加水到 100 mL,加 0.5 mL 甲醛,备用。

## 五、荚膜染色液

1. 黑色素水溶液

黑色素 5 g,蒸馏水 100 mL,福尔马林(40%甲醛)0.5 mL。

将黑色素在蒸馏水中煮沸 5 min,然后加入福尔马林作防腐剂。

2. 番红染液

与革兰氏染液中番红复染液相同。

## 六、鞭毛染色液

1. 硝酸银鞭毛染色液

A 液:单宁酸 5 g,$FeCl_3$ 1.5 g,蒸馏水 100 mL,福尔马林(15%)2 mL,NaOH(1%)1 mL。冰箱内可保存 3~7 d,延长保存期会产生沉淀,但用滤纸除去沉淀后,仍能使用。

B 液:$AgNO_3$ 2 g,蒸馏水 100 mL。

将 $AgNO_3$ 溶解后,取出 10 mL 备用,向其余的 90 mL $AgNO_3$ 中滴入浓 $NH_3 \cdot H_2O$,使之成为很浓厚的悬浮液,再继续滴加 $NH_3 \cdot H_2O$,直到新形成的沉淀又重新刚刚溶解为止。再将备用的 10 mL $AgNO_3$,慢慢滴入,则出现薄雾状沉淀,但轻轻摇动后,薄雾状沉淀又消失,再滴入 $AgNO_3$,直到摇动后仍呈现轻微而稳定的薄雾状沉淀为止。冰箱内保存通常 10 d 内仍可使用。如雾重,则银盐沉淀出,不宜使用。

2. Leifson 氏鞭毛染色液

A 液:碱性复红 1.2 g,95%乙醇 100 mL;B 液:单宁酸 3 g,蒸馏水 100 mL;C 液:NaCl 1.5 g,蒸馏水 100 mL。

临用前将A、B、C液等量混合均匀后使用。三种溶液分别于室温保存可保存几周,若分别置冰箱保存,可保存数月。混合液装密封瓶内置冰箱几周仍可使用。

## 七、富尔根氏核染色液

1. 席夫氏(Schiff)试剂

将1 g碱性复红加入200 mL煮沸的蒸馏水中,振荡5 min,冷至50 ℃左右过滤,再加入1 mol/L HCl 20 mL,摇匀。等冷至25 ℃时,加$Na_2S_2O_5$(偏重亚硫酸钠)3 g,摇匀后装在棕色瓶中,用黑纸包好,放置暗处过夜,此时试剂应为淡黄色(如为粉红色则不能用),再加中性活性炭过滤,滤液振荡1 min后,再过滤,将此滤液置冷暗处备用(注意:过滤需在避光条件下进行)。

在整个操作过程中所用的一切器材都需十分洁净、干燥,以消除还原性物质。

2. Schandium 固定液

A液:饱和升汞水溶液,50 mL升汞水溶液加95%乙醇25 mL混合即得;B液:冰醋酸。

取A液9 mL加B液1 mL,混匀后加热至60 ℃。

3. 亚硫酸水溶液

10%偏重亚硫酸钠水溶液5 mL,1 mol/L HCl 5 mL,加蒸馏水100 mL混合即得。

## 八、乳酸石炭酸棉蓝染色液

石炭酸10 g,乳酸(相对密度1.21)10 mL,甘油20 mL,蒸馏水10 mL,棉蓝(cotton blue)0.02 g。

将石炭酸加在蒸馏水中加热溶解,然后加入乳酸和甘油,最后加入棉蓝,使其溶解即成。

## 九、瑞氏(Wright)染色液

瑞氏染料粉末0.3 g,甘油3 mL,甲醇97 mL。

将染料粉末置于干燥的乳钵内研磨,先加甘油,后加甲醇,放玻璃瓶中过夜,过滤即可。

## 十、美蓝染液

在盛有52 mL 95%乙醇和44 mL四氯乙烷的三角烧瓶中,慢慢加入0.6 g氯化美蓝(methylene blue chloride),旋摇三角烧瓶,使其溶解。放5~10 ℃下,12~24 h,然后加入4 mL冰醋酸。用质量好的滤纸如Whatman No42或与之同质量的滤纸过滤,贮存于清洁的密闭容器内。

## 十一、姬姆萨(Giemsa)染液

姬姆萨染料0.5 g,甘油33 mL,甲醇33 mL。

将姬姆萨染料研细,然后边加入甘油边继续研磨,最后加入甲醇混匀,放56 ℃ 1~24 h后,即为姬姆萨贮存液。临用前在1 mL姬姆萨贮存液中加入pH 7.2磷酸缓冲液20 mL,配成使用液。

## 十二、Jenner(May-Grunwald)染液

0.25 g Jenner 染料经研细后加甲醇 100 mL。

## 十三、萘酚蓝黑-卡宝品红染色

A 液(萘酚蓝黑液):萘酚兰黑 1.5 g,醋酸 10 mL,蒸馏水 40 mL,B 液(卡宝品红液):卡宝品红 1.0 g,95% 乙醇 10 mL,蒸馏水 90 mL。

使用时配成 30% 水溶液。

# 附录5　培养基的配制

## 一、牛肉膏蛋白胨培养基(培养细菌用)

牛肉膏 3 g,蛋白胨 10 g,NaCl 5 g,琼脂 15 ~ 20 g,水 1 000 mL,pH 7.0 ~ 7.2,121 ℃灭菌 20 min。

## 二、高氏(Gause)Ⅰ号培养基(培养放线菌用)

可溶性淀粉 20 g,$KNO_3$ 1 g,NaCl 0.5 g,$K_2HPO_4$ 0.5 g,$MgSO_4$ 0.5 g,$FeSO_4$ 0.01 g,琼脂 20 g,水 1 000 mL,pH7.2 ~ 7.4。

配制时,先用少量冷水,将淀粉调成糊状,倒入煮沸的水中,在火上加热,边搅拌边加入其他成分,溶化后,补足水分至 1 000 mL,121 ℃灭菌 20 min。

## 三、查氏(Czapek)培养基(培养霉菌用)

$NaNO_3$ 2g,$K_2HPO_4$ 1 g,KCl 0.5 g,$MgSO_4$ 0.5 g,$FeSO_4$ 0.01 g,蔗糖 30 g,琼脂 15 ~ 20 g,水 1 000 mL,pH 自然。

121 ℃灭菌 20 min。

## 四、马丁氏(Martin)琼脂培养基(分离真菌用)

葡萄糖 10 g,蛋白胨 5 g,$KH_2PO_4$ 1 g,$MgSO_4 \cdot 7H_2O$ 0.5 g,1/3 000 孟加拉红(rose bengal,玫瑰红水溶液)100 mL,琼脂 15 ~ 20 g,pH 自然,蒸馏水 800 mL。121 ℃灭菌 30 min。

临用前加入 0.03% 链霉素稀释液 100 mL,使每毫升培养基中含链霉素 30 μg。

## 五、马铃薯培养基(简称 PDA,培养真菌用)

马铃薯 200 g,蔗糖(或葡萄糖)20 g,琼脂 15 ~ 20 g,水 1 000 mL,pH 自然。

马铃薯去皮,切成块煮沸半小时,然后用纱布过滤,再加糖及琼脂,溶化后补足水至 1 000 mL。121 ℃灭菌 30 min。

## 六、麦芽汁琼脂培养基

(1)取大麦或小麦若干,用水洗净,浸水6~12 h,置15 ℃阴暗处发芽,上盖纱布一块,每日早、中、晚淋水一次,麦根伸长至麦粒的两倍时,即停止发芽,摊开晒干或烘干,贮存备用。

(2)将干麦芽磨碎,1份麦芽加4份水,在65 ℃水浴锅中糖化3~4 h,糖化程度可用碘滴定。

(3)将糖化液用4~6层纱布过滤,滤液如浑浊不清,可用鸡蛋白澄清,方法是将一个鸡蛋白加水约20 mL,调匀至生泡沫时为止,然后倒在糖化液中搅拌煮沸后再过滤。

(4)将滤液稀释到5~6波美度,pH约6.4,加入2%琼脂即成。

121 ℃灭菌20 min。

## 七、无氮培养基(自生固氮菌、钾细菌)

甘露醇(或葡萄糖)10 g,$KH_2PO_4$ 0.2 g,$MgSO_4 \cdot 7H_2O$ 0.2 g,NaCl 0.2 g,$CaSO_4 \cdot 2H_2O$ 0.2 g,$CaCO_3$ 5.0 g,蒸馏水1 000 mL,pH 7.0~7.2。113 ℃灭菌30 min。

## 八、半固体肉膏蛋白胨培养基

肉膏蛋白胨液体培养基100 mL,琼脂0.35~0.4 g,pH 7.6。

121 ℃灭菌20 min。

## 九、合成培养基

$(NH_4)_3PO_4$ 1 g,KCl 0.2 g,$MgSO_4 \cdot 7H_2O$ 0.2 g,豆芽汁10 mL,琼脂20 g,蒸馏水1 000 mL,pH 7.0。加12 mL 0.04%的溴甲酚紫(pH 5.2~6.8,颜色由黄色变紫色,作指示剂)。

## 十、豆芽汁蔗糖(或葡萄糖)培养基

黄豆芽100 g,蔗糖(或葡萄糖)50 g,水1 000 mL,pH自然。

称新鲜豆芽100 g,放入烧杯中,加水1 000 mL。煮沸约30 min,用纱布过滤。葡萄糖50 g,煮沸溶化。121 ℃灭菌20 min。

## 十一、油脂培养基

蛋白胨10 g,牛肉膏5 g,NaCl 5 g,香油或花生油10 g,1.6%中性红水溶液1 mL,琼脂15~20 g,蒸馏水1 000 mL,pH 7.2。121 ℃灭菌20 min。

注:(1)不能使用变质油。

(2)油和琼脂及水先加热。

(3)调好pH值后,再加入中性红。

(4)分装时,需不断搅拌,使油均匀分布于培养基中。

## 十二、淀粉培养基

蛋白胨 10 g，NaCl 15 g，牛肉膏 5 g，可溶性淀粉 2 g，蒸馏水 1 000 mL，琼脂 15～20 g，121 ℃灭菌 20 min。

## 十三、明胶培养基

牛肉膏蛋白胨液 100 mL，明胶 12～18 g，pH 7.2～7.4。121 ℃灭菌 20 min。

在水浴锅中将上述成分溶化，不断搅拌。溶化后调 pH 7.2～7.4，121 ℃灭菌 30 min。

## 十四、蛋白胨水培养基

蛋白胨 10 g，NaCl 5 g，蒸馏水 1 000 mL，pH 7.6。121 ℃灭菌 20 min。

## 十五、糖发酵培养基

蛋白胨水培养基 1 000 mL，1.6% 溴甲酚紫乙醇溶液 1～2 mL，pH 7.6。另配 20% 糖溶液（葡萄糖、乳糖、蔗糖等）各 10 mL。

制法：

(1) 将上述含指示剂的蛋白胨水培养基（pH 7.6）分装于试管中，在每管内放一倒置的小玻璃管（Durham tube），使充满培养液。

(2) 将已分装好的蛋白胨水和 20% 的各种糖溶液分别灭菌，蛋白胨水 121 ℃灭菌 20 min；糖溶液 112 ℃灭菌 30 min。

(3) 灭菌后，每管以无菌操作分别加入 20% 的无菌糖溶液 0.5 mL（按每 10 mL 培养基中加入 20% 的糖液 0.5 mL，则成 1% 的浓度）。

配制用的试管必须洗干净，避免结果混乱。

## 十六、葡萄糖蛋白胨水培养基

蛋白胨 5 g，葡萄糖 5 g，$K_2HPO_4$ 2 g，蒸馏水 1 000 mL。

将上述各成分溶于 1 000 mL 水中，调 pH 7.0～7.2，过滤。分装试管，每管 10 mL，112 ℃灭菌 30 min。

## 十七、麦氏（Meclary）琼脂（酵母菌）

葡萄糖 1 g，KCl 1.8 g，酵母浸膏 2.5 g，醋酸钠 8.2 g，琼脂 15～20 g，蒸馏水 1 000 mL。113 ℃灭菌 30 min。

## 十八、柠檬酸盐培养基

$NH_4H_2PO_4$ 1 g，$K_2HPO_4$ 1 g，NaCl 5 g，$MgSO_4$ 0.2 g，柠檬酸钠 2 g。在水浴锅中将上述成分溶化，不断搅拌，溶化后调 pH 7.2～7.4。

121 ℃灭菌 30 min。

## 十九、醋酸铅培养基

pH 7.4 的牛肉膏蛋白胨琼脂 100 mL,硫代硫酸钠 0.25 g,10% 醋酸铅水溶液 1 mL。

将牛肉膏蛋白胨琼脂培养基 100 mL 加热溶解,待冷至 60 ℃时加入硫代硫酸钠 0.25 g,调 pH 7.2,分装于瓶。

角烧瓶中,115 ℃灭菌 15 min。取出后待冷至 55 ~60 ℃,加入 10% 醋酸铅水溶液(无菌的)1 mL,混匀后倒入灭菌试管或平板中。

## 二十、血琼脂培养基

pH 7.6 的牛肉膏蛋白胨琼脂 100 mL,脱纤维羊血(或兔血)10 mL。

将牛肉膏蛋白胨琼脂加热溶化,待冷至 50 ℃时,加入无菌脱纤维羊血(或兔血)摇匀后倒平板或制成斜面,37 ℃过夜检查无菌生长即可使用。

注:无菌脱纤维羊血(或兔血)的制备:用配备 18 号针头的注射器以无菌操作抽取全血,并立即注入装有无菌玻璃珠(约 3 mm)的无菌三角瓶中。摇动三角瓶 10 min 左右,形成的纤维蛋白块会沉淀在玻璃珠上,把含血细胞和血清的上清液倾入无菌容器即得脱纤维羊(兔)血,置冰箱备用。

## 二十一、玉米粉蔗糖培养基

玉米粉 60 g, $KH_2PO_4$ 3 g, 维生素 B 100 mg, 蔗糖 10 g, $MgSO_4 \cdot 7H_2O$ 1.5 g, 水 1 000 mL。121 ℃灭菌 30 min,维生素 B 单独灭菌 15 min 后另加。

## 二十二、酵母膏麦芽汁琼脂

麦芽粉 3 g,酵母浸膏 0.1 g,水 1 000 mL。121 ℃灭菌 20 min。

## 二十三、玉米粉综合培养基

玉米粉 5 g, $KH_2PO_4$ 0.3 g,酵母浸膏 0.3 g,葡萄糖 1 g, $MgSO_4 \cdot 7H_2O$ 0.15 g,水 1 000 mL。121 ℃灭菌 30 min。

## 二十四、棉籽壳培养基

棉籽壳 50%,石灰粉 1%,过磷酸钙 1%,水 65% ~70%,按比例称好料,充分拌均匀后装瓶。

## 二十五、复红亚硫酸钠培养基(远藤氏培养基)

蛋白胨 10 g,乳糖 10 g, $K_2HPO_4$ 3.5 g,琼脂 20 ~30 g,蒸馏水 1 000 mL,无水亚硫酸钠 5 g左右,5% 碱性复红乙醇溶液 20 mL。

先将琼脂加入 900 mL 蒸馏水中,加热溶解,再加入磷酸氢二钾及蛋白胨,使溶解,补足蒸馏水至 1 000 mL,调 pH 至 7.2 ~7.4。加入乳糖,混匀溶解后,115 ℃灭菌 20 min。称取亚硫酸钠置一无菌空试管中,加入无菌水少许使溶解’再在水浴中煮沸 10 min 后,立刻滴加于

20 mL 5%碱性复红乙醇溶液中，直至深红色褪成淡粉红色为止。将此亚硫钠与碱性复红的混合液全部加至上述已灭菌的并仍保持溶化状态的培养基中，充分混匀，倒平板，放冰箱备用。贮存时间不宜超过2周。

## 二十六、伊红美蓝培养基(EMB培养基)

蛋白胨水琼脂培养基100 mL，20%乳糖溶液2 mL，2%伊红水溶液2 mL，0.5%美蓝水溶液1 mL。

将已灭菌的蛋白胨水琼脂培养基(pH 7.6)加热溶化，冷却至60 ℃左右时，再把已灭菌的乳糖溶液、伊红水溶液及115 水溶液20 min量以无菌操作加入。摇匀后，立即倒平板。乳糖在高温灭菌易被破坏必须严格控制灭菌温度，115 ℃灭菌20 min。

## 二十七、乳糖蛋白胨培养液("水的细菌学检查"用)

蛋白胨10 g，牛肉膏3 g，乳糖5 g，NaCl 5 g，1.6%溴甲酚紫乙醇溶液1 mL，蒸馏水1 000 mL。

将蛋白胨、牛肉膏、乳糖及NaCl加热溶解于1 000 mL蒸馏水中，调pH至7.2~7.4。加入1.6%溴甲酚紫乙醇溶液1 mL，充分混匀，分装于有小导管的试管中。115 ℃灭菌20 min。

## 二十八、石蕊牛奶培养基

牛奶粉100 g，石蕊0.075 g，水1 000 mL，pH 6.8。121 ℃灭菌15 min。

## 二十九、LB(Luria - Bertam)培养基

蛋白胨10 g，酵母膏5 g，NaCl 10 g，蒸馏水1 000 mL，pH 7.0。121 ℃灭菌20 min。

## 三十、基本培养基

$K_2HPO_4$ 10.5 g，$KH_2PO_4$ 4.5 g，$(NH_4)_2SO_4$ 1 g，柠檬酸钠·$2H_2O$ 0.5 g，蒸馏水1 000 mL。121 ℃灭菌20 min。

需要时灭菌后加入：糖(20%)，维生素B(硫胺素)(1%)，$MgSO_4\cdot 7H_2O$(20%)，链霉素(50 mg/mL)4 mL，终质量浓度200 μg/mL，氨基酸(10 mg/mL)4 mL，终质量浓度40 μg/mL，pH自然~7.0。

## 三十一、庖肉培养基

(1)取已去肌膜、脂肪之牛肉500 g，切成小方块，置1 000 mL蒸馏水中，以弱火煮1 h，用纱布过滤，挤干肉汁，将肉汁保留备用。将肉渣用绞肉机绞碎或用刀切成细粒。

(2)将保留的肉汁加蒸馏水，使总体积为2 000 mL，加入蛋白胨20 g，葡萄糖2 g，氯化钠5 g，及绞碎的肉渣，置烧瓶摇匀，加热使蛋白胨溶化。

(3)取上层溶液测量pH值，并调整其达到8.0，在烧瓶壁上用记号笔标示瓶内液体高度，121 ℃灭菌15 min后补足蒸发的水分，重新调整pH为8.0，再煮沸10~20 min，补足水量后调整pH 7.4。

(4)将烧瓶内容物摇匀,将溶液和肉渣分装于试管中,肉渣占培养基的1/4左右。经121 ℃灭菌15 min后备用,如当日不用,应以无菌手续加入已灭菌的石蜡凡士林,以隔绝氧气。

## 三十二、乳糖牛肉膏蛋白胨培养基

乳糖5 g,牛肉膏5 g,酵母膏5 g,蛋白胨10 g,葡萄糖10 g,NaCl 5 g,琼脂粉15 g,pH 6.8,水1 000 mL。

## 三十三、马铃薯牛乳培养基

马铃薯(去皮)200 g煮出汁,脱脂鲜乳100 mL,酵母膏5 g,琼脂粉15 g,加水至1 000 mL,pH 7.0。

制平板培养基时,牛乳与其他成分分开灭菌,倒平板前再混合。

## 三十四、尿素琼脂培养基

尿素20 g,琼脂15 g,NaCl 5 g,$KH_2PO_4$ 2 g,蛋白胨1 g,酚红0.012 g,蒸馏水1 000 mL,pH 6.8±0.2。

培养基的制备:在蒸馏水或去离子水100 mL中,加入上述所有成分(除琼脂外)。混合均匀,过滤灭菌。将琼脂加入900 mL蒸馏水或去离子水中,加热煮沸腾。121 ℃灭菌15 min。冷却至50 ℃,加入灭菌好的基本培养基,混匀后,分装于灭菌的试管中,放在倾斜位置上使其凝固。

## 三十五、胰胨豆胨(tryptic soy broth)培养基

胰蛋白胨17 g,豆胨(soytone)3 g,NaCl 5 g,右旋糖(葡萄糖)2.5 g,$K_2HPO_4$ 2.5 g,蒸馏水1 000 mL。pH根据需要调

## 三十六、BPA培养基

牛肉膏5 g,蛋白胨10 g,乙酸钠34 g,水1 000 mL,pH 7.2~7.4。

## 三十七、BP培养基

BPA培养基,牛肉膏3 g,蛋白胨5 g,NaCl5 g,琼脂18 g,水1 000 mL,pH自然。

## 三十八、DMEM培养基

(1)取市售DMEM培养基粉末1包,倒入1 000 mL烧瓶中,加双蒸水800 mL,常温磁力搅拌。

(2)称取2.5 g $NaHCO_3$(分析纯),溶解于200 mL双蒸水中。

(3)1液与2液充分混合,用稀HCl调pH至7.2~7.4。

(4)调pH后的DMEM液置超净台上,用0.1~0.2 cm孔径的硝酸滤膜滤器过滤除菌。

(5)过滤的DMEM培养基取样做无菌试验,37 ℃培养1周后应为阴性结果。

(6)DMEM 培养基贮存于 4 ℃冰箱,用前加入 10%的新生牛血清即可使用。

### 三十九、紫红胆汁琼脂培养基

酵母提取物 3 g,蛋白胨 7 g,胆汁盐 1.5 g,乳糖 10 g,NaCl 5 g,中性红 0.03 g,结晶紫 0.02 g,琼脂 15 g,蒸馏水 1 000 mL,pH 7.4。

## 附录 6　试剂和溶液的配制

### 一、3%酸性乙醇溶液

浓盐酸 3 mL,95%乙醇 97 mL。

### 二、中性红指示

中性红 0.04 g,95%乙醇 28 mL,蒸馏水 72 mL,中性红 pH 6.8～8.0 颜色由红变黄,常用质量分数为 0.04%。

### 三、淀粉水解试验用碘液(卢戈氏碘液)

碘片 1 g,碘化钾 2 g,蒸馏水 300 mL。先将碘化钾溶解在少量水中,再将碘片溶解在碘化钾溶液中,待碘全溶后,加足水分即可。

### 四、溴甲酚紫指示剂

溴甲酚紫 0.04 g,0.01 mol/L NaOH 7.4 g,蒸馏水 72.6 mL,溴甲酚紫 pH 5.2～6.8,颜色由黄变紫,常用质量分数为 0.04%。

### 五、溴麝香草酚蓝指示剂

溴麝香草酚蓝 0.04 g,0.01 mol/L NaOH 6.4 mL,蒸馏水 93.6 mL,溴麝香草酚蓝 pH 6.0～7.6,颜色由黄变蓝,常用质量分数为 0.04%。

### 六、甲基红试剂

甲基红(methyl red)0.04 g,95%乙醇 60 mL,蒸馏水 40 mL。先将甲基红溶于 95%乙醇中,然后加入蒸馏水即可。

### 七、V. P. 试剂

(1)5%α-萘酚无水乙醇溶液:α-萘酚 5 g,无水乙醇 100 mL。

(2)4%KOH 溶液:KOH 40 g,蒸馏水 100 mL。

### 八、吲哚试剂

对二甲基氨基苯甲醛 2 g,95%乙醇 190 mL,浓盐酸 40 mL。

## 九、格里斯氏(Griess)试剂

A 液:对氨基苯磺酸 0.5 g,10% 稀醋酸 150 mL;B 液:α-萘胺 0.1 g,蒸馏水 20 mL,10% 稀醋酸 150 mL。

## 十、二苯胺试剂

二苯胺 0.5 g 溶于 100 mL 浓硫酸中,用 20 mL 蒸馏水稀释。

## 十一、阿氏(Alsever)血液保存液

柠檬酸钠 · $2H_2O$ 8 g,柠檬酸 0.5 g,无水葡萄糖 8.7 g,NaCl 4.2 g,蒸馏水 1 000 mL。将各成分溶解于蒸馏水后,用滤纸过滤,分装,115 ℃灭菌 20 min,冰箱保存备用。

## 十二、pH 8.5 离子强度 0.075 mol/L 巴比妥缓冲液

巴比妥 2.76 g,巴比妥钠 15.45 g,蒸馏水 1 000 mL。

## 十三、1% 离子琼脂

琼脂粉 1 g,巴比妥缓冲液 50 mL,蒸馏水 50 mL,1% 硫柳汞 1 滴。

称取琼脂粉 1 g 先加至 50 mL 蒸馏水中,于沸水浴中加热溶解,然后加入 50 mL 巴比妥缓冲液,再滴加 1 滴硫柳汞液防腐,分装试管内,放冰箱中备用。

## 十四、质粒制备、转化和染色体 DNA 提取的溶液配制

1. 溶液

葡萄糖 50 mol/L,Tris-HCl(pH 8.0)25 mol/L,EDTA 10 mol/L。

溶液可配制成 100 mL,121 ℃灭菌 15 min,4 ℃贮存。

2. 溶液Ⅱ(新鲜配制)

NaOH 0.2 mol/L,SDS 1%。

3. 溶液Ⅲ(100 mL,pH 4.8)

5 mol/L KAc 60 mL,冰醋酸 11.5 mL,蒸馏水 28.5 mL。配制好的溶液Ⅲ含 3 mol/L 钾盐,5 mol/L 醋酸。

4. 溶液Ⅳ

酚∶氯仿∶异戊醇=25∶24∶1。

5. TE 缓冲液

Tris-HCl(pH 8.0) 10 mmol/L,EDTA(pH 8.0)1 mmol/L。121 ℃灭菌 15 min,4 ℃贮存。

6. TAE 电泳缓冲液(50 倍浓贮存液 100 mL)

Tris 碱 242 g,冰醋酸 57.1 mL,0.5 mol/L EDTA(pH 8.0)100 mL。使用时用双蒸水稀释 50 倍。

7. 凝胶加样缓冲液 100 mL

溴酚蓝 0.25 g，蔗糖 40 g。

8. 1 mg/mL 溴化乙锭（Ethidium Bromide，EB）

溴化乙锭 100 mg，双蒸水 100 mL。溴化乙锭是强诱变剂，配制时要戴手套，一般由教师配制好，盛于棕色试剂瓶中，避光贮存 4 ℃。

9. 5 mol/L NaCl

在 800 mL 水中溶解 292.2 g NaCl 加水定容到 1 L，分装后高压灭菌。

10. CTAB/NaCl

溶解 4.1 g NaCl 于 80 mL 水中，缓慢加 CTAB，边加热边搅拌，如果需要，可加热到 65 ℃ 使其溶解，调最终体积到 100 mL。

11. 蛋白酶 K（20 mg/mL）

将蛋白酶 K 溶于无菌双蒸水或 5 mmol/L EDTA，0.5% SDS 缓冲液中。

12. 1 mol/L $CaCl_2$

在 200 mL 双蒸水中溶解 54 g $CaCl_2 \cdot 6H_2O$，用 0.22 英寸滤膜过器除菌，分装成 10 mL 小份，贮存于 -20 ℃ 制备感受态时，取出一小份解冻，并用双蒸水稀释至 100 mL，用 0.45 pm 的滤膜除菌，然后骤冷至 0 ℃。

## 十五、Hank's 液

以下化学药品均要求化学纯。

1. 母液甲

NaCl 160 g，KCl 4 g，$MgCl_2 \cdot 6H_2O$ 2 g，$MgSO_4 \cdot 7H_2O$ 2 g，加蒸馏水 800 mL，$CaCl_2$ 2.8 g。溶于 100 mL 双蒸水中。

NaCl 与 KCl 混合，加蒸馏水至 1 000 mL，加氯仿 2 mL，4 ℃保存。

2. 母液乙

$Na_2HPO_4 \cdot 12H_2O$ 3.04 g，$KH_2PO_4$ 1.2 g，葡萄糖 20 g，0.4% 酚红溶液 100 mL。

加双蒸水至 1 000 mL，加氯仿 2 mL，4 ℃下保存，或 115 ℃ 10 min 高压灭菌后保存。

3. 使用液

取甲、乙母液各 100 mL 混合，加双蒸水 1 800 mL，分装小瓶，115 ℃ 10 min 灭菌，保存于 4 ℃下备用。

## 十六、其他细胞悬液的配制

1. 1% 鸡红细胞悬液

取鸡翅下静脉血或心脏血，注入含灭菌阿氏液的玻璃瓶内，使血与阿氏液比例为 1 : 5，放冰箱中保存 2 ~ 4 周，临用前取出适量鸡血，用无菌生理盐水洗涤，离心，倾去生理盐水，如此反复洗涤 3 次，最后一次离心使成积压红细胞，然后用生理盐水配成 1%。供吞噬试验用。

2. 白色葡萄球菌菌液

白色葡萄球菌接种于肉汤培养基中，37 ℃温箱培养 12 h 左右，置水浴中加热 100 ℃，

10 min杀死细菌,用无菌生理盐水配制成每毫升含6亿个细胞,分装于小瓶内,置冰箱保存备用。

# 附录7　常用的计量单位

## 一、质量

| 单位名称 | 英文名称 | 单位符号 | 换算 |
|---|---|---|---|
| 千克(公斤) | kilogram | kg | |
| 克 | gram | g | $10^{-3}$ kg |
| 毫克 | milligram | mg | $10^{-6}$ kg 或 $10^{-3}$ g |
| 微克 | microgram | μg | $10^{-9}$ kg 或 $10^{-6}$ mg |
| 纳克 | nanogram | ng | $10^{-12}$ kg 或 $10^{-9}$ μg |
| 皮克 | picrogram | pg | $10^{-15}$ kg 或 $10^{-12}$ ng |

## 二、容量

| 单位名称 | 英文名称 | 单位符号 | 换算 |
|---|---|---|---|
| 升 | liter | L | |
| 毫升 | milliliter | mL | $10^{-3}$ L |
| 微升 | microliter | μL | $10^{-6}$ L 或 $10^{-3}$ mL |

## 三、物质的量与浓度表示法

| 名称 | 单位符号 | 浓度单位 | 符号 | 换算 |
|---|---|---|---|---|
| 中文 | 英文 | | | |
| 摩尔 | mole | mol | mol/L | 1 mol/L |
| 毫摩尔 | millimole | mmol | mmol/L | $\times10^{-3}$ mol/L |
| 微摩尔 | micromole | μmol | μmol/L | $\times10^{-6}$ mol/L |
| 纳摩尔 | nanomole | nmol | nmol/L | $\times10^{-9}$ mol/L |
| 皮摩尔 | picromole | pmol | pmol/L | $\times10^{-12}$ mol/L |

# 附录8　洗涤液的配制与使用

1. 洗涤液的配制

洗涤液分浓溶液与稀溶液两种,配方如下:

浓溶液:重铬酸钠或重铬酸钾(工业用)50 g,自来水150 mL,浓硫酸(工业用)800 mL。

稀溶液:重铬酸钠或重铬酸钾(工业用)50 g,自来水850 mL,浓硫酸(工业用)100 mL。

配法:都是将重铬酸钠或重铬酸钾先溶解于自来水中,可慢慢加温,使溶解,冷却后徐徐加入浓硫酸,边加边搅动。配好后的洗涤液应是棕红色或橘红色,贮存于有盖容器内。

2. 原理

重铬酸钠或重铬酸钾与硫酸作用后形成铬酸(chronic acid)。酪酸的氧化能力极强,因而此液具有极强的去污作用。

3. 使用注意事项

(1)洗涤液中的硫酸具有强腐蚀作用,玻璃器板浸泡时间太长,会使玻璃变质,因此切忌忘记将器板取出冲洗。其次,洗涤液若沾污衣服和皮肤应立即用水洗,再用苏打水或氨液洗。如果溅在桌椅上,应立即用水洗去或湿布抹去。

(2)玻璃器板投入前,应尽量干燥,避免洗涤液稀释。

(3)此液的使用仅限于玻璃和瓷质器板,不适用于金属和塑料器板。

(4)有大量有机质的器板应先行擦洗,然后再用洗涤液,这是因为有机质过多,会加快洗涤液失效,此外,洗涤液虽为很强的去污剂,但也不是所有的污迹都可清除。

(5)盛洗涤液的容器应始终加盖,以防氧化变质。

(6)洗涤液可反复使用,但当变为墨绿色时即已失效,不能再用。

# 附录9　稀释法测数统计表

1. 三次重复测数统计表

| 数量指标 | 细菌近似值 | 数量指标 | 细菌近似值 | 数量指标 | 细菌近似值 |
|---|---|---|---|---|---|
| 000 | 0.0 | 201 | 1.4 | 302 | 6.5 |
| 001 | 0.3 | 202 | 2.0 | 310 | 4.5 |
| 010 | 0.3 | 210 | 1.5 | 311 | 7.5 |
| 011 | 0.6 | 211 | 2.0 | 312 | 11.5 |
| 020 | 0.6 | 212 | 3.0 | 313 | 16.0 |
| 100 | 0.4 | 220 | 2.0 | 320 | 9.5 |
| 101 | 0.7 | 221 | 3.0 | 321 | 15.0 |
| 102 | 1.1 | 222 | 3.5 | 322 | 20.0 |
| 110 | 0.7 | 223 | 4.0 | 323 | 30.0 |
| 111 | 1.1 | 230 | 3.0 | 330 | 25.0 |
| 120 | 1.1 | 231 | 3.5 | 331 | 45.0 |
| 121 | 1.5 | 232 | 4.0 | 332 | 110.0 |
| 130 | 1.6 | 300 | 2.5 | 333 | 140.0 |
| 200 | 0.9 | 301 | 4.0 | | |

2. 四次重复测数统计表

| 数量指标 | 细菌近似值 | 数量指标 | 细菌近似值 | 数量指标 | 细菌近似值 | 数量指标 | 细菌近似值 |
|---|---|---|---|---|---|---|---|
| 000 | 0.0 | 113 | 1.3 | 231 | 2.0 | 402 | 5.0 |
| 001 | 0.2 | 120 | 0.8 | 240 | 2.0 | 403 | 7.0 |
| 002 | 0.5 | 121 | 1.1 | 241 | 3.0 | 410 | 3.5 |
| 003 | 0.7 | 122 | 1.3 | 300 | 1.1 | 411 | 5.5 |
| 010 | 0.2 | 123 | 1.6 | 301 | 1.6 | 412 | 8.0 |
| 011 | 0.5 | 130 | 1.1 | 302 | 2.0 | 413 | 11.0 |
| 012 | 0.7 | 131 | 1.4 | 303 | 2.5 | 414 | 14.0 |
| 013 | 0.9 | 132 | 1.6 | 310 | 1.6 | 420 | 6.0 |

续表

| 数量指标 | 细菌近似值 | 数量指标 | 细菌近似值 | 数量指标 | 细菌近似值 | 数量指标 | 细菌近似值 |
|---|---|---|---|---|---|---|---|
| 020 | 0.5 | 140 | 1.4 | 311 | 2.0 | 421 | 9.5 |
| 021 | 0.7 | 141 | 1.7 | 312 | 3.0 | 422 | 13.0 |
| 022 | 0.9 | 200 | 0.6 | 313 | 3.5 | 423 | 17.0 |
| 030 | 0.7 | 201 | 0.9 | 320 | 2.0 | 424 | 20.0 |
| 031 | 0.9 | 202 | 1.2 | 321 | 3.0 | 430 | 11.5 |
| 040 | 0.9 | 203 | 1.6 | 322 | 3.5 | 431 | 16.5 |
| 041 | 1.2 | 210 | 0.9 | 330 | 3.0 | 432 | 20.0 |
| 100 | 0.3 | 211 | 1.3 | 331 | 3.5 | 433 | 30.0 |
| 101 | 0.5 | 212 | 1.6 | 332 | 4.0 | 434 | 35.0 |
| 102 | 0.8 | 213 | 2.0 | 333 | 5.0 | 440 | 25.0 |
| 103 | 1.0 | 220 | 1.3 | 340 | 3.5 | 441 | 40.0 |
| 110 | 0.5 | 221 | 1.6 | 341 | 4.5 | 442 | 70.0 |
| 111 | 0.8 | 222 | 2.0 | 400 | 2.5 | 443 | 140.0 |
| 112 | 1.0 | 230 | 1.7 | 401 | 3.5 | 444 | 160.0 |

3. 五次重复测数统计表

| 数量指标 | 细菌近似值 | 数量指标 | 细菌近似值 | 数量指标 | 细菌近似值 | 数量指标 | 细菌近似值 |
|---|---|---|---|---|---|---|---|
| 000 | 0.0 | 203 | 1.2 | 400 | 1.3 | 513 | 8.5 |
| 001 | 0.2 | 210 | 0.7 | 401 | 1.7 | 520 | 5.0 |
| 002 | 0.4 | 211 | 0.9 | 402 | 2.0 | 521 | 7.0 |
| 010 | 0.2 | 212 | 1.2 | 403 | 2.5 | 522 | 9.5 |
| 011 | 0.4 | 220 | 0.9 | 410 | 1.7 | 523 | 12.0 |
| 012 | 0.5 | 221 | 1.2 | 411 | 2.0 | 524 | 15.0 |
| 020 | 0.4 | 222 | 1.4 | 412 | 2.5 | 525 | 17.5 |
| 021 | 0.6 | 230 | 1.2 | 420 | 2.0 | 530 | 8.0 |
| 030 | 0.6 | 231 | 1.4 | 421 | 2.5 | 531 | 11.0 |
| 100 | 0.2 | 240 | 1.4 | 422 | 3.0 | 532 | 14.0 |
| 101 | 0.4 | 300 | 0.8 | 430 | 2.5 | 533 | 17.5 |
| 102 | 0.6 | 301 | 1.1 | 431 | 3.0 | 534 | 20.0 |
| 103 | 0.8 | 302 | 1.4 | 432 | 4.0 | 535 | 25.0 |
| 110 | 0.4 | 310 | 1.1 | 440 | 3.5 | 540 | 13.0 |
| 111 | 0.6 | 311 | 1.4 | 441 | 4.9 | 541 | 17.0 |
| 112 | 0.8 | 312 | 1.7 | 450 | 4.0 | 543 | 25.0 |
| 120 | 0.6 | 313 | 2.0 | 451 | 5.0 | 543 | 30.0 |
| 121 | 0.8 | 320 | 1.4 | 500 | 2.5 | 544 | 35.0 |
| 122 | 1.0 | 321 | 1.7 | 501 | 3.0 | 545 | 45.0 |
| 130 | 0.8 | 322 | 2.0 | 502 | 4.0 | 550 | 25.0 |
| 131 | 1.0 | 330 | 1.7 | 503 | 6.0 | 551 | 35.0 |
| 140 | 1.1 | 331 | 2.0 | 504 | 7.5 | 552 | 60.0 |
| 200 | 0.5 | 340 | 2.0 | 510 | 3.5 | 553 | 90.0 |
| 201 | 0.7 | 341 | 2.5 | 511 | 4.5 | 554 | 160.0 |
| 202 | 0.9 | 350 | 2.5 | 512 | 6.0 | 555 | 180.0 |

# 参考文献


[1] 沈萍,陈向东.微生物学实验[M].北京:高等教育出版社,2007.

[2] 杨革.微生物学实验教程[M].北京:科学出版社,2009.

[3] 诸葛健.工业微生物实验与研究技术[M].北京:科学出版社,2007.

[4] 周德庆.微生物学实验教程[M].北京:高等教育出版社,2006.

[5] 张仁志.环境综合实验[M].北京:中国环境科学出版社,2007.

[6] 韩伟,刘晓晔,李永峰.环境工程微生物学[M].哈尔滨:哈尔滨工业大学出版社,2010.

[7] 杨传平,姜颖,郑国香,等.环境生物技术原理与应用[M].哈尔滨:哈尔滨工业大学出版社,2010.

[8] 顾国维.水污染治理技术研究[M].上海:同济大学出版社,1997.

[9] 吕春梅.环境污染微生物学实验指导[M].哈尔滨:哈尔滨工业大学出版社,2006.

[10] 李振高,骆永明,腾应.土壤与环境微生物研究法[M].北京:科学出版社,2008.

[11] 孔志明,杨柳燕,尹大强.现代环境生物学实验技术与方法[M].北京:中国环境科学出版社,2005.

[12] 胡小兵,钟梅英.环境工程生物学[M].合肥:合肥工业大学出版社,2008.

[13] 周群英,王士芬.环境工程微生物学[M].北京:高等教育出版社,2008.

[14] 任南琪.环境微生物污水处理[M].哈尔滨:哈尔滨工业大学出版社,2004.